観光・旅行 教科書

EXAMPRESS

旅行業務取扱管理者試験学習書

旅行業務取扱管理者

総合・国内

テキスト&問題集

第5版

学校法人 国際文化アカデミー
JTBトラベル&ホテルカレッジ【著】

本書の特徴

旅行業務取扱管理者試験は学習範囲が多く、合格が厳しい試験であるといわれています。本書は長年にわたって試験を研究し、全国トップクラスの合格率を誇るJTBトラベル＆ホテルカレッジの講師陣が、「試験に出るポイント」に絞って解説しています。本書を参考に学習することで、確実に合格へ向けて進むことができるでしょう。

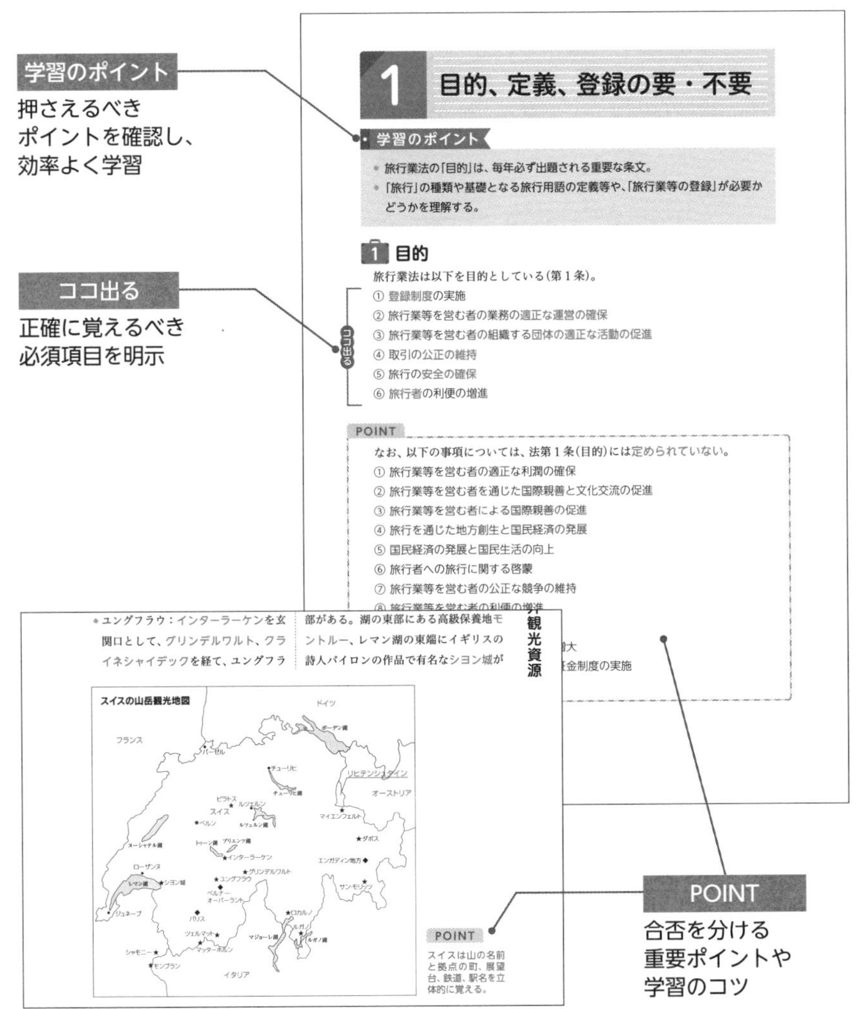

セレクト問題

学習した内容は過去問題をベースにした、「セレクト問題」で理解度をチェック

セレクト問題

1 目的、定義、登録の要・不要

1 総合 国内 旅行業法

問① 次の記述のうち、旅行業法の目的として定められているものをすべて選びなさい。

a. 旅行業等を営む者の組織する団体の適正な活動の促進
b. 旅行者の利便の増進
c. 旅行業等を営む者の業務の適正な運営の確保

問② 報酬を得て次の行為を事業として行う場合、旅行業の登録を受けなければならないものをすべて選び

a. 観光案内所が、旅行者から手数料を
b. バス会社が自社のバスを使用し、日
c. コンビニエンスストアが船会社を代
d. 旅行業者等から依頼を受けて、海外

解答

問① a、b、cすべてが「旅行業法の目的」と
問② aが登録必要。
a：「旅行業の登録」を受けなければなら
b：バス会社が自社のバスを使うのはバ
み。
c：船会社を代理して乗船券のみの販売
d：旅行者との直接の取引がなく、旅行

総合…総合旅行業務取扱管理者の出題範囲
国内…国内旅行業務取扱管理者の出題範囲

3 HIPチェック

①旅程

TOKYO (TYO) – SAN FRANCISCO (SFO)	JL002	C	08SEP (SAT)	1945	1205
SAN FRANCISCO (SFO) – CHICAGO (CHI)	AA197	C	11SEP (TUE)	1700	2245
SURFACE					
NEW YORK (NYC) – HOUSTON (HOU)	UA873	C	16SEP (SUN)	1155	1400
HOUSTON (HOU) – LOS ANGELES (LAX)	UA511	C	18SEP (TUE)	1125	1315
LOS ANGELES (LAX) – TOKYO (TYO)	JL061	C	20SEP (THU)	1305	1625+1

②クラス：ビジネスクラス
③各区間TPM

※各区間のNUC運賃、ROE、MPM、X、Wの設定などは当問題用のものです

IATA ROE：1NUC = JPY 100.000000

NUC運賃		RT/C	MPM
TYO—CHI	平日(X)	3700.00	7539 (PA)
	週末(W)	4100.00	
	平日(X)	4700.00	

大事な得点源となる暗記事項も適宜掲載

表1：条件書英語によく使われる表現95

番号	英語	日本語
1	**according to ～ in accordance with**	～によれば、～によると、 ～に従って、一致して
2	against their will	彼らの意志に反して
3	And (Study hard, and you will succeed.)	および、ならびに 命令文+and は「そうすれば」
4※	Or (Study hard, or you will fail.)	または、もしくは 命令文+orは「さもないと」、「そうしないと」
5	**A and/or B**	AとBまたはAかB 法律・商業など正式な契約書でしばしば用いられる
6	make an application for ～	～を申し込む、～の申し込みをする
7	**apply to ～**	～に当てはまる、～に適用する
8※	**as of Jan. 1, 2023**	2023年1月1日の時点で(as of ～ =～の時点で、～現在で)
9	on the (a) basis of ～, / on a ～ basis	～の条件で、～を基準として
10※	**based on (upon) ～**	～に基づく
11	responsibility to be borne by ～	～が負うべき責任
12	**on behalf of ～**	～を代理して、～の代わりに、～のために
13	in compliance with ～	～に従って、～を遵守して
14	passengers concerned	関係する乗客

資格・試験の概要

1 旅行業務取扱管理者とは

すべての旅行業者および旅行業者代理業者は、すべての営業所において「旅行業務取扱管理者」を１人以上選び置くことが旅行業法で定められています。

2 試験の種類

以下の２種類は、いずれも旅行業法で定められている国家試験です。年齢・職歴・国籍等による制約がなく誰でも受験できます。同じ年に「国内」と「総合」の両方の受験が可能です。

国内旅行業務取扱管理者	国内旅行業務のみ取り扱う。一般社団法人全国旅行業協会(ANTA)が実施
総合旅行業務取扱管理者	国内旅行・海外旅行の両方の業務を取り扱う。一般社団法人日本旅行業協会(JATA)が実施

3 試験スケジュール

下記は予定であり、詳細はANTAまたはJATAに確認してください。

	願書受付	試験日	合格発表
国内旅行業務取扱管理者	6月上旬～7月上旬	9月上・中旬の日曜日	10月下旬
総合旅行業務取扱管理者	7月上旬～8月上旬	10月上・中旬の日曜日	11月下旬

4 受験手数料

国内旅行業務取扱管理者……5,800円　総合旅行業務取扱管理者……6,500円

5 受験案内・願書の入手方法

受験案内・願書は、「ANTAまたはJATAのホームページからダウンロードして印刷」もしくは「ANTAまたはJATAの本部に郵送で請求」によって入手できます。

6 試験地

国内旅行業務取扱管理者	北海道、宮城、埼玉、東京、愛知、京都、広島、福岡、沖縄
総合旅行業務取扱管理者	北海道、宮城、東京、愛知、大阪、広島、福岡、沖縄

※試験地は変更されることがあるため、詳しくはANTAまたはJATAのホームページで確認。

7 試験科目

全科目が、科目ごとに下記合格ラインに達する必要があります(表は2022年度試験のもの)。

国内旅行業務取扱管理者	配点・問題数	合格ライン	試験時間
旅行業法及びこれに基づく命令	100点(25問)	60点	120分
旅行業約款、運送約款及び宿泊約款	100点(30問)	60点	
国内旅行実務	100点(37問)	60点	

総合旅行業務取扱管理者	配点・問題数	合格ライン	試験時間
旅行業法及びこれに基づく命令	100点(25問)	60点	80分
旅行業約款、運送約款及び宿泊約款	100点(30問)	60点	
国内旅行実務	100点(32問)	60点	120分
海外旅行実務	200点(52問)	120点	

8 合格率推移(全科目受験者)

	2022年度	2021年度	2020年度	2019年度
	令和4年度	令和3年度	令和2年度	令和元年度
国内旅行業務取扱管理者	32.9%	40.9%	37.7%	39.1%
総合旅行業務取扱管理者	13.5%	6.2%	18.5%	13.0%

9 受験科目の免除

「国内管理者」資格者の2科目免除
「国内旅行業務取扱管理者」資格者が「総合旅行業務取扱管理者」試験を受験する場合、「国内」合格の次年度から「旅行業法」と「国内旅行実務」の2科目が免除される。
実務科目の免除
「国内旅行実務」「海外旅行実務」が科目の合格ラインに達していた場合、次年度に限り、その科目が免除される。ただし、「国内管理者試験」と「総合管理者試験」は別々であり、相互には免除されない。
旅行業務取扱管理者研修修了者の科目免除
旅行業務に従事している者を対象に旅行業協会が実施する旅行業務取扱管理者研修を修了した場合、一部科目が免除される(詳しくは「国内管理者研修」についてはANTA、「総合管理者研修」についてはJATAのホームページで確認)。

目次

PART 1 旅行業法（旅行業法及びこれに基づく命令）

PART 2 約款（旅行業約款、運送約款及び宿泊約款）

目次

PART 1

［総合・国内］

旅行業法

（旅行業法及びこれに基づく命令）

出題傾向と対策

1 出題傾向

① 「国内」も「総合」も、重要な項目は毎年出題されており、内容的には「総合」の方が難しい。

② 各4点×25問＝100点満点。「正しいものをすべて選べ」式の問題が増えている。

ジャンル	2022年度		2021年度		2020年度		2019年度	
	国内	総合	国内	総合	国内	総合	国内	総合
目的・定義	○	○	◎	◎	○	◎	○	○
登録の必要・不要	○	◎	○	○	○	◎	○	○
登録(新規・更新)	○	○			○	◎	○	
登録業務範囲	○	◎	◎	◎	○		○	○
更新登録・変更登録・変更の届出	○○		○		○	◎	○	○
登録の拒否	○	○	○	○	○	○	◎	○
営業保証金	○	○	○		○	○	○	○
旅行業務取扱管理者	○	○	○	○	○	○	○	○
旅行業務取扱管理者の職務	○	◎	○	○	○	○	◎	◎
料金	○	◎	○	◎	○	◎	○	○
旅行業約款	○	◎	◎	○◎	○	◎	○	◎
説明・説明書面	○	◎	○	◎	○	○	○	○
契約書面	○◎	○	○		○	◎	◎	○
外務員	◎	○	○	◎	○	○	○	◎
広告(募集型)	○	◎	○		○	◎	◎	○
誇大広告の禁止		◎	○	◎		◎	◎	◎
標識	○				○		○	
企画旅行の円滑実施措置	○	○	◎	◎	○	○	○	
旅程管理業務を行う者	○		◎		○		○	◎
禁止行為	◎	◎	○	◎	◎	◎	◎	○
受託契約	○	◎	○	◎	○	○		◎
旅行業者代理業者	◎		○	◎	○	◎	○	
業務改善命令		◎	○	◎		○	○	◎
登録の取消し等		◎	○		◎	◎	○	
旅行サービス手配業者	○	◎	○	◎	○	○	○	○
旅行業協会の業務	○	○	○	○	○	◎	○	○
苦情の解決		◎	○	○		○		○
弁済業務保証金	○	◎		○	○	○	○	○
都道府県知事への委任		◎						◎
罰則・雑則						◎		

※◎印は「正しいものをすべて選べ」式の出題。

※同じ欄に2つ印があるのは、1ジャンルに2問出題されていることを意味する。

2 対策

すべての項目が重要であり、よく学習する必要がある。特に本文中の「ココ出る」「POINT」は、しっかり覚えておきたい。ひっかけ問題や紛らわしい問題が多いので、問題(過去問題含め)をたくさん解いて、内容を理解・納得するまで復習を繰り返そう。

国内旅行業務取扱管理者試験
本試験に合格すると、翌年から「総合管理者」試験の2科目(旅行業法と国内旅行実務)が免除されるため、確実に合格を目指す。
総合旅行業務取扱管理者試験
①「国内管理者」合格レベルからさらに上位を目指し、過去問題をたくさん解いて、よく復習する。 ②ひっかけ問題や紛らわしい問題のポイントをノートに整理記入等し、自分流に工夫して完全マスターを目指す。

下記2種類の「業務取扱管理者」は2018(平成30)年度に新設されたが、「総合旅行業務取扱管理者試験に合格した者」は、新設された「管理者」の業務範囲も含めて、すべての旅行業務に対応できる。

地域限定旅行業務取扱管理者試験
試験科目は、旅行業法等・旅行業約款等・国内旅行実務の3科目。航空運送や日本全国の地理等は省略し、地域に限定した知識のみで取得可能な内容。
旅行サービス手配業務取扱管理者
観光庁長官の登録を受けた登録研修機関が実施する旅行サービス手配業務に関する研修の課程を修了した者。

1 目的、定義、登録の要・不要

学習のポイント

- 旅行業法の「目的」は、毎年必ず出題される重要な条文。
- 「旅行」の種類や基礎となる旅行用語の定義等や、「旅行業等の登録」が必要かどうかを理解する。

1 目的

旅行業法は以下を目的としている（第１条）。

ココ出る

① 登録制度の実施
② 旅行業等を営む者の業務の適正な運営の確保
③ 旅行業等を営む者の組織する団体の適正な活動の促進
④ 取引の公正の維持
⑤ 旅行の安全の確保
⑥ 旅行者の利便の増進

POINT

なお、以下の事項については、法第１条（目的）には定められていない。

① 旅行業等を営む者の適正な利潤の確保
② 旅行業等を営む者を通じた国際親善と文化交流の促進
③ 旅行業等を営む者による国際親善の促進
④ 旅行を通じた地方創生と国民経済の発展
⑤ 国民経済の発展と国民生活の向上
⑥ 旅行者への旅行に関する啓蒙
⑦ 旅行業等を営む者の公正な競争の維持
⑧ 旅行業等を営む者の利便の増進
⑨ 国民の余暇活動の活性化
⑩ 地域経済の活性化及び雇用機会の増大
⑪ 旅行業を営む者についての営業保証金制度の実施
⑫ 公共の福祉の増進

2 用語の定義

1 「旅行業者等」の定義

旅行業を営む者	「旅行業者」
旅行業者代理業を営む者	「旅行業者代理業者」
旅行業者等	「旅行業者」または「旅行業者代理業者」
旅行業等	「旅行業」及び「旅行業者代理業」または「旅行サービス手配業」

2 「運送等サービス」の定義

運送等サービス	「運送または宿泊のサービス」または「基本的な旅行業務」 **例** 運送サービス＝航空機・列車・バス・フェリー等 宿泊サービス＝ホテル・旅館等
運送等関連サービス	「運送及び宿泊以外の旅行サービス」または「付随的な旅行業務」 **例** 運送及び宿泊以外の旅行サービス ＝レストラン・美術館・コンサート・テーマパーク等

3 旅行業等の行為

「旅行業等」とは、報酬を得て、次の①～⑤の行為を行う事業をいう。旅行業等を営もうとする者は、旅行業等の登録を受けなければならない。

POINT

① 企画旅行（受託契約に基づく代理契約行為を含む）

旅行業者が、旅行者の募集のためにあらかじめ、または、旅行者からの依頼により、旅行の目的地及び日程、旅行者が提供を受けることができる運送または宿泊のサービス（運送等サービス）の内容、並びに、旅行者が支払うべき対価に関する事項を定めた旅行に関する計画を作成し、自己の計算において運送等サービスを提供する者との間で運送等サービスに係る契約を締結し、これにより実施する旅行である。

旅行業者が、企画旅行に関して旅行者と締結する契約が「企画旅行契約」である。

② 手配旅行

旅行業者が、旅行者の委託により旅行者に対する運送等サービスの提供について代理して契約を締結し、媒介をし、または、取次ぎをする行為を引き受ける旅行である。

旅行業者が、手配旅行に関して旅行者と締結する契約が「手配旅行契約」である。

③ 渡航手続代行

旅行業者が海外渡航手続代行、その他の旅行者の便宜となるサービスを提供する。

④ 旅行相談（旅行業者代理業者は除く）

旅行業者が旅行の計画の作成、旅行経費の見積り、旅行情報の提供その他旅行に関する相談に応じる。

旅行相談行為のみ行う場合も、旅行業の登録を受けなければならない。

⑤旅行サービス手配業（→P60参照）

4 旅行業者代理業

旅行業者のために、旅行業務の取扱いについて、代理して契約を締結する事業。ただし、旅行業者代理業者は、旅行相談行為はできない。

3 旅行業等の登録の要・不要

旅行業等を営もうとする者は、旅行業等の登録を受けなければならない。旅行業等に該当する行為を無登録で行った場合、旅行業法に違反することとなり、罰金等罰則の対象となる。

ココ出る

ただし、以下の①～④のいずれかの場合は旅行業等に該当しないため、登録は不要である。

① 運送サービス提供者の代理行為のみ行う

② 旅行者との直接の取引がなく、旅行サービス手配業にも該当しない

注意 **旅行サービス手配業を営もうとする者は、旅行者との直接の取引がない場合であっても、旅行サービス手配業または旅行業の登録を受けなければならない。**

③ 運送及び宿泊以外の旅行サービスのみ行う

④ 運送・宿泊等サービス提供者が、自らの運送・宿泊等サービスを提供する

上記の①～④の具体例は次の通り。

① 運送サービス提供者の代理行為のみ行う

例 バス回数券のみの販売、乗船券のみの販売、航空券のみの販売等。

- 専ら運送サービスを提供する者のため、旅行者に対する運送サービスの提供について、代理して契約を締結する行為
- 専らバス会社のため、代理してバスの回数券を販売する行為
- 鉄道事業者が、航空会社を代理して航空券のみを販売する行為
- 土産品店が、旅行者に対し船会社を代理して乗船券のみを販売する行為

② 旅行者との直接の取引がなく、旅行サービス手配業にも該当しない

例 渡航手続代行会社等。

- 旅行業者等から依頼を受けて、査証の取得の手続きを代行する行為

③「運送及び宿泊以外の旅行サービス」のみ行う

例 日帰り温泉、日帰りテーマパーク、美術館、コンサート、レストラン等のサービス。

- プレイガイドが音楽コンサート等の入場券を販売する行為
- バス会社が旅行者に対して自ら所有するバスを利用して他人が経営するテーマパークに入場する日帰り旅行を実施する行為
- バス会社が自社のバスを使用し、他人の経営する温泉施設を利用して日帰り旅行を実施する行為

④ 運送・宿泊等サービス提供者が、自らの運送・宿泊等サービスを提供する

例 旅館・ホテルが自らの宿泊プランを販売する等。

- 旅館の経営者が、自ら経営する旅館の宿泊プランを、インターネットを利用して販売する行為

2 受託契約

・学習のポイント

- パッケージツアー(募集型企画旅行)の販売の拡大を支えている「受託契約」の仕組みを理解する。

1 受託契約

POINT

1 「受託契約」とは

「募集型企画旅行について、旅行業者が他の旅行業者を代理して、旅行者と契約を締結することを内容とする契約」を指す。

2 受託契約を締結できるのは旅行業者に限る

旅行業者代理業者は、自ら直接、受託契約を締結することはできない。

3 旅行業者代理業の登録は不要

受託契約を締結したときは、旅行業者代理業の登録を受けなくても、他の旅行業者を代理して、旅行者と募集型企画旅行契約を締結できる。

4 委託旅行業者と受託旅行業者

両者(P10のA社とB社)は、受託契約を締結した当事者である旅行業者を指す。募集型企画旅行の企画・実施者を「委託旅行業者」という。委託旅行業者を代理して、旅行者と契約を締結する旅行業者を「受託旅行業者」という。

5 受託旅行業者代理業者

委託旅行業者(P10のA社)及び受託旅行業者(B社)は、受託契約において、委託旅行業者(A社)を代理して募集型企画旅行契約を締結することができる受託旅行業者(B社)またはその受託旅行業者代理業者を定めておかなければならない。

P10の例でいうと、G社が受託旅行業者代理業者である。G社とK社の所属旅行業者は同じB社だが、G社は受託契約でA社のパッケージツアーを受託販売できるが、K社は除外されているので、受託販売できない。もし、受託契約の際、K社も受託販売できると定めておけば、K社でもA社のツアーを販売できる。この場合は、K社も受託旅行業者代理業者である。

6 営業所

委託旅行業者及び受託旅行業者は、受託契約において、受託旅行業者またはその受託旅行業者代理業者の営業所を定めておかなければならない。

ココ出る

7 旅行業者代理業者は受託契約の締結不可だが、受託販売は可

旅行業者代理業者は、自ら受託契約を締結することはできない。受託契約を締結できるのは、旅行業者に限る。ただし、所属旅行業者が受託契約を締結した場合、旅行業者代理業者は、委託旅行業者を代理して、旅行者と契約を締結すること(受託販売)はできる。

8 受託旅行業者になれる

旅行業者は、他の旅行業者の受託旅行業者になることができる。第1種、第2種、第3種、地域限定旅行業者はいずれも、第1種、第2種、第3種、地域限定旅行業者すべての受託旅行業者になることができる。

9 旅行業約款の掲示または備え置き

受託旅行業者は、委託旅行業者の旅行業約款を提示し、または備え置かなければならない。

10 営業保証金の額を定めるための取引額の計算

委託旅行業者の旅行者との取引額には、受託旅行業者の旅行者との取引額を含む。

11 再委託はできない

旅行業者は、複数の他の旅行業者と受託契約を締結することができる。ただし、受託旅行業者は、他の旅行業者に受託契約の再委託をすることはできない。また、受託契約を締結したとき、登録行政庁に届け出る必要はない。

■受託契約の例

①受託契約	A社とB社が、募集型企画旅行の受託契約を締結した
②代理して契約を締結	B社はA社を代理して、旅行者と契約を締結する
③旅行業者代理業の登録不要	受託契約を締結したB社は、旅行業者代理業の登録不要
④受託旅行業者代理業者	A社とB社は受託契約で、G社とK社のうちで受託旅行業者代理業者を定める。下図の例では、G社を受託旅行業者代理業者と定めた
⑤代理して契約を締結	受託旅行業者代理業者であるG社は、A社を代理して、旅行者と契約を締結する。この場合はG社は所属旅行業者であるB社を代理しない
⑥営業所	A社とB社は受託契約で、A社を代理して、旅行者と契約を締結するB社とG社の営業所を定めなければならない。下図の例では、C営業所とH営業所を受託販売できる営業所と定めた。「受託販売」とは、A社を代理して旅行者と契約を締結すること。「受託営業所」とは、A社を代理して旅行者と契約を締結できる営業所
⑦受託契約の締結	旅行業者代理業者であるG社とK社は直接受託契約を締結できない

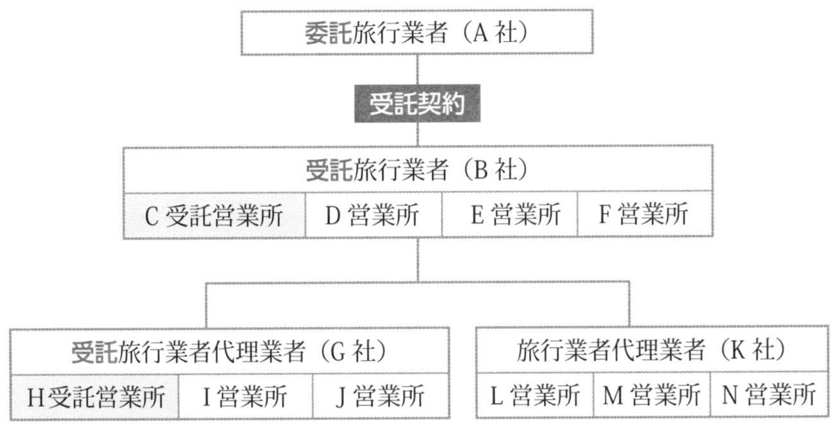

3 旅行業者代理業者

・学習のポイント

- 旅行業者代理業者に関する規制等の概要を理解する。
- 「旅行業者代理業者」は、旅行業者を代理して旅行者と契約を締結する。

1 旅行業者代理業者とは

POINT

1 所属旅行業者は1つ

受託販売(受託契約により、委託旅行業者を代理して旅行者と契約を締結すること)を除いて、所属旅行業者以外の旅行業者のために旅行業務を取り扱ってはならない。

2 所属旅行業者の明示

旅行業者代理業者は、旅行業務に関し取引をしようとするときは、所属旅行業者の氏名または名称及び旅行業者代理業者である旨を取引の相手方に明示しなければならない。

3 誤認させる行為の禁止

旅行業者代理業者は、その行う営業が旅行業であると誤認させ、または所属旅行業者を誤認させるような表示、広告その他の行為をしてはならない。

4 観光庁長官(登録行政庁)の命令

観光庁長官(登録行政庁)は、旅行業者代理業者に対し、その行う営業が旅行業であると誤認させ、または所属旅行業者を誤認させないようにするための措置をとるべきことを命ずることができる。

5 所属旅行業者の責任

所属旅行業者は、旅行業者代理業者が旅行業務につき旅行者に加えた損害を賠償する責めに任ずる。ただし、当該所属旅行業者が、次のような場合にはこの限りではない。すなわち、所属旅行業者は責任を負わない。

①その旅行業者代理業者への委託につき相当の注意をし、かつ
②その旅行業者代理業者の行う旅行業務につき、旅行者に加えた損害の発生の防止に努めたとき。

6 旅行業者代理業の登録の失効

次のいずれかの場合、旅行業者代理業の登録は効力を失う。

① 当該旅行業者代理業者が所属旅行業者のために旅行業務を取り扱うことを内容とする契約(代理業契約)が効力を失ったとき。
② 所属旅行業者が登録を抹消されたとき。

ココ出る

■旅行業者代理業者と第3種旅行業者の比較表

項　目	旅行業者代理業者	第3種旅行業者
①登録の有効期間	規定はない	5年
②営業保証金	自らは供託しない	旅行者との取引額 2億円未満の場合 300万円
③基準資産額 (財産的基礎)	なし	300万円以上
④旅行業務の 取扱いの料金	所属旅行業者が定めたもの	自らが定めたもの
⑤旅行業約款	所属旅行業者の旅行業約款	自らの旅行業約款
⑥標識	・有効期間は不要 ・所属旅行業者の名称と登録番号が必要	・有効期間が必要 ・所属旅行業者は不要
⑦旅行業務取扱管理者証・外務員証	自らが発行	自らが発行
⑧受託契約	自ら直接は受託契約を締結できない	自らが締結できる
⑨業務の範囲・ 募集型企画旅行の 実施	・業務の範囲の規定がない ・募集型企画旅行の実施不可	・海外募集型企画旅行の実施不可 ・国内募集型企画旅行実施が条件付き可
⑩募集型企画旅行の 受託販売	可	可
⑪責任	原則として所属旅行業者に賠償責任	自らが損害賠償
⑫旅行相談契約	不可	可

4 旅行業等の登録

・学習のポイント

- 旅行業者等の種類、登録業務範囲、新規登録、登録行政庁、登録の拒否、有効期間、更新登録、登録事項変更の届出、変更登録等、制度全般を理解する。

1 旅行業の登録業務の範囲

旅行業の業務の範囲は、以下の通り募集型企画旅行を実施する範囲によって、第１種、第２種、第３種、地域限定の４つに区分される。

登録の種別		登録業務範囲
旅行業	第１種旅行業	・すべての旅行業務を取り扱うことができる ・ただし、その営業所に国内旅行業務取扱管理者のみ選任している場合は、海外旅行業務を取り扱うことはできない
	第２種旅行業	・「海外募集型企画旅行の実施」は不可 ・受託契約を結べば、「海外募集型企画旅行について委託旅行業者を代理して契約を締結（受託販売）すること」はできる ・本邦内のすべての旅行を取り扱うことができる
	第３種旅行業	・「海外募集型企画旅行の実施」は不可 ・受託契約を結べば、「海外募集型企画旅行について委託旅行業者を代理して契約を締結（受託販売）すること」はできる ・「国内募集型企画旅行の実施」は、所定の拠点区域でできる
	地域限定旅行業	・「海外募集型企画旅行の実施」は不可 ・受託契約を結べば、「海外募集型企画旅行について委託旅行業者を代理して契約を締結（受託販売）すること」はできる ・「国内募集型企画旅行の実施」は、所定の拠点区域でできる ・「受注型企画旅行の実施」と「手配旅行の取扱い」は、所定の拠点区域に限定される。従って、海外受注型企画旅行の実施と海外手配旅行の取扱いは不可
旅行業者代理業		・登録業務範囲の規定はない ・旅行業者の代理

旅行サービス手配業	・旅行業者から依頼を受け、運送手段や宿泊施設、ガイド等を手配する ・旅行業者から委託を受け、運送等サービスまたは運送等関連サービスの提供について、これらのサービスを提供する者との間で、代理して契約を締結し、媒介をし、または取次ぎをする ・旅行サービス手配業の登録または旅行業等の登録を受ける必要がある

注意 第３種旅行業及び地域限定旅行業について

① 第３種旅行業者と地域限定旅行業者は、「国内募集型企画旅行の実施」については、所定の区域内において実施される場合、実施することができる。

② 出発地、目的地、宿泊地及び帰着地のすべてが当該区域内で実施されなければならない。

③ 本邦内の企画旅行（参加する旅行者の募集をすることにより実施するものに限る）の実施については、１つの企画旅行ごとに１つの自らの営業所の存する市町村の区域、これに隣接する市町村の区域及び観光庁長官の定める区域内において実施される場合、実施することができる。この区域を「拠点区域」という。

④ 地域限定旅行業者については、「受注型企画旅行の実施」と「手配旅行の取扱い」についても、拠点区域内に限定される。

地域限定旅行業者は、１つの行為ごとに１つの拠点区域内における手配旅行については取り扱うことができる。

⑤「拠点区域」とは、以下の区域をいう。

ア　自らの営業所の存する市町村（特別区を含む）

イ　アの市町村に隣接する市町村

ウ　観光庁長官の定める区域

⑥ 第３種旅行業者及び地域限定旅行業者は、本邦内の企画旅行（参加する旅行者の募集をすることにより実施するものであって、１つの企画旅行ごとに１つの拠点区域内において実施されるものに限る）を実施することができる。

ココ出る

■旅行業の登録業務範囲の一覧

下表の太枠の「募集型企画旅行の実施」ができるか否か等によって、登録業務範囲が異なる。登録業務範囲によって、第１種、第２種、第３種、地域限定に分けられる。

登録種別	募集型企画旅行の実施		募集型企画旅行の受託販売		受注型企画旅行・手配旅行		旅行相談[注4]		渡航代行[注5]
	国内	海外[注1]	国内	海外[注1]	国内	海外[注1]	国内	海外[注1]	海外[注1]
第１種旅行業	○	○	○	○	○	○	○	○	○
第２種旅行業	○	×	○	○	○	○	○	○	○
第３種旅行業	△[注2]	×	○	○	○	○	○	○	○
地域限定旅行業	△[注2]	×	○	○	△[注3]	×	○	○	○

注１：海外旅行業務を取り扱う営業所には、必ず総合旅行業務取扱管理者を選任しなければならない。

注２：日程が拠点区域内の場合に限り、「国内募集型企画旅行の実施」ができる。

注３：日程が拠点区域内の場合に限られる。

注４：旅行相談は、国内旅行・海外旅行ともに、いずれの旅行業者の営業所においても可能。海外旅行の相談については、総合旅行業務取扱管理者の選任が必要。なお、旅行業者代理業者は「旅行相談業務」はできない。

注５：渡航手続代行は、海外旅行の旅行業務で、総合旅行業務取扱管理者を選任していれば、いずれの旅行業者等の営業所においても可能。ただし、旅行契約を締結した旅行者に限定される。従って、地域限定旅行業者については受託契約に基づく本邦外の企画旅行契約を締結した旅行者に限り、渡航手続代行サービスを提供できる。

2 旅行業務取扱管理者との関連性

旅行業務取扱管理者には、次の種類があり、営業所ごとの業務範囲に応じて選任しなければならない。

国内旅行業務取扱管理者	国内旅行業務のみ取り扱う営業所
総合旅行業務取扱管理者	国内旅行業務も海外旅行業務も取り扱う営業所

国内旅行業務取扱管理者と総合旅行業務取扱管理者については、登録業務範囲との関係事例として、次のようなものがある。

⑴第１種旅行業者は、その営業所において、

①総合旅行業務取扱管理者を選任していれば	→旅行業務のすべてを取り扱うことができる。
②総合旅行業務取扱管理者を選任していない場合	→本邦外の旅行を実施または取り扱うことはできない。

⑵第２種旅行業者は、その営業所において、

①総合旅行業務取扱管理者を選任していれば	→本邦外の募集型企画旅行を受託販売することができる。
②総合旅行業務取扱管理者を選任していても	→本邦外の募集型企画旅行を実施することはできない。
③国内旅行業務取扱管理者を選任していれば	→訪日外国人旅行者を対象とした、本邦内の募集型企画旅行を実施することができる（参加者が日本人か、外国人かは無関係）。

■第３種旅行業者、地域限定旅行業者、旅行業者代理業者の出題ポイント

① 第３種旅行業者の本邦外の旅行業務を取り扱う営業所においては、総合旅行業務取扱管理者試験に合格した者を旅行業務取扱管理者として選任しなければならない。

② 第３種旅行業者または地域限定旅行業者は、その営業所において、国内旅行業務取扱管理者または総合旅行業務取扱管理者を選任していれば、拠点区域内において実施される場合、本邦内の募集型企画旅行の実施をすることができる。

③ 旅行業者代理業者は、総合旅行業務取扱管理者を選任している営業所においては本邦外の旅行について、所属旅行業者のために代理して契約を締結することができる。

④ 第３種旅行業者または地域限定旅行業者は、総合旅行業務取扱管理者を選任している営業所においては、本邦外の旅行に関する相談に応ずることができる。

⑤ 第３種旅行業者または地域限定旅行業者は、総合旅行業務取扱管理者を選任している営業所においては、受託契約に基づく本邦外の企画旅行契約に付随して、旅券の受給のための行政庁等に対する手続きの代行サービスを提供することができる。

注意 **「第１種旅行業者は、そのすべての営業所に総合旅行業務取扱管理者試験に合格した者を選任しなければならない」、ということではない。**

注意 **「募集型企画旅行」とは、「企画旅行（参加する旅行者の募集をすることにより実施するものに限る）」である。「受注型企画旅行」とは、「企画旅行（旅行者の依頼により旅行計画を作成し、これにより実施するものに限る）」である。**

地域限定旅行業務取扱管理者	本邦内の旅行のうち「拠点区域（営業所の所在する市町村の区域その他の国土交通省令で定める地域内）」（P14参照）のもののみについて旅行業務を取り扱う営業所
旅行サービス手配業務取扱管理者	旅行業者から依頼を受け、旅行サービス手配業務を行う営業所

3 新規登録の申請

1 新規登録申請書の提出先

新規登録申請書の提出先は、第1種旅行業は観光庁長官、それ以外は主たる営業所の所在地を管轄する都道府県知事である。

種別		申請書の提出先
旅行業	第1種旅行業	観光庁長官
	第2種旅行業	主たる営業所の所在地を管轄する都道府県知事
	第3種旅行業	
	地域限定旅行業	
旅行業者代理業		
旅行サービス手配業		

POINT

■「登録行政庁」とは

旅行業者・旅行業者代理業者・旅行サービス手配業者が実際に新規登録申請書を提出し、登録を受けた行政庁を「登録行政庁」という。すなわち、登録行政庁とは、以下の総称である。

登録種別	登録行政庁
第1種旅行業者	観光庁長官
第2種旅行業者	主たる営業所の所在地を管轄する都道府県知事
第3種旅行業者	
地域限定旅行業者	
旅行業者代理業者	
旅行サービス手配業者	

2 登録事項

新規登録申請書には、以下の事項を記載しなければならない。旅行業を申請する者は①～④、旅行業者代理業を申請する者は①～②と⑤を記入する。記載された事項は、登録事項として登録される。

登録事項	備考
①「氏名または商号もしくは名称」及び「住所」法人の場合はその「代表者の氏名」も	「旅行業務取扱管理者」の名前は不要
②「主たる営業所」及び「その他の営業所」の名称及び所在地	
③旅行業を営もうとする者はその「業務の範囲」の別	1種、2種、3種、地域限定旅行業のいずれか

④旅行業を営もうとする者は、その「旅行業者代理業者」の氏名(名称)及び住所並びに営業所の名称・所在地	
⑤旅行業者代理業を営もうとする者は、その「代理する旅行業を営む者(所属旅行業者)」の氏名(名称)及び住所	その代理する旅行業を営む者の代表者の氏名は記載不要

旅行サービス手配業を申請する者は、下記①と②を記載しなければならない。

①「氏名または商号もしくは名称」及び「住所」並びに法人の場合はその「代表者の氏名」

②「主たる営業所」及び「その他の営業所」の名称及び所在地

4 登録の拒否

観光庁長官は、次に該当する場合、その登録を拒否しなければならない。

POINT

① 旅行業、旅行業者代理業または旅行サービス手配業の登録を取り消された日から、5年経過していない者。

・登録を取り消された者が法人の場合、取消しの聴聞の期日・場所の公示の日前60日以内に当該法人の役員であった者を含む。

拒否例 旅行サービス手配業の登録を取り消され、その取消しの日から5年を経過していない者は、旅行業の登録を拒否される。

② 禁錮以上または旅行業法違反の罰金で、刑の終了日(またはその執行を受けることがなくなった日)から5年経過していない者。

拒否されない例 1年前に、道路交通法に違反し罰金刑に処せられた者は拒否事由に該当しない。

拒否されない例 3年前に、公職選挙法違反で罰金刑に処せられた者は拒否事由に該当しない。

③ 暴力団員等(暴力団員または暴力団員でなくなった日から5年を経過しない者)。

④ 申請前5年以内に旅行業務または旅行サービス手配業務に関し不正な行為をした者。

⑤ 営業に関し成年者と同一の行為能力を有しない未成年で、その法定代理人が①～④または⑦の1つに該当する者。

⑥ 心身の故障により旅行業もしくは旅行業者代理業を適正に遂行することができない者として国土交通省令で定めるもの※、または破産手続開始の決定を受けて復権を得ない者。

※ 上記の「国土交通省令で定めるもの」とは「精神の機能の障害により旅行業または旅行業者代理業を適正に遂行するに当たって必要な認知、判断及び意思疎通を適切に行うことができない者」をいう。

⑦ その役員が上記①～④または⑥に該当する法人。

拒否例 法人であって、その役員のうちに登録申請の3年前に、旅行業務に関し不正な行為をした者があるもの。

⑧ 暴力団員等がその事業活動を支配する者。

⑨ 営業所ごとに、法に定める旅行業務取扱管理者を確実に選任すると認められないもの。

拒否されない例 営業所ごとに法第12条の11の規定による旅程管理業務を行う者を確実に選任すると認められないもの。

⑩ 業務の範囲の別ごとに定められた財産的基礎を有しないもの。

- 財産的基礎とは、基準資産額をいう。
- 基準資産額=資産額−(負債額+営業保証金(または弁済業務保証金分担金))
- すなわち、営業保証金(または弁済業務保証金分担金)は、基準資産額に含めない。

登録種別	財産的基礎(基準資産額)
第1種旅行業	3,000万円以上
第2種旅行業	700万円以上
第3種旅行業	300万円以上
地域限定旅行業	100万円以上
旅行業者代理業	なし
旅行サービス手配業	なし

⑪ 旅行業者代理業を営もうとする者で、その代理する所属旅行業者が2以上であるもの。

- 所属旅行業者は1社に限る。
- 旅行業者代理業を営もうとする者は、地域限定旅行業者を所属旅行業者とすることができる。

5 登録の有効期間

ココ出る

新規登録	・旅行業の登録の有効期間は、**登録の日**から起算して**5年**。 ・旅行業者代理業の登録の有効期間はない。 ・旅行サービス手配業の有効期間はない。
更新された登録	・旅行業の更新登録をした場合の有効期間は、従前の登録の有効期間の**満了の日の翌日**から起算して**5年**。 ・更新登録された日または拒否の通知がなされた日とは**無関係**。 ・更新登録を申請した後は、登録または登録拒否の**通知**があるまでの間は、有効期間の**満了後**も、その**効力**を有する。

＜有効期間満了日の例＞

- 更新登録をした場合でも、有効期間満了日は10月4日であり、変わることはない。
- 更新登録がなされた日や通知がなされた日には影響されない。

旅行業の登録日	令和4年10月5日		
↓		更新登録がなされた日	令和9年10月3日
有効期間満了日	令和9年10月4日		
↓		通知がなされた日	令和9年10月10日
更新登録した場合の有効期間満了日	令和14年10月4日		

6 更新登録

1 更新登録とは

① 旅行業の登録の有効期間満了の後、引き続き旅行業を営もうとする者は、観光庁長官の行う有効期間の**更新の登録**を受けなければならない。

② **旅行業者代理業**には有効期間がないので、更新登録の申請を行う必要はない。

③ **旅行サービス手配業**には登録の有効期限がないので、更新登録の申請を行う必要はない。

2 申請書の提出期限

ココ出る

① 旅行業の更新登録の申請をしようとする者は、有効期間の**満了の日の2か月前**までに、更新登録申請書に関係書類を添付して**登録行政庁**に提出しなければならない。

② 更新登録可否の**通知**があるまでは、有効期間**満了後**も**効力**を有する。

3 申請書の提出先

旅行業の更新登録の申請をしようとする者は、更新登録申請書を登録行政庁に提出しなければならない。

登録区分	更新登録申請書の提出先→登録行政庁
①第1種旅行業者	観光庁長官
②第2種旅行業者	主たる営業所の所在地を管轄する都道府県知事
③第3種旅行業者	
④地域限定旅行業者	
⑤旅行業者代理業者	有効期間がないため更新登録の申請をする必要はない
⑥旅行サービス手配業者	

7 登録事項の変更

登録事項に変更が生じるときは、内容によって必要な手続きが異なるため注意を要する。

1 登録事項の変更の手続き

登録事項に変更が生じるときは、以下の通り、内容によって必要な手続きを行わなければならない。

登録事項(変更内容)	変更手続
①「氏名または商号もしくは名称」及び「住所」 法人の場合はその「代表者の氏名」も	登録事項の変更の届出
②「主たる営業所」及び「その他の営業所」の名称及び所在地	
③旅行業を営もうとする者は、その「業務の範囲」	変更登録
④旅行業を営もうとする者は、その「旅行業者代理業者」の氏名(名称)及び住所並びに営業所の名称・所在地	登録事項の変更の届出
⑤旅行業者代理業を営もうとする者は、その所属旅行業者の氏名(名称)及び住所	新規登録

POINT

2 登録事項の変更の届出

- 旅行業者は、上表①②④に登録事項の変更があったときは(旅行業者代理業者、旅行サービス手配業者は①②)、その日から30日以内に、登録行政庁に登録事項変更届出書を提出しなければならない。
- 登録事項変更届出書は、登録行政庁に提出しなければならない。
- ただし、第2種旅行業者、第3種旅行業者、地域限定旅行業者、旅行業者代理業者または旅行サービス手配業者が、主たる営業所の所在地（都道府県が異なる）を変更しようとするときは、変更後の主たる営業所を管轄する都道府県知事に対して登録事項変更届出書を提出しなければならない（登録行政庁が変わるため）。

3 新規登録を必要とする場合

① 旅行業者代理業者が所属旅行業者を変更しようとする場合は、その主たる営業所の所在地を管轄する都道府県知事に新規登録申請書を提出しなければならない。

② 旅行業者代理業者が、その登録業務範囲を第3種旅行業務に変更しようとするときは、その主たる営業所の所在地を管轄する都道府県知事に新規登録申請書を提出しなければならない。

③ 旅行サービス手配業者が、その登録業務範囲を地域限定旅行業務に変更しようとするときは、その主たる営業所の所在地を管轄する都道府県知事に、新規登録申請書を提出しなければならない。

4 変更登録

① 第１種・第２種・第３種・地域限定旅行業者の間の変更を「変更登録」という。登録業務範囲の変更を意味する。

② 旅行業者は、登録業務範囲を変更しようとするときは、変更登録申請書を変更後の登録行政庁に提出しなければならない。

③ 変更登録申請書の提出先は、次の図の通り。

④ 第１種旅行業者が第３種旅行業者に変更しようとするときは、その主たる営業所の所在地を管轄する都道府県知事に変更登録申請書を提出しなければならない。

	変更登録	変更登録申請書の提出先
第２種旅行業者 第３種旅行業者 地域限定旅行業者	➡ 第１種旅行業者への変更	観光庁長官
第１種旅行業者 第３種旅行業者 地域限定旅行業者	➡ 第２種旅行業者への変更	主たる営業所の所在地を管轄する都道府県知事
第１種旅行業者 第２種旅行業者 地域限定旅行業者	➡ 第３種旅行業者への変更	主たる営業所の所在地を管轄する都道府県知事

第1種旅行業者 第2種旅行業者 第3種旅行業者	➡	地域限定旅行業者への変更	主たる営業所の所在地を管轄する都道府県知事

5 「変更登録」と「登録事項の変更の届出」の違い

ココ出る

「変更登録」と「登録事項の変更の届出」の手続きは、以下の通り異なる。

区分	内容	「申請」と「届出」の違い
変更登録	旅行業者の登録業務範囲の変更(第1種・第2種・第3種・地域限定の間の変更)	変更後の登録行政庁へ申請
登録事項の変更の届出	登録事項の①②④の変更(P21の表参照)	・変更した日から30日以内に登録行政庁に届出 ・ただし、第2種・第3種・地域限定旅行業者・旅行業者代理業者・旅行サービス手配業者の主たる営業所が別の都道府県に移転する場合は移転後の登録行政庁に届出

5 営業保証金

・学習のポイント

- 旅行の申込金を支払った相手の旅行業者が倒産した場合にどうなるのか、「営業保証金」の制度の概要を理解する。

1 営業保証金の供託と届出

1 供託と届出

① 旅行業者は、旅行業の登録の通知を受けた日から14日以内に営業保証金を供託し、その旨、登録行政庁に届出しなければならない。

② 供託の届出がないときは、観光庁長官（登録行政庁）は、その定める7日以上の期間内に届出をすべき旨の催告をしなければならない。

③ 催告しても、期間内に届出をしないときは、旅行業の登録を取り消すことができる。

④ 旅行業者代理業者には、営業保証金の供託義務はない。

⑤ 旅行サービス手配業者には、営業保証金の供託義務はない。

2 事業の開始

① 旅行業者は営業保証金を供託し、登録行政庁にその届出をした後でなければ、その事業を開始してはならない。

② 営業保証金の供託の届出の前に、事業を開始してはならない。旅行業者は、登録の通知を受けて営業保証金を供託しても、供託の届出を行わなければ、その事業を開始することはできない。

③ 旅行業者代理業者は、その代理する旅行業者（所属旅行業者）が営業保証金を供託し、観光庁長官（登録行政庁）に、その届出をした後でなければ、その事業を開始してはならない。

④ 営業保証金を供託したときは、直ちにその事業を開始できる、ということではない。登録行政庁への届出が必要。供託の届出の前に事業を開始してはならない。

3 有価証券による供託

① 現金だけではなく、国債証券、地方債証券等の有価証券でも供託できる。営業保証金は、国債証券をもって供託することができる。

② 国債証券、地方債証券または政府が債務につき保証契約をした有価証券については、その額面金額をもって営業保証金に充てることができる。

③上記②以外の有価証券については、額面金額の100分の90。

4 供託先

① 旅行業者の主たる営業所の最寄りの供託所に供託しなければならない。

② 供託先は、登録行政庁や旅行業協会ではない。

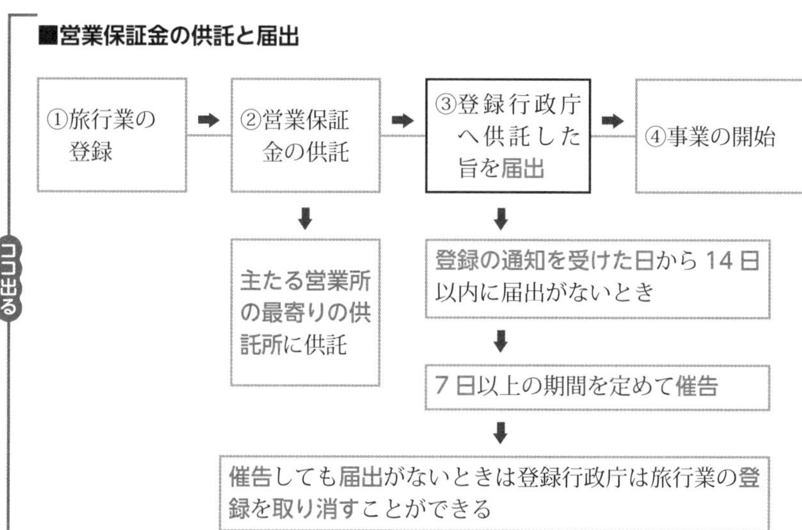

2 営業保証金の額

1 営業保証金の額

① 営業保証金の額は、以下のア、イ、ウにより算定される。

ア 「前事業年度における旅行業務に関する旅行者との取引の額」に応じて、

イ 「業務の範囲の別ごとに(第1種・第2種・第3種・地域限定)」定められている。

ウ 第1種旅行業者の場合は、上記の所定額に「本邦外の企画旅行(参加する旅行者の募集をすることにより実施するものに限る)に係る旅行者との取引の額」に応じて別表第二(P26)に定められた額を加えた額とする。例えば、海外募集型企画旅行の実施に係る旅行者との取引の額が「8億円未満」の場合の加算額は「0円」と規定され、「8億円以上9億円未満」の場合の加算額は「900万円」と規定された。

②「旅行者との取引の額」には、以下を含む。

ア　所属旅行業者に所属する**旅行業者代理業者**が取り扱った旅行者との取引の額

イ　**受託旅行業者**の旅行者との取引の額

※営業所の数は、営業保証金の額の算出基準に該当しない。

③営業保証金の額(例)　＜別表第一から抜粋＞

前事業年度における旅行業務に関する旅行者との取引額	営業保証金の額			
	第1種	第2種	第3種	地域限定
400万円未満	7,000万円	1,100万円	300万円	15万円
400万円以上 5,000万円未満	7,000万円	1,100万円	300万円	100万円
5,000万円以上 2億円未満	7,000万円	1,100万円	300万円	300万円
(以下省略)				

＜別表第二から抜粋＞

前事業年度における旅行業務に関する旅行者との取引の額のうち、本邦外の企画旅行(参加する旅行者の募集をすることにより実施するものに限る)に係るもの		営業保証金の額
8億円未満		0円
8億円以上	9億円未満	900万円
9億円以上	15億円未満	1,100万円
(以下省略)		

> **例** 第1種旅行業の新規登録を受けた者が供託すべき営業保証金の額は、登録の申請時に添付した書類に記載した旅行業務に関する旅行者との年間取引見込額が400万円以上5,000万円未満の場合は、7,000万円である。第2種旅行業は1,100万円、第3種旅行業は300万円、地域限定旅行業は100万円である。

備考①　第1種の上記額は『本邦外の企画旅行(参加する旅行者の募集をすることにより実施するものに限る)に係る旅行者との取引の額』の年間見込額が『8億円未満』の場合とする。

備考②　**地域限定旅行業者**の年間取引見込額が400万円未満の場合、営業保証金の額は**15万円**である。年間取引見込額が400万円以上5,000万円未満の場合は、営業保証金の額は100万円と規定されている。

ココ出る

■営業保証金の最低額

	旅行業協会に未加入 営業保証金の最低額	旅行業協会に加入 弁済業務保証金分担金の最低額
第1種旅行業者	7,000万円	1,400万円
第2種旅行業者	1,100万円	220万円
第3種旅行業者	300万円	60万円
地域限定旅行業者	15万円	3万円

2 旅行業協会に加入する場合

旅行業協会に加入する場合は、営業保証金の5分の1の金額の弁済業務保証金分担金を旅行業協会に納付すれば、営業保証金は免除される。旅行者に弁済される限度額は、旅行業協会に加入した場合も営業保証金の額となる。

POINT

3 取引額の報告

旅行業者は、毎事業年度終了後100日以内に、登録行政庁(観光庁長官)へ、その事業年度における旅行業務に関する旅行者との取引額を報告しなければならない。

4 営業保証金の還付

① 還付とは、支払いを受けること。すなわち、旅行業者の営業保証金から旅行者が弁済を受けることである。

② 旅行業者または当該旅行業者を所属旅行業者とする旅行業者代理業者と旅行業務に関し取引をした旅行者は、その取引によって生じた債権に関し当該旅行業者が供託している営業保証金について、その弁済を受ける権利を有する。

③ その弁済を受ける権利を有する者は旅行者に限定される。すなわち、運送機関及び宿泊施設は弁済を受ける権利を有しない。

④ 合併により設立された法人である旅行業者が、旅行業者であった消滅会社より、営業保証金についての権利を承継し、その旨を登録行政庁に届け出た場合において当該消滅会社と旅行業務に関し取引をした旅行者は、債権の弁済を受ける権利を有する。

⑤ 旅行業者が供託している営業保証金から債権の弁済を受ける権利を有する者は、その権利を実行しようとするときは、登録行政庁に対し、その申し立てをしなければならない。

3 営業保証金の追加の供託

POINT

1 追加の供託と届出

旅行業者は、供託している営業保証金の額が規定額に不足するときは、不足額を追加して供託し、登録行政庁に届け出なければならない。

① 取引額の増加

旅行業者が毎事業年度終了後において、供託している営業保証金の額が規定する額に不足することとなるときは、その不足額をその終了の日の翌日から100日以内に追加して供託し、その旨を登録行政庁に届け出なければならない。

登録行政庁(観光庁長官)は、期限までに追加の供託の届出がないときは、7日以上の期間内に届出をすべき旨を催告しなければならない。催告しても、期間内に届け出ないときは登録を取り消す。

② 変更登録

旅行業者が変更登録を受けた場合において、その営業保証金の額が規定する額に不足することとなるときは、その不足額を追加して供託し、登録行政庁にその旨を届け出た後でなければ変更登録後の事業を開始してはならない。

③ 還付

旅行業者は、旅行者による還付請求の実行により規定額に不足するときは、不足額の供託を求める通知書の交付を受けた日から14日以内に不足額を供託し届け出なければならない。期限までに不足額を供託し届け出ないときは、当該旅行業者の登録はその効力を失う。

④ 保証社員でなくなった

旅行業協会の保証社員が、保証社員でなくなった日から7日以内に営業保証金を供託し登録行政庁にその供託の届出がなされないときは、当該保証社員の旅行業の登録は、その効力を失う。

2 営業保証金の供託の届出の期限

ココ出る

供託の理由	営業保証金の供託の届出の期限
新規登録したとき	旅行業の登録の通知を受けた日から14日以内（7日以上の期間を定めた催告あり）
取引額が増加したため規定額に不足	終了の日の翌日から100日以内（7日以上の期間を定めた催告あり）
変更登録したため規定額に不足	供託し、届け出た後でなければ、変更登録後の事業を開始できない
旅行者へ還付（弁済）したため規定額に不足	通知書の交付を受けた日から14日以内
旅行業協会を脱会し保証社員でなくなった	保証社員でなくなった日から7日以内

3 営業保証金の取戻し

旅行業者が、供託所から営業保証金を返してもらうことを「取戻し」という。以下の表に示すような場合は取り戻すことができるが、債権者（還付請求権者）に対して一定期間、官報等により公告する必要がある場合がある。

営業保証金の取戻しの事由	公告
①有効期間の満了等により、登録を抹消	必要
②旅行業協会に加入し、保証社員となった	
③変更登録をして、供託すべき額が減少した	
④事業年度終了後、旅行者との取引額が減少した	不要
⑤主たる営業所の移転に伴う有価証券を含む営業保証金の取戻し	

公告は6か月を下らない（6か月以上の）一定期間内に申し出るよう行われる。公告の後、還付請求を申し出る者がいない場合、旅行業者は営業保証金を取り戻す。

6 旅行業務取扱管理者・外務員

・学習のポイント

- 旅行業者等は、すべての営業所に「旅行業務取扱管理者」を１人以上選任しなければならない（「旅行サービス手配業務取扱管理者」についてはP63参照）。
- 「外務員」は営業所以外の場所で取引を行う者。

1 旅行業務取扱管理者

1 旅行業務取扱管理者の選任

旅行業者等は、営業所ごとに、１人以上の法に適合する旅行業務取扱管理者を選任しなければならない。旅行業務を取り扱う者が１人である営業所においても、選任しなければならない。

POINT

2 兼任（兼務）不可

旅行業務取扱管理者は、他の営業所の旅行業務取扱管理者となることはできない。同じ会社であっても、他の営業所との兼任不可（兼務不可）。所属旅行業者の営業所の旅行業務取扱管理者であっても、兼任不可。

① 例外として、以下の国土交通省令で定める条件をすべて満たした場合

１人の旅行業務取扱管理者が複数の営業所で兼務できる。１人の旅行業務取扱管理者が他の営業所を兼任できる。旅行業務取扱管理者は他の営業所の旅行業務取扱管理者となることができる。

ア　地域限定旅行業者の複数の営業所であること。旅行業者の登録業務範囲が地域限定旅行業務に限られる。旅行業者代理業者の複数の営業所に関しては、その代理する旅行業者の登録業務範囲が地域限定旅行業務に限られる。

イ　その複数の営業所が近接していること。複数の営業所間の距離の合計が40km以下であること。

ウ　当該複数の営業所の前事業年度における旅行者との取引額の合計が１億円以下であること。

エ　旅行業務取扱管理者の事務負担が過重なものとなることなく、その複数の営業所における旅行業務の適切な運営が確保されないおそれがないこと。

②営業所ごとの取引額の報告

ア　旅行業者等は複数の営業所を通じて、１人の旅行業務取扱管理者を選任し

ようとするときは、あらかじめ、当該複数の営業所ごとの前事業年度における旅行業務に関する旅行者との取引額を記載した所定の取引額報告書を登録行政庁に提出しなければならない。

イ　旅行業者等は複数の営業所を通じて、1人の旅行業務取扱管理者を選任した場合においては、毎事業年度終了後100日以内に当該複数の営業所ごとのその事業年度における旅行業務に関する旅行者との取引額を記載した所定の取引額報告書を登録行政庁に提出しなければならない。

ウ　旅行業者の営業所ごとの旅行者との取引額の報告の受付は、主たる営業所の所在地を管轄する都道府県知事が行う。

3 すべて欠けた場合

① 旅行業者等は、その営業所において選任した旅行業務取扱管理者のすべてが、法第6条第1項第1号から第6号までのいずれかに該当する(すなわち登録の拒否事由に該当する)ことになったときは、または選任した旅行業務取扱管理者がすべて欠けるに至ったときは、新たに旅行業務取扱管理者を選任するまでの間は、その営業所において旅行業務に関する契約を締結してはならない。

② 旅行業務が一切できないというわけではない。運送・宿泊機関の手配等の契約締結以外の業務を行うことはできる。

選任した旅行業務取扱管理者に変更があった場合、登録行政庁等へ届け出る必要はない。

4 旅行業務取扱管理者の資格

法第6条第1項第1号から第6号までのいずれにも該当しない者でなければならない。すなわち、次の登録の拒否事由に該当しない者でなければならない。

① 旅行業もしくは旅行業者代理業または旅行サービス手配業の登録を取り消された日から5年を経過していない者

② 禁錮以上の刑、または旅行業法の規定に違反して罰金の刑に処せられ、その執行を終わり、または執行を受けることがなくなった日から5年を経過していない者

③ 暴力団員等(暴力団員または暴力団員でなくなった日から5年を経過しない者)

④ 申請前5年以内に旅行業務または旅行サービス手配業務に関し不正な行為をした者

⑤ 営業に関し成年者と同一の行為能力を有しない未成年で、法定代理人が上記①～④のいずれかに該当する者

⑥ 心身の故障により旅行業もしくは旅行業者代理業を適正に遂行することができない者として国土交通省令で定めるもの※、または破産手続開始の決定を受けて復権を得ない者。

※ 上記の「国土交通省令で定めるもの」とは「精神の機能の障害により旅行業または旅行業者代理業を適正に遂行するに当たって必要な認知、判断及び意思疎通を適切に行うことができない者」をいう。

旅行業に従事した経験はなくてもよく、「経験が1年未満」という理由で拒否されることはない。

5 旅行業務取扱管理者の業務範囲

① 本邦内の旅行（国内旅行）のみの旅行業務を取り扱う営業所には、総合旅行業務取扱管理者試験または国内旅行業務取扱管理者試験に合格した者、いずれでもよい。

② 本邦外の旅行（海外旅行）の旅行業務を取り扱う営業所には、総合旅行業務取扱管理者試験に合格した者を選任しなければならない。

③ 本邦内の旅行のうち「拠点区域（営業所の所在する市町村の区域その他の国土交通省令で定める地域内）」のもののみについて旅行業務を取り扱う営業所にあっては、総合旅行業務取扱管理者試験、国内旅行業務取扱管理者試験または地域限定旅行業務取扱管理者試験（その営業所の所在する区域に係る試験に限る）に合格した者、いずれでもよい。

注意 「拠点区域」とは、以下の区域をいう。

ア 自らの営業所の存する市町村（特別区を含む）

イ アの市町村に隣接する市町村

ウ 観光庁長官の定める区域

取扱い可能な旅行範囲		旅行業務取扱管理者		
		総合	国内	地域限定
旅行業務	日本全国＋海外	○	×	×
	日本全国	○	○	×
	日本地域限定	○	○	○

6 旅行業務取扱管理者証（証明書）

旅行業務取扱管理者証の様式は国土交通省令で定められており、旅行業者等が定めるものではない。

発行するのは、旅行業務取扱管理者が所属する会社（旅行業者等）である。従って、旅行業者代理業者の旅行業務取扱管理者証は、その旅行業者代理業者が発行する。

旅行業務取扱管理者は、旅行者から請求があったときは所定の様式による旅行業務取扱管理者の証明書を提示しなければならない（旅行者から請求がない場合は、提示する必要はない）。

2 旅行業務取扱管理者の職務

ココ出る

旅行業務取扱管理者は、次の事項についての**管理及び監督**に関する事務を行う。

① **旅行**に関する**計画の作成**
② **料金の掲示**（法第12条の規定による）
③ **旅行業約款**の掲示及び**備え置き**
④ **法第12条の4**の規定による**取引条件の説明**
⑤ **法第12条の5**の規定による**書面**の交付（**契約書面**の交付）
⑥ **募集広告**の実施及び**誇大広告**の禁止（法第12条の7、法第12条の8）
⑦ **企画旅行**の円滑な実施のための措置（**旅程管理業務**）
⑧ 旅行に関する**苦情の処理**
⑨ **契約締結の年月日**、**契約の相手方**その他の旅行者または旅行に関するサービスを提供する者と締結した契約の内容に係る重要な事項についての**明確な記録**または**関係書類の保管**
⑩ 前各号に掲げるもののほか、取引の公正、旅行の安全及び旅行者の利便を確保するため必要な事項として**観光庁長官**が定める事項

注意 「登録申請」「営業保証金」「取引額報告」「標識」「旅行業務取扱管理者証」「外務員証」は、旅行業務取扱管理者の職務として定められていない。

3 旅行業者等の義務

1 旅行業者等の義務

① **旅行業者等**は、旅行業務取扱管理者について、**5年ごと**に旅行業務に関する法令、旅程管理その他の**旅行業務取扱管理者**の職務に関し必要な知識及び能力の向上を図るため、**旅行業協会**が実施する**研修**を受けさせなければならない。
② **観光庁長官（登録行政庁）**は、旅行業者等が上記の義務を遵守していないと認めるとき、その者に対し、期限を定めて、必要な措置をとるべきことを**勧告することができる**。
③ **観光庁長官（登録行政庁）**は、勧告を受けた旅行業者等がその勧告に従わないときは、その者に対し、期限を定めて、その勧告に係る措置をとるべきことを**命ずることができる**。

④ 旅行業者等は、旅行業務取扱管理者について、苦情の解決に関する講習を受講させることその他の旅行業務取扱管理者の職務に関し必要な知識及び能力の向上を図るための措置を講ずるよう努めなければならない。

2 最終的な説明義務

「説明書面」と「契約書面」には、「旅行業務取扱管理者の氏名及び旅行者の依頼があれば当該旅行業務取扱管理者が最終的には説明を行う旨」の記載が必要である。

POINT

項目	旅行業務取扱管理者証	外務員証
提示	旅行者から請求があったときは、提示しなければならない	旅行者からの請求がなくても、提示しなければならない
様式	国土交通省令で定める	同左
発行者	それぞれの旅行業者または旅行業者代理業者が自ら発行	同左
携帯者	旅行業務取扱管理者試験に合格した者	営業所以外の場所で取引を行う者、役員もパートもすべて該当者
相互代用	異なる資格であり、代用不可	同左

4 外務員

1 外務員の定義

「外務員」とは、旅行業者等のために、その営業所以外の場所で旅行業務について取引を行う者、を指す。勧誘員、販売員、外交員等のいかなる名称を有する者であるかを問わない。また、使用人だけでなく、役員であっても、営業所以外の場所で取引を行う場合は「外務員」である。

2 外務員証の携帯と提示

① 旅行業者等は、その営業所以外の場所で旅行業務について取引を行う者に、外務員証を携帯させなければ外務員としての業務に従事させてはならない。

② 外務員として業務するときは、役員も外務員証を携帯しなければならない。

③ 外務員が営業所以外の場所でその業務を行うときは、外務員証を提示しなければならない。

④ 旅行者からの請求がなくても、外務員証を提示しなければならない。

3 外務員証の様式と発行

① 様式は国土交通省令で定められており旅行業者等が定めるものではない。

② 外務員証を発行するのは、その外務員が所属する会社(旅行業者等)である。従って、旅行業者代理業者の外務員証は、その旅行業者代理業者が発行する。その旅行業者等の「代表者の氏名」の記載も必要。

4 外務員の権限

外務員は、旅行者が悪意であったときを除き、その所属する旅行業者等に代わって旅行者との旅行業務に関する取引についての一切の裁判外の行為を行う権限を有するものとみなされる。

ココ出る

項目		規定	注意点
「外務員」とは		営業所以外の場所で取引を行う者	役員も「外務員」
外務員証	携帯	必ず携帯	役員も携帯
	提示	必ず提示	旅行者から請求がなくても提示
	様式	国土交通省令で定める	旅行業者等が定めるものではない
	発行者	所属する旅行業者等が自ら発行する	代理業者は自ら発行
外務員の権限		旅行者が悪意であった場合を除き、一切の裁判外の行為を行う権限を持つ	同左

7 旅行業務の取扱いの料金／旅行業約款／標識（登録票）

・学習のポイント

- 旅行者から収受する「旅行業務の取扱いの料金」の掲示義務等。
- 旅行業者と旅行者の契約書である「旅行業約款」について、その認可、掲示または備え置き、及び「標準旅行業約款」等、認可申請が不要となる「軽微な変更」。
- 正規の登録を受けた旅行業者等であることを示す「標識」（登録票）。

1 旅行業務の取扱いの料金

旅行業務の取扱いの料金のポイントは次の通りである。

POINT

① 掲示しなければならない（掲示義務）

旅行業者は、事業の開始前に旅行者から収受する旅行業務の取扱いの料金を、その営業所において旅行者に見やすいように掲示しなければならない。ただし、企画旅行においては料金について掲示義務はない。説明義務もない。

② 旅行者にとって定率、定額等の方法で明確でなければならない

※定率：旅行費用に、一定の率（パーセント）をかけたもの。例 旅行費用の５％以内。

※定額：１件あたりの金額。例 １件につき500円。

③ 届出や認可は不要

旅行者は、料金が高いと思えば買わないため、届出や認可は不要である。ただし、不当に高い場合は、登録行政庁が「業務改善命令」を出すこともある。

④ 所属旅行業者が定めた料金を掲示しなければならない

旅行業者代理業者は、その営業所において、所属旅行業者が定めた旅行業務の取扱いの料金を、旅行者に見やすいように掲示しなければならない。旅行業者代理業者は、料金を自ら定めることはできない。

■「旅行業務の取扱いの料金」とは

- 手配旅行契約では、「取扱料金」「変更手続料金」「取消手続料金」
- 相談契約では、「相談料金」
- 渡航手続代行契約では、「渡航手続代行料金」
- 受注型企画旅行契約では、「企画料金」（企画料金には掲示義務なし）
- 募集型企画旅行では、料金は旅行代金に含まれており、「旅行業務取扱料金」

を明示することはない

2 旅行業約款

1 旅行業約款の掲示、または備え置き

POINT

① 旅行業者等は、旅行業約款を、その**営業所**において**旅行者**に見やすいように**掲示**し、または旅行者が閲覧できるように**備え置かなければならない**。

② **旅行業者代理業者**にあっては、**所属旅行業者**の旅行業約款を旅行者に見やすいように**掲示**し、**または**旅行者が閲覧できるように**備え置かなければならない**。旅行業者代理業者は、**自ら**旅行業約款を定めることは**できない**。

③ 旅行業者等は、他の旅行業者を**代理**して**企画旅行契約**(参加する旅行者の**募集**をすることにより実施する企画旅行に係るものに限る)**を締結**する場合にあっては、当該**他の旅行業者**の旅行業約款を、その営業所において旅行者に見やすいように**掲示**し、**または**旅行者が閲覧できるように**備え置かなければならない**。(**受託旅行業者**の掲示または備え置き)

2 旅行業約款の認可

旅行業者は、旅行者と締結する旅行業務の取扱いに関する契約に関し**旅行業約款**を定め、**登録行政庁**(**観光庁長官**)の**認可**を受けなければならない。

旅行業約款を**変更**しようとするときも、同様に**認可**を受けなければならない。ただし、「**軽微な変更**」については**認可申請**が**不要**である。

3 標準旅行業約款

ココ出る

① **観光庁長官及び消費者庁長官**が**標準旅行業約款**を定めて公示した場合(これを変更して公示した場合を含む)において、旅行業者が**標準旅行業約款**と**同一**の旅行業約款を定めたときは、その旅行業約款については**観光庁長官**の**認可**を受けたものとみなす。

② また、**同一**のものに**変更**した場合、**認可**を受けたものとみなされる。

③ 従って、**標準旅行業約款**と**同一**のものを定めたときも、**同一**のものに変更したときも改めて**認可**を受ける必要はない。

④ **標準旅行業約款**より、旅行者にとって**有利な内容**に定めたときであっても、**標準旅行業約款**と**異なる**場合は改めて**認可**を受けなければならない。

4 旅行業約款の認可基準

登録行政庁（観光庁長官）が旅行業約款を認可するときは、次の基準によらなければならない。①と②のいずれの基準も満たす必要がある。

① 旅行者の正当な利益を害するおそれがないものであること。

② 少なくとも、企画旅行契約とそれ以外の契約との区別に応じて、明確に旅行業務の取扱いの料金その他の旅行者との取引に係る金銭の収受及び払戻しに関する事項、並びに旅行業者の責任に関する事項が明確に定められていること。

5 旅行業約款の記載事項

旅行業約款に記載しなければならない事項は、次の通りである。

① 旅行業務の取扱いの料金その他の旅行者との取引に係る金銭の収受

② 契約書面（法12条の5）の種類及び権利の内容

③ 契約の変更及び解除

④ 責任及び免責

⑤ 旅行中の損害の補償

⑥ 保証社員である場合（旅行業協会に加入している場合）

　⑴ 旅行業協会の名称と所在地

　⑵ 弁済業務保証金から弁済を受けることができること

　⑶ 弁済限度額

　⑷ 営業保証金を供託していないこと

⑦ 保証社員でない場合（旅行業協会に加入していない場合）

　⑴ 営業保証金を供託している供託所の名称と所在地

　⑵ 営業保証金から弁済を受けることができること

⑧ その他旅行業約款の内容として必要な事項

〈注〉「旅行業務取扱管理者の氏名」は、旅行業約款の記載事項として定められていない。

6 軽微な変更

旅行業約款を変更しようとするときも、登録行政庁の認可を受けなければならないが、「軽微な変更」については認可申請が不要である。「軽微な変更」とは、次の通りである。

POINT

① 保証社員である場合（旅行業協会に加入している場合）
⑴「旅行業協会の名称と所在地」の変更
⑵「弁済業務保証金からの弁済限度額」の変更
② 保証社員でない場合（旅行業協会に加入していない場合）
「営業保証金を供託している供託所の名称と所在地」の変更

③ 保証社員でない旅行業者が保証社員となった場合
上記の旅行業約款の記載事項を⑦から⑥に改める変更
④ 保証社員である旅行業者が保証社員でなくなった場合
上記の旅行業約款の記載事項を⑥から⑦に改める変更

3 標識

1 標識（登録票）の掲示

① 旅行業者等は、営業所において標識を公衆に見やすいように掲示しなければならない（掲示義務）。
② 「閲覧できるように備え置く」は不可。必ず掲示しなければならない。
③ 旅行者だけではなく、公衆に見やすいように営業所に必ず掲示しなければならない。「公衆」とは、旅行者（お客様）に限定せず、不特定多数の者を指す。
④ 旅行業者等以外の者は、国土交通省令で定める標識またはこれに類似する標識を掲示してはならない。

2 標識の様式

POINT

① 旅行業と旅行業者代理業の様式による区別
旅行業と旅行業者代理業との別に応じて、様式が定められている。すなわち、旅行業者と旅行業者代理業者では記載すべき事項が異なる。
② 地の色による区別

国内旅行のみ取り扱う営業所	・地の色は「白色」 ・第１種旅行業者の営業所でも、国内旅行のみを取り扱う営業所の標識の地の色は「白色」である
海外旅行を取り扱う営業所	・地の色は「青色」 ・旅行業者代理業者と所属旅行業者の標識の様式は異なる

3 標識の記載事項

ココ出る

旅行業と旅行業者代理業との別に応じて、記載すべき事項が異なる。

○…記載の必要な項目

	標識の記載項目	旅行業者	旅行業者代理業者
①	登録番号	○	
②	登録年月日	○	
③-1	有効期間	○	不要
③-2	所属旅行業者の登録番号及び氏名または名称	不要	○
④	氏名または名称	○	
⑤	営業所の名称	○	
⑥	旅行業務取扱管理者の氏名	○	
⑦	受託取扱企画旅行	○	

- 「有効期間」は旅行業者のみ。
- 「所属旅行業者の登録番号・名称」は旅行業者代理業者のみ。
- 「旅行業務取扱管理者の氏名」は共通で必要だが、「代表者の氏名」は不要。
- 「受託取扱企画旅行」については、企画旅行の企画者が明確となるよう記載しなければならない。また、委託旅行業者の名称を記載する。
- 「弁済限度額」は、標識には記載不要だが、旅行業約款には記載必要。
- 「旅行業者等の住所」は記載不要。

ココ出る

■旅行業務の取扱いの料金・旅行業約款・標識の比較

	届出・認可	掲示の有無	旅行業者代理業者が掲示すべき内容
料金	届出不要・認可不要	必ず掲示	所属旅行業者が定めた料金
約款	認可必要	掲示または備え置き	所属旅行業者の旅行業約款
標識	届出不要・認可不要	必ず掲示	自らの標識(登録票)

8 説明・説明書面・情報通信の技術を利用する方法／契約書面／説明事項・書面記載事項

・学習のポイント

- 旅行取引するときに義務付けられている「説明（口頭）」及び「説明書面」、ネット販売等に対応した「情報通信の技術を利用する方法」。
- 契約締結後に旅行者に交付する「契約書面」、「権利を表示した書面」。
- 「説明（口頭）」、「説明書面」及び「契約書面」に説明・記載しなければならない事項。
- 「企画旅行契約」、「企画旅行契約以外の契約」及び「旅行相談契約」におけるそれぞれの相違点。

1 説明（口頭）・説明書面・情報通信の技術を利用する方法

1 説明（口頭）

契約の締結前	旅行業者等は、旅行者と旅行業務に関して契約を締結しようとするときは、その取引の条件について、必ず契約の締結前に旅行者へ説明しなければならない。
旅行相談契約も「説明」が必要	必ず、契約の締結前に旅行者に説明しなければならない。

2 説明書面

契約の締結前	旅行業者等は、旅行者と旅行業務に関し、契約を締結しようとするときは旅行者に対し「説明書面」を交付しなければならないが、下記の場合は「説明書面」を省略できる。ただし、「説明」は省略できない。
「説明書面」の省略	旅行業者等が、対価と引換えに、サービスの提供を受けることができる権利を表示した書面（乗車券、宿泊券等）を、旅行者に交付する場合、「説明書面」の交付を必要としない。

3 情報通信の技術を利用する方法

旅行者の承諾	旅行業者等が、書面に記載すべき事項を、情報通信の技術を利用する方法により提供する場合は、旅行者の承諾を必要とする。
「説明書面」の省略	電子情報処理組織を使用する方法その他の情報通信の技術を利用する方法により提供した場合、「説明書面」の交付を必要としない。
国土交通省令・内閣府令で定める方法	イ　旅行業者等から旅行者に送信し、旅行者がファイルに記録する。この場合、旅行者が書面を作成できる必要がある。 ロ　旅行者が旅行業者等を閲覧し、旅行者がファイルに記録する。この場合、旅行者が書面を作成できる必要がある。 ハ　旅行者が旅行業者等の「顧客ファイル」を閲覧する。この場合、旅行業者等は顧客ファイルを2年間保存する。 ニ　磁気ディスク、CD-ROM等を旅行者に交付する。

2 契約書面

1 契約書面

①旅行者と契約を締結したときの「契約書面」

旅行業者等は、旅行者と旅行業務に関し、契約を締結したときは遅滞なく旅行者に対し所定の事項を記載した「契約書面」を交付しなければならないが、次の場合には「契約書面」を省略できる。

②旅行者以外の者と契約を締結したときの「契約書面」

旅行業者等は、旅行者以外の旅行業務に関し取引をする者と、旅行業務に関し契約を締結したときは、遅滞なく、その取引する者に対し、旅行者に提供すべき旅行に関するサービスの内容その他の国土交通省令で定める事項を記載した「契約書面」を交付しなければならない。

■契約書面の省略

旅行業者等が、対価と引換えに旅行サービスの提供を受けることができる権利を表示した書面(乗車券、宿泊券等)を旅行者に交付する場合、「契約書面」の交付を必要としない。

2 契約書面の記載事項

①旅行者と契約を締結したときの「契約書面」

旅行業者等は、旅行者と旅行業務に関し、契約を締結したときは、「契約書面」に、旅行者に提供すべき旅行サービスの内容、旅行者が旅行業者等に支払うべき対価、旅行業務取扱管理者の氏名、全国通訳案内士もしくは地域通訳案内士の同行の有無その他の国土交通省令・内閣府令で定める事項を記載しなければならない。

②旅行者以外の者と契約を締結したときの「契約書面」

旅行業者等は、旅行者以外の旅行業務に関し取引をする者と、旅行業務に関し契約を締結したときは、遅滞なく、当該取引をする者に対し、旅行者に提供すべき旅行サービスの内容その他の国土交通省令で定める事項を記載した「契約書面」を交付しなければならない。記載すべき事項は次の通り。

ア　旅行者以外の旅行業務に関し取引をする者の氏名または商号もしくは名称及び住所

注意 **当該者が旅行業者等または旅行サービス手配業者である場合においては、氏名または商号もしくは名称及び住所並びに登録番号**

イ　契約を締結する旅行業者等の氏名または商号もしくは名称及び住所並びに登録番号

ウ　旅行者に提供すべき旅行に関するサービスの内容

エ　旅行業者等が旅行業務に関し取引をする者に支払う対価または旅行業務の取扱いの料金に関する事項

オ　当該契約に係る旅行業務を取り扱う営業所の名称及び所在地

カ　当該契約に係る旅行業務取扱管理者の氏名

キ　契約締結の年月日

3 旅行相談契約の場合

旅行相談契約では「契約書面」は不要である。

4 「情報通信の技術を利用する方法」による場合

旅行者の承諾を得て、「情報通信の技術を利用する方法」により記載事項を提供する場合、「契約書面」は不要である。

ココ出る

■「契約書面」が不要となる場合

① 権利を表示した書面（乗車券、宿泊券等）を交付する場合

② 旅行相談契約を締結する場合

③ 旅行者の承諾を得て、「情報通信の技術を利用する方法」により「契約書面」に記載すべき事項を提供する場合

3 説明事項・書面記載事項

1 企画旅行契約

○…説明(記載)が必要な事項。×…説明(記載)が不要な事項。

項目	口頭説明説明事項	説明書面記載事項	契約書面記載事項
① 企画旅行を実施する旅行業者(以下「企画者」という)の			
氏名または名称	○	○	○
住所並びに登録番号	×	○	○
② 企画者以外の者が企画者を代理して契約を締結する(した)場合にあっては、その旨	○	○	○
当該代理人の氏名または名称及び住所並びに登録番号	×	○	○
③ 営業所の名称及び所在地(外務員が書面を交付する場合にあっては、当該外務員の氏名並びにその所属する営業所の名称及び所在地)	×	○	○
④ 旅行業務取扱管理者の氏名及び旅行者の依頼があれば当該旅行業務取扱管理者が最終的には説明を行う旨	×	○	○
⑤ 旅行の目的地及び出発日その他の日程	○	○	○
⑥ 旅行者が旅行業者等に支払うべき対価及びその収受の方法	○	○	○
⑦ 旅行者が対価によって提供を受けることができる旅行に関するサービスの内容	○	○	○
⑧ 対価に含まれていない旅行に関する経費であって旅行者が通常必要とするもの	○	○	○
⑨ 企画旅行(参加する旅行者の募集をすることにより実施するものに限る)の参加者数があらかじめ企画者が定める人員数を下回った場合に当該企画旅行を実施しないこととするときは、その旨及び当該人員数(「最少催行人員」という)	○	○	○
⑩ 契約の申込方法及び契約の成立	○	○	×
⑪ 契約の変更及び解除	○	○	○
⑫ 責任及び免責	○	○	○
⑬ 旅行中の損害の補償	○	○	○
⑭ 旅行に参加する資格を定める場合にあっては、その旨及び当該資格	○	○	○
⑮ 旅行者が対価によって提供を受けることができる旅行に関するサービスに、専ら企画旅行の実施のために提供される運送サービスが含まれる場合にあっては、当該運送サービスの内容を勘案して、旅行者が取得することが望ましい輸送の安全に関する情報	○	○	○

⑯	旅行の目的地を勘案して、旅行者が取得することが望ましい安全及び衛生に関する情報がある場合にあっては、その旨及び当該情報	○	○	○
⑰	契約締結の年月日	×	×	○
⑱	旅程管理業務を行う者が同行しない場合にあっては、旅行地における企画者との連絡方法	×	×	○
⑲	全国通訳案内士または地域通訳案内士の同行の有無	○	○	○
⑳	旅行者が提供を受けることができる旅行に関するサービスに企画旅行の実施のために提供される届出住宅における宿泊のサービスが含まれる場合にあっては、宿泊サービス提供契約を締結する住宅宿泊事業者の商号、名称または氏名及び届出番号並びに旅行者が宿泊する届出住宅	○	○	○

注意 「住宅宿泊事業者」とは所定の届出をして「住宅宿泊（民泊）」事業を営む者。「届出住宅」とは住宅宿泊事業を営む旨の所定の届出を行った住宅。

注意 「旅行業務取扱管理者の氏名」は、説明事項として定められていない。書面を交付する場合の、記載事項として、定められている。

2 企画旅行契約以外の契約（旅行相談契約を除く）

	項　目	口頭説明 説明事項	説明書面 記載事項	契約書面 記載事項
①	契約を締結する（した）旅行業者の			
	氏名または名称	○	○	○
	住所並びに登録番号	×	○	○
②	旅行業者代理業者が所属旅行業者を代理して契約を締結する（した）場合にあっては、その旨	○	○	○
	旅行業者代理業者の氏名または名称及び住所並びに登録番号	×	○	○
③	営業所の名称及び所在地（外務員が書面を交付する場合にあっては、当該外務員の氏名並びにその所属する営業所の名称及び所在地）	×	○	○
④	旅行業務取扱管理者の氏名及び旅行者の依頼があれば当該旅行業務取扱管理者が最終的には説明を行う旨	×	○	○
⑤	旅行の目的地及び出発日その他の日程	○	○	○
⑥	旅行者が旅行業者等に支払うべき対価及びその収受の方法	○	○	○
⑦	旅行者が対価によって提供を受けることができる旅行に関するサービスの内容	○	○	○
⑧	対価に含まれていない旅行に関する経費であって旅行者が通常必要とするもの	○	○	○
⑨	旅行業務の取扱いの料金	○	○	○

⑩ 契約の申込方法及び契約の成立	○	○	×
⑪ 契約の変更及び解除	○	○	○
⑫ 責任及び免責	○	○	○
⑬ 旅行中の損害の補償	○	○	○
⑭ 旅行に参加する資格を定める場合にあっては、その旨及び当該資格	○	○	○
⑮ 旅行の目的地を勘案して、旅行者が取得することが望ましい安全及び衛生に関する情報がある場合にあっては、その旨及び当該情報	○	○	○
⑯ 契約締結の年月日	×	×	○
⑰ 旅行業務として、宿泊者のため届出住宅における宿泊のサービスの提供を受けることについて、代理して契約を締結し、媒介をし、または取次ぎをする行為を取り扱う場合にあっては、宿泊サービス提供契約を締結する住宅宿泊事業者の商号、名称または氏名及び届出番号並びに旅行者が宿泊する届出住宅	○	○	○

注意 住宅宿泊事業法第２条第８項第１号（定義）により、上記⑰下線部分の行為を「住宅宿泊仲介業務」という。

3 旅行相談契約

項　目	口頭説明説明事項	説明書面記載事項	契約書面記載事項
① 旅行者が旅行業者等に支払うべき対価及びその収受の方法	○	○	×
② 旅行者が対価によって提供を受けることができる旅行に関するサービスの内容	○	○	

4 「契約書面」における注意点

① 「契約の申込方法及び契約の成立」は、契約書面には記載不要となる。

② 「契約締結の年月日」が契約書面にのみ必要となる。

③ 「旅程管理業務を行う者が同行しない場合にあっては、旅行地における企画者との連絡方法」が契約書面にのみ必要となる。

④ 「旅程管理業務を行う者の同行の有無」は、契約書面には記載不要。募集広告には表示必要。

5 「企画旅行契約」における注意点

① 「最少催行人員」は、企画旅行にのみ必要となる。

② 「輸送の安全に関する情報」は、企画旅行にのみ必要となる。

③「全国通訳案内士または地域通訳案内士の同行の有無」は、企画旅行にのみ必要となる。

④「宿泊サービス提供契約を締結する住宅宿泊事業者の商号、名称または氏名及び届出番号」並びに「旅行者が宿泊する届出住宅」については、企画旅行、手配旅行ともに必要となる。

⑤「旅行業務の取扱いの料金」については、「企画旅行契約以外(手配旅行等)」にのみ必要であり、企画旅行には不要である。

9 募集の広告／誇大広告の禁止

・学習のポイント

- 「募集広告」において表示しなければならない事項、及び表示方法。
- 旅行業務の広告すべてを対象とする「誇大広告の禁止」。

1 募集広告

1 企画旅行の募集広告の表示事項

企画旅行に参加する旅行者を募集するための広告をするときは、以下の事項を表示しなければならない。

ココ出る

① **企画者**の氏名または**名称及び住所並びに登録番号**

② 旅行の**目的地及び日程**

③ 旅行者が提供を受けることができる**運送**、**宿泊**または**食事のサービス**の内容

④ 旅行者が旅行業者等に支払うべき**対価**（旅行代金）

⑤ **旅程管理業務を行う者**（添乗員）の**同行の有無**

⑥ 企画旅行の参加者数があらかじめ**企画者が定める人員数**を**下回った**場合に、当該企画旅行を**実施しない**こととするときは、その旨及び当該人員数（**最少催行人員**）

⑦ 上記③に掲げるサービスに専ら企画旅行の実施のために提供される運送サービスが含まれる場合にあっては、当該運送サービスの内容を勘案して、旅行者が取得することが望ましい**輸送の安全**に関する情報

⑧ **取引条件の説明**を行う旨。ただし、説明が必要な取引条件をすべて表示して広告する場合は除く

注意 **以下の例は、企画旅行の募集広告の表示事項として定められていない。**

- 旅行中の**損害の補償**
- 契約の**変更及び解除**
- 企画者の**責任及び免責**
- 同行する**旅程管理業務**を行う者の氏名
- **旅行業務取扱管理者**の氏名

2 企画旅行の募集広告の表示方法

POINT

① 企画者以外の者の氏名または名称を表示する場合は、文字の大きさ等に留意して企画者の氏名または名称の明確性を確保しなければならない。

② 旅行者が旅行業者等に支払うべき対価（旅行代金）が当該企画旅行の出発日により異なる場合、その最低額を表示するときは併せてその最高額を表示しなければならない。 例 29,800円～123,000円

注意 広告で最少催行人員を表示しない場合、参加旅行者が１名でも実施しなければならない。１名でも実施する場合は、最少催行人員を表示しなくてもよい。

3 企画旅行の募集広告の主体

募集型企画旅行の「広告」の主体についての規定がないので、第１種・第２種・第３種・地域限定旅行業者及び旅行業者代理業者は、受託した募集型企画旅行の広告を行うことができる。

2 誇大広告の禁止とは

1 誇大広告の禁止の意味と適用範囲

① 著しく事実に相違する表示をし、または実際のものよりも著しく優良であり、もしくは有利であると人を誤認させるような表示をしてはならない。

② 旅行業務すべてを対象として、誇大広告の禁止事項が定められている。禁止の範囲は募集型企画旅行だけではない。

2 8項目の禁止事項

① 旅行に関するサービスの品質その他の内容

② 旅行地における旅行者の安全の確保

③ 感染症の発生の状況その他の旅行地における衛生

④ 旅行地の景観、環境その他の状況

⑤ 旅行者が旅行業者等に支払うべき対価

⑥ 旅行中の旅行者の負担

⑦ 旅行者に対する損害の補償

⑧ 旅行業者等の業務の範囲、資力または信用

10 企画旅行の円滑な実施のための措置／旅程管理業務を行う主任の者

学習のポイント

- 企画旅行を実施するときに必要な「旅程管理」に関して、法令で義務付けられている業務及び免除条件等。
- 企画旅行の主任添乗員の役割、及び必要な「旅程管理主任者」の資格要件等。

1 旅程管理業務

企画旅行については、以下の4項目の企画旅行の円滑な実施のための措置（旅程管理業務）を講じなければならない。

注意 募集型企画旅行だけでなく、受注型企画旅行についても講じる必要がある。

1 旅行開始前の予約

旅行業者は企画旅行の円滑な実施のための措置として、旅行に関する計画に定めるサービスの旅行者への確実な提供を確保するため、**旅行の開始前**に必要な**予約**その他の措置を行わなければならない。

注意 予約の確保は「旅行の開始前」でよく、「募集開始前」でなくてもよい。

2 旅行地における必要な手続きの実施等の措置

旅行地において旅行に関する計画に定めるサービスの提供を受けるために**必要な手続き**を実施しなければならない。実際の例としては、ホテルや航空機のチェックインヘルプの手配等がある。

注意 ただし、所定の3条件を満たした場合、この措置を免除することができる。

3 代替サービス

旅行に関する計画に定めるサービス内容の変更を必要とする事由が生じた場合、**代替サービス**及び当該サービスを受けるために必要な手続きの実施等の措置を講じなければならない（所定の3条件により免除される）。

注意 その原因が、旅行業者が**関与しえない事由**であると証明できる場合でも、代替サービスの手配を行わなければならない。

4 集合時刻、集合場所等の指示

旅行業者は、旅行に関する計画における2人以上の旅行者が同一の日程により行動することを要する区間における円滑な旅行の実施を確保するために必要な集合時刻、集合場所等の指示をしなければならない。

2 旅程管理業務の免除の3条件

ココ出る

① 前記❷と❸の項目については、以下の3つの条件を満たした場合、この措置を講じる必要はない。

ア　本邦内の旅行であって、

イ　企画旅行の円滑な実施を確保するための措置を講じない旨を契約の締結前に旅行者に説明し、

ウ　旅行に関する計画に定めるサービスの提供を受ける権利を表示した書面(乗車券、宿泊券等)を交付した。

② いかなる場合も旅行サービスの提供を受けるために必要な手続きを実施しなければならない、というわけではない。

③ 海外旅行については言葉の問題や習慣の違い等もあるため、いかなる場合も企画旅行の円滑な実施のための措置を講じなければならない。すなわち、旅程管理業務を行わなければならない。

3 「旅程管理業務を行う主任の者」とは

① 企画旅行を実施する旅行業者には、旅程管理義務がある。

② 旅行業者は、企画旅行において「旅程管理業務を行う者」を同行させることがある。一般的には、「旅程管理業務を行う者」とは「添乗員」のことをいう。

③ 1つの旅行に添乗員が複数同行する場合は、「主任の者」を1名決める必要がある。「主任の者」1人が規定に適合していればよい。同行するすべての者が適合する者でなければならない、ということではない。

④ 企画旅行の「旅程管理業務を行う主任の者」には、募集型企画旅行及び受注型企画旅行のいずれの場合においても、一定の条件が必要である。

⑤ 手配旅行の添乗員は旅程管理義務を負わないため、条件はない。

4 「旅程管理業務を行う主任の者」に必要な３つの条件

企画旅行に同行する「旅程管理業務を行う主任の者」(主任添乗員)に必要な３つの条件は、以下の通りである。募集型企画旅行、受注型企画旅行いずれの場合にも必要である。

1 登録研修機関による研修

企画旅行に参加する旅行者に同行して、「旅程管理業務を行う主任の者」は、観光庁長官の登録を受けた**登録研修機関**が実施する旅程管理業務に関する**研修**の課程を修了しなければならない。

2 旅行の目的地を勘案して定める実務の経験

ココ出る

① 「旅程管理業務を行う主任の者」に必要な**実務経験**は、観光庁長官の登録を受けた研修機関が実施する研修課程を修了した日**の前後１年以内に１回以上**、または当該研修の課程を修了した日**から３年以内に２回以上**の旅程管理業務に従事した経験とする。

注意 「修了した日の前後１年以内に１回以上」→○
「修了した日から１年以内に１回以上」→×

注意 「修了した日から３年以内に２回以上」→○
「修了した日の前後３年以内に２回以上」→×

② **海外旅行**の「研修」及び「実務経験」は海外・国内の両企画旅行に有効だが、**国内旅行**の「研修」及び「実務経験」は国内企画旅行にのみ有効である。

③ **本邦外**の企画旅行に参加する旅行者に同行して旅程管理業務を行う者のうち主任の者に必要な実務の経験は、**本邦外**の旅程管理業務に従事した経験に限られる。**旅行の目的地を勘案**して国土交通省令で定める旅程管理業務に関する実務の経験でなければならない。

④ 旅程管理業務を行う主任の者の資格として定められている実務の経験には、**登録研修機関**の指導による旅程管理業務に相当する実務の研修を受けた経験を含む。

⑤ **資格要件を満たす者**(法第12条の11第１項の規定に適合する者)の指導による旅程管理業務に相当する実務の研修を受けた経験は、当該研修を受けた地域を目的地とする旅行に係る旅程管理業務に従事した経験とみなされる。

⑥ **手配旅行**に参加する旅行者に同行する添乗員としての経験は、旅程管理業務に従事した経験とみなされる。

3 登録の拒否事由

旅行業等の**登録の拒否事由**(**法第6条**第1項第1号から第6号まで)のいずれにも該当しない者。

① 旅行業等の登録を取り消された日から5年を経過していない者。
② 禁錮以上の刑または旅行業法違反の罰金で、刑の執行の終了した日から5年を経過していない者。
③ 暴力団員等。
④ 申請前5年以内に旅行業務に関し不正な行為をした者。
⑤ 営業に関し成年者と同一の行為能力を有しない未成年で、その法定代理人が上記①〜④の1つに該当する者。
⑥ **心身の故障**により**旅行業**もしくは**旅行業者代理業**を**適正に遂行**することができない者として国土交通省令で定めるもの※、または**破産手続開始の決定**を受けて**復権を得ない者**。

※上記の「国土交通省令で定めるもの」とは、「**精神の機能の障害**により旅行業または旅行業者代理業を適正に遂行するに当たって必要な**認知**、**判断及び意思疎通**を適切に行うことができない者」をいう。

例1 **7年前に旅行業務に関し不正な行為をしたものを、「旅程管理業務を行う主任の者」に選任することができる。**

例2 **旅行業者は、破産手続開始の決定を受けて復権を得ない者を「旅程管理業務を行う主任の者」に選任することはできない。**

11 禁止行為／業務改善命令／業務停止・登録の取消し

学習のポイント

- 「旅行者の了解を得ても、掲示した料金を超えて、料金を収受してはならない」等の旅行業法で定められた「禁止行為」。
- 観光庁長官（登録行政庁）が旅行業者等に対して命ずる「業務改善命令」。
- 観光庁長官（登録行政庁）による「罰則」や都道府県への権限委譲。
- 観光庁長官による「法令違反行為者の氏名等の公表」と「営業所への立ち入り検査」。

1 旅行業務における禁止行為

旅行業者等だけでなく、代理人、使用人、従業者に対しても禁止している。

POINT

1 掲示した料金を超えて収受することの禁止

① 旅行業者等は、その営業所において、掲示した**旅行業務の取扱いの料金**を超えて料金を収受することはできない。

② **旅行者の了解**を得ても、営業所に掲示した料金を超えて収受してはならない。あらかじめ書面にて旅行者に通知した場合でも、超えて収受不可。

③ 書面により**特約**を結んだ場合でも、超えて収受不可。

④ 旅行者の**承諾**を得ても、超えて収受不可。

⑤ 旅行業者代理業者は、**所属旅行業者**が定めた旅行業務の取扱いの料金を営業所に掲示するが、その料金を超えて収受することはできない。

2 重要な事項についての告知義務違反の禁止

旅行業者等は、旅行業務に関し取引した者に対し、その取引に関する**重要な事項**について故意に**事実**を告げず、または**不実**のことを告げる行為をしてはならない。

3 債務履行の不当な遅延行為の禁止

旅行業者等は、旅行業務に関し取引をした者に対し、その取引によって生じた**債務の履行**を**不当**に**遅延**する行為をしてはならない。

いかなる場合でも遅延禁止ではなく、正当な理由があれば遅延可。

4 旅行地の法令違反あっせんの禁止

① 旅行業者等、またはその代理人、使用人その他の従業者は、旅行者に対し旅行地において施行されている法令に違反する行為を行うことをあっせんし、または、その行為を行うことに関し便宜を供与してはならない。

② 旅行者に対し、旅行地において施行されている法令に違反するサービスの提供を受けることをあっせんし、またはそのサービスの提供を受けることに関し、便宜を供与してはならない。

③ 上記①②のあっせんまたは便宜の供与を行う旨の広告をしてはならない。または、これに類する広告をしてはならない。

注意 **「あっせん」しなくても、「便宜を供与」するだけでも禁止行為。「便宜を供与」しなくても、「広告を掲載」するだけでも禁止行為。**

④ この禁止規定の適用は、旅行業者等のみならず、その代理人、使用人その他の従業者にも及ぶ。また、本邦内の旅行にも本邦外の旅行にも適用される。

POINT

5 旅行者の保護に欠け、または旅行業の信用を失墜させる行為の禁止

① 旅行業者等、またはその代理人、使用人その他の従業者は、旅行者の保護に欠け、または旅行業の信用を失墜させる行為をしてはならない。

② これは、次のことを意味する。

- 旅行業者等、またはその代理人、使用人その他の従業者は旅行者に対し、旅行地において特定のサービスを受けること、または特定の物品を購入することを強要してはならない
- 旅行者を無理にツアーに参加するよう勧めたり、土産店に行くことを強要することの禁止

③ また、①は以下のことも意味する。

- 運送サービス（専ら企画旅行の実施のために提供されるものに限る）を提供する者に対し、輸送の安全の確保を不当に阻害する行為

④ 以下の行為も①に該当し、禁止されている。

- 宿泊のサービスを提供する者（旅館業法に規定する営業者を除く）と取引を行う際に、当該者が住宅宿泊事業法の第3条第1項の届出をした者であるかどうかの確認を怠る行為

6 名義を他人に利用させる行為の禁止

① 登録した名義を他人に貸したりして悪用した場合、処罰の対象となる。

② 旅行業者等は、その名義を旅行業または旅行業者代理業のため、他人に利用させてはならない。

③ 営業の貸渡しその他の方法をもって、旅行業または旅行業者代理業を他人にその名において経営させてはならない。

2 業務改善命令

POINT

1 6つの措置

観光庁長官（登録行政庁）は、旅行業者に対し、「取引の公正」、「旅行の安全」または「旅行者の利便」を害する事実があると認めるときは、次の6つの措置をとるべきことを命ずることができる。

① 旅行業務取扱管理者を解任すること。

注意 「旅程管理業務を行う主任の者を解任」ではない。

② 旅行業務の取扱いの料金または企画旅行に関し旅行者から収受する対価を変更すること。

③ 旅行業約款を変更すること。

④ 企画旅行に係る第12条の10の国土交通省令で定める措置を確実に実施すること。

注意 「旅程管理業務」の実施を意味する。

⑤ 旅行者に生じた損害を賠償するために必要な金額を担保することができる保険契約を締結すること。

⑥ 業務の運営の改善に必要な措置をとること。

2 「業務改善命令」に該当しない例

- 旅程管理業務を行う主任の者を解任すること
- 旅行業協会に加入すること
- 弁済業務保証金分担金を納付すること
- 旅行地における観光施設の整備及び観光資源を開発すること

3 業務停止・登録の取消し

1 業務停止または登録の取消しの事由

ココ出る

観光庁長官（登録行政庁）は、下記①～③のいずれかに該当する場合、旅行業者等に対し6箇（カ）月以内の期間を定めて、業務の全部もしくは一部の停止を命じ、または、登録を取り消すことができる。

業務停止は「6箇月以内」であり、「1年以内」ではない。

① 旅行業法もしくは旅行業法に基づく命令、またはこれらに基づく処分に違反したとき。

② 法第6条登録の拒否事由に該当することとなったときまたは、登録当時該当していたことが判明したとき。

例1 旅行業者等の役員が禁錮以上の刑に処せられ、その執行を終わり、5年を経過していなかったことが判明したとき。

例2 旅行業者等が営業に関し成年者と同一の行為能力を有しない未成年で、その法定代理人が登録の拒否事由に該当していることが判明したとき。

例3 心身の故障により、旅行業もしくは旅行業者代理業を適正に遂行できない者として国土交通省令で定めるもの、または破産手続開始の決定を受けて復権を得ない者であったことが判明したとき。

③ 不正の手段により「新規登録」、「有効期間の更新の登録」または「変更登録」を受けたとき。

例 旅行業者が登録時、基準に適合する財産的基礎を有しない者であったことが判明したとき。

2 登録の取消し

ココ出る

① 観光庁長官(登録行政庁)は、旅行業者等が、登録を受けてから1年以内に事業を開始せず、または、引き続き1年以上事業を行っていないと認めるとき、登録を取り消すことができる。

② 「1年以上」であり、「6箇月以上」ではない。

③ 「登録を取り消すことができる」であり「取り消さなければならない」ではない。

3 観光庁長官(登録行政庁)による通知

① 観光庁長官(登録行政庁)は、旅行業者等の登録を取り消す場合においては、遅滞なく、理由を付して、その旨を旅行業者等に通知しなければならない。

② 業務停止処分を行う場合も、その旨を旅行業者等に通知しなければならない。

4 事業の廃止

旅行業者または旅行業者代理業者もしくは旅行サービス手配業者が事業を廃止したときは、廃止した日から30日以内に、登録行政庁に事業廃止届出書を提出しなければならない。この場合、旅行業者代理業者が事業を廃止したときは、所属旅行業者は、その日から30日以内に、登録行政庁に登録事項の変更の届出をしなければならない。

4 都道府県知事への権限委譲

第２種、第３種、地域限定旅行業者、旅行業者代理業者（＝第１種を除くすべて）並びに旅行サービス手配業者に関する事務については、「観光庁長官」に代わって「主たる営業所の所在地を管轄する都道府県知事（＝登録行政庁）」が行うこととする権限委譲の規定。以下は権限委譲の事務の例。

① 「登録」の申請の受付（新規・更新・変更）、登録事項の変更の届出の受付、登録簿への登録及び登録通知、拒否の理由を付した登録拒否の通知

② 「営業保証金」を供託した旨の届出の受付、旅行業約款の認可

注意 「標準旅行業約款の制定」は「都道府県への権限委譲」の対象外。

③ 業務改善命令、登録の取消し、登録の抹消

④ 旅行業者等の営業所への立入検査

5 法令違反行為を行った者の氏名等の公表

① 観光庁長官は、旅行業務または旅行サービス手配業務に関する取引の公正の維持、旅行の安全の確保及び旅行者の利便の増進のため必要かつ適当であると認めるときは、国土交通省令で定めるところにより、旅行業法または旅行業法に基づく命令に違反する行為（以下「法令違反行為」）を行った者の氏名または名称その他法令違反行為による被害の発生もしくは拡大を防止し、または取引の公正を確保するために必要な事項を一般に公表することができる。

② 観光庁長官が、法令違反行為を行った者の氏名を一般に公表するときは、インターネットの利用その他の適切な方法により行うものとする。

③ 観光庁長官が、法令違反行為を行った者の氏名を一般に公表しようとするときは、あらかじめ、法令違反行為を行った者に対して意見を述べる機会を与えなければならない。

6 営業所への立入検査

① 観光庁長官（登録行政庁）は、法第１条の目的を達成するため必要な限度において、その職員に旅行業者等もしくは旅行サ－ビス手配業者の営業所に立ち入り、帳簿書類その他の物件を検査し、または関係者に質問させることができる。

② 旅行業協会に、立入検査する権限はない。

③ 「立入検査」については都道府県知事へ権限委譲がなされている。

7 無登録営業に対する罰則

① 旅行業または旅行サービス手配業を無登録で営んだ者は1年以下の懲役もしくは100万円以下の罰金に処し、またはこれを併科する。懲役と罰金の両方が科せられる。

② 無登録で旅行業者代理業を営んだ場合は、その所属旅行業者が罰せられる。この場合、旅行業者代理業者が罰せられることは制度上ないので、条文に記載がない。

③ 以下の者も上記①と同一の罰則が適用される。

ア　不正の手段で登録、有効期間の更新の登録または変更登録を受けた者

イ　規定に違反して登録業務の範囲について変更した者

ウ　規定に違反して所属旅行業者以外の旅行業者のために旅行業務を取り扱った者

エ　規定に違反してその名義を他人に利用させ、または旅行業もしくは旅行業者代理業を他人に経営させた者

オ　規定に違反してその名義を他人に利用させ、または旅行サービス手配業を他人に経営させた者

12 旅行サービス手配業

・学習のポイント

● 「旅行サービス手配業」の「定義」、「登録」、「旅行サービス手配業務取扱管理者」、及び「旅行業者等との相違点」などを押さえる。

1 旅行サービス手配業の定義と登録

1 旅行サービス手配業の定義

① 「旅行サービス手配業」とは、報酬を得て、旅行業を営む者（外国の法令に準拠して外国において旅行業を営む者を含む）のため旅行者に対する運送等サービスまたは運送等関連サービスの提供について、これらのサービスを提供する者との間で、代理して契約を締結し、媒介をし、または取次ぎをする行為（取引の公正、旅行の安全及び旅行者の利便の確保に支障を及ぼすおそれがないものとして国土交通省令で定めるものを除く）を行う事業をいう。

運送等サービス	運送または宿泊のサービス
運送等関連サービス	運送及び宿泊のサービス以外の旅行に関するサービス 通訳案内士や免税店等の旅行に関するサービス

② 旅行サービス手配業務（ランドオペレーター業務）とは、報酬を得て、旅行業者（外国の旅行業者を含む）の依頼を受けて行う、以下のような行為である。
- 運送（鉄道、バス等）または宿泊（ホテル、旅館等）の手配
- 全国通訳案内士及び地域通訳案内士以外の有償によるガイドの手配
- 免税店における物品販売の手配

③ 国土交通省令により、次の行為は規制の対象外となっており登録不要である。
- 海外旅行の手配行為
- チケットやレストランの手配のみを行う行為
- 「全国通訳案内士及び地域通訳案内士以外の無償によるガイド」の手配（無償ボランティアガイドの手配）
- 「全国通訳案内士」または「地域通訳案内士」の手配

2 旅行サービス手配業の登録

①旅行サービス手配業を営もうとする者は、観光庁長官の行う登録を受けなければならない。

② 第１種、第２種、第３種旅行業者は、旅行サービス手配業の登録を受けなくても、旅行サービス手配業務を行うことができる。

地域限定旅行業者も旅行サービス手配業の登録を受ける必要はない。ただし、隣接市町村及び観光庁長官の定める区域（拠点区域）を超えて旅行サービス手配業務を行う場合は、地域限定旅行業の登録に加えて旅行サービス手配業の登録を受けなければならない。

旅行業者代理業者が、所属旅行業者のために旅行サービス手配業務を行う場合は、旅行サービス手配業の登録を受ける必要はない。ただし、旅行業者代理業者が、所属旅行業者以外のために旅行サービス手配業務を行う場合は、旅行サービス手配業の登録を受けなければならない。

③「取引の公正、旅行の安全及び旅行者の利便の確保に支障を及ぼすおそれがないものとして国土交通省令で定める行為」は登録が不要である。例えば「海外旅行の手配行為」や「チケットやレストランの手配のみを行う行為」については、登録は不要である。

3 旅行サービス手配業の新規登録の申請

① 新規登録申請書の提出

- 旅行サービス手配業を営もうとする者は、観光庁長官の行う登録を受けなければならず、その主たる営業所の所在地を管轄する都道府県知事に新規登録申請書を提出しなければならない。
- 旅行業者は、旅行サービス手配業の登録を受けなくても、旅行サービス手配業務を行うことができるので、登録の申請は不要である。

② 有効期間なく更新登録なし

旅行サービス手配業者には有効期限の規定がない。従って、更新登録の申請を行うことはない。

③「新規登録申請書の記載事項」と「登録事項の変更の届出」

以下の４項目＜ア イ ウ エ＞は新規登録申請書において記載すべき事項である。この記載事項に変更があったときは、その日から30日以内に登録行政庁に登録事項変更届出書を提出しなければならない。ただし、主たる営業所の所在地の都道府県が変更になるときは変更後の主たる営業所の所在地を管轄する都道府県知事に届出書を提出しなければならない。

ア　氏名または商号もしくは名称

イ　住所

ウ　法人にあっては、その代表者の氏名

エ　主たる営業所及びその他の営業所の名称及び所在地

④「変更登録」の規定はない

- 第１種・第２種・第３種旅行業者及び地域限定旅行業者の間の変更を「変更登録」という。旅行サービス手配業者には「変更登録」の規定はない。
- 旅行サービス手配業者が第１種旅行業者に変更しようとするときは、第１種旅行業の新規登録申請書を提出しなければならない。

4 旅行サービス手配業の登録の拒否

観光庁長官は、次に該当する場合、その登録を拒否しなければならない。

① 登録を取り消された日から、5年経過していない者。

② 禁錮以上または旅行業法違反の罰金で、刑の終了日から、5年経過していない者。

③ 暴力団員等。

④ 申請前5年以内に旅行業務または旅行サービス手配業務に関し不正な行為をした者。

⑤ 営業に関し成年者と同一の行為能力を有しない未成年で、その法定代理人が①～④または⑦のいずれかに該当する者。

⑥ 心身の故障により旅行サービス手配業を適正に遂行することができない者として国土交通省令で定めるもの※、または破産手続開始の決定を受けて復権を得ない者。

※ 上記の「国土交通省令で定めるもの」とは、精神の機能の障害により旅行サービス手配業を適正に遂行するに当たって必要な認知、判断及び意思疎通を適切に行うことができない者をいう。

⑦ 法人であって、その役員のうちに①～④または⑥に該当する者がいるもの。

⑧ 暴力団員等がその事業活動を支配する者。

⑨ 営業所ごとに法に定める旅行サービス手配業務取扱管理者を確実に選任すると認められない者。

注意 **旅行サービス手配業を営もうとする者は、登録を受けるにあたり、財産的基礎は問われない。旅行サービス手配業者の基準資産額は定められていない。**

5 営業保証金

旅行サービス手配業者は、営業保証金を供託する義務はない。

2 旅行サービス手配業務取扱管理者の選任

1 旅行サービス手配業務取扱管理者の選任

① 旅行サービス手配業者は、営業所ごとに、1人以上の法に適合する旅行サービス手配業務取扱管理者を選任しなければならない。

② 旅行サービス手配業務を取り扱う者が1人である営業所においても、選任しなければならない。

③ 旅行サービス手配業者は、その営業所において、旅行サービス手配業務取扱管理者として選任した者が全て欠けるに至ったとき、または、全てが登録の拒否事由のいずれかに該当するに至ったときは、新たに旅行サービス手配業務取扱管理者を選任するまでの間は、その営業所において、旅行サービス手配業務に関する契約を締結してはならない。

2 旅行サービス手配業務取扱管理者の職務

旅行サービス手配業務取扱管理者は、その営業所において、旅行サービス手配業務に関し、その取引に係る取引条件の明確性、旅行に関するサービスの提供の確実性その他取引の公正、旅行の安全及び旅行者の利便を確保するため必要な国土交通省令で定める次の事項についての管理及び監督に関する事務を行う。

① 法第30条の規定による書面の交付に関する事項(契約書面の交付)

② 旅行サービス手配業務に関する苦情の処理に関する事項

③ 契約締結の年月日、契約の相手方その他の旅行サービス手配業務に関し取引する者と締結した契約の内容に係る重要な事項についての明確な記録または関係書類の保管に関する事項

④ 取引の公正、旅行の安全及び旅行者の利便を確保するため必要な事項として観光庁長官が定める事項

3 旅行サービス手配業務取扱管理者として選任不可

① 選任の拒否

旅行サービス手配業者は、登録の拒否事由に該当する者を、旅行サービス手配業務取扱管理者として選任することはできない。

② 兼任不可

旅行サービス手配業務取扱管理者は、他の営業所の旅行サービス手配業務取扱管理者となることはできない。

4 旅行サービス手配業務取扱管理者の資格

旅行サービス手配業務取扱管理者として選任する者は、「登録の拒否に該当しない者」であって、かつ、次の①または②でなければならない。

① 観光庁長官の登録を受けた登録研修機関が実施する旅行サービス手配業務取扱管理者研修の課程を修了した者

② 旅行業務取扱管理者試験に合格した者

ア　本邦内の旅行のみについて旅行サービス手配業務を取り扱う営業所にあっては、総合旅行業務取扱管理者試験または国内旅行業務取扱管理者試験に合格した者を選任しなければならない。

イ　本邦外及び本邦内の旅行について旅行サービス手配業務を取り扱う営業所にあっては、総合旅行業務取扱管理者試験に合格した者を選任しなければならない。

注意 **旅行サービス手配業者は、地域限定旅行業務取扱管理者試験に合格した者をその営業所において旅行サービス手配業務取扱管理者として選任することはできない。**

5 5年ごとの定期的な研修の受講

①登録研修機関が実施する研修

旅行サービス手配業者は、旅行サービス手配業務取扱管理者について、5年ごとに、旅行サービス手配業務に関する法令、旅程管理その他の旅行サービス手配業務取扱管理者の職務に関し必要な知識及び能力の向上を図るため登録研修機関が実施する研修を受けさせなければならない。

②観光庁長官による勧告

観光庁長官（登録行政庁）は、旅行サービス手配業者が、上記の研修受講の義務の規定を遵守していないと認めるときは、その者に対し、期限を定めて、必要な措置をとるべきことを勧告することができる。

③観光庁長官による命令

観光庁長官（登録行政庁）は、上記の規定による勧告を受けた者がその勧告に従わないときは、その者に対し、期限を定めて、その勧告に係る措置をとるべきことを命ずることができる。

④苦情の解決に関する講習受講の努力義務

旅行サービス手配業者は、旅行サービス手配業務取扱管理者について、苦情の解決に関する講習を受講させることその他の旅行サービス手配業務取扱管理者の職務に関し必要な知識及び能力の向上を図るための措置を講ずるよう努めなければならない。

3 書面の交付

1 書面の交付

旅行サービス手配業者は、旅行サービス手配業務に関し取引する者と旅行サービス手配業務に関し契約を締結したときは、国土交通省令で定める場合を除き、遅滞なく、その取引をする者に対し、旅行者に提供すべき旅行に関するサービスの内容その他の国土交通省令で定める事項を記載した書面を交付しなければならない。

2 情報通信の技術を利用する方法

旅行サービス手配業者は、書面を交付する措置に代えて、政令で定めるところにより、旅行サービス手配業務に関し取引をする者の承諾を得て、国土交通省令で定める事項を通知する措置であって国土交通省令で定めるものを電子情報処理組織を使用する方法その他の情報通信の技術を利用する方法であって、国土交通省令で定めるものにより講ずることができる。この場合、旅行サービス手配業者は、書面を交付したものとみなす。

3 書面の記載事項

旅行サービス手配業者が、旅行サービス手配業務に関し取引する者と旅行サービス手配業務に関し契約を締結したとき、その取引をする者に交付すべき書面に記載すべき事項は、下表の通りである。下表の右欄が旅行サービス手配業者の記載事項。

■契約締結時の交付書面に「記載すべき事項」の対照表（旅行者以外の者との取引）

「旅行者以外の取引する者と契約を締結した時に交付すべき書面」に「記載しなければならない事項」		説明時		契約時
旅行業者等　対 旅行者以外の取引する者	旅行サービス手配業者　対 旅行サービス手配業務に関し取引する者	口頭説明 説明事項	説明書面 記載事項	契約書面 記載事項
①旅行者以外の者であって旅行業務に関し取引する者の	①旅行サービス手配業務に関し取引する者の	×	×	○
・氏名または商号もしくは名称及び住所 ・当該者が旅行業者等または旅行サービス手配業者である場合は、氏名または商号もしくは名称及び住所並びに登録番号				
②契約を締結する旅行業者等の	②契約を締結する旅行サービス手配業者の	×	×	○
・氏名または商号もしくは名称及び住所並びに登録番号				
③旅行者に提供すべき旅行に関するサービスの内容		×	×	○

④旅行業者等が旅行業務に関し取引する者に対し支払う対価または旅行業務の取扱いの料金に関する事項	④旅行サービス手配業者が旅行サービス手配業務に関し取引する者に対し支払う対価または旅行サービス手配業務の取扱いの料金に関する事項	×	×	○
⑤当該契約に係る旅行業務を取り扱う営業所の名称及び住所	⑤当該契約に係る旅行サービス手配業務を取り扱う営業所の名称及び住所	×	×	○
⑥当該契約に係る旅行業務取扱管理者の氏名	⑥当該契約に係る旅行サービス手配業務取扱管理者の氏名	×	×	○
⑦契約締結の年月日		×	×	○

4 禁止行為・業務改善命令等

1 禁止行為

① 告知義務違反の禁止

旅行サービス手配業者は、旅行サービス手配業務に関し取引をする者に対しその取引に関する重要な事項について、故意に事実を告げず、または不実のことを告げる行為をしてはならない。

② 債務履行の不当な遅延行為の禁止

旅行サービス手配業者は、旅行サービス手配業務に関し取引をした者に対し、その取引によって生じた債務の履行を、不当に遅延する行為をしてはならない。

③ 信用失墜行為の禁止

旅行サービス手配業者またはその代理人、使用人その他の従業者は、その取り扱う旅行サービス手配業務に関連して、旅行サービス手配業の信用を失墜させるものとして、国土交通省令で定める行為を行ってはならない。

注意 **信用を失墜させるものとして、国土交通省令で定める行為とは次の通り。**

ア　旅行サービス手配業務に関し取引をする者に対し、法令に違反することを、あっせんし、またはその行為を行うことに関し便宜を供与する行為

イ　運送サービス(専ら企画旅行の実施のために提供されるものに限る)を提供する者に対し、輸送の安全の確保を不当に阻害する行為

例 道路運送法に基づく下限割れ運賃による運送の提供に関与すること

ウ　旅行サービス手配業務に関し取引をする者に対し、旅行者が特定のサービスの提供を受けることまたは特定の物品を購入することを強要する

行為を行うことをあっせんし、またはその行為を行うことに関し便宜を供与する行為

④ 旅行サービス手配業者は、その名義を他人に旅行サービス手配業のため、利用させてはならない。

⑤ 旅行サービス手配業者は、営業の貸渡しその他いかなる方法をもってするか問わず、旅行サービス手配業を他人にその名において経営させてはならない。

2 旅行サービス手配業務等の委託

① 旅行サービス手配業者は、旅行サービス手配業務を他人に委託する場合においては、他の旅行サービス手配業者または旅行業者に委託しなければならない。

② 旅行業者が旅行サービス手配業務を他人に委託する場合においては、旅行サービス手配業者または他の旅行業者に委託しなければならない。

3 業務改善命令

観光庁長官(登録行政庁)は、「取引の公正」、「旅行の安全」または「旅行者の利便」を害する事実があると認めるときは、旅行サービス手配業者に対し、次の措置をとるべきことを命ずることができる。

① 旅行サービス手配業務取扱管理者を解任すること

② 業務の運営の改善に必要な措置をとること

4 業務停止または登録の取消し

観光庁長官(登録行政庁)は、旅行サービス手配業者に対し、次のいずれかに該当するときは、6か月以内の期間を定めて、業務の全部または一部の停止、を命じまたは登録を取り消すことができる。

① 旅行業法もしくは、命令または処分に違反したとき

② 登録の拒否事由に該当することとなったとき、または登録当時、拒否事由に該当していたことが判明したとき

③ 不正の手段により登録を受けたとき

5 登録の取消し

観光庁長官(登録行政庁)は、旅行サービス手配業者が次のいずれかに該当するときは、登録を取り消すことができる。

① 旅行サービス手配業の登録を受けてから、1年以内に事業を開始しないとき

② 引き続き1年以上事業を行っていないと認めるとき

6 法令違反行為を行った者の氏名等の公表

観光庁長官は、旅行サービス手配業務に関しても旅行業務と同様に「法令違反行為を行った者の氏名等」を公表できる（P58参照）。

旅行サービス手配業と旅行業の比較表

項目	旅行サービス手配業	旅行業
新規登録申請書の提出先	主たる営業所の所在地を管轄する都道府県知事	・第1種旅行業⇒観光庁長官 ・第1種旅行業以外の旅行業⇒同左都道府県知事
登録	旅行業者は、旅行サービス手配業の登録を受けなくても、旅行サービス手配業務を行うことができる。	
有効期間・更新登録	規定がなく「有効期限」はない。「更新登録」不要	旅行業の登録の有効期間は登録の日から起算して5年とする
変更登録	規定がない	第1種・第2種・第3種・地域限定旅行業者の間の変更
登録事項の変更の届出	変更があった日から30日以内に登録行政庁に届け出なければならない	
営業保証金	規定がない。営業保証金を供託する義務はない	営業保証金の最低額： ・第1種7000万円＊ ・第2種1100万円 ・第3種300万円 ・地域限定15万円 ・代理業不要 （＊海外募集型企画旅行の取引額に応じ額を加算）
基準資産額（財産的基礎）	規定がないので、財産は不要	基準資産額 ・第1種3000万円 ・第2種700万円 ・第3種300万円 ・地域限定100万円 ・代理業不要
旅行サービス手配業務取扱管理者の選任	旅行サービス手配業務取扱管理者は「観光庁長官の登録を受けた登録研修機関が実施する旅行サービス手配業務取扱管理者研修の課程を修了した者」または以下の者でなければならない ①「日本のみ」⇒アまたはイ（右記） ②「海外」⇒ア（右記）	ア　総合旅行業務取扱管理者 ⇒「日本全国＋海外」 イ　国内旅行業務取扱管理者 ⇒「日本全国」 ウ　地域限定旅行業務取扱管理者 ⇒「日本地域限定」 （注）旅行サービス手配業者は地域限定旅行業務取扱管理者試験に合格した者をその営業所において、旅行サービス手配業務取扱管理者として選任できない。

旅行業務取扱管理者の兼任（兼務）	兼任（兼務）できない	・地域限定旅行業者は①かつ②の条件で兼任できる。①営業所間の距離の合計が40㎞以下、②前年度の旅行者との取引額の合計が１億円以下。この場合、複数の営業所を通じて１名を選任することで足りる
旅行業務取扱管理者の研修	５年ごとに観光庁長官の登録を受けた登録研修機関が実施する研修を受けなければならない	５年ごとに旅行業協会が実施する研修を受けなければならない
契約書面	契約を締結したときは「契約書面」を交付しなければならない	・説明・説明書面・契約書面が定められている ・2018年１月改正により「旅行者以外の取引する者への契約書面の交付」が定められた
業務の委託	・旅行サービス手配業務を他人に委託できる ・委託する場合、他の旅行サービス手配業者または旅行業者に委託しなければならない	規定なし（募集型企画旅行について「受託契約」の規定はある）
旅行業協会	「弁済業務保証金」の規定なし	「弁済業務保証金」の規定あり

・**禁止行為・業務改善命令・登録の取消し・業務停止・罰則**は両者共通して規定がある（旅行サービス手配業はP66、旅行業等はP54）。
・「法令違反行為者の氏名等の公表」も共通した規定だが、権限は観光庁長官に限定されている。
・約款・標識・外務員・広告は「旅行者との取引」に関する規定、このため旅行サービス手配業に規定はない。

13 旅行業協会／弁済業務保証金

・学習のポイント

- 「旅行業協会」の５つの法定業務等、特に「苦情の解決」の細目。
- 「弁済業務保証金」の制度の概要と、営業保証金との関係。

1 旅行業協会

1 旅行業協会とは

旅行業協会とは、旅行業者及び旅行業者代理業者並びに旅行サービス手配業者によって組織され、観光庁長官から指定を受けた団体である。５つの法定業務を実施することを義務付けられており、現在は、次の２つの協会が指定されている。

- 一般社団法人 日本旅行業協会（JATA）
- 一般社団法人 全国旅行業協会（ANTA）

旅行業者及び旅行業者代理業者並びに旅行サービス手配業者は、自分の意思で入会するかどうか、どちらに入会するかを選択できる。

2 旅行業協会の「社員」とは

「社員」とは、旅行業協会の「会員」のことである。旅行業協会に加入した旅行業者または旅行業者代理業者並びに旅行サービス手配業者のことを「社員」という。

また、旅行業者については、その加入しようとする日までに弁済業務保証金分担金を旅行業協会に納付することにより旅行者への弁済を保証するため、「保証社員」という。保証社員は、弁済業務保証金分担金を納付するため、営業保証金を供託する必要はない。

2 旅行業協会の５つの法定業務

旅行業協会は、次の５つの業務を適正かつ確実に実施しなければならない。

ココ出る

1 苦情の解決

① 旅行者及び旅行に関するサービスを提供する者からの、旅行業者等またはサービス手配業者の取り扱った旅行業務またはサービス手配業務に対する苦情の解決。

② 旅行者からの苦情に限らない。

③ 旅行サービス提供者からの苦情についても、相談に応じなければならない。
④ 社員以外の旅行業者等またはサービス手配業者に対する苦情も対象となる。

2 研修

① 旅行業務またはサービス手配業務の取扱いに従事する者に対する研修。
② 社員以外も対象とする。
③ 社員以外の旅行業者等またはサービス手配業者の従業者も研修を受けることができる。

ココ出る

3 弁済業務

① 旅行業務に関し、社員である旅行業者または当該旅行業者を所属旅行業者とする旅行業者代理業者と取引をした旅行者に対し、その取引によって生じた債権に関し、弁済をする業務。
② 社員(または社員を所属旅行業者とする旅行業者代理業者)との取引に限る。
③ 旅行者に限り、弁済する。
④ 運送機関・宿泊施設に対しては弁済しない。
⑤ 旅行サービス提供者には弁済しない。

4 指導

① 旅行業務またはサービス手配業務の適切な運営を確保するための旅行業者等またはサービス手配業者に対する指導。
② 社員以外の旅行業者等またはサービス手配業者も、旅行業協会が指導する対象となる。

5 調査・研究・広報

旅行業務及びサービス手配業務に関する取引の公正の確保、または旅行業、旅行業者代理業及び旅行サービス手配業の健全な発達を図るための調査、研究及び広報。

注意 「会計監査」は旅行業協会の業務として定められていない。

3 苦情の解決

1 苦情の相談

① 旅行業協会は、旅行者または旅行に関するサービスを提供する者から、旅行業者等または旅行サービス手配業者が取り扱った旅行業務または旅行サービス手

配業務に関する苦情について、解決の申出があったときは、その相談に応じなければならない。

② その相談に応じ、申出人に必要な助言をし、当該事情に係る事情を調査するとともに、当該旅行業者等または旅行サービス手配業者に対し当該苦情の内容を通知してその迅速な処理を求めなければならない。

③ 旅行業協会は、旅行者から、社員以外の旅行業者等または旅行サービス手配業者が取り扱った旅行業務または旅行サービス手配業務に対する苦情についても、解決の申出があったときは、その相談に応じなければならない。

④ 旅行者以外の者から申出のあった苦情についても、相談に応じなければならない。

⑤ 旅行に関するサービスを提供する者からの申出についても、相談に応じなければならない。

⑥ 社員でない旅行業者等または旅行サービス手配業者に対する苦情も相談に応じる。

2 説明または資料提出

① 旅行業協会は、苦情の解決について、必要があると認めるときは、当該旅行業者等または旅行サービス手配業者に対し、文書または口頭による説明を求め、または、資料の提出を求めることができる。

② 説明は口頭でもよい。必ずしも、文書でなくてもよい。

③ 社員でない旅行業者等または旅行サービス手配業者も対象となる。

④ 説明や資料提出を必ず求めるということではない。必要がないと判断する場合もある。

⑤ 旅行業協会に、立入検査権はない。

⑥ 旅行業協会は、和解を強制することはできない。

⑦ 旅行業協会は、業務の改善を命令することはできない。

3 説明、資料提出の義務

① 社員は、旅行業協会から、苦情の解決に係る説明や必要な資料の提出を求められたときは、正当な理由がないのに、これを拒んではならない。

② 社員でない旅行業者等または旅行サービス手配業者は、これに応じなくてもよい。

③ 正当な理由がないのに、拒んではならないのは、社員に限られる。

④ 社員であっても、正当な理由があれば拒むことができる。

4 結果周知

① 旅行業協会は、旅行業者等または旅行サービス手配業者の取り扱った旅行業務または旅行サービス手配業務に関する苦情に係る事情及びその解決の結果について、社員に周知させなければならない。

② 周知しなければならない相手は、「社員」に限られる。すなわち、会員に限る。

③ 旅行業協会は、「社員以外の者」に対しては、苦情に係る事情や結果について、周知する必要はない。

4 旅行業務及び旅行サービス手配業務の研修

① 旅行業協会は、旅行業者等が社員として加入しているものにあっては、一定の課程を定め、旅行業務取扱管理者の職務に関し必要な知識及び能力についての研修その他旅行業者等の従業者に対する旅行業務の取扱いについての研修を実施しなければならない。

② 旅行業協会は、旅行サービス手配業者が社員として加入しているものにあっては、一定の課程を定め、旅行サービス手配業務取扱管理者の職務に関し必要な知識及び能力についての研修その他旅行サービス手配業者の従業者に対する旅行サービス手配業務の取扱いについての研修を実施しなければならない。

③ 社員以外の旅行業者等または旅行サービス手配業者の従業者も研修を受けることができるようにしなければならない。

5 弁済業務

1 弁済業務とは

① 「営業保証金」に代わり、旅行業協会が旅行者に対して弁済(還付)する業務。旅行業協会の5つの法定業務の1つ。

② 旅行業務に関し、社員である旅行業者または当該旅行業者を所属旅行業者とする旅行業者代理業者と取引をした旅行者に対し、その取引によって生じた債権に関し弁済する業務。

③ 旅行者に限り弁済する。旅行者に限り債権の弁済を受ける権利を有する。

④ 社員(または社員を所属旅行業者とする旅行業者代理業者)との取引に限る。

2 弁済業務の範囲

取引の当事者		弁済の範囲
社員（保証社員）である旅行業者	＜取引＞	「旅行者」に限り弁済する。運送・宿泊機関等には弁済しない
その社員を所属旅行業者とする旅行業者代理業者		

6 弁済業務保証金分担金

POINT

1 弁済業務保証金分担金とは

① 旅行業協会に加入しようとする旅行業者は、その**加入しようとする日**までに、旅行業協会に**弁済業務保証金分担金**を納付しなければならない。

② 弁済業務保証金分担金の額は、営業保証金の５分の１の額。

2 営業保証金は免除

旅行業協会に弁済業務保証金分担金を納付した者は、**営業保証金**が免除される。

3 保証社員

保証社員とは、弁済業務保証金分担金を納付した社員をいう。

4 弁済業務保証金の供託

旅行業協会は、弁済業務保証金分担金の納付を受けたその日から７日以内に、その納付相当額を、旅行業協会の住所の最寄りの供託所に供託しなければならない。

5 供託の方法

旅行業協会に加入するか否かによって、次の通り供託の方法が異なる。第１種旅行業者で、営業保証金が最低額7,000万円の場合で考えてみよう。

■旅行業協会に加入する旅行業者の場合

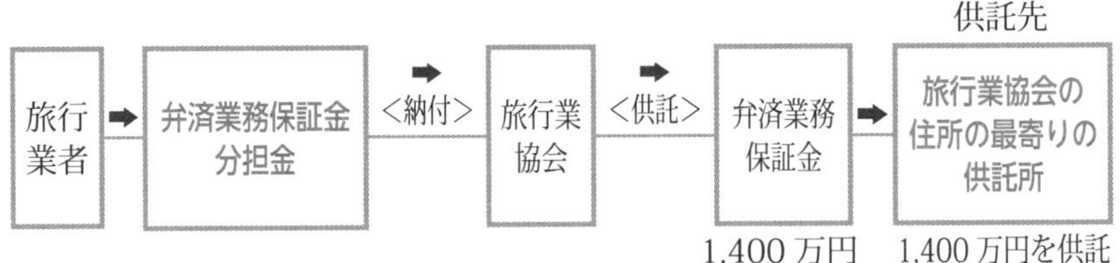

■旅行業協会に加入していない旅行業者の場合

旅行業者	➡ ➡ ➡ ➡ ➡ <供託>	営業保証金	➡	供託先：旅行業者の主たる営業所の最寄りの供託所
		7,000万円		7,000万円を供託

6 弁済業務保証金分担金の増加額の納付

①変更登録

変更登録を受けた場合、弁済業務保証金分担金が増加することとなったときは、変更登録を受けた日から14日以内に、増加することとなる額の弁済業務保証金分担金を旅行業協会に納付しなければならない。

②取引額が増加

毎事業年度終了後、弁済業務保証金分担金が増加することとなったときは、その終了の日の翌日から100日以内に、増加する額を納付しなければならない。

ココ出る

7 期日までに増加分を未納の社員

上記の期日までに、弁済業務保証金分担金の増加額を納付しないときは、旅行業協会の社員の地位を失う。

■弁済業務保証金分担金の納付期限

納付の理由	納付期限
①旅行業協会に新加入	・旅行業協会に加入しようとする日までに
②取引額が増加	・毎事業年度終了後、その終了の日の翌日から100日以内 ※納付しないときは、社員の地位を失う
③変更登録 例 第2種旅行業者→第1種旅行業者	・変更登録を受けた日から14日以内 ※納付しないときは、社員の地位を失う ※営業保証金の場合は、追加供託の届出後、変更登録後の事業を開始できる

7 弁済業務保証金の還付（弁済）

POINT

1 弁済限度額

① 弁済限度額は、旅行業協会に未加入の場合に供託すべきこととなる営業保証金の額を下ることができない。

② その者が保証社員でなければ供託すべきこととなる営業保証金の額を下ること

ができない。

③旅行業協会に加入しているか、未加入かによって、弁済限度額は変わらない。

■弁済限度額：第１種旅行業者・営業保証金最低額の場合

	弁済限度額	弁済業務保証金分担金
保証社員	7,000万円	1,400万円

2 旅行業協会の認証

① 還付請求する者は、旅行業協会の認証を受けなければならない。

② 旅行者が弁済業務保証金から弁済を受ける場合は、旅行業協会の認証を受けなければならない。「登録行政庁の認証」ではない。

■旅行業協会に加入する旅行業者の場合

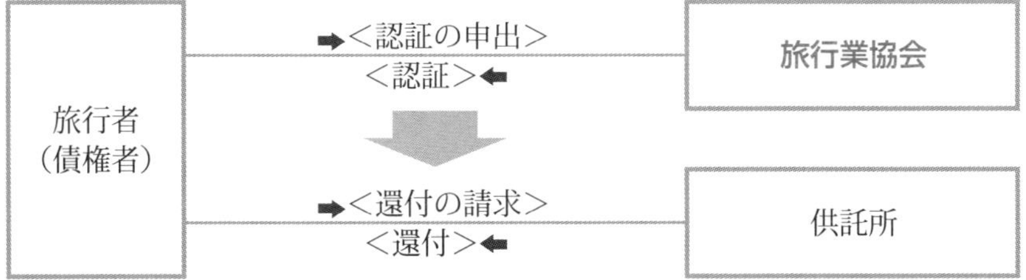

POINT

3 弁済業務保証金の還付（弁済）

① 保証社員または当該保証社員を所属旅行業者とする旅行業者代理業者と旅行業務に関して取引をした旅行者は、その取引によって生じた債権に関し、弁済限度額の範囲内で旅行業協会が供託している弁済業務保証金から、その弁済を受ける権利を有する。

② 弁済業務保証金からその債権の弁済を受ける権利を有する者は、旅行者に限る。

③ 旅行者以外の者は、弁済を受ける権利を有しない。

④ 運送機関・宿泊施設には弁済しない。

4 還付充当金の納付

① 弁済業務保証金から還付があったとき、旅行業協会から還付額に相当する額の還付充当金を納付するよう通知を受けた保証社員は、当該通知を受けた日から７日以内にその通知された額の還付充当金を旅行業協会に納付しなければならない。

② 納付しない場合は、旅行業協会の社員（保証社員）の地位を失う。

③ さらに社員の地位を失った日から７日以内に営業保証金を供託し、届出がなされないときは、その旅行業者の登録はその効力を失う。

④ 弁済業務保証金から還付があった場合、還付充当金の納付の有無にかかわらず、旅行業協会は還付された日から21日以内に還付額に相当する額の弁済業務保証金を供託所に供託しなければならない。

■還付充当金の納付

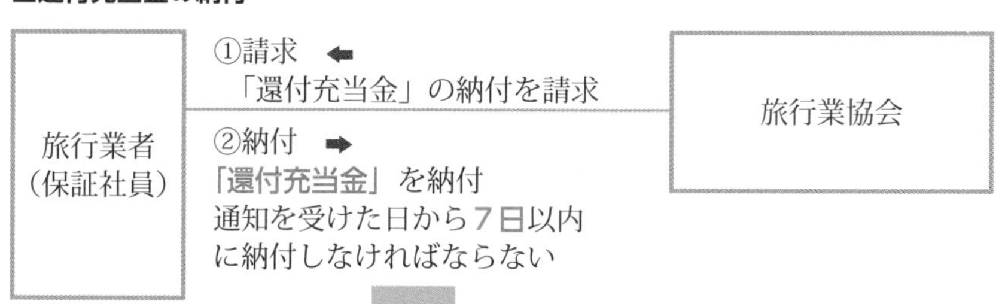

■７日以内に還付充当金を納付できなかったとき

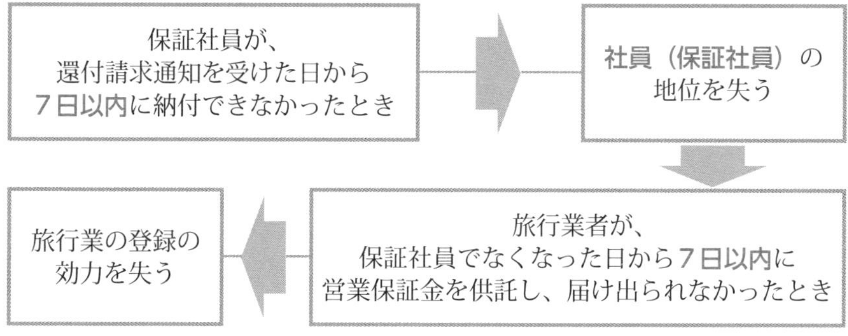

8 保証社員となったとき、保証社員でなくなったとき

1 営業保証金の取戻し

① 旅行業者が、弁済業務保証金分担金を旅行業協会に納付し保証社員となったときは、一定期間の公告の後、すでに供託している営業保証金を取り戻すことができる。

② 旅行業者が、旅行業協会の保証社員となったとき、営業保証金を取り戻す場合は還付請求権を有する者に対し6か月を下らない一定期間内に公告しなければならない(10年経過は公告不要)。

③ 保証社員となった旅行業者は、弁済業務保証金分担金を旅行業協会へ納付後、直ちには営業保証金を取り戻すことはできない。

④ すでに供託している営業保証金を弁済業務保証金分担金に充当することはできない。従って、その差額を取り戻す、ということではない。

POINT

2 保証社員でなくなったとき

① 旅行業者が、保証社員でなくなったときは、**直ちに**営業保証金を供託しなければならない。営業保証金を供託したときは、供託した旨を観光庁長官(登録行政庁)に届け出なければならない。

② その**供託の届出**が、保証社員でなくなった日から**7日以内**になされないときは、当該旅行業者の登録は、その効力を失う。

3 保証社員の旅行業約款への記載事項

① **旅行業協会の名称及び所在地**

② 弁済業務保証金から弁済を受けることができること

③ **弁済限度額**

④ 営業保証金を供託していないこと

注意 **弁済限度額は、標識には明示は不要である。旅行業約款に明示必要。**

注意 **上記①旅行業協会の名称及び所在地、③弁済限度額は、旅行業約款において「軽微な変更」に該当し、登録行政庁に認可申請することなく変更することができる。**

セレクト問題

1 目的、定義、登録の要・不要

☑ 問① **次の記述のうち、旅行業法の目的として定められているものをすべて選びなさい。**

a. 旅行業等を営む者の組織する団体の適正な活動の促進
b. 旅行者の利便の増進
c. 旅行業等を営む者の業務の適正な運営の確保

☑ 問② **報酬を得て次の行為を事業として行う場合、旅行業の登録を受けなければならないものをすべて選びなさい。**

a. 観光案内所が、旅行者から手数料を収受して、宿泊施設を手配する行為
b. バス会社が自社のバスを使用し、日帰り温泉旅行を実施する行為
c. コンビニエンスストアが船会社を代理して乗船券のみを販売する行為
d. 旅行業者等から依頼を受けて、海外のホテルの手配を代行する行為

解答

問① a、b、cすべてが「旅行業法の目的」として定められている。
問② aが登録必要。
a：「旅行業の登録」を受けなければならない。観光案内所であっても登録必要。
b：バス会社が自社のバスを使うのはバス事業であり、「日帰り」なので「付随」のみ。
c：船会社を代理して乗船券のみの販売。
d：旅行者との直接の取引がなく、旅行サービス手配業にも該当しない。

2 受託契約

☑ 問① **受託契約に関する次の記述のうち、正しいものはどれか。**

a. 第1種旅行業者は、地域限定旅行業者の受託旅行業者となることはできない。
b. 委託旅行業者及び受託旅行業者は、受託契約において、委託旅行業者を代理して企画旅行契約（参加する旅行者の募集をすることにより実施する企画旅行に係るものに限る）を締結することができる受託旅行業者またはその受託旅行業者代理業者の営業所を定めておかなければならない。
c. 旅行業者代理業者は、他の旅行業者と直接受託契約を締結するときは、所属旅行業者の承諾を得なければならない。

d. 受託旅行業者は、委託旅行業者の承諾を得れば、他の旅行業者に受託契約の再委託をすることができる。

解答

問① **bが正しい。受託契約において受託販売する営業所を定めておかなければならない。**

a：地域限定旅行業者は、条件付きだが国内募集型企画旅行の委託旅行業者になれる。従って、第1種も地域限定旅行業者の受託旅行業者になることができる。

c：所属旅行業者の承諾を得ても、代理業者は、直接「受託契約」の締結不可。

d：受託契約の再委託は、いかなる場合も不可。

3 旅行業者代理業者

問①　旅行業者代理業者に関する次の記述のうち、誤っているものはどれか。

a. 所属旅行業者は、いかなる場合も、その旅行業者代理業者が旅行業務につき旅行者に加えた損害を賠償する責めを免れることはできない。

b. 登録行政庁は、旅行業者代理業者に対し、その行う営業が旅行業であると誤認させ、または所属旅行業者を誤認させないようにするための措置をとるべきことを命ずることができる。

c. 旅行業者代理業者の所属旅行業者がその登録の有効期間が満了し、旅行業の登録を抹消されたときは、当該旅行業者代理業者の登録は失効する。

d. 旅行業者代理業者は、旅行業務に関し取引をしようとするときは、所属旅行業者の氏名または名称及び旅行業者代理業者である旨を取引の相手方に明示しなければならない。

解答

問① **aが誤り。所属旅行業者が相当の注意をし、かつ損害発生の防止に努めたときは免責。**

b：登録行政庁は、誤認させないように、命ずることができる。

c：所属旅行業者の登録が抹消されたとき、代理業者の登録は失効する。

d：代理業者は、所属旅行業者の氏名等を明示しなければならない。

4 旅行業等の登録

問① 次の記述のうち、旅行業等の登録の拒否事由に該当しないものをすべて選びなさい。

a. 法人であって、その役員のうちに、申請前3年以内に道路交通法に違反して、罰金刑に処せられた者があるもの

b. 法人であって、その代表取締役が、1年前に旅行業法に違反して、罰金刑に処せられたもの

c. 地域限定旅行業を営もうとする者であって、その基準資産額50万円の他に営業保証金の額100万円を有するもの

d. 営業所ごとに旅行業務取扱管理者を確実に選任すると認められないもの

問② 登録制度に関する次の記述のうち、正しいものはどれか。

a. 旅行業の登録の有効期間は、登録の日の翌日から起算して5年である。

b. 旅行業は、その取り扱う業務の範囲により、第1種旅行業、第2種旅行業、第3種旅行業及び旅行業者代理業に区分される。

c. 地域限定旅行業の申請をしようとする者は、その主たる営業所の所在地を管轄する都道府県知事に新規登録申請書を提出しなければならない。

d. 第3種旅行業の新規登録の申請をしようとする者のうち、第1種旅行業者が実施する本邦外の企画旅行(参加する旅行者の募集をすることにより実施するものに限る)について、当該第1種旅行業者を代理して企画旅行契約を締結する者は、観光庁長官に新規登録申請書を提出しなければならない。

問③ 登録制度に関する次の記述のうち、正しいものはどれか。

a. 引き続き旅行業者代理業を営もうとする旅行業者代理業者は、有効期間の満了の日の2か月前までに更新登録申請書を登録行政庁に提出しなければならない。

b. その登録業務範囲を第1種旅行業務に変更しようとする第3種旅行業者は、その主たる営業所の所在地を管轄する都道府県知事に変更登録申請書を提出しなければならない。

c. 登録の有効期間の満了の日が令和4年9月30日である旅行業者の更新の登録の通知が、令和4年10月8日にあった場合であっても、その登録の有効期間の満了の日は令和9年9月30日である。

d. 旅行業者代理業者がその登録業務範囲を第2種旅行業者に変更しようとするときは、その主たる営業所の所在地を管轄する都道府県知事に変更登録申請書を提出しなければならない。

☑ **問④　登録業務範囲に関する次の記述のうち、正しいものはどれか。**

a. 第3種旅行業者は、その営業所に総合旅行業務取扱管理者を選任していても、手配旅行契約に係る本邦外の旅行業務を取り扱うことはできない。

b. 第2種旅行業者は、その営業所に総合旅行業務取扱管理者を選任していれば、本邦外の企画旅行（参加する旅行者の募集をすることにより実施するものに限る）を実施することができる。

c. 第1種旅行業者は、国内旅行業務取扱管理者を選任している営業所においては、本邦外の企画旅行のうち旅行者からの依頼により旅行計画を作成し実施するものに限り、取り扱うことができる。

d. 第3種旅行業者は、国内旅行業務取扱管理者を選任している営業所においては、一の企画旅行ごとに一の自らの営業所の存する市町村の区域、これに隣接する市町村の区域及び観光庁長官の定める区域内において実施される場合、企画旅行（参加する旅行者の募集をすることにより実施するものに限る）を実施することができる。

☑ **問⑤　登録事項の変更の届出に関する次の記述のうち、正しいものはどれか。**

a. 第3種旅行業者は、選任している旅行業務取扱管理者に変更があったときは、その日から30日以内にその旨を主たる営業所の所在地を管轄する都道府県知事に届出書を提出しなければならない。

b. 第2種旅行業者が主たる営業所の所在地を変更（都道府県の区域を異にする所在地の変更に限る）したときは、その日から30日以内に変更後の主たる営業所の所在地を管轄する都道府県知事に届出書を提出しなければならない。

解答

問①　aは登録拒否に該当しない。「旅行業法に違反した罰金」は5年間登録拒否に該当するが、「旅行業法以外の法令に違反した罰金」は5年間登録拒否に該当しない。b、c、dは登録の拒否に該当する。

b：代表取締役も法人の役員に該当。5年間登録拒否に該当する。

c：地域限定旅行業の基準資産額は100万円以上必要。営業保証金を含めることはできない。

d：すべての営業所に「管理者」が必要。

問②　cが正しい。提出先は、「その主たる営業所の所在地を管轄する都道府県知事」。

a：「翌日起算」が誤り。新規登録は「登録の日から起算して5年」が正しい。

b：旅行業は、第1種、第2種、第3種及び地域限定旅行業。旅行業者代理業は旅行業ではない。

d：「観光庁長官に提出」が誤り。第3種の新規登録申請書は「主たる営業所の所在地を管轄する都道府県知事」に提出。第3種の登録を受けた後、当該第1種旅行業者と「受託契約」を締結しなければならない。

問③ cが正しい。更新した登録の有効期間は「通知があった日」にかかわりなく、「従前の登録の有効期間の満了の日の翌日から起算して5年」である。

a：代理業者は有効期限がないので、更新登録することはない。

b：「申請先は都道府県知事」は誤り。「観光庁長官」が正しい。第1種への変更登録の申請先は「観光庁長官」である。

d：「変更登録の申請」が誤り。「新規登録の申請」が正しい。

問④ dが正しい。第3種の業務範囲の規定。

a：第3種は「総合管理者」がいる営業所では、海外募集型企画旅行の実施以外の海外旅行の業務を取り扱うことができる。

b：「総合管理者」がいる営業所でも、第2種は海外募集型企画旅行の実施は不可。

c：第1種であっても、その営業所に「総合管理者」がいなければ、海外旅行の業務を取り扱うことはできない。

問⑤ bが正しい。第2種・第3種・地域限定旅行業者・旅行業者代理業者・旅行サービス手配業者の主たる営業所の所在地の都道府県が変更になる場合、「変更後の」都道府県知事に届出書を提出しなければならない。

a：「管理者」の氏名は、登録申請書の記載事項ではない。従って、「管理者」の氏名が変更になっても届出は不要。

5 営業保証金

☑ 問① 営業保証金に関する次の記述のうち、誤っているものはどれか。

a. 営業保証金の額は、前事業年度における旅行業者に関する旅行者との取引の額に基づき算定されるが、これには当該旅行業者に所属する旅行業者代理業者が取り扱った旅行者との取引の額を含めることを要する。

b. 旅行業者は、毎事業年度終了後100日以内に、その事業年度における旅行業務に関する旅行者との取引の額を登録行政庁に報告しなければならない。

c. 旅行業者は、毎事業年度終了後において、その供託している営業保証金の額が規定する額に不足することになるときは、その不足額を毎事業年度終了の日の翌日から100日以内に追加して供託し、その旨を登録行政庁に届け出なければならない。

d. 地域限定旅行業の新規登録を受けた者が、申請時に添付した書類に記載した年間取引見込額が400万円未満のときに供託すべき営業保証金の額は100万円である。

解答

問① dが誤り。営業保証金の額は15万円。

a：「代理業者の取引額」も「受託旅行業者の取引額」も「旅行者との取引額」に含まれる。

b：「旅行者との取引の額」は、「毎事業年度終了後100日以内」に「登録行政庁に報告しなければならない」

c：不足額については、「毎事業年度の終了の日の翌日から100日以内に」追加して供託し、登録行政庁に届け出なければならない。

6 旅行業務取扱管理者・外務員

問① 旅行業務取扱管理者の選任に関する次の記述のうち、誤っているものはどれか。

a. 旅行業者等は、その営業所の旅行業務取扱管理者として選任した者のすべてが法第6条第1項第1号から第6号までのいずれかに該当することになったときは、新たに旅行業務取扱管理者を選任するまでの間は、その営業所において旅行業務に関し旅行者と契約を締結してはならない。

b. 第1種旅行業者は、その営業所においては、総合旅行業務取扱管理者を選任していれば、旅行業務のすべてを取り扱うことができる。

c. 旅行業者等は、旅行業務取扱管理者について、5年ごとに旅行業務に関する法令、旅程管理その他の旅行業務取扱管理者の職務に関し必要な知識及び能力の向上を図るため、旅行業協会が実施する研修を受けさせなければならない。

d. 旅行業務取扱管理者は、いかなる場合も、他の営業所の旅行業務取扱管理者となることはできない。

問② 次の記述のうち、旅行業務取扱管理者が管理及び監督しなければならない事務(職務)として定められているものをすべて選びなさい。

a. 法第12条の4の規定による取引条件の説明に関する事項

b. 旅行に関する苦情の処理に関する事項

c. 法第12条の9の規定による標識の掲示に関する事項

d. 法第12条の10の規定による企画旅行の円滑な実施のための措置に関する事項

問③ 外務員に関する次の記述のうち、正しいものをすべて選びなさい。

a. 外務員は、旅行者が悪意であったときも、その所属する旅行業者等に代わって、旅行者との旅行業務に関する取引についての一切の裁判外の行為を行う権限を有するものとみなされる。

b. 外務員は、旅行者から請求があったときに限り、外務員の証明書を提示すればよい。

c. 旅行業者等は、その役員または使用人のうち、その営業所以外の場所でその旅行業者等のために旅行業務について取引を行う者に、外務員の証明書を携帯させなければ、その者を外務員としての業務に従事させてはならない。

d. 旅行業者代理業者の外務員の証明書は、当該旅行業者代理業者の所属旅行業者が発行しなければならない。

解答

問① dが誤り。①「地域限定旅行業者または地域限定旅行業者を所属旅行業者とする旅行業者代理業者」の複数の営業所であって、所定の条件(②「営業所間の距離の合計が40km以下」かつ③「前事業年度の旅行者との取引額合計が1億円以下」)を満たした場合、兼任できる。①②③をすべて満たした場合、1人が複数の営業所を兼務できることとした。

a：「管理者」がすべて拒否事由に該当するときは旅行者と契約を締結してはならない。

b：第1種の営業所に「総合管理者」がいれば、旅行業務をすべてできる。

c：旅行業者等は、旅行業務取扱管理者について、5年ごとに、旅行業協会が実施する研修を受けさせなければならない。

問② a、b、dが「管理者」の職務として定められている。

a：取引条件の説明

b：苦情の処理

c：「標識の掲示」は「管理者」の職務として定められていない。

d：旅程管理業務

問③ cが正しい。外務員は、外務員証を携帯しなければならない。

a：「旅行者が悪意であったときは」、一切の権限を有するとはみなさない。

b：外務員証は、旅行者から請求されなくても、必ず、提示しなければならない。

d：代理業者の外務員証は、代理業者自身が発行する。

7 旅行業務の取扱いの料金／旅行業約款、標識（登録票）

☑ **問① 旅行者から収受する旅行業務の取扱いの料金（企画旅行に係るものを除く）に関する次の記述のうち、正しいものはどれか。**

a. 旅行業者は、事業の開始前に、旅行業務の取扱いの料金を定め、これをその営業所において旅行者が閲覧することができるように備え置けばよい。

b. 旅行業者は、旅行業務の取扱いの料金を変更しようとするときは、あらかじめ登録行政庁の認可を受ける申請をしなければならない。

c. 旅行業務の取扱いの料金は、契約の種類及び内容に応じて定率、定額その他の方法により定められ、旅行者にとって明確なものでなければならない。

d. 旅行業者代理業者は、その営業所において、所属旅行業者が定めた料金の範囲内において独自に料金を定め旅行者に見やすいように掲示しなければならない。

☑ **問② 旅行業約款に関する次の記述のうち、誤っているものはどれか。**

a. 旅行業者代理業者は、所属旅行業者の旅行業約款をその営業所において、旅行者に見やすいように掲示し、または旅行者が閲覧することができるように備え置かなければならない。

b. 他の旅行業者を代理して企画旅行契約（参加する旅行者の募集をすることにより実施する企画旅行に係るものに限る）を締結することができる旅行業者等にあっては、当該他の旅行業者の旅行業約款をその営業所において、旅行者に見やすいように掲示し、または旅行者が閲覧することができるように備え置かなければならない。

c. 観光庁長官及び消費者庁長官が定めて公示した標準旅行業約款よりも旅行者に有利な内容の旅行業約款を定めた旅行業者にあっては、その約款については、登録行政庁の認可を受けることを要しない。

d. 旅行業約款に記載されている弁済業務保証金からの弁済限度額が変更になる保証社員にあっては、当該約款の変更に関し、登録行政庁の認可を受けることを要しない。

☑ **問③ 旅行業者等の標識に関する次の記述のうち、正しいものはどれか。**

a. 保証社員である旅行業者の標識には、弁済業務保証金からの弁済限度額を記載しなければならない。

b. 旅行業者等の標識には、旅行業務取扱管理者の氏名を記載しなければならない。

c. 旅行業者等が法人である場合は、標識にその代表者の氏名を記載しなければならない。

d. 旅行業者代理業者の標識には、登録の年月日及び登録の有効期間を記載しなければならない。

解答

問① cが正しい。「定率、定額」その他の方法により、明確でなければならない。

a：事業の開始前に料金を定め、必ず、営業所に掲示しなければならない。

b：料金については、認可申請不要。届出も不要。

d：代理業者については、所属旅行業者が定めた料金を掲示しなければならない。

問② cが誤り。旅行者に有利であっても、「標準」と同一でない場合、認可申請が必要である。

a：旅行業者代理業者は所属旅行業者の約款を掲示しまたは備え置かなければならない。

b：受託販売する場合、委託旅行業者の約款を掲示しまたは備え置かなければならない。

d：約款に記載された弁済限度額を変更するのは「軽微な変更」に該当するので、認可申請不要である。

問③ bが正しい。「管理者」の氏名は、標識に記載必要。

a：「弁済限度額」は、標識に記載不要。

c：「代表者の氏名」は標識に記載不要。

d：代理業者に有効期間はないので標識に記載不要。

8 説明・説明書面・情報通信の技術を利用する方法／契約書面、説明事項・書面記載事項

☑ **問① 取引条件の説明（書面）に関する次の記述のうち、正しいものはどれか。**

a. 旅行業者は、旅行に関する相談に応ずる場合、取引条件についての説明は要しない。

b. 旅行業者等は、対価と引換えに、旅行者と契約をしようとする旅行に関するサービスの提供を受ける権利を表示した書面を交付する場合にあっては、取引条件について説明した書面の交付は要しない。

c. 旅行業者等は、取引条件について説明した書面の交付に代えて、政令で定めるところにより、当該書面に記載すべき事項を国土交通省令・内閣府令で定める情報通信の技術を利用することにより提供することができるが、この場合には、旅行業者等は、旅行者の承諾を得たものとみなす。

d. 旅行業者は、企画旅行契約を締結しようとするとき、旅程管理業務を行う者が同行しない場合にあっては、旅行地における企画者との連絡方法について書面に記載しなければならない。

☑ **問② 旅行業務に関し契約を締結したときに交付する書面に関する次の記述のうち、誤っているものをすべて選びなさい。**

a. 旅行業者等は、運送のみの手配旅行契約を締結し、運送サービスの提供を受ける権利を表示した乗車券を旅行者に交付する場合であっても、別途、書面の交付を要する。

b. 旅行業者等は、企画旅行契約を締結した場合にあっては、契約の申込方法及び契約の成立に関する事項について書面に記載しなければならない。

c. 旅行業者等は、企画旅行契約を締結した場合にあっては、旅行者に交付する書面には旅行業務の取扱いの料金に関する事項について記載しなければならない。

d. 旅行業者等は、当該契約に係る旅行業務取扱管理者の氏名及び旅行者の依頼があれば当該旅行業務取扱管理者が最終的には説明を行う旨を書面に記載しなければならない。

解答

問① bが正しい。乗車券等の「権利を表示した書面」を交付する場合、説明書面は不要。

a：相談契約であっても、必ず説明をしなければならない。

c：旅行者の承諾を得て、情報通信の技術を利用する方法により、書面の交付に代えることができる。

d：「企画者との連絡方法」は「説明書面」ではなく「契約書面」に必要。

問② a、b、cが誤り。

a：乗車券等の「権利を表示した書面」を交付する場合、契約書面不要。

b：契約を締結した後なので、「契約書面」には「契約の申込方法と契約の成立」の記載不要。説明及び説明書面には必要。

c：企画旅行には、「旅行業務の取扱いの料金」は記載不要。

d：正しい。「契約書面」には、「管理者の氏名及び依頼があれば管理者が最終的には説明を行う旨」の記載が必要。

9 募集の広告／誇大広告の禁止

問① 広告に関する次の記述のうち、誤っているものをすべて選びなさい。

a. 企画旅行に参加する旅行者を募集するための広告において、旅行者が旅行業者等に支払うべき対価が出発日により異なる場合は、その最低額または最高額を表示すればよい。

b. 企画旅行に参加する旅行者を募集するための広告において、企画者以外の者の氏名または名称を表示する場合にあっては、文字の大きさ等に留意して、企画者の氏名または名称の明確性を確保しなければならない。

c. 旅行地の景観、環境その他の状況に関する事項は、旅行業務について広告をするとき、誇大広告をしてはならない事項として定められている。

d. 旅行業者等の業務の範囲、資力または信用に関する事項は、旅行業務について広告をするとき、誇大広告をしてはならない事項として定められている。

問② 次の記述のうち、企画旅行の募集広告の表示事項として定められているものをすべて選びなさい。

a. 旅行者が旅行業者等に対して支払うべき旅行業務の取扱いの料金に関する事項

b. 企画旅行（参加する旅行者を募集することにより実施するものに限る）の参加者数があらかじめ企画者が定める人員数を下回った場合に、当該企画旅行を実施しないこととするときは、その旨及び当該人員数

c. 旅行業務取扱管理者の同行の有無

d. 旅行者が提供を受けることができるサービスに専ら企画旅行の実施のために提供される運送サービスが含まれる場合にあっては、当該運送サービスの内容を勘案して、旅行者が取得することが望ましい輸送の安全に関する情報を表示しなければならない

解答

問① **a.「または」が誤り。「最低額と最高額を表示」が正当。**

b：「文字の大きさ」に留意し、「企画者の名称」を明確にしなければならない。

c：「旅行地の景観、環境」は、誇大広告禁止事項。

d：「旅行業者等の業務の範囲、資力または信用」は、誇大広告禁止事項。

問② **b.「最少催行人員」と d.「輸送の安全情報」が定められている。**

a：企画旅行の旅行業務の取扱いの料金についての規定はない。

c：旅行業務取扱管理者の同行についての規定はない。

10 企画旅行の円滑な実施のための措置／旅程管理業務を行う主任の者

☑ 問① 企画旅行の円滑な実施のための措置に関する次の記述のうち、誤っているものはどれか。

a. 旅行業者は、旅行に関する計画に定めるサービスの旅行者への確実な提供を確保するために旅行の開始前に必要な予約その他の措置を講じなければならない。

b. 本邦内の旅行であって、旅行者に契約の締結前にその旨を説明し、かつ、当該旅行に関する計画に定めるサービスの提供を受ける権利を表示した書面を交付した場合は、当該サービスの内容の変更を必要とする事由が生じた場合における代替サービスの手配及び当該サービスの提供を受けるために必要な手続きの実施その他の措置を講じなくてもよい。

c. 旅行業者は、旅行に関する計画における２人以上の旅行者が同一の日程により行動することを要する区間における円滑な旅行の実施を確保するために必要な集合時刻、集合場所その他の事項に関する指示をしなければならない。

d. 旅程管理義務は、参加する旅行者を募集することにより実施する企画旅行においてのみ、旅行業者に課せられ、旅行者からの依頼により旅行計画を作成し実施する企画旅行において課せられることはない。

☑ 問② 旅程管理業務を行う者に関する次の記述のうち、誤っているものはどれか。

a. 旅程管理業務を行う者のうち主任の者は、法第６条第１項第１号から第６号のいずれにも該当しない者であって、登録研修機関が実施する旅程管理研修の課程を修了し、かつ、旅行の目的地を勘案して国土交通省令で定める旅程管理業務に関する実務の経験を有する者でなければならない。

b. 本邦内の企画旅行に同行して旅程管理業務を行う者のうち主任の者は、所定の研修の課程を修了した日の前後１年以内に１回以上または当該研修の課程を修了した日から３年以内に１回以上の本邦内の旅行に関する旅程管理業務に従事した経験が必要である。

c. 本邦外の企画旅行に参加する旅行者に同行して旅程管理業務を行う者のうち主任の者に必要な実務の経験は、本邦外の旅程管理業務に従事した経験に限られる。

d. 資格要件を満たす者（法第12条の11第１項の規定に適合する者）の指導による旅程管理業務に相当する実務の研修を受けた経験は、当該研修を受けた地域を目的地とする旅行に係る旅程管理業務に従事した経験とみなされる。

解答

問① dが誤り。募集型も受注型も、旅程管理業務は行わなければならない。

a：旅行開始前に、必ず必要な予約をしておかなければならない。

b：国内旅行で契約前に説明し、乗車券等を交付すれば旅程管理業務を省略できる。

c：旅行業者は、「集合時刻、集合場所等の指示」をしなければならない。

問② b「3年以内に1回以上」は誤り。「3年以内に2回以上」が正しい。a、c、dは正しい。

a：旅程管理主任者は「登録拒否」に該当せず、所定の「研修」と「実務の経験」が必要。

c：海外企画旅行のチーフ添乗員は、海外旅行の実務の経験が必要。

d：規定に適合する者による「研修」は、「実務の経験」とみなす。

11 禁止行為／業務改善命令、業務停止・登録の取消し

問① 禁止行為に関する次の記述のうち、正しいものをすべて選びなさい。

a. 旅行業者等は、旅行業務に関し取引をした者に対し、その取引によって生じた債権の履行を、いかなる場合も遅延させてはならない。

b. 旅行業者等は、運送サービス（専ら企画旅行の実施のために提供されるものに限る）を提供する者に対し、輸送の安全の確保を不当に阻害する行為をしてはならない。

c. 旅行業者等は、営業所に掲示した料金を超えて料金を収受するときは、旅行者の了解を得なければならない。

d. 旅行者に対し、旅行地において特定の物品を購入することを強要する行為は、旅行者の保護に欠け、または旅行業の信用を失墜させるものとして、国土交通省令で定められた禁止行為に該当する。

問② 次の記述のうち、登録行政庁が旅行業者等に命ずることができる措置（業務改善命令）として定められているものをすべて選びなさい。

a. 旅行業務の取扱いの料金または企画旅行に関し旅行者から収受する対価を変更すること

b. 旅行業約款を変更すること

c. 旅行業務取扱管理者を解任すること

☑ 問③　登録の取消し等に関する次の記述のうち、誤っているものはどれか。

a. 登録行政庁は、旅行業者等が不正の手段により、新規登録、有効期間の更新の登録または変更登録を受けたときは、当該登録を取り消すことができる。

b. 登録行政庁は、旅行業者等が登録を受けてから1年以内に事業を開始せず、または引き続き1年以上事業を行っていないと認めるときは、登録を取り消すことができる。

c. 登録行政庁は、旅行業者等が旅行業法に基づく命令に違反したときは、1年以内の期間を定めて業務の全部もしくは一部の停止を命じ、または登録を取り消すことができる。

d. 登録行政庁は、登録を取り消すときは、遅滞なく、理由を付して、その旨を当該旅行業者等に通知しなければならない。

解答

問①　b、dが正しい。

a：「不当に遅延する行為をしてはならない」が正しい。

b：「輸送の安全の確保を不当に阻害する行為」は禁止行為。

c：旅行者の了解を得ても、営業所に掲示した料金を超えて収受してはならない。

d：「物品の購入を強要する行為」は禁止行為。

問②　a、b、cすべてが「業務改善命令」として定められている。

a：「料金または対価を変更」

b：「旅行業約款を変更」

c：「管理者を解任」

問③　c「1年以内」が誤り。業務停止命令は「6か月以内」が正しい。

a：不正による登録は、登録を取り消すことができる。

b：登録から1年以内に事業を開始しないとき、または1年以上事業を行っていないときは、登録を取り消されることがある。

d：登録行政庁は、登録を取り消す場合、その旅行業者等に通知しなければならない。

12 旅行サービス手配業

☑ 問①　報酬を得て、次の行為を事業として行う場合、旅行サービス手配業の登録を受けなければならないものをすべて選びなさい。

a. 国外の旅行業者の依頼を受け、免税店における物品販売の手配をする行為

b. 国内の旅行業者からの依頼を受けて、海外におけるホテル、バスなどの手配をする行為

c. 国外の旅行業者からの依頼を受けて、全国通訳案内士及び地域通訳案内士以外の有償によるガイドの手配をする行為

d. 国外の旅行業者からの依頼を受けて、全国通訳案内士及び地域通訳案内士の手配をする行為

e. 国内外の旅行業者から依頼を受けて、国内のレストランの手配のみを代行する行為

☑ 問② 旅行サービス手配業の登録に関する次の記述のうち、正しいものはどれか。

a. 旅行サービス手配業の更新登録申請書の提出先は、その主たる営業所の所在地を管轄する都道府県知事である。

b. 旅行サービス手配業者は、営業保証金を供託して、登録行政庁にその旨の届出をした後でなければ、その事業を開始してはならない。

c. 旅行業者は、旅行サービス手配業の登録を受けなくても、旅行サービス手配業務を行うことができる。

d. 旅行サービス手配業者が第３種旅行業者へ変更登録しようとするときは、主たる営業所の所在地を管轄する都道府県知事に変更登録申請書を提出しなければならない。

☑ 問③ 旅行サービス手配業務取扱管理者に関する次の記述のうち、正しいものはどれか。

a. 旅行サービス手配業者は、その営業所において、地域限定旅行業務取扱管理者試験に合格した者を旅行サービス手配業務取扱管理者として選任できる。

b. 旅行サービス手配業者は、その営業所において、選任した旅行サービス手配業務取扱管理者がすべて欠けるに至ったときは、新たに旅行サービス手配業務取扱管理者を選任するまでの間は、一切の旅行サービス手配業務を取り扱うことはできない。

c. 旅行サービス手配業者は、旅行サービス手配業務取扱管理者について、５年ごとに、観光庁長官の登録を受けた登録研修機関が実施する旅行サービス手配業務取扱管理者研修を受けさせなければならない。

d. 旅行サービス手配業者の営業所において選任された旅行サービス手配業務取扱管理者は、他の旅行サービス手配業者の営業所の旅行サービス手配業務取扱管理者として兼任することができる。

☑ 問④ **旅行サービス手配業の書面の交付に関する次の記述のうち、誤っているものはどれか。**

a. 旅行サービス手配業者は、旅行サービス手配業務に関し取引する者と旅行サービス手配業務に関し、契約を締結したときに、当該取引する者に対して交付する書面には、当該取引する者に支払う対価及び旅行サービス手配業務の取扱いの料金に関する事項について記載しなければならない。

b. 旅行サービス手配業者は、取引する者が旅行業者等または旅行サービス手配業者の場合であって、旅行サービス手配業務に関し契約を締結したときに、当該取引する者に対して交付する書面には、当該取引する者の氏名または商号もしくは名称及び住所並びに登録番号を記載しなければならない。

c. 旅行サービス手配業者は、書面の交付に代えて、当該書面に記載すべき事項を国土交通省令・内閣府令で定める情報通信の技術を利用する方法により提供するときは、政令で定めるところにより、あらかじめ、旅行サービス手配業務に関し取引する者の承諾を得なければならない。

d. 旅行者に提供すべき旅行に関するサービスの内容については、旅行業者等が交付する書面の記載事項として定められているが、旅行サービス手配業者が交付する書面の記載事項としては定められていない。

☑ 問⑤ **禁止行為、旅行サービス手配業務の委託、法令違反行為者の氏名等の公表に関する次の記述のうち誤っているものはどれか。**

a. 旅行サービス手配業務に関し取引をする者に対し、旅行者が特定のサービスの提供を受けることまたは特定の物品を購入することを強要する行為を行うことをあっせんし、またはその行為を行うことに関し便宜を供与する行為は、禁止行為として定められている。

b. 旅行サービス手配業者は、旅行サービス手配業務を他の旅行サービス手配業者に委託することはできない。

c. 観光庁長官は、旅行業法または旅行業法に基づく命令に違反する行為(以下「法令違反行為」という)を行った者の氏名または名称その他法令違反行為による被害の発生もしくは拡大を防止し、または取引の公正を確保するために必要な事項を一般に公表することができる。

d. 宿泊のサービスを提供する者(旅館業法に規定する営業者を除く)と取引を行う際に、当該者が住宅宿泊事業法の第３条第１項の届出をした者であるかどうかの確認を怠る行為は、禁止行為として定められている。

解答

問① a、cが旅行サービス手配業の登録が必要。

a：「免税店における物品販売の手配」は旅行サービス手配業の登録必要。

c：「全国通訳案内士及び地域通訳案内士以外の有償によるガイドの手配」は旅行サービス手配業の登録必要。

b：「旅行業者からの依頼」による「海外におけるホテル、バスなどの手配」は旅行サービス手配業の登録不要。

d：「全国通訳案内士及び地域通訳案内士の手配」は旅行サービス手配業の登録不要。

e：運送等関連サービスのみの手配のため登録不要。

問② cが正しい。旅行業者は、旅行サービス手配業の登録を受けなくても、旅行サービス手配業務を行うことができる。

a：旅行サービス手配業には有効期間の規定がない。「更新登録申請」が誤り。

b：旅行サービス手配業者には、営業保証金を供託する義務はない。従って、誤り。

d：旅行サービス手配業から第３種旅行業への変更は、「新規登録申請」に該当する。「変更登録」が誤り。

問③ cが正しい。5年ごとに、旅行サービス手配業務取扱管理者について旅行サービス手配業務取扱管理者研修を受けさせなければならない。

a：誤り。地域限定旅行業務取扱管理者を旅行サービス手配業務取扱管理者として選任することはできない。

b：「一切できない」が誤り。「旅行サービス手配業務に関する契約を締結できない」が正しい。

d：「兼任することができる」が誤り。兼任不可（兼務不可）。

問④ dが誤り。「旅行者に提供すべき旅行に関するサービスの内容」の記載必要。

a：取引する者に支払う「対価」及び「料金」の記載必要。

b：取引をする者の「登録番号」も記載必要。

c：あらかじめ、取引する者の承諾を得なければならない。

問⑤ bが誤り。他人に委託するときは他の旅行サービス手配業者または旅行業者に委託しなければならない。

a：「特定のサービスの提供を受けることや特定の物品を購入することを強要する行為をあっせん、または便宜を供与する行為」は、禁止。

c：「法令違反行為者の氏名を公表」できるのは観光庁長官。

d：「所定の届出をした者であるかどうかの確認を怠る行為」は禁止行為。

13 旅行業協会／弁済業務保証金

☑ 問① **次の記述から、旅行業協会が適正かつ確実に実施しなければならない業務として、定められているものをすべて選びなさい。**

a. 旅行業務または旅行サービス手配業務の適切な運営を確保するための旅行業者等または旅行サービス手配業者に対する指導

b. 旅行業務または旅行サービス手配業務に関する苦情について迅速な処理を求めるための旅行業者等または旅行サービス手配業者への立入検査

c. 旅行業務または旅行サービス手配業務に関する取引の公正の確保または旅行業、旅行業者代理業及び旅行サービス手配業の健全な発達を図るための調査、研究及び広報

d. 訪日外国人旅行者数の増加のための諸施策の推進

☑ 問② **旅行業協会が行う苦情の解決に関する次の記述のうち、正しいものはどれか。**

a. 旅行業協会は、旅行業者等または旅行サービス手配業者が取り扱った旅行業務または旅行サービス手配業務に関する旅行者からの苦情の解決については、当該旅行業者等または旅行サービス手配業者に対して苦情の解決のために必要な業務の改善を命令することができる。

b. 社員は、旅行業協会から苦情の解決について必要な資料の提出を求められたときは、必ずこれに応じなければならない。

c. 旅行業協会は、旅行業務または旅行サービス手配業務に関する苦情の解決についての申出、当該苦情に係る事情及びその解決の結果について、社員以外の旅行業者等または旅行サービス手配業者にも周知させなければならない。

d. 旅行業協会は、社員以外の旅行業者等または旅行サービス手配業者が取り扱った旅行業務または旅行サービス手配業務に関する旅行者または旅行に関するサービスを提供する者からの苦情についても、解決の申出があったときは、その相談に応じなければならない。

☑ 問③ **弁済業務保証金制度に関する次の記述のうち、正しいものはどれか。**

a. 旅行業者は、旅行業協会の保証社員になるには、旅行業協会に加入しようとする日までに、所定の弁済業務保証金分担金を登録行政庁に納付しなければならない。

b. 旅行業協会から還付額に相当する額の還付充当金を納付するよう通知を受けた保証社員が、その通知を受けた日から14日以内に、当該還付充当金を旅行業協会に納付しないときは、当該旅行業者は旅行業協会の社員の地位を失う。

c. 保証社員である旅行業者の弁済限度額は、その者が保証社員でなければ供託すべきこととなる営業保証金の額を下ることがある。

d. 旅行業協会が供託している弁済業務保証金から弁済を受ける権利を実行しようとする者は、その債権について旅行業協会の認証を受けなければならない。

解答

問① a、cは旅行業協会の業務として定められている。

a：旅行業者等・旅行サービス手配業者に対する指導

c：調査、研究及び広報

b：「立入検査」とd「訪日外国人旅行の推進」は旅行業協会の法定業務として定められていない。

問② dが正しい。「社員以外」に関する苦情についても、旅行業協会は相談に応じなければならない。

a：旅行業協会は業務改善命令を出すことはできない。

b：「必ず」が誤り。「正当な理由がないのに、拒んではならない」が正しい。

c：「社員以外の旅行業者等にも周知」が誤り。「社員に周知」が正しい。

問③ dが正しい。「旅行業協会の認証」が必要。

a：弁済業務保証金分担金は旅行業協会に納付しなければならない。

b：「還付充当金」は、納付するように通知を受けた日から、7日以内に納付。

c：「弁済限度額」は、営業保証金の額を下ることはできない。

MEMO

PART 2

[総合・国内]

約款

（旅行業約款、運送約款及び宿泊約款）

出題傾向と対策

1 出題傾向

① 重要な項目は毎年出題されており、「国内」と「総合」の違いは「相談契約」「渡航手続代行契約」「運送・宿泊約款」。

② 旅行業約款80点（各4点× 20問）＋運送・宿泊約款20点＝100点満点。

③ 旅行業約款の約8割は募集型企画旅行契約に関する出題である。

ジャンル		2022年度		2021年度		2020年度		2019年度	
		国内	総合	国内	総合	国内	総合	国内	総合
募集型企画旅行	適用・定義・手配代行者	○		○	○	○	○	○	○
	申込み：契約締結・契約拒否	◎○	○	○○	○	○◎	○	○◎	○
	契約成立・契約書面・確定書面	○	○	○	○	◎	○	○	○
	契約の変更・旅行代金の変更	◎	○	○	○	◎	○	◎	○
	旅行者による解除	○	◎	◎	◎	○	◎	◎	
	旅行業者による解除（旅行開始前）	○	○	○	○	○	○	○	○◎
	旅行業者による解除（旅行開始後）	○	○	◎	◎	◎	◎	○	◎
	払戻し	○	◎	○	◎	○	◎	○	○
	団体・グループ、契約責任者	○	○	○	○	○		○	
	旅程管理	○	○	○	○	◎	◎	○	○
	旅行業者の責任	○	○	○	○		○	○	○
	旅行者の責任	○	○	◎	○	○		○	
特別補償①		○	○	◎	○	○	◎	◎	◎
特別補償②		◎	○◎		○	○	○○	○	○
旅程保証①		○	○	◎	○	○	○	○	○
旅程保証②		○	○	○	◎	○	○	○	◎
受注型企画旅行①		◎	○	○	○	○	○	○	○
受注型企画旅行②③			◎		◎◎	◎	◎	○	○
手配旅行①		○	○	○	○	○	○	○◎	○
手配旅行②		○	◎	◎	◎	○	○	○	○
相談契約		○	○	○	○	◎	○	○	○
一般貸切自動車		○	○	○	○	○	○	○	○
フェリー		○		○		○		○	
国内航空		○	○	○	○	○	○	○	○
JR		○		○		○		○	
宿泊		○	○	○	○	○	○	○	○
渡航手続代行			○		○		○		○
国際航空			○		○		○		○

※◎印は「正しいものをすべて選べ」式の出題。
※同じ欄に2つ印があるのは、1ジャンルに2問出題されていることを意味する。

国内旅行業務取扱管理者試験の「国内旅行実務」では、運送約款・宿泊約款からも出題されている。

2022（令和4）年度	各4点×5問＝20点
一般貸切自動車	運転者の宿泊料負担
フェリー	自動車航送の運賃・払戻し・小児の運賃
宿泊	違約金・子供料金・時間外追加料金・申込金
国内航空	払戻手数料・販売期間・購入期限

2021（令和3）年度	各4点×5問＝20点
一般貸切自動車	違約料
宿泊	宿泊料金・違約金・基本宿泊料・子供料金
フェリー	—
国内航空	小児運賃・払戻手数料・予約日・購入期限・変更

2020（令和2）年度	各4点×5問＝20点
一般貸切自動車	運賃の割引
フェリー	自動車航送の運賃・小児運賃・旅客都合の払戻手数料・遅延到着の払戻手数料
宿泊	違約金・基本宿泊料・子供料金・申込金・時間外追加料金
国内航空	航空券購入期限・予算の変更・小児運賃・払戻手数料・取消手数料・適用運賃及び料金・座席予約の受付・運賃の変更

2019（令和元）年度	各4点×5問＝20点
一般貸切自動車	違約料
フェリー	自動車航送の運賃・特殊手荷物運送・手回り品・小児運賃
宿泊	子供料金・申込金・時間外追加料金・違約金・基本宿泊料
国内航空	小児運賃・払戻手数料・取消手数料・航空券購入期限・旅客の都合による変更

2 対策

すべての項目が重要であり、しっかり学習する必要がある。特に本文中の「ココ出る」「POINT」は、しっかり覚えておきたい。ひっかけ問題や紛らわしい問題が多いので、問題（過去問題含め）をたくさん解いて、内容を理解・納得するまで復習を繰り返そう。

国内旅行業務取扱管理者試験
①本試験に合格すると、翌年から「総合管理者」試験の２科目（旅行業法と国内旅行実務）が免除されるため、確実に合格を目指す。 ②「渡航手続代行契約」と「国際航空約款」からの出題はない。 ③運送約款と宿泊約款は「国内旅行実務」にも出題されているため、もれなく学習が必要。
総合旅行業務取扱管理者試験
①「国内管理者」合格レベルからさらに上位を目指し、過去問題をたくさん解いて、よく復習する。 ②ひっかけ問題や紛らわしい問題のポイントをノートに整理記入等し、自分流に工夫して完全マスターを目指す。 ③最近は「フェリー約款」からの出題はない。

1 標準旅行業約款／募集型企画旅行契約

学習のポイント

- 「旅行業約款」の「適用範囲」「特約」等について理解する。
- 「募集型企画旅行」等の「定義」「契約内容」「手配代行者」等についても学ぶ。

1 適用範囲

1 標準旅行業約款

「標準旅行業約款」とは、観光庁長官及び消費者庁長官が定めて公示したものであり、試験でも、この中から出題される。標準旅行業約款は、次の5つの部から構成されている。

① 募集型企画旅行契約
② 受注型企画旅行契約
③ 手配旅行契約
④ 渡航手続代行契約
⑤ 旅行相談契約

2 適用範囲

① 募集型企画旅行契約は、この約款に定めるところによる。
② この約款に定めのない事項については、法令または一般に確立された慣習による。
③ 「法令」とは、民法、商法、旅行業法等を指し、旅行業法のみをいうのではない。
④ この適用範囲の規定は、受注型企画旅行、手配旅行、渡航手続代行、旅行相談の各契約についても同一内容である。

3 特約

① 旅行業者が、(1) 法令に反せず、(2) 旅行者の不利にならない範囲で、(3) 書面により特約を結んだときは、その特約を優先する。
② 上記 (1) (2) (3) の3つの条件をすべて満たしたとき、特約は有効となる。3つのうち1つでも満たさない場合、その特約は無効。また、書面によらず口頭によるものや、旅行者に不利となる特約も無効。

③ 有効な特約が結ばれた場合の適用は、特約がこの旅行業約款に優先して適用される。

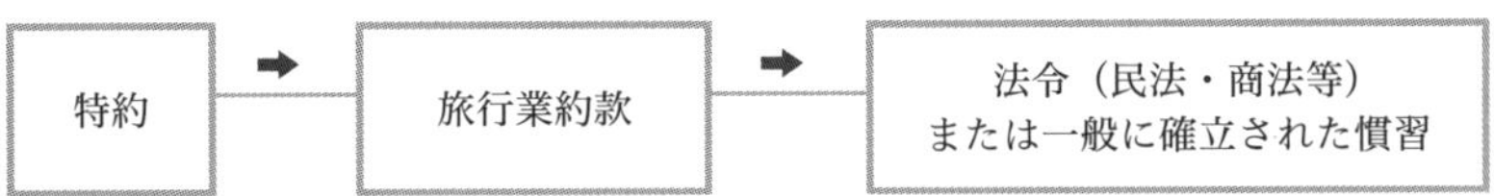

④ 特約は、募集型企画旅行のみに認められているわけではない。受注型企画旅行、手配旅行、渡航手続代行、旅行相談の各契約においても同一の規定があり、特約を結ぶことができる。

2 定義

1 募集型企画旅行と受注型企画旅行

募集型企画旅行	旅行業者が、旅行者の募集のためにあらかじめ、以下を定めた旅行に関する計画を作成し、これにより実施する旅行をいう。 ア　旅行の目的地及び日程 イ　旅行者が提供を受けることができる運送または宿泊サービスの内容 ウ　旅行者が旅行業者に支払うべき旅行代金の額 例 パンフレットやホームページで募集するパッケージツアー等
受注型企画旅行	旅行業者が、旅行者からの依頼により、上記と同様ア、イ、ウを定めた旅行に関する計画を作成し、これにより実施する旅行をいう。 例 社員旅行等

2 国内旅行と海外旅行

ココ出る

① 「国内旅行」とは、本邦内のみの旅行をいう。

② 「海外旅行」とは、国内旅行以外の旅行をいう。

注意 **「本邦外の旅行と本邦内の旅行からなる旅行」は、海外旅行である。**

例 札幌（出発地）～東京～パリ～東京～・札幌（帰着地）の場合、札幌～東京間も海外旅行とする。

3 通信契約

① 申込方法が通信手段であること、及び支払方法が署名不要のクレジットカードであること、この２つの条件を満たした契約を「通信契約」という。

② 通信手段による申込みはすべて通信契約、ということではない。

③ クレジットカードによる支払いはすべて通信契約、ということではない。

④「通信手段」とは、電話、郵便、ファクシミリ、インターネットその他を指す。

⑤「**通信契約**」とは、下記ア、イ、ウの3つの要件をすべて満たした募集型企画旅行契約をいう。

ア　旅行業者または当該旅行業者の募集型企画旅行を代理して販売する会社が提携するクレジットカード会社（以下「提携会社」）の**カード会員**との間で

イ　**電話**、**郵便**、**ファクシミリ**、**インターネット**その他の通信手段による申込みを受けて締結する募集型企画旅行契約であって、

ウ　当該旅行代金に係る債権または債務を提携会社のカード規約に従って決済することについて、旅行者があらかじめ承認し、かつ旅行者の**署名**なくして支払うことを内容とする

⑥「通信契約」の規定は、募集型企画旅行だけではなく、受注型企画旅行においても、手配旅行契約においても適用される。ただし、後述の「電話等による予約」の規定は、募集型企画旅行にのみ適用される。

4 カード利用日

①「**カード利用日**」とは、旅行者または旅行業者が募集型企画旅行契約に基づく旅行代金等の**支払**または**払戻**債務を**履行すべき日**をいう。

② 旅行者が旅行代金等の支払いをすべき日をいう。また、旅行業者が旅行代金等の払戻しをすべき日をいう。

③「カード利用日」に旅行業者は旅行代金を入金する。債権はカード会社に移る。「カード利用日」は、クレジットカード会社が支払債務を履行すべき日、ではない。

3 旅行契約の内容

1 旅行契約の内容

① 募集型企画旅行契約においては、**手配**することだけではなく、**旅程を管理**することまで引き受けている。

② 旅行業者が、自ら旅行サービスを提供するわけではない。

③ 旅行業者は、募集型企画旅行契約において、旅行者が旅行業者の定める旅行日程に従って旅行サービスの提供を受けることができるように**手配**し、**旅程を管理**しなければならない。

※「旅行サービス」とは、「運送・宿泊機関等が提供する運送、宿泊その他の旅行に関するサービス」をいう。

2 企画旅行と手配旅行

旅行業者が、善良な管理者の注意をもって旅行サービスの手配をしたときは手配旅行契約に基づく旅行業者の債務の履行は終了するが、企画旅行契約に基づく旅行業者の債務の履行は終了しない。

4 手配代行者

1 手配代行者とは

① 旅行業者は募集型企画旅行を実施するに当たって、手配の全部または一部を本邦内または本邦外の他の旅行業者、手配を業として行う者その他の補助者に代行させることがある。

② 手配の全部を代行させることもできる。

③ 本邦内または本邦外の旅行でも代行させることができる。

④ 代行させるのは、他の旅行業者に限らず、手配代行専門の請負業者であるランドオペレーター、ツアーオペレーターでもよい。

⑤ 受注型企画旅行及び手配旅行においても、契約の履行に当たっては、手配の全部または一部を他の旅行業者、手配を業として行う者その他の補助者に代行させることができる。

2 旅行業者の責任

① 手配を代行させた場合においても、責任は旅行業者が負う。

② 手配代行者の過失によって、旅行者に損害を与えた場合、損害賠償責任は旅行業者が負う。

2 契約の締結

• 学習のポイント

- 申込方法、通信契約、電話等による予約、契約締結の拒否、契約の成立時期、契約書面、確定書面、情報通信の技術を利用する方法、旅行代金等の「契約の締結」全般について理解する。

1 契約の締結

1 契約の申込方法

募集型企画旅行契約の申込みをしようとする旅行者は、旅行業者所定の申込書に所定の事項を記入のうえ、当該旅行業者が別に定める金額の申込金とともに、当該旅行業者に提出しなければならない。

2 通信契約

① 通信契約の申込みをしようとする旅行者は、募集型企画旅行の名称、旅行開始日、会員番号その他事項(以下、会員番号等)を、旅行業者に通知しなければならない。

② 会員番号とは、クレジットカード番号のことである。

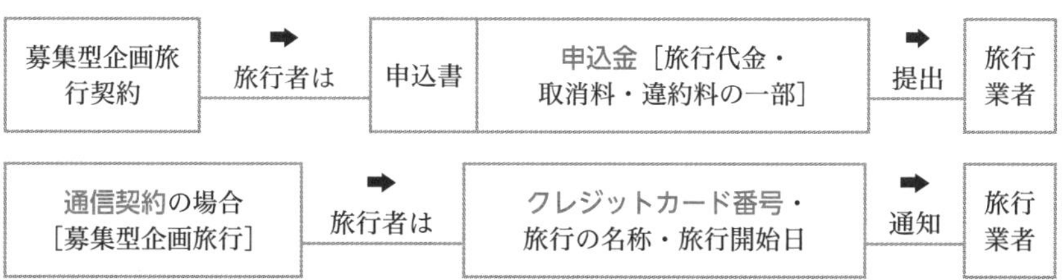

3 申込金

申込金は、旅行代金または取消料もしくは違約料の一部として取り扱う。

4 特別な配慮を必要とする場合

① 特別な配慮を必要とする旅行者は、契約の申込時に申し出なければならない。

② 旅行者から契約の申込時に、旅行の参加に際し特別な配慮を必要とする旨の申出があったときは、旅行業者は可能な範囲でこれに応じなければならない。

③ 特別な配慮を必要とする旨の申出に基づき、旅行業者が旅行者のために講じた

特別な措置に要する費用は、**旅行者の負担**とする。旅行業者の負担ではない。

④ 特別な配慮を必要とするとは、例えば車椅子の手配等をいう。

2 電話等による予約

1 「電話等による予約」とは

① 「電話等による予約」の規定は**募集型**企画旅行のみに適用され、**受注型**企画旅行には適用されない。**受注型**企画旅行は募集することがないため、電話で参加旅行者の個々の予約を受け付けるということがない。

② **募集型**企画旅行契約では、電話、郵便、ファクシミリ、インターネットその他の通信手段による**予約**を受け付けるが、この場合、**予約**の時点では**契約は成立**していない。

③ 旅行者は、旅行業者が**予約の承諾**の旨を通知した後、旅行業者が定める期間内に旅行業者に**申込書と申込金**を提出、または**会員番号等**を通知しなければならない。

④ 電話等により予約を受け付け、会員番号等を通知した場合は「**通信契約**」に該当する。

POINT

2 契約締結の順位は予約の受付の順位

① 申込書と申込金の提出があったとき、または会員番号等の通知があったときに契約は成立するが、募集型企画旅行契約の締結の順位は当該**予約の受付**の順位による。

② 契約の締結の順位は、**申込金の提出**の順位ではない。

③ 下記の例では、申込金はＢさんが早いが、予約はＡさんが先であるため、契約締結の順位はＡさんが上位。

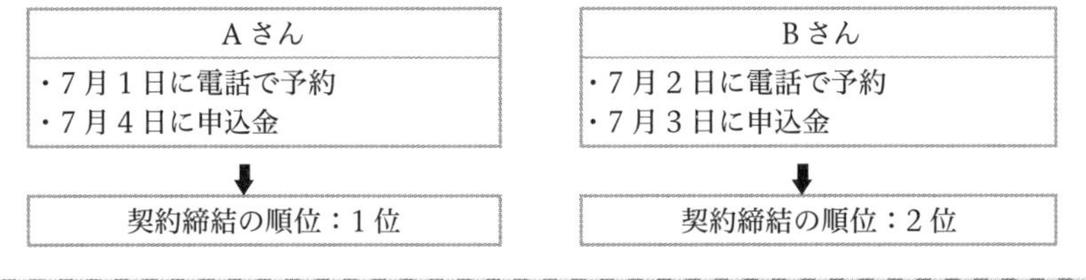

Ａさん
・7月1日に電話で予約
・7月4日に申込金
契約締結の順位：1位
Ｂさん
・7月2日に電話で予約
・7月3日に申込金
契約締結の順位：2位

3 契約不成立

旅行者が所定の期間内に、**申込金**を提出しない場合、または**会員番号等**を通知しない場合は、旅行業者は、当該**予約はなかったもの**として取り扱うことができる。

この場合、契約が成立していないので、取消料を収受できる期間内であっても、旅行業者は、所定の取消料、違約料を請求することはできない。

3 契約締結の拒否

POINT

1 契約締結の拒否事由

旅行業者は次の場合、募集型企画旅行契約の締結を拒否できる。

① 旅行業者が、あらかじめ明示した性別、年齢、資格、技能その他の参加旅行者の条件を満たしていないとき。

② 応募旅行者数が募集予定数に達したとき。

③ 旅行者が他の旅行者に迷惑を及ぼしまたは団体行動の円滑な実施を妨げるとき。

④ 通信契約を締結しようとする場合であって、旅行者の有するクレジットカードが無効である等、旅行者が旅行代金等に係る債務の一部または全部を提携会社のカード会員規約に従って決済できないとき。

⑤ 旅行者が、暴力団員、暴力団準構成員、暴力団関係者、暴力団関係企業または総会屋等その他の反社会的勢力であると認められるとき。

⑥ 旅行者が、旅行業者に対して暴力的な要求行為、不当な要求行為、取引に関して脅迫的な言動もしくは暴力を用いる行為またはこれらに準ずる行為を行ったとき。

⑦ 旅行者が、風説を流布し、偽計を用いもしくは威力を用いて旅行業者の信用を毀損しもしくは旅行業者の業務を妨害する行為またはこれらに準ずる行為を行ったとき。

⑧ その他旅行業者の業務上の都合があるとき。

2 受注型企画旅行での拒否事由

次の事由は、参加旅行者を募集するときの規定であるため、受注型企画旅行契約には適用されない。従って、受注型企画旅行契約での拒否事由には該当しない。

① 旅行業者が、あらかじめ明示した性別、年齢、資格、技能その他の参加旅行者の条件を満たしていないとき。

② 応募旅行者数が、募集予定数に達したとき。

4 契約の成立時期

1 契約の成立時期

① 募集型企画旅行契約は、旅行業者が契約の締結を承諾し、旅行業者が定める額の申込金を受理した時に成立する。

② 原則は、申込金を受理した時に成立する。申込書を受理したときではない。

2 通信契約での成立時期

① 通信契約は、旅行業者が発した契約の締結を承諾する旨の通知が旅行者に到達した時に成立する。

② 通信契約において、旅行業者が契約の締結を承諾する旨の通知を発した時に成立するわけではない。

③ 申込方法が電話、郵便、ファクシミリ、インターネットその他の通信手段であること、及び支払方法がクレジットカード（署名不要）であること、この2つの条件を満たした契約を「通信契約」という。通信手段による申込みはすべて通信契約、ということではない。また、クレジットカードによる支払いはすべて通信契約、ということではないので注意。

■契約の成立時期

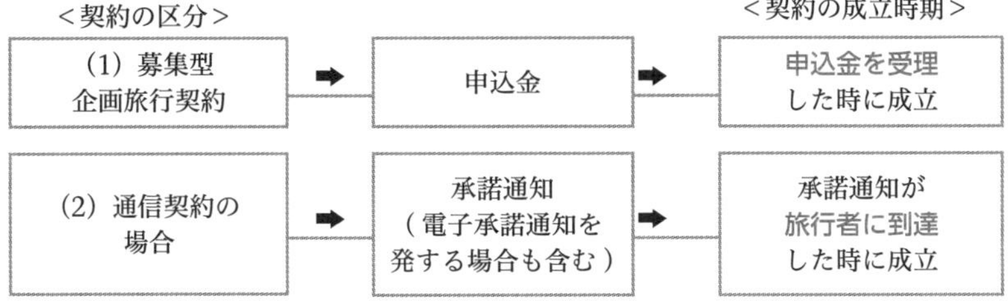

5 契約書面

1 「契約書面」とは

① 旅行業者は、募集型企画旅行契約成立後、速やかに旅行者に契約書面を交付しなければならない。

② 契約書面は、旅行者の申出がなくても速やかに交付しなければならない。

③ 募集型企画旅行においては、契約成立後、必ず契約書面を交付しなければならない。

④ 受注型企画旅行においても同様だが、手配旅行においては契約書面が不要の場合がある。

⑤ 旅行業者は、募集型企画旅行契約成立後速やかに、旅行者に、旅行日程、旅行サービスの内容、旅行代金その他の旅行条件、及び旅行業者の責任に関する事項を記載した契約書面を交付しなければならない。

2 旅程管理義務の範囲

旅行業者が手配し、旅程を管理する義務を負う旅行サービスの範囲は、契約書面に記載するところによる。ただし、確定書面を交付した場合は、確定書面に記載するところに特定される。

6 確定書面

1 「確定書面」とは

① 旅行業者は 、契約書面に確定された旅行日程、運送もしくは宿泊機関の名称のすべてを記載する場合は、あらためて確定書面を交付しなくてもよい。
② いかなる場合でも、確定書面を交付しなければならない、というわけではない。
③ 契約書面において、確定された旅行日程、または運送もしくは宿泊機関の名称を記載できない場合には、確定書面を交付しなければならない。
④ 旅行業者は、契約書面に確定状況を記載できない場合は、契約書面には利用予定の宿泊機関及び表示上重要な運送機関の名称を限定して列挙した上で、確定状況を記載した確定書面を交付しなければならない。
⑤ 受注型企画旅行では、前記④「表示上重要な」が「旅行計画上重要な」に変わる。

コレ出る

2 確定書面の交付期限

① 旅行業者は、契約書面交付後、旅行開始日の前日までの契約書面に定める日までに、確定書面を交付しなければならない。
② ただし、旅行開始日の前日から起算してさかのぼって7日目に当たる日以降に契約の申込みがなされた場合で、確定書面を交付するときは、旅行開始日までの契約書面に定める日までに確定書面を交付すればよい。
③ 所定の期日までに旅行業者が確定書面を交付しなかったとき、旅行者は取消料を支払うことなく契約解除できる。

3 旅程管理義務の範囲

確定書面を交付した場合は旅行業者が手配し、旅程を管理する義務を負う旅行サービスの範囲は確定書面に記載するところに特定される。

4 回答義務

旅行業者は、手配状況の確認を希望する旅行者から問合せがあったときは、確定書面の交付前であっても、迅速かつ適切に、これに回答しなければならない。

7 情報通信の技術を利用する方法

1 情報通信の技術を利用する方法

① 旅行業者は、あらかじめ旅行者の承諾を得て、書面の交付に代えて情報通信の技術を利用する方法により、記載事項を提供することができる。

② 必ず、あらかじめ旅行者の承諾を得なければならない。

③ 旅行業者は、あらかじめ旅行者の承諾を得て、取引条件の説明書面、契約書面及び確定書面の交付に代えて、情報通信の技術を利用する方法により、記載事項を提供することができる。

2 ファイル記録の確認

① 旅行業者は、情報通信の技術を利用する方法により記載事項を提供したときは、旅行者の使用する通信機器に備えられたファイルに、記載事項が記録されたことを確認しなければならない。

② この方法による場合、旅行者がファイルへの記録を出力することによる書面を作成できるものでなくてはならない。

POINT

3 旅行者にファイルがないとき

① 旅行者の使用する通信機器に記載事項を記録するファイルが備えられていないときは、旅行業者の使用する通信機器に備えられたファイル(顧客ファイル)に記載事項を記録し、旅行者が記載事項を閲覧したことを確認しなければならない。

② この方法による場合、その記載事項は、旅行に関するサービスの提供が終了した後、2年間は消去できない。

8 旅行代金

1 旅行代金

旅行者は、旅行開始日までの契約書面に記載する期日までに、旅行業者に対し契約書面に記載する金額の旅行代金を支払わなければならない。

2 通信契約

通信契約を締結したときは、旅行業者は提携会社のカードにより、所定の伝票への旅行者の署名なくして旅行代金の支払いを受ける。通信契約を締結した場合、伝票への旅行者の署名は不要である。

POINT

3 カード利用日

募集型企画旅行についての通信契約における「カード利用日」は、旅行契約成立日とする。

3 契約の変更

・学習のポイント

- 旅行業者が「契約内容の変更」をできる条件、及び「旅行代金の額の変更」をできる3つのケースと「旅行者の交替」について学ぶ。

1 契約内容の変更

POINT

1 契約内容の変更

① 募集型企画旅行において、旅行業者が、旅行日程、旅行サービスの内容を変更することができるのは、天災地変、戦乱、暴動、運送・宿泊機関等の旅行サービス提供の中止、官公署の命令、当初の運行計画によらない運送サービスの提供その他の旅行業者の関与し得ない事由が生じた場合において、旅行の安全かつ円滑な実施を図るためやむを得ないときに限られる。ただし、必ず、旅行者に当該事由が関与し得ないものである理由及び当該事由との因果関係を説明しなければならない。

② 旅行者への説明は、変更前に、あらかじめ速やかにしなければならないが、緊急でやむを得ないときは、変更後に説明してもよい。

③ 旅行者への説明は、必ず必要だが、旅行者の承諾を得る必要はない。

④ 旅行者は、承諾できないとき、その変更が、旅行開始日の変更等の重要な変更に該当する場合は、旅行開始前であれば、旅行者は取消料を支払うことなく契約を解除できる。

⑤ なお、受注型企画旅行においては、旅行者から契約内容の変更を求めることもできる。

2 旅行業者の関与し得ない事由

関与し得ない事由	実際の例
天災地変	台風、地震、噴火、霧等
戦乱、暴動	テロ等
官公署の命令	航空管制官、入国審査官の指示等
運送・宿泊機関等の旅行サービス提供の中止	航空機の欠航、ホテルの休業等
当初の運行計画によらない運送サービスの提供	航空機・列車の大幅遅延、到着空港の変更等

2 旅行代金の額の変更

募集型企画旅行において、旅行代金の額を変更できるのは次の3つの場合に限る。

① 運送機関の適用運賃・料金の大幅な変更
② 旅行業者の関与し得ない事由による契約内容の変更
③ 契約書面にその旨記載した場合の利用人員の変更

POINT

1 運送機関の適用運賃・料金の大幅な変更

① 「運送機関」における「運賃・料金」の「大幅な変更」に限る。

- 募集型企画旅行を実施するに当たり、運送機関の適用運賃・料金が、著しい経済情勢の変化等により、募集型企画旅行の募集の際に明示した時点において有効なものとして公示されている適用運賃・料金に比べて、通常想定される程度を大幅に超えて増額または減額される場合においては、旅行業者は、その範囲内で旅行代金の額を増加または減少することができる。
- 「運送機関」における「運賃・料金」の「大幅な変更」に限る。
- 宿泊料金の改訂や為替相場の変動があっても、旅行代金を変更することはできない。
- 運送機関の適用運賃・料金が増加または減少した場合であっても、大幅でないときは旅行代金を変更することはできない。
- いかなる場合も、運送機関について適用を受ける運賃・料金が減額されたときは、その減少額だけ旅行代金を減額しなければならない、ということではない。
- 受注型企画旅行においては、前記「募集の際に明示した」が「企画書面の交付の際に明示した」に変わる。

② 大幅な減額の場合

- 運賃・料金が大幅に減額される場合は、旅行業者は、その減少額だけ旅行代金を減額しなければならない。
- 「減少額の範囲内」ではない。

③ 運送機関の適用運賃・料金の大幅な変更を理由に増額する場合の通知期限

- 運送機関の適用運賃・料金の大幅な変更を理由に旅行代金を増額するときは、旅行業者は旅行開始日の前日から起算してさかのぼって15日目に当たる日より前に、旅行者にその旨通知しなければならない。
- 減額する場合の通知期限は定められていない。

2 旅行業者の関与し得ない事由による契約内容の変更

① 旅行業者の関与し得ない事由により契約内容を変更し、旅行の実施に要する費用が増加するときは、座席、客室の不足が発生した場合を除いて旅行代金を増額することができる。

・旅行業者の関与し得ない事由により**契約内容を変更**し、旅行の実施に要する**費用**の**減少または増加**が生じる場合、その**範囲内**において**旅行代金の額を変更**することができる。

例
A市からB市への移動に利用予定の最終列車が運休になり、やむなくA市で宿泊することになってしまった場合、当該宿泊に係る費用は**旅行者の負担**とすることができる。

② 「座席、客室等の不足」を、「**過剰予約受付**」または「**オーバーブッキング**」という。

・旅行サービス提供機関による**オーバーブッキング**が原因による場合、旅行代金の額を**増額**することはできない。

例
A市からB市への移動に利用予定の最終列車がオーバーブッキングのため乗車できなくなり、やむなくA市で宿泊することになってしまった場合、当該宿泊に係る費用は**旅行者の負担**とすることはできない。

③ 変更があったために提供を受けなかった旅行サービスに対してすでに支払いまたはこれから支払わなければならない**取消料**、**違約料**等の費用は**旅行者の負担**とする。

④ この場合の**通知期限**は定められていない。

3 契約書面にその旨を記載した場合の利用人員の変更

① 旅行者の都合により当該**利用人員が変更**となったとき、利用人数により旅行代金が異なる旨を契約書面に記載した場合においては、契約書面に記載したところにより旅行代金の額を変更することができる。

② 旅行業者は、運送・宿泊機関等の利用人数により、旅行代金が異なる旨を契約書面に記載した場合において、募集型企画旅行契約の成立後に旅行業者の責に帰すべき事由によらず当該**利用人員が変更**となったときは、契約書面に記載したところにより、旅行代金の額を変更することができる。

③ この場合の**通知期限**は定められていない。

■契約書面での記載

旅行代金	3名1室1名20,000円 2名1室1名25,000円

■契約成立後に利用人員が変更

3名で申し込んでいたが、旅行者の都合により2名に変更した
・1名20,000円→1名25,000円に変更
・1名分の取消料が必要（取消料の請求期間内の場合）

PART 2 総合 国内 約款

3 旅行者の交替

旅行者の交替に関する規定は、次の通りである。

① 旅行業者の**承諾**を得れば、旅行者の**交替**をすることができる。
② 必ず旅行業者の**承諾**が必要であり、**承諾**を得られない場合は旅行者の**交替**はできない。
③ 旅行業者は**承諾**しなくてもよい。
④ 旅行業者と募集型企画旅行契約を締結した旅行者は、当該旅行業者の**承諾**を得て契約上の地位を**第三者**に譲り渡すことができる。
⑤ 旅行業者と募集型企画旅行契約を締結した旅行者は、旅行者の**交替**に関し旅行業者の**承諾**を求めようとするときは、当該旅行業者所定の用紙に所定の事項を記入の上、所定の金額の**手数料**とともに旅行業者に提出しなければならない。
⑥ 募集型企画旅行契約上の地位の**譲渡**は、旅行業者の**承諾**があった時に効力を生じる。
⑦ 募集型企画旅行契約上の地位を譲り受けた**第三者**は、旅行者の当該募集型企画旅行契約に関する一切の**権利及び義務**を承継する。

4 契約の解除

・学習のポイント

- 特に「旅行者による取消料不要の解除」「旅行業者による旅行開始前の解除」「旅行開始後の解除及び帰路手配」について理解する。
- 「旅行代金を支払わない場合の解除」「旅行代金の払戻しの期限」についても学ぶ。

1 旅行者による契約の解除（旅行者の解除権）

1 旅行者の契約解除権

旅行者は、いつでも取消料を支払って、募集型企画旅行契約を解除できる。通信契約を解除する場合は、提携会社のカードにより、所定の伝票への旅行者の署名なくして、取消料の支払いを受ける。

POINT

2 旅行開始前における取消料不要の解除

募集型企画旅行においては旅行者は、次の場合、旅行開始前に取消料を支払うことなく契約を解除できる。従って、旅行業者は、旅行者に対し払い戻すべき金額が生じたときは、当該金額のすべてを払い戻さなければならない。

① 変更補償金の支払いが必要となる「別表第２左欄（本パート第９節旅程保証を参照）」に掲げる重要な変更がされたとき。
② 運送機関の適用運賃・料金の大幅な増加により、旅行代金が増額されたとき。
③ 天災地変、戦乱、暴動、運送・宿泊機関等の旅行サービスの提供の中止、官公署の命令等の事由により、旅行の安全かつ円滑な実施が不可能になるおそれが極めて大きいとき。
④ 契約書面に定める期日までに、旅行業者が確定書面を交付しなかったとき。
⑤ 旅行業者の責に帰すべき事由により、契約書面に記載した旅行日程に従った旅行の実施が不可能になったとき。

注意 次の事由による契約解除については、旅行者は、取消料を支払わなければならない。
・旅行者の入院　・旅行者の不慮の事故
・旅行者の配偶者死亡　・旅行者の親族死亡
・旅行の出発地である空港に行くために旅行者が利用した運送機関の大幅な遅延等

3 募集型企画旅行の取消料

① 国内旅行の取消料

契約を解除した日	取消料
受注型企画旅行のみ、契約締結後、下記以外の場合	企画料金に相当する額
旅行開始日の前日から起算してさかのぼって20日目に当たる日以降～8日目 (日帰り旅行は10日目に当たる日以降)	旅行代金の20%以内
7日目に当たる日以降～2日目	旅行代金の30%以内
前日	旅行代金の40%以内
当日(旅行開始前)	旅行代金の50%以内
旅行開始後、無連絡不参加	旅行代金の100%以内

注意 「旅行開始後」**とは、別紙特別補償規程に規定する**「サービスの提供を受けることを開始した時」以降**をいう。**

② 海外旅行の取消料

契約を解除した日	取消料
受注型企画旅行のみ、契約締結後、下記以外の場合	企画料金に相当する額
旅行開始日の前日から起算してさかのぼって40日目に当たる日以降～31日目 (旅行開始日がピーク時※の場合)	旅行代金の10%以内
30日目に当たる日以降～3日目	旅行代金の20%以内
前々日以降(旅行開始前)	旅行代金の50%以内
旅行開始後、無連絡不参加	旅行代金の100%以内

注意 「旅行開始後」**とは、別紙特別補償規程に規定する**「サービスの提供を受けることを開始した時」以降**をいう。**

※ピーク時とは、旅行開始日が12/20～1/7、4/27～5/6、7/20～8/31をいう

4 旅行者による旅行開始後の契約解除(部分解除)

① 旅行開始後、旅行者の責に帰すべき事由によらず契約書面に記載した旅行サービスを受領することができなくなったときは、取消料を支払うことなく当該受領できなくなった部分の契約を解除することができる。

② 当該受領できなくなった部分の金額を旅行者に払い戻すが、旅行業者に責任がない場合、当該旅行サービスに対してすでに支払いまたはこれから支払わなければならない取消料、違約料等の費用は旅行者の負担とする。

③ 受領できなくなった部分の金額を旅行者に払い戻すが、この場合が旅行業者の責に帰すべき事由によらない場合においては、受領できなくなった部分の金額から「当該旅行サービスに対して取消料、違約料その他のすでに支払い、またはこれから支払わなければならない費用に係る金額」を差し引いたものを旅行者に払い戻す。

2 旅行開始前の旅行業者による契約の解除

1 旅行開始前の旅行業者による契約の解除

① 旅行業者は次の場合、旅行者に理由を説明して、旅行開始前に募集型企画旅行契約を解除できる。

② 旅行者に理由を必ず説明しなければならないが、旅行者の承諾は不要である。

③ 旅行業者は旅行者に対して取消料、違約料を請求できない。従って、全額を払い戻す。

④ 下記2の⑤最少催行人員の事由のみ通知期限がある。それ以外の場合は通知期限がない。

⑤「旅行者が旅行代金不払い」の場合は、旅行者に違約料を請求できる。

⑥ 下記2の①参加旅行者の条件と⑤最少催行人員の事由は参加旅行者を募集するときの規定であるため、受注型企画旅行契約には適用されない。

POINT

2 旅行開始前に旅行業者が契約解除できる項目

① 旅行者が、旅行業者があらかじめ明示した性別、年齢、資格、技能その他の参加旅行者の条件を満たしていないことが判明したとき。

② 旅行者が病気、必要な介助者の不在等で旅行に耐えられないとき。

③ 旅行者が他の旅行者に迷惑を及ぼし、または団体旅行の円滑な実施を妨げるおそれがあると認められるとき。

④ 旅行者が、契約内容に関し合理的な範囲を超える負担を求めたとき。

⑤ 契約書面に記載した最少催行人員に達しなかったとき。この場合のみ、次表の通り旅行者への通知期限が定められている。

区分		旅行開始日の前日から起算してさかのぼって
国内旅行	日帰り	3日目に当たる日より前に(4日前までに)旅行者に通知する
	宿泊を伴う	13日目に当たる日より前に(14日前までに)旅行者に通知する
海外旅行	通常時	23日目に当たる日より前に(24日前までに)旅行者に通知する
	旅行開始日がピーク時※	33日目に当たる日より前に(34日前までに)旅行者に通知する

※ピーク時とは、旅行開始日が12/20 ～ 1/7、4/27 ～ 5/6、7/20 ～ 8/31をいう

⑥ 旅行実施条件が成就しないおそれが極めて大きいとき(降雪量等)。

⑦ 天災地変、戦乱、暴動、運送・宿泊機関等の旅行サービス提供の中止、官公署の命令その他の旅行業者の関与し得ない事由が生じた場合において、契約書面に

記載した旅行日程に従った旅行の安全かつ円滑な実施が不可能となり、または不可能となるおそれが極めて大きいとき。

⑧ 通信契約を締結した場合であって、旅行者の有するクレジットカードが無効になる等、旅行者が旅行代金等に係る債務の一部または全部を提携会社のカード会員規約に従って決済できなくなったとき。

⑨ 旅行者が次のイからハまでのいずれかに該当することが判明したとき。

イ旅行者が、暴力団員、暴力団準構成員、暴力団関係者、暴力団関係企業または総会屋等その他の反社会的勢力であると認められるとき。

ロ旅行者が、旅行業者に対して暴力的な要求行為、不当な要求行為、取引に関して脅迫的な言動もしくは暴力を用いる行為またはこれらに準ずる行為を行ったとき。

ハ旅行者が、風説を流布し、偽計を用いもしくは威力を用いて旅行業者の信用を毀損しもしくは旅行業者の業務を妨害する行為またはこれらに準ずる行為を行ったとき。

3 旅行代金を支払わない

ココ出る

① 旅行者が契約書面に記載する期日までに旅行代金を支払わないときは、当該期日の翌日において、旅行者が契約を解除したものとする。

② この場合、旅行者は、取消料に相当する額の違約料を支払わなければならない。

③ 当該期日の「当日」ではなく、「翌日」において旅行者が解除したものとする。

④ 支払期限10月7日に不払いの場合、翌日10月8日に解除したものとし、違約料を請求する。

契約書面に記載した旅行代金の支払期限 10月7日	➡ 不払い	10月8日に旅行者が解除したものとする
		10月8日が取消料の請求期間内であれば取消料と同額の違約料を請求する

3 旅行開始後の旅行業者による契約の解除

POINT

1 旅行開始後の旅行業者による契約の解除

旅行開始後に、旅行業者が募集型企画旅行契約を解除できるのは、次の場合に限る。

① 旅行者が病気、必要な介助者の不在その他の事由により旅行の継続に耐えられないとき。

② 旅行者が、旅行を安全かつ円滑に実施するための添乗員その他の者による旅行業者の指示への違背、これらの者または同行する他の旅行者に対する暴行または脅迫等により団体行動の規律を乱し、旅行の安全かつ円滑な実施を妨げるとき。

③ 旅行者が次のイからハのいずれかに該当することが判明したとき（全文はP109）。

イ　暴力団員等の反社会的勢力

ロ　旅行業者に対して暴力的な要求行為等

ハ　風説流布、偽計威力で、旅行業者の信用棄損、業務妨害等

④ 天災地変、戦乱、暴動、運送・宿泊機関等の旅行サービス提供の中止、官公署の命令その他の旅行業者の関与し得ない事由が生じた場合であって、旅行の継続が不可能となったとき。

対応	①旅行者に必ず理由を説明しなければならない。 ②旅行者の承諾は不要。 ③旅行者がすでに提供を受けた旅行サービスは旅行者の負担であり、旅行サービス提供者に支払う取消料・違約料等も旅行者の負担である。
契約関係	①旅行業者が、旅行開始後に募集型企画旅行契約を解除したとき、旅行者との契約関係は将来に向かってのみ消滅する。 ②この場合、旅行者がすでに提供を受けた旅行サービスに関する旅行業者の債務については、有効な弁済がなされたものとする。 ③旅行者が、すでに提供を受けた旅行サービスについては、旅行者の負担として払戻ししない。

2 旅行代金の払戻し

ココ出る

① 旅行代金のうち、旅行者がいまだ提供を受けていない旅行サービスに係る部分を旅行者に払い戻さなければならない。

② ただし、旅行代金のうち、旅行者がいまだ提供を受けていない旅行サービスに係る金額から当該旅行サービスに対して取消料、違約料その他のすでに支払い、またはこれから支払わなければならない費用に係る金額を差し引いたものを旅行者に払い戻す。

3 帰路手配

① 旅行業者が旅行開始後に契約解除できる4つの事由のうち、1-①旅行者の病気等、及び、1-④旅行業者の関与し得ない事由により、旅行開始後に契約解除したときは、旅行業者は、出発地に戻るための旅行サービスの手配を引き受ける。

② 1-②旅行者が団体行動の規律を乱し、旅行の安全かつ円滑な実施を妨げるとき、または、1-③暴力団員等の反社会的勢力と認められるとき、暴力的な要求行為、不当な要求行為等を行ったとき、旅行業者の信用を毀損しもしくは旅行業者の業務を妨害する行為を行ったとき等は、帰路手配を行う必要はない。

③ 出発地に戻るための旅行に要する一切の費用は、旅行者の負担とする。

④ 旅行先で旅行業者の関与し得ない事由により、旅行業者が契約を解除したため、旅行者から当該旅行の出発地に戻るための手配を依頼された場合、出発地に戻るための旅行に要する一切の費用は、当該旅行者の負担とする。

4 旅行代金の払戻し

1 「旅行開始前の解除」に伴う払戻しの期限（通信契約を除く）

① 旅行業者は、旅行開始前に募集型企画旅行契約を解除した場合、旅行者に対し払い戻すべき金額が生じたときは、解除の翌日から起算して7日以内に当該金額を払い戻す。

② 旅行者の数が契約書面に記載した最少催行人員に達しないため旅行業者が募集型企画旅行契約を解除する場合、旅行代金は契約解除の翌日から起算して7日以内に旅行者に払い戻さなければならない。この場合、旅行を中止しているので旅行開始前である。

ココ出る

2 「旅行代金の減額、または旅行開始後の解除」の場合（通信契約を除く）

① 旅行代金の減額、または旅行開始後の解除に伴う払戻しについては、旅行業者は契約書面に記載した旅行終了日の翌日から起算して30日以内に行わなければならない。

② 実際の旅行終了日が変更になっても、払い戻すべき日は変わらない。

③ 旅行業者の過失により契約書面に記載した旅行サービスの受領ができなくなったため、旅行者が旅行開始後に募集型企画旅行契約を解除した場合、旅行業者は当該解除に係る金額を契約書面に記載した旅行終了日の翌日から起算して30日以内に旅行者に払い戻さなければならない。

④ 旅行開始後に、旅行目的地において暴動が発生したため、契約書面に記載した旅行終了日の1日前に帰国し旅行代金が減額になった。この場合、契約書面に

記載した旅行終了日の翌日から起算して30日以内に減額分を旅行者に払い戻さなければならない。

⑤ この場合、「実際に帰国した日」ではなく「契約書面に記載した旅行終了日」の翌日から起算して30日以内に払い戻さなければならない。

注意 **なお、後述の旅程保証の「変更補償金」は、「実際に帰国した日」の翌日から起算して30日以内に支払う。**

ココ出る

3 払戻期限

払戻しの理由	旅行代金の払戻期限
①旅行開始前の解除	解除の翌日から起算して7日以内
②旅行開始後の解除	契約書面に記載した旅行終了日の翌日から起算して30日以内
③旅行代金の減額	

4 通信契約を締結した場合の払戻額の通知期限

通信契約を締結した場合の払戻額の通知期限は、次のように通信契約ではない場合の払戻期限と同一である。

① 旅行開始前の通信契約の解除による払戻しの場合、旅行業者は解除の翌日から起算して7日以内に、旅行者に対し払い戻すべき額を通知しなければならない。

② 旅行代金の減額、または旅行開始後の解除に伴う払戻しの場合、旅行業者は契約書面に記載した旅行終了日の翌日から起算して30日以内に、旅行者に対し払い戻すべき額を通知しなければならない。

③ 通信契約であって旅行者に対し払い戻すべき金額が生じたときは、旅行業者は当該金額を提携会社のカード会員規約に従って払い戻さなければならない。

④ 「カード利用日」は、旅行者に払い戻すべき額の通知を行った日とする。

5 損害賠償責任

① 旅行代金の払戻しがなされた場合であっても、旅行者または旅行業者が損害賠償請求権を行使することを妨げるものではない。

② 旅行業者は、旅行者に払戻しをしても、損害賠償の責任は免除されることはない。

5 団体・グループ契約

学習のポイント

- 「団体・グループ契約」を結ぶ場合の「契約責任者」の責任範囲等について理解する。

1 団体・グループ契約

同じ行程を同時に旅行する複数の旅行者が、**契約責任者**を定めて申し込んだ場合は、「団体・グループ契約」になる。

2 団体・グループ契約と契約責任者（①～⑤は募集型・受注型共通）

① 同じ行程を、同時に旅行する複数の旅行者の責任ある代表者を「**契約責任者**」という。旅行業者は**特約**を結んだ場合を除き、**契約責任者**は団体・グループを構成する旅行者である構成者の契約の締結に関する**一切の代理権**を有しているものとみなす。

② 当該旅行業務に関する取引は、**契約責任者**との間で行う。

POINT

③ 契約責任者は、旅行業者の定める日までに**構成者の名簿**を提出しなければならない。「人数の通知」だけでは不可であり、「**名簿を提出**」しなければならない。**受注型**企画旅行も「**名簿の提出**」が必要。**手配旅行**は「**人数の通知**」だけでもよい。

④ 契約責任者が構成員に対して現に負い、または将来負うことが予測される**債務または義務**については、旅行業者は**何らの責任**を負うものではない。

⑤ 契約責任者が同行しない場合、**旅行開始後**においては、**あらかじめ**契約責任者が**選任した構成者**を**契約責任者**とみなす。

⑥ 通信契約を締結した場合を除いて、申込金の支払いを受けることなく募集型企画旅行契約が成立することはない。一方、**受注型**企画旅行は、**団体・グループ**契約を締結する場合、**申込金を省略**できる。この場合、受注型企画旅行契約は旅行業者が契約責任者にその旨を記載した**書面を交付した時**に成立する。

6 旅程管理

・学習のポイント

- 旅行業者が行う「旅程管理業務」の内容を押さえる。
- 添乗員の役割、旅行業者が行う保護措置等を理解する。

POINT

1 旅程管理業務

① 旅行業者は、募集型企画旅行契約において旅行者とこれと**異なる特約**を結んだ場合を除いて、**旅行者の安全かつ円滑な旅行**の実施を確保することに努力し、次の業務を行わなければならない。

ア 旅行者が**旅行サービス**を受けることができないおそれがあると認められるときは、旅行業者は募集型企画旅行契約に従った**旅行サービスの提供**を確実に受けられるために必要な措置を講ずる。

イ **契約内容を変更**せざるを得ないときは、**代替サービス**の手配を行わなければならない。旅行業者は、旅行日程を変更するときは**当初の旅行日程の趣旨**にかなうものとなるよう努めること、また、変更後の旅行サービスの内容が**当初の旅行サービス内容と同様**のものとなるよう努めなければならない。これにより、契約内容の変更を**最小限**にとどめるよう努力しなければならない。

② 旅程管理業務を他の旅行業者に代行させる場合であっても、旅行業者は**旅程管理責任**を免れることはできない。

③ 旅行者は旅行開始後旅行終了までの間において、**団体で行動**するときは旅行を安全かつ円滑に実施するための**旅行業者の指示**に従わなければならない。

2 添乗員

① **旅行業者**は、旅行の内容により**添乗員**を同行させる**ことがある**。旅行業者が判断する。すべての募集型企画旅行に必ず添乗員を同行させなければならない、ということではない。

② 企画旅行の添乗員は、**旅程管理業務等**を行う。手配旅行には旅程管理責任はない。募集型企画旅行契約において、旅行業者は、旅行の内容により**添乗員**その他の者を同行させて**旅程管理業務**その他当該募集型企画旅行に付随して**旅行業**

者が必要と認める業務の全部または一部を行わせることがある。

ココ出る

③ 添乗員が同行する場合の添乗サービス時間は、原則として8時から20時までである。

PART 2 総合 国内 約款

3 保護措置

① 旅行業者は、旅行中の旅行者が疾病、傷害等により保護を要する状態にあると認めたときは、必要な措置を講ずることがある。

② 旅行業者の責に帰すべき事由によるものでないときは、当該必要な措置に要した費用は旅行者の負担とする。

7 責任

学習のポイント

- 旅行業者または手配代行者に「責任」がある場合の、旅行業者への損害賠償請求の通知期限、賠償限度額等を学ぶ。
- 旅行者の責任・義務を理解する。

1 旅行業者の責任

1 手荷物を除く旅行業者の責任

① 旅行業者の**故意または過失**により、旅行者に**損害**（**手荷物に生じた損害を除く**）を与えた場合、**損害発生の翌日**から起算して**2年以内**に旅行業者に**通知**があったときに限り、旅行業者は、その**損害を賠償**しなければならない。

② **手配代行者**の過失によって旅行者が被った損害についても、**旅行業者**は賠償責任を負う。

③ 自由行動中に旅行者が被った損害についても、旅行業者または手配代行者の故意または過失がある場合、旅行業者にその損害の賠償義務がある。

④ 旅行者が被った精神的損害についても、旅行業者は賠償責任を負う。

⑤ 旅行業者または手配代行者の**関与し得ない事由**により旅行者が損害を被った場合であっても、その**旅行者の損害が旅行業者または手配代行者の故意または過失**によるものであるときは、旅行業者は、その**損害を賠償する責任**を負う。

⑥ 旅行参加中に旅行者が**盗難**により（あるいは**暴動**により）損害を被った場合、その原因が旅行業者またはその手配代行者の**故意または過失**によるものでなければ、旅行業者はその**損害を賠償**する責任を負わない。

2 手荷物についての旅行業者の責任

旅行業者は、旅行業者またはその手配代行者の故意または過失により旅行者の**手荷物に損害**を与えたときは、損害発生の翌日から起算して国内旅行にあっては**14日以内**に、海外旅行にあっては**21日以内**に、旅行業者に対して**通知**があったときに限り、その**損害を賠償する責任**を負う。

3 賠償限度額

① 旅行業者またはその手配代行者の故意または過失により旅行者の手荷物に損害を与えた場合、故意または重大な過失を除いて、損害賠償の限度額は旅行者１名につき15万円である。

② 旅行業者に故意または重大な過失があった場合には、旅行者１名につき15万円を超えて賠償する。

ココ出る

■旅行業者への通知期限と賠償限度額

対象	通知期限	賠償限度額
手荷物以外	損害発生の翌日から起算して、2年以内	限度を定めない
手荷物	損害発生の翌日から起算して、 ・国内旅行→14日以内 ・海外旅行→21日以内	旅行者１名につき15万円 ただし、旅行業者に故意または重大な過失がある場合、15万円を超えて支払う

2 旅行者の責任

① 旅行者の故意または過失により旅行業者が損害を被ったときは、当該旅行者は損害を賠償しなければならない。

② 旅行者は、契約を締結するに際しては旅行業者から提供された情報を活用し、旅行者の権利義務等の募集型企画旅行契約の内容について理解するよう努めなければならない。

POINT

③ また、旅行者は旅行開始後において、契約書面に記載された旅行サービスを円滑に受領するため、万が一契約書面と異なる旅行サービスが提供されたと認識したときは、旅行地において速やかにその旨を旅行業者、当該旅行業者の手配代行者または当該旅行サービス提供者に申し出なければならない。

8 特別補償

・学習のポイント

- 「特別補償」は、企画旅行参加中であれば、旅行業者の責任の有無にかかわらず適用される。
- 「損害賠償金との関係」「企画旅行参加中の定義」「支払わないケース」「補償金、見舞金の種類・額」「オプショナルツアーの場合」等の制度の細目を理解する。
- 「携帯品の特別補償」についても学ぶ。

1 「特別補償」とは

旅行業者は、旅行者が募集型企画旅行参加中に、生命、身体または手荷物の上に被った一定の損害について、旅行業者の責任が生ずるか否かを問わず、特別補償規程に定める額の補償金及び見舞金を支払わなければならない。

補償金及び見舞金は、旅行業者の故意または過失の有無にかかわらず支払う。すなわち、旅行業者の故意または過失がなくても、企画旅行参加中であれば次の通り支払う。

生命・身体の損害	・旅行業者は、旅行者が募集型企画旅行参加中に生じた急激かつ偶然な外来の事故によってその身体に傷害を被ったとき、死亡補償金、後遺障害補償金及び入院見舞金、通院見舞金（補償金等）を支払う。 ・身体外部から有毒ガスまたは有毒物質を偶然かつ一時に吸入したときに急激に生ずる中毒症状は特別補償の対象となる。継続的な吸入による中毒症状は支払わない。 ・細菌性食物中毒は特別補償の対象外である。 ・補償金と見舞金を支払うべき場合は、その合計額を支払う。
携帯品の損害	旅行業者は、旅行者が募集型企画旅行参加中に生じた偶然の事故によって身の回り品（補償対象品）に損害を被ったとき、損害補償金（携帯品損害補償金）を支払う。

2 損害賠償金との関係

POINT

1 補償金と損害賠償金

① 「死亡補償金・後遺障害補償金」と「損害賠償金」は合計して支払うことはない。

② 補償金に加えて損害賠償金が支払われる、ということではない。

③ 旅行業者が過失により責任を負うことになり損害賠償金を支払うことになったとき、特別補償規程により支払うべき補償金は、その損害賠償金の額の限度において当該損害賠償金とみなされる。

④ 上記の場合、旅行業者の補償金支払義務は当該旅行業者が支払うべき損害賠償金に相当する額だけ縮減するものとする。

⑤ 旅行業者の過失により海外募集型企画旅行参加中に旅行者が死亡し、3,000万円の損害賠償責任を負うことになった場合、当該旅行業者が支払うべき2,500万円の死亡補償金は3,000万円の損害賠償金に含まれる。合計して5,500万円ではない。

例1

死亡補償金	損害賠償金		法定相続人への支払額
2,500 万円	3,000 万円	➡	3,000 万円

補償金支払義務は 0 円。

例2

死亡補償金	損害賠償金		法定相続人への支払額
1,500 万円	500 万円	➡	1,500 万円

補償金支払義務は 1,000 万円。

2 見舞金と損害賠償金

「通院見舞金・入院見舞金」と「損害賠償金」を支払うべき場合は、その合計額を支払う。

例

入院見舞金	損害賠償金		本人への支払額
10 万円	100 万円	➡	110 万円

※入院見舞金＋損害賠償金

3 企画旅行参加中の定義

1 「企画旅行参加中」とは

「企画旅行参加中」とは、旅行者が企画旅行に参加する目的をもって旅行業者があらかじめ手配した乗車券類等によって提供される旅行日程に定める「最初の運送・宿泊機関等のサービスの提供を受けることを開始した時」から「最後の運送・宿泊機関等のサービスの提供を受けることを完了した時」までの期間をいう。

2 離脱

① 旅行者が募集型企画旅行の行程から離脱する場合、離脱及び復帰の予定日時を

あらかじめ旅行業者に届け出ていたときは、その離脱の時から復帰の予定の時までの間は「企画旅行参加中」となる。

② 離脱及び復帰の予定日時を届け出ることなく離脱したときは、その離脱の時から復帰の時までの間は「企画旅行参加中」とはしない。

③ 復帰の予定なく離脱したときは、その離脱した時から後は「企画旅行参加中」とはしない。

POINT

届出の有無・復帰の有無		参加中とするか、しないか
離脱するが復帰予定	離脱と復帰の予定日時を届け出た	離脱から復帰まで企画旅行参加中とする
	離脱と復帰の予定日時を届け出なかった	離脱時から復帰の時までの間は「企画旅行参加中」とはしない
復帰の予定なく離脱した		その離脱時後は「企画旅行参加中」とはしない

3 旅行サービスの提供なし

募集型企画旅行日程に旅行者が当該企画旅行業者の手配に係る運送・宿泊機関等のサービスの提供を一切受けない日（旅行地の標準時による）が定められている場合において、その旨及び当該日に生じた事故によって旅行者が被った損害に対し、この規定による補償金及び見舞金の支払いが行われない旨を契約書面に明示したときは、当該日は「企画旅行参加中」とはしない。

4 企画旅行参加中の期間

区分		参加中の開始時期	参加中の終了時期
添乗員等が受付・解散告知する		受付完了時	解散を告げた時
添乗員等が受付・解散しない	航空機	乗客のみが入場できる飛行場構内における手荷物の検査等の完了時	乗客のみが入場できる飛行場構内からの退場時
	船舶	乗船手続完了時	下船時
	鉄道	改札終了時（改札のない時は列車乗車時）	改札終了時（改札のない時は列車降車時）
	車両	乗車時	降車時
	宿泊機関	施設への入場時	施設からの退場時
	宿泊機関以外の施設	利用手続終了時	施設からの退場時

※旅行者がホテルの精算の後にホテル施設内の売店で転倒骨折して３日間通院した場合、通院見舞金を支払う。

4 補償金等を支払わないケース

POINT

1 特別補償の対象外

次の場合は、特別補償の対象外として、補償金等を支払わない。ただし、いずれも、その巻添えにより損害を被った旅行者には支払う。

① 旅行者または受取人の故意

② 旅行者の自殺・犯罪・闘争行為

例 旅行参加中の旅行者の闘争行為によって、当該旅行に参加している他の旅行者が傷害を被り7日間の通院をした場合、旅行業者は、当該傷害を被った他の旅行者に通院見舞金を支払う。

③ 無免許運転・飲酒運転（自動車または原動機付自転車）

④ 法令違反

⑤ 脳疾患・疾病・心神喪失

⑥ 妊娠等・外科的手術

⑦ 刑の執行・拘留・入監中

⑧ 戦争・武力行使・革命・暴動・核燃料・放射性事故

⑨ 頸部症候群（いわゆる「むちうち症」）・腰痛で他覚症状のないもの

⑩ 国内旅行における地震・噴火・津波

⑪ 旅行者または受取人が次のいずれかに該当する事由がある場合

イ 暴力団、暴力団員、暴力団準構成員、暴力団関係企業その他の反社会的勢力（以下「反社会的勢力」という）に該当すると認められること

ロ 反社会的勢力に対して資金等を提供し、または便宜を供与する等の関与をしていると認められること

ハ 反社会的勢力を不当に利用していると認められること

ニ その他反社会的勢力と社会的に非難されるべき関係を有していると認められること

2 危険な行為

以下の行為は「危険な行為」に該当し、原則として補償金等を支払わない。ただし、その行為が旅行業者の計画した旅行日程に含まれて予定されていた場合、補償金等が支払われる。この場合は、その旅行日程外の企画旅行参加中に、すなわち自由行動中に生じた傷害に対しても補償金等は支払われる。

① 山岳登はん（ピッケル、アイゼン等の登山用具を使用するもの）

② スカイダイビング、ハンググライダー搭乗等

③ リュージュ、ボブスレー

旅行日程にハンググライダーが含まれている		旅行日程にハンググライダーが含まれていない	
日程中のハンググライダーで死亡	支払う	該当なし	該当なし
日程外のオプショナルツアー参加中にハンググライダーで死亡	支払う	日程外のオプショナルツアー参加中にハンググライダーで死亡	支払わない

なお、一般道路を走行する場合を除いて、自動車、原動機付自転車またはモーターボートによる競技、競争、興行または試運転をしている間に生じた傷害については、補償金等は支払われない。また、「スキューバダイビング」は、「危険な行為」に該当しないので支払われる。

5 補償金等の種類と支払額

ココ出る

種類	支払条件	支払額
死亡**補償金**	事故の日から180日以内に死亡	・海外旅行2,500万円 ・国内旅行1,500万円 ※死亡補償金の金額を「補償金額」という ※後遺障害補償金を受領済みは控除
後遺障害**補償金**	事故の日から180日以内に後遺障害が生じた	・補償金額×3%～100% ※上記「補償金額」が100%の最高額
入院**見舞金**	1日以上の入院	・海外旅行4万～ 40万円 ・国内旅行2万～ 20万円
通院**見舞金**	3日以上の通院	・海外旅行2万～ 10万円 ・国内旅行1万～ 5万円
携帯品損害補償金 (損害補償金)	旅行者が所有する身の回り品	※旅行者1名につき15万円を限度。15万円を超えることはない ※1個または1対につき10万円を限度 ※3,000円を超えない場合は支払わない

注1：「死亡補償金・後遺障害補償金」と「損害賠償金」は合計して支払うことはない
注2：「通院見舞金・入院見舞金」と「損害賠償金」を支払うべき場合は、その合計額を支払う
注3：「入院見舞金」と「通院見舞金」を支払うべき場合は、次のいずれか大きい額を支払う
　ア　入院見舞金
　イ　通院日数と入院日数の合計日数を通院日数とみなした通院見舞金

1 死亡補償金

① 旅行業者は、旅行者が企画旅行参加中に偶然の事故により身体に傷害を被り、その直接の結果として事故の日から**180日以内**に死亡した場合、旅行者1名につき死亡補償金として海外旅行は**2,500万円**、国内旅行は**1,500万円**を旅行者の法定相続人に支払う。

② 死亡補償金の額「海外旅行**2,500万円**、国内旅行**1,500万円**」を**補償金額**という。

2 後遺障害補償金

① 旅行業者は、旅行者が企画旅行参加中に偶然の事故により身体に傷害を被り、その直接の結果として事故の日から**180日以内**に**後遺障害**が生じた場合、旅行者1名につき補償金額に別表の各号に掲げる割合を乗じた額を後遺障害補償金として旅行者に支払う。

② 事故の日から180日以内に死亡した旅行者についてすでに支払った後遺障害補償金がある場合は、**補償金額**から**すでに支払った金額**を**控除**して支払う。

③ 旅行業者が支払うべき後遺障害補償金の額は、旅行者1名に対して1募集型企画旅行につき**補償金額**をもって限度とする。

④ 後遺障害補償金は、旅行者が事故の日から180日を超えて**なお治療を要する**状態にあるときは、事故の日から**181日目**の医師の診断に基づき後遺障害の程度を認定して支払われる。

3 入院見舞金

① **1日**でも入院した場合、入院見舞金を支払う。

② 旅行業者は、旅行者1名について入院見舞金と死亡補償金または入院見舞金と後遺障害補償金を重ねて支払うべき場合には、その**合計額**を支払う。

③ 旅行者が1日間でも入院し、事故の日から180日以内に後遺障害が生じた場合、旅行業者は入院見舞金と後遺障害補償金を**重ねて**支払わなければならない。

④ 入院したときの**治療費**及び**入院費用**は特別補償の**対象外**となる。

4 通院見舞金

① **3日以上**通院した場合、所定の通院見舞金を支払う。

② 旅行者が通院しない場合においても、骨折等の傷害を被った部位を固定するために医師等の指示により**ギプス等を常時装着**した結果、平常の業務に従事することまたは平常の生活に著しい支障が生じたと旅行業者が認めたときは、その状態にある期間については**通院日数**とみなして所定の通院見舞金を支払う。

③ いかなる場合においても、事故の日から180日を経過した後の通院に対しては、通院見舞金を支払わない。

④ 旅行業者は、旅行者1名について通院見舞金と死亡補償金または通院見舞金と後遺障害補償金を重ねて支払うべき場合には、その合計額を支払う。

⑤ 旅行者が3日以上通院し、事故の日から180日以内に後遺障害が生じた場合、旅行業者は通院見舞金と後遺障害補償金を重ねて支払わなければならない。

5 入院した後、通院した場合

入院日数及び通院日数がそれぞれ1日以上となった場合(なお通院日数は3日以上)、次のア、イいずれか金額の大きいもののみを支払う。

ア　当該入院日数に対して旅行業者が支払うべき入院見舞金

イ　当該通院日数(入院見舞金を支払うべき期間を除く)に当該入院日数を加えた日数を通院日数とみなした上で、当該日数に対して支払うべき通院見舞金

POINT

例 入院と3日以上の通院が重なった場合の支払額

海外企画旅行参加中の旅行者が、偶然の事故により身体に傷害を被り、その直接の結果として3日間入院後5日間通院した場合、特別補償規程により旅行業者が旅行者に支払うべき見舞金の額は次の通り。

海外旅行	入院見舞金	通院見舞金
7日未満(通院は3日以上)	4万円	2万円
7日以上90日未満	10万円	5万円

ア 3日間の入院見舞金＝4万円
イ 3日間＋5日間＝8日間の通院見舞金＝5万円
上記アかイかいずれか金額の大きいもののみを支払う。従って、イの5万円。

6 損害賠償請求権の移転(代位)

①身体に傷害

(1) 旅行業者が補償金等を支払った場合でも、旅行者の被った傷害について第三者に対して有する損害賠償請求権は旅行業者に移転しない。

(2) 補償金等とは、死亡補償金、後遺障害補償金、入院見舞金、通院見舞金をいう。

②身の回り品に損害

旅行業者が損害補償金(携帯品損害補償金)を支払うべき損害について、旅行者が第三者に対して損害賠償請求権を有する場合には、その損害賠償請求権は旅行業者が旅行者に支払った損害補償金の額の限度内で旅行業者に移転する。

注意 携帯品の場合、請求権は移転する。旅行業者は旅行者に支払った5万円を航空会社に請求する。

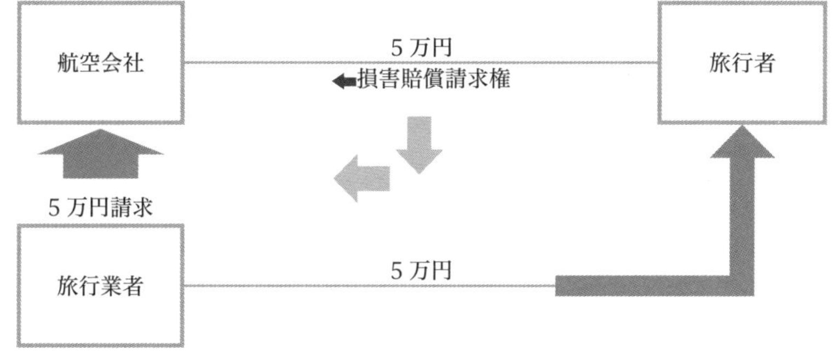

7 オプショナルツアー

① 募集型企画旅行参加中の旅行者を対象に、別途の旅行代金を収受して同じ旅行業者が実施する募集型企画旅行については、主たる募集型企画旅行契約の内容の一部として取り扱われる。

② A社の募集型企画旅行に参加した旅行者が自由行動中にB社の募集型企画旅行に参加して死亡した場合、A社、B社の両方から死亡補償金が支払われる。従って、海外旅行の場合、両社から2,500万円ずつ支払われるため5,000万円を受け取る。

6 携帯品の特別補償

1 携帯品（身の回り品）の損害

旅行業者は、旅行者が、企画旅行参加中に、偶然な事故により、その所有する身の回り品（補償対象品）に損害を被ったときに、携帯品損害補償金（損害補償金）を支払う。

2 損害補償金を支払わない場合

ココ出る

次の場合は、特別補償の対象外として損害補償金を支払わない。

① 旅行者または同一世帯親族の故意（ただし、巻添えによる損害については支払う）

注意 **誤って落としてこわれたカメラは支払う。**

② 旅行者の自殺・犯罪・闘争行為

③ 無免許運転・飲酒運転

④ 法令違反

⑤ 差押え等の国または公共団体の公権力の行使（ただし、火災消防措置は支払う）

⑥ 戦争・武力行使・革命・暴動・核燃料・放射性事故

⑦ 瑕疵(もともとあるキズ)

⑧ 自然の消耗、さび、かび、変色、ねずみ食い、虫食い

⑨ 単なる外観の損傷であって、機能に支障をきたさない損害

⑩ 液体の流失。ただし、その流失した液体により他の補償対象品に生じた損害は支払う

注意 誤ってウイスキーのビンを割り、流失した中身のため機能に支障をきたした携帯電話機は支払う。

⑪ 置き忘れまたは紛失

注意 盗難、置き引き、自由行動日の市内散策中に盗難にあったショルダーバッグ等は支払う。

⑫ 国内旅行における地震・噴火・津波

注意 海外旅行参加中に発生した地震によって破損したデジタルカメラは支払う。

⑬ 旅行者が「反社会的勢力」等に該当する事由がある場合(全文はP133)、また法人である場合において、反社会的勢力がその法人を支配し、またはその法人の経営に実質的に関与していると認められること

3 損害補償金を支払わないもの

ココ出る

① 現金、小切手(トラベラーズチェック含む)、有価証券、証紙、切手

② クレジットカード、クーポン券、航空券、パスポート

注意 盗難にあったパスポート、航空券は支払わない。

③ 稿本、設計書、図案、帳簿や磁気テープ、磁気ディスク、CD-ROM、光ディスク等の情報機器で処理可能な記録媒体に記録された情報、電子データ

注意 盗難にあったCD-ROMに記録された情報には支払わない。

④ 船舶、ヨット、モーターボート、ボート、自動車、原動機付自転車

注意 旅行者が運転を誤って岸壁に衝突し損傷した自動車は支払わない。

⑤ 山岳登はん用具、探検用具

⑥ 義歯、義肢、コンタクトレンズ

注意 盗難にあったメガネは支払う。

⑦ 動物、植物

4 損害補償金(携帯品損害補償金)の支払額

ココ出る

① 旅行者1名に対する限度額

- 旅行者1名に対して1募集型企画旅行につき15万円を限度とする。
- 旅行者1名に対して1回の事故につき3,000円を超えない場合は損害補償金を支払わない。

② 1個または1対の限度額

- 1個または1対についての損害額が10万円を超えるときは、損害額を10万円とみなす。

③ 損害額の基準

- 損害補償金を支払うべき損害額は補償対象品を購入した時の金額ではなく、損害が生じた地及び時の金額または修繕費等の金額のいずれか低い方である。

5 保険契約が別途ある場合

① 携帯品の損害については、旅行者が別途保険契約により保険金を受け取る場合は損害補償金を減額することがある。生命、身体の損害については、この規定はない。

② 旅行者に補償対象品の損害に対して保険金を受け取るべき保険契約がある場合、旅行業者は支払うべき損害補償金の額を減額することがある。

9 旅程保証

・学習のポイント

- 「旅程保証」は、企画旅行参加中に生じた過剰予約受付（オーバーブッキング）により、重要な変更が生じた場合に適用される。
- 「重要な変更⑴～⑻」「変更補償金の支払額、支払期限、限度額」等とともに「変更補償金を支払わないケース」について学ぶ。

1 旅程保証の内容

1 旅程保証とは

① 「**契約書面**」を基準として、もし「**確定書面**」が交付された場合、「**確定書面**」を基準として運送・宿泊機関等の**オーバーブッキング**（**過剰予約受付**）により契約内容に別表第２左欄（次のページ参照）に掲げる**重要な変更**が生じた際に、旅行業者は旅行者に対し旅行代金に同表右欄に記載する率を乗じた額以上の**変更補償金**を支払わなければならない。

② 旅行業者は、実際の**旅行終了日の翌日**から起算して**30日以内**に変更補償金を支払わなければならない。

POINT

オーバーブッキング（過剰予約受付）とは、運送・宿泊機関等が当該**旅行サービスの提供を行っているにもかかわらず**、**座席**、**部屋その他の諸設備の不足**が発生したことをいう。

2 重要な変更

① 運送・宿泊機関等のオーバーブッキング（過剰予約受付）により、次の、別表第２左欄に掲げる**重要な変更**が生じた場合、旅行業者は変更補償金を支払う。

② その変更は「**契約書面**」を基準として、もし「**確定書面**」が交付された場合は、「**確定書面**」を基準とする。

POINT

従って、「契約書面→**確定書面**」の変更、「**確定書面**→実際の利用」の変更を**各１件**とする。

例1　「契約書面でA、BまたはCホテル」→「確定書面でCホテル」→「実際はAホテル」

この場合、「確定書面→実際の利用」の変更を１件とする。

例２　「契約書面でＡホテル」→「確定書面でＣホテル」→「実際はＡホテル」
「契約書面→確定書面」及び「確定書面→実際の利用」の変更が各１件、計２件となる。

PART 2 総合 国内 約款

■別表第２（重要な変更）

変更補償金の支払いが必要となる変更（別表第２左欄）	１件当たりの率(%)	
	旅行開始前	旅行開始後
(1) 契約書面に記載した旅行開始日または旅行終了日の変更	1.5%	3.0%
(2) 契約書面に記載した入場する観光地または観光施設（レストランを含む）その他の旅行の目的地の変更 **例** 美術館のオーバーブッキングで入場できなかった **注意** **美術館が休業であったために入場できなかった、は支払わない**	1.0%	2.0%
(3) 契約書面に記載した運送機関の等級または設備のより低い料金のものへの変更（変更後の等級及び設備の料金の合計額が契約書面に記載した等級及び設備のそれを下回った場合に限る） **例** 新幹線のグリーン車から普通車への変更 **例** 新幹線の「のぞみ」普通車指定席から「ひかり」普通車指定席への変更 上記２例は「運送機関のより低い料金への変更」となり「重要な変更」に該当し「変更補償金」の支払いが必要 **注意** **クルーズ、寝台車の宿泊設備を利用する場合、１泊につき１件とする**	1.0%	2.0%
(4) 契約書面に記載した運送機関の種類または会社名の変更 〈注意〉等級または設備がより高いものへの変更は、支払わない **例** Ａ航空のエコノミークラスからＢ航空のビジネスクラスへの変更、は支払わない **注意** **種類と会社名の両方の変更が生じた場合でも、１回の乗車につき１件とする**	1.0%	2.0%
(5) 契約書面に記載した本邦内の旅行開始地たる空港または旅行終了地たる空港の異なる便への変更 **注意** **国内線も国際線も対象** **例** 「羽田空港→福岡空港」が「別の便の成田空港→福岡空港」に変更 **例** 「ホノルル空港→羽田空港」が「別の便のホノルル空港→成田空港」に変更	1.0%	2.0%

る出るココ

(6) 契約書面に記載した本邦内と本邦外との間における直行便の乗継便または経由便への変更 **注意** 国際線**のみが対象** **例**「羽田空港→シカゴ空港」を「羽田空港→仁川空港→シカゴ空港」に変更 **注意** **乗継便または経由便の直行便への変更、は支払わない**	1.0%	2.0%
(7) 契約書面に記載した宿泊機関の種類または名称の変更 **注意** **1泊につき1件とする** **例** A旅館→Bホテルに変わった 種類(旅館→ホテル)と名称(A→B)の両方が変更だが、1泊につき1件とする **例**「Cホテルから上位ランクのDホテルへの変更」は支払う **注意** **「高いものへの変更は支払わない」は、**運送機関に限る	1.0%	2.0%
(8) 契約書面に記載した宿泊機関の客室の種類、設備、景観その他の客室の条件の変更 **注意** **1泊につき1件とする** **例** 洋室・風呂付・海が見える・禁煙→和室・風呂無・山側・喫煙可に変わった。しかし、1泊につき1件とする	1.0%	2.0%
(9) (1)〜(8)各号の変更のうち契約書面のツアー・タイトル中に記載があった事項の変更については乗じる率が高くなる **注意** **ツアー・タイトルに記載されていても、**(1)〜(8)に該当しない**場合、支払わない** **例**「A講師と行くテニスレッスン・グアムツアー」と契約書面のツアー・タイトル中に記載していた旅行において、A講師が急病のため同行できなくなり、B講師に変更になったとき	2.5%	5.0%

3 変更補償金の支払条件

① 変更補償金の算出方法

旅行代金に別表第2右欄に記載する率を乗じた額以上の額。乗じる率は、別表第2の通り変更の内容と旅行者への通知日によって異なる。この表における「旅行開始前」とは旅行開始日の前日までに通知した場合をいい、「旅行開始後」とは旅行開始日当日以降に通知した場合をいう。

例

確定書面で特定していた2泊する予定だったAホテルがオーバーブッキングにより利用できなくなったため、契約書面に記載されていたBホテルに2泊とも変更になった、と出発日当日の空港集合時に旅行者に通知された。旅行代金は50,000円。
※変更補償金＝50,000円×2%×2泊＝2,000円
※出発当日の通知は、「旅行開始後」に該当する

② 限度額

旅行者1名に対し、1企画旅行につき旅行代金に15%以上の旅行業者が定める率を乗じた額を限度とする。

変更補償金を支払うべき変更が1名につき複数件生じた場合の合計の限度額は、旅行代金に15%、または15%以上で旅行業者が定めた率(例えば20%)を乗じた額である。旅行代金50,000円の場合、7,500円(または10,000円)が合計の限度額となる。

③ 最低額

旅行者1名に対し、1企画旅行につき1,000円未満であるときは支払わない。

④ 支払期限

旅行終了日の翌日から起算して、30日以内に支払わなければならない。

⑤ 旅行者の申出不要

変更補償金の請求の申出がない旅行者に対しても、支払わなければならない。

⑥ 旅行代金の払戻しをした場合

旅行代金を減額したため払戻しをした場合であっても、変更補償金を支払わなければならない。

ココ出る

■変更補償金の支払条件一覧表

要点	定義・内容
変更補償金の額	旅行代金に別表第2右欄に記載する率を乗じた額以上の変更補償金
「旅行開始前」とは	旅行開始日の前日までに通知した場合をいう
「旅行開始後」とは	旅行開始日当日以降に通知した場合をいう
支払限度額	旅行者1名につき、旅行代金に15%以上の旅行業者が定める率を乗じた額を限度
最低額	旅行者1名につき、1,000円未満であるときは支払わない
支払期限	変更後の実際の旅行終了日の翌日から起算して30日以内
旅行者の申出	旅行者から請求の申出がなくても支払う
払戻しをした場合	旅行代金を払戻しした場合でも支払う

2 変更補償金を支払わない場合

次の場合は、変更補償金を支払わない。

① 契約内容に生じた変更が重要ではない、すなわち、別表第2左欄の(1)~(8)に該当しない変更。

例 契約書面のツアータイトル中に「日本一早い初日の出を見るツアー」と記載してあったものが、雨天のため、その初日の出が見られなかった。

② 企画旅行契約が解除されたときの当該解除された部分に係る変更。

例 旅行業者が、契約書面に記載した宿泊機関の名称が変更になる旨を旅行開始前に通知したため、旅行者が募集型企画旅行契約を解除した。

③ 旅行業者または手配代行者の故意または過失による責任が発生することが明らかになった場合。この場合は、損害賠償金を支払う。

例 旅行業者のチェックミスにより休館日に当たる日に美術館の見学を組み入れていたため、当該美術館に入場できなかった。

注意 **旅行業者が変更補償金を支払った後に、当該変更について、旅行業者の故意または過失による責任が発生することが明らかになった場合には、旅行者は、当該変更補償金を返還しなければならない。この場合、旅行業者は、旅行業者が支払うべき損害賠償金の額と旅行者が返還すべき変更補償金の額とを相殺した残額を支払う。**

④ 次の理由による変更。

ア 天災地変

イ 戦乱、暴動、官公署の命令

ウ 運送・宿泊機関等の旅行サービス提供の中止

例 航空機の欠航、ホテルの休業、列車の運休など。

エ 当初の運行計画によらない運送サービスの提供

例 航空機は予定どおり運航したが、空港または到着時刻が変更。

オ 旅行参加者の生命または身体の安全確保のために必要な措置

例1 確定書面には利用列車の等級が「グリーン車」と記載されていたものの、当該列車が車両故障により運休となったため後続列車の普通車への変更。列車の運休が変更の原因のため支払わない。

例2 大規模な洪水が発生したことによる旅行者の生命または身体の安全確保の措置による契約書面に利用予定ホテルとして記載のなかったホテルへの変更。旅行参加者の生命または身体の安全確保のために必要な措置なため支払わない。

例3 利用した航空便が大幅に遅延したため目的地への到着が夕刻になり、当日入場観光する予定であった博物館に入場できなかった。当初の運行計画によらない運送サービスの提供のため支払わない。

⑤ 旅行者１名に対して、１企画旅行につき支払うべき金額が1,000円未満であるとき。

10 受注型企画旅行契約

・学習のポイント

- 募集型企画旅行契約との相違点を中心に学ぶ。
- 「定義」「電話等による予約の規定なし」「企画書面を交付する」「企画料金の内訳の明示」「受注型にはない拒否事由」「旅行者は契約内容の変更を求めることができる」「団体・グループ契約では申込金を省略できる」等を押さえる。

1 契約の締結

1 受注型企画旅行の定義

① 「受注型企画旅行」とは、旅行業者が旅行者からの依頼により旅行の目的地及び日程、旅行者が提供を受けることができる運送または宿泊サービスの内容並びに旅行者が旅行業者に支払うべき旅行代金の額を定めた旅行に関する計画を作成し、これにより実施する旅行をいう。

② 募集型企画旅行は「旅行者からの依頼により」ではなく、「旅行者の募集のためにあらかじめ」旅行を計画し実施する。

③ 手配旅行契約において、旅行業者は「旅行者からの依頼により」手配をしてみることを約束するが、「旅行を計画し実施」することはない。

2 「電話等による予約」の規定は受注型にはない

ココ出る

「電話等による予約」の規定は募集型企画旅行のみに適用され、受注型企画旅行には適用されない。受注型企画旅行は募集することがないので、電話等で参加旅行者の個々の予約を受け付けるということがない。

3 「通信契約」の規定は受注型にも適用

「通信契約」の規定は、募集型企画旅行だけではなく、受注型企画旅行にも適用される。手配旅行契約にも適用される。

4 旅程管理義務（企画旅行の円滑な実施のための措置）

旅行業者は、募集型企画旅行契約と同じく、受注型企画旅行契約においても旅行者が旅行業者の定める旅行日程に従って旅行サービスの提供を受けることができるように手配し、旅程を管理しなければならない。

募集型企画旅行契約及び受注型企画旅行契約いずれにおいても、法定業務として課せられた企画旅行の円滑な実施のための措置を行わなければならない。

5 企画書面

① 旅行業者が企画書面を交付するのは、受注型企画旅行契約の締結前である。
② 募集型企画旅行及び手配旅行には、企画書面に関する規定はない。
③ 旅行業者は、旅行業者に受注型企画旅行契約の申込みをしようとする旅行者からの依頼があったときは、当該旅行業者の業務上の都合があるときを除き、当該依頼の内容に沿って作成した旅行日程、旅行サービスの内容、旅行代金その他の旅行条件に関する企画の内容を記載した企画書面を交付する。
④ 旅行業者が手配し旅程を管理する義務を負うのは、企画書面ではなく契約書面である。旅行業者は、あらかじめ旅行者の承諾を得て、企画書面の交付に代えて情報通信の技術を利用する方法により、企画書面に記載すべき事項を提供することができる。

6 企画料金

ココ出る

① 旅行業者は、企画書面において旅行代金の内訳として企画に関する取扱料金（以下「企画料金」という）の金額を明示することがある。
② 旅行業者は、企画書面において企画料金の金額を明示した場合は、当該企画料金の金額を契約書面において明示しなければならない。
③ 旅行業者が手配し旅程を管理する義務を負う旅行サービスの範囲は、契約書面に記載するところによる。
④ 旅行業者が、企画書面及び契約書面に企画料金の金額を明示した場合であって、旅行者が受注型企画旅行契約の締結後、旅行開始前に契約を解除したとき、旅行業者は少なくとも当該企画料金に相当する金額の取消料を請求できる。この場合、旅行業者は解除の時期にかかわらず、旅行者に取消料を請求できる。
⑤ 旅行業者が、旅行代金の内訳として企画料金の金額を明示した企画書面を旅行者に交付しても、旅行者から契約の申し込みがない場合は、旅行業者は旅行者から当該企画料金を収受することはできない。

7 申込み

企画書面に記載された企画の内容に関し、受注型企画旅行契約の申込みをしようとする旅行者は、通信契約を締結する場合を除いて、旅行業者所定の申込書に所定の事項を記入の上、旅行業者が別に定める金額の申込金とともに旅行業者に提出しなければならない。

8 受注型にはない締結拒否事由

ココが出る

契約締結の拒否事由について、以下の2項目の規定は、受注型企画旅行にはない。募集型企画旅行には規定されているが、受注型企画旅行においては参加旅行者を個々に募集することがないので、募集に関する規定がない。

① 旅行業者があらかじめ明示した参加旅行者の条件を満たしていないとき。

② 応募旅行者が募集予定数に達したとき。

9 受注型・募集型共通の契約締結拒否事由6項目

① 旅行者が他の旅行者に迷惑を及ぼしまたは団体行動の円滑な実施を妨げるおそれがあるとき。

② 通信契約を締結しようとする場合であって、旅行者の有するクレジットカードが無効である等、旅行者が旅行代金等に係る債務の一部または全部を提携会社のカード会員規約に従って決済できないとき。

③ 旅行者が、暴力団員、暴力団準構成員、暴力団関係者、暴力団関係企業または総会屋等その他の反社会的勢力であると認められるとき。

④ 旅行者が、旅行業者に対して暴力的な要求行為、不当な要求行為、取引に関して脅迫的な言動もしくは暴力を用いる行為またはこれらに準ずる行為を行ったとき。

⑤ 旅行者が、風説を流布し、偽計を用いもしくは威力を用いて旅行業者の信用を毀損しもしくは旅行業者の業務を妨害する行為またはこれらに準ずる行為を行ったとき。

⑥ その他旅行業者の業務上の都合があるとき。

10 契約書面

企画書面において企画料金の金額を明示した場合は、当該企画料金の金額を契約書面において明示しなければならない。

2 契約の変更・解除

1 契約内容の変更

受注型企画旅行においては、募集型企画旅行とは異なり、旅行者は旅行業者に対して旅行日程、旅行サービスの内容その他の契約内容を変更するように求めることができる。この場合、旅行業者は可能な限り旅行者の求めに応じなければならない。不可能な場合は応じなくてもよい。

この変更により旅行に要する費用の減少または増加が生じる場合、その範囲内において旅行代金を変更することがある。すなわち、旅行代金が増加したときは当該増加分は旅行者の負担となる。

2 旅行者が解除したときの取消料

旅行者が旅行者の都合により受注型企画旅行契約を解除するときの取消料は、以下の通りである。

① 企画書面に企画料金を明示したが、まだ契約を締結していない場合

旅行業者は企画料金も取消料も請求することはできない。

② 企画書面に企画料金を明示して、契約を締結していた場合

旅行業者は少なくとも当該企画料金に相当する金額の取消料を請求できる。募集型企画旅行契約では所定の取消料を請求できる期間より前であっても、受注型企画旅行契約においては、旅行業者は当該企画料金に相当する金額の取消料を請求できる。

③ 企画書面に企画料金を明示しなかった場合

募集型企画旅行における取消料を請求できる期間内であれば規定の取消料を請求できるが、それより前に解除した場合は請求できない。

なお、募集型企画旅行契約における海外旅行の取消料にはピーク時の規定があるが、受注型企画旅行契約にはピーク時の規定がない。

3 旅行開始前の旅行業者による契約の解除

受注型企画旅行では、参加旅行者を募集することがないので、募集に関する以下の2項目は適用されない。

① 旅行者が、旅行業者があらかじめ明示した性別、年齢、資格、技能その他の参加旅行者の条件を満たしていないことが判明したとき。

② 契約書面に記載した最少催行人員に達しなかったとき。

3 団体・グループ契約

1 団体・グループの申込金省略での契約成立

① 団体・グループ契約の場合、受注型企画旅行契約と手配旅行契約においては申込金を省略できるが、募集型企画旅行契約では、通信契約を除いて申込金を省略することはできない。

② 受注型企画旅行においては、団体・グループ契約の場合、申込金の支払いを受けることなく契約を締結することがある。

③ 旅行業者は、契約責任者と受注型企画旅行契約を締結する場合において、申込

金の支払いを受けることなく契約の締結を承諾することがある。

④ この場合、契約責任者にその旨記載した書面を交付するものとし、その契約成立時期は旅行業者が当該書面を契約責任者に交付したときとする。

2 団体・グループ契約と契約責任者（募集型・受注型共通）

旅行業者は、特約を結んだ場合を除き、契約責任者はその団体・グループを構成する旅行者（構成者）の契約の締結に関する一切の代理権を有しているものとみなす。当該旅行業務に関する取引は、契約責任者との間で行う。①「契約責任者は構成者の名簿を提出」、②「契約責任者の構成者に対する債務・義務について、旅行業者は何らの責任を負うものではない」、③「契約責任者が同行しない場合、あらかじめ契約責任者が選任した構成者を契約責任者とみなす」。これらは、募集型・受注型共通の規定である（P125参照）。

4 特別補償・旅程保証

特別補償及び旅程保証の規定は、受注型企画旅行契約においても、基本的には募集型企画旅行契約と同様に適用される。

1 特別補償：オプショナルツアー

① 受注型企画旅行参加中の旅行者を対象に、別途の旅行代金を収受して同じ旅行業者が実施する募集型企画旅行については、受注型企画旅行契約の内容の一部として取り扱われる。

② A社の受注型企画旅行に参加した旅行者が、自由行動中にB社の募集型企画旅行に参加して死亡した場合、A社、B社の両方から死亡補償金が支払われる。従って、海外旅行の場合、両社から2,500万円ずつ支払われるため5,000万円を受け取る。

2 旅程保証

① 受注型企画旅行契約を締結した旅行者は、旅行業者に対し旅行日程、旅行サービスの内容その他の契約内容を変更するよう求めることができる。この場合、当該変更された部分に係る変更については旅程保証の対象とはならない。

② 募集型企画旅行契約を締結した旅行者は、旅行業者に対し契約内容を変更するよう求めることはできない。

11 手配旅行契約

・学習のポイント

- 「手配旅行契約」は、旅行者からの依頼どおり手配することを引き受ける契約である。
- 「定義」「手配債務の終了」「申込金を不要とする特則3項目と契約成立時期」「契約書面を不要とするケース」「契約内容の変更」「契約の解除」「旅行代金」「団体・グループ手配」「カード利用日」等の概要を理解する。

1 定義・手配債務

1 手配旅行契約の定義

① 「手配旅行契約」とは、旅行業者が旅行者の委託により旅行者のために代理、媒介または取次をすることなどにより、旅行者が運送・宿泊機関等の提供する旅行サービスの提供を受けることができるように手配することを引き受ける契約をいう。

② パッケージツアーの申込みではなく、JR乗車券や航空券またはホテル宿泊券等の申込みをいう。予約をしてみることを引き受ける契約であり、この契約を締結しても旅行業者は予約が確保されることを保証するものではない。

POINT

■企画旅行契約との相違点

旅行契約の種類	主な相違点
募集型**企画旅行**	・旅行業者があらかじめ自ら企画し、募集し、実施する ・旅程管理義務がある
受注型**企画旅行**	・旅行者からの依頼により企画し、実施する ・旅行業者が個々の参加旅行者を募集することはない ・旅程管理義務がある
手配**旅行**	・旅行者から依頼された通り手配をするが、予約の確保は保証しない ・旅行業者が自ら企画することはなく、旅程管理義務はない

2 旅行代金の定義

① 手配旅行契約における「旅行代金」とは、旅行業者が旅行サービスを手配するために運賃、宿泊料その他の運送・宿泊機関等に対して支払う費用、及び旅行業者所定の旅行業務取扱料金（変更手続料金及び取消手続料金を除く）をいう。

②変更手続料金及び取消手続料金は旅行業務取扱料金には含まれるが、旅行代金には含まれない。

POINT

■旅行代金における相違点

旅行契約の種類	主な相違点
募集型**企画旅行**	・旅行業者は自己の計算において旅行代金を決める
受注型**企画旅行**	・旅行業者は自己の計算において旅行代金を決める ・企画料金を内訳明示できる
手配**旅行**	・運賃、宿泊料等の費用＋旅行業務取扱料金 （変更手続料金及び取消手続料金を除く）

3 旅行業者の手配債務の終了

① 手配旅行契約の場合、旅行業者が、善良な管理者の注意をもって、旅行サービスの手配をしたときは、契約に基づく旅行業者の債務の履行は終了し、満員、休業、条件不適当等の事由により、運送・宿泊機関等との間で旅行サービスの提供をする契約を締結できなかった場合であっても、旅行業者がその義務を果たしたときは、旅行者は旅行業者に対して所定の旅行業務取扱料金を支払わなければならない。その義務を果たしたときは、旅行業者の債務の履行は終了する。

② 通信契約を締結していた場合、旅行業者が旅行業務取扱料金を請求するときの「カード利用日」は、旅行業者が、運送・宿泊機関等との間で、旅行サービスの提供をする契約を締結できなかった旨、旅行者に通知した日とする。

2 契約の成立

1 契約締結の拒否

次の５項目に該当する場合、手配旅行契約の締結を拒否できる。

① 通信契約を締結しようとする場合であって、旅行者の有するクレジットカードが無効である等、旅行者が旅行代金等に係る債務の一部または全部を、提携会社のカード会員規約に従って決済できないとき

② 旅行者が、暴力団員、暴力団準構成員、暴力団関係者、暴力団関係企業または総会屋等その他の反社会的勢力であると認められるとき

③ 旅行者が、旅行業者に対して暴力的な要求行為、不当な要求行為、取引に関して脅迫的な言動もしくは暴力を用いる行為またはこれらに準ずる行為を行ったとき

④ 旅行者が、風説を流布し、偽計を用いもしくは威力を用いて旅行業者の信用を毀損しもしくは旅行業者の業務を妨害する行為またはこれらに準ずる行為を行ったとき

⑤ その他旅行業者の業務上の都合があるとき

2 契約成立の特則(申込金省略)

ここ出る

原則は、手配旅行契約においても企画旅行契約と同様に、通信契約を除いて申込金を受理したときに成立する。手配旅行契約においては、以下の3つの項目に該当する場合、旅行業者は申込金の支払いを受けることなく契約を成立させることができる。

① 書面による特約

- 旅行業者は、書面による特約により、申込金の支払いを受けることなく契約の締結を承諾することがある。
- この場合の旅行契約の成立時期は、当該書面において明らかにしなければならない。

② 乗車券及び宿泊券等の手配のみ

- 旅行業者は、運送サービスまたは宿泊サービスの手配のみを目的とする旅行契約であって、旅行代金と引換えに当該旅行サービスの提供を受ける権利を表示した書面を交付するものについては口頭による申込みを受け付けることができる。
- この場合、契約は旅行業者が契約の締結を承諾したときに成立する。
- 「権利を表示した書面」とは、乗車券、宿泊券等をいう。

③ 団体・グループ

- 団体・グループに係る手配旅行契約で契約責任者と手配旅行契約を締結する場合において、申込金の支払いを受けることなく契約の締結を承諾することがある。
- この場合、契約責任者にその旨記載した書面を交付するものとし、旅行業者が当該書面を契約責任者に交付したときに契約は成立するものとする。

POINT

■手配旅行契約における契約成立の時期

区分		契約成立の時期
原則		申込金を受理した時 (通信契約ではない場合)
申込金不要の特則	①書面による特約	契約成立の時期は特約書面において明らかにする
	②乗車券及び宿泊券等の手配のみ	旅行業者が契約の締結を承諾した時
	③団体・グループ	申込金を省略する旨の書面を契約責任者に交付した時

通信契約の場合	旅行業者が承諾通知を旅行者に発する場合	承諾通知が旅行者に到達した時に成立 〈注1〉発した時ではない。 〈注2〉「電子承諾通知」を発する場合も旅行者に到達した時に成立。

3 契約書面

手配旅行契約においても企画旅行契約と同様に、旅行業者は契約成立後速やかに旅行者に契約書面を交付するが、企画旅行契約とは異なり手配旅行契約においては契約書面を省略できる例外がある。

① 契約書面の交付(原則)

- 旅行業者は、手配旅行契約成立後速やかに、旅行者に旅行日程、旅行サービスの内容その他の旅行条件、及び旅行業者の責任に関する事項を記載した契約書面を交付しなければならない。

② 契約書面の省略

- 旅行業者が手配するすべての旅行サービスについて、乗車券類、宿泊券その他の旅行の提供を受ける権利を表示した書面を交付するときは、契約書面を交付しないことがある。
- 乗車券類、宿泊券等を交付する場合、契約書面を省略できる。

POINT

■契約書面の交付

契約書面を交付する(原則)	手配旅行契約成立後、速やかに契約書面を交付する
契約書面を交付しない(例外)	乗車券類、宿泊券等を交付する場合、契約書面を交付しない場合がある

3 契約内容の変更

1 契約内容の変更

手配旅行契約において旅行者は、旅行業者に契約内容の変更を求めることができる。この場合、旅行業者は可能な限りこれに応じなければならない。

受注型企画旅行契約においても同様に応じることがあるが、募集型企画旅行契約においては旅行業者はこれに応じることはない。

2 変更に伴う費用等の負担

契約内容を変更する場合、次のものは、旅行者の負担とする。

① 旅行代金の増加額(減少した場合は減少額を払い戻す)

※旅行代金の増加または減少は、旅行者に帰属する。

② 運送・宿泊機関等に支払うべき取消料、違約料等の手配の変更に要する費用

③ 旅行業者所定の変更手続料金

4 契約の解除

1 旅行者の都合による解除

出る

旅行者は、いつでも手配旅行契約の一部または全部を解除することができる。旅行者が旅行者の都合により契約を解除する場合、旅行者は、次のものを支払わなければならない。

①旅行者がすでに提供を受けた旅行サービスの対価

② 運送・宿泊機関等に対しての取消料、違約料等

〈条文〉いまだ提供を受けていない旅行サービスに係る取消料、違約料その他の運送・宿泊機関等に対してすでに支払い、またはこれから支払う費用

③ 旅行業者所定の取消手続料金

④ 旅行業者が得るはずであった旅行業務取扱料金

2 旅行者の責に帰すべき事由による旅行業者による解除

旅行業者は、次の項目に該当する場合、手配旅行契約を解除することができる。この場合、**1**の②③④が旅行者の負担となる。

① 旅行者が所定の期日までに旅行代金を支払わないとき

② 通信契約を締結した場合であって、旅行者の有するクレジットカードが無効になる等、旅行者が旅行代金等に係る債務の一部または全部を提携会社のカード会員規約に従って決済できなくなったとき

③ 旅行者が次のイからハまでのいずれかに該当することが判明したとき。

イ　旅行者が、暴力団員、暴力団準構成員、暴力団関係者、暴力団関係企業または総会屋等その他の反社会的勢力であると認められるとき

ロ　旅行者が、旅行業者に対して暴力的な要求行為、不当な要求行為、取引に関して脅迫的な言動もしくは暴力を用いる行為またはこれらに準ずる行為を行ったとき

ハ　旅行者が、風説を流布し、偽計を用いもしくは威力を用いて旅行業者の信用を毀損しもしくは旅行業者の業務を妨害する行為またはこれらに準ずる行為を行ったとき

3 旅行業者の責に帰すべき事由による旅行者による解除

ココ出る

① 旅行業者の過失等、旅行業者の責に帰すべき事由により旅行サービスの手配が不可能となったときは、旅行者は契約を解除できる。

② 旅行業者の責に帰すべき事由により旅行者が契約を解除する場合、旅行者は旅行者がすでに提供を受けた旅行サービスの対価を支払わなければならない。

③ 旅行業者は、旅行者がすでに提供を受けた旅行サービスの対価以外はすべて旅行者に払い戻す。

④ すなわち、旅行業者は旅行者がすでに提供を受けた旅行サービスの対価として、運送・宿泊機関等に対してすでに支払いまたはこれから支払わなければならない費用を除いて、すでに収受した旅行代金を旅行者に払い戻さなければならない。

⑤ 払戻しがなされた場合であっても、旅行者は旅行業者に対して損害賠償請求を別途行うことができる。

⑥ すなわち、旅行者の旅行業者に対する損害賠償の請求を妨げるものではない。

5 旅行代金

1 旅行代金

① 旅行者は、旅行開始前の旅行業者が定める期日までに、旅行業者に対し旅行代金を支払わなければならない。

② 通信契約を締結したときは、旅行業者は提携会社のカードにより所定の伝票への旅行者の署名なくして旅行代金の支払いを受ける。この場合において、カード利用日は旅行業者が確定した旅行サービスの内容を旅行者に通知した日とする。

③ 旅行業者は、旅行開始前において運送・宿泊機関等の運賃・料金の改訂、為替相場の変動その他の事由により旅行代金の変動を生じた場合は、当該旅行代金を変更することがある。

④ この場合において、旅行代金の増加または減少は旅行者に帰属するものとする。従って、増加額は旅行者が負担し、減少額は旅行者に返金する。

⑤ 通信契約を締結した場合であって、旅行者が負担すべき費用等が生じたときは、旅行業者は提携会社のカードにより所定の伝票への旅行者の署名なくして当該費用等の支払いを受ける。この場合において、カード利用日は旅行者が旅行業者に支払うべき費用等の額または旅行業者が旅行者に払い戻すべき額を旅行業者が旅行者に通知した日とする。

2 旅行代金の精算

① 「精算旅行代金」とは、最終的に確定した旅行終了後の旅行代金をいう。旅行業者が運送・宿泊機関等に対して支払った費用で旅行者の負担に帰すべきもの及び取扱料金の合計額をいう。

② 「精算旅行代金」と「旅行代金としてすでに収受した金額」が合致しない場合、次の通り旅行終了後、速やかに旅行代金の精算をする。

ア　精算旅行代金が旅行代金としてすでに収受した金額を超えるときは、旅行者は、旅行業者に対し、その差額を支払わなければならない。

イ　精算旅行代金が旅行代金としてすでに収受した金額に満たないときは、旅行業者は、旅行者にその差額を払い戻す。

6 団体・グループ手配

団体・グループ手配について、手配旅行契約は、募集型企画旅行契約とは、次の点が異なる。

① 構成者の名簿は不要

手配旅行契約においては、人数を通知するだけでもよい。

旅行業者の定める日までに構成者の名簿を提出し、または人数を通知しなければならない。企画旅行契約においては、旅行者は構成者の名簿を提出しなければならない。

② 申込金は不要(受注型にも同様の規定がある)

団体・グループに係る手配旅行契約において、契約責任者と手配旅行契約を締結する場合において、申込金の支払いを受けることなく、契約の締結を承諾することがある。この場合、契約責任者にその旨記載した書面を交付するものとし、旅行業者が当該書面を契約責任者に交付したときに契約が成立するものとする。

③ 添乗サービス料金を請求

旅行業者は、契約責任者の求めによって添乗サービスを提供するときは、所定の添乗サービス料金を請求することができる(募集型、受注型にこの規定はない)。

POINT

団体・グループ手配の相違点

区分	構成者の通知	申込金不要の特則
手配旅行	構成者の名簿を提出し または人数を通知	申込金不要による 契約成立の特則あり
受注型企画旅行	構成者の名簿を必ず提出	同上の特則あり
募集型企画旅行		申込金不要の特則はない

7 カード利用日の定義

POINT

「カード利用日」の定義は、下表の通りである。

区分		カード利用日	
基本的な定義		旅行者または旅行業者が、契約に基づく旅行代金等の支払または払戻債務を履行すべき日	
通信契約	企画旅行契約	旅行代金の支払い	旅行契約成立日
		旅行代金の払戻し	旅行業者が旅行者に払い戻すべき額の通知を行った日
	手配旅行契約	旅行代金の支払い	確定した旅行サービスの内容を、旅行者に通知した日
		満員等の場合の取扱料金	運送・宿泊機関等との間で、旅行サービスを提供する契約を締結できなかった旨を旅行者に通知した日
		旅行代金の変更	旅行者が支払うべき費用等の額、または旅行者に払い戻すべき額を旅行者に通知した日

12 旅行相談契約

・学習のポイント

- 「旅行相談契約」の「定義」「契約の成立」「相談料金」「手配が可能であることを保証するものではない、等の旅行業者の責任」「損害賠償の通知期限」等について理解する。

1 旅行相談契約の定義

POINT

「旅行相談契約」とは、旅行業者が相談料金を収受することを約して、旅行者の委託により次の業務を行うことを引き受ける契約をいう。

① 旅行者が旅行の計画を作成するために必要な助言
② 旅行の計画の作成
③ 旅行に必要な経費の見積り
④ 旅行地及び運送・宿泊機関等に関する情報提供
⑤ その他旅行に必要な助言及び情報提供

1 適用範囲(募集型・受注型・手配・渡航手続代行の各契約も同内容)

旅行相談契約は、この約款に定めるところによる。この約款の定めのない事項については、法令または一般に確立された慣習による。

2 特約(募集型・受注型・手配・渡航手続代行の各契約も同内容)

旅行業者は、契約において、法令に反せず、かつ、旅行者に不利にならない範囲で書面により特約を結ぶことができる。このときは、その特約が優先する。

2 契約の成立

1 原則は申込書を受理した時に契約成立

① 通信手段によらない申込みの場合、旅行者は所定の事項を記入した申込書を旅行業者に提出しなければならない。
② 旅行相談契約は、旅行業者が契約の締結を承諾し、申込書を受理した時に成立する。
③ 申込金は不要である。

2 電話等の通信手段による申込みの場合、申込書も不要

① 旅行業者は、申込書の提出を受けることなく、電話、郵便、ファクシミリ、インターネットその他の通信手段による旅行相談契約の申込みを受け付けることができる。

② この場合、旅行業者が契約の締結を承諾した時に契約は成立する。

③ 申込金も申込書も不要である。

3 契約書面は不要

契約書面の交付は不要としている。実際に手配が可能であることを旅行業者が保証するということではないので、簡略化している。

POINT

契約成立の時期

申込方法	契約成立の時期	注意点
通信手段によらない申込みの場合	旅行業者が申込書を受理した時	申込金不要
通信手段による申込みの場合	旅行業者が契約の締結を承諾した時	申込金も申込書も不要

3 相談料金

旅行業者が旅行相談業務を行ったときは、旅行者は旅行業者に対し、旅行業者が定める期日までに、所定の相談料金を支払わなければならない。

4 契約締結の拒否

POINT

次の場合、旅行業者は、旅行相談契約の締結に応じないことがある。

① 旅行者の相談内容が、公序良俗に反し、もしくは旅行地において施行されている法令に違反するおそれがあるとき。

② 旅行者が、暴力団員、暴力団準構成員、暴力団関係者、暴力団関係企業または総会屋等その他の反社会的勢力であると認められるとき。

③ 旅行者が、旅行業者に対して暴力的な要求行為、不当な要求行為、取引に関して脅迫的な言動もしくは暴力を用いる行為またはこれらに準ずる行為を行ったとき。

④ 旅行者が、風説を流布し、偽計を用いもしくは威力を用いて旅行業者の信用を毀損しもしくは旅行業者の業務を妨害する行為またはこれらに準ずる行為を

行ったとき。

⑤ その他旅行業者の業務上の都合があるとき。

5 旅行業者による契約の解除

旅行業者は、旅行者が次のイからハまでのいずれかに該当することが判明したときは、旅行相談契約を解除することがある。

イ　旅行者が、暴力団員、暴力団準構成員、暴力団関係者、暴力団関係企業または総会屋等その他の反社会的勢力であると認められるとき

ロ　旅行者が、旅行業者に対して暴力的な要求行為、不当な要求行為、取引に関して脅迫的な言動もしくは暴力を用いる行為またはこれらに準ずる行為を行ったとき

ハ　旅行者が、風説を流布し、偽計を用いもしくは威力を用いて旅行業者の信用を毀損しもしくは旅行業者の業務を妨害する行為またはこれらに準ずる行為を行ったとき

6 旅行業者の責任

1 損害賠償責任

ココ出る

① 旅行業者は、旅行相談契約の履行に当たって、旅行業者の故意または過失により旅行者に損害を与えた場合は、損害発生の翌日から起算して6か月以内に旅行業者に対してその旨の通知があったときに限り、旅行業者はその損害を賠償しなければならない。

② 渡航手続代行契約も、6か月以内に通知しなければならない。

2 手配保証責任はない

① 旅行業者は、旅行業者が作成した旅行の計画に記載した運送・宿泊機関等について、実際に手配が可能であることを保証するものではない。

② 満員等の事由により、運送・宿泊機関等との間で、当該機関が提供する運送、宿泊その他の旅行に関するサービスの提供をする契約を締結できなかったとしても、旅行業者は責任を負わない。

③ この場合、旅行業者は、相談料金を収受できる。

ココ出る

■損害賠償の通知期限

申込方法	損害賠償の通知期限
旅行相談**契約**	損害発生の翌日から起算して6か月以内
渡航手続代行**契約**	
募集型**企画旅行契約**	損害発生の翌日から起算して2年以内 (生命、身体の場合)
受注型**企画旅行契約**	
手配**旅行契約**	

13 渡航手続代行契約

・学習のポイント

- 「渡航手続代行契約」の「定義」「契約の成立」「渡航手続代行料金」「契約解除に伴う支払い」「出入国が許可されることを保証するものではない、等の旅行業者の責任」「損害賠償責任の通知期限」等について理解する。
- 「総合」にのみ出題されている。

1 渡航手続代行契約を締結する旅行者

ココ出る

渡航手続代行契約を締結できる旅行者は、次のいずれかに該当する旅行者に限る。

① 募集型企画旅行契約を締結した旅行者
② 受注型企画旅行契約を締結した旅行者
③ 手配旅行契約を締結した旅行者
④ 旅行業者が受託している他の旅行業者の募集型企画旅行契約について、旅行業者が代理して契約を締結した旅行者
※すなわち、渡航手続代行契約だけの契約はできない。

2 渡航手続代行契約の定義

「渡航手続代行契約」とは、旅行業者が渡航手続代行料金を収受することを約して、旅行者の委託により次の業務を行うことを引き受ける契約をいう。

① 旅券、査証、再入国許可及び各種証明書の取得に関する手続き
② 出入国手続書類の作成
③ その他関連する業務

3 契約の成立

下記の契約成立については、旅行相談契約も同内容である。

1 原則は申込書を受理した時に契約成立

① 通信手段によらない申込みの場合、旅行者は所定の事項を記入した申込書を旅行業者に提出しなければならない。

② 渡航手続代行契約は、旅行業者が契約の締結を承諾し申込書を受理した時に成立する。

③ 申込金は不要である。

2 電話等の通信手段による申込みの場合、申込書も不要

① 旅行業者は、申込書の提出を受けることなく電話、郵便、ファクシミリ、インターネットその他の通信手段による渡航手続代行契約の申込みを受け付けることができる。

② この場合、旅行業者が契約の締結を承諾した時に契約は成立する。

③ 申込金も申込書も不要である。

POINT

■契約成立の時期

申込方法	契約成立の時期	注意点
通信手段によらない申込みの場合	旅行業者が申込書を受理した時	申込金不要
通信手段による申込みの場合	旅行業者が契約の締結を承諾した時	申込金も申込書も不要

4 契約締結の拒否

次の場合、旅行業者は、渡航手続代行契約の締結に応じないことがある。

① 旅行者が、暴力団員、暴力団準構成員、暴力団関係者、暴力団関係企業または総会屋等その他の反社会的勢力であると認められるとき

② 旅行者が、旅行業者に対して暴力的な要求行為、不当な要求行為、取引に関して脅迫的な言動もしくは暴力を用いる行為またはこれらに準ずる行為を行ったとき

③ 旅行者が、風説を流布し、偽計を用いもしくは威力を用いて旅行業者の信用を毀損しもしくは旅行業者の業務を妨害する行為またはこれらに準ずる行為を行ったとき

④ その他旅行業者の業務上の都合があるとき

5 契約書面

旅行業者は、渡航手続代行契約の成立後速やかに、次の事項を記載した契約書面を旅行者に交付しなければならない。

① 渡航手続代行業務（受託業務）の内容

② 渡航手続代行料金の額

③ 旅行業者の責任

④ その他必要事項

旅行業者は、あらかじめ旅行者の承諾を得て、書面の交付に代えて情報通信の技術を利用する方法により記載事項を提供することができる。この場合、旅行業者は旅行者の通信機器に備えられたファイルに記載事項が記録されたことを確認、または旅行業者の通信機器のファイルに記載事項を記録し、旅行者が閲覧したことを確認しなければならない。

旅行相談契約は契約書面は不要だが、渡航手続代行契約は契約書面の交付が必要である。

6 旅行業者と旅行者の義務

1 旅行業者の守秘義務

旅行業者は、受託業務を行うに当たって、知り得た情報を他に漏らしてはならない。

2 旅行者の義務

旅行者は、旅行業者が定める期日までに、旅行業者に対し次のものを提出し、または支払わなければならない。

① 渡航手続代行料金

② 渡航手続書類

③ 本邦の官公署、在日外国公館に支払う手数料、査証料、委託料等（査証料等）

④ 郵送費、交通費等の費用

7 契約の解除

1 旅行者による契約解除

旅行者は、いつでも契約の一部または全部を解除できる。

POINT

2 旅行業者による契約解除

次の項目のいずれかに該当するとき、旅行業者は契約を解除できる。

① 旅行者が、所定の期日までに渡航手続書類等を提出しないとき

② 旅行者から提出された渡航手続書類等に不備があると旅行業者が認めたとき

③ 旅行者が所定の期日までに渡航手続代行料金、査証料等、または郵送費、交通費等の費用を支払わないとき

④ 旅行者が、旅行業者の責に帰すべき事由によらず旅券、査証または再入国許可を取得できないおそれが極めて大きいと旅行業者が認めるとき

⑤ 旅行者が次のイからハまでのいずれかに該当することが判明したとき

イ　旅行者が、暴力団員、暴力団準構成員、暴力団関係者、暴力団関係企業または総会屋等その他の反社会的勢力であると認められるとき

ロ　旅行者が、旅行業者に対して暴力的な要求行為、不当な要求行為、取引に関して脅迫的な言動もしくは暴力を用いる行為またはこれらに準ずる行為を行ったとき

ハ　旅行者が、風説を流布し、偽計を用いもしくは威力を用いて旅行業者の信用を毀損しもしくは旅行業者の業務を妨害する行為またはこれらに準ずる行為を行ったとき

POINT

3 契約解除に伴う支払い

旅行者、旅行業者のいずれが契約解除した場合であっても、旅行者は次のものを支払わなければならない。

① すでに支払った査証料等及び郵送費、交通費等の費用

② すでに行った受託業務に係る渡航手続代行料金

8 旅行業者の責任

1 損害賠償責任

ココ出る

① 旅行業者は、渡航手続代行契約の履行に当たって旅行業者の過失により旅行者に損害を与えた場合は、損害発生の翌日から起算して6か月以内に旅行業者に対してその旨の通知があったときに限り、旅行業者はその損害を賠償しなければならない。

② 旅行相談契約も、6か月以内に通知しなければならない。

2 出入国の保証の責任はない

① 旅行業者は、渡航手続代行契約により実際に旅行者が旅券等を取得できること、及び関係国への出入国が許可されることを保証するものではない。

② 旅行業者の責に帰すべき事由によらず、旅行者が旅券、査証、再入国許可等を取得できず、または関係国への出入国が許可されなかったとしても、旅行業者はその責任を負うものではない。

POINT

■保証する責任はない

渡航手続代行契約	旅券等の取得、関係国への出入国の許可を保証しない
旅行相談契約	旅行サービスの手配が可能であることを保証しない

14 国際運送約款(日本航空例)

PART 2 総合

約款

・学習のポイント

- 「国際運送約款」は「総合」試験のみの出題で、全般にわたって出題されている。
- 特に重要な項目は、「定義:年齢の定義」「航空券:有効期間」「約款・運賃・予約:適用約款、適用運賃、予約の取消し」「拒否・制限:拘束」「手荷物:禁止品、無料手荷物許容量、ペット・身体障害旅客補助犬、責任限度額、従価料金」「責任:手荷物損害賠償請求期限、出訴期限」である。

1 用語の定義

1 航空券等の用語の定義

用語	定義
航空券	・旅客または手荷物の運送のため運送人またはその指定代理店により発行される「旅客切符及び手荷物切符」もしくは電子航空券 ・航空券には運送契約の条件の一部及び諸通知が記載されており、搭乗用片及び旅客用片もしくは旅客控、または電子搭乗用片及びeチケットお客様控が含まれる
電子航空券	運送人またはその指定代理店により発行されるeチケットお客様控及び電子搭乗用片
eチケット **お客様控**	電子航空券の一部をなす書類で旅程、航空券に関する情報、運送契約の条件の一部及び諸通知が記載されているもの
電子**搭乗用片**	航空会社のデータベースに記録される形式の搭乗用片
搭乗用片	旅客切符の一部分で、運送が有効に行われる特定の区間を明記している用片をいい、電子航空券の場合は電子搭乗用片のこと
旅客用片 **または旅客控**	運送人またはその指定代理店により発行される航空券の一部分を構成する用片または控をいい、旅客にとって運送契約の証拠書類となるもの
途中降機	運送人が事前に承認したもので、出発地と到達地との間の地点で旅客が行う旅行の計画的中断のこと
予定寄航地	出発地及び到達地を除く地点で、旅客の旅程上の予定された経由地として航空券に記載され、または運送人の時刻表に表示された地点
到達地	運送契約上の最終目的地。出発地に戻る旅程の場合は到達地と出発地は同一
EMD	記載されている人に航空券の発行または旅行サービスの提供を要請する電子証票。MCO(航空引換証)の電子版
MCO	同上の要請をする証票または電子証票(航空引換証)
日	暦日をいい、すべての曜日を含む。ただし、通知のための日数計算では通知を発した日を算入しない。また有効期間を決めるための日数計算では航空券を発行した日または航空旅行を開始した日を算入しない

2 手荷物の用語

用語	定義
手荷物	旅客の物品、身の回り品その他の携帯品をいい、別段の定めのない限り、受託手荷物及び持込手荷物の両方を含む
受託**手荷物**	運送人が保管する手荷物で、手荷物切符及び手荷物合符を発行
持込**手荷物**	受託手荷物以外の手荷物
手荷物切符	受託手荷物を運送するための航空券の一部分で、運送人が受託手荷物の受領証として発行するもの
手荷物合符	受託手荷物の識別のために運送人が発行する証票で、個々の受託手荷物に取り付ける手荷物合符(添付合符)と旅客に交付する手荷物合符(引換合符)とをいう

3 旅客の年齢の定義

よく出る

用語		定義
大人	12歳以上	運送開始日時点で12歳の誕生日を迎えている人
小児	2歳以上 12歳未満	運送開始日時点で2歳の誕生日を迎えているが、いまだ12歳の誕生日を迎えていない人
幼児	2歳未満	運送開始日時点で2歳の誕生日を迎えていない人

※国内線での「幼児」は3歳未満である。上記国際線とは異なる。

4 コードシェア便(共同運航便)

航空会社は他の運送人とコードシェア契約を締結し、当該航空会社以外の運送人が運航する便に当該航空会社の便名を付与し、旅客と契約する運送を行うことがある。この場合、予約時に運航する他の運送人を旅客に通知する。無料手荷物許容量は、運航を行う他の運送人の規則が適用となる。

2 航空券

POINT

1 適用約款

① 旅客または手荷物の運送は、航空券の最初の搭乗用片により行われる運送の開始日に有効なこの約款及び会社規則の定めに従う。

適用する約款	航空券の最初の搭乗用片により行われる運送の開始日に有効な約款

② 旅行開始日に有効な約款が、その航空券の旅行終了まで適用される。

2 航空券の有効性

譲渡不可	①航空券は譲渡できない ②運送を受ける権利を有する人または払戻しを受ける権利を有する人以外の人が提示した航空券により会社が運送を引き受けまたはこれを払い戻しても、航空会社は当該運送または払戻しに関わる真の権利者に対し責任を負わない
使用順序	①航空券に記載された出発地からの旅程の順序に従ってのみ、搭乗用片の使用が認められる ②最初の国際線の運送区間の搭乗用片が使用されておらず、旅客がその旅行をいずれかの予定寄航地から開始する場合、その航空券は無効であり、航空会社はその航空券の使用を認めない

3 航空券の有効期間

ココ出る

① 航空券の有効期間は、運送を開始しているか、未使用かにより異なる。

区分	有効期間	有効期間の起算日
運送が開始された場合	運送の開始日から1年	運送開始日の翌日から起算
航空券がまったく未使用の場合	航空券の発行日から1年	航空券発行日の翌日から起算

② 航空券は、航空券の有効期間満了日の24時に失効する。各搭乗用片による旅行は、有効期間満了日の24時までに開始すれば、満了日を過ぎてもこれを継続できる。

4 有効期間の延長

以下に該当するとき、航空会社は航空券の有効期間を延長することがある。

航空会社の都合	延長の内容
予約便の運航取消・変更	運賃が支払われたクラスに空席のある最初の会社の航空便まで延長
座席を提供できない（有効期間が1年の航空券）	運賃が支払われたクラスに空席のある最初の会社の航空便まで延長するが、7日間を限度

旅客の都合	延長の内容
旅行開始後に旅客が病気	旅行再開可能日（診断書に記載）まで延長するが、座席を提供できない場合、運賃が支払われたクラスに空席のある最初の会社の航空便まで延長 ①有効期間が1年未満の航空券は旅行再開可能日から7日間を限度 ②有効期間が1年で未搭乗用片に途中降機を含む場合、旅行再開可能日から3か月を限度

旅行中に死亡	死亡の日から45日間を限度に延長するが、対象者は以下の通り ①旅行中に旅客が死亡→死亡した旅客に同行している人 ②旅行開始後に旅客の近親者が死亡→旅客及び同行の近親者

5 航空券の紛失

航空券を紛失、毀損した場合、または航空券が提示されない場合には、航空会社は、旅客からの請求に基づき、所定の手数料を収受して、以下の2つの条件のもとに代替航空券を発行することがある。

① 航空券が正当な手続きで発行されたことを裏付ける、航空会社が相当と認める証拠を受領し、かつ航空会社がその状況から妥当と判断すること。

② 旅客が代替航空券の発行により航空会社が受ける損害につき航空会社に対し補償する旨を航空会社が定める書式に従って同意すること。

代替航空券発行手数料	航空券1件につき10,000円

6 航空券の払戻し

航空券の有効期間満了日から30日を経過した後になされた払戻請求については、航空会社はこれを拒否する。

航空券の払戻請求期限	有効期間満了日から30日以内に限る

7 紛失航空券の払戻しの条件

次の①～④を満たすことを条件に、航空会社は紛失航空券を払い戻す。

① 払戻手数料10,000円を支払うこと。

② 紛失の証拠及び払戻しの請求が、紛失航空券の有効期間満了日から30日以内に航空会社に提出されること。

③ 紛失航空券が使用または払い戻されておらず、かつ代替航空券が発行されていないこと。

④ 払戻しを行ったことにより、または事後に紛失航空券が使用されたことにより、航空会社が被る一切の損失を賠償することに払戻しを受ける人が同意すること。

3 適用運賃

1 適用運賃・予約

POINT

適用運賃	航空券の最初の搭乗用片により行われる運送開始日に適用される航空券の発行日に有効な運賃
予約	航空会社の予約システムに座席が確保された時点で成立する
航空券発券期限	航空会社は、指定された航空券発券期限までに航空券の発券を受けない旅客の予約を取り消すことができる

① 座席指定

旅客は、機内の特定の座席をあらかじめ指定できる場合があるが、航空会社は、事前の通告なしに機材変更その他の理由でこれを変更することがある。

② スケジュール

航空会社の時刻表その他に表示されている時刻は、予定であって保証されたものではなく、また運送契約の一部を構成するものではない。この結果、旅客またはその手荷物の他の便への接続に支障が生じても、一切の責任は負わない。運航予定は、予告なしに、変更されることがある。

③ 未使用の航空券の予約

座席予約のない未使用の航空券を所持する旅客は、予約をすることにつき特に優先権を有するものでない。

2 予約の取消し

ココ出る

旅客に対して2つ以上の予約が次のいずれかの場合には、航空会社は旅客の予約の全部または一部を取り消すことができる。

※旅客の予約

	搭乗区間	搭乗日
(1)	同一	同一
(2)	同一	近接
(3)	異なる	同一
(4)	旅客が予約のすべてに搭乗すると合理的に考えられないと航空会社が判断した場合	

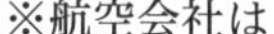

予約を取り消す

■前途予約の取消し

状況		航空会社の取扱い
旅客が事前に通知することなく、予約した航空便に搭乗しなかった場合		航空会社は前途予約を取り消し、または他の運送人に対し前途予約に含まれる他の運送便の予約の取消しを依頼することがある

4 運送の拒否・制限

1 運送の拒否

① 航空会社は、次の場合旅客の運送を拒否し、または旅客を降機させることができる。その旅客の手荷物についても同様の取扱いとする。

② 下記第(5)号(d)または(e)の場合においては、上記の措置に加えて当該行為の継続を防止するため必要と認める措置をとることができる。その措置には、当該行為者を拘束することを含む。

(1) 運航の安全のために必要な場合

(2) 出発国、到達国または通過国等の関係国の適用法令等に従うため必要な場合

(3) (a) 旅客が適用法令に従わない、出入国手続書類に不備がある等に該当する場合

(b) 旅客が出入国手続書類を破棄するなど乗継地の国へ不正に入国しようと試みるおそれのある場合

(c) 会社が不正な入国を防止するため出入国手続書類等を預けるよう要請したときに、旅客がその要請に応じなかった場合

(4) 旅客が航空会社の手荷物検査に応じない場合

(5) 旅客の行為、年齢または精神的もしくは身体的状態が次のいずれかに該当する場合

(a) 会社の特別の取扱いを必要とする場合

(b) 重傷病者または感染症及び感染症の疑いがある場合

(c) 他の旅客に不快感を与えまたは迷惑を及ぼすおそれのある場合

(d) 当該旅客自身もしくは他の人または航空機もしくは物品に危害を及ぼすおそれのある行為を行う場合

(e) 乗務員の業務の遂行を妨げ、または、その指示に従わない場合

(f) 会社の許可なく、機内で携帯電話機、携帯ラジオ、電子ゲーム等電子機器を使用する場合

(g) 機内で喫煙する場合(喫煙には紙巻きたばこ、電子たばこ、加熱式たば

こ、その他の喫煙器具を使用する場合を含む)

(6)旅客が提示する航空券が、不正に取得されたもの等に該当する場合

■行為者を拘束する場合

ココ出る

(5)(d)旅客自身、他人、航空機、物品に危害を及ぼす

(5)(e)乗務員の業務の遂行を妨げ、または、その指示に従わない

拘束

2 運送の制限

同伴者のいない小児もしくは幼児、心身障害のある人、妊婦または病人の運送引受は、会社規則に従うことを条件とし、かつ、航空会社との事前の取決めが必要となる場合がある。

3 運航予定・運送人・航空機の変更

航空会社は、予告なしに運航予定を変更することがあるほか、当該航空会社が引き受けた運送につき運送人を変更し、または航空機を変更することがある。

5 手荷物

1 手荷物の区分

手荷物は、受託手荷物と持込手荷物の2つに区分される。

手荷物	区分	内容
手荷物	受託手荷物	航空会社に預ける手荷物
	持込手荷物	旅客自らが航空機内に携帯して持ち込む手荷物

2 受託手荷物

POINT

① 受託手荷物禁止品

航空会社は、次の物品は受託手荷物としては受け付けない。

- 壊れやすいもしくは変質・腐敗するおそれのある物品
- 貨幣、宝石類、貴金属、有価証券、証券その他の高価品
- 書類、旅券等旅行に必要な身分を証する文書、または見本

② 手荷物合符

受託手荷物の引渡しを受けた場合には、航空会社は受託手荷物の個数及び重量を航空券に記入(手荷物切符の発行を意味する)し、受託手荷物の1個ごとに手荷物合符を発行する。

③ 受託手荷物の運送

受託手荷物は、可能な限りその手荷物を委託した旅客が搭乗する航空機で旅客と同時に運送する。ただし、航空会社が困難と判断した場合には、許容搭載量に余裕のある他の航空便で運送するかまたは他の輸送機関で輸送することがある。

④ 受託手荷物の制限

3辺の和が203cm、32kgを超える物品については、事前の取決めのない限り引き受けない。

⑤ 受託手荷物の受付

受託手荷物に氏名、頭文字その他個人名を判別できるものが付いていない場合には、旅客は、航空会社に運送を委託する前にこれを付けなければならない。

POINT

3 無料手荷物許容量

① 受託手荷物の無料手荷物許容量

	クラス	個数		重量(1個あたり)	サイズ(1個あたり)
大人・小児	ファースト	3個まで		32kg	3辺の和が以下を超えない JAL:203cm ANA:158cm
	ビジネス(中間)	JAL	3個まで	32kg	
		ANA	2個まで		
	エコノミー プレミアムエコノミー	2個まで		23kg	
幼児	全クラス共通	1個まで		同伴する旅客と同じ重量	

※旅客が使用する折り畳み式乳母車、幼児用携帯ゆりかご、幼児用椅子は上記に含まず無料。

② プール制

複数の旅客が同一便で同時チェックインする場合、無料手荷物許容量を合計することがある。

同一の航空便で旅行する2人以上の旅客が、同一地点まで同時に手荷物の運送を委託する場合

航空会社は申出により個数について各人の無料手荷物許容量を合算し、

同行旅客全員を一体として、その許容量とすることがある

③ 持込手荷物（無料）

上記受託手荷物に加え次のABに該当し、かつその合計が10kg以内の場合、持込手荷物として認められる。

A 旅客が携帯し保管する身の回り品1個	
B Aに加え、3辺の和が115cm以内で収納棚か座席下に収納可能なもの1個	

AとBの合計が10kg以内

④ 超過手荷物料金

無料手荷物許容量を超える場合、会社規則に定める超過手荷物料金を申し受ける。

4 動物

① 愛玩動物（ペット）

- 犬、猫、小鳥その他のペット等の動物については、航空会社は、旅客がその動物を適切な容器に入れ、到達国または通過国で必要とされる有効な健康証明書、予防接種証明書、入国許可書その他の書類を取得し、かつ、航空会社の事前の承認がある場合に、航空会社規則に従ってその運送を引き受ける。
- その動物はその容器及び餌とともに旅客の無料手荷物許容量の適用を受けず超過手荷物となり、旅客は航空会社規則に定める料金を支払わなければならない。

② 身体障害旅客補助犬

- 身体障害旅客補助犬とは盲導犬、聴導犬、介助犬等をいう。
- 航空会社は身体に障害のある旅客を補助するために、当該旅客が同伴する補助を目的とする犬を、航空会社規則に従い、その容器及び餌とともに通常の無料手荷物許容量に追加して無料で運送する。

愛玩動物（ペット）	超過手荷物となり、会社規則に定める料金
身体障害旅客補助犬	無料

6 手荷物に対する航空会社の責任

1 手荷物責任限度額

以下の通り、航空会社の手荷物責任限度額はモントリオール条約が適用されるか否かにより異なる。日本発着の場合、モントリオール条約が適用される。

モントリオール条約が適用となる運送の場合、航空会社の手荷物責任限度額は受託手荷物と持込手荷物を合わせて、旅客1人当たり1,288SDRである。SDRとは、国際通貨基金の定める特別引出権（主要国通貨の加重平均で算出）である。

手荷物責任限度額	受託手荷物	持込手荷物
モントリオール条約が適用となる運送	1人当たり合計1,288SDR（1,288SDR＝約218,474円）	
モントリオール条約以外の条約が適用となる運送	1kg当たり17SDR（17SDR＝約2,884円）	1人当たり332SDR（332SDR＝約56,315円）
（1SDR＝169.6233円　2023年1月現在）（Special Drawing Rights：世界共通の通貨単位）		

2 手荷物責任限度額を超える場合

① 手荷物の責任限度額を超える場合には、旅客は手荷物の価額を申告することができる。申告がなされた場合には、航空会社は従価料金として超過価額の100米国ドルまたはその端数につき、2米国ドルの割合で料金を申し受ける。

② ただし、1旅客の手荷物の申告価額は、5,000米国ドルを限度とする。

③ 従価料金を支払った場合、航空会社の責任は当該高額の申告価額を限度とする。

④ いかなる場合にも、航空会社の責任は旅客が受けた実損額を超えることはない。

3 手荷物の損害賠償請求期限

手荷物の損害賠償請求については、旅客は次の期間内に書面で航空会社に異議を述べなければならない。

手荷物の損害	損害賠償請求期限
手荷物に毀損があった場合	手荷物の受取りの日から7日以内
手荷物に延着があった場合	手荷物を受け取った日から21日以内
手荷物に紛失、滅失があった場合	手荷物を受け取ることができたであろう日から21日以内

7 出訴期限

航空会社に対する責任に関する訴は、次の期間内に、提起しなければならず、その期間の経過後は提起することができない。すなわち、訴訟を起こすことはできない。

到達地への到達の日、航空機が到達すべきであった日または運送の中止の日から起算して2年以内

15 国内旅客運送約款（日本航空例）

PART 2 総合 国内 約款

・学習のポイント

- 「国内旅客運送約款」の概要は、「総合」「国内」両方の試験に出題される。

1 用語の定義・約款

1 用語の定義

用語	定義
国内航空運送	有償であるか無償であるかを問わず、航空会社が航空機により行う運送で、運送契約による出発地及び到着地、その他すべての着陸地が日本国内の地点にある運送
会社の事業所	航空会社の事務所（市内営業所及び飛行場事務所）、航空会社の指定した代理店の営業所並びにインターネット上の会社のウェブページ
航空券	この運送約款に基づいて航空会社の国内航空路線上の旅客運送のために航空会社の事業所において発行する航空会社の電子データベース上に記録される形式の電子証票（以下「電子航空券」）または紙片の証票
航空引換証	航空会社の事業所において発行する証票で、本証に記名されている人に対し航空券を交換発行するためのもの（ANAの約款にのみ記載）
認証コード	電子航空券を有することを証明することができる航空券番号、JALマイレージバンク会員番号、その他の会社が別に定めるものをいう
途中降機	出発地から目的地の間の地点における旅客の予定する旅行中断で航空会社が前もって承諾したもの
手荷物	他に特別の規定がない限り旅客の所持する物で、受託手荷物及び持込手荷物
受託手荷物	航空会社が引渡しを受け、かつ、これに対し手荷物合符（手荷物引換証及び手荷物添付用片）を発行した手荷物
持込手荷物	受託手荷物以外の手荷物で航空会社が機内への持込みを認めたもの
手荷物合符	受託手荷物の識別のためにのみ航空会社が発行する証票で、①その一部は、手荷物添付用として受託手荷物の個々の物にとりつけ、②他の部分は引換証として旅客に渡す
超過手荷物切符	会社が定める無料手荷物許容量を超過した手荷物の運送のために発行する証票（ANAの約款にのみ記載）

2 約款の適用

① 旅客が航空機に搭乗する日において有効な運送約款及びこれに基づいて定められた規定が、当該旅客の運送に適用されるものとする。

② 運送約款及びこれに基づいて定められた規定は、予告なしに変更されることがある。

③ 旅客は、国内旅客運送約款及び同約款に基づいて定められた規定を承認し、かつ、これに同意したものとする。

2 運賃・料金

1 旅客運賃・料金

① 旅客運賃及び料金、その適用にあたっての条件等は、運賃及び料金の種類ごとに航空会社が別に定める運賃料金表による。

② 旅客運賃は、出発地飛行場から目的地飛行場までの運送に対する運賃とする。

③ 旅客運賃及び料金には、消費税(地方消費税を含む)が含まれている。

2 適用運賃・料金

① 適用運賃及び料金は、会社規則に別段の定めがある場合を除き、航空券の新規発行に際してはその発行日において、航空券の予約事項のうち搭乗予定便の変更に際してはその変更日において(変更した旅行区間の運賃及び料金に限る)、それぞれ旅客が航空機に搭乗する日に有効な運賃及び料金とする。

② 収受運賃または料金が適用運賃または料金と異なる場合は、その差額をそれぞれの場合に応じて、払い戻しまたは申し受ける。ただし、会社が特定の運賃及び料金を支払う旅客につき別段の定めをした場合は、この限りではない。

3 幼児の無償運送

12歳以上の旅客に同伴された座席を使用しない3歳未満の旅客(以下「幼児」という)については、同伴者1人に対し1人に限り無償にてその運送を引き受ける。

※幼児の無料の条件(以下の項目をすべて満たす場合、その幼児は無料)

ココ出る

①	3歳未満
②	座席を使用しない
③	12歳以上の旅客に同伴されている
④	同伴者1人に対し無料は1人に限る(2人目からは有料)
⑤	無料手荷物許容量の適用はない

3 航空券

1 航空券の発行

航空会社は、その事業所において別に定める適用運賃及び料金を申し受けて、航空券の発行を行う。

その際に旅客は氏名、年齢、性別及び航空会社からの連絡に使用することが可能な電話番号その他の連絡先を申し出なければならない。

2 航空券の効力

① 航空券は旅客本人のみが使用できるものとし、第三者に譲渡することはできない。

② 航空券は、電子データベース上に記録された事項（紙片の航空券の場合は、券面に記載された事項。以下「予約事項」という）の通り使用しなければ無効となる。

③ 航空会社が航空券の有効性を確認するには、認証コードの呈示または申告が必要となる（紙片の航空券の場合は、航空券の呈示が必要となる）。（「航空引換証」はJALの約款にはないが、ANAの約款には掲載されている）

3 航空券の有効期間

① 航空券の有効期間は、予約の記載の有無により、次の通り異なる。

搭乗予定便の記載	有効期間
予約事項に搭乗予定便の記載がある	搭乗予定便に限り有効
予約事項に搭乗予定便の記載がない（無予約）	航空券発行日及び発行の日の翌日から起算して1年間（特定の運賃を適用し別段の定めをした場合は除く）

②航空券は、旅客が有効期間の満了する日までに搭乗しなければ無効となる。

③「航空引換証」の有効期間（ANAの約款にのみ掲載）「予約事項に搭乗予定便が含まれない航空引換証」についてはその航空引換証の発行の日の翌日から起算して90日以内に航空券と交換しなければならない。

POINT

4 有効期間の延長

① 下記の④ア～ウに該当する場合は航空券の有効期間を延長できるが、航空券の有効期間満了日より30日を超えて延長することはできない。

② すなわち、有効期間満了日より30日を限度として有効期間の延長を行う。

③ 有効期間を延長した場合は、この旅客の同伴者が所持する航空券についても同様に有効期間を延長することができる。

④ 有効期間を延長できる理由

ア　旅客が病気その他の事由で旅行不可能となった場合
イ　航空会社が予約した座席を提供できない場合
ウ　航空会社が座席を予約できない場合（満席等）

5 予約の受付

① 座席予約申込は、会社の事業所において搭乗希望日の330日前より受け付ける。ただし、特定の旅客運賃の場合は、この限りではない。

② 座席予約は、旅客が航空会社の定める航空券購入期限までに認証コードまたは航空券の呈示等をするまでは、確定されたものではない。

③ 旅客が航空会社の定める航空券購入期限までに認証コードまたは航空券の呈示等をしない場合、航空会社は予告なしにいつでも当該座席予約及びその予約に引き続きなされている座席予約を取り消すことがある。

④ 座席予約の取消しまたは変更の申出の際は、認証コードまたは航空券の呈示等を必要とする。ただし、予約済旅客を第三者へ変更することはできない。

⑤ 旅客は、機内の特定の座席をあらかじめ指定できる場合がある。ただし、航空会社は事前の通告なしに機材変更その他の運航上やむを得ない理由でこれを変更することがある。

⑥ 予約の取消し

一旅客に対して、2つ以上の予約がなされており、かつ次のいずれかの場合、航空会社の判断により予約の全部または一部を取り消すことができる。

⑴ 搭乗区間が同一で、搭乗便出発予定時刻が同一の場合

⑵ 搭乗区間が同一で、搭乗便出発予定時刻が近接している場合

⑦ 指定時刻に遅れた旅客は搭乗拒絶

旅客が航空機に搭乗する際には、旅客は、その搭乗に必要な手続きのため、航空会社が指定する時刻までに指定する場所に到着しなければならない。また、指定する時刻に遅れた旅客に対し、航空会社は、その搭乗を拒絶することがある。

POINT

6 航空券の払戻し

① 旅客運賃または料金の払戻しは、当該航空券と交換に、その有効期間満了後の翌日から起算して30日以内に限り行う。

② 旅客の都合により払戻しをする場合は、運賃および料金の種類ごとに会社が定める運賃料金表により取消手数料を申し受ける。

※2023年4月12日以降搭乗予定便の払戻しから、払戻手数料が原則廃止された（ANAは440円の払戻手数料がかかる）。

7 紙片の航空券の紛失

① 紙片の航空券を紛失した場合は、あらためて当該紛失航空券に係る搭乗区間の航空券を購入しなければ搭乗できない。

② 所定の期間内に航空会社に届け出ることにより、払戻しができる場合がある。

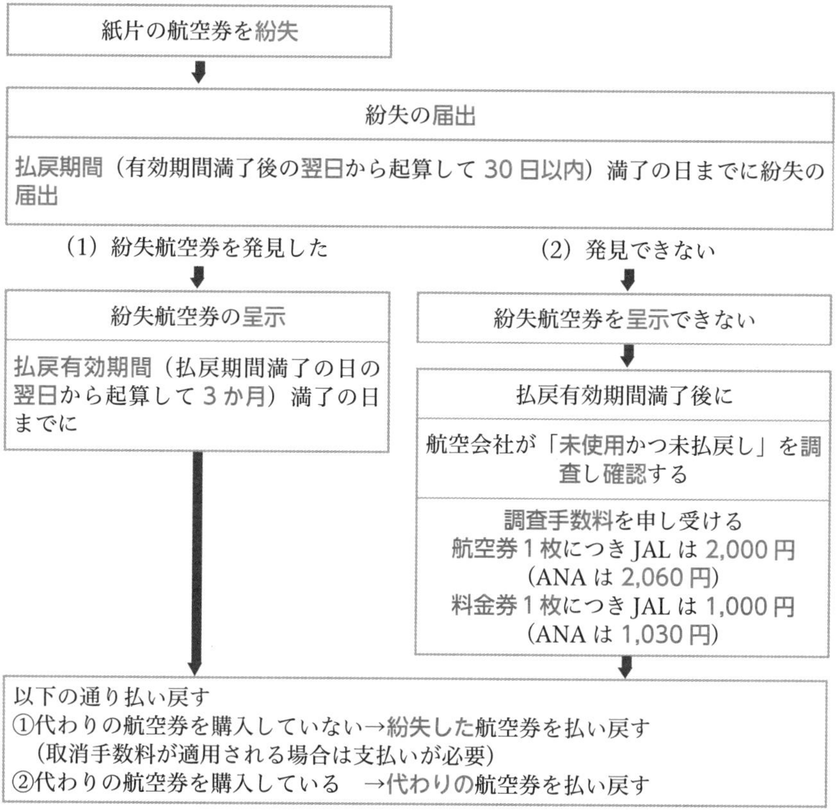

紙片の航空券を紛失

↓

紛失の届出

払戻期間（有効期間満了後の翌日から起算して 30 日以内）満了の日までに紛失の届出

（1）紛失航空券を発見した

↓

紛失航空券の呈示

払戻有効期間（払戻期間満了の日の翌日から起算して 3 か月）満了の日までに

↓

（2）発見できない

↓

紛失航空券を呈示できない

↓

払戻有効期間満了後に

航空会社が「未使用かつ未払戻し」を調査し確認する

調査手数料を申し受ける
航空券 1 枚につき JAL は 2,000 円
(ANA は 2,060 円)
料金券 1 枚につき JAL は 1,000 円
(ANA は 1,030 円)

↓

以下の通り払い戻す
①代わりの航空券を購入していない→紛失した航空券を払い戻す
（取消手数料が適用される場合は支払いが必要）
②代わりの航空券を購入している　→代わりの航空券を払い戻す

※ANAは440円の払戻手数料が必要(2023年3月現在)。

4 運送の拒否及び制限

POINT

1 拒否と制限

① 航空会社は、次の各号に該当すると認めた場合には当該旅客の搭乗を拒絶し、または寄航地飛行場で降機させることができる。

② 第③号(へ)または(チ)の場合は、当該行為者を拘束する措置をとることもできる。これらの場合、航空券の払戻しを行い、取消手数料は一切申し受けない。

③ 運送の拒否の理由

（イ）航空会社の特別な取扱いを必要とする場合

（ロ）重傷病者または8歳未満の小児で付添人のない場合

（ハ）感染症または感染症の疑いがある場合

（ニ）次に掲げるものを携帯する場合

武器（職務上携帯するものを除く）、火薬、爆発物、他に腐蝕を及ぼすような物品、引火しやすい物品、航空機、旅客もしくは搭載物に迷惑もしくは危険を与える物品または航空機による運送に不適当な物品もしくは動物

（ホ）他の旅客に不快感を与え、または迷惑を及ぼすおそれのある場合

（ヘ）当該旅客自身もしくは他の人または航空機もしくは物品に危害を及ぼすおそれのある行為を行う場合

（ト）手荷物検査を拒否、禁止制限品を所持等に該当する場合

（チ）航空会社係員の業務の遂行を妨げ、またはその指示に従わない場合

（リ）航空会社の許可なく、機内で携帯電話機、携帯ラジオ、電子ゲーム等電子機器を使用する場合

（ヌ）機内で喫煙する場合（紙巻きたばこ、電子たばこ、加熱式たばこ、その他の喫煙器具を使用する場合を含む）

2 運送の制限

航空会社は、次のいずれかに該当すると認めた場合には、当該旅客の非常口座席への着席を拒絶し、他の座席へ変更することができる。この場合も収受した特別料金等の払戻しを行い、取消手数料は一切申し受けない。

① 満15歳未満の者

② 身体上、健康上またはその他の理由によって、非常脱出時における援助に支障がある者

③ または援助することにより、旅客自身の健康に支障をきたす者

④ 航空会社の示す脱出手順または航空会社係員の指示を理解できない者

⑤ 脱出援助を実施することに同意しない者

3 不正搭乗

航空会社係員の求めにもかかわらず、認証コードまたは航空券の呈示等がなされないとき等は、不正搭乗として次の①、②の運賃・料金の合計額を申し受ける。

①不正搭乗区間の運賃及び料金
②当該区間に設定された最も高額な旅客運賃及び料金の2倍相当額
※ただし、その搭乗区間を判定できない場合は、その搭乗機の出発地からとする。

5 手荷物

1 手荷物

手荷物には航空会社に預ける受託手荷物と、旅客が自ら携帯し機内に持ち込む持込手荷物の2種類がある。

2 受託手荷物

① 受託手荷物には、手荷物合符(引換証)が発行される(一部は「手荷物添付用(片)」として個々の受託手荷物に取り付け、他の部分は「引換証」として旅客に渡す)。
② 受託手荷物は、その旅客の搭乗する航空機で運送するが、搭載量の関係その他やむを得ない事由があるときは、当該手荷物の搭載可能な航空機(別の航空機)によって運送されることがある。

3 高価品

次のものは高価品とされ、受託手荷物として認められないため、航空会社に預けることはできない。

白金、金、その他の貴金属、貨幣、銀行券、有価証券、印紙類、宝石類、美術品、骨董品その他高価品

4 受託手荷物の制限

受託手荷物の制限については、次の通りである。

	日本航空	全日空
個数	個数制限なし	
重量	100kgまで、1個当たり32kgまで	
サイズ	1個につき50×60×120cm以内	1個の3辺の和203cm以内

5 受託手荷物の引渡し

① 旅客は、自ら手荷物合符(手荷物引換証及び手荷物添付用片)の番号を照合のうえ、受託手荷物を受け取らなければならない。

② 航空会社は、手荷物合符（手荷物引換証及び手荷物添付用片）の所持人に対してのみ当該手荷物の引渡しを行う。その際、旅客は航空会社に手荷物引換証を提出する。

③ 航空会社は、手荷物合符の持参人が当該手荷物の正当な受取人であるか否かを確かめなかったことにより生ずる損害に対し、賠償の責任を負わない。

④ 手荷物到着後7日間を経過しても引取りがない場合には、航空会社は当該手荷物を適宜処分することがある。この場合の損害及び費用はすべて旅客の負担とする。

6 愛玩動物

ココ出る

① 愛玩動物（ペット）とは、飼い馴らされた小犬、猫、小鳥等をいう。旅客に同伴される愛玩動物について、受託手荷物として運送を引き受ける。

② 無料手荷物許容量の適用を受けず、旅客は航空会社が別に定める1檻当たりの料金を支払わなければならない。

注意 **「身体障害者が自身のために同伴する盲導犬、介助犬及び聴導犬」は無料で機内持込できる。**

7 持込手荷物の制限

持込手荷物の制限については、次の通り日本航空・全日空ともに同様の内容である。

個数	1人につき1個（ハンドバッグ等の身の回り品を除く）	
重量	10kgまで（日本航空は身の回り品との合計）	
サイズ	座席数	3辺の和
	100席以上	115cm以内
	100席未満	100cm以内

8 無料手荷物許容量

① 身体障害旅客自身で使用する車椅子は、無料で機内持込できる。

② ただし、いずれも無償の幼児（3歳未満）については、無料手荷物許容量の適用は受けず、当該幼児の手荷物は、同伴する旅客の手荷物とみなす。

③ 無料手荷物許容量を超過した受託手荷物に対しては超過手荷物料金を申し受け、超過手荷物切符を発行する。

④ 無料手荷物許容量については、次の通りである。

	日本航空	全日空
無料手荷物許容量	20kg以内（ファーストクラスは45kg）身体障がい旅客自身の車椅子を除く	20kg以内（プレミアムクラスは40kg）身体障がい旅客自身の車椅子を除く
持込手荷物	10kg以内	10kg以内

⑤ 同一の航空便で旅行する2人以上の旅客が、同一地点まで同時に航空会社に手荷物の運送を委託する場合には、航空会社は、申出により、重量について、各人の無料受託手荷物許容量を合算し、当該同行旅客全員を一体としてその許容量とすることができる(プール制)。

6 航空会社の責任

POINT

1 航空会社の責任の範囲

旅客に生じた損害に対して、航空会社は次の通り損害賠償責任を負う。

損害の種類	航空会社の賠償責任
①旅客の死亡または負傷その他の身体の障害の場合	損害の原因となった事故または事件が航空機内で生じまたは乗降のための作業中に生じたものであるとき、賠償責任を負う
②受託手荷物	損害の原因となった事故または事件が、その手荷物または物が航空会社の管理下にあった期間に生じたものであるとき、賠償責任を負う
③持込手荷物その他の旅客が携行しまたは装着する物	損害については、航空会社またはその使用人に過失があったことを証明された場合に限り、賠償責任を負う

2 共同引受

ココ出る

① 航空会社は、共同して国内航空運送を引き受け、航空会社の指定する会社のいずれかがその運送を行う。

② この場合、航空会社は、そのいずれかが行った運送につき、賠償責任を負う場合、連帯して賠償の責任を負う。

3 相次運送

① 2以上の運送人が相次いで行う旅客の運送における損害については、その損害を生ぜしめた運送を行った運送人に対してのみ賠償請求することができる。

② 他の運送人の行う運送のために航空券を発行しまたは手荷物を受託する場合には、航空会社は当該運送人の代理人としてのみこれらの行為をする。

7 手荷物の責任

1 手荷物の責任限度額

① 手荷物についての航空会社の責任は、以下の額を限度とする。

原則は15万円を限度	旅客1名につき総額金15万円を限度とする
15万円を超えて支払う場合がある	航空会社またはその使用人の故意または重過失によって生じたことが証明されたとき
	従価料金を支払った場合

② いずれにおいても、航空会社の責任は手荷物の実際の価額を超えることはない。

2 従価料金

① 手荷物の価額の合計が15万円を超える場合には、旅客はその価額を申告することができる。

② この場合、従価料金は申告価額の15万円を超える部分について1万円毎に10円である。

3 手荷物の賠償請求期間

受託手荷物その他の航空会社が保管した旅客の物の損害は、次の期間内に旅客は文書で航空会社に対し通知しなければならない。

区分		賠償請求期間
き損(壊れた)	受け取った手荷物	受取りの日から7日以内
遅延・紛失・滅失	引渡しがない場合	受け取るはずであった日から21日以内

16 一般貸切旅客自動車運送事業標準運送約款

・学習のポイント

- 「貸切バス」の約款について、「申込み」「運送の拒絶」「契約の成立」「支払い」「変更と精算」「契約解除と違約料」「出発時刻を過ぎた場合」「責任」及び「企画旅行か手配旅行かによって異なる旅行業者との契約関係」等について理解する。
- 「国内」「総合」両方に出題されている。

1 係員の指示

旅客は、バス会社の運転者、車掌その他の係員が運送の安全確保と車内秩序の維持のために行う職務上の指示に従わなければならない。

2 運送の申込み

運送を申し込む者は、次の事項を記載した運送申込書を提出しなければならない。

① 申込者の氏名または名称及び住所または連絡先
② バス会社と運送契約を結ぶ者(以下「契約責任者」)の氏名または名称及び住所
③ 旅客の団体の名称
④ 乗車申込人員(構成員の名簿は不要)
⑤ 乗車定員別または車種別の車両数
⑥ 配車の日時及び場所
⑦ 旅行の日程(出発時刻、終着予定時刻、目的地、主たる経過地、宿泊または待機を要する場合はその旨その他車両の運行に関連するもの)
⑧ 運賃の支払方法
⑨ 運賃の割引の適用を受けるときは、その旨、証明書を添付
⑩ 特約事項があるときは、その内容

3 運送の引受け・継続の拒絶

バス会社は、次のいずれかに該当する場合には、運送の引受けまたは継続を拒絶し、または制限することがある。これらの事由(⑤を除く)により、運送の継続を拒絶された場合については、運送の全部が終了したものとみなす。

① 運送の申込みがこの運送約款によらないものであるとき

② 運送に適する**設備**がないとき
③ 運送に関し、申込者から**特別な負担**を求められたとき
④ 運送が**法令**の規定または**公の秩序**もしくは**善良の風俗**に反するものであるとき
⑤ **天災**その他やむを得ない事由による運送上の支障があるとき
⑥ 旅客が**乗務員の**旅客自動車運送事業運輸規則の規定に基づいて行う**措置**に従わないとき
⑦ 旅客が旅客自動車運送事業運輸規則の規定により**持込みを禁止**された物品
⑧ 旅客が泥酔した者または不潔な服装をした者等であって、他の旅客の**迷惑**となるおそれのあるとき
⑨ 旅客が**監護者**に伴われていない**小児**であるとき
⑩ 旅客が付添人を伴わない重病者であるとき
⑪ 旅客が**感染症**の患者(一類、二類、新型インフルエンザ、指定感染症で入院を必要とするものに限る。これらの患者とみなされる者を含む)または**新感染症**の所見のある者

4 手回り品の持込み制限

① 旅客は、持ち込むことが禁止された物品を車内に持ち込むことはできない。
② バス会社は、旅客の**手回り品**(**旅客の携行する物品**をいう)の中に前項の物品が収納されているおそれがあると認めるときは、旅客に対し**手回り品の内容の明示を求める**ことがある。
③ バス会社は、前項の規定による求めに応じない旅客に対して、その手回り品の持込みを拒絶することがある。

5 契約の成立

運送契約は、バス会社が**乗車券**を契約責任者に交付したときに成立する。

ココ出る

6 運賃・料金の支払い

1 適用運賃・料金

バス会社が収受する**運賃及び料金**は、**乗車時**において**地方運輸局長**に**届け出て**実施しているものによる。

PART 2 総合 国内 約款

2 運賃・料金の支払時期と金額

支払時期		支払うべき額
通常 （右記の２段階）	①運送申込書を提出するとき→	所定の運賃及び料金の20%以上
	②配車の日の前日までに→	残額
特別の定めをしたとき	常時取引のある者は、旅行終了後に支払うことがある	

7 乗車券を交付する時期

前述の通り、運送契約はバス会社が乗車券を契約責任者に交付したときに成立する。この乗車券を交付する時期は、次の２つの場合がある。従って、契約の成立時期は必ずしも運賃・料金の20%以上支払ったときとは限らない。

＜契約の成立時期＞

通常	①運賃及び料金の20%以上の支払いがあったとき
特別の定め（後払い）	②バス会社が運送を引き受けることとしたとき

乗車券を交付する	乗車券を交付したとき	契約成立

8 運送契約の内容の変更

POINT

1 旅客の都合による変更

① 契約責任者が契約内容を変更しようとするときは、あらかじめ書面によりバス会社の承諾を求めなければならない。ただし、緊急の場合及びバス会社の認める場合は書面の提出を要しない。

② バス会社は、当初と著しく相違する場合その他運行上の支障がある場合には、その変更を承諾しないことがある。

2 バス会社の都合による変更

バス会社は、車両の故障その他緊急やむを得ない事由により契約された運送を行い得ない場合は運送契約を解除し、または契約責任者の承諾を得て運送契約の内容を変更することがある。

3 異常気象時等における措置

バス会社は、天災その他の事由により輸送の安全の確保に支障が生ずるおそれがあるときには、運航行程の変更、一時待機、運行の中止その他の措置を講ずることがある。

4 乗車券の再発行

バス会社は、契約責任者もしくは旅客が乗車券を紛失した場合、契約責任者の請求により、配車の日の前日において乗車券の再発行に応じる。

9 運賃及び料金の精算

① 自動車の故障その他バス会社の責に帰すべき事由によりバス会社の自動車の運行を中止したときは、次の区分により運賃及び料金の払戻しをする。

POINT

② バス会社の責に帰すべき事由による運行中止

区分	払戻額
目的地の一部にも到達しなかった場合	すでに収受した運賃及び料金の全額
目的地の一部に到達した場合	運行を中止した区間に係る運賃及び料金の額

10 運送に関連する経費

POINT

ガイド料、有料道路利用料、航送料、駐車料、乗務員の宿泊費等の運送に関連する費用は契約責任者の負担とする。

11 違約料

ココ出る

旅客の都合により運送契約を解除（取消し）したり、車両を減少（減車）する場合、旅客は次の違約料を支払わなければならない。

区分	取消しの時期	違約料
解除の場合	配車日の14日前～8日前	所定の運賃・料金の20%
	配車日の7日前～24時間前	所定の運賃・料金の30%
	配車日24時間前以降	所定の運賃・料金の50%
減車の場合	契約した配車車両の20%以上の車両数が減少したとき	減少した車両につき上記区分と同じ違約料

12 出発時刻を過ぎた場合

ココ出る

出発時刻から30分を経過しても旅客が乗車についての意思表示をしないときには、バス会社はその車両について運送契約に係る運送の全部が終了したものとみなす。ただし、天災その他やむを得ない事由による場合には、この規定は適用しない。

13 責任

ココ出る

1 バス会社の責任

① 自動車の運行によって旅客の生命または身体を害したときは、その損害が車内においてまたは旅客の乗降中に生じた場合に限り、バス会社はこれによって生じた損害を賠償する責任を負う。

② 天災その他バス会社の責に帰することができない事由により輸送の安全の確保のため一時的に運行中止その他の措置をしたときは、バス会社はこれによって旅客が受けた損害を賠償する責任を負わない。

2 旅客の責任

バス会社は旅客の故意もしくは過失により、または旅客が法令もしくはこの運送約款の規定を守らないことによりバス会社が損害を受けたときは、その旅客に対しその損害の賠償を求める。

14 旅行業者との関係

ココ出る

旅行業者から運送の申込みがあった場合、企画旅行か手配旅行かのどちらかにより、次の通り契約を締結する。

区分	運送契約を結ぶ相手
企画**旅行**	旅行業者を契約責任者として結ぶ
手配**旅行**	旅行業者に手配旅行の実施を依頼した者と結ぶ

17 フェリー標準運送約款

・学習のポイント

- 「フェリー」の約款について、「旅客・手回り品・特殊手荷物・自動車の定義」「運送の拒絶」「運航中止」「適用運賃」「自動車の運転者の運賃」「通用期間」「不正乗船」「払戻し」「責任」等について理解する。

1 用語の定義

出る

1 旅客の定義

用語	定義
旅客	・徒歩客 ・自動車航送の場合は、運転者、乗務員、乗客等の乗車人
大人	・12歳の者(小学生を除く)
小児	・12歳未満の者 ・12歳以上の小学生

2 手回り品の定義

手回り品	旅客が自ら携帯または同伴して船室に持ち込む物であって、以下の(1)～(3)のいずれかに該当するもの	
種類	(1) 3辺の長さの和が2m以下で、かつ、重量が30kg以下の物品 ・船室に持ち込めるのは2個まで(フェリー会社が認めれば3個以上可能)	合計20kgまで無料
	(2) 車いす(旅客が使用するものに限る)	無料
	(3) 身体障害者補助犬(盲導犬、介助犬、聴導犬と表示しているもの)	無料

3 特殊手荷物と自動車の定義

特殊手荷物	・自動車であって、二輪のもの ・原動機付自転車 ・自転車、乳母車、荷車等の人力により移動する軽車両
自動車	・道路運送車両法第2条第2項に規定する自動車であって、二輪のもの以外のもの

PART 2 総合 国内 約款

2 運送の引受け

運送の申込みの順序により、旅客及び手回り品の運送契約の申込みに応じる。フェリー会社は、次のいずれかに該当する場合は運送契約の申込みを拒絶し、またはすでに締結した運送契約を解除することがある。

① 法令の規定、気象、天災等により、発航の中止や変更の措置をとった場合

POINT

② 旅客が次のいずれかに該当する者である場合

ア 感染症の患者、疑似症患者等

イ 泥酔者、薬品中毒者その他、他の乗船者の迷惑となるおそれのある者

ウ 重傷病者または小学校に修学していない小児で、付添人のない者

エ 年齢、健康上その他の理由によって生命が危険にさらされ、または健康が著しく損なわれるおそれのある者

③ 旅客がこの運送約款の規定に違反する行為を行い、または行うおそれがある場合

④ 運送契約の申込みがこの運送約款と異なる運送条件によるものである場合

⑤ 当該運送に関し、申込者から特別な負担を求められた場合

3 運航の中止等

POINT

フェリー会社は法令の規定によるほか、次のいずれかに該当する場合は予定した船便の発航の中止または使用船舶、発着日時、航行経路もしくは発着港の変更の措置をとることがある。

① 気象または海象（かいしょう）が船舶の航行に危険を及ぼすおそれがある場合

② 天災、火災、海難、使用船舶の故障その他のやむを得ない事故が発生した場合

③ 災害時における円滑な避難、緊急輸送その他これらに類する旅客・貨物の輸送を行う場合

④ 船員その他運送に携わる者の同盟罷業その他の争議行為が発生した場合

⑤ 乗船者の疾病が発生した場合

⑥ 使用船舶の奪取、破壊等の不法行為が発生した場合

⑦ 官公署の命令または要求があった場合

4 運賃・料金

POINT

1 適用運賃・料金

運賃及び料金の額並びにその適用方法については、別に地方運輸局長(運輸監理部長を含む)に届け出たところによる。運賃及び料金には、旅客の食事代金は含まれていない。

2 自動車航送の場合の運転者の運賃

ココ出る

自動車航送の場合、運転者1名が2等船室に乗船する場合の運賃が含まれている。

従って、運転者が2等船室以外の船室への乗船を希望するときは、

「希望する船室の運賃・料金」と「2等船室の運賃」の差額を申し受ける

3 特殊手荷物の場合

自動車の二輪のもの、原動機付自転車、自転車等の特殊手荷物の運賃には、運転者の運賃は含まれていない。

4 小学校入学前の小児

1歳以上の小学校に就学していない小児 (団体として乗船する者を除く)	大人1人につき1人まで無料
1歳未満の小児	無料

※いずれも、指定制の座席または寝台を1人で使用する場合は有料。

5 乗船券の効力

① 乗船券の効力

乗船券は、券面記載の乗船区間、通用期間、指定便(乗船年月日及び便名または発航時刻が指定されている船便)、等級および船室に限り、使用することができる。

② 運賃・料金が変更された場合

運賃及び料金が変更された場合において、その変更前にフェリー会社が発行した乗船券は、その通用期間内に限り、有効とする。

5 乗船券の通用期間

ココ出る

乗船券(指定便に係るものを除く)の通用期間は、次の通りである。

乗船券の種類		通用期間
片道券	100ｋｍ未満	発売当日限り
	100ｋｍ以上200ｋｍ未満	発売当日を含めて2日間
	200ｋｍ以上400ｋｍ未満	発売当日を含めて4日間
	400ｋｍ以上	発売当日を含めて7日間
往復券		片道券の2倍の期間
回数券		発売当日を含めて2か月間

6 通用期間の延長

POINT

① 通用期間の延長

疾病その他旅客の一身に関する不可抗力、またはフェリー会社が運行の中止等の措置をとったことにより、旅客が乗船することを延期し、または継続して乗船できなくなった場合

この場合、乗船券の未使用区間について7日間を限度として、その通用期間を延長する取扱いに応じる。

② 旅客の乗船後に乗船券の通用期間が経過した場合

そのまま継続して乗船する間に限り、当該乗船券の通用期間は、その間延長されたものとみなす。

7 乗船変更

1 乗船変更

通用期間の終了前(指定便の発航前)に券面記載の乗船区間、指定便、等級または船室の変更を申し出た場合には1回に限り変更できる。この場合の手数料は無料である。

2 指定便発航後の特例(乗遅れ)

指定便の発航後に乗船便の変更を申し出た場合には、フェリー会社は、当該乗船券の券面記載の乗船日に発航する他の船便の輸送力に余裕がある場合に限り、

当該乗船券による2等船室への乗船変更の取扱いに応じる。

3 乗越し

旅客が乗船後に乗船券の券面記載の乗船区間、等級または船室の変更を申し出た場合には、フェリー会社は、その輸送力に余裕があり、かつ、乗越しまたは上位の等級もしくは船室への変更となる場合に限り、その変更の取扱いに応じる。

変更の時期	変更の条件
通用期間の終了前（指定便の発航前）	1回に限り変更できる。無料
指定便発航後（乗遅れ）	同日の他の船便の2等船室へ変更できる
乗船後（乗越し）	乗越しまたは上位の等級・船室へ変更できる

8 乗船券の紛失

旅客が乗船券を紛失したときは、フェリー会社は改めて運賃及び料金を申し受け、これと引換えに乗船券を発行する。この場合には、その旨の証明書を発行する。旅客は、紛失した乗船券を発見したときは、その通用期間の経過後1年以内に限り、その証明書を添えて運賃及び料金の払戻しを請求することができる。

9 不正乗船

旅客が無効乗船券、不正乗船券等で乗船する等の不正な行為をしたときは、次の①、②の運賃・料金の合計額を申し受けることがある。

①	所定の運賃及び料金
②	上記①の2倍に相当する額の増運賃及び増料金
※	ただし、乗船港が不明のときは、始発港からの乗船とみなし、等級が不明のときは最上等級に乗船とみなす

所定の運賃及び料金 ＋ 合計 2倍の増運賃・増料金

10 払戻し

POINT

1 旅客の都合による払戻し

使用開始前で、通用期間内の乗船券については、次の払戻手数料を収受して払戻しに応じる。

乗船券の種類	払戻時期	払戻手数料
乗船便の指定のないもの	乗船券の通用期間内	200円
乗船便が指定されたもの	発航日の7日前まで	200円
	発航日の6日前〜前々日まで	1割(10%)、最低200円
	発航日の前日〜発航時刻まで	3割(30%)、最低200円
旅客の死亡、疾病等の不可抗力の場合	通用期間経過後30日以内	200円

2 旅客の都合以外による払戻し

所定時間以上の遅延到着	特別急行料金・急行料金の払戻し	払戻手数料不要
法令、気象、天災等による運行中止等による払戻し		払戻手数料不要

11 賠償責任

ココ出る

1 フェリー会社の賠償責任

旅客が船長または係員の指示に従い、次の間にその生命または身体を害した場合は、フェリー会社はこれにより生じた損害について賠償する責任を負う。

乗船した時	乗船港の乗降施設（改札口がある場合にあっては改札口）に達した時から

下船した時	下船港の乗降施設（改札口がある場合にあっては改札口）を離れた時まで

2 手回り品の責任

手回り品その他旅客の保管する物品の滅失、き損等により生じた損害については、フェリー会社または使用人に過失があったことが証明された場合に限り、フェリー会社はこれを賠償する責任を負う。手回り品は旅客自身が船室に持ち込んでいるため、旅客に保管責任がある。

3 旅客の賠償責任

旅客が、その故意もしくは過失により、またはこの運送約款を守らなかったことによりフェリー会社に損害を与えた場合は、フェリー会社は旅客に対し、その損害の賠償を求めることがある。

12 連絡運輸等

1 連絡運輸

① フェリー会社が連絡運輸に係る運送を引き受ける場合は、フェリー会社は、全運送区間の運送に対する運賃および料金その他の費用を収受し、これと引き換えに全運送区間の運送に対する連絡乗車船券を発行する。

② この場合、当該フェリー会社の運送区間に関しては、当該フェリー会社の運送約款が適用される。

2 共通乗船券

① フェリー会社と共通乗船券による旅客の運送の取り扱いに関する取り決めのある船舶運航事業者が発行する共通乗船券は、当該フェリー会社の乗船券とみなす。

② この場合、当該フェリー会社の運送区間に関しては、当該フェリー会社の運送約款が適用される。

13 積込み及び陸揚げ

自動車の積込み及び陸揚げは、船長またはフェリー会社の係員の指示に従い、自動車の運転者が行う。

18 モデル宿泊約款

・学習のポイント

- 「申込み」「契約成立時期」「申込金の支払い」「契約締結の拒否」「契約の解除」「支払方法」「契約した客室を提供できないときの責任」「寄託物の取扱いに関する責任」「手荷物に関する責任」「駐車の責任」等「ホテル(旅館)」の約款について理解する。

1 宿泊契約の申込み

1 申込みに必要な事項

宿泊契約の申込みをしようとする者は、次の事項を申し出なければならない。

① 宿泊者名

② 宿泊日及び到着予定時刻

③ 宿泊料金(原則として別に定める基本宿泊料による)

※「基本宿泊料」とは、「室料」または「室料＋朝食等の飲食料」を指す。

④ その他ホテル(旅館)が必要と認める事項

2 宿泊の継続の申し入れ

宿泊客が、宿泊中に申し出ていた宿泊日を超えて宿泊の継続を申し入れた場合、ホテル(旅館)は、その申し出がなされた時点で新たな宿泊契約の申込みがあったものとして処理する。すでに宿泊中であっても延長する場合の優先権はない。

2 宿泊契約の成立時期

ココ出る

ホテル(旅館)が申込みを承諾したときに宿泊契約は成立する。ただし、承諾をしなかったことを証明したときは成立しない。

3 申込金の支払い

POINT

① 宿泊契約が成立したときは、宿泊期間(3日を超えるときは3日間)の基本宿泊料を限度として、ホテル(旅館)が定める申込金を、指定する日までに支払わなければならない。

② 指定した日までに**申込金**を支払わないときは、**その旨告知**していた場合、宿泊契約はその**効力**を失う。

③ **申込金**は次の順序で充当する。

(1) 宿泊客が最終的に支払うべき**宿泊料金**

(2) 宿泊客が契約解除したときの**違約金**

(3) 宿泊客に責任がある場合の**賠償金**

4 申込金不要の特則

次の場合、申込金の支払いを必要としない。**申込金不要の特約**に応じたものとする。

① ホテル(旅館)が申込金の支払いを**必要としない特約**に応じたとき

② ホテル(旅館)が申込金の支払いを**求めなかった**とき

③ ホテル(旅館)が申込金の**支払期日**を指定しなかったとき

5 宿泊契約締結の拒否

POINT

次の場合、ホテル(旅館)は宿泊契約の締結に**応じない**ことがある。

① 宿泊の申込みが、この**約款**によらないとき

② **満室(員)**により客室の余裕がないとき

③ 宿泊しようとする者が、宿泊に関し**法令**の規定、**公の秩序**もしくは**善良の風俗**に反する行為をするおそれがあると認められるとき

④ 宿泊しようとする者が、次のイからハに該当すると認められるとき

イ 暴力団員による不当な行為の防止等に関する法律第２条第２号に規定する**暴力団**(以下「暴力団」という)、同条第２条第６号に規定する暴力団員(以下「暴力団員」という)、暴力団準構成員または暴力団関係者その他の**反社会的勢力**

ロ 暴力団または暴力団員が事業活動を支配する法人その他の団体であるとき

ハ 法人でその役員のうちに暴力団員に該当する者があるもの

⑤ 宿泊しようとする者が、他の宿泊客に**著しい迷惑**を及ぼす言動をしたとき

⑥ 宿泊しようとする者が、**伝染病者**であると明らかに認められるとき

⑦ 宿泊に関し**暴力的要求行為**が行われ、または**合理的な範囲**を超える負担を求められたとき

⑧ **天災**、**施設の故障**、その他やむを得ない事由により宿泊させることができない

とき

⑨ 都道府県条例の規定する場合に該当するとき

6 契約の解除

1 宿泊客による解除

① 宿泊客の都合

宿泊客の都合等、宿泊客の責に帰すべき事由により契約を解除した場合、宿泊客は所定の違約金を支払わなければならない。

② 無連絡での未着(ノーショウ)

宿泊客が連絡をしないで宿泊日当日の午後＊時(到着予定時刻が明示されている場合は、その時刻を＊時間経過した時刻)になっても到着しないときは、その宿泊契約は宿泊客により解除されたものとみなし処理することがある。この場合も、宿泊客は所定の違約金を支払わなければならない。

POINT

2 ホテル(旅館)による解除

次の場合、ホテル(旅館)は契約を解除することがある。ホテル(旅館)が宿泊契約を解除したときは、宿泊客がいまだ提供を受けていない宿泊サービス等の料金は支払わなくてもよい。

① 宿泊客が宿泊に関し、法令の規定、公の秩序もしくは善良の風俗に反する行為をするおそれがあると認められるとき、または同行為をしたと認められるとき

② 宿泊客が次のイからハに該当すると認められるとき

イ　暴力団、暴力団員、暴力団準構成員または暴力団関係者その他の反社会的勢力

ロ　暴力団または暴力団員が事業活動を支配する法人その他の団体であるとき

ハ　法人でその役員のうちに暴力団員に該当する者があるもの

③ 宿泊客が他の宿泊客に著しい迷惑を及ぼす言動をしたとき

④ 宿泊客が伝染病者であると明らかに認められるとき

⑤ 宿泊に関し暴力的要求行為が行われ、または合理的な範囲を超える負担を求められたとき

⑥ 天災等不可抗力に起因する事由により宿泊させることができないとき

⑦ 都道府県条例の規定する場合に該当するとき

⑧ 寝室での寝たばこ、消防用設備等に対するいたずら、その他ホテル(旅館)が定める利用規則の禁止事項(火災予防上必要なものに限る)に従わないとき

7 宿泊の登録

宿泊客は、宿泊日当日、ホテル（旅館）のフロントにおいて、次の事項を登録しなければならない。

① 宿泊客の氏名、年齢、性別、住所及び職業
② 外国人にあっては、国籍、旅券番号、入国地及び入国年月日
③ 出発日及び出発予定時刻
④ その他ホテル（旅館）が必要と認める事項

8 支払方法

ホテル（旅館）は、宿泊客に客室を提供し、使用が可能になったのち、宿泊客が任意に宿泊しなかった場合においても、宿泊料金を申し受ける。

登録時に支払手段を呈示
宿泊客が宿泊料金の支払いを旅行小切手、宿泊券、クレジットカード等、通貨に代わり得る方法により行おうとするときは、あらかじめ登録時にそれらを呈示しなければならない

出発時、またはホテル（旅館）が請求した時に支払う
宿泊料金等の支払いは、通貨または当館が認めた旅行小切手、宿泊券、クレジットカード等これに代わり得る方法により、宿泊客の出発の際または当館が請求した時、フロントにおいて行わなければならない

9 客室の使用時間

① 宿泊客が客室に連続して宿泊する場合においては、到着日及び出発日を除き、終日使用することができる。
② ホテル（旅館）は時間外の客室の使用に応じることがあるが、この場合には次に掲げる追加料金を申し受ける。

超過した時間	追加料金
超過3時間まで	室料相当額の＊＊％（室料金の3分の1）
超過6時間まで	室料相当額の＊＊％（室料金の2分の1）
超過6時間以上	室料相当額の＊＊％（室料金の全額）

※室料相当額は、基本宿泊料の70％とする

③ 宿泊客は、ホテル（旅館）内においては、ホテル（旅館）が定めて館内に掲示した利用規則に従わなければならない。

10 ホテル（旅館）の責任

ホテル（旅館）は、宿泊契約及びこれに関連する契約の履行に当たり、またはそれらの不履行により宿泊客に損害を与えたときは、その損害を賠償する。ただし、それがホテル（旅館）の責に帰すべき事由によるものでないときは、この限りではない。

11 契約した客室の提供ができないときの取扱い

① ホテル（旅館）は、宿泊客に契約した客室を提供できないときは、宿泊客の了解を得て、できる限り同一の条件による他の宿泊施設をあっ旋するものとする。

② 他の宿泊施設のあっ旋ができない場合で、ホテル（旅館）の責に帰すべき事由があるときは違約金相当額の補償料を宿泊客に支払い、その補償料は損害賠償金に充当する。

③ ただし、客室が提供できないことについて、ホテル（旅館）の責に帰すべき事由がないときは、補償料を支払わない。

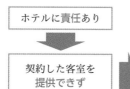

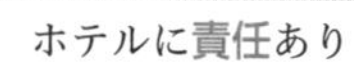

契約した客室を提供できず → 他のホテルをあっ旋できず → 補償料を支払い損害賠償金に充当

※宿泊客の了解を得て他のホテルをあっ旋するが

※補償料の額は違約金と同額

12 寄託物等の取扱い

POINT

1 フロントに預けた場合

① 宿泊客がフロントに預けた物品または現金並びに貴重品について滅失、毀損等の損害が生じたときは、それが不可抗力である場合を除き、ホテル（旅館）はその損害を賠償する。

② ただし、現金及び貴重品については、ホテル（旅館）がその種類及び価額の明告を求めた場合であって、宿泊客がそれを行わなかったとき、ホテル（旅館）が定める限度内でその損害を賠償する。

2 フロントに預けなかった場合

① 宿泊客がホテル（旅館）内に持ち込んだ物品または現金並びに貴重品でフロント

に預けなかったものについてホテル（旅館）の故意または過失により滅失、毀損等の損害が生じたときは、ホテル（旅館）は、その損害を賠償する。

② ただし、宿泊客からあらかじめ種類及び価額の明告のなかったものについては、ホテル（旅館）に故意または重大な過失がある場合を除き、定められた限度内でホテル（旅館）はその損害を賠償する。

13 宿泊客の手荷物または携帯品の保管

POINT

1 手荷物が先着した場合

① 宿泊客の手荷物が宿泊に先立ってホテル（旅館）に到着した場合は、その到着前にホテル（旅館）が了解したときに限り責任をもって保管し、宿泊客がフロントにおいてチェックインする際に引き渡す。

② この場合、前述のフロントに預けた場合の規定を適用する。

2 置忘れの手荷物

① 宿泊客がチェックアウトしたのち、宿泊客の手荷物または携帯品がホテル（旅館）に置き忘れられていた場合において、その所有者が判明したとき、ホテル（旅館）は当該所有者に連絡をするとともにその指示を求めるものとする。

② ただし、所有者の指示がない場合または所有者が判明しないときは、発見日を含め７日間保管し、その後最寄りの警察署に届ける。

③ この場合、前述のフロントに預けなかった場合の規定を適用する。

14 駐車の責任

ここ出る

① 宿泊客がホテル（旅館）の駐車場を利用する場合、車両のキーの寄託の如何にかかわらずホテル（旅館）は場所を貸すものであり、車両の管理責任まで負うものではない。

② ただし、駐車場の管理に当たり、ホテル（旅館）の故意または過失によって損害を与えたときは、その損害賠償の責任を負う。

15 宿泊客の責任

宿泊客の故意または過失によりホテル（旅館）が損害を被ったときは、当該宿泊客はホテル（旅館）に対し、その損害を賠償しなければならない。

セレクト問題

1 標準旅行業約款／募集型企画旅行契約

問① 募集型企画旅行契約に関する次の記述のうち、正しいものをすべて選びなさい。

a. 法令に反せず、かつ、旅行者の不利にならない範囲で口頭により結んだ特約は、約款に優先して適用される。

b. 約款に定めのない事項については、すべて旅行業法及び国土交通省令の定めるところによる。

c. 旅行業者が提携するクレジットカード会社のカード会員との間で締結する契約は、すべて通信契約となる。

d. 旅行契約の履行に当たって、旅行業者はその手配の全部を手配を業として行う者に代行させることができる。

解答

問① dが正しい。手配の全部を手配業者に代行させることができる。

a. 「口頭」は無効なので誤り。特約は①法令に反せず、②旅行者の不利にならず、③書面でなされなければならない。

b. 約款に定めのない事項については商法→商慣習法→民法という適用順序となる。

c. カード決済が全て通信契約ではない。通信契約は「通信手段で申込み」かつ「カード決済」。

2 契約の締結

問① 募集型企画旅行契約の締結に関する次の記述のうち、誤っているものはどれか。

a. 旅行者から、旅行の参加に際し、特別な配慮を必要とする旨の申出が、契約の申込時にあったときは、旅行業者は可能な範囲内でこれに応じなければならない。

b. 電話、郵便、ファクシミリ、インターネットその他の通信手段による契約の予約を受け付けた場合において、旅行業者が定める期間内に旅行者から申込書と申込金の提出があったときの契約の締結の順位は、旅行業者が当該申込金を受理した順位による。

c. 旅行業者は、業務上の都合があるときは、契約の締結を拒否することができる。

d. 通信契約は、旅行業者が契約の締結を承諾する旨の通知が旅行者に到達した時に成立する。

☑ **問② 募集型企画旅行契約の契約書面及び確定書面に関する次の記述のうち、正しいものはどれか。**

a. 旅行業者は、契約書面において、確定された旅行日程、運送もしくは宿泊機関の名称を記載できない場合には、当該契約書面には利用予定の宿泊機関及び表示上重要な運送機関の名称を限定して列挙しなければならない。

b. 旅行業者が手配し旅程を管理する義務を負う旅行サービスの範囲は、確定書面を交付した場合であっても、契約書面に記載するところによる。

c. 旅行業者は、旅行者からの契約の申込みが、旅行開始日の前日から起算してさかのぼって7日目に当たる日以降になされた場合、当該旅行者に確定書面を交付するときは、旅行開始日の前日までに交付しなければならない。

d. 旅行業者は、契約書面に記載すべき事項については、あらかじめ旅行者の承諾を得た場合は、当該書面の交付に代えて、情報通信の技術を利用する方法により旅行者に提供することができるが、確定書面に記載すべき事項については、必ず、書面を交付することにより行わなければならない。

解答

問① b **「申込金を受理した順位」が誤り。契約の締結順位は予約の受付の順位による。**

a：旅行者が契約の申込時に特別な配慮を申し出た場合、旅行業者は可能な範囲で応じる。

c：旅行業者は業務上の都合があるとき、契約締結に応じないことがある。

d：通信契約は、承諾通知が旅行者に到達した時に成立する。

問② a**が正しい。契約書面で日程、運送、宿泊機関の名称が確定できない場合、利用予定の宿泊機関及び表示上重要な運送機関の名称を限定して列挙しなければならない。**

b：手配し旅程管理する義務を負うサービスの範囲は確定書面に特定される。

c：旅行開始日の前日からさかのぼって7日目に当たる日以降に申込みがあった場合は、旅行開始日当日までに確定書面を交付しなければならない。

d：旅行業者は旅行者の承諾を得て、説明書面・契約書面・確定書面の交付に代えて情報通信技術を利用する方法により記載事項を提供することができる。

3 契約の変更

☑ 問① **募集型企画旅行契約の締結に関する次の記述のうち、誤っているものはどれか。**

a. 旅行業者は、天災地変、戦乱、暴動、運送・宿泊機関等の旅行サービス提供の中止、官公署の命令、当初の運行計画によらない運送サービスの提供その他の旅行業者の関与し得ない事由が生じた場合において、旅行の安全かつ円滑な実施を図るためやむを得ないときは、旅行者にあらかじめ速やかに当該事由が関与し得ないものである理由及び当該事由との因果関係を説明して、契約内容を変更することができるが、緊急やむを得ないときは、変更後に説明することもできる。

b. 利用予定のホテルが宿泊サービスの提供を行っているにもかかわらず、客室の不足が発生したことにより、別のホテルを利用したため、旅行の実施に要する費用が増加した場合は、旅行業者は、その範囲内において旅行代金の額を増額することができる。

c. A市からB市への移動に際し、利用予定の航空便が欠航になり、やむを得ず、A市で宿泊することになった場合、当該宿泊に係る費用は旅行者の負担とすることができる。

d. 契約を締結した旅行者が、契約上の地位を第三者に譲り渡すときは、旅行業者所定の用紙に所定の事項を記入の上、所定の金額の手数料とともに提出し、当該旅行業者の承諾を得なければならない。

解答

問① **b「増額することができる」が誤り。過剰予約受付(オーバーブッキング)が原因の場合、旅行代金を増額することはできない。**

a:「旅行業者の関与し得ない事由で」かつ「旅行の安全かつ円滑な実施を図るためやむ得ないとき」旅行者に説明をして契約内容を変更することができる。

c:関与し得ない事由、いわゆる不可抗力によって契約内容を変更せざるを得ない場合、旅行代金を変更できる。この場合、増額分は旅行者負担となり、減少分は払い戻す。

d:旅行者の交替には、所定の用紙に記入し所定の手数料を提出し、旅行業者の承諾が必要。

4 契約の解除

問① 次の記述のうち、旅行者が旅行開始前に募集型企画旅行契約を解除するに当たって、取消料の支払いを要するものはどれか（いずれも、取消料の支払いを要する期間内の解除とする）。

a. 確定書面に記載されていたA航空がオーバーブッキングにより利用できなくなったため、契約書面に記載されていたB航空に変更されたとき

b. 旅行業者から、契約書面に記載されていた旅行終了日が変更になる旨の通知があったとき

c. 旅行業者が旅行者に対し、契約書面に定める期日までに、確定書面を交付しなかったとき

d. 旅行者が旅行開始日に旅行の出発地である空港に行く途中、事故による高速道路の渋滞で集合時刻に遅れ、その結果、当該旅行への参加が不可能になったとき

問② 募集型企画旅行契約における旅行開始前の旅行業者による契約の解除に関する次の記述のうち、誤っているものはどれか。

a. 紅葉観賞を目的とする国内旅行において、異常気象により紅葉が遅くなり、紅葉観賞そのものができないおそれが極めて大きいことから、当該旅行を中止する旨を旅行開始日の前日から起算してさかのぼって3日目に当たる日に旅行者に通知したときは、旅行業者は旅行者に理由を説明して、当該契約を解除することができるが、この場合、旅行業者は当該旅行者に取消料を請求することはできない。

b. 旅行業者があらかじめ明示した参加旅行者の条件を満たしていないことが判明したため、旅行者との契約を解除するときは、旅行業者は当該旅行者に取消料を請求することはできない。

c. 旅行者が契約書面に記載する期日までに旅行代金を支払わないときは、当該期日において旅行者が契約を解除したものとして、旅行業者は旅行者に取消料に相当する額の違約料を請求することができる。

d. 2泊3日の国内旅行において、旅行者の数が契約書面に記載した最少催行人員に達しなかったため、旅行開始日の前日から起算してさかのぼって7日目に当たる日に、旅行を中止する旨を旅行者に通知した場合、旅行業者は当該契約を解除することはできない。

☑ 問③　**募集型企画旅行契約における旅行開始後の旅行業者による契約の解除に関する次の記述のうち、誤っているものはどれか。**

a. 旅行者が添乗員やガイドに対する暴行により、団体行動の規律を乱し、旅行の安全かつ円滑な実施を妨げたため、旅行業者が契約の一部を解除したときは、旅行業者は当該旅行者がいまだその提供を受けていない旅行サービスに係る部分の旅行代金を払い戻す必要はあるが、旅行者が提供を受けなかった旅行サービスに係る運送・宿泊機関等に対して支払う取消料、違約料は旅行者の負担となる。

b. 旅行中、旅行者が病気になり、旅行の継続に耐えられないため、旅行業者が契約の一部を解除したときは、旅行を中止したためにその提供を受けなかった旅行サービスに対する取消料、違約料等の費用は旅行業者の負担となる。

c. 旅行地において旅行者に同行していた添乗員が病気になり、業務の遂行が不可能になり、旅行業者が旅行者にその理由を説明した場合であっても、旅行業者は契約を解除することはできない。

d. 旅行業者が契約の一部を解除したときは、その事由が旅行業者の関与し得ないものであっても、旅行者がすでに提供を受けた旅行サービスに関する旅行業者の債務については、有効な弁済がなされたものとする。

☑ 問④　**募集型企画旅行契約における旅行代金の払戻しに関する次の記述のうち、誤っているものをすべて選んでいるものはどれか（いずれも旅行代金は全額収受済とする。(ウ)のみ通信契約とする）。**

(ア) 旅行開始前の契約内容の変更により旅行代金が減額になった場合、旅行業者は、契約書面に記載した旅行終了日の翌日から起算して30日以内に当該減額分を旅行者に払い戻さなければならない。

(イ) 旅行者が契約書面に記載されている期日までに旅行代金を支払わず、当該契約を解除したものとされた場合に、払い戻すべき金額があるときは、旅行業者は、契約書面に記載した旅行開始日までに払い戻さなければならない。

(ウ) 旅行業者は、通信契約が解除された場合において、旅行者に対して払い戻すべき金額が生じたときは、提携するクレジットカード会社のカード会員規約に従って当該金額を払い戻さなければならないが、この場合、旅行業者が旅行者に払い戻すべき額を通知した日をカード利用日とする。

(エ) 運送機関の旅行サービス提供の中止のため、旅行業者が旅行開始後に契約を解除した場合、旅行者に対して払い戻すべき金額が生じたときは、旅行業者は、契約書面に記載した旅行終了日の翌日から起算して30日以内に当該金額を払い戻さなければならない。

a. (ア) (ウ)　b. (イ)　c. (イ) (ウ)　d. (エ)

☑ **問⑤　募集型企画旅行契約に関する次の記述のうち、正しいものをすべて選びなさい。**

a. 募集型企画旅行契約の申込みをしようとする旅行者は、所定の申込書に所定の事項を記入の上、旅行業者が別に定める金額の申込金とともに、当該旅行業者に提出しなければならない。

b. 通信契約を締結した場合であって、旅行者の有するクレジットカードが無効になり、当該旅行者が旅行代金等に係る債務の全部を提携会社のカード会員規約に従って決済できなくなったため、旅行業者が当該旅行者に理由を説明して旅行開始前に契約を解除する場合、旅行業者は当該旅行者に取消料を請求できない。

c. 旅行者が同行する他の旅行者に対する暴行または脅迫等により団体行動の規律を乱し、当該旅行の安全かつ円滑な実施を妨げたため、旅行業者が旅行開始後に契約を解除した場合であっても、旅行業者は旅行者の求めに応じて、当該旅行の出発地に戻るために必要な旅行サービスの手配を引き受けなければならない。

解答

問①　dが支払いを要する。集合場所までの交通トラブルは、取消料が必要。

a：運送機関の種類または会社名の変更など、契約内容の「重要な変更」に該当。

b：「旅行終了日の変更」は「重要な変更」に該当。

c：契約書面に定める期日までに確定書面を交付しなかった場合は、取消料不要に該当。

問②　cが誤り。旅行者が期日までに旅行代金を支払わない場合、旅行業者はその「期日の翌日」に契約を解除したものとし、取消料に相当する額の違約料を請求することができる。

a：紅葉、スキーなどの旅行実施条件が成就しないとき、契約解除できる。この場合、通知日に関係なく解除できる。取消料請求不可。

b：参加条件を満たしていないことが判明したとき、契約解除できる。取消料請求不可。

d：この場合、旅行開始日の前日から起算してさかのぼって13日目に当たる日よりも前に通知しなければ、解除できない。

問③　bが誤り。旅行者が旅行の継続に耐えられない時、旅行開始後でも契約の一部を解除することができる。この場合「旅行代金」のうち「旅行者がいまだ提供を受けていないサービスに係る金額」から「未提供部分のサービスに対する取消料・違約料」を差し引いた金額を旅行者に払い戻す。

a：未提供部分に係わる取消料等については旅行者の負担とする。

c：添乗員が病気になっても契約を解除することはできない。

d：すでに提供を受けたサービスに関する債務は、有効な弁済がなされたものとする。

問④　正解はb（イ）。

（ア）：「減額または旅行開始後の解除」による払戻しは「契約書面に記載した旅行終了日の翌日から起算して30日以内」に払い戻す。

（イ）：「旅行開始前の解除」による払戻しは「解除の翌日から起算して7日以内」に払い戻す。従って、誤り。

（ウ）：通信契約は提携会社のカード会員規約に従って払い戻す。カード利用日は通知した日。

（エ）：「減額または旅行開始後の解除」による払戻しは「契約書面に記載した旅行終了日の翌日から起算して30日以内」に払い戻す。

問⑤　a、bが正しい。

a：通信契約を除いて、旅行者は申込書と申込金を提出しなければならない。

b：旅行開始前に旅行業者が解除した場合、取消料の収受は不可。

c：帰路手配は、旅行の安全かつ円滑な実施を妨げた旅行者に対しては引き受けなくてもよい。

PART 2 総合 国内 約款

5 団体・グループ契約

☑ 問①　**募集型企画旅行契約の部「団体・グループ契約」に関する次の記述のうち、誤っているものはどれか（本問において、団体・グループを構成する旅行者を「構成者」という）。**

a. 特約を結んだ場合を除き、契約責任者は、構成者の募集型企画旅行契約の締結に関する一切の代理権を有しているものとみなされる。

b. 宿泊を伴う国内旅行について団体・グループ契約を締結しようとするとき、契約責任者は、旅行開始日の前日から起算してさかのぼって20日目に当たる日よりも前に構成者の名簿を旅行業者に提出しなければならない。

c. 旅行業者が、契約責任者に対して契約内容の変更につき通知をしたにもかかわらず、契約責任者が他の構成者に対し当該変更に係る通知を怠ったことによって生じた損害については、旅行業者は何ら責任を負わない。

d. 旅行業者は、契約責任者が団体・グループに同行しない場合、旅行開始後においては、あらかじめ契約責任者が選任した構成者を契約責任者とみなす。

解答

問①　bが誤り。旅行業者が定める日までに提出が正当。20日目より前という規定はない。

a：一切の代理権を有しているとみなされる。

c：契約責任者が構成者に負う債務、義務に対しては何ら責任を持たない。
d：契約責任者が同行しない場合、あらかじめ選任した構成者を契約責任者とみなす。

6 旅程管理

問① 募集型企画旅行契約における旅程管理に関する次の記述のうち、正しいものをすべて選んでいるものはどれか。

(ア) 旅行業者は、旅程管理業務を他の旅行業者に代行させる旨を契約書面において明示した場合は、旅程管理に関する責任を免れることができる。

(イ) 旅行者と特約を結んだ場合、旅行業者は、旅行者が旅行中旅行サービスを受けることができないおそれがあると認められるときでも、契約に従った旅行サービスの提供を確実に受けられるための必要な措置を講じないことがある。

(ウ) 旅行業者は、すべての募集型企画旅行に添乗員を同行させて、旅程管理業務を行わせなければならない。

(エ) 旅行業者は、旅行中の旅行者が、疾病、傷害等により保護を要する状態にあると認めたときは、必要な措置を講ずることがあるが、その場合、当該措置に要した費用は旅行業者の負担となる。

a. (ア)(イ)(ウ)　b. (イ)　c. (イ)(ウ)　d. (ア)(エ)

解答

問① 正解はb（イ）。特約を結んだ場合、必要な措置を講じないことがある。

(ア)：旅行業者は旅程管理の責任を免れることはできない。

(ウ)：「すべての旅行に添乗員を同行させて」が誤り。旅行業者は旅行の内容により、添乗員を同行させ旅程管理業務を行わせることがある。

(エ)：「旅行業者の負担」が誤り。旅行業者に責任のない場合、旅行者の負担となる。

7 責任

問① 募集型企画旅行契約における旅行業者の責任に関する次の記述のうち、正しいものはどれか。

a. 旅行参加中に旅行者が盗難により手荷物に損害を被った場合、その盗難が旅行業者及びその手配代行者の故意または過失によるものでなければ、旅行業者はその損害の賠償責任を負わない。

b. 手荷物について生じた損害については、手配代行者に重大な過失があった場合には、旅行業者は旅行者1名につき15万円を限度として賠償しなければならない。

c. 旅行業者の過失により手荷物について生じた損害については、損害発生の翌日から起算して海外旅行にあっては14日以内、国内旅行にあっては7日以内に旅行業者に対して通知があったときに限り、旅行業者はその損害の賠償責任を負う。

d. 旅行者が被った精神的損害については、旅行業者の過失によるものであっても、旅行業者は一切その損害の賠償責任を負う必要はない。

☑ 問② **募集型企画旅行契約における旅行者の責任に関する次の記述のうち、正しいものをすべて選びなさい。**

a. 旅行者の故意または過失により旅行業者に損害を与えた場合であっても、旅行者は、旅行業者に対し損害を賠償する必要はない。

b. 旅行者は、契約の締結に際しては、旅行業者から提供された情報を活用し、旅行者の権利義務やその他の契約の内容について理解するよう努めなければならない。

c. 旅行者は、旅行開始後において、契約書面に記載された旅行サービスを円滑に受領するため、万が一契約書面と異なる旅行サービスが提供されたと認識したときは、旅行終了後速やかにその旨を旅行業者、当該旅行業者の手配代行者または当該旅行サービス提供者に申し出なければならない。

解答

問① aが正しい。**旅行業者と手配代行者に責任がない場合、損害賠償責任を負わない。**

b：重大な過失があった場合は、「15万円を超えて支払う」。

c：手荷物の損害については、損害発生の翌日から起算して「海外旅行は21日以内、国内旅行は14日以内」に通知があった場合、賠償をする。

d：精神的損害についても、旅行業者の故意または過失によるときは、損害賠償責任を負う。

問② bが正しい。**「旅行者の責任」に関する条項。**

a：旅行者が故意または過失により旅行業者に損害を与えた時は、その損害を賠償しなければならない。

b：旅行者は提供された情報を活用し権利義務、契約内容について理解するよう努めなければならない。

c：旅行開始後、契約書面とサービスが異なる場合は、「旅行地において、速やかに」申し出なければならない。「旅行終了後速やかに」は誤り。

8 特別補償

問① 特別補償に関する次の記述のうち、正しいものはどれか。

a. 旅行業者が実施する受注型企画旅行参加中の旅行者を対象として、別途の旅行代金を収受して当該旅行業者が実施する募集型企画旅行については、当該受注型企画旅行とは別途の契約として取り扱う。

b. 旅行業者の故意または過失により旅行者に損害を与えたとき、旅行業者が損害賠償金を支払う場合でも、特別補償規程に基づく旅行業者の補償金支払義務は、その損害賠償金に相当する額だけ縮減することはなく、別紙特別補償規程で定める補償金に加えて、その責任に基づいて支払うべき損害賠償金を支払う。

c. 特別補償規程において定める「サービスの提供を受けることを開始した時」とは、添乗員等による受付が行われない場合においては、最初に提供されるサービスが航空機であるときは、搭乗手続の完了時である。

d. 旅行者が旅行業者の手配に係る運送・宿泊機関等のサービスの提供を一切受けない日（旅行地の標準時による）が企画旅行日程に定められている場合において、その旨及び当該日に生じた事故によって旅行者が被った損害に対し補償金及び見舞金の支払いが行われない旨を契約書面に明示したときは、当該日は企画旅行参加中としない。

問② 海外企画旅行参加中の旅行者が事故により、身体に傷害を被り、その直接の結果として、6日間の入院の後、5日間通院した場合、特別補償規程により旅行業者が旅行者に支払うべき見舞金の額として正しいものは、次のうちどれか。

＜見舞金の額＞

	入院見舞金	通院見舞金
7日未満（ただし、通院は3日以上）	4万円	2万円
7日以上90日未満	10万円	5万円

a. 4万円　b. 5万円　c. 6万円　d. 10万円

解答

問① dが正しい。サービスの提供を一切受けない日に旅行者が被った損害に対して、補償金、見舞金の支払いが行われない旨を契約書面に明示したときは「企画旅行参加中」とはしない。

a：同じ旅行業者が別途の旅行代金を収受して実施する募集型企画旅行（オプショナルツアー）は主たる企画旅行契約の一部として取り扱われる。

b：補償金支払義務は、損害賠償金に相当する額だけ縮減する。

c：「乗客のみが入場できる飛行場構内における手荷物の検査等の完了時」が正しい。

問②　bが正しい。「入院見舞金及び通院見舞金の支払いに関する特則」による。下記①②いずれか「金額の大きいもののみ」支払う。

① 「入院見舞金」

② 通院日数に入院日数を加えた日数を「通院日数とみなし」た「通院見舞金」のいずれか

これを問題文と照らし合わせて計算すると、次のようになる。

① 入院6日＝「入院見舞金・4万円」

② 入院6日と通院5日を通院11日とみなす＝「通院見舞金・5万円」

従って、5万円を支払う。

9 旅程保証

☑ 問①　旅程保証に関する次の記述のうち、正しいものはどれか。

a. 旅行業者は、変更補償金を支払うべき契約内容の重要な変更が生じた場合、旅行終了日の翌日から起算して7日以内に変更補償金を支払わなければならない。

b. 旅行業者が、旅行者1名に対して1企画旅行について支払うべき変更補償金の額が1,000円未満であっても、当該補償金を支払う旨の特約を書面により結んだ場合、当該特約は無効であり、約款が優先して適用される。

c. 旅行業者が変更補償金を支払った後に、当該変更について旅行業者の故意または過失による責任が発生することが明らかになった場合には、旅行業者は、支払うべき損害賠償金の額と旅行者が返還すべき変更補償金の額とを相殺した残額を支払わなければならない。

d. 旅行者が旅行業者に対して契約内容の重要な変更が生じた旨を通知した場合に限り、旅行業者は旅行者に変更補償金を支払わなければならない。

☑ 問②　次の記述のうち、変更補償金の支払いが必要となるものをすべて選びなさい。

a. 確定書面に利用航空会社として記載したA航空が過剰予約受付をしたため、契約書面に利用予定航空会社として記載していたB航空へ変更したとき

b. 確定書面には、利用航空会社として「A航空会社エコノミークラス」と記載されていたが、A航空会社の過剰予約受付のため利用できなくなり、契約書面に記載のあるB航空会社のビジネスクラスに変更になったとき

c. 確定書面に利用ホテルと記載したAホテルが地震による津波の発生のため、臨時休業になったことにより、契約書面に記載していなかったBホテルへ変更したとき

d. 確定書面には、ツアー・タイトル中に「初日の出を見る」と記載していたものの、雨天で初日の出を見ることができなかったとき

解答

問① cが正しい。過失による場合は「損害賠償金を支払うので」変更補償金を支払わない。すでに変更補償金を支払済の場合は、損害賠償金を支払うとき、変更補償金を差し引いたうえで支払う。

a：変更補償金は実際の旅行終了日の翌日から起算して30日以内に支払う。

b：特約は有効であり、特約が約款に優先して適用される。①法令に反せず、②旅行者の不利にならない範囲で、③書面により、結んだ特約は有効であり、その特約が約款に優先する。

d：「旅行業者に通知した旅行者」が誤り。全ての旅行者に支払う。

問② aが変更補償金を支払う。「過剰予約受付（オーバーブッキング）が原因」でかつ「契約内容の重要な変更」の場合、変更補償金を支払う。

b：「運送機関の等級または設備がより高いものへの変更」に該当。従って、変更補償金は支払わない。

c：「臨時休業＝全面休業」の場合、運送・宿泊機関等の旅行サービス中止にあたり免責。

d：ツアー・タイトルにあっても、変更補償金を支払う重要な変更8項目に該当しない。

10 受注型企画旅行契約

問① 次の記述のうち、受注型企画旅行契約における旅行開始前の旅行業者の契約解除事由に該当するものをすべて選びなさい。

a. 旅行者が、旅行業者があらかじめ明示した性別、年齢、資格、技能その他の参加旅行者の条件を満たしていないことが判明したとき

b. 旅行者が、旅行業者に対して暴力的な要求行為、不当な要求行為、取引に関して脅迫的な言動もしくは暴力を用いる行為を行ったとき

c. 旅行者が病気、必要な介助者の不在その他の事由により、当該旅行に耐えられないと認められるとき

d. 宿泊を伴う国内旅行において旅行者の数が契約書面に記載した最少催行人員に達しなかったため、旅行開始日の前日から起算してさかのぼって13日目に当たる日より前に旅行者にその旨通知したとき

☑ **問② 受注型企画旅行契約に関する次の記述のうち、正しいものをすべて選びなさい。**

a. 旅行業者は、旅行業者に受注型企画旅行契約の申込みをしようとする旅行者からの依頼があったときは、当該旅行業者の業務上の都合があるときを除き、当該依頼の内容に沿って作成した旅行日程、旅行サービスの内容、旅行代金その他の旅行条件に関する企画の内容を記載した企画書面を交付する。

b. 旅行業者は、企画書面において企画料金の金額を明示した場合は、当該企画料金の金額を契約書面において明示しなければならない。

c. 旅行業者は、受注型企画旅行の契約書面に旅行代金の内訳として企画料金の金額を明示し、契約を締結した場合に、旅行開始前に旅行者が当該契約を解除したときは、解除の時期にかかわらず、少なくとも企画料金に相当する金額の取消料を収受することができる。

d. 旅行業者は、契約責任者と団体・グループに係る受注型企画旅行契約を締結する場合において、申込金の支払いを受けることなく、契約の締結を承諾することがあるが、この場合、契約責任者にその旨記載した書面を交付するものとし、当該契約は、旅行業者が当該書面を、契約責任者に交付したときに成立するものとする。

解答

問① b、cが該当する。「旅行開始前の旅行業者の解除権」に関する条項。

a：「性別等の参加旅行者の条件」は募集型には該当するが受注型の規定にはない。

b：「暴力的な要求行為等」については、解除できる。

c：病気など旅行に耐えられないと認められた時、解除できる。

d：「最少催行人員に達しない」が誤り。募集型には該当するが受注型の規定にはない。

問② a、b、c、dすべてが正しい。受注型企画旅行に関する条項。

a：企画書面は受注型だけの規定。契約を締結する前に交付する。

b：企画書面に企画料金の金額を明示した場合、契約書面にも明示しなければならない。

c：契約を締結した後は、少なくとも企画料金に相当する金額の取消料を収受できる。

d：団体・グループは申込金の支払いなく契約成立することがある。受注型と手配旅行の特則。

11 手配旅行契約

問① 手配旅行契約に関する次の記述のうち、誤っているものはどれか。

a. 「旅行代金」とは、旅行業者が旅行サービスを手配するために、運賃、宿泊料その他の運送・宿泊機関等に対して支払う費用及び旅行業者所定の旅行業務取扱料金（変更手続料金及び取消手続料金を除く）をいう。

b. 旅行業者が善良な管理者の注意をもって旅行サービスの手配をしたときは、満員、条件不適当等の事由により運送・宿泊機関等との間で旅行サービスの提供をする契約を締結できなかった場合でも、旅行業者は旅行者に所定の旅行業務取扱料金を請求することができる。

c. 旅行業者は、旅行開始前において、運送・宿泊機関等の運賃・料金の改訂、為替相場の変動その他の事由により旅行代金の変動が生じた場合は、当該旅行代金を変更することができる。

d. 旅行者は、いつでも手配旅行契約の一部を解除することができるが、この場合において、旅行者はすでに旅行者が提供を受けた旅行サービスの対価として、またはいまだ提供を受けていない旅行サービスに係る取消料、違約料その他の運送・宿泊機関等に対してすでに支払い、またはこれから支払う費用を負担するほか、旅行業者に対し、所定の取消手続料金を支払えば、旅行業者が得るはずであった取扱料金を支払う必要はない。

問② 次の手配旅行契約において、旅行者が(1)及び(2)のそれぞれの状況で契約を解除した場合に、旅行業者が旅行者に払い戻すべき金額の組合せのうち、正しいものはどれか。（旅行代金は全額収受済とする）

○旅行サービスに係る運送・宿泊機関等に支払う費用	150,000円
○旅行業務取扱料金（変更手続料金及び取消手続料金を除く）	20,000円
○取消手続料金	5,000円
○旅行者がすでに提供を受けた旅行サービスの対価	50,000円
○旅行者がいまだ提供を受けていない旅行サービスに係る運送・宿泊機関等に支払う取消料、違約料	30,000円

(1) 旅行者が自己の都合により、旅行開始後に契約を解除した場合

(2) 旅行業者の責に帰すべき事由により、旅行者が旅行開始後に契約を解除した場合（旅行業者に対する損害賠償請求は考慮しないものとする）

	(1)	(2)
a.	65,000円	100,000円
b.	65,000円	120,000円
c.	85,000円	100,000円
d.	85,000円	120,000円

解答

問①　d「取扱料金を支払う必要はない」が誤り。取扱料金も支払いが必要。

a：手配旅行契約における旅行代金とは、①運賃・宿泊料その他の運送・宿泊機関に支払う費用＋②旅行業務取扱料金（変更手続料金・取消手続料金を除く）。

b：善良な管理者の注意をもって旅行サービスの手配をしたときは、満員等の場合でも、旅行業務取扱料金を請求できる。

c：運送・宿泊機関等の運賃・料金の改訂、為替相場の変動等により旅行代金の変動が生じた場合、旅行代金を変更することができる。

問②　bが正しい。

⑴ 旅行者は自己都合による契約解除の場合、「すでに提供を受けた対価」「いまだ提供を受けていないサービスに係る取消料」「取消手続料金」「取扱料金」を支払う。

170,000－(20,000＋5,000＋50,000＋30,000)＝65,000円

⑵ 旅行業者に責任がある場合「すでに提供を受けた対価」以外は払い戻す。

170,000－50,000＝120,000円

12 旅行相談契約

問①　旅行相談契約の部に関する次の記述のうち、誤っているものはどれか。

a. 旅行業者が旅行者に対し旅行の計画の作成及び情報提供を行うだけでは旅行相談契約の業務とはならない。

b. 旅行業者は、旅行相談契約に基づき作成した旅行の計画について、満員等の事由により、運送・宿泊機関等との間で当該機関が提供する運送、宿泊その他の旅行に関するサービスの提供をする契約を締結できなかったとしても、その責任を負うことはない。

c. 旅行業者は、旅行者の相談内容が公序良俗に反し、または、旅行地において施行されている法令に違反するおそれがあるものであるときは、旅行相談契約の締結を拒否することができる。

d. 旅行相談契約は、旅行業者が契約の締結を承諾し、申込書を受理した時に成立する。

解答

問①　aが誤り。旅行の計画の作成、情報提供は旅行相談業務である。b、c、dは正しい。

b：手配が可能であることを保証するものではない。

c：業務上の都合、公序良俗に反する、法令に違反する場合、契約に応じない。
d：契約の締結を承諾し、申込書を受理した時に契約が成立する（電話等は申込書不要）。

13 渡航手続代行契約

問① 渡航手続代行契約に関する次の記述のうち、誤っているものはどれか。

a. 旅行業者が契約を締結する旅行者は、旅行業者と募集型企画旅行契約、受注型企画旅行契約もしくは手配旅行契約を締結した旅行者または当該旅行業者が受託している他の旅行業者の募集型企画旅行について旅行業者が代理して契約を締結した旅行者である。

b. 契約は、電話、郵便、ファクシミリ等の通信手段による申込みを除き、旅行業者が契約の締結を承諾し、所定の申込書を受理した時に成立する。

c. 郵送費、交通費その他の費用が生じたときは、旅行者は、旅行業者が定める期日までに旅行業者に対して当該費用を支払わなければならないが、当該期日までに支払わないときは、旅行業者は契約を解除することができる。

d. 旅行業者の過失により旅行者に損害を与えたときは、損害発生の翌日から起算して1年以内に旅行者から旅行業者にその旨の通知があったときに限り、当該旅行業者は損害賠償責任を負う。

解答

問① **d「1年以内」が誤り。旅行業者の故意または過失により損害を与えた時は、6か月以内に通知があった場合に限り、損害を賠償する。**

a：渡航手続代行契約を締結できる旅行者は、募集型企画旅行、受注型企画旅行、手配旅行、受託契約を締結している他の旅行業者の募集型企画旅行について契約を締結した旅行者となる。
b：渡航手続代行契約は契約の締結を承諾し申込書を受理した時に成立する。
c：郵送費、交通費等の費用を期日までに支払わない場合、旅行業者は契約解除できる。

14 国際運送約款

問題 航空2社（日本航空、全日本空輸）の国際運送約款に関する問①～⑤について、その内容が正しいものはaを、誤っているものはbを選びなさい。

問① 旅客または手荷物の運送には、旅客が航空券の発券を受けた日に有効

な約款及び航空会社の規則が適用される。

☑ 問② 航空会社は、旅客が乗務員の業務の遂行を妨げ、または、その指示に従わない場合、旅客の運送を拒否し、または、降機させることができるが、拘束することもできる。

☑ 問③ 航空会社は、旅客が紛失した航空券に関して、有効期間満了日から10日を経過した後になされた紛失航空券の払戻しの請求については、これを拒否することができる。

☑ 問④ 手荷物に毀損があった場合には受取りの日から21日以内に、当該手荷物の引渡しを受ける権利を有する人が航空会社の事務所に対して、書面にて異議を述べなければ、いかなる損害賠償も認められない。

☑ 問⑤ 航空会社に対する責任に関する訴は、到達地への到達の日、航空機が到達すべきであった日または運送の中止の日から起算して1年以内に提起しなければならない。

解答

問① b:「航空券の最初の搭乗用片により行われる運送の開始日に有効な約款」が正しい。

問② a:乗務員の業務の遂行を妨げ、または指示に従わない場合、拘束も含む。

問③ b:払戻しの請求は、紛失航空券の有効期間満了日から30日以内に提出。

問④ b:手荷物に毀損があった場合は受取日から7日以内に、延着・紛失の場合は受け取った日または受け取ることができたであろう日から21日以内に書面で異議を述べなければ損害賠償は認められない。

問⑤ b:航空会社への責任の訴えは2年以内に提起しなければならない。

15 国内旅客運送約款

第1問 航空2社(日本航空、全日本空輸)の国内旅客運送約款に関する問①、問②について、その内容が正しいものはaを、誤っているものはbを選びなさい。

☑ 問① 航空会社は、旅客が他の旅客に不快感を与え、または、迷惑を及ぼすおそれがあると認める場合は、その旅客の搭乗を拒否することができ、この場合、収受運賃及び料金は所定の取消手数料を収受して払い戻される。

☑ 問② 航空券で予約事項に搭乗予定便が含まれないものの有効期間は、航空券の発行の日の翌日から起算して1年間である。

第2問

☑ **問① 国内航空運送約款（日本航空・全日本空輸）に関する次の記述のうち、誤っているものを1つ選びなさい。**

- **a.** 8歳未満の小児で付添人のない場合、航空会社は搭乗を拒絶することができる。
- **b.** 持込手荷物について発生した損害については、航空会社は、航空会社またはその使用人に過失があったことを証明された場合のみ賠償する。
- **c.** 航空券で予約事項に搭乗予定便が含まれないものの有効期間は、航空券の発行の日の翌日から起算して1年間である。
- **d.** 航空会社は、満18歳未満の旅客の非常口座席への着席を拒絶することができる。

解答

第1問

問① b：取消手数料は収受不可。

問② a：航空券の発行の日の翌日から起算して1年間。

第2問

問① d「満18歳未満」が誤り。「満15歳未満の旅客」が正しい。a、b、cは正しい。

a：「運送の拒否及び制限」重傷病者または8歳未満の小児で付添人のない場合搭乗を拒絶する。

b：過失があったと証明された損害についてのみ賠償の責に任じる。

c：オープンチケットは発券の翌日から起算して1年間有効。

16 一般貸切旅客自動車運送事業標準運送約款

☑ **問① 一般貸切旅客自動車運送事業標準運送約款における次の記述のうち、正しいものを1つ選びなさい。**

- **a.** バス会社は、旅行業者が手配旅行の実施のため、バス会社に旅客の運送を申し込む場合には、当該旅行業者を契約責任者として運送契約を締結する。
- **b.** ガイド料、有料道路利用料、航送料、駐車料、乗務員の宿泊費等当該運送に関連する費用は、バス会社が負担する。
- **c.** バス会社は、乗車券の券面に記載した配車日時に所定の配車をした場合において、出発時刻から30分を経過しても旅客が乗車についての意思表示をしないときには、当該車両について当該運送契約に係る運送の全部が終了したものとみなす。
- **d.** バス会社は、バス会社の自動車の運行によって、旅客の生命または身体を害したときは、これによって生じた損害を賠償する責に任じる。この場合において、バス会社の旅客に対する責任は、旅客が被った損害が車内において生じた場合に限られ、旅客の乗降中に生じた損害は含まれない。

解答

問① **cが正しい。出発時刻から30分経過し乗車の意思表示がない場合は運送の全てが終了したものとする。a、b、dは誤り。**

a：企画旅行の契約責任者は旅行業者。手配旅行は旅行者となる。

b：運送に関連する費用は契約責任者の負担。

d：車内または乗降中に生じた損害を賠償する責に任じる。

17 フェリー標準運送約款

問① 海上運送法第9条第3項の規定に基づく標準運送約款（フェリーを含む一般旅客定期航路事業に関する標準運送約款）に関する次の記述のうち、誤っているものを１つ選びなさい。

a. 「小児」とは、12歳未満の者及び12歳以上の小学生をいう。

b. フェリー会社は、小学校に就学している小児で付添人のない者のフェリー運送契約の申込みを拒絶することができる。

c. 自動車航送券の片道券で、100キロメートル以上200キロメートル未満のものにあっては、その通用期間は、発売当日を含めて２日間である。

d. 自動車航送を行う場合、運賃には当該自動車の運転者１名が２等船室に乗船する場合の当該運転者の運送の運賃が含まれる。

解答

問① **bが誤り。小学校に就学していない付添人のない小児は申込みを拒絶される。**

a：小児とは12歳未満、12歳以上の小学生をいう。

c：片道券100km以上200km未満は発売当日を含めて２日間有効。

d：運賃には自動車の運転者１名の２等船室代が含まれる。

18 モデル宿泊約款

問① モデル宿泊約款に関する次の記述のうち、誤っているものを１つ選びなさい。

a. 宿泊契約は、ホテルが宿泊契約の申込みを承諾したときに成立する。ただし、当該ホテルが承諾をしなかったことを証明したときは、この限りではない。

b. 宿泊客の手荷物または携帯品がホテル(旅館)に置き忘れられていた場合において、所有者の指示がないときまたは所有者が判明しないとき、発見日を含め30日間保管し、その後最寄りの警察署に届け出る。

c. ホテルが宿泊客に客室を提供し、使用が可能になったのち、宿泊客が任意に宿泊しなかった場合においても、宿泊料金を申し受ける。

d. ホテルは、宿泊客に契約した客室を提供できないときは、宿泊客の了解を得て、できる限り同一の条件による他の宿泊施設をあっ旋する。

解答

問① bが誤り。7日間保管が正しい。

a：宿泊契約はホテルが申込みを承諾したときに成立する。

c：任意に宿泊しなかった宿泊客にも宿泊料は申し受ける。

d：客室を提供できないときは、ホテル側に責任がなくても、同一条件の宿泊施設をあっ旋する。

PART 3

［総合・国内］

国内旅行実務

第1章 国内運賃

出題傾向と対策

1 出題傾向

① 国内旅行実務試験の配点は、おおむね国内運賃50点＋国内観光資源50点＝100点満点。国内運賃は1問あたり3～5点と配点が大きく、失敗が許されない科目である。

② 国内運賃は、JR運賃、会社線運賃（鉄道・貸切バス・フェリー）、国内航空運賃、宿泊料金に区分される。

過去4年間の出題項目

※○は「国内」、●は「総合」、◎は「国内」「総合」両方で出題

2022年度	
JR	○乗継割引可否 ○2日間行程（途中下車あり）の運賃・料金算出 ○2時間以上遅延の際の払戻額 ●東北上り・秋田新幹線下りまたがりの特急料金・グリーン料金算出 ●乗継割引可否を含めた特急料金算出（新幹線を挟んで前後に在来線特急乗車の場合） ●在来線特急の料金計算（最繁忙期適用可否） ●特定都区市内・区間外乗車の例外適用となる運賃の計算 ◎乗車券類払戻しに関する記述正誤問題（文章問題） ・「青春18きっぷ」に関する正誤問題 ・時刻表の見方／予讃線・瀬戸大橋線・宇野線上り〔択一問題〕
航空	○ANA小児運賃の取消料・払戻手数料 ○ANA運賃種別による販売期間、購入期限 ●満11歳の旅客が予約できない運賃選択：往復割引／特割3／特割21／スーパー先得 ●JALウルトラ先得の取扱いに関する記述：便出発後に払戻しをした場合の返金額
貸切バス	○運送約款（運賃及び料金の精算） ○JR団体運賃・料金の計算と貸切バスの運賃計算併用 ●日帰行程の大型貸切バス1台の運賃計算（時間・キロ）、深夜早朝料金も適用
フェリー	◎自動車運転者を含む大人と小児の1等船室（指定席全員使用）の運賃総額計算

（つづく）

（つづき）

宿泊	○契約日数短縮の際の違約金収受額 ●東京都内ホテル宿泊料金算出：宿泊税の正誤問題(1人1泊あたりの税率を表から正しく読み取れるかを問う)

2021年度	
JR	●特定都区市内運賃：発駅となる特定都区市内の外に出て再びその特定都区市内を通過する場合(実際乗車する営業キロで計算) ◎乗継割引可否 ●新幹線内乗継　特急料金算出 こだま(自)➡のぞみ(自)➡こだま(自)　東海道・山陽またがり ●特急料金算出 在来線(伊那路・自)➡こだま➡在来線(踊り子・普)の合計額 ●「ジパング倶楽部」取扱い ●乗車券類払戻に関する記述正誤問題 ●時刻表の見方／鹿児島本線上り〔択一問題〕 ○運賃計算(北海道・東北またがり) ○乗車券有効期間
航空	●JAL取扱いに関する記述：小児運賃購入時11歳・搭乗時12歳適用可否／往復割引適用ルール／スカイメイト適用年齢／当日シニア割引予約可否 ●JAL当日特割1の取扱い：前日予約の場合の購入期限／当日予約変更可否／ファーストクラス予約可否／55日前取消の際の取消手数料 ○ANA FLEX出発後の取消手数料 ○ANA小児運賃、変動運賃か否か
貸切バス	◎日帰行程の大型貸切バス1台の運賃計算(時間・キロ) ○日帰行程で深夜早朝料金を含めた運賃の計算 ○走行時間3時間未満の運賃 ○違約料
フェリー	●貸切バスを利用した幼稚園の団体：幼稚園の先生(大人) 10人、5歳の園児20人、バス運転者1人、バスガイド1名で2等船室を利用し団体割引を適用して乗船する場合の運賃総額計算
宿泊	●温泉旅館の宿泊料金総額計算：大人3人と11歳の小人A 1人 ○ホテル申込金額(宿泊期間を3日とする契約)

2020年度	
JR	●新幹線内乗継、特急料金算出 こだま(自)➡のぞみ(普)➡みずほ(普) 東海道・山陽・九州またがり ◎乗継割引可否 ●東北上り・山形新幹線下りまたがりのグリーン、グランクラス料金算出 ◎大人片道普通運賃計算(特定都区市内・境界駅からの加算額) ○往復割引と学生割引の重複適用可否 ○特急料金・グリーン料金算出(通しで算出できるか否か) ○特急券・グリーン券の変更・払戻しについて ●乗車券類の取扱い：「はやぶさ号」立席特急券の払戻手数料 ●通過連絡運輸含む大人片道普通運賃計算(営業換算キロ) ●時刻表の見方／常磐線上り：原ノ町・友部・土浦・我孫子・北千住〔択一問題〕

（つづく）

（つづき）

航空	●JAL先得割引タイプAの取扱いに関する記述：搭乗日当日同便Fクラスへの変更可否 ●JALスーパー先得の取扱い：搭乗日前日取消の際の払戻し（取消日による料率の違いを問う出題） ○ANA VALUE1前日取消の際の取消料・払戻手数料 ○ANA FLEX前日取消した際の航空券有効期間
貸切バス	◎日帰行程の大型貸切バス１台の運賃計算（時間・キロ） ○学校団体の割引率（下限額で計算の場合）
フェリー	●自動車運転者を含む２等船室（自由席）利用の運賃総額計算 ○２等船室（自由席）利用の運賃計算（同伴小児無料人数）
宿泊	●温泉旅館の宿泊料金総額計算：大人２人と小人A １人 ○旅館違約金

2019年度	
JR	●乗車券類の取扱い：文章問題４択・正誤 小児２人での大人普通回数乗車券利用可否 ●幹線⇔地方交通線200km前後、大人片道普通運賃計算（市内着） ●北陸・上越新幹線またがりのグランクラスA・B乗継料金計算 ●新幹線―（東京）➡特急あずさ号へ繁忙期・普通指定乗継料金計算 ◎乗継割引可否問題 ◎乗車券類払戻し記述文章問題 ●時刻表の見方／中央本線上り：松本～東京〔択一問題〕 ○新幹線回数券 ○新幹線内乗継料金計算問題（ひかり・のぞみ差額計算） ○小児往復割引運賃計算
航空	●ANA SUPER VALUEの支払期限 ●JALスーパー先得〔HND→OKA〕：搭乗日69日前の取消・払戻手数料 ○ANA FLEX運賃 満12歳小学生を含めた適用範囲 ○ANA予約変更ができる運賃の購入期限
貸切バス	◎日帰行程の大型貸切バス１台の運賃計算（時間・キロ） ○２日にわたる運送の点呼点検時間 ○違約料
フェリー	●自動車航送を含む２等指定制寝台利用の運賃総額計算 ○自動二輪車を運送する場合の運賃
宿泊	●温泉旅館の宿泊料金総額計算：大人２人と小人B1人 ○ホテル違約金

2 対策

全体的に各規則に関すること、その規則に則った計算順序、端数の扱い方など計算方法に関する問題になるので、できる限り多くの問題を解いて規則を正確に理解し、あらゆるケースに対応できるようにしたい。

1 旅客鉄道会社の旅客営業規則等

・学習のポイント

- JR各社共通の「旅客運送約款」である旅客営業規則と、この規則に基づく旅客営業取扱基準規程、団体旅客等取扱基準規程などの基本を押さえる。
- 本文中で使用している列車名、設備等は2023年2月現在運行しているものである。

旅客鉄道会社の旅客営業規則

旅客鉄道会社(以下、JRという)の旅客営業規則に定められた用語には、主に次のものがある。

旅客鉄道会社(6社)	・北海道旅客鉄道株式会社(JR北海道) ・東日本旅客鉄道株式会社(JR東日本) ・東海旅客鉄道株式会社(JR東海) ・西日本旅客鉄道株式会社(JR西日本) ・四国旅客鉄道株式会社(JR四国) ・九州旅客鉄道株式会社(JR九州)
旅客鉄道会社線	JRの経営する鉄道
幹線	比較的利用する旅客が多い主要な路線(時刻表の地図で黒線で表示)
地方交通線	幹線以外の線(時刻表の地図で青線で表示)
新幹線(8路線)	・東海道新幹線(東京～新大阪相互間) ・山陽新幹線(新大阪～博多相互間) ・西九州新幹線(武雄温泉～長崎相互間) ・九州新幹線(博多～鹿児島中央相互間) ・東北新幹線(東京～新青森相互間) **注意** **山形新幹線(福島～新庄間)、秋田新幹線(盛岡～秋田間)は新幹線と呼称しているが在来線である。** ・上越新幹線(東京～新潟相互間) ・北陸新幹線(東京～金沢相互間) ・北海道新幹線(新青森～新函館北斗相互間)
在来線	新幹線以外の鉄道区間
急行列車	特別急行列車および急行列車。特別急行列車は規則上では急行列車だが、一般的に特急と呼び、急行列車を急行と呼ぶ
普通列車	規則上の急行(特急・急行)以外の列車で、快速列車も含まれる
特別車両	「普通車」よりも良い設備をした車両で、一般的に「グリーン車」「グランクラス」という

乗車券類	乗車券、急行券、特別車両券、寝台券、コンパートメント券、座席指定券
旅行開始	旅行を開始する駅の改札に入場すること。ただし、駅員無配置駅から乗車する場合は、その乗車することをいう
途中下車	旅行開始後、乗車券の区間内の途中駅でいったん改札口を出て再び列車に乗り継いで旅行をすること

1 消費税課税の運賃・料金

JRの運賃・料金は消費税10%を含んだ額である。

2 運賃・料金の前払いの原則

現金で前払いが原則である(最近では、一部カード払いも可能なものもある)が、特に認めたもの(自衛隊・在日米軍・戦傷病者など)は後払い扱いとすることができる。

3 契約の成立

原則として旅客等が所定の運賃・料金を支払い、乗車券類の証票を受けたときに成立する。

4 営業キロ、擬制キロまたは運賃計算キロの端数計算法

運賃・料金を計算する場合の1キロメートル未満の端数は1キロメートルに切り上げる。

5 期間の計算法

原則、24時をもって1日の区切りとするが、初日は時間の長短にかかわらず1日として計算する。

2 乗車券類の発売

・学習のポイント

● 乗車券類の種類別の体系、特に乗車券についての基本的事項を押さえる。

PART 3 総合 国内 第1章 国内運賃

1 乗車券類の種類

乗車券類とは一般的に切符と呼ばれるものであるが、その種類には次に示すものがある。

ココ出る

乗車券	片道乗車券	
	往復乗車券	
	連続乗車券	
	普通回数乗車券	
	団体乗車券	
	貸切乗車券	
急行券	特別急行券	指定席特急券
		立席特急券
		自由席特急券
		特定特急券
		未指定特急券
	普通急行券	
特別車両券	特別車両券(A) (特急・急行列車用)	指定席特別車両券(A)
		自由席特別車両券(A)
	特別車両券(B) (普通列車用)	指定席特別車両券(B)
		自由席特別車両券(B)
寝台券	A寝台券	
	B寝台券	
座席指定券(指定席券)		

① 片道乗車券とは、乗車する経路が一方向に連続した区間を片道1回乗車する場合に発売する乗車券。

A駅 ――――→ B駅(一方向)

② **往復乗車券**とは、往路と復路が同じ区間、経路の片道乗車券を、往復乗車する場合に発売する乗車券。

③ **連続乗車券**とは、経路が折り返しとなって往復乗車券でない場合（一部区間が往復乗車）、あるいは環状線を一周してさらに旅行を続ける場合に発売する２区間の乗車券。

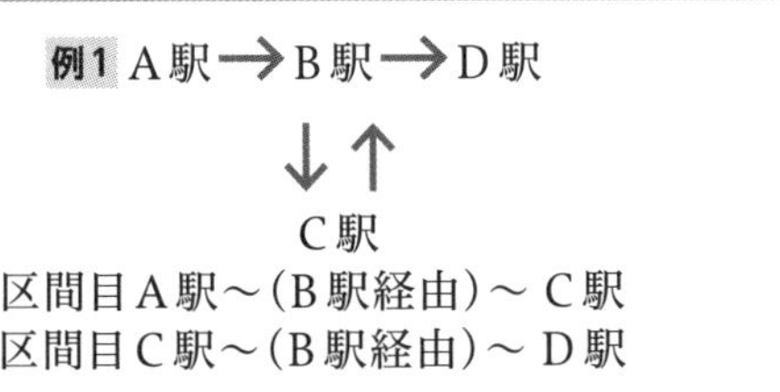

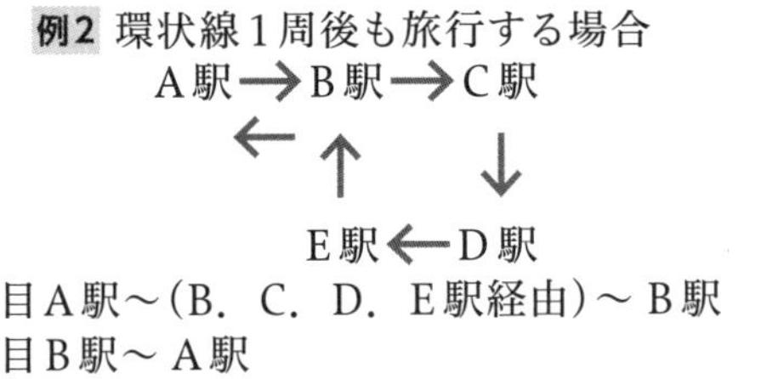

連続乗車券の運賃は１区間、２区間の合算金額とする。また、有効期間も１区間、２区間のそれぞれの日数を合算する。

POINT

乗車券は１方向に向かって乗車する片道運賃が基本である。また、往復・連続乗車券もすべて片道の複合型である。

2 乗車券類の発売日

1 指定券

ココ出る

乗車する列車が**始発駅**を出発する日の**１か月前の日**（**前月の同日**）の10時から発売する。乗継ぎをする場合で、別に定める後乗列車は当該列車が始発駅を発車する**１か月と１日前**の発売となる。

前月に該当日がない場合の発売日は以下(繰下げ)による。

始発駅出発日	3/29～31	5/31	7/31	10/31	12/31
発売日	3/1	5/1	7/1	10/1	12/1

※うるう年の場合3/29は2/29発売である。

例 夜行列車に途中駅(日付が変わり0時過ぎ)から乗車の場合

3月23日　静岡発0：20のサンライズ瀬戸号の発売日
始発駅東京の出発(3月22日22：00)
静岡の乗車日　0：20は　→3月23日(日付が変わる)
始発駅基準の発売日なので、この場合は2月22日が発売日となる

2 普通乗車券、自由席料金券

1か月前から発売する。普通乗車券は指定券と同日、自由席料金券は普通乗車券を発売する日または提示した日。

PART 3 総合 国内 第1章 国内運賃

3 運賃

・学習のポイント

- 「特定都区市内11か所と中心駅」「新幹線、在来線並行区間」「区間外乗車(川部・弘前間、山科・京都間、倉敷・岡山間他)」「往復割引乗車券の計算法(特に小児・学割)」などの運賃計算の特例を押さえる。

1 JRの運賃と料金

JR運賃は乗車区間のキロ数により算出し、長距離になるほど割安になる「遠距離逓減制」を採用している。

「運賃」とは運送代金のことである。いうなればあるものをA地点からB地点まで運ぶ、運送距離に対して支払う報酬のことである。前節で説明した「乗車券」のことで、旅客運賃ともいう。乗車券だけで利用できるJRは、普通電車の普通車である。

「料金」とは旅客運賃に付帯したサービスを利用する場合に、その対価として支払う報酬のことである。前節の乗車券を除いたものであり、列車のスピード、車両設備(グリーン車・寝台車など)の座席の確保などに関するものをいう。

2 旅客の区分と運賃・料金の収受法

1 年齢区分

大人	12歳以上(中学生以上)。ただし、小学生で12歳は小児
小児	6歳以上12歳未満(小学生)。ただし、6歳で小学校入学前は幼児
幼児	1歳以上6歳未満
乳児	1歳未満

ココ出る

2 幼児・乳児の取扱いについて

乗車券を所持する小児以上の者が随伴する幼児2人までは旅客運賃・料金は収受しない(乳児については制限なし)。ただし、以下に該当する場合は小児扱いとなり、小児の運賃・料金を収受する。

① 随伴する幼児が2人を超えた場合、3人目からの幼児。

② 幼児だけで旅行するとき。

③ 幼児が団体で旅行するとき(幼稚園の遠足など)、または団体旅客に随伴される

とき。ただし、この場合は別途特例あり。

④ 幼児または乳児が座席指定や寝台を幼児または乳児だけで使用する場合(ただし、寝台1台を2人で使用することができる→別節参照)。

例

	運賃	料金
大人1名、3歳・5歳の幼児を同伴 ①普通列車の自由席利用の場合	大人1名分	
②指定席2席を確保した場合	大人1名・ 小児1名分	大人1名・ 小児1名分
5歳の幼児が4歳、3歳の幼児を随伴の場合 (幼児だけの旅行)	小児3名分	
6歳の小児が4歳、3歳の幼児を随伴 (小児は2名まで幼児を随伴できる)	小児1名分	
大人1名幼児1名で特急寝台の寝台を1台利用	大人1名分	大人1名分の 特急券・寝台券
小児2名で特急寝台を1台利用	小児2名分	小児2名分の特急料金と1名分(1室分)の寝台料金

3 小児の普通旅客運賃・料金

小児の普通旅客運賃・急行料金または座席指定料金は大人のそれぞれの運賃・料金を折半して10円未満の「端数」は端数整理する。なお、特別車両料金(グリーン料金)、寝台料金は大人・小児とも同額。

「端数整理」とは小児運賃・料金や割引の運賃・料金を計算する際に生じた10円未満の端数を切り捨て、10円単位にすることをいう。

3 旅客運賃・料金の計算法

1 運賃計算の原則

旅客運賃・料金は、旅客の実際に乗車する経路および発着の順序により計算する。

① 営業キロ等の通算と打ち切りの原則

ア 通算

a. 鉄道区間のキロは鉄道が同一方向に連続する場合に限りこれを通算。

> **例** 東京～(営)126.2km ～沼津～(営)24.7km ～御殿場
>
> 営業キロ 126.2km + 24.7km = 150.9km
> 端数切上 151kmで運賃算定

b. JRと「連絡運輸」を行う会社線が中間にあった場合、前後のキロ数を通算する。連絡運輸とは2社以上の運輸機関にまたがり連続して乗車船する場合に旅客の便宜を図り、各機関が通し(1枚)の乗車券類を発売する契約をしていることをいう。JRの場合、連絡運輸をする会社線のことを「連絡社線」という。

例 東京～(営)216.8km ～六日町～北越急行1,090円～犀潟～(営)7.1km ～直江津

JR区間　216.8km + 7.1km = 223.9km　端数切上224km
運賃4,070円に北越急行の1,090円を加算して1枚の乗車券を発行する

イ 打ちきり

a. 計算経路が環状線1周となる場合は、環状線1周となる駅の前後の区間のキロは打ちきって計算する。

例 郡山から仙台に行き、その後、仙山線を経由して山形へ、その後、福島(ここで環状1周)まで行って郡山に戻る

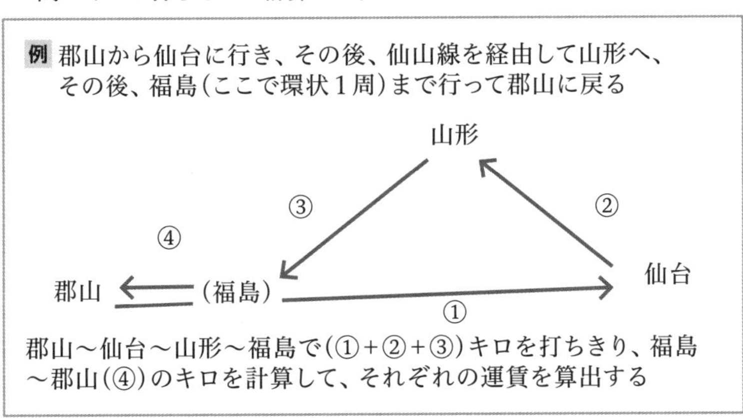

郡山～仙台～山形～福島で(①+②+③)キロを打ちきり、福島～郡山(④)のキロを計算して、それぞれの運賃を算出する

b．計算経路の一部または全部が復乗となる場合は、折返しとなる駅の前後の区間のキロは打ちきって計算する。

例 郡山から仙台に行き、再び仙台から福島に戻る場合

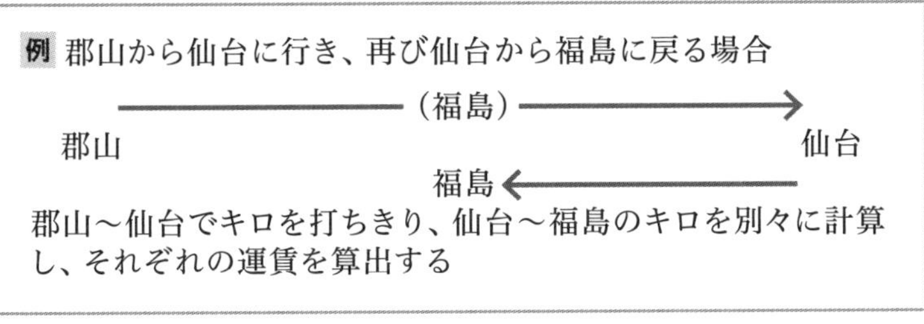

郡山～仙台でキロを打ちきり、仙台～福島のキロを別々に計算し、それぞれの運賃を算出する

ウ 新下関・博多間の在来線と新幹線は別路線であるが、この区間の在来線と新下関・小倉または博多で新幹線に乗り継いで戻るような行程の場合は乗継駅でキロを打ちきって計算する。

ココ出る

② 幹線と地方交通線

「幹線」とは、比較的利用者の多い主要路線で、「営業キロ」によって運賃計算をする。「地方交通線」とは幹線以外の路線で、比較的利用者数の少ないローカル線のこと。キロ数は幹線の１割増しで設定されている。幹線と地方交通線区間を連続して乗車する場合は幹線区間の営業キロと地方交通線区間の「賃率換算キロ」(JR四国・JR九州の場合は「擬制キロ」という)を合算した「運賃計算キロ」により計算する。

なお、「賃率換算キロ」「擬制キロ」「運賃計算キロ」は運賃計算時にのみ使用する。また、キロ数の計算は、合計キロ数で1km未満の端数は切り上げる。

営業キロ	・駅間の実測したキロ数で、JR各社の幹線、または本州３社(JR東日本・JR東海・JR西日本)、JR北海道の地方交通線のみを乗車する場合の運賃計算に使用 ・有効期間の計算、学生割引や往復割引の条件、料金計算などをするときに使用
賃率換算キロ	・JR北海道、本州３社の幹線と地方交通線をまたがって乗車する場合の運賃計算に使用 ・地方交通線区間について設定されているキロ数(略して「換算キロ」)
擬制キロ	・JR四国・JR九州の地方交通線に乗車する場合に使用
運賃計算キロ	・幹線と地方交通線を連続して乗車する場合に、幹線の「営業キロ」と地方交通線の「換算キロ」または「擬制キロ」を合算したもの

POINT

JRを利用するときの切符と運賃計算の基本ルールをマスターしよう。

4 運賃計算

「普通運賃表」は、各社それぞれ幹線用、地方交通線用、加算額表などを設定している。前記距離を計算したうえで該当の運賃表から運賃を算出する。なお、運賃表については本章末に掲載している。

		利用区間	使用するキロ	使用する運賃表
各社別	本州3社	幹線のみ	営業キロ	本州3社内の幹線の普通運賃表(A表)
		地方交通線のみ	営業キロ	本州3社内の地方交通線の普通運賃表(B表)
		幹線と地方交通線またがり	運賃計算キロ	本州3社内の幹線の普通運賃表(A表)
	JR北海道	幹線のみ	営業キロ	JR北海道内の幹線の普通運賃表(C表)
		地方交通線のみ	営業キロ	JR北海道内の地方交通線の普通運賃表(D表)
		幹線と地方交通線またがり	運賃計算キロ	JR北海道内の幹線の普通運賃表(C表)
	JR四国	幹線のみ	営業キロ	JR四国内の普通運賃表(E表)
		地方交通線のみ	擬制キロ	
		幹線と地方交通線またがり	運賃計算キロ	
	JR九州	幹線のみ	営業キロ	JR九州内の普通運賃表(E表)
		地方交通線のみ	擬制キロ	
		幹線と地方交通線またがり	運賃計算キロ	
本州3社と3島にまたがる場合	全区間(基準額)	幹線のみ	営業キロ	本州3社内の幹線の普通運賃表(A表)
		幹線と地方交通線またがり	運賃計算キロ	本州3社内の幹線の普通運賃表(A表)
	3島内(加算額)	幹線のみ	営業キロ	当該各社内の加算額表(F表)
		幹線と地方交通線またがり	運賃計算キロ	当該各社内の加算額表(F表)

※(A表)～(F表)は本章末資料の運賃表を表す。

1 乗車区間が本州3社のみの場合

例1 乗車区間幹線のみの場合

東京～新潟は幹線。営業キロ333.9km。端数を切り上げ、
334キロ(章末資料A表)営業キロ321 ～ 340の欄の5,720円

例2 乗車区間が地方交通線のみの場合

富山～高山は地方交通線。営業キロ89.4km。換算キロ98.4km
だが、地方交通線のみの乗車なので、営業キロを使用
端数切上90キロ(章末資料B表)営業キロ83 ～ 91の欄1,690円

例3 乗車区間が幹線と地方交通線をまたがる場合

浜松～(豊橋)～飯田は、
　浜松～豊橋間は幹線。営業キロ36.5km（a）
　豊橋～飯田は地方交通線。営業キロ129.3km(b)、換算キロ142.2km(c)
(a)36.5＋(c)142.2＝178.7（運賃計算キロ）端数を切り上げ179km
（章末資料A表）161 ～ 180の欄3,080円

2 本州3社とJR北海道・JR四国・JR九州(以下、3島)とをまたがって乗車

全乗車区間の営業キロまたは運賃計算キロにより算出した基準額(A表)

＋

「境界駅」からJR北海道、JR四国、JR九州の該当駅までの営業キロまたは運賃計算キロに対する加算額(3島加算額表)

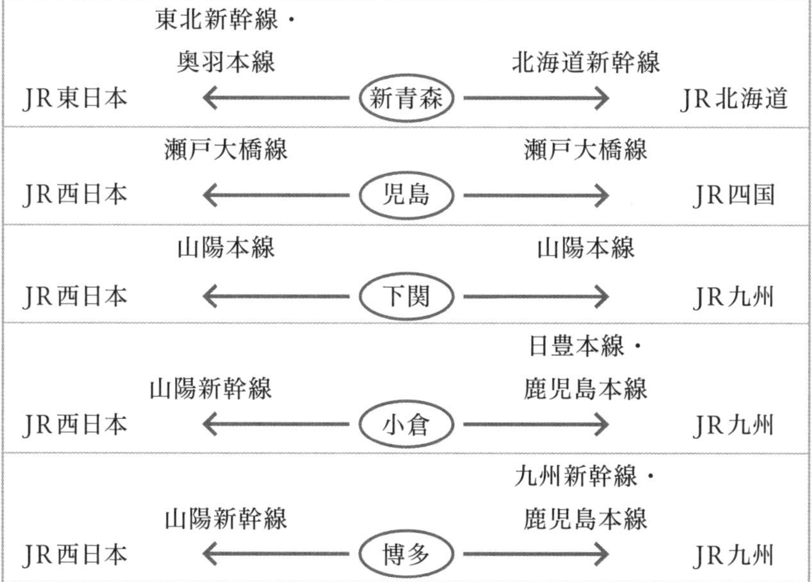

① 本州3社とJR北海道にまたがる場合

例1 弘前～函館(JR東日本・JR北海道いずれも幹線)の普通運賃

弘前 ―(幹)― ◯新青森◯ ―(幹)― 新函館北斗

(営)33.5km　(営)148.8km

全区間の営業キロ
33.5＋148.8＝182.3（A表）　3,410円
JR北海道内営業キロ
148.8(北海道加算額F表)　550円
合計普通運賃　3,960円

例2 弘前～鵡川(JR北海道は幹線・地方交通線またがり)の普通運賃

弘前 ―(幹)― ◯新青森◯ ―(幹)― 苫小牧 ―(地)― 鵡川

(営)33.5km　(営)378.4km　(営)30.5km
(換)33.6km

全区間の運賃計算キロ
33.5＋378.4＋33.6＝445.5（A表）　7,480円
北海道内運賃計算キロ
378.4＋33.6＝412.0（北海道加算額F表）　770円
合計普通運賃　8,250円

② 本州3社とJR四国、JR九州にまたがる場合

例1 東京～高知の普通運賃

東京 ―(幹)― 岡山 ―(幹)― ◯児島◯ ―(幹)― 高知

(営)732.9km　(営)27.8km　(営)151.5km

全区間の営業キロ
732.9＋27.8＋151.5＝912.2（A表）　11,880円
四国内営業キロ
151.5（JR四国加算額F表）　660円
(章末資料F表には瀬戸大橋線の加算額110円を含む)
合計普通運賃　12,540円

※瀬戸大橋線児島～宇多津間を利用の場合、加算額110円を加算する。加算額表には110円を含んでいる場合が多いため、含まれているか否かを必ず確認すること。

例2 宇部〜別府（在来線乗車）

宇部 ＿（幹）＿ 下関 ＿（幹）＿ 別府

（営）43.6km　（営）132.6km

全区間の営業キロ
43.6＋132.6＝176.2（A表）　3,080円
九州内の営業キロ
132.6（JR九州加算額F表）　220円
合計普通運賃　3,300円

例3 東京〜長崎（東京〜博多は新幹線利用の場合）

東京 ＿（新幹線）＿ 博多 ＿（幹）＿ 長崎

（運賃計算キロ）　（営）153.9km
1179.3km

全区間の運賃計算キロ
1179.3＋153.9＝1333.2（A表）　15,290円
九州内営業キロ
153.9（JR九州加算額F表）　220円
合計普通運賃　15,510円

例4 東京〜別府（東京〜小倉は新幹線利用の場合）

東京 ＿（新幹線）＿ 小倉 ＿（幹）＿ 別府

（運賃計算キロ）
1112.1km　（営）120.8km

全区間の運賃計算キロ
1112.1＋120.8＝1232.9（A表）　14,410円
九州内営業キロ
120.8（JR九州加算額F表）　220円
合計普通運賃　14,630円

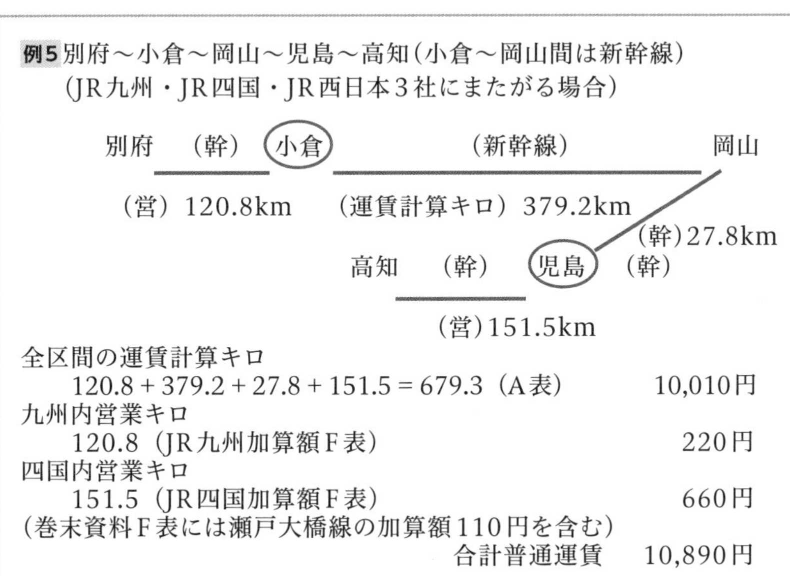

全区間の運賃計算キロ
120.8 + 379.2 + 27.8 + 151.5 = 679.3（A表） 10,010円
九州内営業キロ
120.8（JR九州加算額F表） 220円
四国内営業キロ
151.5（JR四国加算額F表） 660円
（巻末資料F表には瀬戸大橋線の加算額110円を含む）
合計普通運賃 10,890円

※例3、4、5の新幹線部分の運賃計算キロ表示については、後掲の運賃計算の特例の内、特定区間（岩国～櫛ケ浜）が含まれているためである。

POINT

以下2点に注意して、本州3社と3島にまたがった場合の運賃計算をマスターしよう。

- 境界駅を覚える（JR西日本とJR九州にまたがる場合は利用列車によって、下関、小倉、博多と変わる）
- 3島乗車区間に対する加算額を忘れない

3 連絡運輸

例 東京～柿崎（連絡運輸（北越急行）を含む場合）
東京
六日町
犀潟
柿崎
（営）216.8km
北越急行1,090円
（営）10.5km

（JRのキロ数計算は社線の前後のキロ数を通算）
216.8 + 10.5 = 227.3　端数切上228km （A表）4,070円
東京～柿崎の普通運賃は 4,070 + 1,090 = 5,160円

※連絡運輸の社線部分で10円未満の端数が出た場合は、JRと違い端数は切上げとなる。北越急行1,090円の小児は÷2で545円になるが、切上げで550円となる。

4 JR北海道、JR四国、JR九州のみを乗車

JR北海道は幹線、地方交通線の普通運賃表がある。JR四国、JR九州は幹線、地方交通線いずれも同じ運賃表を使用する（営業キロ、運賃計算キロ、擬制キロにより距離を調整）。ただし、一部特定運賃を設けてある距離もある。

5 運賃計算の特例

1 特定区間の運賃計算

以下に掲げる区間を乗車する場合、○印の短い経路の営業キロ等により運賃・料金計算をする。片道101km以上の場合はどちらの経路でも途中下車できる。

区間	経路
大沼～森	○函館本線大沼公園経由 （営）22.5km 〃 東森経由 （営）35.3km
赤羽～大宮	○東北本線川口・浦和経由 （営）17.1km 〃 戸田公園・与野本町経由 （営）18.0km
日暮里～赤羽	○東北本線王子経由 （営）7.4km 〃 尾久経由 （営）7.6km
品川～鶴見	○東海道本線大井町経由 （営）14.9km 〃 西大井経由 （営）17.8km
東京～蘇我	○総武本線・外房線 （営）43.0km 京葉線 （営）43.0km
山科～近江塩津	○湖西線 （営）74.1km 東海道本線・北陸本線経由 （営）93.6km
大阪～天王寺	○大阪環状線天満経由 （営）10.7km 〃 福島経由 （営）11.0km
三原～海田市	○山陽本線 （営）65.0km 呉線 （営）87.0km
岩国～櫛ケ浜	○岩徳線 （営）43.7km （換）48.1km 山陽本線 （営）65.4km

2 東京付近の特定区間を通過する場合

旅客が次に掲げる図の太線区間を通過する場合の普通旅客運賃・料金は太線区間内の最も短い営業キロによって計算する。この場合、太線内は経路の指定を行わない。

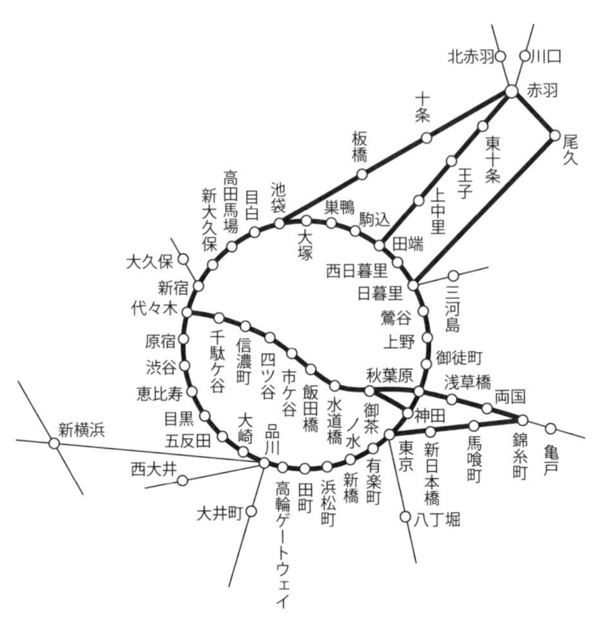

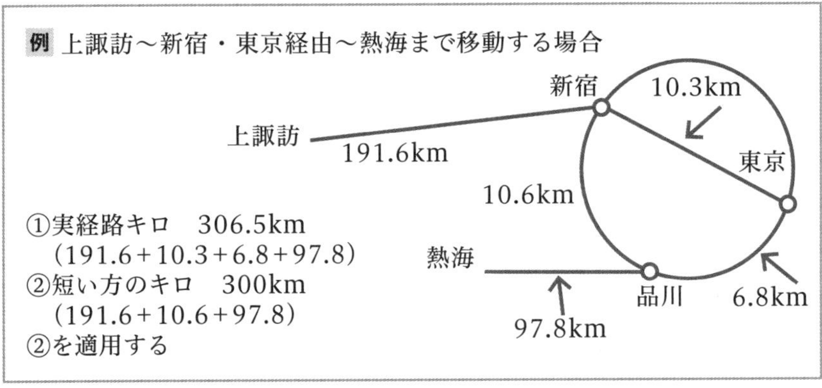

3 特定都区市内発着の場合

以下の図に掲げる特定都区市内(11か所)の駅とその都区市内の中心駅(◎印の駅)から営業キロが201km以上ある駅間の普通運賃は、その中心駅からの営業キロまたは運賃計算キロにより求める(① -(2)東京山手線内は中心駅からの距離100kmを超え200kmまで)。

特定都区市内の発または着の乗車券はゾーン内の駅であればどの駅からも乗車または下車ができるが、ゾーン内の各駅では途中下車ができない。

① 東京都区内(全区間)

①－(2)東京山手線内(太線区間)

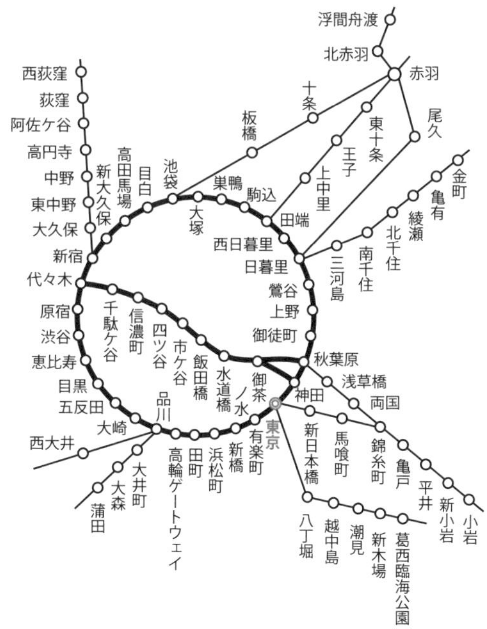

② 横浜市内

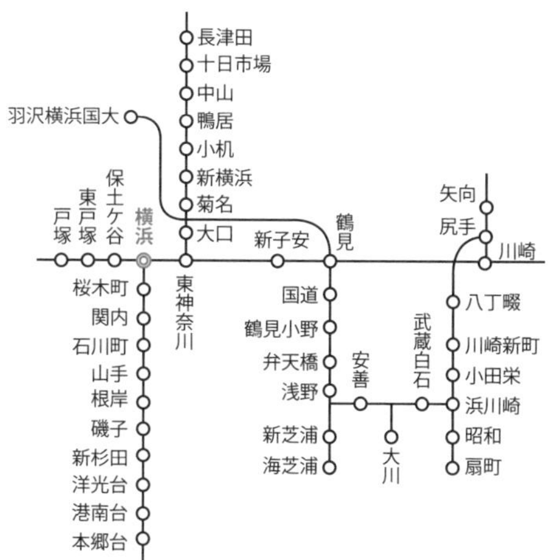

③ 名古屋市内

④ 京都市内

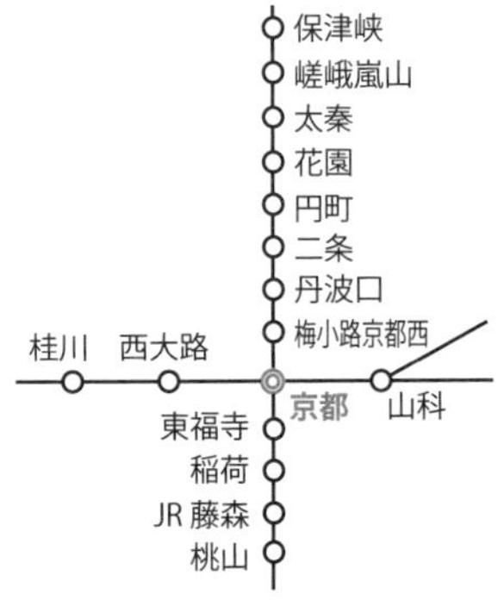

⑤ 大阪市内

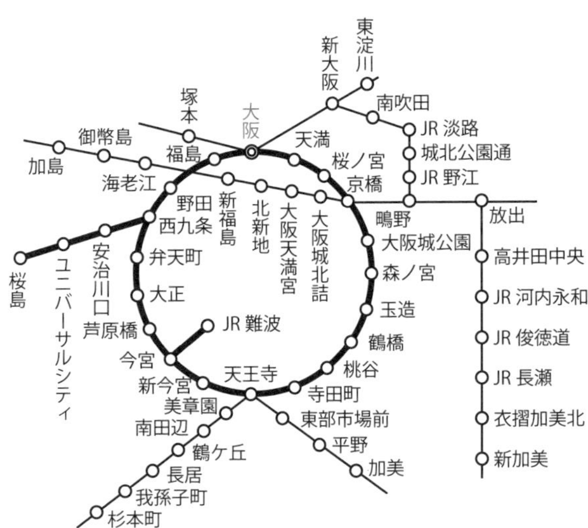

⑥ 神戸市内

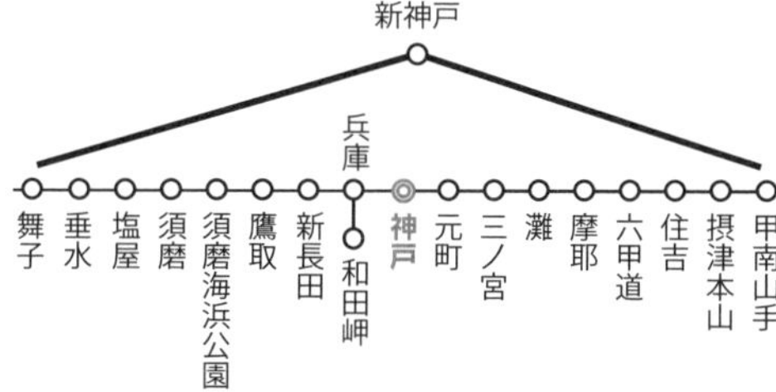

⑦ 広島市内

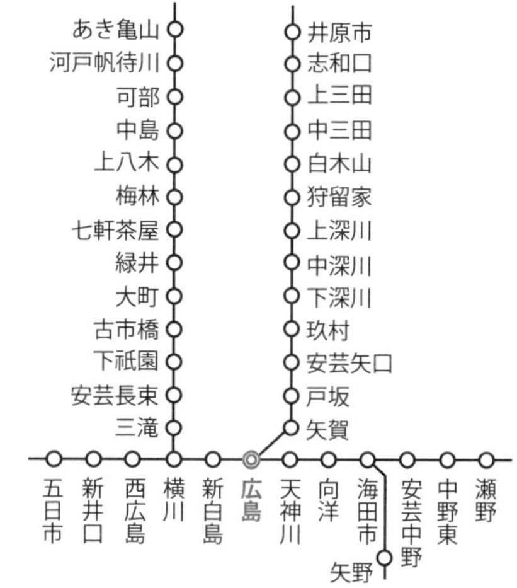

⑧ 北九州市内

PART 3 総合 国内 第1章 国内運賃

⑨ 福岡市内

⑩ 仙台市内

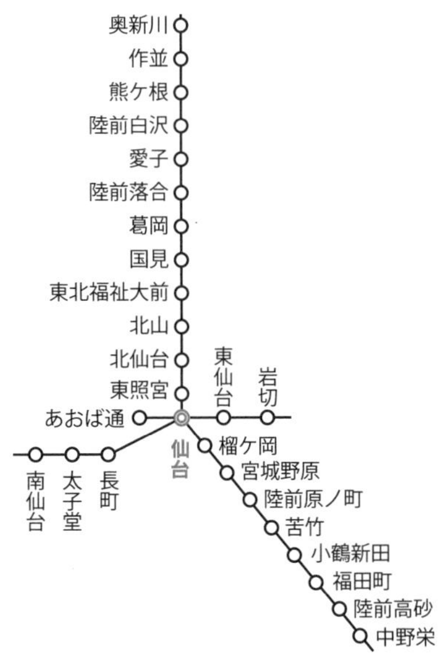

⑪ 札幌市内

例1 上諏訪～新宿まで乗車の場合

上諏訪――――新宿(………………東京)
(営)191.6km　(営)10.3km

実乗車キロ(上諏訪から新宿) 191.6km (3,410円)
運賃計算上の距離　(上諏訪から東京) 201.9km……切上げ202km
(3,740円)新宿は東京都区内の駅のため、東京駅起点計算となる

乗車券　見本

上諏訪→**区東京都区内**
経由　中央線
3月26日から　1日間有効　¥3, 740
券面表示の都区市内各駅下車前途無効

○○. 3.15　××発行
・・・・・・・−01

例2 豊橋～赤羽まで乗車の場合

豊橋――――東京――――赤羽
(営)293.6km　(営)13.2km

実乗車キロ(豊橋から赤羽)　306.8km (5,500円)
運賃計算のキロ数(豊橋から東京まで)　293.6km (5,170円)
※赤羽は東京都区内の駅なので、運賃計算上は東京駅起点になる

乗車券　見本

豊　橋→**区東京都区内**
経由　豊橋・新幹線
3月26日から3月28日まで　¥5, 170
券面表示の都区市内各駅下車前途無効

○○. 3.15　××発行
・・・・・・・−01

4 大都市近郊区間内相互発着の場合

東京・新潟・仙台・大阪・福岡エリアの大都市近郊区間内の在来線運賃は、実際の乗車経路にかかわらず最短の経路によって計算する。この場合、営業キロが101km以上であっても有効期間は1日（当日限り）で、区間内の途中下車はできない。ただし、次の新幹線区間は含まれないので、新幹線を含む営業キロが101km以上の場合は、本節❻「乗車券の効力」が適用され途中下車も可能である。

東海道新幹線	東京～熱海間
山陽新幹線	新大阪～西明石／小倉～博多間
上越新幹線	東京～高崎／長岡～新潟間
東北新幹線	東京～那須塩原／郡山～一ノ関間
山形新幹線（奥羽本線）	福島～新庄間「つばさ号」利用

■大都市近郊区間

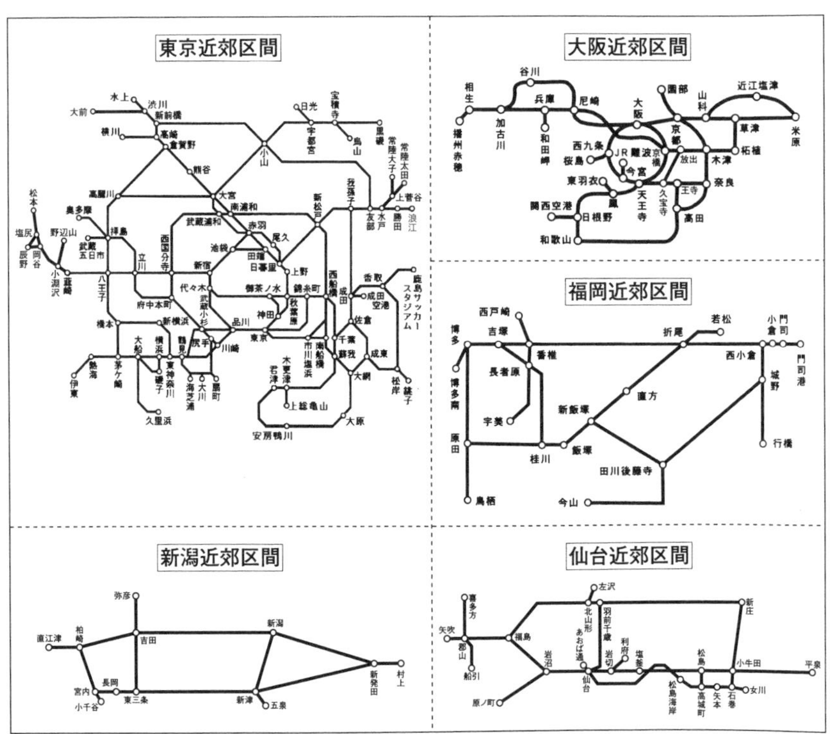

5 新幹線と在来線が並行する区間の特例

新幹線と在来線の並行運行区間では、同じ線として営業キロなどを計算。ただし、次の区間内にある各駅を発駅・着駅または接続駅とする場合は別の線として営業キロなどを計算する。

東海道・山陽新幹線と在来線（東海道本線・山陽本線）	品川～小田原、三島～静岡、名古屋～米原、新大阪～西明石、福山～三原、三原～広島、広島～徳山の7区間
九州新幹線と在来線（鹿児島本線）	博多～久留米、筑後船小屋～熊本の２区間
東北新幹線と在来線（東北本線）	福島～仙台、仙台～一ノ関、一ノ関～北上、北上～盛岡の４区間
上越新幹線と在来線（高崎線・上越線・信越本線）	熊谷～高崎、高崎～越後湯沢、長岡～新潟の３区間

例 高山～特急で名古屋まで、名古屋から新幹線で京都の場合（名古屋～米原間のケース）

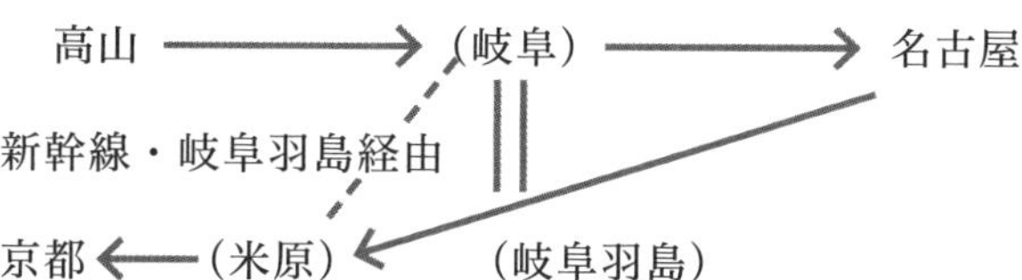

岐阜と岐阜羽島を同一駅として扱った場合、岐阜と名古屋が折返区間になるため、通常のキロ数計算法は高山～名古屋、名古屋～京都の２区間（片道乗車券２区間または連続乗車券）でキロ数計算するが、東海道本線経由岐阜～名古屋間と名古屋～新幹線経由なので特例別路線扱いになる。よって高山（高山本線・東海道本線経由）名古屋～（新幹線経由）～京都まで片道乗車券１区間としてキロ数を計算する。

6 区間外乗車

乗車駅を電車が通過するために、停車する駅まで行って折り返して同じ路線に乗車する場合、運転の都合のために重複区間のキロ数は運賃・料金の計算に含めない。ただし、この間での途中下車はできない。

分岐駅通過列車に対する区間外乗車	神田～東京、山科～京都、倉敷～岡山、多度津～丸亀など47か所
特定の分岐区間に対する区間外乗車	西日暮里以遠の各駅と三河島以遠の相互間を乗車する場合の日暮里～東京間など11か所
特定の列車による折り返し区間外乗車	札幌～白石、宮内～長岡、幡生～下関の３か所

7 新下関～博多間を乗車する場合の特例

新下関～博多間を、一方が新幹線経由、他方が在来線経由の場合は、別路線扱いとなるが、線路が異なっても往復乗車券を発売する。したがって、この区間を発着区間に含む場合で、片道の営業キロが600kmを超える場合は、往復割引が適用できる。

8 その他特例

ほかにも、新大阪・大阪と姫路以遠の各駅相互間、北新地と尼崎以遠各駅相互間の運賃計算特例や特定の列車(成田エクスプレス、はまかぜ)の運賃・料金の計算特例がある。

6 乗車券の効力

1 有効期間

有効期間計算のキロ数は営業キロを使用。営業キロ100kmまでと大都市近郊区間内のみの乗車の場合は、開始日当日のみ有効。100.1km以上の乗車券の有効期間は200km増すごとに1日追加となる。

200kmまで	400kmまで	600kmまで	800kmまで	1,000kmまで
2日	3日	4日	5日	6日

※1,000kmを超えるものは200km増すごとに1日追加。

営業キロを200km単位に切上げ÷200km＋1日=有効期間

例 1,605kmを200km単位に切上げると1,800km
1800 ÷ 200 + 1 = 10 (日間)が有効期間

- 往復乗車券の有効期間は片道乗車券の2倍。ただし、新下関～博多間を含む場合は往路、復路それぞれの有効期間を加算したもの。
- 続乗車券の有効期間は1区間・2区間各々の有効期間を加算したもの。

2 途中下車

乗車券の有効期間内で乗車の順路にしたがって何回でも途中下車できるが、以下の場合は途中下車できない。

① 有効期間が1日(当日限り)の乗車券

ア　営業キロが100kmまでの区間の普通乗車券

イ　大都市近郊区間内の相互発着の普通乗車券（新幹線利用を除く）

② 発駅または着駅が特定都区市内または東京山手線内の場合は、そのゾーン内の各駅

7 割引乗車券

ココ出る

1 往復割引乗車券

片道の営業キロが600.1km以上ある往復乗車券（往復とも同一区間・経路）は往路、復路それぞれが1割引になる。ただし、新下関～博多間で一方が新幹線経由、もう一方が在来線経由の場合でも往復割引ができる。

例1 東京～新青森（新幹線経由）の場合

営業キロ　713.7km　片道運賃は10,340円
〈往路〉 1割引……10,340×（1－0.1）＝9,306円
　　　　端数整理……9,300円
〈復路〉 同様の計算で9,300円となる。
よって、往路9,300＋復路9,300＝18,600円（往復割引運賃）

例2 上記の小児の場合

大人10,340÷2＝5,170円…小児片道運賃
〈往路〉 1割引……5,170×（1－0.1）＝4,653円
　　　　端数整理……4,650円
〈復路〉 同様の計算で4,650円となる。
よって、往路4,650＋復路4,650＝9,300円（小児往復割引運賃）

例3 名古屋～博多間を往路新幹線、復路在来線の場合

〈往路〉 名古屋～博多　運賃計算キロ　813.3km　11,330円
　　　　1割引……11,330円×（1－0.1）＝10,197円
　　　　端数処理……10,190円
〈復路〉 在来線利用のため下関が境界駅となり、博多～下関間の加算額が必要
　　　　博多～下関　営業キロ　79km　160円（加算額）
　　　　11,330＋160＝11,490円
　　　　1割引……11,490×（1－0.1）＝10,341円
　　　　端数処理……10,340円
よって、往路10,190＋復路10,340＝20,530円（往復割引運賃）

2 学生割引運賃

学割証(学生生徒旅客運賃割引証)を所持する学生で、乗車区間の営業キロが100キロメートルを超える場合は、運賃が2割引になる。往復割引乗車券も学割が適用される(JRは原則重複での割引はないが、重複割引の特例)。

例 東京～新青森(新幹線経由)の学生往復割引運賃

営業キロ　713.7km　片道運賃は10,340円
　　　　　10,340×(1－0.1)＝9,306円
　　　　　端数整理……9,300円(大人往路割引運賃)
〈往路〉 9,300×(1－0.2)＝7,440円(学割往路割引運賃)
〈復路〉 同様に計算……7,440円
よって、往路7,440＋復路7,440＝14,880円(学割往復割引)

3 その他割引運賃

身体障害者割引、知的障害者割引等がある。

4 料金

・学習のポイント

- 新幹線、在来線の特急料金の概要と料金波動、乗継割引の規則をマスターする。
- 各社別の繁忙期、閑散期、通常期の新幹線内乗継の計算法（料金帯が同じもの、違うものの例）を押さえる。

1 JRの料金

料金は運賃に付帯し、速さや設備などのサービスに対しての対価である。このサービスを利用する場合、旅客は乗車券のほかに料金を支払う。料金の種類は本章2節「乗車券類の発売」を参照。

■料金計算の基本

① 料金は原則として乗車する列車ごとに必要となる

② 定額制となる座席指定料金、寝台料金および新幹線特急料金を除き、実際に乗車する区間の営業キロで計算する

※運賃計算キロ、換算キロ、擬制キロは使用しない。新幹線の特急料金は区間ごとに定められている。

2 シーズン別料金

新幹線・在来線特急ともに、通常期・閑散期・繁忙期・最繁忙期があり、料金は、閑散期が通常期より－200円、繁忙期が通常期に＋200円、最繁忙期が＋400円である。

- 2023年4月からグリーン車および寝台車利用時の特急料金にも適用となる。
- JR東日本（一部JR東海）の座席未指定券が適用される在来線特急等一部の特急列車は、通年同額となる。
- JR北海道内の在来線特急は、通年同額（通常期）となる。
- 西九州新幹線およびJR九州内の在来線特急は、閑散期は適用しない。

3 新幹線の特急料金

新幹線の特急料金は駅間ごとに決められている。東海道・山陽新幹線の「のぞみ」「みずほ」、東北新幹線の「はやぶさ」「こまち」の料金帯は同路線を走る他の新幹線の料金帯より高く設定されている。

1 東海道・山陽・九州新幹線の列車名と運転区間

	東京…………… 新大阪 ……………… 博多 …………… 鹿児島中央 （JR東海）（JR西日本）（JR九州）
のぞみ	←→ 東京～博多
ひかり	←→ 東京～博多
こだま	←→ 東京～博多
みずほ	←→ 新大阪～鹿児島中央
さくら	←→ 新大阪～鹿児島中央
つばめ	（小倉）←－－←→ 博多～鹿児島中央

■東北・上越・長野・山形・秋田新幹線の列車名

東北新幹線	東京～新青森間（はやぶさ、はやて、やまびこ、なすの）		
	山形新幹線	東京～山形・新庄間（つばさ）	山形新幹線（福島～新庄間）、秋田新幹線（盛岡～秋田間）は在来線扱い
	秋田新幹線	東京～秋田間（こまち）	
北海道新幹線	新青森～新函館北斗間（はやぶさ、はやて）		
上越新幹線	東京～新潟間（とき、たにがわ）		
北陸新幹線	東京～金沢間（かがやき、はくたか、つるぎ、あさま）		
西九州新幹線	武雄温泉～長崎（かもめ）		

2 自由席、一部指定席利用の場合の料金

① 自由席を利用の場合は、通常期の特急料金から530円引きとする

② 一部区間指定席を利用の場合、全区間指定席料金となる

③ 全区間「のぞみ・みずほ」の自由席利用の場合は「ひかり・こだま・さくら」の「自由席料金」と同額

④ 隣の駅、一部近隣相互間を自由席利用の場合、「特定特急料金」

3 グリーン車、グランクラス利用の場合の料金

通常期の指定席料金から530円引きをした額に、グリーン料金、グランクラス

料金(大人・小児同額)を加算する。また、特急料金には、普通車指定席利用時と同様、シーズン別料金(±200円、+400円)も適用する。

4 新幹線内乗継

特急券は1列車に1回限り有効であるが、新幹線は1方向に乗り継ぐ場合は2列車以上の列車であっても改札口を出ない(途中下車しない)ことを条件に全区間を通した特急料金を適用する。ただし、以下の場合を除く。

① 東京駅で乗り継ぐ場合
② 大宮駅で上りの東北新幹線から下りの上越新幹線に、または逆の場合
③ 高崎駅で上りの上越新幹線から下りの北陸新幹線に、または逆の場合
④ 山陽新幹線と九州新幹線を乗り継ぐ場合
⑤ 東北新幹線と北海道新幹線を乗り継ぐ場合

以下の事例は、いずれも通常期料金で計算してある。

例1 同じ料金帯で、双方とも普通車指定席を利用する場合
「のぞみ」と「みずほ」

東京～(のぞみ)～広島～(みずほ)～博多

7,560円 + 4,140円 = 11,700円だが
東京～博多間の通し料金9,310円を適用する

例2 同じ料金帯で、普通車指定席と自由席を乗り継ぐ場合
「ひかり」と「こだま」

東京～(ひかり指定席)～名古屋～(こだま自由席)～米原

4,710円 + 1,760円 =6,470円だが
東京～米原間(全区間指定席利用)の指定席料金5,150円を適用する

例3 料金帯の違う列車を乗り継ぐ場合は加算料金が必要
（「のぞみ」と「さくら」・「こだま」または「はやぶさ」と「やまびこ」など）

東京～（のぞみ）～広島～（さくら）～博多の普通車指定席を利用する場合、基本の特急料金（全区間の低価額帯の料金表から算定）
東京～博多の「ひかり・こだま」の通しの指定席料金　8,670円

加算料金（高価額帯と低価額帯の差額表を算出）
（東京～広島のぞみ7,880）－（東京～広島ひかり・こだま7,030）＝850
東京～広島の「のぞみ」乗車区間に対する加算料金　＋850円
合計（使用料金）　**9,520円**

例4 一部区間グリーン車に乗車の場合

東京～（ひかり指定席）～名古屋～（こだまグリーン車）～米原
（名古屋～米原間の営業キロ79.9kmからグリーン料金が1,300円）
（本節6「グリーン料金」参照）
全区間（東京～米原間）の特急料金（新幹線乗継通し料金）5,150円から530円引き　4,620円
名古屋～米原間グリーン料金　＋1,300円
合計（使用料金）　**5,920円**

例5 「ひかり・こだま」をはさんで「のぞみ」の指定席を乗り継ぐ場合
通常通り（例1～4）の計算額と「のぞみ」を通算した額の低額の方を適用

例5-① 東京～（のぞみ）～京都～（ひかり）～広島～（のぞみ）～博多

計算1	東京～博多間ひかりの指定席料金	8,670円
	東京～京都間のぞみ利用の加算料金	320円
	広島～博多間のぞみ利用の加算料金	530円
	合計（a）	9,520円
計算2	東京～博多間のぞみの特急料金（b）	9,730円

（a）（b）を比較すると（a）の方が210円低額なため（a）を適用

例5-② 東京～(のぞみ)～姫路～(ひかり)～岡山～(のぞみ)～博多

計算1	東京～博多間ひかりの指定席料金	8,670円
	東京～姫路間のぞみ利用の加算料金	640円
	岡山～博多間のぞみ利用の加算料金	740円
	合計(a)	10,050円
計算2	東京～博多間のぞみの特急料金(b)	9,730円

上記(a)(b)を比較すると(b)の方が320円低額なため(b)を適用

例6 料金帯の違う新幹線の乗継ぎで全区間グリーン車の場合

例6-① 東京～(はやぶさグリーン車)～仙台～(はやてグリーン車)～盛岡

東京～盛岡間はやての特急料金	5,910－530＝5,380円
東京～仙台間はやぶさの加算料金	320円
東京～盛岡間(535.3km)グリーン料金	5,400円
合計(使用料金)	11,100円

例6-② 東京～(はやぶさグランクラス)～仙台～(はやてグリーン車)～盛岡

東京～盛岡間はやての特急料金		5,910－530＝5,380円
東京～仙台間はやぶさの加算料金		320円
東京～盛岡間(535.3km)グリーン料金		5,400円
東京～仙台間(351.8km)グランクラス加算料金		5,240円
東京～仙台間グランクラスのA料金	9,430円	(5,240円)
東京～仙台間のグリーン料金	－4,190円	
合計(使用料金)		16,340円

※グランクラスのA料金はP265の表〈JR東日本内およびJR西日本内の北陸新幹線(上越妙高～金沢)〉を参照。

4 在来線の特急料金

1 A特急料金とB特急料金

在来線の特急料金は、実乗車区間の営業キロにより算定する。乗車区間により、A特急料金とB特急料金の設定がある(乗車する区間がAとBにまたがる場合は、全区間に対してA特急料金を適用する)。

2 特急料金の変動

乗車日あるいは利用施設によって、特急料金が次のように変動する。

普通車指定席	通常期の指定席特急料金に、乗車日によるシーズン区分(±200円、+400円)を適用
普通車自由席	通常期の普通車指定席特急料金の530円引となる(乗車日による変動はしない)
グリーン車寝台車	通常期の普通車指定席特急料金の530円引+グリーン料金(もしくは寝台料金)に、乗車日によるシーズン区分適用

※JR北海道は通常期のみ。JR九州は閑散期はない。
※JR東日本の座席未指定券を含む次の特急列車は、シーズン区分なく通年同額(踊り子号、湘南号、あずさ号、かいじ号、富士回遊号、はちおうじ号、おうめ号、ひたち号、ときわ号、あかぎ号、日光号、きぬがわ号、スペーシア日光号)。
※JR東海内の踊り子号(熱海〜三島間)、ふじさん号はシーズン区分なく通年同額。

3 2個以上の特急列車を1個の特急列車とみなすもの

新幹線の「新幹線内乗継」(途中駅で改札を出ないで当日中に乗り継ぐ)と同じ扱い(1個の特急とみなす)をする列車が在来線にもある。この取扱いは、グリーン料金にも適用。その概要は以下の通り。

① 福島〜新庄間(山形新幹線=奥羽本線)の特急停車相互間で、**山形駅**にて改札を出ないで乗り継ぐ場合。

② 大阪〜和倉温泉間(湖西線・北陸本線・七尾線経由)の特急停車駅相互間で、**金沢駅**で改札を出ないで乗り継ぐ場合。米原・名古屋方面からは適用不可。

③ (a)京都〜城崎温泉(山陰本線経由)、(b)新大阪〜城崎温泉(福知山線経由)の特急停車駅相互間で、**福知山駅**にて改札を出ないで乗り継ぐ場合。「はしだて号」「きのさき号」「こうのとり号」等。

④ 岡山〜宇和島間および高松〜宇和島間の特急停車駅相互間で、**宇多津駅**、**丸亀駅**、**多度津駅**または**松山駅**にて改札を出ないで乗り継ぐ場合。

⑤ 岡山〜窪川間および高松〜窪川間の特急停車駅相互間で**宇多津駅**、**丸亀駅**、**多度津駅**または**高知駅**にて改札を出ないで乗り継ぐ場合。

⑥ 岡山〜牟岐間(高松経由)の特急停車駅相互間で**徳島駅**にて改札を出ないで乗り継ぐ場合。

⑦ 徳島〜高知間の特急停車駅相互間で**阿波池田駅**にて改札を出ないで乗り継ぐ場合。

⑧ 博多〜宮崎空港間の特急停車駅相互間で**大分駅**にて改札を出ないで乗り継ぐ場合。ただし久大本線または豊肥本線を経由して運転する特急列車に乗車する場合を除く。

⑨ 札幌～稚内間(函館本線・宗谷本線経由)および札幌～網走間(函館本線・石北本線経由)の特急停車駅相互間で旭川駅にて改札を出ないで乗り継ぐ場合。

⑩ 違う方向からきた２つの特急が、途中駅から車両連結して併結運転する場合。

例 ひだ25号は(大阪～高山)間運行。ひだ５号は(名古屋～飛騨古川)を運行しており、両列車が岐阜で併結して高山線に入るため、ひだ25号で大阪方面から来た人が岐阜でひだ５号の車両に乗換え飛騨古川で下車する、など。

4 連絡運輸の特急券

JRと相互乗入れしている連絡会社線の特急料金は、JRの特急料金と会社線の特急料金とを合計した金額である。なお、連絡会社線にはシーズン区分はない。自由席特急料金は通常期指定席特急料金から530円引き、グリーン車利用の場合は、シーズン別指定席特急料金から530円引きするが、会社線部分については会社ごとに決められている。小児料金は特急料金を半額にして合計をする。端数についてはJRは切捨て、会社線は切上げ(一部切捨て)となる。

JR特急列車が連絡会社線を通過して運転される場合、料金の計算は運賃の計算と同様に、JRの通算した営業キロに対するJRの料金に連絡会社線の料金を加算する。

5 東北新幹線にまたがる山形新幹線・秋田新幹線の特急料金

山形新幹線・秋田新幹線は在来線である。両新幹線の車両は東京駅から東北新幹線に併結され、山形新幹線(福島～新庄間)は福島から奥羽本線に、秋田新幹線(盛岡～秋田間)は盛岡から田沢湖線・奥羽本線の線路上を走行している。

東北新幹線と改札を出ないで乗り継ぐ場合の特急料金は「福島駅」「盛岡駅」で区分し、それぞれの料金を合算する。なお、指定席特急料金は山形新幹線・秋田新幹線部分の特急料金から530円引きする。

最繁忙期・繁忙期・閑散期利用の場合の加減額は、東北新幹線の特急料金に対して400円、200円を加減し、山形新幹線・秋田新幹線には適用しない。在来線区間のみ利用する場合は、下表の指定席特急料金を使用し、シーズン別の加減額も適用する。

① 山形新幹線(つばさ号の在来線区間の指定席特急料金・通常期)

営業キロ	50kmまで	100kmまで	150kmまで
指定席特急料金	1,290円	1,660円	2,110円
特定特急料金	760円	1,130円	1,580円

② 秋田新幹線(こまち号の在来線区間の指定席特急料金・通常期)

営業キロ	50kmまで	100kmまで	150kmまで
指定席特急料金	1,290円	1,660円	2,110円
特定特急料金	760円	1,130円	1,580円

※①②ともグリーン車利用の場合は、シーズン別指定席特急料金から530円引き。

③ グリーン料金

東北新幹線区間と在来線区間を直通で(または途中駅で改札を出ずに乗り継いで)グリーン車指定席を利用する場合、新幹線と在来線区間の営業キロを通算し、通しのグリーン料金を加算する。

ただし、通算できるのは東京方面と山形・新庄方面および秋田方面の相互間に限る(新青森⇔秋田方面、盛岡⇔山形方面のような場合は、それぞれの区間の合算となる)。

例 東京～(新幹線こまち)～秋田のグリーン車利用(通常期)

東京～盛岡間　535.3km、盛岡～秋田間　127.3km
東京～秋田間特急料金　8,010－530＝7,480円
東京～秋田間グリーン料金(662.6km)　5,600円
合計　13,080円……特急料金・グリーン料金

5 乗継割引

JR線の特急列車や急行列車を乗り継ぐ場合、一定条件を満たせば特急料金、急行料金などが**半額**になる。ただし出発前に双方の料金を**同時に購入**すること。なお、10円未満の端数は切り捨てる。

1 新幹線と在来線

新幹線から在来線の特急・急行列車に**当日中**に乗り継ぐ場合に在来線の特急・急行料金、座席指定料金が半額になる(グリーン料金と寝台料金は割引とならない)。在来線から新幹線に乗り継ぐ場合は、**当日または翌日**でも割引になる。

新幹線の駅で在来線に乗り継いで乗継割引が適用できるのは次の駅である。

- 東海道・山陽新幹線……新横浜～相生間の全停車駅(東京・品川・小倉・博多は対象外)
- 東北・北海道新幹線……新青森、新函館北斗(福島・仙台・盛岡は対象外)
- 上越新幹線……長岡、新潟(高崎は対象外)
- 北陸新幹線……長野、上越妙高、金沢(高崎・富山は対象外)

- 九州新幹線……乗換割引を適用する駅はない
- 次の在来線の駅は(　)内に書かれている新幹線の乗継駅とみなす
  a 大阪駅(新大阪で新幹線に乗り継ぐ場合に限る)
  b 直江津駅(上越妙高で新幹線に直通して運転する特急列車に乗車して乗り継ぐ場合に限る)
  c 津幡駅(金沢駅で新幹線に直通して運転する特急列車に乗車して乗り継ぐ場合に限る)

10円未満の端数は切り捨てる(端数整理)。

なお、新幹線をはさんで在来線の特急・急行に乗り継ぐ場合は、在来線の料金がいずれか**高い方**を割引する(以下の **例4** 参照)。

ただし、以下は**乗継割引の対象外**。

- 東北新幹線と新青森～青森間のみを特急・急行列車に乗車する場合(普通車自由席を利用する場合は特急・急行料金なしで乗車できる)
- 越後湯沢～ガーラ湯沢間(上越線)
- 「サフィール踊り子号」「踊り子号」「湘南号」「WEST EXPRESS銀河号」

以下の例はすべて乗継駅での当日乗継ぎ通常期料金で算出している(通常期以外は±200、+400してから半額にする)。

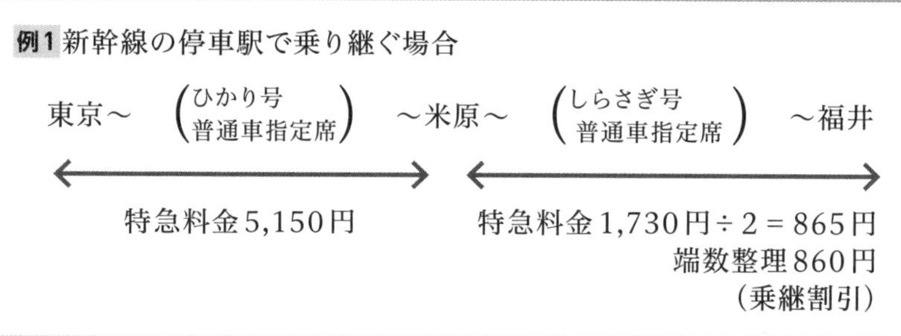

例2 在来線の駅a(大阪駅)の場合

名古屋～(こだま号 普通車指定席)～新大阪～(普通列車)～大阪～(はまかぜ号 普通車指定席)～城崎温泉

名古屋～新大阪：特急料金3,060円

大阪～城崎温泉：特急料金2,290円÷2＝1,145円　端数整理1,140円(乗継割引)

〈小児の場合〉

はまかぜ号小児特急料金　2,290÷2＝1,145… 端数整理1,140円

はまかぜ号小児乗継割引特急料金　1,140÷2＝570円

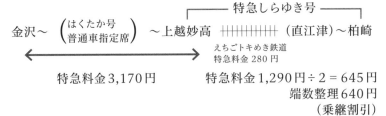

例3 在来線の駅b（直江津駅）の場合

特急しらゆき号

金沢～（はくたか号 普通車指定席）～上越妙高 ┼┼┼┼┼┼┼┼┼┼ （直江津）～柏崎

えちごトキめき鉄道
特急料金 280 円

特急料金3,170円

特急料金1,290円÷2＝645円
端数整理640円
（乗継割引）

※上越妙高駅で北陸新幹線から特急しらゆき号に乗り継いでいるので特急しらゆき号に乗継割引が適用される。ただし、割引となるのはJR区間（直江津～柏崎間）の特急料金のみであり、連絡会社線（えちごトキめき鉄道）の特急料金は割引されない。

例4 新幹線をはさんで在来線に乗り継ぐ場合

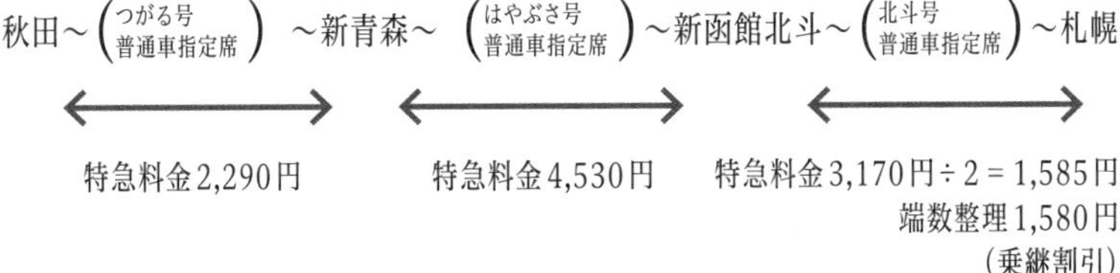

端数整理1,580円
（乗継割引）

※つがると北斗はいずれもはやぶさとの乗継条件を満たしているが、重複した割引はできないため、いずれか一方の特急料金が高い方を適用する。したがって、北斗の3,170円を乗継割引にする。

6 グリーン料金

グリーン料金は急行列車用と普通列車（快速含む）用の２種類ある。料金は実際に乗車する**営業キロ**により算出するが、特急用と快速用とは料金設定が異なる。

特急列車のグリーン車、グランクラスに乗車の場合、乗車券、特急券（シーズン別指定席特急料金から530円引き）とグリーン券が必要である。グリーン料金は**大人・小児**同額（小児の設定がない）。

1 特急のグリーン・グランクラス料金

- 特急用のグリーン料金は、新幹線と在来線は同額である（JR北海道・JR九州およびJR東日本相互発着区間等を除く）。
- 特急のグリーン車はすべて指定席で、シーズン別指定席特急料金から530円引きとなる。

- 特急用のグリーン券は、原則として「特急券・グリーン券」として通常1枚で発券される。
- 東北・北海道新幹線と上越・北陸新幹線には、グリーン車よりさらにデラックスな「グランクラス」が設定されている。グランクラスはサービス内容の違いでグランクラス(A)(B)の2タイプがあり、料金が異なる。

① グリーン料金(急行列車用)

〈JR北海道・東海・西日本(北陸新幹線を除く)・四国内とJR各社間〉

営業キロ	～100km	～200km	～400km	～600km	～800km	801km以上
グリーン料金	1,300円	2,800円	4,190円	5,400円	6,600円	7,790円

〈JR九州内〉

営業キロ	～100km	～200km	201km以上
グリーン料金	1,300円	2,800円	4,190円
DXグリーン料金	2,080円	4,760円	6,150円
九州新幹線のグリーン料金(A)	1,300円	2,800円	4,190円

〈北海道新幹線〉

営業キロ	～100km	～200km
グリーン料金	1,300円	2,800円
グランクラス(A)料金(アテンダントあり)	6,540円	8,040円
グランクラス(B)料金(アテンダントなし)	4,450円	5,950円

〈JR東日本内およびJR西日本内の北陸新幹線(上越妙高～金沢)〉

営業キロ	～100km	～200km	～400km	～600km	～700km	701km以上
グリーン料金	1,300円	2,800円	4,190円	5,400円	5,600円	6,600円
グランクラス(A)料金(アテンダントあり)	6,540円	8,040円	9,430円	10,640円	10,840円	11,840円
グランクラス(B)料金(アテンダントなし)	4,450円	5,950円	7,340円	8,550円	8,750円	9,750円

※北陸新幹線のJR東日本とJR西日本の線区にまたがる区間および東北・北海道新幹線のJR東日本とJR北海道の線区にまたがる区間には適用しない。また、「成田エクスプレス号」のグリーン料金は200kmまでは一律2,800円。

※JR東日本「サフィール踊り子号」「踊り子号」「湘南号」のグリーン料金は別設定あり。

② 通しのグリーン料金

通しのグリーン料金の扱いは以下による。

ア 北陸新幹線のJR東日本とJR西日本にまたがる場合を除いて、2つ以上の新幹線のグリーン車を乗り継ぐ場合は、途中駅で改札を出ないことを条件(新幹線内乗継)に全区間の営業キロを通算してグリーン料金を算出する。なお、P257の新幹線内乗継対象外①～⑤はグリーン料金にも適用する。

イ 東北新幹線(東京～福島間)と奥羽本線(福島～新庄間)、または東北新幹線(東京～盛岡間)と田沢湖線および奥羽本線(大曲～秋田間)を直通して乗車する場合(途中駅で改札口を出ないで乗り継ぐ場合を含む)のグリーン料金は、東北新幹線の営業キロと在来線の営業キロを通算して算出する(同一方向に乗り継ぐ場合に限る)。

ウ 2個以上の特急列車を1個の特急列車とみなす乗り継ぎ(P260参照)の場合、グリーン料金も同様に通しで計算できる。

エ グリーン車とグランクラスを途中駅で乗り継いだ場合、全区間のグリーン料金にグランクラス乗車区間のグランクラス料金からグリーン料金を差し引いたものを加算する。グランクラス(A)とグランクラス(B)を途中駅で乗り継いだ場合は、全乗車区間に対してグランクラス(A)料金を使用する。

例 東京～(はやぶさ・グランクラス(A))～盛岡～(はやて・グリーン車)～八戸　(通常期)

特急料金　東京～八戸6,280円－530円
　　　　　＋(はやぶさ－はやて差額加算料金)520円＝6,270円(a)

グリーン料金計算　東京～盛岡(535.3km)グランクラス(A)　10,640円
　　　　　グリーン料金　5,400円
　　　　　差額　5,240円(b)
　　　　東京～八戸(631.9km)　グリーン料金　5,600円(c)

東京・八戸間の特急・グランクラス利用の料金
　　　　(a)＋(b)＋(c)＝17,110円

2 普通列車のグリーン券

快速・普通列車のグリーン券は指定席・自由席とも同額である。指定席の場合はその列車に限り有効。自由席グリーン券は有効期間開始日当日のみ。

営業キロ	50kmまで	100kmまで	150kmまで	151km以上
グリーン料金	780円	1,000円	1,700円	1,990円

- JR九州内は50kmまで780円。51km以上は1,000円
- 首都圏エリアについての料金は別途設定。また、通しの料金設定もある

7 個室料金

山陽新幹線と在来線の一部の特急列車に個室が設備されている。個室は設備定員で利用することが前提であるが、設備定員に満たない人員でも利用することができる。

1 新幹線普通車個室料金

山陽新幹線の一部の列車に4人用普通車個室の設備がある。4人で利用する場合は4人分の、定員に満たない3人で利用する場合は3人分の運賃と特急料金が必要で、個室料金の設定はない。なお、2人以下では利用できない。

2 在来線グリーン個室料金

JR東日本の「サフィール踊り子号」など一部の特急列車にグリーン個室がある。利用する場合は、実際乗車人員分の運賃および特急料金のほかに、部屋単位のグリーン個室料金が必要である。

8 寝台料金

寝台にはA寝台とB寝台、それぞれに個室があり、利用区間に関係なく同一料金である。特急の寝台車に乗車する場合は、寝台券の他に特急料金も必要である。特急料金は、シーズン別指定席特急料金から530円引きとなる。

2人以上の旅客が、1人用個室寝台1個を同時にまたは交互に使用することはできない。ただし、大人が使用する場合、小児・幼児または乳児と合わせて2人まで、小児が使用する場合は小児・幼児または乳児と合わせて2人まで使用できる。

①個室寝台料金

タイプ		種別・マーク	寝台料金	列車名
1人用	シングルデラックス	A寝台個室 A1	13,980円	サンライズ瀬戸 サンライズ出雲
	シングルツイン	B寝台個室 B1	9,600円	サンライズ瀬戸 サンライズ出雲
	シングル		7,700円	サンライズ瀬戸 サンライズ出雲
	ソロ		6,600円	サンライズ瀬戸 サンライズ出雲

2人用	サンライズツイン	B寝台個室 B2	1室 15,400円	サンライズ瀬戸、サンライズ出雲

②1人用個室寝台を2人で利用する場合に必要な運賃・料金

利用人数	旅客運賃	特急料金	個室寝台料金
大人1名 小児1名	大人1人分 小児1人分	大人1人分 小児1人分	1室分
大人1名 幼児または乳児1名	大人1人分	大人1人分	1室分
小児2名	小児2人分	小児2人分	1室分
幼児または乳児1名	小児1人分	小児1人分	1室分

③2人用個室寝台を利用する場合の運賃・料金

実際乗車する人員分の運賃と寝台乗車区間に対する**大人2人分の特急料金**、寝台料金(=1室の個室寝台料金)が必要である(どのような人員の組み合わせでも特急料金は必ず大人2人分必要)。

9 座席指定料金

対象列車	期間	指定席料金(小児半額)
JR北海道内の急行・快速・普通	通年	530円
本州内と四国内の急行・快速・普通 本州～四国の直通急行・快速	閑散期	330円
	その他の日	530円
JR九州内の急行・快速・普通	通年	530円

※SL列車など例外あり。JR北海道の快速エアポートは840円。
※特急列車にはこの料金は不要である。

10 北陸新幹線(JR東日本・JR西日本にまたがる場合)の取扱い

1 グリーン料金

JR東日本(東京～上越妙高)とJR西日本(上越妙高～金沢)とにまたがる場合の北陸新幹線のグリーン料金は、上越妙高駅で区分してJR東日本内とJR西日本内の乗車区間のグリーン料金の合算となる。

2 グランクラス料金

JR東日本(東京〜上越妙高)とJR西日本(上越妙高〜金沢)とにまたがる場合の北陸新幹線のグランクラス料金は、上越妙高駅で区分してJR東日本内とJR西日本内の乗車区間のグランクラス料金から、それぞれ1,050円引きした額を合算する。

3 特急料金

JR東日本とJR西日本にまたがる場合でも、区間ごとに定められた特急料金が適用される。また、新幹線乗継で改札口を出なければ、通しの特急料金が適用される。

11 東海道・山陽新幹線と九州新幹線の相互間利用の取扱い

1 東海道・山陽新幹線と九州新幹線を利用する場合

特急料金、グリーン料金ともに「東海道・山陽新幹線」と「九州新幹線」を別の列車として取り扱い、実際の乗継駅にかかわらず「博多駅」で区分し、それぞれの料金を合算する。シーズン別の加減額(±200円、+400円)は両方の新幹線に適用される。ただし、東海道新幹線が含まれない「山陽新幹線と九州新幹線」の普通車指定席を利用する場合は、以下2のように特例がある。

2 山陽新幹線と九州新幹線で普通車指定席を利用する場合の特急料金

「山陽新幹線」と「九州新幹線」を普通車指定席(一部区間利用も含む)利用で、直通乗車または乗継駅で改札を出ない場合の特急料金は「博多駅」で区分し、山陽新幹線区間の特急料金と、九州新幹線区間の特定特急料金(通常期指定席特急料金から530円引きした金額)を合算する。シーズン別の加減額(±200円、+400円)は、山陽新幹線の特急料金にのみ加減し、九州新幹線には適用しない。

12 東北新幹線と北海道新幹線の相互間を利用する場合の取扱い

1 特急料金

「東北新幹線」と「北海道新幹線」をまたがって普通車指定席を利用する場合の特急料金は、「新青森駅」で区分し、それぞれの料金を合算する。その際、北海道新幹線区間内の特急料金から530円引きする。シーズン別の加減額(±200円、+

400円）は、東北新幹線の特急料金にのみ加減し、北海道新幹線には適用しない。

グリーン車を利用する場合も「新青森駅」で区分し、東北新幹線の特急料金はシーズン別特急料金から530円引き、北海道新幹線の特急料金は通常期特急料金から530円引きする。

2 グリーン料金

東北新幹線区間と北海道新幹線区間を単純に合算する。

3 グランクラス料金

東北新幹線区間と北海道新幹線区間のグランクラス料金から、それぞれ1,050円引きした料金を合算する。

13 西九州新幹線の取扱い

1 西九州新幹線単独の特急料金

西九州新幹線は、他の新幹線とは接続していないため、単独の特急料金が設定されている。シーズン別指定席特急料金はJR九州内の在来線特急と同様、通常期、最繁忙期、繁忙期の設定で、閑散期はない。自由席特急料金は他の新幹線同様、通常期指定席特急料金から530円引きする。

2 西九州新幹線と在来線リレー特急とを武雄温泉で乗り継ぐ場合の特急料金

武雄温泉駅で改札口を出ないで乗り継ぐ場合、新幹線と在来線の自由席特急料金を各々１割引として合算した特急料金とする。

指定席を利用の場合は、上記の通り１割引して算出した自由席特急料金に指定席料金530円を加算する（在来線・新幹線と２列車乗継となるが、1列車という考え方で指定席料金は530円のみでよい）。また、最繁忙期、繁忙期に利用する場合は、さらに400円、200円を加算する（閑散期はない）。

3 グリーン料金

門司港～武雄温泉間で特急「リレーかもめ号」のグリーン車を利用する場合は、JR九州内在来線特急列車のグリーン料金に、シーズン別指定席特急料金から530円引きした特急料金を加算する。

なお、西九州新幹線「かもめ号」にはグリーン車は連結されていない。

5 変更・取消し・払戻し

・学習のポイント

- 変更や取消しが発生した場合の乗車券類の取扱い方、払戻しについての基本的規則を理解する。

1 乗車券類の変更

1 旅行開始前または使用開始前

有効期間内の乗車券類(座席未指定を除く)は1回に限り、手数料なしで同種類の乗車券類に変更ができる(指定券は利用列車の乗車駅発時刻前まで)。同種類の乗車券への変更の他、自由席特急券・特定特急券・急行券・自由席グリーン券は指定席への変更もできる。ただし、指定券から座席未指定券への変更はできない。変更した結果、不足金額は収受、過剰金額は払戻しする。

① 普通乗車券(片道・往復・連続) ──→ 普通乗車券(片道・往復・連続)

② 自由席特急券・急行券 ──→ 自由席特急券・急行券・指定券

③ 指定券(指定席特急券・座席指定券・指定席グリーン券・A寝台券・B寝台券) ──→ 指定券(指定席特急券・座席指定券・指定席グリーン券・A寝台券・B寝台券)

④ 未指定特急券(座席未指定券) ──→ 未指定特急券・同一区間かつ同一料金の指定券(この場合は変更回数に含めない)

2 旅行開始後または使用開始後

① 普通乗車券

使用開始後の変更(乗り越し・経路変更・方向変更など)は不足額を収受するが、過剰額の払戻しはない(ただし、未使用区間が101km以上ある場合は払い戻しが可能)。

② 料金券(自由席特急券・指定券・急行券・自由席グリーン券など)

1回に限り変更できる。変更前と変更後の料金に差が出た場合、不足額を収受するが、過剰額の払戻しはない。

③ 指定列車に乗り遅れた場合

原則乗り遅れた場合、その料金券は無効となる。ただし、指定席特急券の場合は指定された列車の乗車日、区間と同じ後続列車の自由席に乗車できる。また新幹線全車指定の「はやぶさ」「はやて」「こまち」「つばさ」「かがやき」は後続の同列車の立席券として乗車できる。在来線で全車指定席の「踊り子」「湘南」「あずさ」「かいじ」「ひたち」「ときわ」「成田エクスプレス」「スワローあかぎ」は立席利用か空席があれば空席を利用することもできる。

2 払戻し

ココ出る

使用開始前で、有効期間内の乗車券類は以下の表の手数料を引いて払戻しをする。なお、10円未満の端数は切捨てとする。

普通乗車券、自由席特急券、急行券、自由席グリーン券、立席特急券は1枚220円。ただし、往復乗車券、連続乗車券は2枚あるが1枚とみなす。

■指定券・座席未指定券

指定席特急券	列車出発の2日前まで	340円
特急券・グリーン券 特急券・寝台券 座席指定券	出発日の前日から出発時刻まで	30%（最低340円）
座席未指定券	券面表示の乗車日まで	1枚につき340円

払戻しに関する注意点は、以下の通りである。

① 特急券・グリーン券、特急券・寝台券の場合の手数料は、グリーン料金、寝台料金の30%とする（特急料金に払戻手数料はかからない）。30%の計算結果で340円に満たない場合は340 円とする。

② 東北新幹線と山形新幹線または秋田新幹線、東海道・山陽新幹線と九州新幹線、東北新幹線と北海道新幹線を乗り継ぐ場合で通しの特急料金を適用している場合は1枚の特急券とみなして合計額に対して計算する。

③ 指定券を乗車日の前日または当日に変更した場合、新券に「乗変2日以内に変更」が押印され、この券を払い戻す場合は30%の手数料がかかる。

④ 往復割引乗車券を片道使用し、片道払い戻す場合、乗車券の有効期間内であれば往復割引運賃より、すでに使用した無割引の片道の普通運賃と払戻手数料220円を差し引き払戻しする。

⑤ 旅行開始後、途中駅で旅行を中止した場合、乗車券の有効期間内で、乗車しない区間営業キロが100kmを超えていれば、すでに乗車した区間の運賃と払戻手数料220円を差し引いて残額があれば払戻しする。

例 ①のケースで払戻しする際の払戻額

東京～岡山「サンライズ瀬戸」 B寝台2人用個室 利用前日に取消し

乗車券 10,670円	特急料金 6,600円	B寝台券 15,400円	
		（合計） 32,670円	

（払戻手数料） 乗車券 220円 払戻額 10,450円
特急券・寝台券の場合、取消料は寝台券にかかる
寝台券 15400円×0.3＝4,620円
寝台券払戻額 15,400－4,620＝10,780円

（払戻総額） 乗車券10,450＋特急券6,600＋寝台券10,780＝27,830円

■特急券・寝台券の様式

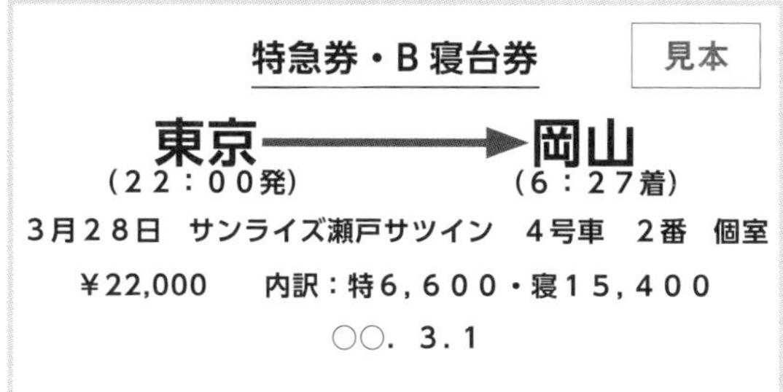

特急券・B寝台券
見本
東京
（22：00発）
岡山
（6：27着）
3月28日 サンライズ瀬戸サツイン 4号車 2番 個室
￥22,000 内訳：特6,600・寝15,400
○○. 3.1

3 紛失した場合の取扱い

同じ乗車券類（指定券は同じ列車に限る）を再購入する。「紛失再」の証明を受け、下車駅で「再収受証明」を受け、紛失した乗車券類が発見されるまで保管する。

再購入日の翌日から起算して1年以内に発見された場合は、上記の「紛失再」「再収受証明」をつけて申請すると、手数料220円（指定券は340円）を引いて払戻しする。

4 事故などの場合

遅延の場合で旅行開始後、新幹線、在来線特急・急行列車が目的地に**2時間以上**遅れた場合は、速さの対価である特急・急行料金は**全額**払戻しとなる。ただし、グリーン券・寝台券などは設備利用の対価であるためその対象にはならない（その他、想定される事故の対応については省略）。

6 団体乗車券の発売

・学習のポイント

- 「構成員に含まれない旅客」「無賃扱いの人員計算」「運賃計算の不乗通算、打切区間」「1期、2期にまたがる場合の割引率適用」「団体旅客運賃の運賃計算順序」など、普通団体に関する旅客構成員、運賃計算、計算順序のルールを押さえる。

1 団体旅客

団体旅客とは、一団となった旅客の全員が利用施設・発着駅および経路を同じくし、その全行程を同一の人員で旅行する場合で、JRが団体として運送を引き受けたものである。

1 団体の種類

■普通団体

「普通団体」とは、8人以上の団体で、責任ある代表者(資格は不要、幹事等で可)が引率するものである。

■学生団体

次に該当する学校等の学生が8人以上と、その付添人、教職員またはこれに同行する旅行業者とによって構成された団体で、その学校の教職員が引率するものを「学生団体」という。ただし、へき地教育振興法に規定するへき地学校ならびに特殊学校の場合は8人未満であってもこの取扱いをする。また、特別車両に乗車する場合またはA寝台を利用する場合は一般団体として取り扱う。

① 指定学校の学生・生徒・児童または幼児

② 児童福祉法に規定する保育所の児童

③ 付添人は以下の場合で、旅客1人につき大人1人が認められる

- 幼稚園の幼児・保育所の児童または小学校の3学年以下の児童
- 障害または虚弱のため、JRにおいて付添いを必要と認めるとき

④ 旅行業者(添乗員)はその団体の構成する人員(旅行業者を含む) 100人までごとに1人とする

※写真業者、PTAの役員などは団体の構成員として数えない。また、運賃・料金などは団体割引適用外であるが、無割引で団体乗車券に組み入れることはできる(「個人無割引付加」という)。

普通団体	一般団体		
	特殊取扱団体	㊫団体	
		包括契約団体	
		特殊団体	自衛隊団体
			在日米軍団体
			相撲協会団体
			新規学卒就職団体
			遺族団体
学生団体	一般学生団体		
	料金免除団体		
訪日観光団体			

㊫団体：一定条件に該当する団体で、運賃・料金を割引する。取扱いについては別途通達される。

包括契約団体：年間取扱人員により特別契約をした団体で、宗教団体がある。

料金免除団体：小・中・高の団体が臨時列車を利用する場合に、急行料金の免除または減額の取扱いをする。

■訪日観光団体

訪日観光客8人以上とこれに同行する旅行業者（ガイドを含む）によって構成された団体で、責任ある代表者が引率するもの。ただし、日本国在外外交官、入国審査官、一般社団法人日本旅行業協会会長または全国旅行業協会会長において発行した証明書を所持するものに限る。

■団体構成の特殊扱い

個人の資格で割引の適用を受ける旅客（身体障害者割引・被救護者割引など）が団体に参加する場合は、その割引を適用して団体を構成することができる。ただし、団体全人員の5割を超えてはならない。

2 旅客車専用扱い

列車または車両単位に旅客車を専用する取扱い（旅客車専用扱い）をする団体は以下による（車両単位の責任人員、保証金が必要）。ただし、学生団体で特別車両以外の座席車を専用する場合はこれを適用しない。

① 大口団体
② 小口団体のうち、特別車両（グリーン車）または寝台が連結していない列車または区間に対し、これを増結して利用する場合
③ ②以外で旅客が輸送申込の際にこの扱いを請求した団体
④ 責任人員は貸切旅客定員または申込人員の9割で、その人員は「大人」とする。

1人未満の端数は1両ごとに切捨て

⑤ 保証金は運送引受の内容にしたがって計算した団体旅客運賃の1割で、100円未満の端数は切上げ。運送引受後の取消の場合、JRの責に帰す以外は返還しない

■大口団体、小口団体による区分

大口団体	行程の全区間または一部区間をその団体だけに設定した臨時列車(専用臨時列車という)を1つの団体だけで利用する団体	
小口団体	A**小口団体**	31人以上の団体
	B**小口団体**	8人から30人までの団体

3 団体旅行の申込み

申込みは、人員・行程・乗車する列車・その他必要事項を「団体旅行申込書」に記入して提出する。

■申込者

学生団体	教育長または学校長
普通団体、訪日観光団体	代表者・申込責任者または旅行業者

■団体旅客運送の申込受付期間

大口団体	出発日の9か月前の日から2か月前の日まで
小口団体	出発日の9か月前の日から14日前の日まで。ただし、別に定める場合は12日前の日まで受け付けることがある

4 指定保証金

指定席を利用する小口団体に適用する申込金に該当するもので、申込人員の9割に相当する人員(1人未満切捨て)×300円である。大人・小児の区別はない。また行程中に何回利用しても1人300円である。指定保証金は団体乗車券発行時に運賃・料金に充当される。

なお、指定保証金は保証金と違い、運送引受後でも出発日の1か月と1日前の日以前の取消しや人員減少の場合は返還できる。

2 団体旅客運賃・料金

1 運賃の割引率

① 学生団体の割引率は通年同じ

学生団体	割引率
中学生以上	大人運賃の5割引
小学生以下	小児運賃の3割引
教職員・付添人・旅行業者	大人運賃の3割引

② 訪日観光団体の割引率は通年同じで、大人運賃の1割5分

③ 普通団体は取扱期間により割引率が変わる

	取扱期別	割引率
普通団体	第1期	1割引
	第2期	1割5分引
専用臨時列車を利用する場合	第1期	5分引
	第2期	1割引

■**普通団体の取扱期間の区分**

第1期	1月1日～1月10日(一般的な正月期間) 3月1日～5月31日(一般的な春のシーズン) (JR北海道内相互発着は3月1日～4月30日) 7月1日～8月31日(一般的な夏のシーズン) 10月1日～10月31日(一般的な秋のシーズン) 12月21日～12月31日(一般的な年末期間)
第2期	上記以外の日

なお、団体の行程中の乗車駅における乗車日が第1期と第2期にまたがる場合は、全行程に対して**第2期の割引率(高い割引率)を適用**する。

例 普通団体旅行で往路1月10日(第1期)、復路1月13日(第2期)の場合は、全行程を第2期の割引率(1割5分引)を適用。

④ 運賃・料金の無賃扱い

普通団体および**訪日観光団体**に対しては、人員の区分により旅客運賃・料金を**無賃扱い**人員として取り扱う(学生団体には無賃扱いはない)。

普通団体(A小口)	団体旅客31人～50人のうち、1人が無賃扱い
訪日観光団体	団体旅客15人～50人のうち、1人が無賃扱い

※51人以上は「50人増すごと」に1人を加える。

人員	内無賃扱い人員
31(15)～50人	1人
51～100人	2人
101～150人	3人

※(15)は訪日観光団体。

注意 **大人・小児混乗の場合、有利な方の大人に適用する。**

注意 **個人割引旅客が団体構成員にいる場合、その人員を含めた全人員に対して無賃扱い人員を算出(団体旅客98人、個人割引旅客3人で合計101人の場合は、3人が無賃扱い人員となる)。**

⑥ 団体旅客運賃・料金の計算法

団体旅客は1団体の全行程についての運送契約なため、一部個人運送契約と異なったルールがある。基本的な計算(順)法は以下による。

(ア) 1人当たりの全行程の普通運賃計を算出(個人の場合の1区間毎に適用割引率を積算する算出方法と違う)

(イ) (ア)の金額と(1－割引率)を積算。端数整理する

(ウ) (イ)の金額と(団体構成人数－無賃扱い人員)を積算……団体運賃計

(エ) 1人当たり全行程の料金計を算出(料金には団体割引はないため、1列車ごとの料金算出法は個人と同様)

(オ) (エ)の金額と(団体構成人数－無賃扱い人員)を積算……団体料金計

(カ) 団体運賃計(ウ)＋団体料金計(オ)＝団体旅客運賃・料金計(団体乗車券)

⑦ 団体乗車券(＝団券)の発行(原則)

- 出発日の1か月前から11日前に発行する
- 全行程に対して、1枚の団券を発行する

例 普通運賃計
往路6/30（第2期）6,090円、復路7/2（第1期）8,510円
大人150名、小児4名　　※運賃額は例示用

（ア）6,090＋8,510＝14,600円……1人当たりの大人普通運賃計
6,090÷2＝3,045円（端数処理 3,040円）……往路小児運賃
8,510÷2＝4,255円（端数処理 4,250円）……復路小児運賃
3,040＋4,250＝7,290円……1人当たりの小児普通運賃計

（イ）14,600×（1－0.15）＝12,410円……第2期
7,290×（1－0.15）＝6,196.5円（端数整理 6,190円）

（ウ）12,410×（150－4）＝1,811,860円……団体旅客大人運賃計
（無賃扱い人数4名は有利な方の大人に対して適用）
6,190×4＝24,760円

（エ）1,811,860＋24,760＝1,836,620円……団体旅客総運賃計

団体の中で異なる割引率の運賃が混在する場合は、割引率が同じものごとにそれぞれ計算して合算する。

例 普通運賃計（往路6,090円＋復路8,510円）※運賃額は例示用
中学生150人　教職員4名　旅行業者1名　写真業者1名

中学生　14,600×（1－0.5）＝7,300円……1人当たり運賃
7,300×150＝1,095,000円
教職員・旅行業者　14,600×（1－0.3）＝10,220円……1人当たり運賃
10,220×5＝51,100円
写真業者（無割引）14,600円
合計　1,095,000＋51,100＋14,600＝1,160,700円
……団体旅客総運賃計

2 1人当たりの普通運賃計算上のルール

■不乗通算

鉄道の中間で他の移動手段などで実際には乗車しない区間があった場合、この区間を通して計算した方が旅客運賃が低額の場合に乗車したものとみなし、前後の区間のキロ数に不乗区間の営業キロまたは運賃計算キロを通算して算出できる（JRの承諾要）。

> **例** A――(JR)――B・・・・・・・(貸切バス)・・・・・・・C――(JR)――D
> 「AB間の運賃＋CD間の運賃＞AD間通算の運賃」の場合に、BC間のキロ数も通算したAD間のキロ数で算出

■**打切区間**

普通乗車券は実際に乗車する経路および発着の順路によって計算するが、団体の場合、行程中に**分岐**線または**折返しの**区間がある場合は復乗する区間だけを**切り離して**、前後の区間の営業キロまたは運賃計算キロを通算して計算できる。

> **例** 団体の行程はA～B～C～B～Dである
>
> A ―①→ B ―④→ D
> ②↓ ↑③
> C
>
> この場合、順路通りの計算(A～B～C)＋(C～B～D)と、分岐区間別計算(A～B～D)＋(B～C)×2の計算結果のいずれか安い方の運賃を適用できる。

■**途中下車**

普通乗車券の途中下車禁止区間(100km未満など)で途中下車する場合は、その駅で前後の営業キロまたは通算キロを打ち切って計算する。

3 1人当たりの料金

原則、料金の割引はないため、無賃扱いが適用される以外は個人の料金計算と同様に乗車日、乗車列車ごとの料金を算出し合計したもの。

3 申込人員の変更・取消し・払戻し

1 申込人員の変更・取消し

運送引受後、旅行開始前に申込人員の変更・取消しをする場合は、特に定める場合を除き、団体旅行変更・取消申込書を提出し承認を得る。

■**指定保証金(指定席利用)の取扱い**

① 団体乗車券(団券)発行前の変更・取消し

申込人員の変更により指定保証金の増減があった場合、指定保証金の増額については変更しないが、減額の場合の取扱いは以下による。

- 出発日の1か月と1日前の日以前の場合はその額を変更する(減額)
- 出発日の1か月前の日から団体乗車券発行する日までの場合は変更しない

② 団体乗車券発行後の変更・取消し

払戻しの取扱いになる。なお払戻可能人員は団体構成の最低人員と減少人員3割が限度である。

■責任人員、保証金(旅客車専用扱いの団体)

JRの責めに帰する場合を除き、変更はない。

■団体乗車券の払戻手数料

団体乗車券(団券) 1枚につき		220円
指定席1席につき	乗車日の2日前まで	340円
	前日〜2時間前まで	3割(最低340円)

※指定席の払戻手数料は「出発時刻の2時間前」を除いて個人(出発時刻まで)と同様。

2 出札証明と改札証明

団券発行後の人員変更の取扱いには、「出札証明」と「改札証明」の2通りがあり、証明を受け、旅行終了後に払戻しの手続きをする。

■出札証明

出発前にあらかじめ減少人員が確定している場合は、取消人員、指定席の取消日時などを団券裏面または行程表裏面の「出札証明」欄に記入して証明を受ける。ただし、団体構成人員を下回る場合や責任人員を付された団体で責任人員を下回る部分については取扱いができない。したがって、払戻しの範囲も限度の人員までの扱いになる。

■改札証明

乗車間際で出札証明を受ける時間がないときに、乗降の都度、実乗車人員の証明を改札で受ける。払戻しは上記同様(ア)団体構成人員の最低人員まで、(イ)責任人員の付された団体はその責任人員まで、(ウ)団体乗車券の人員の3割までの減少人員、の制限がある。

7 特別企画乗車券・時刻表の見方

・学習のポイント

- JR6社の共同で扱う代表的な「特別企画乗車券」と、「総合」試験で連続出題されている時刻表の見方を理解する。

JR各社ごとに営業施策の一環として設定している割引乗車券を「特別企画乗車券」(特企)という。その種類は多種多様にわたっているため詳細は省略するが、JR6社の共同で扱っているもののうち、代表的なものを記す。

1 ジパング倶楽部

<table>
<tr><td rowspan="3">会員資格</td><td>男性</td><td>満65歳以上</td></tr>
<tr><td>女性</td><td>満60歳以上</td></tr>
<tr><td>夫婦</td><td>いずれかが65歳以上なら配偶者の年齢は問わない</td></tr>
<tr><td>有効期間</td><td colspan="2">入会月から翌年同月末日まで</td></tr>
<tr><td rowspan="3">会員特典
(割引購入証は20枚)</td><td rowspan="2">新規会員</td><td>3回目まで運賃・料金2割引</td></tr>
<tr><td>4回目以降運賃・料金3割引</td></tr>
<tr><td>更新会員</td><td>1回目から運賃・料金3割引</td></tr>
<tr><td rowspan="2">割引対象</td><td>運賃</td><td>JR線を営業キロ片道・往復・連続で201km以上乗車する</td></tr>
<tr><td>料金</td><td>特急・急行料金およびグリーン券。ただし、以下を除く。寝台券、在来線のグリーン個室、新幹線のぞみ・みずほ(自由席を含む)の特急料金・グリーン料金、グランクラス利用時の特急料金・グランクラス料金、寝台列車の個室(2人用)利用時の特急料金、JRバス、特急回数券、フルムーン夫婦グリーンパスなど</td></tr>
<tr><td>利用制限</td><td colspan="2">4/27～5/6、8/10～19、12/28～1/6</td></tr>
<tr><td>留意点</td><td colspan="2">往復割引との重複割引適用可。乗継割引と併用可</td></tr>
</table>

2 青春18きっぷ

対象旅客に年齢制限はない。快速を含む普通列車の自由席に限って有効な5回分で12,050円。同一行程であれば複数人で使用できる季節乗車券。「春季用」「夏季用」「冬季用」の3つがあり、それぞれ利用期間が異なる。

- 春季用利用期間　3月上旬～4月上旬
- 夏季用利用期間　7月下旬～9月上旬
- 冬季用利用期間　12月中旬～1月上旬

〈特例〉

北海道新幹線の「奥津軽いまべつ～木古内」間および道南いさりび鉄道（第3セクター）の「木古内～五稜郭」間を乗車する場合は、「青春18きっぷ北海道新幹線オプション券」（2,490円/大人・小児同額）を購入することで片道利用が可能。

3 レール&レンタカー（通称トレン太くん）

JR線と駅レンタカーとの組合せのトクトクきっぷである。下記の条件を満たした場合に運賃2割引、料金（一部除く）が1割引になる。

① JR線の営業キロを通算201km以上乗車すること
② 最初にJRを利用し、レンタカーの利用行程が連続していること
③ JR出発駅からレンタカー営業所の駅まで最短距離で101km以上であること
④ JR線の乗車券類と駅レンタカー券を同時購入し、申込者が複数の場合は全員・全行程同一行動すること

■料金割引一覧

列車の種類	割引になる設備	無割引の設備
新幹線（のぞみ・みずほを除く）	グリーン車・普通車	グランクラス 普通車個室
在来線特急	グリーン車・普通車、B寝台車	普通・グリーン個室・A寝台車・A寝台個室・B寝台個室
急行・快速・普通列車	グリーン車・普通車、B寝台車	A寝台車

〈利用期間〉

- レンタカー貸出日は、JR線片道の場合はその有効期間内
- 往復・連続の場合は貸出日、返却日はその有効期間内
- 4/27～5/6、8/10～19、12/28～1/6は運賃・料金無割引期間で、この期間に利用する場合はレンタカーのみが割引適用となる

※乗継割引等との重複割引は適用不可。

4 時刻表の見方

■時刻表で使われる記号の意味

特急 ＝特急列車

急行 ＝急行列車

＝寝台列車

快速 区快 新快 準快 通快 特快 ＝快速列車

＝グリーン車自由席

＝普通車の全車両が指定席

＝普通車の一部車両が指定席（残りは自由席）

A1 ＝Ａ寝台１人個室〈シングルデラックス〉

※マークのない列車は全車両が普通車自由席

＝グランクラス（アテンダントあり）

＝グランクラス（アテンダントなし）

個4 ＝グリーン個室（4人用）

＝グリーン車指定席

B1 ＝Ｂ寝台１人個室〈ソロ〉〈シングルツイン〉〈シングル〉

B2 ＝Ｂ寝台２人個室〈サンライズツイン〉

＝食堂車　＝ビュッフェ

＝禁煙車

└→ ＝列車の直通・分割・併結

◆ ＝運転日に注意〔臨時列車〕

レ ＝通過（この駅は止まらない）

|| ＝他線区経由（この駅は通らない）

═ ＝この駅止まり

⑦ ＝列車の発着番線

8 航空

・学習のポイント

● 旅客の年齢による区分や、運賃の種類、適用条件、さらに取消や払戻しのルール・計算手順などについて、日本航空(JAL)と全日空(ANA)の規定を学ぶ。

1 予約開始日と販売日

航空券の予約開始日と発売日は、下表の通りである。

JAL	搭乗日の330日前の9時30分から予約・販売開始(原則すべての航空券)	
ANA	下記以外の航空券	搭乗日の355日前の9時30分から予約・販売開始
	ANA VALUE PREMIUM 3A/B ANA SUPER VALUE PREMIUM28	運航ダイヤ確定後一斉に予約・販売開始

2 航空券の購入(決済)期限

航空券の購入(決済)期限は、下表の通りである。この期限を過ぎると、予約は予告なしに取り消される。

■JAL

予約時間		購入(決済)期限
搭乗便の出発時刻	～120時間より前まで	予約後72時間以内
	120時間前～72時間より前まで	予約後48時間以内
	72時間前～20分より前まで	予約後24時間※ 以内

※予約後24時間以内に便が出発➡出発時刻の20分前まで。

■ANA

運賃の種類	購入(決済)期限
予約変更できる運賃	予約日を含めて3日以内 (ただし、搭乗日の2日前以降は予定便出発時刻の20分前まで)
予約変更できない運賃	予約日を含めて3日以内　かつ航空券予約期限まで ＊ANA VALUE3 ➡　予約日を含めて3日以内 ＊ANA SUPER VALUE　➡　予約日を含めて2日以内 (予約期限日に予約した場合でも翌日まで購入可能)

3 有効期間

航空券は記名式のため、購入に際しては氏名・年齢・性別・連絡先が必要となり、第三者には譲渡できない。有効期間は以下の通りである。

航空券の予約事項	有効期間
搭乗予定便が含まれるもの（予約済航空券）	搭乗予定便に限り有効
搭乗予定便が含まれないもの（無予約航空券・オープン券）	航空券発行日および発行日の翌日から起算して1年間（JALは2023年4月12日よりオープン券廃止）

4 予約時の注意事項

1 年齢区分等

搭乗日の実年齢であって、学齢ではない。

大人	満12歳以上（小学生で満12歳の場合は大人になる）
小児	満3歳以上12歳未満

2 その他条件の旅客の扱い

以下の旅客については、適用条件に基づいて受付をする。

幼児	満3歳未満。座席を使用しない幼児は、同伴大人1人に対して1人に限り無償。また、大人が同伴できる幼児は2人まで。この場合、1人は座席を予約し、小児運賃の支払いが必要	
乳児	生後8日未満の乳児は搭乗できない	
小児単独搭乗	満8歳～12歳未満	制限なし
	満6・7歳	申込書・同意書要
	満6歳未満	12歳以上の付添人なしでは単独搭乗できない
妊婦	出産予定日の29日以前	制限なし
	出産予定日28日～8日前	搭乗日7日以内に作成された診断書・申込/誓約書
	出産予定日7日以内	上記と同じおよび医師の同伴

5 運賃の種類と適用基準

主な運賃の種類は次の通りである。

1 予約変更ができる運賃

種類	JAL	ANA
大人	フレックス(AB)	ANA FLEX（タイプA～D）
小児	小児割引(25%割引)	小児運賃
往復割引	2023年4月11日で廃止	
障がい者割引	障がい者割引(20%割引)	障がい者割引運賃
介護者割引	介護帰省割引(10%割引)	介護割引
プレミアムクラス		プレミアム運賃
		プレミアム小児運賃
		プレミアム障がい者割引運賃

※JAL小児、障がい者、介護帰省割引はフレックス運賃からのディスカウント方式。

2 予約変更ができない運賃(A)

種類	JAL	ANA
JALセイバー・ANA VALUE	セイバー1・3・7・21	ANA VALUE1（タイプA～D）
		ANA VALUE3（タイプC～E）
		ANA VALUE7（タイプD～F）
	小児割引(25%割引)	
	障がい者割引(20%割引)	
	介護帰省割引(10%割引)	
		ANA VALUE PREMIUM3

※小児、障がい者、介護帰省割引はセイバー運賃からのディスカウント方式。

3 予約変更ができない運賃(B)

種類	JAL	ANA
JALスペシャルセイバー・ANA SUPER VALUE	スペシャルセイバー28・45・55・75	ANA SUPER VALUE 21
		ANA SUPER VALUE 28
		ANA SUPER VALUE 45
		ANA SUPER VALUE 55
		ANA SUPER VALUE 75
	往復セイバー	
	小児割引(25%割引)	
	障がい者割引(20%割引)	
	介護帰省割引(10%割引)	
		ANA SUPER VALUE PREMIUM 28

※小児、障がい者、介護帰省割引は、スペシャルセイバー運賃からのディスカウント方式。

4 青少年・シニア割引運賃

JALは搭乗予定の4時間前から予約可能、ANAは搭乗当日のみ予約可能である。

種類	JAL	ANA
青少年割引	スカイメイト	スマートU25（スマートユース25）
シニア割引	当日シニア割引	スマートシニア空割

5 運賃適用基準

①予約変更ができる運賃で予約変更した場合

JAL	・航空券の購入時点に設定されている搭乗日に有効な運賃額が適用される。 ・予約の変更をする場合は、変更時点で変更後の予約便に対して有効な運賃額が適用されるため、運賃額が異なる場合は運賃差額の調整が必要。
ANA	・予約便の空席状況によって適用される運賃が異なる。 ・予約便を変更してタイプが変更になった場合は、運賃差額の調整が必要。 （例：ANA FLEXタイプD ➡ ANA FLEXタイプB）

②上記以外

購入後に運賃が変更になった場合でも、購入済みの航空券の運賃額と変更後の変更後の運賃額との差額調整はしない。

6 主な運賃の概要

主な運賃の概要は以下の通りである。

1 予約変更ができる運賃

予約の変更ができる運賃は、取消手数料が出発前まではかからない等のメリットがあるが、シーズン区分や空席状況によって運賃が異なる。消費税に関しては、JALが**外税**、ANAは**内税**と大きな違いもある。

① JALフレックス（2023年4月12日より名称・制度を変更）

- 満12歳以上の旅客に対して適用する運賃。
- ANA同様に空席予測「予測残席」数に連動（変動運賃）の運賃体系を導入。タイプA・Bがあり、タイプBには座席数制限がある。

② ANA FLEX（ANAフレックス）

- 満12歳以上の旅客に対して適用する運賃。

- 空席予測数に連動(変動運賃)した4種類の運賃額が設定。運賃名称にA～Dのアルファベットがつく。
- 空席が少なくなるにつれて運賃が変動し、(Dが最安値)タイプB・C・Dの座席数には制限がある。
- 運賃のシーズン区分(通常期・ピーク期)はタイプDのみに適用される。
- タイプAのみキャンセル待ち可。

② JALディスカウント方式による小児運賃・ANA小児運賃

- 満3歳以上12歳未満の小児旅客に対して適用する運賃。
- JALの小児運賃はフレックスの適用運賃から25%割引の運賃。
- ANAの小児運賃は、ANA FLEXタイプD（通常期)の50%引きの運賃。
- 3歳未満の幼児であっても、座席を使用する場合は小児分の運賃が必要である。
- 大人に同伴される満3歳未満の幼児で座席を使用しない場合は、大人1人につき1人に限り無賃。

④JALディスカウント方式による障がい者割引・ANA障がい者割引

- 対象年齢は満12歳以上。
- JALはフレックス運賃の20%割引。
- 身体障害者手帳および傷病者手帳・療育手帳・精神障害保健福祉手帳所持の本人と同一便に搭乗する介護者1人。

⑤ JALディスカウント方式による介護帰省割引・ANA介護割引

- 要介護・要支援認定者の二親等内の親族などが対象で、介護される人の住所と介護する人の住所の最寄空港を結ぶ路線の一路線限定に限り利用可能。
- JALはフレックス運賃の10%割引。

2 予約変更ができない運賃

他社航空会社との競争、オフ期の需要喚起等を目的とし、多種多様な割引運賃が設定されている。同一区間、同種の割引であっても航空会社により名称や取扱いが異なるので、注意が必要である。

① JALディスカウント方式

2023年4月12日よりJALの小児普通運賃、障がい者割引運賃、介護帰省割引運賃は、航空券の種別からは廃止となったが、ディスカウント方式として新たに設定された。

基本となる運賃は、セイバー、スペシャルセイバーで、それぞれの運賃から小児は25%割引、障がい者割引は20%割引、介護帰省割引は10%割引としている。

② JALセイバー・スペシャルセイバー

- セイバー1・3・7・21、スペシャルセイバー28・45・55・75がある。
- 予約期限は種別による(セイバー1は搭乗日1日前、3は3日前まで等)。
- 予約残席数に連動した変動運賃。
- キャンセル待ち不可。

③ ANA VALUE、ANA SUPER VALUE

- ANA VALUE1・3・7、SUPER VALUE21・28・45・55・75があり、さらにタイプ別に分かれる。
- 予約期限はJAL同様種別による。
- 空席予測数に連動した変動運賃。
- VALUEはキャンセル待ち可、SUPER VALUEはキャンセル待ち不可。

④ JAL往復セイバー

- 適用旅程は往復のみ。往復同時に予約が必須。
- フレックス・セイバー・スペシャルセイバー運賃の5%引き。
- 片道ごとに異なる運賃を組み合わせることができる(例:往路フレックス/復路セイバー)。
- 予約期限は、搭乗日1・3・7・21・28・45・55・75日前のいずれか。
- 片道のみの取消はできず、必ず往復同時に取り消すことになる。

⑤青少年・シニア割引運賃

- 青少年割引(JALスカイメイト・ANAスマートU25)は満12歳以上25歳以下で航空会社のカードを所持する旅客に適用。
- シニア割引(JAL当日シニア割引・ANAスマートシニア割引)は満65歳以上で航空会社のカードを所持している旅客に適用。
- いずれの割引もJALは搭乗予定便の4時間前〜20分前まで、ANAは当日のみ予約可。
- JAL、ANAともに購入期限は出発時刻の20分前まで。
- 予約変更は不可。

3 上位クラスの運賃・料金の種類

JAL、ANAともに一部の路線に上位クラスの設備があり、「上位クラス用運賃」を適用する。

また、いずれも搭乗日当日の空港において、予約した便と同一便の上位クラスに空席がある場合には、運賃種別にかかわらず、別途アップグレード料金を支払って、上位クラスの座席に変更できる。

① ANAプレミアムクラス用運賃

- プレミアムクラスを利用の場合に適用。
- 主な運賃種別は、ANAプレミアム運賃、プレミアム小児運賃、プレミアム障がい者割引、ANA VALUE PREMIUM3、ANA SUPER VALUE PREMIUM28がある。

②JALファーストクラス、クラスJ用運賃

- JALの一部の路線や便にファーストクラス、クラスJの設備があり、それぞれのアップグレード代金を含めた運賃となる。

7 料金の種類

1 国内線旅客施設使用料

施設使用料は航空券に含めて徴収し、対象は国内線を利用して出発または到着する旅客である。出発・到着空港の両方ともに施設使用料が設定されている場合には、両空港の施設使用料が航空券に含まれる。

空港	大人(12歳以上)	小児(3歳以上12歳未満)
札幌(新千歳)	370円	180円
仙台	290円	150円
東京国際(羽田)	370円	180円
成田(第1・2ターミナル)	450円	220円
成田(第3ターミナル)	390円	190円
静岡	140円	70円
中部国際(第1ターミナル)	440円	220円
大阪国際(伊丹)	340円	170円
関西国際(第1ターミナル)	440円	220円
北九州	100円	50円
福岡	110円	50円
熊本	200円	100円
沖縄(那覇)	240円	120円

2 その他の料金

国内旅客運送約款で学んだ通り、無料手荷物許容量を超えた場合に必要な超過手荷物料金やペット(子犬・猫・小鳥等)を受託手荷物として預ける際に必要なペット料金などがある。

8 航空券の変更・取消し・払戻し

1 変更

予約変更ができる運賃種別の航空券は、出発時刻前までであれば、同一航空会社の同一区間を条件に他の便に変更することができる(航空券の名義・氏名の変更はできない)。

ANAの場合は、出発時刻前までに予約を解約して無予約航空券(オープン券)とすることもできる。

2 取消し・払戻し

① 払戻し期間

JAL・ANAともに航空券の「有効期間内」および「**有効期間満了日の翌日**から起算して**30日**以内」である。

■有効期間

予約変更ができる運賃	予約済航空券	予約便に限る
	無予約券(オープン券) ※ANAのみ	発行日および発行日の翌日から**1年間**
予約変更ができない運賃	予約便に限る	

② 取消手数料

JALは払戻日、ANAは解約日により種別ごとに設定された取消手数料がかかる(取消手数料は旅客施設使用料を除いた運賃に対して設定された%で計算する)。

また、**JALは税抜運賃、ANAは税込運賃**が対象となっているので注意。

③ 払戻手数料(ANAのみ)

払戻をする際には、取消手数料の他に払戻手数料がかかる。

払戻手数料は航空券または航空券引換証1区間につき440円(大人・小児同額)。ただし、取消手数料が運賃の100%の場合は、払戻手数料は適用しない。

■取消手数料

運賃の種類			取消手数料	
			購入後～出発時刻まで	出発時刻以降
予約変更ができる運賃	JAL	・フレックス ・フレックスを利用した小児・障がい者・介護帰省割引運賃	無料（取消手数料はかからない）	運賃※の20%
	ANA	・ANA FLEX・小児運賃 ・障がい者割引・介護割引 ・プレミアム（小児）運賃		
予約変更ができない運賃（A）	JAL	・セイバー	運賃※の5%	運賃※の100%
	ANA	・ANA VALUE 1・3・7 ・ANA VALUE PREMIUM 3 ・スマートU25 ・スマートシニア空割		
予約変更ができない運賃（B）	JAL	・スペシャルセイバー ・往復セイバー	払戻日による取消料率で設定（下表ア）	
	ANA	・ANA SUPER VALUE 21・28・45・55・75 ・ANA SUPER VALUE PREMIUM 28	解約日による取消料率で設定（下表イ）	
青少年・シニア割引	JAL	・スカイメイト ・当日シニア割引	運賃※の50%	運賃※の100%
	ANA	・スマートU25 ・スマートシニア空割	運賃※の5%	運賃※の100%

※運賃とは旅客施設使用料を除く運賃（JALは税抜運賃、ANAは税込運賃）

ア．JALスペシャルセイバー ／ 往復セイバー

払戻日	取消手数料
航空券購入後～搭乗日55日前	税抜運賃の5%
搭乗日54日前～出発時刻前	税抜運賃の50%
出発時刻以降	税抜運賃の100%

イ．ANA SUPER VALUE 21・28・45・55・75 ／ ANA SUPER VALUE PREMIUM28

解約日	取消手数料
航空券購入後 ～ 搭乗日55日前	無料（取消手数料はかからない）
搭乗日54日前 ～ 45日前	税込運賃の30%
搭乗日44日前 ～ 28日前	税込運賃の40%

搭乗日27日前～　14日前	税込運賃の50%
搭乗日13日前～　出発時刻前	税込運賃の60%
出発時刻以降	税込運賃の100% ・旅客施設使用料のみ払戻し ・払戻手数料は適用しない

3 取消手数料の計算方法（取消料率で計算する運賃）

- 旅客施設使用料を除く運賃に取消料率（%）をかける。
- JALは税抜運賃、ANAは税込運賃が対象となる。
- 計算後の端数処理は、JALは1円未満切り捨て（1円単位）、ANAは10円未満四捨五入（10円単位）。

■取消手数料

JAL	｛（券面額－旅客施設使用料）÷ 1.1｝×取消料率（%）
ANA	（券面額－旅客施設使用料）×取消料率（%）

4 払戻し額の計算方法

■払戻し額

JAL	券面額－取消手数料
ANA	券面額－取消手数料－払戻手数料（1区間440円）

9 宿泊

・学習のポイント

- 「小児区分の宿泊代と取扱概要」「追加料金と立替金の違いによるサービス料」「諸税の計算法」「取消料発生の期間と連泊の場合の取消料計算」「団体宿泊客の宿泊代精算法と個人客取消手数料」などについて押さえる。

1 各種宿泊施設の概要

1 旅館

通常、「日本旅館」といわれる和室を主とする宿泊施設で、宿泊料金は原則1人当たり1泊2食付き、1室2名利用を基準にしているが、部屋の利用人数、季節の繁閑により変動制をとっている。

政府登録旅館、日本旅館協会加盟旅館、全国旅館ホテル生活衛生同業組合連合会(略称「全旅連」)などがある。

2 ホテル

通常洋式設備を主とする宿泊施設で、宿泊料金は部屋代のみで食事料金は含まない。政府登録ホテル、日本ホテル協会会員ホテル、全日本シティホテル連盟加盟ホテルなどがある。

3 その他の宿泊施設

民宿や洋式民宿(ペンション)、国民宿舎、貸別荘などがある。各宿泊施設は旅館業法に基づいた営業許可が必要である。

2 宿泊料金

宿泊料金は、旅館とホテル、シーズンなど条件により変動するが、以下は基本的なことについての説明である。「宿泊代」といわれる料金は、通常宿泊にかかわる利用料金、基本宿泊料にサービス料、諸税を加えた額をいう。

その他に特別料理や飲物、カラオケなど宿泊料以外のものを利用した場合は「追加料金」として支払う。ホテルの場合はルームサービスで利用した料理、飲物代を宿泊料と合わせて精算するものを追加料金という。

1 旅館

① 基本宿泊料は1泊2食付き(夕・朝食)

　最近は食事なし、1食付き希望が増加傾向にある。その場合は一定金額を差し引きする宿泊施設もある。

② サービス料は通常基本宿泊料の10～15%

③ 消費税・温泉地の旅館に課税される入湯税などの諸税

①+②+③=支払宿泊料

2 ホテル

① 基本宿泊料は部屋代のみ(食事なし)。

　最近では1泊朝食付きの料金設定をしているホテルも多い。

② サービス料は通常基本宿泊料の10～15%

③ 消費税

①+②+③=支払宿泊料

3 子供料金

旅館の場合、モデル宿泊約款により子供料金は小学生以下に適用するとされている(ホテルの場合は基本的に子供料金の設定はない)。その内容は以下による。

① 大人に準ずる食事と寝具を提供した場合(子供A料金)………… 大人料金の70%

② 子供用食事と寝具を提供した場合(子供B料金)…………………… 大人料金の50%

③ 寝具のみを提供した場合(子供C料金)………………………………… 大人料金の30%

④ 寝具および食事を提供しない幼児(子供D料金)については、定額または定率で収受する旅館もある

3 税金

1 消費税

宿泊に関わる以下の料金の総額に対して10%課税され、税額の1円未満の端数は四捨五入とする。

① 基本宿泊料金

② サービス料

③ 追加飲食(①に含まれるものを除く)

④ カラオケ・マージャン等の利用料金

■追加料金の例

旅館	特別料理(郷土料理含む)、飲物代(酒類、ジュースなど)、カラオケ代、二次会費用(宿泊代と一括精算の場合) ※団体等で宴会時に利用する芸者・コンパニオン代、車代、タバコ代、郷土芸能などは宿泊機関の立替金となるため、消費税対象外。
ホテル	ルームサービスの料理、飲物代など

2 入湯税

地方税法に定められたもので、温泉施設を有する宿泊施設に課税される。1人1泊150円が標準である。同じ税金であるため、消費税の課税対象外。

3 宿泊税

観光振興事業の一環として、ホテルまたは旅館等に一定金額以上の料金で宿泊した場合に、その宿泊者に対し独自の地方税を課している。

4 時間外追加料金

宿泊施設は客室の使用時間を宿泊約款で定めているが、その時間外の客室使用に応じることがある。その場合、下記の追加料金を収受する。

超過3時間まで	室料金の3分の1（室料相当額の○%）
超過6時間まで	室料金の2分の1（室料相当額の○%）
超過6時間以上	室料金の全額（室料相当額の○%）

※室料相当額は食事付き基本宿泊料を設定している場合に適用し、その計算法は大人の基本宿泊料(1泊2食付)の70%とする。また、上記の○%は各宿泊施設で自由に設定する。

5 宿泊代支払いの計算例

1 旅館

大人2名、子供A料金1名で温泉旅館に宿泊した場合の宿泊料金は、次のようになる。

① 基本宿泊料：1泊2食付き　大人1人　20,000円
② 追加飲物代：ビール@700×2本　ジュース@300×1本
③ 食事後のカラオケ代：5,000円
④ サービス料：10%

①基本宿泊料	大人宿泊料@20,000×2＋子供A宿泊料(20,000×0.7) ＝54,000円……(ア)
①のサービス料	(ア)54,000×0.1（サービス料）＝5,400円……(イ)
②追加代金	@700（ビール）×2＋300（ジュース）＋5,000（カラオケ） ＝6,700円……(ウ)
②のサービス料	(ウ)6,700×0.1＝670円……(エ)
③消費税	{(ア)54,000＋(イ)5,400＋(ウ)6,700＋(エ)670}×0.1＝6,677円
④入湯税	@150×3＝450円……(オ)
支払総額	(ア)＋(イ)＋(ウ)＋(エ)＋(オ)＝73,897円

6 変更・取消し・払戻し

予約済のものを、都合により変更または取消しをする場合は、宿泊施設が約款に定めた取消料がかかる。

■ホテル用（例示）

人員別	14名まで	15～99名	100名以上
不泊	100%	100%	100%
当日	80%	80%	100%
前日	20%	20%	80%

■旅館用（例示）

<table>
<tr><th>人員別</th><th>14名まで</th><th>15～30名</th><th>31～100名</th><th>101名以上</th><th>学生団体</th></tr>
<tr><td>不泊</td><td rowspan="2">50%</td><td rowspan="2">50%</td><td rowspan="2">70%</td><td rowspan="2">70%</td><td rowspan="2">60%</td></tr>
<tr><td>当日</td></tr>
<tr><td>前日</td><td rowspan="3">20%</td><td rowspan="4">20%</td><td>50%</td><td>50%</td><td>40%</td></tr>
<tr><td>2日前</td><td rowspan="4">20%</td><td rowspan="4">25%</td><td rowspan="4">20%</td></tr>
<tr><td>3日前</td></tr>
<tr><td>4・5日前</td><td rowspan="4">無料</td></tr>
<tr><td>6・7日前</td><td rowspan="3">無料</td></tr>
<tr><td>8～14日前</td><td>10%</td><td>15%</td><td rowspan="2">10%</td></tr>
<tr><td>15～30日前</td><td>無料</td><td>10%</td></tr>
</table>

■ホテル・旅館共通事項

① %表示は基本宿泊料に対する比率

② 契約日数が短縮した場合、その短縮日数に関わりなく1日分（初日）の違約金を収受

例 3月25日から同じ旅館に3連泊の予約をした宿泊客が、1泊したのちに残り2泊の取消をした場合の取消料は、3月26日の1泊分に対してのみ適用される(27日の取消料はかからない)。

③ 団体客(15名以上)の一部について契約の解除があった場合、宿泊の10日前(その日より後に申込みを受けた場合にはその受付日)における宿泊人数の10%(端数が出た場合には切り上げ)を超えた人数が違約金の対象

例 宿泊日の10日前に100名で予約をしていた団体が契約の一部を解除し、宿泊日当日に85名となった場合の取消料は、100名の10%減の(10名)人数までは取消料がかからないため、10%を超えた人数5名に対して取消料がかかる。

10 社線

・学習のポイント

- 社線のうち、航送運賃の概要、貸切バスの運賃・料金について理解する。
- 社線別の端数計算法を押さえる。

1 社線とは

社線とはJR・航空以外の運輸機関を総称したもので、鉄道、バス(長距離バス、遊覧バス含む)、索道、船舶など種々ある。社線の運賃・料金はそれぞれの会社ごとに決められているが、一般的な形態は以下の通りである。

■運賃・料金の年齢区分

大人	12歳以上
小児	6歳以上12歳未満
幼児	1歳以上6歳未満(無料)

■料金

私鉄の特急などに設定がある(小田急ロマンスカー・近鉄特急など)。

2 フェリー

1 運賃・料金

運賃は乗客用運賃と車両用運賃(航送運賃)とがある。また、船の規模により各種設備があり、それにより会社ごとに料金の設定も異なるので、詳細は各会社の規定を見る必要がある。

運賃	普通旅客運賃	船の設備により2等、1等、特等などがある
	団体旅客運賃	
	自動車航送運賃	乗用車、バス、トラックなど
	特殊手荷物運賃	自動二輪車、原動機付自転車、自転車など
	手荷物・小荷物運賃	手周り品(受託しない手荷物)は20kgまで無料

料金	特急・急行料金
	座席指定料金
	船室貸切料金
	寝台料金

料金	特別個室使用料金
	手回り品料金

ココ出る

自動車航送運賃には運転者1人分の2等普通旅客運賃を含む。運転者が2等より上の上級船室を利用する場合は、2等旅客運賃と上級船室の運賃・料金との差額が必要となる。また、バイクなどと一緒に乗船する場合、特殊手荷物運賃、普通旅客運賃・料金も必要となる。小児の運賃・料金は大人の半額とし、10円未満の端数は四捨五入。

2 年齢区分

大人	12歳以上(小学生を除く)
小児	12歳未満および12歳以上の小学生

3 小学校入学前の小児の取扱いについて

大人1人につき、1歳以上で小学校入学前の小児は1人が無料(JRの扱いとは違う)。1歳未満の小児は無料。

ただし、指定制の座席または寝台を小児1人で使用する場合および団体旅行の場合は、小児の運賃・料金が必要になる。

4 通用期間

乗船券の通用期間(有効期間)は、次のように定められている(「フェリー標準運送約款」による)。

■片道乗船券

100km未満	100km〜200km未満	200km〜400km未満	400km以上
発売当日限り	2日間	4日間	7日間

■往復乗船券

片道の2倍（上記、通用期間は自動車航送券についても同様)。

■通用期間の延長

病気その他旅客の不可抗力により乗船を中止した場合は、7日間を限度として通用期間を延長できる。

5 払戻し

フェリーの払戻しは、運賃・料金の合計したものに対して適用する。

券種	取消日	払戻手数料
無予約	通用期間内	200円
予約券	7日前まで	200円
	6日前から前々日まで	10%（最低200円）
	前日から出航時刻まで	30%（最低200円）

※端数処理は10円未満切上げ。
※特急・急行便がフェリー会社が定める時間以上延長して到着した場合は、特急・急行料金のみ全額払戻しとなる（運賃は払い戻されない）。

6 手回り品

旅客が手荷物として自ら携帯して船室に持ち込むもので、次のいずれかに該当するものをいう。

① 三辺の長さの和が2m以下で、重量が30kg以下の物品。重量の和が20kg以内の手回り品は無料（2個に限り持ち込むことができる。会社が支障がないと認めたときは2個以上持ち込める）
② 旅客が使用する車いす（無料）
③ 身体障害者補助犬法に定められる盲導犬、介助犬、聴導犬（無料）

3 貸切バス

1 貸切バスの運賃・料金

貸切バスの運賃・料金は、所管の運輸局ごとに事前に届け出ることとされている（貸切バス約款では、運賃および料金は**乗車時**において**地方運輸局長**に届け出て実施しているものによる）。また、運賃・料金の計算は、地方運輸局ごとに車種別に公示している上限額と下限額の範囲内で定められる。

■運賃

運賃は、時間キロ併用制運賃で、以下の方法により計算した時間制運賃とキロ制運賃の額を合算する。

時間制運賃	①出庫前および帰庫後の点呼・点検時間として1時間ずつ合計2時間と、走行時間(出庫～乗車、下車～帰庫の回送時間を含む)を合算した時間に時間(1時間あたり)運賃額を乗じた額。ただし、3時間未満の時は3時間として計算する。 ②2日以上にわたる運送で宿泊を伴う場合、宿泊場所到着後および宿泊場所出発前の1時間ずつを点呼・点検時間とする。 ③フェリー利用の航送にかかる時間(乗～下船時間)は、8時間を上限として計算する。
キロ制運賃	走行距離(出庫～乗車、下車～帰庫の回送距離を含む)に、1kmあたりの運賃を乗じた額。

■料金

ココ出る

深夜早朝運行料金	22時から翌朝5時までの運行に適用される。ただし、回送時間も含む。
特殊車両割増料金	以下の条件に当てはまる車輌について、運賃の5割以内の割増料金を適用。 ※標準的な装備を超える特殊な設備のある車輌 ※車輌購入価格の定員1座席あたりの単価が、標準車輌の定員1座席あたりの単価より70%以上高額である車輌。
交替運転者配置料金	法令で交替運転者の配置が義務づけられる場合と交替運転者の配置について運送申込者と合意した場合に適用。 ※運賃計算と同様の時間・距離(キロ)に料金額(時間制料金・キロ制料金)を乗じた額とする。

■端数処理

① 距離端数の10km未満は10kmに切上げ

② 時間端数の30分未満は切捨て、30分以上は切上げ

③ 運賃・料金の端数は、消費税を加算した額を1円単位に四捨五入

■旅客実費負担

運送に関するガイド料、有料道路利用料、航送料、駐車料、乗務員の宿泊料など当該運送に関する費用は旅客(契約者)の実費負担。

2 取消料

取消し	配車日の14～8日前	運賃・料金の20%相当
	配車日の7日前～24時間前まで	運賃・料金の30%相当
	配車日時の24時間前以降	運賃・料金の50%相当
車両減	予約車両数の20%以上の車両が減少した場合	減少した車両に上記の区分による取消料を適用

3 運賃の割引

次に該当する者(団体)は、地方運輸局長に届け出たところにより運賃の割引をする。割引は運賃のみで、料金の割引はない。

次の①②の両方に該当するときは、割引率の高い①を適用する(重複割引はない)。ただし、下限額で計算した額を限度とする(下限額を下回らない)。

団体	割引率
①身体障害者福祉法、障害者自立支援法附則、児童福祉法の適用を受ける団体	3割引き
②学校教育法による学校に通学または通園する者の団体(大学および高等専門学校を除く)	2割引き

4 その他の取扱い

- 配車日時に配車したにもかかわらず、出発時刻を30分経過しても旅客が乗車しなかった場合は、運送契約が終了したものとし、運賃・料金の払戻しは受けられない。経過時間の基準は配車時刻ではなく出発時刻である。
- バスの故障によって目的地の一部にも到達せず、代替バスの運行ができなかった場合は、支払った運賃・料金の全額が払い戻される。また、目的地の一部に到達後、運行を中止した場合は、運行を中止した区間の運賃・料金が払い戻される。

セレクト問題

1 運賃

問① 品川～姫路間の以下の質問に答えなさい。

品川～姫路間　営業キロ637.5km

東京～姫路間　営業キロ644.3km

本州3社内幹線普通運賃表	
581 ～ 600km	9,460円
601 ～ 640km	9,790円
641 ～ 680km	10,010円

(1) 片道運賃についてそれぞれ答えなさい。

大人片道運賃(　　　　　　)円

小児片道運賃(　　　　　　)円

学生片道運賃(　　　　　　)円

(2) 往復運賃算出方法を記入し、それぞれの金額を答えなさい。

大人往復運賃(　　　　　　)円

計算式

小児往復運賃(　　　　　　)円

計算式

学生往復運賃(　　　　　　)円

計算式

(3) 有効期間を答えなさい

片道(　　　　)日　往復(　　　　)日

(4)　団体A小口の旅客が、第2期に往復した場合の1人当たりの大人団体運賃を求めなさい。

(　　　　　)円

計算式

☑ 問②　高知〜京都間の運賃を求めなさい。

高知　　児島　　京都

営業キロ ──────→ 398.6km

営業キロ ──────→ 151.5km

本州3社内幹線普通運賃表	
141 〜 160km	2,640円
241 〜 260km	4,510円
381 〜 400km	6,600円

JR四国内の加算額表	
141 〜 180km	660円

※瀬戸大橋線(児島〜宇多津間)の加算運賃110円を含む。

大人片道普通運賃(　　　　　)円

小児片道普通運賃(　　　　　)円

学生片道普通運賃(　　　　　)円

☑ 問③　P316 〜 317の運賃表により、次の運賃を求めなさい。

(1)　品川 ──→ 東京 ──上越新幹線──→ 越後湯沢　　の大人片道運賃

営業キロ6.8㎞　　営業キロ199.2㎞

(注)品川駅は東京山手線内の駅である。

(2)　水沢江刺 ──東北新幹線──→ 盛岡 ──→ 大曲 ──→ 秋田

の大人往復運賃

営業キロ65.2㎞　　営業キロ75.6㎞ 換算キロ83.2㎞　　営業キロ51.7㎞

(3)　大阪 ──JR──→ 上郡 ──智頭急行──→ 智頭 ──JR──→ 鳥取

の大人片道運賃

営業キロ122.7㎞　　営業キロ56.1㎞ 1,320円　　営業キロ31.9㎞ 換算キロ35.1㎞

(4) 岡山 ―山陽新幹線 営業キロ442.0km 運賃計算キロ446.4km→ 博多 ―九州新幹線 営業キロ118.4km→ 熊本　の大人片道運賃

解答

問①

(1) 東京から営業キロが201km以上ある。品川は東京都区内に所属する駅である。したがって適用キロ数は東京からになるため、644.3kmの端数を切り上げ645kmに該当する金額を運賃表から求める。

大人片道運賃　**10,010円**

小児片道運賃　**5,000円〔10,010÷2＝5,005…端数整理〕**

学生片道運賃　**8,000円〔10,010×(1－0.2)＝8,008…端数整理〕**

(2) 片道のキロ数が601kmを超えているため、往復割引が適用される。

大人往復運賃　**18,000円**

計算式　10,010×(1－0.1)＝9,009……端数整理　9,000円
復路も同様に1割引で9,000円になる。
往復　9,000＋9,000＝18,000円

小児往復運賃　**9,000円**

計算式　5,000×(1－0.1)＝4,500円
復路も同様に1割引で4,500円になる。
往復　4,500＋4,500＝9,000円

学生往復運賃　**14,400円**

計算式　9,000×(1－0.2)＝7,200
往復　7,200＋7,200＝14,400円

(3) **片道**　**5日**
往復　**10日**

200kmまでが1日、それ以降は200kmを超えるごとに1日加算される。645kmを200km単位にすると800kmになるため、800÷200＋1＝5日間。往復の有効期間は片道の2倍で5×2＝10日間。

(4) **1人当たりの大人団体運賃**　**17,010円**

計算式　団体運賃を求める基本は全行程に対して割引率を積算する。大人全行程の運賃は往路10,010＋10,010＝20,020円になる。
第2期の割引率は1割5分であるため、
20,020×(1－0.15)＝17,017 …… 端数整理　17,010円

問②

大人片道普通運賃　**7,260円**

小児片道普通運賃　**3,630円**
学生片道普通運賃　**5,800円**

JR西日本とJR四国にまたがるケースである。この場合は境界駅の児島からの高知間のキロ数に対して加算額を加算する。またJR四国の場合は瀬戸大橋線についても110円の加算が必要である。提示された運賃表にこの加算が含むか否かを確認する必要がある。今回は含んでいるので加算額を基本運賃に加算すればよい。

①全区間の運賃計算のキロ数（今回は幹線のみなので営業キロを適用）
398.6kmの端数を切上げして399kmから6,600円が基本運賃

②加算運賃は境界駅「児島」から高知まで151.5km。切上げして152kmで660円

③基本運賃は、6,600＋660＝7,260円

問③

(1)　3,410円　越後湯沢駅は東京駅から営業キロが100㎞を超え、200㎞の区間にあり、品川駅が東京山手線内にあるので品川駅から乗車する場合であっても、東京山手線内の中心駅・東京駅からの営業キロで計算する。
199.2㎞ → 200㎞　　運賃　**3,410円**

(2)　7,480円　片道運賃　運賃計算キロは65.2＋換83.2＋51.7＝200.1→201㎞で、3,740円。
往復運賃　3,740円＋3,740円＝**7,480円**

(3)　3,960円　通過連絡運輸の取扱いをしている場合は、前後のJRの距離を通算してJR運賃を算出する。
JRの運賃計算キロ　　122.7＋換35.1＝157.8㎞→158㎞　運賃…2,640円
全区間の大人片道運賃　JR2,640円＋会社線1,320円＝**3,690円**

(4)　9,320円　岡山～熊本の運賃計算キロに基づき、本州3社内の幹線の普通運賃表から算出した運賃に、博多～熊本のJR九州の加算額を加算する。この問題では博多駅で乗り継いでいるので、博多駅がJR西日本とJR九州との境界駅となる。
基準額　運446.4㎞＋営118.4㎞＝564.8㎞→565.0㎞　　9,130円
加算額　118.4㎞　　190円
9,130円＋190円＝**9,320円**

2 料金

☑ 問① 以下の事例で乗継割引が適用になるものには○、適用外のものには×を記入しなさい(同日中に乗り継ぐものとする)。

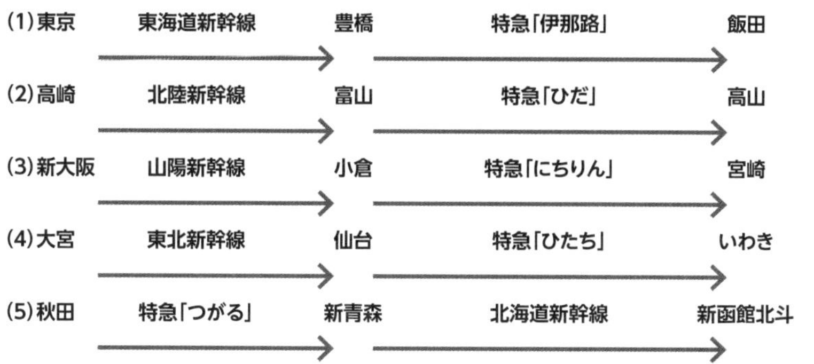

解答

問① (1) ○ 東海道新幹線と乗継ぎ。
(2) × 北陸新幹線の富山駅は乗継ぎ駅ではない。
(3) × 山陽新幹線の小倉の乗継割引は適用外。
(4) × 東北新幹線の乗継駅は新青森だけである。
(5) ○ 奥羽本線の特急「つがる」と新青森で乗継ぎ。

3 用語

☑ 問① 用語および取扱説明について、正しいものには○、誤っているものに×を記入しなさい。

⑴ 母親が6歳の小学生と5歳の幼児を連れてJR普通電車に乗る場合に支払う運賃は大人1名分である。

⑵ JR四国内およびJR九州内の地方交通線だけの区間の特急料金は、擬制キロによって算出する。

⑶ 新幹線を利用しない大都市近郊区間内相互発着の片道乗車券は営業キロが100kmを超えていても有効期限は1日である。

⑷ 使用開始後の乗車券は、有効期間内であれば乗車した区間の運賃と手数料220円を引き、残額があれば払戻しできる。

⑸ グリーン料金・寝台料金・座席指定料金は大人と小児は同額である。

解答

問①

⑴ ✕ 大人１名分と小児１名分の運賃が必要になる。
⑵ ✕ 擬制キロは運賃の計算に使用するもので、料金の計算は営業キロによる。
⑶ ○ 新幹線を利用しない大都市近郊区間内相互発着の場合、100kmを超えていても有効期限は１日で途中下車はできない。
⑷ ✕ 有効期間内で、かつ未乗車区間のキロ数が100kmを超えた場合、原券の金額から使用済区間の運賃と払戻手数料220円を引いて残額がある場合、残額を払戻しする。
⑸ ✕ グリーン料金・寝台料金は大人と小児は同額であるが、小児の座席指定料金は大人の半額である。

4 取消料

問① 9月15日(木)東京発8：50分のぞみ65号の広島までの普通車指定席に関する以下の質問に答えなさい。
※9月15日は閑散期

普通車指定席特急料金(通常期)　大人7,880円

⑴ 9月13日(火)に取り消した場合の払戻金額

¥

⑵ 9月14日(水)に取り消した場合の払戻金額

¥

⑶ 9月15日(木)　8：40分に取り消した場合の払戻金額

¥

解答

問①　閑散期の取消料算定の基本金額は7,680円(200円引き)になる。

⑴ **7,340円**。9月13日(火)に取り消した場合の取消手数料は**340円**
⑵ **5,380円**。9月14日(水)は前日のため取消手数料は30%。
7,680×0.3＝2,304円…端数整理→**2,300円**
⑶ **5,380円**。9月15日(木)の8：40分は出発前のため、上記と同様に**30%**。
2,300円

5 航空

問① 航空券に関する説明で正しいものに○、間違えているものに×を記入しなさい。

(1) 航空券の年齢区分で小児は満3歳以上6歳までである。
(2) シニア割引は、ANAスマートシニア割引は搭乗日当日のみ予約できるが、JAL当日シニア割引は予約は一切できない。
(3) 出発時刻の20分前までに保安検査場を通過し、出発時刻の10分前までに搭乗口に到着するよう案内している。
(4) 携帯電話、パソコンは機内では常時使用できない。
(5) JAL航空券の予約・販売は、原則、搭乗日の330日前の9：30分から開始する。

問② 航空券に関する次の記述で、正しいものには○、誤っているものには×を記入しなさい。

(1) 2024年11月1日搭乗のJALフレックスの予約・発売開始は、2023年11月1日である。
(2) 大人2人と満6歳の幼稚園児と満12歳の小学生がANA便に搭乗する場合、満6歳・満12歳の小児には、いずれも小児運賃が適用される。
(3) 満3歳の小児は、大人に同伴され座席を使用しない場合は無賃である。
(4) ANA SUPER VALUE 28を適用した航空券の予約は搭乗日の28日前までであるが、購入(決済)期限は予約日にかかわらず、予約日を含めて3日以内である。
(5) JALスペシャルセイバーの取消手数料は、払戻日にかかわらず、旅客施設使用料を除く税抜運賃の50％である。
(6) JALフレックスを適用した小児割引運賃の航空券を出発時刻以降に払い戻した場合の取消手数料は、旅客施設使用料を除く税抜運賃の20％である。
(7) JALスペシャルセイバー、ANA SUPER VALUEを適用した航空券は、搭乗当日空港で同一会社の同一区間の便に空席がある場合にのみ変更できる。

問③ 次の取消、払戻しに関する計算をしなさい(問題中の航空運賃は、以下の旅客施設使用料が含まれる)。

新千歳空港	大人370円・小児180円	羽田空港	大人370円・小児180円
伊丹空港	大人340円・小児170円	福岡空港	大人110円・小児50円
那覇空港	大人240円・小児120円		

PART 3 総合 国内 第1章 国内運賃

(1) JAL羽田〜伊丹(片道)のフレックス運賃を適用した小児割引運賃20,150円の航空券を、搭乗日前日に払い戻した場合の払戻額を計算しなさい。

(2) 福岡〜那覇のJALスペシャルセイバーの小児割引運賃(片道) 12,545円を搭乗日の10日前に取消・払戻しをした場合の取消手数料はいくらか。

(3) 5月23日搭乗のJAL羽田〜新千歳のスペシャルセイバー 14,380円の航空券を搭乗日の3日前に取り消した場合の取消手数料を計算しなさい。

(4) 6月3日搭乗のANA伊丹〜那覇のANA SUPER VALUE75　15,780円の航空券を搭乗便出発時刻までに解約をせず、6月5日に払戻しをした場合の払戻額を計算しなさい。

(5) 4月15日搭乗のJAL羽田〜那覇のセイバー 32,180円の航空券を搭乗前に取消できず、4月17日に払戻しをした場合の取消手数料を計算しなさい。

解答

問①

(1) ✕　小児は満3歳以上11歳までである。

(2) ✕　JAL当日シニア割引は、出発4時間前〜 20分前までの間は予約可能。ANAスマートシニア割引は当日のみ予約可能。

(3) ○

(4) ✕　出発時、航空機のドアが閉まった時から着陸後の滑走が終了する時までは使用不可

(5) ○

問②

(1) ✕　JALフレックスの予約開始は搭乗日の330日前である。

(2) ✕　12歳の小学生は大人運賃が適用される。

(3) ✕　満3歳の小児は座席を使用し、小児運賃が必要である。

(4) ✕　ANA SUPER VALUEの購入期限は予約日を含めて2日以内である。予約期限の28日前に予約したとしても、翌日まで購入(決済)可能である。

(5) ✕　JALスペシャルセイバーの取消手数料は、出発日の55日前までは税抜運賃の5%、54日前〜出発時刻までは税抜運賃の50%、出発時刻以降は税抜運賃の100%である。

(6) ○

(7) ✕　前の便に空席がある場合でも変更できない。

問③

(1) **20,150円**。フレックス運賃(変更できる運賃)を使用しているので、出発前まで取消手数料はかからない。JALは払戻手数料もかからないので**全額返金**となる。小児割引運賃は、基本となるフレックスの税抜運賃の25%割引

となる。

(2) 5,625円。搭乗10日前のスペシャルセイバー小児割引の取消手数料は、旅客施設使用料(50円、120円)を除く、税抜運賃の50%の取消手数料がかかる。
(12,545円－50円－120円)÷1.1＝11,250円(税抜運賃)
11,250円×50%＝5,625円

(3) 6,200円。JALスペシャルセイバーの取消手数料は、搭乗日の54日前から出発時刻までは、旅客施設使用料を除く税抜運賃の50%としている。なお、JALは払戻手数料を廃止している。
(14,380円－370円－370円)÷1.1＝12,400円(税抜運賃)
12,400円×50%＝6,200円

(4) 580円。ANA SUPER VALUE 75の出発時刻以降の取消手数料は税込運賃の100%のため、伊丹空港と那覇空港の旅客施設使用料のみ返金となる。
340円+240円＝580円

(5) 28,700円。JALセイバーの出発時刻後の取消手数料は、旅客施設使用料を除く税抜運賃の100%としている。
(32,180円－370円－240円)÷1.1＝28,700円(税抜運賃)
28,700円×100%＝28,700円

6 宿泊

問① 31名の団体が以下の条件で宿泊した場合、諸税を含めた支払合計はいくらになるか計算しなさい。また、その計算式もあわせて記入しなさい。

基本宿泊料(1泊2食付)	1人	13,000円
追加料理飲物代	31名合計	80,000円
入湯税	1人	150円
宿泊施設立替金(郷土芸能)		35,000円

※上記に、サービス料(10%)は含まれない。
※入湯税以外の諸税は含まれない。
※消費税の計算上生じた1円未満の端数は四捨五入とする。

問② モデル宿泊約款による子供料金について、(　　　　)内を埋めなさい。

提供内容	料金
大人に準じる食事と寝具を提供	大人料金の(　　　)%
子供用食事と寝具を提供	大人料金の(　　　)%
寝具のみの提供	大人料金の(　　　)%
寝具および食事の提供をしない幼児	定率または定額

解答

問①　計算式は、下記の通りとなる。

①基本宿泊料	13,000円
②サービス料	13,000×0.1＝1,300円
③1人当たりの宿泊料合計	13,000＋1,300＝14,300円
④全員の宿泊料合計	14,300×31＝443,300円………(ア)
⑤追加料理	80,000円
⑥追加料理のサービス料	80,000×0.1＝8,000円
⑦全員の追加料理計	80,000＋8,000＝88,000円……(イ)
⑧消費税	宿泊料・追加料理に課税 (443,300＋88,000)×0.1＝53,130円 ……(ウ)
⑨入湯税	150×31＝4,650円 ……(エ)
⑩宿立替分	35,000円 ……(オ)
総額	**(ア)＋(イ)＋(ウ)＋(エ)＋(オ)＝624,080円**

問②

提供内容	料金
大人に準じる食事と寝具を提供	大人料金の（70）%
子供用食事と寝具を提供	大人料金の（50）%
寝具のみの提供	大人料金の（30）%
寝具および食事の提供をしない幼児	定率または定額

7 社線

問①

貸切バス

以下の行程の貸切バス運賃を計算しなさい。

1日目　金沢 9：00 ―― 貸切バスで観光 ―― 輪島（旅館宿泊）16：00

2日目　輪島 9：30 ―― 貸切バスで観光 ―― 金沢　18：00

※1日目の出庫は8：30、2日目の帰庫は18：45

≪資料≫

2日間の走行距離：321km

回送距離：25km（片道）

キロ制運賃（1kmあたり）＝160円（中部地区上限額）

時間制運賃（1時間あたり）＝7,660円（中部地区上限額）

フェリー

以下の旅客の航送料金を計算しなさい。

乗用車	5m未満1台
人数	大人2名、小児1名
利用船室	1等

≪資料≫

航送料金：乗用車5m未満15,000円

乗船運賃：2等2,320円

1等3,360円

解答

問①

貸切バス

①時間制運賃の計算

1日目＝8：30（出庫）～旅館着16：00＝7時間30分

2日目＝旅館発9：30～帰庫18：45＝9時間15分

点呼・点検時間　1日目＋2日目＝4時間

合計　20時間45分→21時間×7,660円＝160,860円

②キロ制運賃の計算

2日間の走行距離321km＋回送距離25km＋25km

合計距離371km→380km×160円＝60,800円

①160,860円＋②60,800円＝221,660円

③221,660円×0.1＝22,166円(消費税)

④**221,660円＋22,166円＝243,826円**

フェリー

①乗用車航送料金(ドライバー(大人)の2等運賃を含む)

15,000円

②乗船運賃

ドライバー			3,360－2,320＝1,040円
他旅客	大人1名		3,360円
	小児1名		3,360÷2＝1,680円
		運賃合計	6,080円

合計①＋②＝21,080円

■ JR運賃表（例）

JR本州3社内<幹線>運賃表：A表

営業キロ 運賃計算キロ	片道運賃（基準額）
km	円
1 ～ 3	150
4 ～ 6	190
7 ～ 10	200
11 ～ 15	240
16 ～ 20	330
21 ～ 25	420
26 ～ 30	510
31 ～ 35	590
36 ～ 40	680
41 ～ 45	770
46 ～ 50	860
51 ～ 60	990
61 ～ 70	1,170
71 ～ 80	1,340
81 ～ 90	1,520
91 ～ 100	1,690
101 ～ 120	1,980
121 ～ 140	2,310
141 ～ 160	2,640
161 ～ 180	3,080
181 ～ 200	3,410
201 ～ 220	3,740
221 ～ 240	4,070
241 ～ 260	4,510
261 ～ 280	4,840
281 ～ 300	5,170
301 ～ 320	5,500
321 ～ 340	5,720
341 ～ 360	6,050
361 ～ 380	6,380
381 ～ 400	6,600
401 ～ 420	6,930
421 ～ 440	7,150
441 ～ 460	7,480
461 ～ 480	7,700
481 ～ 500	8,030
501 ～ 520	8,360
521 ～ 540	8,580
541 ～ 560	8,910
561 ～ 580	9,130
581 ～ 600	9,460
601 ～ 640	9,790
641 ～ 680	10,010
681 ～ 720	10,340
721 ～ 760	10,670
761 ～ 800	11,000
801 ～ 840	11,330
841 ～ 880	11,550
881 ～ 920	11,880
921 ～ 960	12,210
961 ～ 1,000	12,540
1,001 ～ 1,040	12,870
1,041 ～ 1,080	13,200
1,081 ～ 1,120	13,420
1,121 ～ 1,160	13,750
1,161 ～ 1,200	14,080
1,201 ～ 1,240	14,410
1,241 ～ 1,280	14,740
1,281 ～ 1,320	15,070
1,321 ～ 1,360	15,290
1,361 ～ 1,400	15,620

（以下略）

JR本州3社内<地方交通線>運賃表：B表

営業キロ	片道運賃
km	円
1 ～ 3	150
4 ～ 6	190
7 ～ 10	210
11 ～ 15	240
16 ～ 20	330
21 ～ 23	420
24 ～ 28	510
29 ～ 32	590
33 ～ 37	680
38 ～ 41	770
42 ～ 46	860
47 ～ 55	990
56 ～ 64	1,170
65 ～ 73	1,340
74 ～ 82	1,520
83 ～ 91	1,690
92 ～ 100	1,880
101 ～ 110	1,980
111 ～ 128	2,310
129 ～ 146	2,640
147 ～ 164	3,080
165 ～ 182	3,410
183 ～ 200	3,740
201 ～ 219	4,070
220 ～ 237	4,510
238 ～ 255	4,840
256 ～ 273	5,170
274 ～ 291	5,500
292 ～ 310	5,720

（以下略）

JR北海道<幹線>運賃表：C表

営業キロ 運賃計算キロ	片道運賃（基準額）
km	円
1 ～ 3	200
4 ～ 6	250
7 ～ 10	290
11 ～ 15	340
16 ～ 20	440
21 ～ 25	540
26 ～ 30	640
31 ～ 35	750
36 ～ 40	860
41 ～ 45	970
46 ～ 50	1,130
51 ～ 60	1,290
61 ～ 70	1,490
71 ～ 80	1,680
81 ～ 90	1,890
91 ～ 100	2,100
101 ～ 120	2,420
121 ～ 140	2,860
141 ～ 160	3,190
161 ～ 180	3,630
181 ～ 200	4,070

（以下略）

JR北海道<地方交通線>運賃表：D表

営業キロ	片道運賃
km	円
1 ～ 3	200
4 ～ 6	250
7 ～ 10	300
11 ～ 15	340
16 ～ 20	440
21 ～ 23	540
24 ～ 28	640
29 ～ 32	750
33 ～ 37	860
38 ～ 41	970
42 ～ 46	1,130
47 ～ 55	1,290
56 ～ 64	1,490
65 ～ 73	1,680
74 ～ 82	1,890
83 ～ 91	2,100
92 ～ 100	2,320

（以下略）

JR四国内・JR九州内の普通運賃表：E表

営業キロ 擬制キロ 運賃計算キロ	JR四国	JR九州
km	円	円
1 ～ 3	190	170
4 ～ 6	240	210
7 ～ 10	280	230
11 ～ 15	330	280
16 ～ 20	430	380
21 ～ 25	530	480
26 ～ 30	630	570
31 ～ 35	740	660
36 ～ 40	850	760
41 ～ 45	980	860
46 ～ 50	1,080	950
51 ～ 60	1,240	1,130
61 ～ 70	1,430	1,310
71 ～ 80	1,640	1,500
81 ～ 90	1,830	1,680
91 ～ 100	2,010	1,850
101 ～ 120	2,310	2,170
121 ～ 140	2,750	2,530
141 ～ 160	3,190	2,860
161 ～ 180	3,630	3,300
181 ～ 200	3,960	3,740

（以下略）

※JR四国内の改定運賃は2023年5月20日から適用

JR北海道・JR四国・JR九州内の加算額表：F表

境界駅からの 営業キロ （運賃計算キロ）	JR北海道	JR四国	JR九州
km	円	円	円
1 ～ 6	—	—	20
7 ～ 10	—	—	30
11 ～ 15	—	—	40
16 ～ 20	—	210	50
21 ～ 25	—	220	60
26 ～ 30	—	230	60
31 ～ 35	—	260	70
36 ～ 40	180	280	80
41 ～ 45	—	320	90
46 ～ 50	—	330	90
51 ～ 60	—	360	140
61 ～ 70	—	370	140
71 ～ 80	—	410	160
81 ～ 90	—	420	160
91 ～ 100	—	430	160
101 ～ 120	440	440	190
121 ～ 140	550	550	220
141 ～ 180	550	660	220
181 ～ 200	660	660	330
201 ～ 260	770	770	330
261 ～	770	770	440

※JR四国の加算額には、児島～宇多津間の加算額運賃110円が含まれている

※JR四国内の改定運賃は2023年5月20日から適用

第2章 国内観光資源

出題傾向と対策

1 出題傾向

国内観光資源は1問当たりの配点が少ない分、問題数が多い。出題範囲は、観光箇所の名称・所在地・歴史的背景・温泉・祭り・特産品・伝統文化など広範囲にわたった知識が求められる。近年は文章の中からの問題、行程表からの観光地を答える問題、同一県内の観光地や祭り、特産物の組み合わせの正誤問題などが増えている。

過去4年間の出題項目

※文字の色：■は「国内」、■は「総合」、■は「国内」「総合」両方で出題。

	2022年度	2021年度	2020年度	2019年度
北海道	支笏湖	羊蹄山	オシンコシンの滝	立待岬
	函館山	阿寒湖	摩周湖	五稜郭
	宗谷岬	屈斜路湖	礼文島	
		釧路空港	サロベツ原野	
		定山渓温泉	博物館網走監獄	
		登別温泉	ウポポイ	
東北	五色沼	三内丸山遺跡	龍泉洞	山寺
	十和田湖	斜陽館	蔦温泉	三内丸山遺跡
	毛越寺	猪苗代湖	鳴子峡	蔵王山
	つなぎ温泉	東山温泉	中尊寺	塔のへつり
		鶴の舞橋	毛越寺	酸ヶ湯温泉
		瑞巌寺	観自在王院跡	
		白神山地	金鶏山	
		田沢湖	伊豆沼・内沼	
		浅虫温泉	浄土ヶ浜	
		岩木山	碁石海岸	
		弘前城	金華山	
		金華山	天童温泉	
			玉川温泉	
			田沢湖	

（つづく）

（つづき）

	2022年度	2021年度	2020年度	2019年度
東北			角館	
			尾瀬	
			斜陽館	
関東（伊豆箱根含む）	三嶋大社	四万温泉	国立西洋美術館	昇仙峡
	長瀞	漱石山房記念館	日光杉並木街道	千波湖
	高山社跡	伊豆半島	石和温泉	中禅寺湖
	霧降高原	土肥温泉	葛西海浜公園	鬼怒川温泉
	輪王寺	鶴岡八幡宮	国営ひたち海浜公園	吹割の滝
	川越	渋沢栄一記念館		水上温泉
	湯西川温泉	足利学校		身延山久遠寺
	六義園			石和温泉
	伊東温泉			ムーミンバレーパーク
	石和温泉			長瀞
				秩父
				小笠原国立公園
				国立西洋美術館本館
				鬼押し出し
				箱根関所
中部	善光寺	清津峡	犬山城	上高地
	近江町市場	鼠多門	熱田神宮	雨晴海岸
	笹川ながれ	野尻湖	日本平	長良川
	豊川稲荷	野沢温泉	金沢21世紀美術館	瓢湖
	巌門	村上市	三方五湖	松本城
	白米千枚田	和倉温泉		白川郷
	平湯温泉	郡上八幡北町		
	宇奈月温泉			
関西	天龍寺	龍安寺	那智の滝	八坂神社
	大峰山寺	室生寺	西教寺	三井寺
	金峯山寺	龍野	平安神宮	三十三間堂
	貴船	琵琶湖	三井寺（園城寺）	アドベンチャーワールド
	彦根	おごと温泉	春日大社	橋杭岩
	赤目四十八滝	淡路島	吉野山	潮岬
		那智の滝	金剛峯寺	天橋立
			那智の滝	
			信楽	
中国	宍道湖	温泉津温泉	縮景園	三徳山三佛寺投入堂
	国賀海岸	錦帯橋	元乃隅神社	日御碕
	瀬戸大橋		石見銀山遺跡	出雲大社
	鞆の浦		温泉津温泉	倉敷

（つづく）

（つづき）

	2022年度	2021年度	2020年度	2019年度
中国	由志園		境港	
	松江城		萩城跡（指月公園）	
四国	鈍川温泉	村上海賊ミュージアム	四万十川	桂浜
	屋島	道後温泉	大歩危小歩危	金丸座
	天赦園	金刀比羅宮		栗林公園
	宇和島城	大歩危小歩危		
九州	門司港レトロ	仙厳園	筋湯温泉	高千穂峡
	城島高原	島原半島	栗川温泉	屋久島
	武雄温泉	雲仙温泉	岡城跡	門司港
	草千里	薩摩半島	宇佐神宮	五島列島
	昇竜洞	指宿温泉	宮之浦岳	武雄温泉
	黒川温泉	吹上浜		吉野ケ里遺跡
		大浦天主堂		虹の松原
		原城跡		大宰府政庁跡
沖縄	玉陵	由布島	久高島	伊良部島
		竹富島	DMMかりゆし水族館	宮古島
		万座毛	辺戸岬	
			玉陵	
その他	玉取祭（玉せせり）	ななつ星IN九州	海幸山幸	ラフテー
	あんこう鍋	いちご煮	守礼門	治部煮
	せんべい汁	信楽焼	ほうとう	チャグチャグ馬コ
	天領日田おひなまつり	砥部焼	笠間焼	三平汁
	天神祭	有田焼	山鹿灯籠まつり	めはりずし
	ゴーヤチャンプルー	西大寺会陽	讃岐うどん	岸和田だんじり
	常滑焼	ます寿し	吉田の火祭り	
	信玄公まつり	稲庭うどん		
	おわら風の盆	御柱祭		
	山鹿灯籠まつり			

2 対策

日々新しい観光資源が発掘されるため、本書掲載のものだけでなく、新聞やテレビ、SNSなどでの話題、旅行会社のパンフレット、最新版の地図などから常に新しい情報を入手することが必須となる。本書では基礎的なもののみを掲載し、主に国立公園やその周辺エリアの自然や文化などを併記した。

特産品や郷土料理などは、旧国名と都道府県名がつながっていると覚えやすいだろう。また、白地図に観光資源を書き込むなど、ピンポイントの観光資源情報を相互に線で結び、面でとらえ同エリアを総合的に学ぶのが望ましい。

国内の観光資源

学習のポイント

自然、寺院、庭園など歴史的遺産、美術・博物館などの文化施設、郷土芸能、祭り、特産品など広範囲にわたっている観光資源を各県ごとに把握し、ひとつの資源を中心としたとき、周辺に広がる見所、交通機関（主にJRの線名、駅など）など見どころの概要、位置関係を把握することが必要である。自然（国立公園など）を中心に周辺地域の主な観光資源、エリア以外の資源と分割して掲載した。

北海道

1 利尻礼文サロベツ国立公園及び周辺

■利尻島

別称「利尻富士」といわれる火山が島中央にそびえる。

■礼文島

花の浮島と呼ばれる高山植物の宝庫の島。高山植物が群生する桃岩、礼文島最北端のスコトン岬、メノウ海岸とも呼ばれる元地海岸など。

■サロベツ原野

日本有数の泥炭地。サロベツ原生花園、利尻富士の眺めが美しい①抜海（バッカイ）・稚咲内（ワッカサカナイ）海岸、石油試掘中に湧き出した②日本最北端の豊富温泉がある。

■稚内周辺

①「日本最北端の地」の碑がある宗谷岬、②野寒布（ノシャップ）岬、③「氷雪の門」のモニュメントのある稚内公園など。ラムサール条約登録地で白鳥が渡来する湖の④クッチャロ湖。

2 知床国立公園及び周辺

■知床半島（世界自然遺産）

知床半島の突端①知床岬へはウトロからの遊覧船で断崖・滝・洞窟などの景観を楽しむ。②滝つぼが露天風呂になっているカムイワッカ湯の滝、③羅臼岳山麓にある大小5つの湖沼、④知床五湖、⑤羅臼温泉、岩尾別温泉がある。オシンコシンの滝（双美の滝）（国立公園外・世界遺産外）。

3 阿寒摩周国立公園及び周辺

■屈斜路湖

日本最大級のカルデラ湖。①湖を一望できる景勝地美幌峠、②湖岸の砂を掘ると温泉の出る砂湯、③活火山「アトサヌプリ＝硫黄山」へは④川湯温泉からの遊歩道で行くことができる。

■摩周湖

透明度は世界トップクラスで、霧に包まれることが多い。

■阿寒湖

特別天然記念物「まりも」は湖中にあるチュウルイ島で見られる。周辺には北海道と似た形のペンケトーやパンケトー、オンネトーなど小さな湖が点在する。

4 釧路湿原国立公園及び周辺

■釧路湿原

釧路川および支流に広がる湿原で日本最大のラムサール条約登録地。

■塘路湖

武田泰淳「森と湖のまつり」の舞台。

■周辺地域

別寒辺牛（ベカンベウシ）湿原、厚岸（アッケシ）湖、根室半島付け根近くにある風蓮湖・春国岱はラムサール条約登録地。

5 大雪山国立公園及び周辺

■層雲峡

柱状節理の断崖が続く①大函（オオバコ）・小函（コバコ）、②流星の滝・銀河の滝がある。層雲峡温泉からロープウェイとリフトで③黒岳の7合目まで行くことができる。

■旭岳

大雪山連峰の主峰。山麓に①天人峡温泉、②「羽衣の滝」がある。

■周辺地域

モール温泉で知られる①十勝川温泉、②池田ワイン城、③ラベンダーで知られる富良野はドラマ「北の国から」の舞台。旭川には④旭山動物園、⑤優佳良織工芸館がある。

6 支笏洞爺国立公園及び周辺

■支笏湖

カルデラ湖。日本で2番目に深い。

■洞爺湖

大小4つの島が浮かぶ湖。北に羊蹄山、南に有珠山が望めるカルデラ湖。洞爺湖温泉は湯量豊富。洞爺湖温泉からオロフレ峠を越えると登別温泉に至る。

■昭和新山

1945年(昭和20年)に誕生した活火山。特別天然記念物。

■有珠山

洞爺湖南に位置する活火山。

■定山渓

札幌の奥座敷①定山渓温泉には洞爺湖温泉から②中山峠を越える。

■羊蹄山

別名「蝦夷富士」と言われる。

■周辺地域

登別温泉は湧出量が国内最大級。地獄谷、クマ牧場などが見どころ。

7 国定公園

■暑寒別天売焼尻国定公園及び周辺

①海鳥の繁殖地天売島、②オンコ(イチイ)の原生林で知られる焼尻島。③「北海道の尾瀬」と称される雨竜沼湿原。

■網走国定公園及び周辺

①日本で3番目に大きい湖、サロマ湖とオホーツク海との境は竜宮街道と呼ばれる②ワッカ原生花園と接する。③サンゴ草の紅葉がすばらしい能取湖。オホーツク海と④濤沸湖に囲まれた⑤小清水原生花園。網走には博物館網走監獄、オホーツク流氷館や、北方民族博物館がある天都山。

■ニセコ積丹小樽海岸国定公園及び周辺

先端に①積丹岬、②神威岬がある③積丹半島。スキー場で有名なニセコアンヌプリからは羊蹄山(蝦夷富士)を見ることができる。④小樽運河沿いに明治・大正の建物や赤レンガ倉庫の残る小樽。
⑤積丹半島東側のつけ根にある余市町。竹鶴政孝が設立したニッカウヰスキー北海道工場がある。見学も可。

■厚岸霧多布昆布森国定公園及び周辺

浜中湾と琵琶瀬湾に面して広がり、ラムサール条約登録地である霧多布湿原がある。

■大沼国定公園及び周辺

活火山駒ヶ岳山麓(渡島富士)や、大小の湖に小島が浮かぶ湖沼群。

■日高山脈襟裳国定公園及び周辺

日高山脈の最南端、襟裳岬。周辺にはサラブレッドロードが走り、浦河、新冠、日高など競走馬の産地が続く。

8 その他の観光地

■札幌

大通公園(よさこい・ソーラン祭り会場、雪まつり会場)、時計台(旧札幌農学校の演武場)、北海道大学(ポプラ並木、クラーク博士の胸像)、大倉山ジャンプ競技場(展望台)、藻岩山、すすきの、羊ヶ丘展望台。近郊の野幌森林公園内には北海道開拓の村。

■函館

①幕末の開港以来発展した町、函館。②函館山からの夜景は日本三大夜景の一つ。ハリストス正教会、旧函館区公会堂、立待岬、トラピスチヌ修道院、星形の日本初の洋式城郭である五稜郭などが見どころ。函館の奥座敷③湯の川温泉。桜の名所、松前城は日本最北の和式城郭。

東北

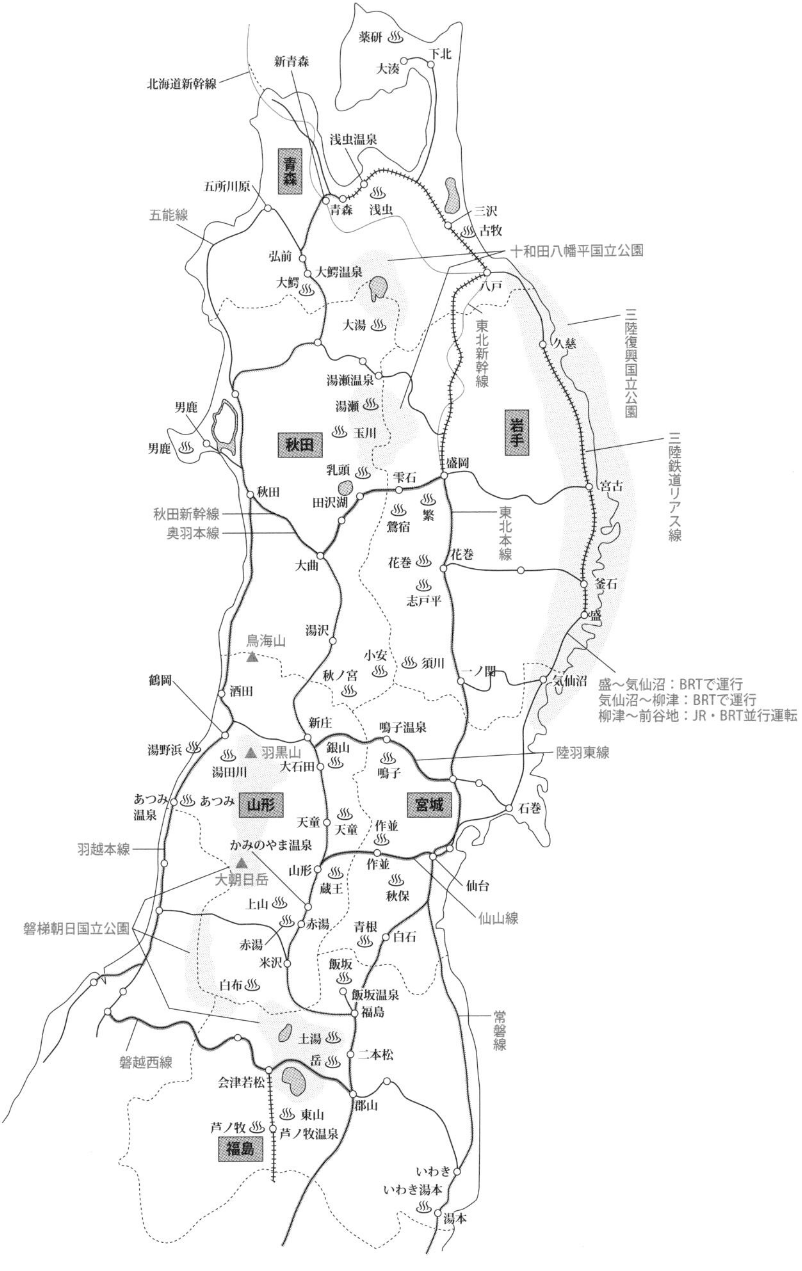

薬研
下北
大湊
新青森
北海道新幹線
浅虫温泉
青森
五所川原
青森
浅虫
三沢
五能線
古牧
十和田八幡平国立公園
弘前
大鰐温泉
大鰐
八戸
東北新幹線
大湯
久慈
三陸復興国立公園
湯瀬温泉
湯瀬
男鹿
岩手
玉川
秋田
男鹿
三陸鉄道リアス線
乳頭
盛岡
雫石
宮古
秋田
田沢湖
繋
鶯宿
秋田新幹線
東北本線
奥羽本線
花巻
花巻
大曲
志戸平
釜石
盛
湯沢
鳥海山
小安
須川
秋ノ宮
一ノ関
気仙沼
鶴岡
酒田
盛〜気仙沼：BRTで運行
気仙沼〜柳津：BRTで運行
柳津〜前谷地：JR・BRT並行運転
新庄
鳴子温泉
湯野浜
羽黒山
銀山
陸羽東線
湯田川
大石田
鳴子
あつみ温泉
あつみ
山形
宮城
石巻
天童
天童
作並
羽越本線
かみのやま温泉
作並
大朝日岳
山形
仙台
蔵王
秋保
上山
仙山線
赤湯
磐梯朝日国立公園
青根
赤湯
白石
米沢
飯坂
白布
飯坂温泉
福島
常磐線
土湯
岳
二本松
磐越西線
会津若松
郡山
東山
芦ノ牧
芦ノ牧温泉
福島
いわき
いわき湯本
湯本

1 青森県

1 十和田八幡平国立公園及び周辺（青森・岩手・秋田）

■十和田湖

二重式カルデラ湖。湖畔に十和田湖のシンボル高村光太郎作「乙女の像」がある。遊覧船が子ノ口～休屋間運航。

■奥入瀬渓流（オイラセケイリュウ）

子ノ口から焼山（ヤケヤマ）までの奥入瀬川（オイラセガワ）の渓流でいくつもの滝も点在する。中でも阿修羅の流れや銚子大滝・雲井の滝が有名。

■八甲田山

十和田湖北部に連なる連峰の総称。ロープウェイで山頂に登れる。麓には混浴の千人風呂で知られる酸ヶ湯温泉や蔦温泉などが点在。十和田湖観光ルートには、下記①～④がある。

① 青森ルート
(1)三内丸山遺跡（世界文化遺産）、(2)棟方志功記念館、(3)青森自然公園ねぶたの里、(4)浅虫温泉（青森の奥座敷）

② 三沢ルート
(1)古牧（コマキ）温泉には(2)渋沢栄一の旧宅がある。

③ 弘前（ヒロサキ）ルート
小京都と呼ばれる弘前は(1)津軽十万石の弘前城、別名「鷹揚城」を中心にした町。(2)藩ゆかりの長勝寺界隈は33の寺院が並ぶ。(3)盛美園（尾上町）は津軽平野と岩木山を借景とした明治期の名園。十和田湖までの沿線に温湯（ぬるゆ）、板留、(4)青荷（ランプの宿）などの温泉が点在。

④ 盛岡・十和田南ルート
岩手山を眺望しながら走る高原道路、八幡平アスピーテライン（岩手県の御在所温泉からトロコ温泉を繋ぐ）。

2 三陸復興国立公園及び周辺（青森、岩手、宮城）

■蕪島

ウミネコの飛来、産卵で知られる。

■種差海岸

クロマツ林や海岸植物の花畑が断続的に続く。

3 国定公園

■津軽国定公園及び周辺

別称「津軽富士」の信仰の山①岩木山は②津軽岩木スカイラインで8合目までいける。南東麓に③岩木山神社がある。津軽半島北端の岬④龍飛崎・階段国道、⑤青函トンネル記念館、⑥十三湖。⑦夕陽が美しい黄金崎に不老不死温泉。五所川原～能代間を走る⑧五能線。⑨十二湖、⑩金木にある太宰治の生家、太宰治記念館「斜陽館」、⑪津軽半島は津軽三味線発祥の地。

■下北半島国定公園及び周辺

本州最北端の岬①大間崎周辺は高級マグロが揚がる海域。②下北半島北東端の岬、寒立馬（カンダチメ）の放牧で知られる尻屋崎、③仏ヶ浦。宇曽利湖畔にある日本三大霊山（高野山・比叡山）のひとつ④恐山は年2回（7月・10月）にイタコの口寄せが行われる。北側に薬研温泉（ヤゲンオンセン）、下風呂温泉がある。

4 その他の観光地

■白神山地（世界自然遺産）及び周辺

秋田県にもまたがるブナの原生林が1993年日本最初の自然遺産として登録。

2 秋田県

1 十和田八幡平国立公園及び周辺（秋田・岩手・青森）

■ 八幡平

八幡平(岩手県側)を中心とした高原状火山台地の総称。後生掛(ゴショウガケ)温泉、蒸(フケ)ノ湯温泉、玉川温泉、トロコ温泉など点在。

■ 駒ヶ岳

「秋田駒ヶ岳」と呼ぶ活火山。山麓に乳頭温泉郷(鶴ノ湯、黒湯その他5湯)がある。

■ 周辺地域

水深423mは日本一、透明度も日本トップクラスの静かな湖田沢湖。湖畔(湖中)には伝説の美少女「たつこ像」が立つ。

2 国定公園

■ 男鹿(オガ)国定公園及び周辺

①なまはげで知られる男鹿半島、②半島北西端にある海蝕崖の入道崎、③芝生に覆われた寒風山。周辺地域に④佐竹二十万石の城下町、東北三大祭りの一つ「竿燈まつり」で知られる秋田、千秋公園に「藤田嗣治」作品の収集で知られる平野政吉美術館がある。

■ 栗駒国定公園及び周辺

秋田・岩手・宮城・山形にまたがり、小安峡、秋の宮温泉郷がある。

3 その他の観光地

■ 角館(カクノダテ)

佐竹氏の城下町で武家屋敷、商人町が残る「みちのくの小京都」。桜の名所(武家屋敷のしだれ桜、桧木内川の桜堤)。

■ 鹿角(カヅノ)

①縄文時代の巨大列石、大湯環状列石(世界文化遺産)、②日本最古の鉱山を閉山後観光鉱山にした「史跡尾去沢鉱山」。

■ 横手

2月中旬に行われる「かまくら祭り」で知られる。

3 岩手県

1 十和田八幡平国立公園及び周辺（岩手・秋田・青森）

■ 八幡平

秋田県を参照。山麓に藤七温泉、安比(アッピ)温泉がある。

■ 岩手山

岩手県最高峰。別称「南部富士」。

2 三陸復興国立公園及び周辺（岩手・宮城・青森）

■ 陸中海岸

青森・岩手・宮城県にまたがる海岸段丘、リアス海岸が続く海岸線。

- 北山崎……「海のアルプス」の別名を持つ、断崖絶壁が続く海岸。近くに日本三大鍾乳洞のひとつで、青く深い地底湖が神秘的な龍泉洞、安家洞がある。
- 浄土ヶ浜……純白の砂浜が美しい。遊覧船あり
- 碁石海岸……断崖、海蝕洞窟、岩礁などが続く
- 釜石大観音……魚を抱いて立つ観音像

3 早池峰国定公園及び周辺

■ 早池峰山

北上山脈の最高峰。早池峰うすゆき草など高山植物の宝庫。

4 その他の観光地

■ 平泉（世界文化遺産）

藤原清衡再興の中尊寺は、平泉文化の代表。建物全体が金箔で覆われている金

色堂。慈覚大師開山、藤原2・3代が造営した毛越寺は花菖蒲で有名。大泉が池が中心の別名浄土庭園、毛越寺庭園／観自在王院跡・庭園。3代秀衡が平等院鳳凰堂を模して作った無量光院跡、金鶏山。

■ **一関**

①磐井川沿いの渓谷厳美渓、②猊鼻渓舟下り。

■ **橋野鉄鉱山（世界文化遺産・明治日本の産業革命遺産の構成資産）**

- 釜石市。日本最古の洋式高炉跡。

4 山形県

1 磐梯朝日国立公園及び周辺（山形・福島・新潟）

■ **出羽三山**

- 出羽三山の主峰、山頂に月山神社がある月山
- 出羽三山奥の院、温泉を噴き出す岩が御神体の湯殿山
- 石段参道の途中に東北最古で国宝の五重塔がある羽黒山。山頂に出羽神社（三神合祭殿）

■ **朝日岳**

山形・新潟県にまたがる朝日連峰の総称で、主峰、大朝日岳が山形県に属す。

2 国定公園

■ **鳥海国定公園及び周辺**

別名「出羽富士」、秋田県側では「秋田富士」と呼ぶ、鳥海山。山麓南側には有耶無耶の関跡。

■ **蔵王国定公園及び周辺**

山形・宮城にまたがる蔵王連峰を走る①蔵王エコーラインに御釜（火口湖）、②刈田岳がある。山麓に③蔵王温泉。正式名④立石寺の山寺は、奥の院まで長い石段が続く。芭蕉の句「閑さや岩にしみ入る蝉の声」で有名な寺。

3 その他の観光地

■ **蔵王周辺**

①将棋の駒の生産地、桜まつりで人間将棋が行われる天童温泉。②さくらんぼの産地として知られ、駅名もさくらんぼ東根の東根温泉。近隣に紅花資料館（河北町）がある。

■ **最上川**

日本三大急流（富士川・球磨川）の一つ。最上川下りで最上峡を探勝。

芭蕉の句「五月雨をあつめて早し最上川」も有名。

■ **酒田**

①最上川流域の米の集散地として栄えた日本海沿岸の町で、当時の米蔵②「山居倉庫」、③本間家収集の美術品を展示する本間美術館。

■ **鶴岡**

出羽三山入口の町で、致道博物館、藩校致道館など。50種以上のクラゲを展示する加茂水族館も人気施設。

■ **温泉**

①明治・大正時代の木造三階建て建物が並ぶ風情のある銀山温泉、②庄内三名湯（湯野浜、湯田川、あつみ温泉）。

5 宮城県

1 三陸復興国立公園及び周辺（宮城・岩手・青森）

■唐桑半島

宮城県最北東端に位置するリアス海岸による風光明媚な地。巨釜半造（オオガマハンゾウ）は大理石の海蝕崖。

■牡鹿（オシカ）半島

沖合にある金華山は信仰の島。

2 国定公園

■栗駒国定公園（宮城・山形・秋田・岩手）及び周辺

こけしで有名、湯量豊富な①鳴子温泉、②鳴子峡、③間欠泉（カンケツセン）の鬼首（オニコウベ）、芭蕉ゆかりの尿前（シトマエ）の関。

3 その他の観光地

松島：日本三景の一つ。五大堂、観瀾亭、瑞巌寺、遊覧船も就航。

仙台：伊達家居城跡「青葉城」、政宗の廟「瑞鳳殿」

登米（トメ）：①登米市出身の石ノ森章太郎ふるさと記念館、②ラムサール条約登録地、伊豆沼・内沼

4 温泉

①作並温泉（広瀬川上流）、②秋保（アキウ）温泉（名取川上流）はいずれも仙台の奥座敷といわれる。

6 福島県

1 磐梯朝日国立公園及び周辺（福島・山形・新潟）

■磐梯山

「会津磐梯山」の民謡で知られる活火山。山麓に猪苗代湖、火山爆発により、①五色沼、②桧原湖、小野川湖、秋元湖などの湖ができた。福島から③浄土平、吾妻小富士、④土湯峠、湖が点在する磐梯高原などを通る山岳道路が猪苗代まで続く。

■猪苗代湖

日本で4番目に大きい湖。湖畔に野口英世記念館。

■安達太良（アダタラ）山

活火山。麓に岳（ダケ）温泉、「智恵子抄」の智恵子の生家（二本松）。

2 その他の観光地

■会津若松

①戊辰戦争の舞台の会津若松城（別名：鶴ヶ城）、②飯盛山、③御薬園、④会津藩校日新館。近くに会津の奥座敷といわれる東山温泉。蔵の町といわれラーメンで知られる喜多方がある。

■会津鉄道沿線

①会津西街道の旧宿場町、大内宿。近くに芦ノ牧温泉、②湯野上温泉、③奇勝渓谷の塔のへつり。へつりとは会津の方言で川に沿った険しい断崖のこと。

■いわき

炭鉱閉山後にできた、坑内に湧出するお湯を利用したいわき湯本温泉。奥州三関（白河・念珠（ネズ））の一つ勿来（ナコソ）の関。

■郡山周辺

須賀川のぼたん、樹齢1000年以上のベニシダレザクラ三春の滝桜、入水鍾乳洞、あぶくま洞。

関東と山梨

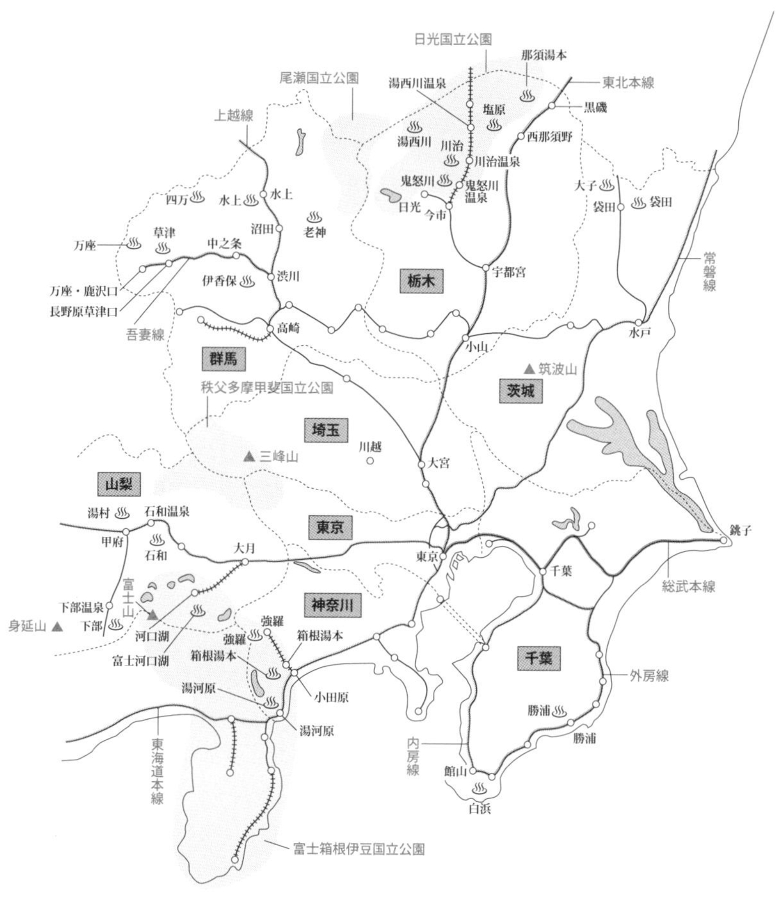

1 群馬県

1 尾瀬国立公園及び周辺（群馬・福島・栃木・新潟）

■ 尾瀬ヶ原

4県にまたがるわが国最大の湿原、至仏山を背景に春の水芭蕉をはじめ、四季折々の花が尾瀬沼周辺に咲く。

■ 周辺地域

- 東洋のナイアガラといわれる吹割（フキワレ）の滝
- 老神（オイガミ）温泉

2 上信越高原国立公園及び周辺（群馬・長野・新潟）

■ 谷川岳

新潟県境にある谷川連峰の主峰。天神平までロープウェイ。山麓に谷川、水上（ミナカミ）、湯檜曾などの温泉が点在。水上を源流とする利根川は日本第2位の長さで上流地域には洞元湖、藤原湖など多くのダムがあり、湖畔に秘湯宝川・湯ノ小屋などの温泉もある。

■ **草津白根山**

長野県境にある活火山。山頂の湯釜は乳白色の水を湛えている。渋峠を越えると長野県・志賀高原へ。

■ **草津温泉**

白根山麓にあり日本有数の湯量を誇る。湯畑は草津の象徴。近くには万座温泉。

■ **三国峠**

新潟県境にある。近くに赤谷湖、湖畔に猿ヶ京温泉。秘湯法師温泉。

■ **浅間山**

群馬・長野県境にある活火山。山麓に噴火でできた溶岩台地、鬼押出しは入園できる観光施設。

■ **その他**

四万（シマ）温泉は青森・酸ヶ湯、群馬・日光湯元と共に1954年に国民保養温泉第一号指定。

3 妙義荒船佐久高原国定公園及び周辺

■ **妙義山**

日本三奇勝（寒霞渓・耶馬渓）の一つ。

4 その他の観光地

■ **榛名山**

上毛三山（妙義・赤城）の一つ「榛名富士」山腹に①榛名湖。山麓にある②伊香保温泉は石段、明治の文化人が湯治をしたことで知られ、徳冨蘆花記念文学館、竹久夢二伊香保記念館など。

■ **富岡製糸場と絹産業遺産群（世界文化遺産）**

明治初期、政府の殖産興業・興国のもと設置された官営機械製糸場。2014年登録。構成資産は他に、田島弥平旧宅（伊勢崎市）、高山社跡（藤岡市）、荒船風穴（下仁田町）

2 栃木県

1 日光国立公園及び周辺（栃木・群馬・福島）

■ **男体山**

霊峰。山頂に二荒山神社の奥宮がある。中腹に中禅寺湖。そこから流れ落ちる名勝「華厳滝」は日本三名瀑（茨城・袋田の滝、和歌山・那智滝）の1つ。

■ **日光山内（世界文化遺産）**

世界遺産二社一寺（東照宮・二荒山神社・輪王寺）の堂宇点在。1999年登録。

- 輪王寺……徳川の庇護を受け繁栄した天台宗門跡寺院。三代将軍家光の霊廟「大猷院廟（タイユウインビョウ）」「三仏堂」などがある
- 東照宮……家康を祀る神社。日暮の門といわれる陽明門、三猿で知られる神厩舎、天井が鳴龍の本地堂などがある
- 二荒山神社……二荒山（日光山）が信仰の中心で男体山の主神を祀る。
- 神橋……日光山内への入り口の朱塗りの橋

■ **温泉**

日光湯元温泉、鬼怒川温泉、「平家落人の里」といわれる湯西川温泉、川治温泉、塩原温泉郷、那須岳山麓に那須湯本温泉、大丸（オオマル）温泉、板室温泉他

■ **周辺地域**

日光杉並木街道、東武ワールドスクウェア（ミニチュアタウン）、日光江戸村

2 その他の観光地

■ **足利**

小京都と呼ばれる足利氏発祥の町。鑁阿寺（バンナジ）、日本最古の総合大学「足利学校」など。

■ **佐野**

日光例幣使街道の宿場町。小京都。近年、佐野ラーメンも人気。

■ **栃木**

巴波川（ウズマガワ）沿いに開けた商人町「蔵の街」と呼ぶ。小京都。

■ **益子（マシコ）**

焼き物の里。益子焼。春と秋の陶器市が有名。

3 茨城県

1 水郷筑波国定公園（茨城・千葉）及び周辺

琵琶湖の次に広い面積を持つ淡水湖①霞ヶ浦、徳川時代に東遷した利根川に通じる②十二橋、あやめで知られる③潮来（イタコ）。全国鹿島神社の総本宮、武道の神様でもある鹿島神宮。ガマの油売りの口上で有名な筑波山。山麓に筑波研究学園都市がある。秋葉原からつくばエクスプレスが通じる。

2 その他の観光地

■ **水戸**

水戸徳川家ゆかりの地。①偕楽園は日本三名園（兼六園・後楽園）の一つで園内に木造2層3階の好文亭がある。水戸北東の常陸太田市内に②水戸光圀の西山荘がある。

■ **笠間**

焼き物の里。笠間稲荷、笠間日動美術館などがある。

■ **五浦（イヅラ・イツウラ）海岸**

岬の岡倉天心作「六角堂」は東日本大震災の津波で流され再建された。

■ **温泉**

①袋田温泉、近くに②四度ノ滝と呼ばれる袋田の滝。

4 千葉県

1 国定公園

■ **水郷筑波国定公園及び周辺**

銚子半島の最東端、犬吠埼。海岸線は屏風ヶ浦、九十九里浜と続く。

■ **南房総国定公園及び周辺**

①勝浦温泉、②日蓮ゆかりの地小湊（日蓮宗大本山誕生寺、清澄山、鯛ノ浦）、鴨川、鴨川シーワールド、千倉。③鹿野山、④野島崎灯台。

2 その他の観光地

■ **成田　ほか**

成田山新勝寺、香取神宮、養老渓谷、東京ディズニーランド、東京ディズニーシー、東京湾アクアライン。

5 埼玉県

1 秩父多摩甲斐国立公園及び周辺（埼玉・東京・山梨・長野）

■ **秩父三社**

秩父夜祭の祭神、秩父神社。三峯神社。岩畳で知られる長瀞に宝登山神社。GWには市内、羊山（ヒツジヤマ）公園の芝桜も人気。

2 その他の観光地

■ **川越**

太田道灌の築いた町で小江戸と呼ばれる。「時の鐘」「喜多院」など。10月の川越まつりも山車29台が総出で有名。

■越生（オゴセ）(越生梅林)

町内に千本以上の梅が植えられ、2月中旬～3月下旬に梅まつりが開催される。

6 山梨県

1 秩父多摩甲斐国立公園及び周辺（山梨・東京・埼玉・長野）

■御岳昇仙峡

渓谷の滝や奇峰を楽しみながらトテ馬車が走る。近くに湯村温泉。

■周辺地域

- 甲府……甲斐善光寺、武田神社、ミレーの作品(「種をまく人」「落ち穂拾い」)を所蔵する山梨県立美術館
- 塩山……信玄の菩提寺「恵林寺（エリンジ）」
- 大月……日本三奇橋の一つ「猿橋」
- 勝沼……ブドウ栽培で有名・ワイナリーも多数

2 富士箱根伊豆国立公園及び周辺（山梨・東京・神奈川・静岡）

■富士山～信仰の対象と芸術の源泉（世界文化遺産）

①富士五湖(山中湖・河口湖・精進湖・西湖・本栖湖)、②登山道(須走口※・吉田口・大宮※・村山口※)、③浅間神社(冨士御室・北口本宮冨士・須山※・村山※・山宮※・冨士※(須走※)、河口)、富士山本宮※・浅間大社、④山頂の信仰遺跡群、⑤忍野八海、⑥御師（オシ）住宅、⑦胎内樹型(船津・吉田)、⑧人穴富士講遺跡※、⑨白糸滝※、⑩三保松原※(※印は静岡県)。2013年登録。

周辺に青木ヶ原樹海、富岳風穴、鳴沢氷穴、絶叫マシンで人気の富士急ハイランドなど。

3 その他の観光地

■身延山

しだれ桜で知られる日蓮宗総本山身延山久遠寺へはロープウェイで。近くに下部温泉がある。

7 神奈川県

1 富士箱根伊豆国立公園及び周辺（神奈川・東京・静岡・山梨）

■箱根七湯

①箱根の玄関口の箱根湯本、②塔ノ沢、③明治時代から外国人を受け入れた宮ノ下、④堂ケ島、⑤底倉、⑥木賀、⑦芦ノ湯。

■その他温泉

- 小涌谷温泉……日帰り・宿泊入浴施設・ユネッサンがある
- 強羅温泉……フランス式庭園強羅公園、箱根美術館、彫刻の森美術館がある
- 仙石原温泉……金時山に近い。箱根湿生花園、金時神社、奥箱根とも呼ばれる。

■芦ノ湖

周辺に箱根旧街道(石畳)、関所跡、箱根寄木細工発祥の地、畑宿や箱根山の火山爆発ででき、今も噴煙上げる大涌谷など。

■周辺地域

真鶴半島、万葉公園がある湯河原温泉など。

2 丹沢大山国定公園及び周辺

別名「雨降山」の「大山（オオヤマ）」は霊山。山頂に阿夫利神社。豆腐が有名。

3 その他の観光地

■横浜

明治時代に開港以来発展した町。山下

公園、中華街、元町、港の見える丘公園、外国人墓地、横浜ベイブリッジ、赤レンガ倉庫群、野毛山動物園、八景島シーパラダイス他多数見学箇所がある。

■鎌倉

鎌倉時代の中心となった都、源氏、北条氏ゆかりの寺などがある。

- 鶴岡(ツルガオカ)八幡宮……頼朝により建てられた源氏の守護神、本宮・大鳥居・丸山稲荷社・若宮など重要文化財も多い。
- 鎌倉大仏殿……高徳院の本尊、露座の大仏
- 長谷寺……通称「長谷観音」。本尊は十一面観音、坂東三十三箇所観音霊場の第四番札所
- 江の島……裸弁天の信仰でにぎわった陸繋島
- 建長寺……鎌倉五山の第一の名刹
- 円覚寺……五山の第二、北条時宗創建
- 明月院……建長寺派の寺院。あじさい寺としても有名。

■三浦半島

- 城ヶ島……三浦半島南端の島。北原白秋「城ヶ島の雨」の碑がある。対岸の三崎港はマグロの水揚げで首都圏から日帰り観光客が絶えない。

8 東京都

1 富士箱根伊豆国立公園及び周辺（東京・神奈川・山梨・静岡）

■伊豆七島

伊豆大島、利島、新島、神津島、三宅島、御蔵島、八丈島。覚え方は、各島の頭文字から「オトニコミミをハさむ」と覚える。並びは、東京港からの配置順である。

- 伊豆大島……活火山三原山、椿が咲くことで有名
- 三宅島……火山島
- 八丈島……江戸時代流人の島。八丈富士、服部屋敷跡など

2 小笠原国立公園及び周辺（世界自然遺産）

東京から1000km南に位置する小笠原諸島。父島へ定期船（所要24時間）が出ている。2011年登録。

3 秩父多摩甲斐国立公園及び周辺（東京・埼玉・山梨・長野）

■奥多摩

奥多摩湖、御岳山、日原鍾乳洞、高尾山など。

4 その他の観光地

■江戸城跡

皇居外苑、二重橋、皇居東御苑など。

■公園・庭園

- 新宿御苑は旧内藤家屋敷跡。桜の名所
- 六義(リクギ)園は柳沢吉保による「回遊式築山泉水」大名庭園
- 小石川後楽園は水戸藩上屋敷の大名庭園
- 浜離宮恩賜庭園は2つの鴨場を持つ徳川将軍家の庭園

■神社・仏閣

- 靖国神社は戦没者を祀る。桜の名所
- 明治神宮のある原宿周辺は表参道、代々木公園がある
- 湯島天神、学問の神様菅原道真を祀る
- 泉岳寺は赤穂義士、浅野内匠頭の墓で知られる
- 浅草神社の祭礼、三社祭。伝法院、雷門のある浅草寺、参道の商店街、仲見世はいつも賑やか

- その他に湯島聖堂、深大寺、寛永寺、増上寺など

■ **博物館、美術館など**

- 上野地区：東京国立博物館、国立西洋美術館(世界文化遺産・2016年登録)、国立科学博物館
- 東京地区：出光美術館、アーティゾン美術館
- 新宿地区：SOMPO美術館
- その他地区：江戸東京博物館(両国)、大倉集古館(港区虎ノ門)

■ **アミューズメントその他**

- 臨海副都心……お台場、レインボーブリッジ、ゆりかもめ
- その他……東京タワー、東京スカイツリー、東京湾アクアライン、東京ミッドタウン、サンシャインシティ、葛西臨海水族園

中部

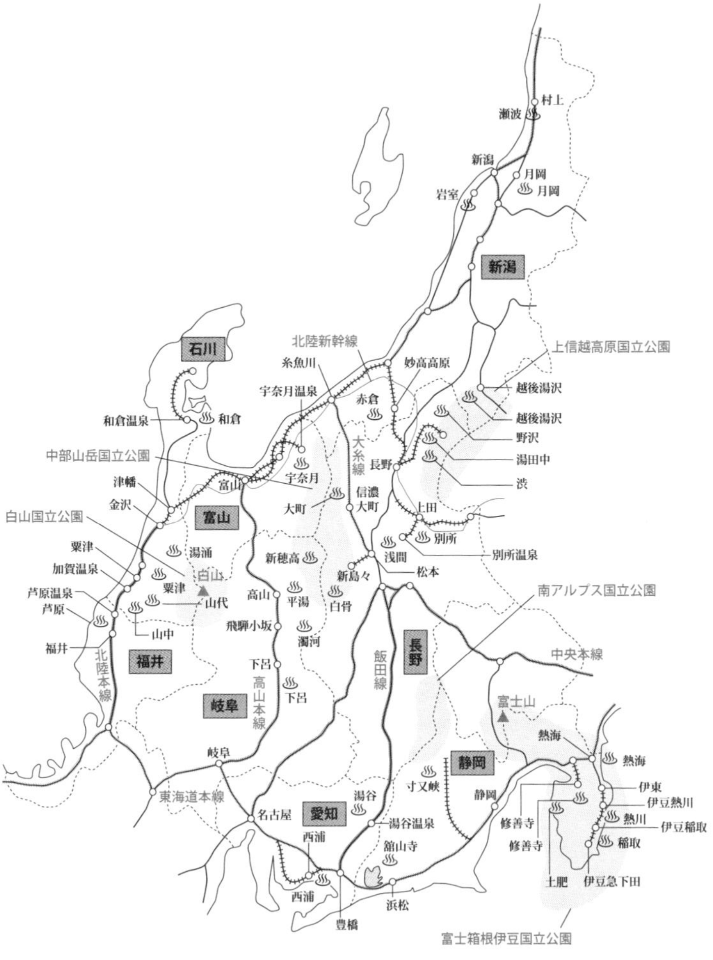

1 富山県

1 中部山岳国立公園及び周辺（富山・長野・岐阜・新潟）

■立山黒部アルペンルート

日本アルプスといわれる飛騨山脈・立山連峰をロープウェイ、ケーブルカー、トロリーバス等を乗り継ぎ、立山～長野県側扇沢間を結ぶ山岳観光ルート。①黒部ダム、②大観峰、③室堂、④弥陀ヶ原、⑤落差日本一（350m）の称名滝などが見どころ。

■黒部峡谷鉄道

黒部川沿いを宇奈月温泉から欅平まで

約1時間トロッコ電車で走る。沿線には鐘釣温泉、猿飛峡などがある。

2 石川県

1 能登半島国定公園及び周辺

石川・富山にまたがる。①能登半島の先端に②禄剛崎(ロッコウ)、③珠洲岬(スズ)を境に日本海側の男性的、内海側の女性的景観。内海側には④七尾湾にある能登島、対岸の和倉温泉と能登島大橋で結ばれている。⑤沖合(オキアイ)に見附島が浮かぶ⑥九十九湾(ツクモワン)、日本海側には⑦曽々木海岸、⑧豪農の館時国家、⑨白米千枚田、⑩能登金剛(巌門・ヤセの断崖など)、⑪曹洞宗大本山総持寺。輪島塗、キリコ会館、朝市、温泉などで知られる町、輪島。半島付根部分に⑫妙成寺、⑬能登一宮の気多大社、⑭砂浜を車で走れる千里浜ドライブウェイ。

2 その他の観光地

■金沢

加賀百万石の城下町。加賀友禅、金箔加工、加賀料理。

- 兼六園……日本三名園(偕楽園、後楽園)の一つ。林泉回遊式庭園で冬期間は雪吊りの風景も。
- 成巽閣……加賀前田家の奥方御殿。兼六園にある
- ひがし茶屋街……卯辰山山麓にある江戸時代の遊興街
- その他……武家屋敷、尾山神社、近江町市場、繁華街の香林坊、拝観予約制の妙立寺(ミョウリュウジ)(忍者寺)、金沢21世紀美術館、金沢の奥座敷・湯涌温泉、安宅の関(小松市)

■加賀温泉郷

- 片山津温泉……柴山潟湖畔にある
- 粟津(アワヅ)温泉……北陸一古い温泉。近くに那谷寺(ナタデラ)がある
- 山代温泉……行基発見の平野の中の湯
- 山中温泉……鶴仙渓、こおろぎ橋がある
- 九谷磁器窯跡……17世紀に初めて作られた九谷焼の古窯の跡で国の史跡。

3 福井県

1 国定公園

■越前加賀海岸国定公園及び周辺

福井・石川にまたがる。①高さ50mの断崖が続く名勝、東尋坊、②半野生の水仙の咲くことで知られる越前岬、③天然岩のトンネル、呼鳥門。周辺に④福井唯一の温泉、芦原温泉、⑤道元創建の曹洞宗大本山、永平寺、⑥一乗谷の朝倉氏遺跡、⑦越前の大仏、⑧現存天守閣の残る丸岡城や⑨雲海が浮かぶ「天空の城」越前大野城もある。

■若狭湾国定公園

①三方五湖、②日本三大松原(三保松原、虹ノ松原)の一つ気比(ケヒノ)松原、③内外海半島先端にある断崖、蘇洞門(ソトモ)。周辺に④「海のある奈良」と呼ばれる小浜、市内には3月2日に奈良東大寺二月堂への⑤「お水送り」行事が行われる神宮寺や妙通寺など、寺社が多くあるため。⑥鯖街道沿いに栄えた地区、熊川宿は滋賀県境に近い。

4 岐阜県

1 中部山岳国立公園及び周辺（岐阜・長野・富山・新潟）

■ 奥飛騨温泉郷

長野県側上高地より安房峠を越えたところにある平湯、福地、新平湯、栃尾、新穂高の各温泉の総称。新穂高ロープウェイで北アルプスの景観を楽しめる。

■ 乗鞍スカイライン

長野県とを結ぶ日本一標高の高い山岳道路。

2 白山国立公園及び周辺（岐阜・富山・石川・福井）

■ 白川郷（世界文化遺産）

富山県の五箇山とともに合掌造り集落として1995年登録。「合掌造り民家園」は屋外の博物館。

■ 周辺地域

- 御母衣（ミボロ）ダム……高山に抜ける国道沿いにあり、水没地にあった桜の木を移転したエピソードで知られる荘川桜

3 国定公園

■ 飛騨木曽川国定公園及び周辺

飛騨川沿いに発展した岐阜を代表する下呂温泉。木曽川沿いを下る日本ライン下りは美濃太田～愛知県の犬山橋まで。

■ 揖斐関ヶ原（イビセキガハラ）養老国定公園及び周辺

①徳川家康と石田三成が戦った関ヶ原古戦場跡。②孝子伝説の滝、養老滝。周辺に③長良川鵜飼（5月～10月）、④根尾谷の淡墨（ウス）桜。

4 その他の観光地

■ 高山

江戸幕府直轄地（＝天領）であった所。三町といわれる地区は当時の風情を残し重要伝統的建造物群保存地区に指定されている。①高山陣屋、②日下部民芸館、③飛騨民俗村「飛騨の里」などがある。春と秋の高山祭が有名。

■ 飛騨古川

高山の北に位置する町で、城下町の風情を残す。

■ 郡上（グジョウ）八幡

約1か月続く盆踊り、郡上おどりで有名。

■ 恵那峡

木曽川の渓谷。恵那峡下りができる。下流には戦時中の外交官・杉原千畝記念館が建つ。

■ 馬籠宿

木曽十一宿のうち最も南に位置する。島崎藤村の「夜明け前」の舞台。石畳の坂道、宿場町の中ほどに藤村記念館がある。

5 愛知県

1 国定公園

■ 三河湾国定公園及び周辺

①渥美半島先端の②伊良湖（イラゴ）岬、③恋路ヶ浜は島崎藤村「椰子の実」の舞台、④渥美、知多半島に挟まれた三河湾沿いに⑤西浦温泉、三谷（ミヤ）温泉、蒲郡温泉が点在。

■ 愛知高原国定公園及び周辺

①山岳修験者の道場、鳳来寺山、②山麓に湯谷温泉。紅葉の名所③香嵐渓。近くに三州足助屋敷。

2 その他の観光地

■ 名古屋地区

①金の鯱（しゃちほこ）で知られる名古屋城、②三種の神器「草薙の剣」を祀る熱田神宮、③博物館明治村、④野外民族博

物館リトルワールド、⑤日本モンキーセンター、⑥レゴランド・ジャパン。

■ その他

①日本三大稲荷の一つ豊川稲荷(他は京都・伏見、佐賀・祐徳)、②徳川家康誕生の岡崎城、③愛・地球博記念公園内にあるジブリパーク。

6 静岡県

1 富士箱根伊豆国立公園及び周辺(静岡・神奈川・東京・山梨)

■ 富士山(世界文化遺産)山梨県参照

静岡・山梨にまたがる日本最高峰の山。山麓に①白糸滝、②田貫湖、③朝霧高原、④富士山本宮浅間大社などがある。

■ 伊豆半島

東海岸には熱海、網代(アジロ)、伊東、熱川(アタガワ)、稲取、などの温泉が点在。天城山のある中伊豆には修善寺、川端康成ゆかりの湯ヶ野、「伊豆の踊子」の舞台湯ヶ島などの温泉。西伊豆には金山のあった土肥、天然記念物天窓洞の堂ヶ島の各温泉。野猿の生息地波勝崎などがある。半島先端の南伊豆地区は下田、蓮台寺、下賀茂温泉、1月に野水仙の咲く爪木崎などがある。最南端は石廊崎。

2 その他の観光地

■ 静岡市周辺

①三保松原(世界文化遺産)、②登呂遺跡、③久能山東照宮、④日本平、⑤アプト式鉄道の大井川鐵道で行く寸又峡温泉。

■ 浜松地区

①ウナギで有名な浜名湖・弁天島温泉・新居関跡、②かんざんじロープウェイのある舘山寺温泉。

■ 県東部

国宝・重要文化財クラスの所蔵・展示で知られるMOA美術館(熱海市)、ピカソ・ミロなど20世紀美術コレクションの池田20世紀美術館(伊東市)。

7 長野県

1 上信越高原国立公園及び周辺(長野・群馬・新潟)

■ 志賀高原

浅間山火山活動により、多数の温泉、湖沼群、湿原が存在する。

- 温泉……渋、湯田中、熊ノ湯、上林、猿専用風呂のある「地獄谷野猿公苑」、日本のスキー発祥地・共同浴場・野沢菜などで知られる野沢温泉他

2 妙高戸隠連山国立公園及び周辺(長野・新潟)

- 野尻湖……ナウマン象化石発掘で知られる
- 戸隠高原……戸隠山と飯縄(イイヅナ)山の間に広がる高原。そばで知られる地域。戸隠神社は山岳信仰の中心。
- 黒姫山……別名「信濃富士」、眼下に野尻湖を望む。

■ 周辺地域

- 長野市……宗派問わず宿願可能な善光寺の門前町として繁栄
- 小布施町……北斎を支持した高井鴻山を生み出した町で、北斎館、一茶ゆかりの岩松院などがある
- 別所温泉……「信州の鎌倉」といわれる。国内唯一の八角三重塔の安楽寺、北向観音がある
- 鹿教湯(カケユ)温泉……リハビリの温泉病院や

クアハウスが特徴。

3 中部山岳国立公園及び周辺（長野・岐阜・新潟・富山）

■上高地

- 河童橋……上高地を象徴する梓川にかかる橋
- 大正池……焼岳噴火によりできた立ち枯れが見える池
- その他……明神池、日本アルプスを紹介したウエストン（英）の碑。乳白色の湯で知られる白骨温泉、安房峠、乗鞍高原を越えると岐阜県に入る

■周辺地域

- 松本周辺……日本最古の五層天守閣の国宝松本城（別名・烏（カラス）城）、旧開智学校。ワサビ産地で知られる安曇野、穂高には碌山美術館

■大町温泉

富山県に抜ける立山黒部アルペンルートの長野県側の玄関口。

4 南アルプス国立公園及び周辺（長野・山梨・静岡）

赤石山脈地域

5 国定公園

■八ヶ岳中信高原国定公園及び周辺

①美ヶ原高原の主峰王ヶ頭、②美しの塔、③松本の奥座敷、浅間温泉。④蓼科湖、⑤白樺湖、⑥八ヶ岳。

■天竜奥三河国定公園及び周辺

長野・静岡を経て遠州灘にそそぐ①天竜川、②天竜下り、③天竜峡、④昼神温泉。

6 その他の観光地

■諏訪地区

6年に1度の御柱（オンバシラ）祭で有名な諏訪大社、上諏訪温泉、厳冬期には御神渡（オミワタ）りのある諏訪湖は、夏期には湖上花火で知られる。

■伊那地区

- 駒ヶ岳ロープウェイで行ける高原の花畑、千畳敷カール
- 高遠（タカトオ）城址公園……「天下第一の桜」で知られる名所

■木曽路地区

- 御嶽山……信仰の山
- 寝覚（ネザメ）ノ床……浦島伝説が残る木曽川沿いの渓谷
- 中山道宿……上松（アゲマツ）、奈良井（ナライ）、妻籠（ツマゴ）など

■小諸・上田地区

- 懐古園……小諸城跡。島崎藤村の「小諸なる古城のほとり…」の歌碑が立つ。
- 上田城……真田幸村の父、昌幸の築城。徳川の大軍を2度にわたり撃退したことで知られる。
- 旧中込学校……佐久市にある明治初期建築の日本最古の洋風校舎が現存。

8 新潟県

1 上信越高原国立公園及び周辺（新潟・長野・群馬）

■越後湯沢

川端康成「雪国」の舞台。西方に清津峡、南西に苗場山、平家落人の里といわれる秋山郷がある。

2 妙高戸隠連山国立公園及び周辺（新潟・長野）

■妙高山

別称「越後富士」。山麓に赤倉温泉・関・燕温泉など温泉点在。

■妙高高原

妙高山の東側の麓に広がる、ゴルフ場スキー場が数多く点在している高原。

3 佐渡弥彦米山国定公園及び周辺

■佐渡島

新潟～両津、直江津～小木間に船便が出ている日本海最大の島。

- 佐渡鉱山……相川にある、江戸時代に発掘が行われた金山
- 尖閣湾……海岸段丘と海蝕崖がみられる海岸線
- 八幡地区……順徳天皇ゆかりの妙宣寺、火葬塚真野御陵など
- その他地域……たらい舟で知られる小木、大佐渡スカイライン、カキが名産の加茂湖など

■弥彦山

弥彦神社のご神体。山麓に岩室温泉、弥彦温泉がある。山頂までロープウェイと観光道路(スカイライン)が通じる。

■米山

「三階節」で知られる信仰の山。

■周辺地域

- 寺泊……魚市場で有名
- 出雲崎……良寛和尚の生地
- 親不知(オヤシラズ)・子不知……古来北陸道の難所

4 越後三山只見国定公園及び周辺

八海山、駒ヶ岳、中ノ岳をいう。

- 奥只見湖……尾瀬とを結ぶ観光地で、人造湖

5 その他の観光地

■新潟市周辺

- 豪農の館、北方文化博物館(伊藤邸)、市島邸、清水園など
- 村上……三面川下流の城下町。鮭で有名。瀬波温泉
- その他地域……シベリアから毎冬白鳥が渡来する瓢湖、笹川流れ(海岸線)

近畿

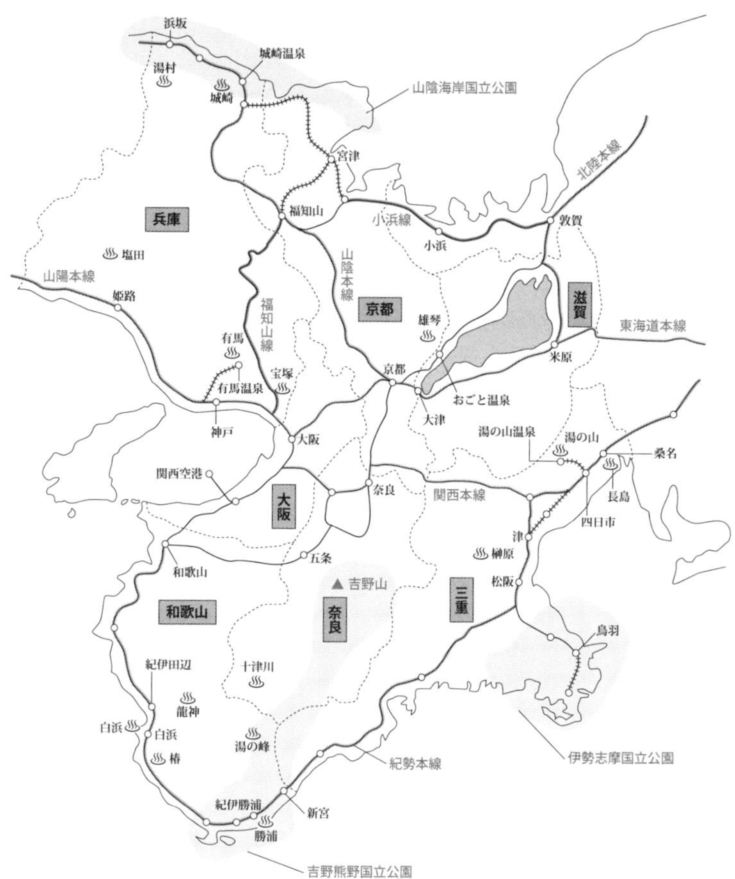

1 三重県

1 伊勢志摩国立公園及び周辺

■志摩半島

①リアス海岸の英虞湾（アゴワン）、②「皇大神宮」の内宮（ナイクウ）・「豊受大神宮」の外宮（ゲクウ）から成る伊勢神宮、③夫婦岩で知られる二見浦、④伊勢神宮門前町のおはらい町、おかげ横丁、⑤真珠養殖成功の島ミキモト真珠島、⑥アミューズメント志摩スペイン村。英虞湾にある賢島で2016年5月、G7・伊勢志摩サミットが開催された。

2 国定公園

■鈴鹿国定公園及び周辺

- 御在所山……滋賀県とまたがる鈴鹿山系の山。山麓の湯の山温泉は関西の奥座敷。

■室生赤目青山国定公園及び周辺

赤目四十八滝、紅葉の名所香落渓（コオチダニ）など。

3 その他の観光地

■松阪

松阪牛で知られる町。本居宣長旧宅「鈴屋」。

■その他

鬼ヶ城、七里御浜は世界文化遺産。紀伊山地の霊場と参詣道の構成資産。

2 和歌山県

1 吉野熊野国立公園及び周辺（和歌山・三重・奈良）

■紀伊山地の霊場と参詣道（世界文化遺産）

①熊野三山（熊野那智大社・熊野速玉（ハヤタマ）大社・熊野本宮大社）、②那智山、③那智滝、④青岸渡寺、⑤熊野古道、2004年登録。

2 高野龍神国定公園及び周辺

■紀伊山地の霊場と参詣道（世界文化遺産）

①高野山（コウヤサン）（弘法大師空海が開いた真言宗の霊地）、②金剛峯寺（コンゴウブジ）（秀吉が母の菩提を弔うために建てた）。

3 その他の観光地

■周辺地区

①勝浦温泉、②湯の峰温泉、③北山川沿いの瀞八丁、④本州最南端潮岬、⑤串本沖の橋杭岩、⑥白浜温泉（三段壁、千畳敷、円月島）。

■和歌山地区

①和歌山城、②紀三井寺、③養翠園、④根来寺、⑤道成寺。

3 滋賀県

1 琵琶湖国定公園及び周辺

■琵琶湖

日本最大の湖。県面積の約1/6を占める。湖中北部の竹生島（チクブシマ）は国の史跡で都久夫須麻神社がある。湖北に①余呉湖、②賤ヶ岳古戦場がある。流れ出る川は、瀬田川～宇治川～淀川を経て大阪湾へ。

2 その他の観光地

■湖東地区

- 彦根は井伊家の城下町で、彦根城、玄宮楽々園など
- 湖東三山（西明寺、百済寺、金剛輪寺）は天台宗寺院で永源寺とともに紅葉の名所
- 近江商人と水郷として知られる近江八幡。近くに安土城跡、近江商人発祥の地、五個荘がある
- 町おこしの成功例「黒壁スクエア」で知られる北国街道沿いの町長浜

■湖西地区

- 比叡山延暦寺は京都府とまたがる、最澄開山の天台宗総本山。世界文化遺産、古都京都の文化財の構成資産でもある（後述）。
- 坂本は延暦寺の里坊（サトボウ）地区で「穴太衆積（アノウシュウヅ）み」の石垣で囲まれた寺院が並ぶ町で、他にも山王総本宮「日吉大社」などがある
- 琵琶湖畔に建つ浮御堂
- 雄琴温泉、JR湖西線の駅名はおごと温泉。

■大津地区

①三井寺、②石山寺、③狸の焼き物で知られる信楽。

4 京都府

1 丹後天橋立大江山国定公園及び周辺

■天橋立

日本三景(松島、宮島)の一つ。①文殊山②文殊堂③股のぞきで知られる傘松公園。

■丹後半島

①海辺ぎりぎりに舟屋が立ち並ぶ東側の伊根町、②半島の先端、経ヶ岬、③西側の鳴き砂で有名な琴引浜。

2 その他の観光地

■古都京都の文化財(世界文化遺産)

①教王護国寺(東寺)五重塔がある。②秀吉が寄進した西本願寺、③家康が上洛時の宿泊用に築城、大政奉還が行われた、江戸幕府の始まりと終焉の舞台の二条城、④懸造りの清水の舞台、音羽の滝のある清水寺、⑤延暦寺、⑥足利義政建設の銀閣寺(慈照寺)、⑦足利義満の別荘金閣寺(鹿苑寺)、⑧秀吉の醍醐の花見で有名な醍醐寺、⑨上賀茂神社、⑩下鴨神社、⑪御室の桜で知られる仁和寺、⑫10円硬貨の図柄にもなっている平等院鳳凰堂、⑬西芳寺(苔寺)、⑭天龍寺、⑮石庭の龍安寺、⑯鳥獣戯画の高山寺、⑰宇治上神社。以上、17構成資産は位置も含め覚える。

■その他の神社仏閣

①京都御所、②三十三間堂、③南禅寺、④知恩院、⑤平安神宮、⑥桂離宮、⑦菅原道真の北野天満宮、⑧国宝指定第1号の弥勒菩薩像の広隆寺、⑨三千院、⑩千利休切腹の原因となった大徳寺。

■その他

①嵐山の渡月橋、②祇園の先斗町、③湯の花温泉、④保津川下り、⑤伏見稲荷(日本三大稲荷の1つ)、⑥美山の茅ぶき集落(京都丹波高原国定公園—2016年3月登録)

5 奈良県

1 吉野熊野国立公園及び周辺

■紀伊山地の霊場と参詣道(世界文化遺産)

吉野山、桜の名所。下千本・中千本・上千本と順に咲き始め、約1か月間楽しめる。山頂には①役小角開山の金峯山寺。他にも吉水神社、吉野水分神社などがある。②大峯山寺は修験者の寺院で参詣道は大峯奥駈道といわれる。

2 その他の観光地

■法隆寺地域の仏教建造物(世界文化遺産)

聖徳太子ゆかりの寺院、①法隆寺(斑鳩寺)は五重塔、金堂、八角形の夢殿などがある。②法起寺は聖徳太子講義の岡本宮の跡地に建てられた。1993年登録。

■古都奈良の文化財(世界文化遺産)

①東大寺は聖武天皇建立の寺で、大仏のある金堂は世界最大の木造国宝建築。お水取りの二月堂、正倉院などがある。②奈良のシンボル五重塔が猿沢池にうつる興福寺、③唐の盲目の僧、鑑真が建てた唐招提寺、④天武天皇創建の寺、国宝三重塔の東塔で知られる薬師寺、⑤極楽坊の元興寺、⑥平城京跡、⑦春日大社と神域の春日山原生林。1998年登録。

■山辺の道

奈良市東側の道で石上神宮、三輪山などがある。

■飛鳥地区

①石舞台古墳、②高松塚古墳、③多武峰の談山神社、④橿原神宮、⑤大和三山(天香久山・耳成山・畝傍山)は万葉集にも出てくる。

■佐保路

平城京の一条大路にあたる道で東大寺

の転害門から法華寺まで、周辺には、般若寺・不退寺などがある。

奈良市東部に毎年1月の山焼きで知られる若草山。

■ 温泉

奈良県南部、和歌山県境近くの十津川温泉に谷瀬（タニゼ）の吊り橋。

6 大阪府

1 明治の森箕面国定公園及び周辺

■ 箕面（ミノオ）の滝

大阪府の北西、箕面川の渓谷にある紅葉の名所。

2 その他の観光地

■ 大阪市

①秀吉築城の大坂城跡、②江戸末期に蘭学者・蘭医の緒方洪庵が開いた適塾、③繁華街キタと呼ばれる大阪駅前地区(梅田)、心斎橋・道頓堀(ミナミ)・千日前・難波など梅田から難波まで御堂筋が通る。④通天閣、はだか祭りどやどやで知られる四天王寺は聖徳太子創建の寺、大阪港・天保山ハーバービレッジにある海遊館(水族館)、住吉大社、ユニバーサル・スタジオ・ジャパン(USJ)などがある。

■ その他

①千利休ゆかりの地、堺周辺は世界文化遺産である仁徳天皇陵(大仙陵古墳)や応神天皇陵など多数の古墳がある。②「だんじり祭」の岸和田、③室町時代の街並みが残る富田林、④関西国際空港(泉佐野市・他)、⑤万博記念公園内にある国立民族学博物館(吹田市)。

7 兵庫県

1 山陰海岸国立公園及び周辺（兵庫・京都・鳥取）

■ 山陰本線沿線

①柱状節理の岸壁が立つ玄武洞、②志賀直哉「城の崎にて」の舞台、城崎温泉、③香住海岸④余部橋梁(高さ41.5m)。

2 氷ノ山後山那岐山国定公園及び周辺

①夢千代日記の舞台となった山陰湯村温泉。

3 その他の観光地

■ 神戸地区

①神戸の夜景(日本三大夜景)が美しい六甲山、②北野異人館街、風見鶏の館・萌黄の館、③布引滝、④ポートアイランド、⑤神戸港震災メモリアルパーク、⑥宝塚大劇場のある宝塚温泉、⑦京阪神の奥座敷、有馬温泉。

■ その他の地区

①別名白鷺城の姫路城(国宝、世界文化遺産・1993年登録)、②書写山円教寺、③赤穂浪士の里赤穂、④日本標準時子午線上の明石市、西脇市、⑤神戸淡路鳴門自動車道は明石～世界最長吊橋の明石海峡大橋～淡路島～大鳴門橋を経て四国に通じる。⑥但馬の小京都出石（イズシ）は出石焼の里、⑦関ヶ原の戦い以降、徳川家康が築城した篠山（ササヤマ）城跡、⑧初冬の11月頃、雲海で知られる竹田城跡(天空の城)。

中国・四国

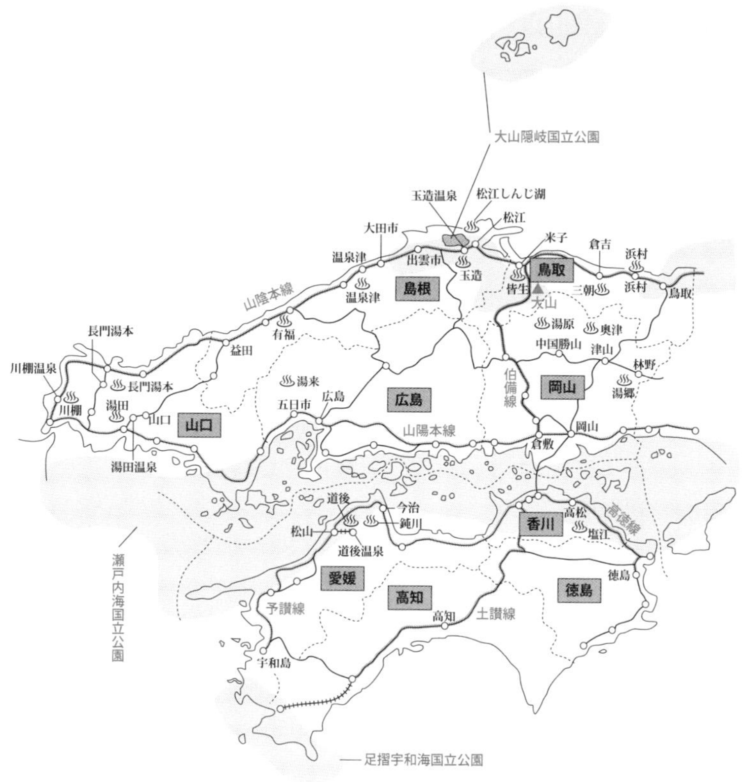

1 鳥取県

1 大山隠岐国立公園及び周辺（鳥取・島根・岡山）

■大山（ダイセン）

①別名「伯耆富士」（ホウキ）と呼ばれる霊山。天台宗古刹・大山寺がある。山麓に②桝水高原、③湿原の鏡ヶ成などがある。

2 山陰海岸国立公園及び周辺

①鳥取砂丘、②白兎海岸、③用瀬（モチガセ）の流し雛、④湖山池、⑤東郷湖、⑥浦富（ウラドメ）海岸。

3 その他の観光地

■倉吉地区

①土蔵群のある蔵の町倉吉、②ラジウム泉の三朝（ミササ）温泉、③東郷池湖畔の羽合温泉、④三徳山にある三佛寺投入堂(国宝)。

■米子地区

①皆生（カイケ）温泉、②弓ヶ浜、③境港の中心商店街は漫画「ゲゲゲの鬼太郎」の妖怪であふれる、水木しげるロードで町おこし。

2 島根県

1 大山隠岐国立公園及び周辺（島根・鳥取・岡山）

■隠岐諸島

後醍醐天皇・後鳥羽上皇配流の島として知られる島前(ドウゼン)・島後(ドウゴ)などの島々の総称。①国賀海岸、②赤壁、③玉若酢命神社、④隠岐国分寺跡。

■三瓶山

石見(イワミ)銀山で知られる大田市にある湿地帯を6つの峰々が囲む自然豊かな山。山麓に三瓶温泉がある。

■日御碕(ヒノミサキ)灯台

日本一高い灯台（44m）。対岸にウミネコ繁殖地で知られる経島がある。

2 その他の観光地

■松江市

①宍道湖と中海に囲まれた水の都。②天守閣が2015年7月に国宝指定された松江城は別名「千鳥城」、③小泉八雲記念館、④松江藩松平家の菩提寺月照寺、⑤椿の八重垣神社、⑥足湯で有名な玉造温泉。

■出雲地区

①出雲の国一宮、大国主大神が祭神。縁結びの神様「出雲大社」、②目の薬師「一畑薬師」、③山陰の耶馬渓「立久恵峡」。

■石見銀山遺跡とその文化的景観（世界文化遺産）

①鎌倉時代末期、14世紀初頭に大内氏により発見された銀山は江戸時代には幕府直轄（天領）になった。②大森地区は鉱山町の街並み、③温泉津(ユノツ)温泉はいずれも町並み保存地区、④鞆ヶ浦道、温泉津沖泊道は銀山運搬道路。2007年登録。

■津和野

「山陰の小京都」と呼ばれ、掘割に鯉が泳ぐ光景、森鷗外が生まれた町として知られる。①森鷗外旧宅、②殿町通りの武家屋敷。

■文化施設他

①安来節発祥地の安来には、庭園の美しさと横山大観の作品で知られる②足立美術館。鷺ノ湯温泉。

3 山口県

1 国定公園

■秋吉台国定公園及び周辺

①日本最大のカルスト台地。②地下部分に世界有数の鍾乳洞、秋芳洞がある。

■北長門海岸国定公園

①「海上アルプス」といわれる青海島、②長門湯本温泉、③長門市に金子みすゞ記念館。

2 その他の観光地

■萩地区～明治日本の産業革命遺産（世界文化遺産）

毛利氏の城下町。明治維新に活躍した人物を輩出。①萩城跡は毛利氏居城跡で現在は指月公園、②東光寺は毛利氏の菩提寺、③堀内地区は武家屋敷が並ぶ保存地区、④松陰神社の境内には、⑤伊藤博文らが学んだ松下村塾がある。萩焼で有名。2015年登録。

■山口市

「西の京都」と呼ばれ、大内氏が京都を模した市街を建設。長州藩の城下町。大内文化を代表する①瑠璃光寺五重塔は美しいことで知られる。②常栄寺雪舟庭、③周辺に秋芳洞、津和野、萩などの観光拠点、湯田温泉（市内）。

■防府市

大内、毛利氏ゆかりの町。種田山頭火出身の町。①毛利氏庭園、②三天神(北野、太宰府)の一つ防府天満宮は菅原道真が祭神で天満宮としては最古。

■その他

①岩国錦川にかかる日本三奇橋(山梨の猿橋、徳島のかずら橋)の一つ錦帯橋、②長門峡、③下関市の赤間神宮は安徳天皇を祀る(5月に先帝祭)。また、耳なし芳一の舞台、④角島大橋、⑤長門市の元乃隅稲成神社は123基の朱色の鳥居が続く。

4 広島県

1 瀬戸内海国立公園及び周辺(広島・山口・岡山・兵庫・大阪・和歌山・香川・愛媛・徳島・福岡・大分)

■厳島(イツクシマ)神社(世界文化遺産)

「安芸の宮島」とも呼ばれ、平清盛により造営された。①厳島神社は海中に建つ大鳥居、朱塗りの回廊で知られる。主峰②弥山(ミセン)にはロープウェイがかかっている。山麓に③紅葉谷公園。1996年登録

■瀬戸内しまなみ海道(西瀬戸自動車道)

尾道～向島～①村上水軍の島、因島～②「西の日光」耕三寺、平山郁夫美術館のある生口島～愛媛県へ。瀬戸内海に架かる橋の中で唯一徒歩・自転車での渡橋が可能。

■他の島々

①仙酔島、対岸の鞆の浦、②大崎下島は潮待港「御手洗」の街並み保存、③平清盛が開いた音戸の瀬戸、④海軍兵学校があった江田島などがある。

2 国定公園

■西中国山地国定公園及び周辺

三段峡は三段ノ滝をはじめ多くの滝や淵が点在。

■比婆道後帝釈国定公園及び周辺

カルスト台地の浸食によりできた渓谷。帝釈峡・神龍湖。

3 その他の観光地

■広島

平和記念公園内に①平和記念資料館、②原爆ドーム(世界文化遺産)他。戦争による「負の遺産」とも言われる。③縮景園は浅野家の庭園。

■尾道

迷路のように入り組んだ坂の町で、古くから瀬戸内海の水運で栄えた。①真言宗名刹、千光寺、②おのみち文学の館。

5 岡山県

1 瀬戸内海国立公園及び周辺(岡山を含む1府10県)

■岡山地区

①別名「烏(ウ)城」の岡山城、②日本三名園の1つ、後楽園。

■備前地区

①庶民教育のために創立した岡山藩の藩校、閑谷(シズタニ)学校は講堂が国宝、②備前焼、③備前長船(オサフネ)刀剣博物館、④竹久夢二生家のある牛窓、⑤裸祭りで知られる西大寺会陽(エヨウ)。

■備中地区

①吉備津彦を祀る吉備津神社(本殿は国宝)、桃太郎伝説のモデルとも言われている。②吉備路風土記の丘、③備中の小京都、備中高梁の備中松山城は日本最

高地点の山城。山中鹿之助の墓がある。④山陽道の宿場町、矢掛本陣⑤成羽町吹屋地区はベンガラの家並みが続く保存地区。

■倉敷地区

江戸時代幕府直轄地(天領)として栄えた。当時の白壁の街並みの美観地区には①エル・グレコ「受胎告知」をはじめ17世紀以降の西洋絵画を展示する大原美術館。②倉敷紡績工場を再開発したアイビースクエアがある。③鷲羽山からは瀬戸大橋の全容が見える。

■その他の地区

①大山山麓の「西の軽井沢」蒜山(ヒルゼン)高原、②別名鷺ノ湯と呼ばれる湯郷温泉、湯原湖畔にある湯原温泉、足踏み洗濯で知られる奥津温泉を「美作(ミマサカ)三湯」という。

6 香川県

1 瀬戸内海国立公園及び周辺(香川を含む1府10県)

■小豆島

壺井栄「二十四の瞳」の舞台。①岬の分教場、②紅葉の名所寒霞渓、ロープウェイで山頂へ。オリーブ、そうめんなどが名産。

■塩飽(シワク)諸島

①塩飽水軍が活躍した島々で、本島はその根拠地。勤番所などが残っている。島東側の②笠島地区は町並み保存地区。③瀬戸大橋は倉敷児島～塩飽諸島の与島などを経由して坂出までを結ぶ世界最長の道路(上)・鉄道(下)併用橋。

■高松地区

①別名「鬼ヶ島」の女木島(メギジマ)、②松平藩主の別邸「栗林(リツリン)公園」は池泉回遊式の大名庭園、③高松城跡の玉藻公園、④源平合戦、那須与一で知られる屋島には屋島寺がある。

■琴平地区

①海の神様「金刀比羅宮」は象頭山の中腹にあり、奥社まで1300段の石段を上がる。②弘法大師誕生の地、善通寺は弘法大師三大霊場(京都・東寺、高野山・金剛峯寺)の一つ。③日本最古の劇場・金丸座、毎年4月にこんぴら歌舞伎大芝居を上演。④日本最古・最大の灌漑用溜池、満濃池。

2 その他の観光地

■丸亀

①「扇の勾配」の石垣を持つ丸亀城。②池泉回遊式の中津万象園、③400年の伝統、丸亀うちわの特産地。

■観音寺市

琴弾公園の銭形(寛永通宝)砂絵は縦122m、横90m、周囲345mの巨大な楕円形で公園山頂の展望台から見ると真円に見える。

7 徳島県

1 国定公園

■剣山国定公園及び周辺

①剣山は四国第二の霊峰。剣山を源流にしている②祖谷(イヤ)川の渓谷、③祖谷渓は平家落人の集落。④日本三奇橋の一つ「かずら橋」、⑤吉野川中流の渓谷、大歩危(オオボケ)・小歩危(コボケ)。

■室戸阿南海岸国定公園及び周辺

高知県とまたがる国定公園で美波町の①アカウミガメの産卵地、大浜海岸、日和佐うみがめ博物館カレッタ、②千羽海崖がある。

2 その他の観光地

■鳴門

①大鳴門橋の下は大小無数の渦が巻き、うずしお観潮船が運航。②鳴門市ドイツ館はドイツ人捕虜が残した遺産保管と友好の証。③眉山公園、④モラエス館、⑤阿波十郎兵衛屋敷、⑥四国八十八ヶ所巡礼の第一番札所霊山寺、⑦大塚国際美術館は世界の名画を千点以上、陶器板に原寸で焼き付けて展示。

■吉野川下流沿い

①天然記念物、阿波の土柱、②脇町のうだつの町並み保存地区、③藍住町の藍の館。

4 その他の観光地

■松山

漱石の「坊っちゃん」、司馬遼太郎の「坂の上の雲」の舞台となった町。①松山城は日本三大連立式平山城(和歌山城・姫路城)、②正岡子規、高浜虚子の生地、③子規記念博物館、④道後温泉、⑤木造三層造りの共同浴場、道後温泉本館、⑥石手寺は四国八十八ヶ所霊場51番札所でお遍路のルーツ。

■その他地区

①砥部焼(トベ)のふるさと砥部町、②晒(サラシ)ろうそくの産地で栄えた内子町には歌舞伎劇場「内子座」、八日市護国地区町並み保存地区、③「伊予の小京都」大洲(オオズ)にある貿易商の山荘「臥龍山荘」。

8 愛媛県

1 瀬戸内海国立公園及び周辺(愛媛を含む1府10県)

■芸予諸島

①大山祇(オオヤマヅミ)神社のある大三島、②瀬戸内しまなみ海道が通る伯方島。今治はタオル生産で知られる。③来島海峡、④豊後水道をはさみ大分県に対する佐田岬。

2 足摺宇和海国立公園及び周辺(愛媛・高知)

■宇和島

伊達氏の城下町で、闘牛で知られる、①和霊神社、②宇和島城、③天赦園、④滑床渓谷。

3 国定公園

■石鎚国定公園及び周辺

①四国第一の高峰で霊場石鎚山。山麓に紅葉の名所、②面河(オモゴ)渓。

9 高知県

1 足摺宇和海国立公園及び周辺(高知・愛媛)

■足摺岬

四国最南端・高知県南西端に位置し、南東端の①室戸岬と土佐湾を囲む。足摺岬灯台、金剛福寺がある。

■竜串・見残し

千尋岬周辺にある隆起海蝕台地。竜の背骨のように見える岩(串)と弘法大師もあまりの道の険しさに見なかった、という由来。

2 その他の観光地

■高知市

①山内一豊が築いた高知城、②「よさこい節」に唄われるはりまや橋、③五台山、④浦戸にひろがる桂浜は坂本龍馬の像が立つ。満月の名所。

PART 3 総合 国内 第2章 国内観光資源

■その他地区

①「土佐の小京都」中村は②欄干のない沈下橋のあることで知られ、③日本最後の清流「四万十(シマント)川」の下流に位置する。④龍河洞、⑤アンパンマンミュージアム(正式名：香美市立やなせたかし記念館)、⑥土佐藩の陣屋町、宿毛(スクモ)。

九州

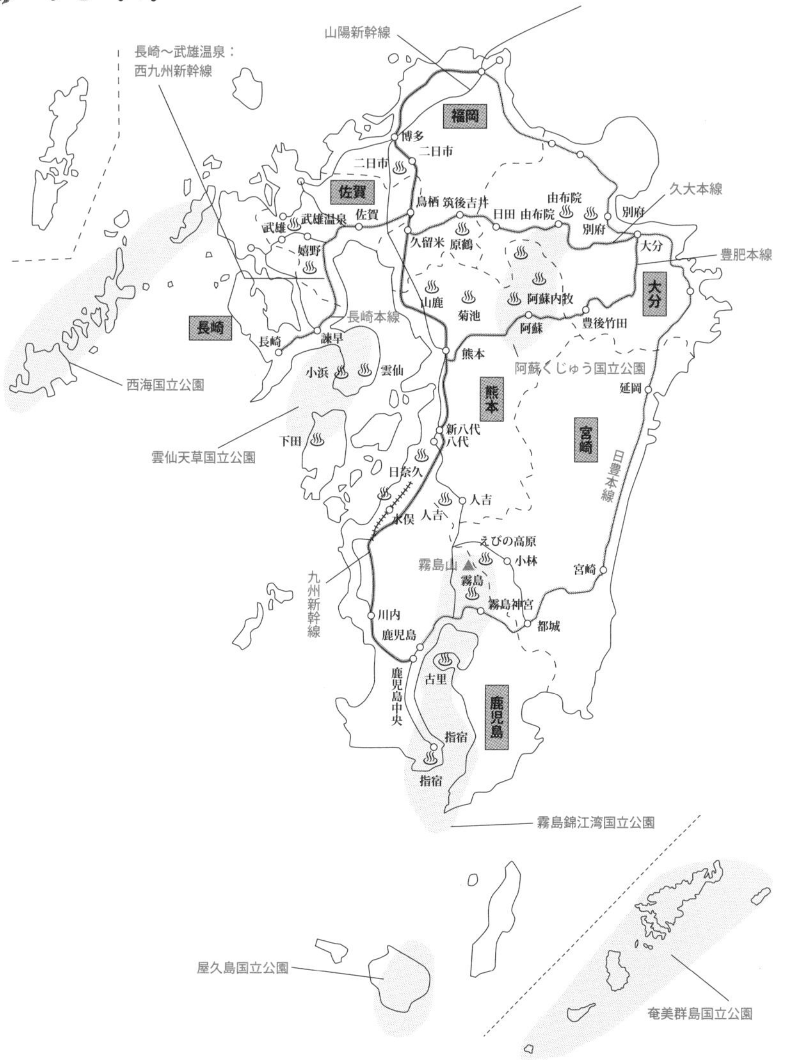

1 福岡県

1 玄海国定公園及び周辺（福岡・佐賀・長崎）

①金印出土の島「志賀島」、②海ノ中道、③元寇防塁跡。

2 明治日本の産業革命遺産（世界文化遺産）

九州には5県にまたがって構成資産があり、まとめて以下、参照。
①八幡製鐵所旧本事務所・他、三池炭鉱宮原坑・他、三池港、②三重津海軍所跡〔佐

賀〕、③長崎造船所旧木型場・他、小菅修船場跡、高島炭鉱、端島炭鉱(軍艦島)、旧グラバー住宅〔長崎〕、④三角西(旧)港〔熊本〕、⑤旧集成館、寺山炭窯跡、関吉の疎水溝〔鹿児島〕

3 その他の観光地

■福岡市

九州の玄関都市で商業町として栄えてきた博多区と城下町福岡区とに区分されている。

①博多祇園山笠の櫛田神社、②黒田長政築城「福岡城跡」、③大濠公園、④繁華街の天神、キャナルシティ博多など。

■太宰府

①菅原道真を祀る太宰府天満宮、②都府楼跡、③九州国立博物館。

■北九州

①若戸大橋、②小倉城。

■その他の地区

①明治・大正時代の街並みが残る門司港レトロ、②筑前の小京都、秋月、③久留米絣の久留米、④茶の八女(ヤメ)、⑤水郷柳川は立花十二万石の城下町、北原白秋の生地として知られる。どんこ舟での掘割川下り・立花家の別邸「御花」・名勝「松濤園」。魚のムツゴロウが有名。⑥福岡の奥座敷「二日市温泉」、筑後川沿いの明治期開場「原鶴温泉」は春から秋にかけて鵜飼も。⑦世界文化遺産である宗像(ムナカタ)大社や海の正倉院と呼ばれる沖ノ島がある。

2 佐賀県

1 玄海国定公園及び周辺(佐賀・福岡・長崎)

■唐津

日本三大松原(静岡・三保松原、福井・気比松原)の一つ①虹ノ松原、②別名舞鶴城の「唐津城」、③秀吉の築城「名護屋城跡」、④国指定天然記念物「七ツ釜」、⑤呼子の朝市、⑥唐津焼、⑦唐津くんち曳山展示場。

2 その他の観光地

■伊万里・有田

①三衛門窯(柿右衛門窯・今右衛門窯・源右衛門窯)をはじめ、多くの伊万里・有田焼窯元がある。②鍋島藩御用窯の町「大川内山」、③有田ポーセリンパーク、④有田焼の祖、李参平の碑がある陶山神社。

■佐賀地区

①日本最大規模の弥生後期の集落「吉野ヶ里遺跡」、②大隈重信旧宅、③別名「亀甲城」の佐賀城跡。④鍋島支藩の城下町・小城(オギ)。

■その他の地区

①嬉野温泉、②江戸のテーマパーク「肥前夢街道」、③辰野金吾氏設計の天平式楼門が名所の武雄温泉、④武雄藩主鍋島家の別荘「御船山楽園」(5万本のツツジ)、⑤鎮西日光といわれる「祐徳稲荷神社」(日本三大稲荷の1つ)。

3 長崎県

1 西海国立公園及び周辺

■平戸島

九州本土と平戸大橋で結ばれる島で、平戸藩松浦氏の城下町。16世紀よりポルトガル、オランダなどとの貿易で栄えた。①平戸オランダ商館跡、②松浦史料博物館、③聖フランシスコ・ザビエル記念聖堂などがある。

■九十九島

リアス海岸と大小208の島々が点在するエリア。弓張岳(標高364m)から島々や佐世保市内一望。夜景の名所。

■五島列島

①空港のある福江島には、堂崎天主堂、鬼岳火山群、日本唯一の海城、福江城などがある。そのほか、②中通島などの島々があり、多くの世界文化遺産がある(P360参照)。

2 雲仙天草国立公園及び周辺(長崎・熊本)

■島原半島

半島にある火山群の総称「雲仙岳」の主峰普賢岳の噴火で、平成2年に①平成新山が誕生。ミヤマキリシマ、霧氷で知られる、②仁田峠はロープウェイで登れる。山麓に③雲仙地獄、雲仙温泉がある。④島原は湧水群のある城下町で、⑤島原城や湧水路のある武家屋敷がある。⑥キリシタン弾圧の舞台、原城跡、⑦千々石湾沿いの小浜温泉。

3 壱岐対馬国定公園及び周辺

■壱岐・対馬

①玄界灘に浮かぶ壱岐島、②対馬とともに大陸貿易の朝鮮半島中継点であった。

4 その他の観光地

■長崎

鎖国時代の外国貿易の中心地①出島、②居留地時代の洋館群、グラバー園(世界文化遺産)、③石畳のオランダ坂、④中島川にかかる日本最古のアーチ式石橋の眼鏡橋、⑤現存する日本最古の天主堂、国宝・大浦天主堂(世界文化遺産)、⑥原爆で全壊した浦上天主堂、⑦原爆落下地周辺に造られた平和公園、平和祈念像、⑧夜景(日本三大夜景)の美しい稲佐山展望台、⑨長崎くんちの「諏訪神社」などがある。⑩卓袱料理、皿うどん、長崎ちゃんぽんは郷土料理。

■その他の地区

①西海橋、②17世紀のオランダの街並みを楽しめる、ハウステンボスは夜のイルミネーションも名物。

4 熊本県

1 阿蘇くじゅう国立公園及び周辺(熊本・大分)

■阿蘇山

阿蘇五岳を中心にした世界最大級のカルデラと外輪山を総称した山で、火口展望台までロープウェーで登ることができる。①馬が遊ぶ草千里、②外輪山最高峰地点にある展望台大観峰。山麓周辺に③内牧温泉、赤水温泉、湯の谷温泉などがある。④大分・由布市の水分峠から阿蘇山を経由して長崎まで九州横断道路が走る。観光道路として「やまなみハイウェイ」とも呼ぶ。⑤北山麓に位置する黒川温泉は風情ある人気の温泉。

2 雲仙天草国立公園及び周辺(熊本・長崎・鹿児島)

■天草諸島

上島・下島を主島とした大小120余りの島々の総称。隠れキリシタンの話が伝わる。①天草五橋は宇土半島と上島を結ぶパールラインにかかる5つの橋。下島に②大江天主堂、③﨑津天主堂(世界文化遺産)、④本渡、殉教公園などがある。

3 その他の観光地

■熊本

①加藤清正が築いた熊本城は武者返しといわれる石垣が特徴。加藤家の後、細川氏の城下町となる。2016年4月の熊本地震で大きな被害を受け現在復旧修理中だが、天守閣は復元ずみ。②清正を祀る本妙寺、③細川家菩提寺跡に立田自然公園、④夏目漱石内坪井旧居、⑤水前寺公園は東海道五十三次の回遊式庭園、⑥西南の役の田原坂(タバル)などがある。

■人吉周辺

①日本三大急流(富士川・最上川)の一つ球磨川は川下りができる。②球磨川下流に隠田集落、五家荘、③小京都人吉、④球泉洞。

■その他の地区

①石造りのアーチ型水道橋、通潤橋。②山鹿灯籠まつりの山鹿温泉、③玉名温泉、④菊池渓谷、菊池温泉、⑤大分県境の杖立温泉。

5 大分県

1 阿蘇くじゅう国立公園及び周辺（大分・熊本）

■くじゅう連山

久住山、ミヤマキリシマ群落で知られる大船山などの山々の総称。山麓に①飯田高原、②紅葉の名所「九酔峡」、③筋湯温泉などがある。

■由布市

①由布院温泉、②温泉と冷泉が湧く金鱗湖、③由布岳(豊後富士)。

2 耶馬日田英彦山国定公園及び周辺

■英彦山(ヒコサン)

福岡県とまたがる修験者の霊山。

■耶馬渓

頼山陽が絶賛した奇岩、奇峰群①耶馬渓、②菊池寛「恩讐の彼方に」の舞台「青ノ洞門」、③羅漢寺。

■日田

水郷の小京都「日田」は天領であった。鵜飼も行われる城下町。①高野長英ゆかりの咸宜園跡。

3 その他の観光地

■別府

①別府地獄めぐり、②ニホンザルの高崎山自然動物園。

■国東(クニサキ)半島

古くから仏教文化が栄えた地域で、中央に①両子(フタゴ)山があり、②六郷満山といわれる寺院群が造られた。③六郷満山の本寺の一つ真木大堂。④九州最古の木造建築、富貴寺、⑤不動明王・大日如来が刻まれた熊野磨崖仏などがある。

■その他の地区

①全国八幡宮総本社、宇佐神宮。②中津にある福澤諭吉旧居、③臼杵の石仏、④関アジ・関サバで知られる佐賀関、⑤滝廉太郎作曲「荒城の月」のモデルと言われる岡城跡など。

6 宮崎県

1 霧島錦江湾国立公園及び周辺（宮崎・鹿児島）

■霧島山

鹿児島・宮崎にまたがる韓国岳(カラクニダケ)を主峰とする火山群の総称。山麓にえびの高原、コスモスの名所、生駒高原などがある。

2 国定公園

■祖母傾(ソボカタムキ)国定公園及び周辺

①神話伝説の地「高千穂」には、②天岩戸神社、③五ヶ瀬川の浸食でできた④高千穂峡、真名井の滝、⑤夜神楽の高千穂神社。

■日南海岸国定公園及び周辺

①青島は亜熱帯植物の繁る島、②天然記念物の鬼の洗濯板、③日南海岸に面した洞窟の中にある鵜戸(ウド)神宮、④特別史跡「西都原(サイトバル)古墳群」、⑤「日南の小京都」飫肥(オビ)は伊東氏の城下町。飫肥杉が知られる。⑥都井岬は県最南端の岬で、野生馬が草を食む。

7 鹿児島県

1 霧島錦江湾国立公園及び周辺(鹿児島・宮崎)

■霧島山

山麓に①霧島神宮、②林田温泉、丸尾温泉、妙見温泉など温泉が点在。

■桜島

錦江湾を隔て鹿児島の向かいにある火山島。大正期の大噴火で大隅半島と陸続きになった。

■薩摩(サツマ)半島

①イッシー出没で騒がれた池田湖、②長崎鼻、③薩摩富士の開聞岳。

■屋久島国立公園

①屋久スギ自然林で1993年、世界遺産(自然遺産)登録をされた島。中央に九州最高峰の②宮之浦岳がある。③縄文杉、大王杉、ウイルソン株等の巨大杉。④大川(オオコ)の滝、千尋の滝、トローキの滝⑤尾之間温泉、干潮時だけの温泉、平内海中温泉、⑥もののけ姫の森、白谷雲水峡。

2 奄美群島国立公園

■奄美大島(世界自然遺産)

①大島紬、②北東部にあるあやまる岬、③田中一村記念美術館。

■その他の島々

①徳之島(世界自然遺産)、②昇竜洞などの鍾乳洞が多数ある花の島、沖永良部島。③鹿児島県最南端の与論島には春から夏にかけて大潮の干潮時に現れる百合ヶ浜がある。

3 その他の観光地

■鹿児島

①島津家別邸「仙巌園」は磯庭園とも呼ばれる。②尚古集成館(世界文化遺産)、③城山は西南戦争最後の激戦地。

■薩摩半島他

①枯山水庭園、武家屋敷群のある知覧は薩摩の小京都。お茶の生産地(知覧茶)として福岡・八女とともに九州を代表する。知覧特攻平和会館がある。②砂丘が続く吹上浜。③ツル飛来地・出水(ラムサール条約登録地)。④曽木の滝(伊佐市)は東洋のナイアガラとも。

■種子島

①鉄砲伝来の島。世界で一番美しいロケット発射場といわれる②種子島宇宙センターがある。③海蝕洞窟の千座(チクラ)の岩屋(イワヤ)。

沖縄

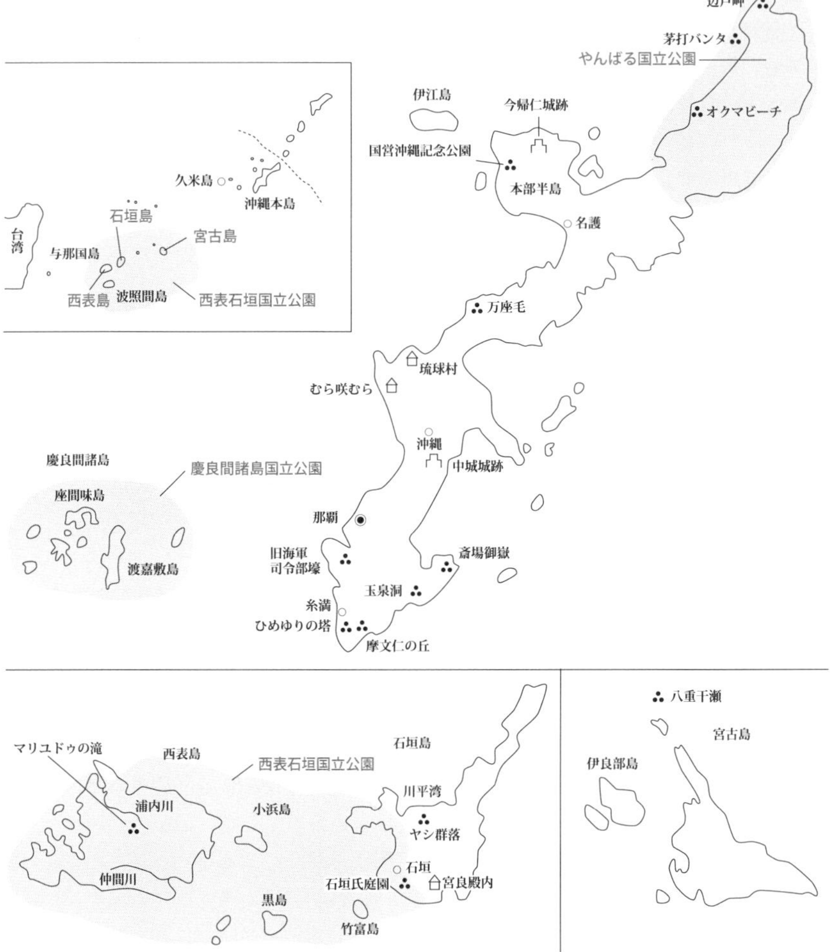

1 慶良間諸島国立公園及び周辺

2014年3月登録の32番目の国立公園。沖縄本島の西 約35㎞に位置する大小20余りの島々から成る。ケラマブルーと呼ばれる海の透明度は世界有数。

①渡嘉敷島、②座間味島、③阿嘉島、④慶留間島、⑤屋嘉比島、⑥久場島など

2 やんばる国立公園

沖縄島北部に位置する2016年9月登録の33番目の国立公園。国内最大級の亜熱帯照葉樹林が広がり多様な動植物が生息する。

①辺戸岬、②大石林山、③与那覇岳など

3 西表石垣(イリオモテイシガキ)国立公園及び周辺

■石垣島

八重山諸島の主島。沖縄最高峰の国の名勝、①於茂登岳(オモトダケ)がある。②黒真珠養殖地、川平(カビラ)湾、③沖縄に唯一残る士族の屋敷、宮良殿内(ミヤラドンチ)、④米原(ヨネバル)のヤエヤマヤシ群落、⑤石垣島南西の竹富島。喜宝院蒐集館。

■西表島(イリオモテジマ)

亜熱帯植物の原生林が島の約90%。マングローブとイリオモテヤマネコで知られる。①沖縄県下最長の川、浦内川、②マングローブの密林が続く川、仲間川、③浦内川沿いのマリユドゥの滝・カンピレーの滝、④西表島から水牛車で渡れる由布島。

■宮古島

①風光明媚な東平安名崎(ヒガシヘンナザキ)、②うえのドイツ文化村、③人頭税(ジントウゼイ)石、④幻の大陸といわれる八重干瀬(ヤビジ)。

■その他周辺

人が住む日本最南端の島①波照間島、②日本最西端の島、与那国島。

4 国定公園

■沖縄海岸国定公園及び周辺

①沖縄本島最北端の辺戸岬、②断崖が続く茅打バンタ、③本部半島には④桜の名所、世界文化遺産の今帰仁城跡(ナキジンジョウ)、⑤国営沖縄記念公園、⑥公園内にある沖縄美ら海水族館(チュラウミスイゾクカン)などがある。

本島中部地区には、⑦沖縄サミットの開催地ブセナ、⑧隆起サンゴ礁の絶壁、万座毛、⑨恩納海岸、⑩残波岬、⑪世界文化遺産の座喜味城跡。⑫沖縄最大規模の東南植物楽園、⑬世界文化遺産の勝連城跡、⑭同じく中城(ナカグスク)城跡などがある。

南部地区は⑮世界文化遺産の斎場御嶽(セーファウタキ)、⑯沖縄本島最南端喜屋武岬(キャンミサキ)、⑰テーマパーク「おきなわワールド」内に鍾乳洞「玉泉洞」。

■沖縄戦跡国定公園

①ひめゆりの塔、②摩文仁の丘には平和の礎、沖縄平和祈念堂。

5 その他の観光地

■那覇市

市内の交通渋滞を緩和するため、那覇空港～てだこ浦西間17km（19駅）を38分で結ぶ。正式名は沖縄都市モノレール、愛称は「ゆいレール」。

①国際通り、②牧志公設市場、③中国式庭園、福州園、④ラムサール条約登録地、漫湖、⑤世界文化遺産の識名園、⑥金城町の石畳、⑦守礼門から首里城公園へ向かう途中にある園比屋武御嶽(ソノヒャンウタキ)石門も世界文化遺産、⑧世界文化遺産の首里城跡、⑨第二尚氏王統の墓、玉陵も世界文化遺産で琉球王国のグスク（城）及び関連遺産群は9つの構成資産から成る。

■旧国名一覧

※複数県にまたがっている旧国名はゴシック体で表記。

都道府県	旧国名	都道府県	旧国名
北海道	蝦夷	滋賀	**近江**（オウミ）
青森	**陸奥**（ムツ）	京都	山城・丹後・**丹波**（タンバ）
岩手	**陸中**（リクチュウ）・**陸前**・**陸奥**	奈良	大和
秋田	**羽後**・**陸中**	和歌山	**紀伊**
宮城	**陸前**（リクゼン）・**磐城**（イワキ）	大阪	**摂津**（セッツ）・河内（カワチ）・和泉
山形	羽前・**羽後**	兵庫	播磨（ハリマ）・但馬（タジマ）・**丹波**・**摂津**・淡路（アワジ）
福島	**磐城**・岩代（イワシロ）	岡山	美作（ミマサカ）・備前（ビゼン）・備中（ビッチュウ）
茨城	常陸（ヒタチ）・**下総**（シモウサ）	広島	備後（ビンゴ）・安芸（アキ）
栃木	下野（シモツケ）	鳥取	因幡（イナバ）・伯耆（ホウキ）
群馬	上野（コウズケ）	島根	出雲（イズモ）・石見（イワミ）・隠岐（オキ）
埼玉	**武蔵**	山口	長門（ナガト）・周防（スオウ）
千葉	上総（カズサ）・**下総**・安房（アワ）	香川	讃岐（サヌキ）
東京	**武蔵**	徳島	阿波
神奈川	相模・**武蔵**	高知	土佐
山梨	甲斐	愛媛	伊予
新潟	越後・佐渡	福岡	筑前・筑後・**豊前**（ブゼン）
長野	信濃	佐賀	**肥前**
静岡	**伊豆**・駿河（スルガ）・遠江（トオトウミ）	長崎	**肥前**・壱岐・対馬
愛知	三河・尾張	熊本	肥後
岐阜	美濃・飛驒	大分	**豊前**・豊後（ブンゴ）
富山	越中	宮崎	**日向**（ヒュウガ）
石川	加賀・能登	鹿児島	薩摩・大隅・**日向**
福井	越前・若狭	沖縄	琉球
三重	伊勢・志摩・伊賀・**紀伊**		

■日本の祭り一覧

冬			春			夏			秋		
12月	1月	2月	3月	4月	5月	6月	7月	8月	9月	10月	11月
秩父夜祭(秩父)	玉せせり=筥崎宮(福岡)	新勝寺節分会(成田)	若狭お水送り(小浜)	輪王寺強飯式(日光)	高岡御車山祭(高岡)	ウエストン祭(上高地)	博多祇園山笠(博多)	青森ねぶた祭(青森)	おわら風の盆(八尾)	二本松提灯祭り(二本松)	秋の藤原まつり(平泉)
赤穂義士祭(赤穂)	だるま市(高崎)	さっぽろ雪まつり(札幌)	お水取り=東大寺二月堂(奈良)	三浦按針祭観桜会(横須賀)	春の藤原まつり(平泉)	百万石まつり(金沢)	那智の火祭=熊野那智大社(和歌山)	弘前ねぷたまつり(弘前)	岸和田だんじり祭=9・10月祭礼(岸和田)	おくんち=諏訪神社(長崎)	箱根大名行列(箱根町)
秋葉山本宮火まつり(静岡)	今宮十日戎(大阪)	かまくら(横手)	鹿島神宮祭頭祭(鹿島)	信玄公祭り(甲府)	横浜みなと祭(横浜)	山王祭=三王日枝神社(千代田区)	祇園祭=八坂神社(京都)山鉾巡行	仙台七夕まつり(仙台)	こたんまつり(旭川)	まりも祭り(阿寒)	唐津くんち(唐津)
	ホーランエンヤ(豊後高田)	八戸えんぶり(八戸)	深大寺だるま市(調布市)	長浜曳山まつり(長浜)	先帝祭(下関)	チャグチャグ馬コ=蒼前神社(盛岡)	頼家祭り(伊豆市)	竿燈まつり(秋田)	全国かかし祭り(上山)	秋の高山祭(高山)	おはら祭(鹿児島)
	四天王寺どやどや(大阪)	西大寺会陽=西大寺(岡山)		春の高山祭(高山)	青柏祭(七尾)	YOSAKOIソーラン祭り(札幌)	相馬野馬追(相馬)	花笠まつり(山形)		金刀比羅宮例大祭(琴平)	西都古墳まつり(西都)
	野沢の道祖神まつり(長野野沢温泉)	水戸の梅まつり(水戸)		上杉まつり(米沢)	博多どんたく(福岡)	あやめまつり(潮来)	弥彦燈籠まつり(弥彦)	長瀞船玉まつり(長瀞)		灘のけんか祭り(姫路)	
	若草山焼き(奈良)	あばしりオホーツク流氷まつり(網走)		御柱祭(諏訪市他)(4～6月上旬)	ハーリー(那覇)		天神祭(大阪)	長岡まつり(長岡)		西条まつり(西条)	
	国府宮はだか祭=旧暦1/13(愛知稲沢市)			流し雛=(鳥取市用瀬)(旧暦3/3)	出雲大社例祭(出雲)		オロチョンの火祭り(網走)	よさこい祭り(高知)		川越まつり(川越)	
	長崎ランタンフェスティバル(旧暦1/1～)				葵祭=京都御所・下鴨・上賀茂神社(京都)		隅田川花火大会(墨田区)	按針祭(伊東)		新居浜太鼓祭り(新居浜)	
					千人武者行列春=日光東照宮(日光)		小倉祇園太鼓(北九州市小倉)	火の国まつり(熊本)		千人武者行列秋=日光東照宮(日光)	
					神田祭=神田明神(神田)		エイサーまつり(沖縄)(旧盆あけ)	阿波おどり(徳島)		時代祭=平安神宮(京都)	
					三社祭=浅草神社(浅草)		郡上おどり=(郡上)(7～9月上旬)	山鹿灯籠まつり(山鹿)		鞍馬の火祭(京都)	
					黒船祭り(下田)		鷺舞(津和野)	大文字五山送り火(京都市)			
					ひろしまフラワーフェスティバル(広島)		厳島神社管絃祭(宮島)(旧暦6/17)	ジャンガラ(平戸)			
								大提灯まつり(愛知一色町)			
								吉田の火祭り(富士吉田)			

■日本の世界遺産

番号	世界遺産登録遺産名称	所在地	登録資産概略	登録年
1	白神山地（自然）	青森県・秋田県	東アジアで最大級のブナの自然林	1993
2	屋久島（自然）	鹿児島県	縄文杉を代表とする多様な動植物相	1993
3	法隆寺地域の仏教建造物（文化）	奈良県	法隆寺と法起寺	1993
4	姫路城（文化）	兵庫県	日本有数の平山城	1993
5	古都京都の文化財（文化）	京都府・滋賀県	17社寺・城―賀茂別雷神社（上賀茂神社）、賀茂御祖神社（下鴨神社）、清水寺、教王護国寺（東寺）、延暦寺、醍醐寺、宇治上神社、仁和寺、平等院、高山寺、西芳寺（苔寺）、天龍寺、龍安寺、鹿苑寺（金閣寺）、西本願寺、二条城、慈照寺（銀閣寺）	1994
6	白川郷・五箇山の合掌造り集落（文化）	岐阜県・富山県	荻町集落、和田家住宅、相倉集落、菅沼集落	1995
7	原爆ドーム（文化）	広島県	1945年、核兵器使用による惨禍の記録	1996
8	厳島神社（文化）	広島県	宮島に浮かぶ大鳥居と社殿群、弥山原始林	1996
9	古都奈良の文化財（文化）	奈良県	東大寺、興福寺、春日大社、元興寺、薬師寺、唐招提寺、平城宮跡、春日山原始林	1998
10	日光の社寺（文化）	栃木県	東照宮、二荒山神社、輪王寺、遺跡（文化的景観）	1999
11	琉球王国のグスク（城）及び関連遺産群（文化）	沖縄県	今帰仁城跡、座喜味城跡、勝連城跡、中城城跡、首里城跡、園比屋武御嶽石門、玉陵、識名園、斎場御嶽	2000
12	紀伊山地の霊場と参詣道（文化）	三重県・奈良県・和歌山県	熊野本宮大社、熊野速玉大社、熊野那智大社、青岸渡寺、那智大滝、那智原始林、補陀洛山寺、吉野山、吉野水分神社、金峯神社、金峯山寺、吉水神社、大峰山寺、金剛峯寺、慈尊院、熊野参詣道（小辺路、中辺路、大辺地、伊勢路）、大峯奥駈道、高野参詣道など	2004
13	知床（自然）	北海道	知床岬、知床五胡、知床峠、カムイワッカの滝、知床岳、硫黄山、羅臼岳、羅臼湖、プユニ岬、フレペの滝、海岸地域など	2005
14	石見銀山遺跡とその文化的景観（文化）	島根県	銀山柵内、代官所跡、矢滝城跡、矢筈城跡、石見城跡、大森銀山、宮ノ前、熊谷家住宅、羅漢寺五百羅漢、鞆ケ浦、温泉津、沖泊	2007
15	平泉ー仏国土（浄土）を表す建築・庭園及び考古学的遺跡群（文化）	岩手県	中尊寺、毛越寺、観自在王院跡、金鶏山、無量光院跡	2011
16	小笠原諸島（自然）	東京都	聟島列島、父島列島、母島列島、北硫黄島、南硫黄島、西之島	2011

番号	世界遺産登録遺産名称	所在地	登録資産概略	登録年
17	富士山ー信仰の対象と芸術の源泉（文化）	山梨県・静岡県	富士山域、富士山本宮浅間大社、山宮浅間神社、村山浅間神社、須山浅間神社、富士（須走）浅間神社、河口浅間神社、富士御室浅間神社、御師住宅、山中湖、河口湖、忍野八海、船津胎内樹型、吉田胎内樹型、人穴富士講遺跡、白糸の滝、三保松原	2013
18	富岡製紙場と絹産業遺産群	群馬県	富岡製糸場、田島弥平旧宅、高山社跡、荒船風穴	2014
19	明治日本の産業革命遺産ー製鉄・製鋼、造船、石炭産業（文化）	岩手県・静岡県・山口県・福岡県・佐賀県・長崎県・熊本県・鹿児島県	橋野鉄鉱山、韮山反射炉、萩反射炉、恵美須ヶ鼻造船所跡、大板山たたら製鉄遺跡、萩城下町、松下村塾、官営八幡製鐵所、遠賀川水源地ポンプ室、三重津海軍所跡、小菅修船場跡、三菱長崎造船所、高島炭鉱、端島炭鉱、旧グラバー住宅、三池炭鉱、三池港、三角西（旧）港、旧集成館、寺山炭窯跡、関吉の疎水溝	2015
20	ル・コルビュジエの建築作品ー近代建築運動への顕著な貢献（文化）	東京都	国立西洋美術館、他６ヶ国16資産	2016
21	「神宿る島」宗像・沖ノ島と関連遺産群（文化）	福岡県	沖ノ島、宗像大社中津宮、沖津宮遥拝所、宗像大社辺津宮、新原・奴山古墳群	2017
22	長崎と天草地方の潜伏キリシタン関連遺産（文化）	長崎県・熊本県	大浦天主堂、原城跡、平戸の聖地と集落、黒島・頭ヶ島・久賀島の集落、野崎島の集落跡、出津・大野・江上・崎津集落	2018
23	百舌鳥・古市古墳群（文化）ー古代日本の墳墓群	大阪府	仁徳天皇陵（大仙陵古墳）、履中天皇陵、応神天皇陵、仲哀天皇陵、白鳥陵古墳など49基	2019
24	奄美大島、徳之島、沖縄島北部及び西表島（自然）	鹿児島県・沖縄県	希少な固有種に代表される生物多様性保全上重要な地域	2021
25	北海道・北東北の縄文遺跡群（文化）	北海道・青森県・岩手県・秋田県	北黄金貝塚、三内丸山遺跡、亀ヶ岡石器時代遺跡、大平山元遺跡、大湯環状列石など17遺跡	2021

日本国内の世界遺産暫定リスト

以下の世界遺産暫定リストの内容は、世界遺産委員会に、今後5～10年以内に推薦予定の案件として事前に推薦し登録している。

> 武家の古都・鎌倉（神奈川県）、飛鳥・藤原の宮都とその関連資産群（奈良県）、彦根城（滋賀県）、金を中心とする佐渡鉱山の遺産群（新潟県）

PART 3 総合 国内 第2章 国内観光資源

■日本のラムサール条約登録湿地（都道府県別）

（2023年2月現在）

No.	都道府県	湿地名	No.	都道府県	湿地名
1	北海道	釧路湿原	26	茨城県	涸沼
2	北海道	クッチャロ湖	27	東京都	葛西海浜公園
3	北海道	ウトナイ湖	28	千葉県	谷津干潟
4	北海道	霧多布湿原	29	愛知県	藤前干潟
5	北海道	厚岸湖・別寒辺牛湿原	30	愛知県	東海丘陵湧水湿地群
6	北海道	雨竜沼湿原	31	富山県	立山弥陀ヶ原・大日平
7	北海道	サロベツ原野	32	石川県	片野鴨池
8	北海道	濤沸湖	33	福井県	中池見湿地
9	北海道	阿寒湖	34	福井県	三方五湖
10	北海道	風連湖・春国岱	35	和歌山県	串本沿岸海域
11	北海道	野付半島・野付湾	36	滋賀県	琵琶湖
12	北海道	宮島沼	37	兵庫県	円山川下流域・周辺水田
13	北海道	大沼	38	広島県	宮島
14	青森県	仏沼	39	島根県	宍道湖
15	宮城県	伊豆沼・内沼	40	島根県 鳥取県	中海
16	宮城県	蕪栗沼・周辺水田			
17	宮城県	化女沼	41	山口県	秋吉台地下水系
18	宮城県	志津川湾	42	佐賀県	東よか干潟
19	山形県	大山上池・下池	43	佐賀県	肥前鹿島干潟
20	福島県 新潟県 群馬県	尾瀬	44	大分県	くじゅう坊ガツル・タデ原湿原
			45	熊本県	荒尾干潟
			46	鹿児島県	藺牟田池
21	茨城県 栃木県 群馬県 埼玉県	渡良瀬遊水地	47	鹿児島県	屋久島永田浜
			48	鹿児島県	出水ツルの越冬地
			49	沖縄県	漫湖
			50	沖縄県	慶良間諸島海域
22	新潟県	佐潟	51	沖縄県	名蔵アンパル
23	新潟県	瓢湖	52	沖縄県	久米島の渓流・湿地
24	栃木県	奥日光の湿原	53	沖縄県	与那覇湾
25	群馬県	芳ヶ平湿地群			

■日本の主な温泉・郷土料理・名産品一覧

都道府県名	主要温泉名	郷土料理・名産品
北海道	湯の川・洞爺湖・登別・定山渓・層雲峡・十勝川・阿寒湖・川湯・豊富	ジンギスカン料理・三平汁・優佳良織・イカソーメン
青森県	浅虫・酸ヶ湯・蔦・大鰐・古牧・薬研	じゃっぱ汁・いちご煮・せんべい汁・こぎん刺
岩手県	繋・鶯宿・花巻・志戸平	わんこそば・南部せんべい
宮城県	鳴子・作並・秋保・遠刈田	はらこ飯・笹かまぼこ・ずんだ餅
秋田県	男鹿温泉郷・乳頭温泉郷・後生掛・玉川	きりたんぽ・しょっつる鍋・とんぶり・いぶりがっこ・稲庭うどん
山形県	湯野浜・銀山・温海・天童・上山・蔵王	芋煮・どんがら汁・さくらんぼ
福島県	飯坂・東山・芦ノ牧・いわき湯本・岳	わっぱめし・あんぽ柿・喜多方ラーメン・赤べこ・会津塗
茨城県	袋田	水戸納豆・あんこう鍋・干し芋・笠間焼
栃木県	鬼怒川・湯西川・日光湯元・那須湯本	かんぴょう・日光湯波・いちご(とちおとめ)・益子焼
群馬県	草津・伊香保・万座・四万・法師・老神	下仁田ねぎ・高崎だるま・こんにゃく・水沢うどん・おっきりこみ
埼玉県	秩父	草加せんべい・深谷ねぎ・狭山茶・小川和紙
千葉県	勝浦・白浜・館山	なめろう・落花生・房州びわ
東京都		深川めし・どじょう鍋・雷おこし・深大寺そば
神奈川県	箱根湯本・湯河原・強羅・鶴巻	かまぼこ・けんちん汁・寄木細工・鎌倉彫
新潟県	月岡・岩室・弥彦・瀬波・越後湯沢	のっぺい汁・へぎそば・笹だんご・小千谷縮
富山県	宇奈月	マスずし・ホタルイカ・シロエビ・ぶり大根・井波彫刻・八尾和紙
石川県	和倉・山中・山代・粟津・片山津・湯涌	治部煮・九谷焼・輪島塗・加賀友禅・金箔
福井県	芦原	越前ガニ・小鯛の笹漬・さばのへしこ・越前焼・越前和紙・若狭塗
山梨県	石和・湯村・下部・西山	ほうとう・あわび煮貝・ぶどう
長野県	湯田中・野沢・別所・白骨・昼神・浅間	野沢菜・おやき・五平餅・
岐阜県	奥飛騨温泉郷・下呂・濁河・新穂高	朴葉みそ・一位一刀彫・猿ぼぼ・美濃和紙・五平餅
静岡県	熱海・伊東・北川・熱川・稲取・蓮台寺・修善寺・寸又峡・舘山寺	タカアシガニ・金目鯛・安倍川餅・わさび漬・うなぎ・静岡茶・桜えび
愛知県	西浦・三谷・湯谷	きしめん・味噌煮込みうどん・ひつまぶし・常滑焼・瀬戸焼
三重県	湯の山・長島	てこね寿し・伊勢うどん・赤福・萬古焼・伊賀組みひも・真珠
滋賀県	おごと	鮒ずし・信楽焼・大津絵
京都府	湯の花	宇治茶・湯豆腐・いもぼう・おばんざい・八つ橋・西陣織・清水焼・丹後ちりめん

都道府県名	主要温泉名	郷土料理・名産品
大阪府	箕面・石切	大阪寿司・てっちり・うどんすき・串カツ・堺刃物・たこ焼き・お好み焼き・きつねうどん
兵庫県	有馬・城崎・湯村・宝塚・洲本・塩田	神戸牛・出石そば・ぼたん鍋・揖保乃糸・丹波立杭焼・出石焼
奈良県	十津川	柿の葉寿司・三輪そうめん・奈良漬・赤膚焼・奈良墨と筆・めはりずし
和歌山県	白浜・勝浦・川湯・龍神・湯の峰	めはりずし・梅干し・有田みかん
鳥取県	皆生・三朝・はわい・東郷・岩井	松葉ガニ・二十世紀梨・大山おこわ・因州和紙
島根県	玉造・温泉津・松江しんじこ・鷺の湯	出雲そば・すずきの奉書焼・あごの焼き・石州和紙・出雲和紙
岡山県	湯郷・湯原・奥津	ばらすし(祭ずし)・ママカリ・吉備団子・備前焼
広島県	湯来	もみじ饅頭・あなご飯・広島風お好み焼き・かき土手鍋・福山琴
山口県	湯田・長門湯本・俵山・岩国	ふく料理・瓦そば・いとこ煮・萩焼・大内塗・赤間硯
徳島県	祖谷温泉郷・大歩危	でこまわし・すだち・鳴門金時・鳴門わかめ・祖谷そば
香川県	塩江	讃岐うどん・小豆島そうめん・オリーブ・丸亀うちわ
愛媛県	道後・奥道後・鈍川	じゃこ天・伊予柑・砥部焼・今治タオル・鯛めし・姫だるま
高知県		皿鉢料理・鰹のタタキ・どろめ・くえちり
福岡県	二日市・原鶴・筑後川	水たき・もつ鍋・がめ煮・辛子明太子・おきゅうと・博多人形・久留米絣
佐賀県	嬉野・武雄・たら竹崎・川上峡	呼子イカ・小城羊羹・ムツゴロウかば焼き・有田焼・唐津焼・伊万里焼
長崎県	雲仙・小浜・島原	卓袱料理・ちゃんぽん・べっこう細工・波佐見焼・五島うどん
熊本県	黒川・杖立・山鹿・人吉・内牧・菊池	からし蓮根・馬刺し・太平燕・肥後象嵌・山鹿灯籠
大分県	別府・由布院・天ケ瀬・筋湯・湯平	関あじ関さば・城下カレイ・かぼす・小鹿田焼
宮崎県		チキン南蛮・冷や汁・マンゴー・かっぽ酒・日向かぼちゃ
鹿児島県	指宿・霧島温泉郷・古里・尾の間・平内海中	さつま揚げ・キビナゴ刺身・かるかん・豚骨煮・山川漬・知覧茶・鶏飯・大島紬
沖縄県		チャンプルー・ラフテー・沖縄そば・島豆腐・しまらっきょう・紅型・ミンサー織・壺屋焼

セレクト問題

観光資源の組み合わせ

次の問１～問5について、該当するものをそれぞれの選択肢からすべて選びなさい。

問① 次の観光地と温泉で同一県内にあるものをすべて選びなさい。

a. 山居倉庫 ― 銀山温泉　b. 石見銀山 ― 三朝温泉
c. 笹川流れ ― 宇奈月温泉　d. 佐田岬 ― 指宿温泉

問② 次の観光地と祭りで同一県内にあるものをすべて選びなさい。

a. 三段壁 ― 那智の火祭り　b. 祖谷のかずら橋 ― よさこいまつり
c. 水前寺公園 ― 山鹿灯籠祭り　d. 霧降高原 ― だるま市

問③ 次の観光地の組み合わせで同一県内にないものをすべて選びなさい。

a. 山の水族館 ― 能取湖　b. 加茂水族館 ― 瓢湖
c. 桂浜水族館 ― 満濃池　d. 海遊館 ― 琵琶湖

問④ 次の重要伝統的建造物群保存地区と観光地の組み合わせで同一県内にあるものをすべて選びなさい。

a. 六合赤岩 ― 熱田神宮　b. 大内宿 ― 明治神宮
c. 今井町 ― 橿原神宮　d. 出水麓 ― 霧島神宮

問⑤ 次の観光地と郷土料理の組み合わせで同一県内にないものをすべて選びなさい。

a. 華厳の滝 ― いちご煮　b. 龍河洞 ― 皿鉢料理
c. 善光寺 ― へぎそば　d. 白川郷 ― 鮒ずし

解答

国立公園

問① aが正しい。どちらも山形県。
b：石見銀山は島根県、三朝温泉は鳥取県。
c：笹川流れは新潟県、宇奈月温泉は富山県。
d：佐田岬は愛媛県、指宿温泉は鹿児島県。なお、鹿児島県にあるのは佐多岬。

問② a、cが正しい。aはどちらも和歌山県、cはどちらも熊本県。
b：祖谷のかずら橋は徳島県、よさこい祭りは高知県。
d：霧降高原は栃木県、だるま市は群馬県。

問③ b、c、dが正しい。b（加茂水族館は山形県、瓢湖は新潟県）、c（桂浜水族館は高知県、満濃池は香川県）、d（海遊館は大阪府、琵琶湖は滋賀県）。
a：どちらも北海道

問④ c、dが正しい。cはどちらも奈良県、dはどちらも鹿児島県。
a：六合赤岩は群馬県、熱田神宮は愛知県
b：大内宿は福島県、明治神宮は東京都

問⑤ a、c、dが正しい。a（華厳の滝は栃木県、いちご煮は青森県）、c（善光寺は長野県、 へぎそばは新潟県）、d（白川郷は岐阜県、鮒ずしは滋賀県）。
b：どちらも高知県。

世界遺産・ラムサール条約・国立公園

日本国内における世界遺産・ラムサール条約・国立公園に関する以下の設問について、該当する答えを、選択肢の中からそれぞれ１つ選びなさい。

問①　世界文化遺産、長崎と天草地方の潜伏キリシタン関連遺産に含まれる構成資産として正しいもののみをすべて選んでいるものは、次のうちどれか。

a. 大浦天主堂　b．頭ヶ島集落　c．久賀島の集落　d．堂崎天主堂

ア．a，b，c　イ．a，b，d　ウ．a，c，d　エ．b，c，d

問②　世界文化遺産、北海道・北東北の縄文遺跡群に含まれる構成資産として正しいもののみをすべて選んでいるものは、次のうちどれか。

a. 石舞台古墳　b. 大湯環境列石
c. 亀ヶ岡石器時代遺跡　d. 三内丸山遺跡

ア．a，b，c　イ．a，b，d　ウ．a，c，d　エ．b，c，d

問③　知床国立公園内にある観光地として誤っているものは、次のうちどれか。

ア．知床五湖　イ．カムイワッカの滝　ウ．オシンコシンの滝　エ．羅臼岳

問④　屋久島国立公園内にある観光地として誤っているものは、次のうちどれか。

ア．韓国岳　　イ．縄文杉　　ウ．口永良部島　　エ．宮之浦岳

問⑤　次の湿地のうちラムサール条約に登録されていないのがどれか。

ア．谷津干潟　　イ．霞ヶ浦　　ウ．出水ツルの越冬地　　エ．宮島沼

解答

問①　ア
問②　エ
問③　ウ
問④　ア
問⑤　イ

MEMO

PART 4

［総合］

海外旅行実務

第1章 国際航空運賃

出題傾向と対策

1 出題傾向

① 配点は、海外旅行実務200点満点中の40点(5点×8問)。
② 日系航空会社(JAL/ANA)日本発着運賃から出題。
③ キャリア運賃から出題。
④ 提示された3～4つの運賃から定められた条件の中で「最も安い運賃を提示せよ」という出題に加えて、特定便加算額等を判断させる問題が定番となっている。
⑤ 問題は考え方を問う。TPMの合計などは掲載されており、計算間違いによる不正解は少ない。また、特別なルールに関連する項目は資料にそのルールが記載されている(必ず資料すべてに目を通してから、問題に取り組む)。
⑥ 独自のルール設定をした、各航空会社の当該運賃が出題されやすい。
⑦ 途中降機/乗り継ぎなど、基本的なIATAの運賃計算規則の理解が必要。HIPチェックは毎年のように出題されている。
⑧ 基本的なIATAの運賃計算規則を理解したその上で、予約発券/必要旅行日数/最長旅行期間などをタリフから読み取る力が試される。
⑨ 運賃計算情報(Fare Calculation)の問題は、2020年度以降毎年出題されている。

過去3年間の出題項目

2022年度	
第1問	NH中国行〈Full Flex Plus Y2運賃〉〈Basic M運賃〉運賃から適用する運賃を指定して運賃計算を問う出題
問1	マイルアップ、HIP、特定便追加運賃
問2	マイルアップ
問3	特定便追加運賃、途中降機料金
問4	eチケットの運賃計算情報(Fare Calculation)欄
第2問	JL米国行〈Standard H運賃〉〈Special Saver N運賃〉の運賃から様々な形式で運賃計算や規則を問う出題
問5	正しいものをすべて選べ(運賃計算を文章で問う)

(つづく)

（つづき）

問6	特定便追加運賃
問7	マイルアップ、ホノルルQサーチャージ
問8	正しいものを選べ（発券期限、取り消し・払い戻し、予約変更）
2021年度	
第1問	**JLヨーロッパ行〈Semi Flex M〉〈Standard L〉の運賃から折り返し地点と適用する運賃を指定して運賃計算を問う出題**
問1	特定便追加運賃
問2	特定便追加運賃、途中降機料金
問3	特定便追加運賃
問4	正しいものをすべて選べ（発券期限、必要旅行日数、適用運賃・規則）
第2問	**NHフィリピン行〈Basic M〉〈Value Q〉〈Value V〉の運賃から様々な形式で運賃計算や規則を問う出題**
問5	eチケットの運賃計算情報（Fare Calculation）欄
問6	特定便追加運賃、途中降機料金
問7	最も安価な運賃算出、コードシェア便利用
問8	最も安価な運賃算出、コードシェア便利用
2020年度	
第1問	**NHヨーロッパ行〈Basic M〉〈Basic U〉〈Value S〉の運賃から折り返し地点と適用する運賃を指定して運賃計算を問う出題**
問1	特定便追加運賃、途中降機料金
問2	特定便追加運賃、途中降機料金
問3	HIPチェック不要、特定便追加運賃、途中降機料金
問4	マイルアップ、HIP、特定便追加運賃、途中降機料金
第2問	**JLクアラルンプール・シンガポール行〈Standard B〉〈Saver K〉〈Saver L〉の運賃から様々な形式で運賃計算や規則を問う出題**
問5	eチケットの運賃計算情報（Fare Calculation）欄
問6	最も安価な運賃算出
問7	特定便追加運賃、日本国内アッドオン運賃（選択肢に基本運賃と足されて出題）
問8	正しいものをすべて選べ（適用運賃・規則、発券期限、最長旅行期間）

2 対策

① 設問のメインはキャリア運賃だが、IATAの運賃計算規則を確実に理解する。

② 旅程表から旅行形態/折返し地点/途中降機/乗り継ぎなどを判断する。

③ マイレージ計算/HIP/TPM控除マイルなどの基礎力をつける。

④ 掲載タリフを読み取る力を養う。答えは必ずそこに記載されている（発着空港成田/羽田の別・週末/平日の別・シーズナリティ・特定日加算・特定便加算・結合可能運賃・予約発券の期限・必要旅行日数・最長旅行期間などを読み取る）。

⑤ 問題の旅程（運賃計算欄）を自身で図に表して、ひと目で全旅程をチェックする。

1 国際航空運賃の基礎

・学習のポイント

- アイテナリー（旅程）やタリフ（運賃表）の読み方を理解し、運賃計算単位の端数処理なども確実に押さえる。
- ルールを理解して読み解ければ、暗記しなくても確実に得点できる。

1 国際航空運賃の種類

運賃の種類は「IATA運賃」と「キャリア運賃」に大別できたが、IATA運賃は2018年11月より廃止された。キャリア運賃は各航空会社が独自に定めた運賃で制限のあるもの、ないものがある。また、キャリア普通運賃とキャリア特別運賃に分けられる。

航空機の座席には「ファーストクラス（F）」「ビジネスクラス（C/J）」「エコノミークラス（Y）」があり、座席の快適度や機内食などのサービスにより運賃の設定が分かれている（カッコ内は代表的な予約クラス）。近年は、さらにビジネスクラスとエコノミークラスの間に「プレミアムエコノミー（W）」という座席も充実してきている。

POINT

運賃は常に変動しているため、憶えられるものではない。ゆえに短時間でどこに何が書いてあるかルールを確認し、それを理解することが大切になる。このことは現場でも試験問題を解く時でも同様である。例えば、最長旅行期間を間違って案内したことにより、結果長く滞在したいお客様が高い運賃の航空券を購入しなければならなくなった場合、試験では不正解で済んでも、実際の旅行会社は大きく信用を失うことになる。

試験は10月に実施される。試験問題もその時に有効な運賃、つまりその年の上期運賃（4月～9月）が適用される場合が大半である。なお、本章に掲載の問題の航空運賃額は、解説用の数値となっている。

「制限」とは、航空会社の指定/変更/払戻し/経由地/目的地などを指す。「制限がない航空運賃」という場合は「自由に変更払戻しなどができる運賃」を指す（特別運賃の項目で解説）。

2 キャリア運賃

キャリア運賃は航空会社独自の運賃(原則往復ともに同一航空会社)である。キャリア運賃はキャリア普通運賃とキャリア特別運賃に分けられる。

普通運賃 (ノーマル)	F:ファーストクラス運賃 C (J):ビジネスクラス運賃 W:プレミアムエコノミークラス運賃 Y:エコノミークラス運賃(Y2制限付エコノミークラス運賃)
特別運賃 (スペシャル)	・キャリアペックス運賃 JLSaver・Standard、NHBasic・Valueなど ・キャリアIT運賃など

※FC(J)WYは運賃種別コード(予約クラス)

【補足】

キャリアペックス、キャリアIT運賃などのキャリア運賃は、原則として上期(4月〜9月)と下期(10月〜翌年3月)に分けて年2回改定されるが、「どの航空会社でも同じ運賃であったIATA運賃は航空会社の談合だ! もっと安くしろ!」との声に、市場はキャリア運賃主体になった。

3 GI(グローバルインディケーター)

GI(グローバルインディケーター)とは旅行経路のことで、「日本からどこを飛んで目的地に着くか」を示すための記号である。GIによって、旅行時の適用運賃が決まる。

例えば、東京からパリへのフライトであれば、下記の4つのルート、3つのGIがある。

旅程例

TS **東京/(モスクワ)/パリ(直行またはシベリア経由)**
EH **東京/バンコク/パリ(アジア南周り)、東京/ドバイ/パリ(中東南周り)**
AP **東京/ニューヨーク/パリ(アメリカ経由)**

ここで重要なことは、「運賃はルートに適した運賃を選ばないといけない」ということである。

■IATA AREAの定義

IATAは世界の地域を「TC1（南北アメリカ大陸）」「TC2（ヨーロッパ/アフリカ大陸）」「TC3（アジア/オセアニア）」の3つに分けて定義している（右図）。また、TC1は「エリア1」または「第1地区」などと呼ばれる。

（参考）

西半球（WESTERN HEMISPHERE）	東半球（EASTERN HEMISPHERE）	
エリア1（TC1）	エリア2（TC2）	エリア3（TC3）
南北アメリカ大陸を中心に、東はグリーンランド・バミューダ諸島、西は日付変更線までの地域、南は赤道以北のパルミラ島までを含む	ウラル山脈およびイランとアフガニスタンの国境を東端とし、アイスランド・アゾレス諸島を西端とする地域：欧州、中東、アフリカ	アフガニスタンから東のアジア全域と東インド諸島・オーストラリア・ニュージーランド・エリア1に属さない太平洋上の諸島・国
サブエリア	サブエリア	サブエリア
NORTH AMERICA（北米） ※カナダ・アメリカ・メキシコと近隣諸島 CARIBBEAN（カリブ） ※バミューダ諸島・バハマ諸島・アンティル諸島など西インド諸島からなる地域 CENTRAL AMERICA（中米） ※ベリーズ・グアテマラ・エルサルバドル・ホンジュラス・ニカラグア・コスタリカからなる地域 SOUTH AMERICA（南米） ※パナマ以南の南米大陸諸国	EUROPE（ヨーロッパ） ※ウラル山脈以西のロシア連邦を含む欧州地域と近隣諸島 ※アフリカ大陸のモロッコ・アルジェリア・チュニジアとアゾレス諸島 ※トルコ・マルタ・キプロス MIDDLE EAST（中東） ※イランから地中海までのアラビア半島周辺の中東諸国 ※アフリカ大陸のエジプトとスーダン AFRICA（アフリカ） ※EUROPE、MIDDLE EASTに含まれないアフリカ諸国と近隣諸島	JAPAN・KOREA（日本・韓国） ※日本および韓国 SOUTH ASIAN SUB-CONTINENT（南アジア亜大陸） ※アフガニスタン・パキスタン・インド・ネパール・ブータン・バングラデシュ・モルディブ・スリランカからなる地域 SOUTH WEST PACIFIC（南西太平洋） ※オーストラリア・ニュージーランド・パプアニューギニア・フィジー・トンガ・その他の南西太平洋諸島 SOUTH EAST ASIA（東南アジア） ※上記のサブエリアを除く全域 ※グアム・サイパン・中国を含む （注）香港・マカオは運賃タリフ上、中国に含まれず、「中国以外の東南アジア」と定義される

■IATAによる世界の地域の定義

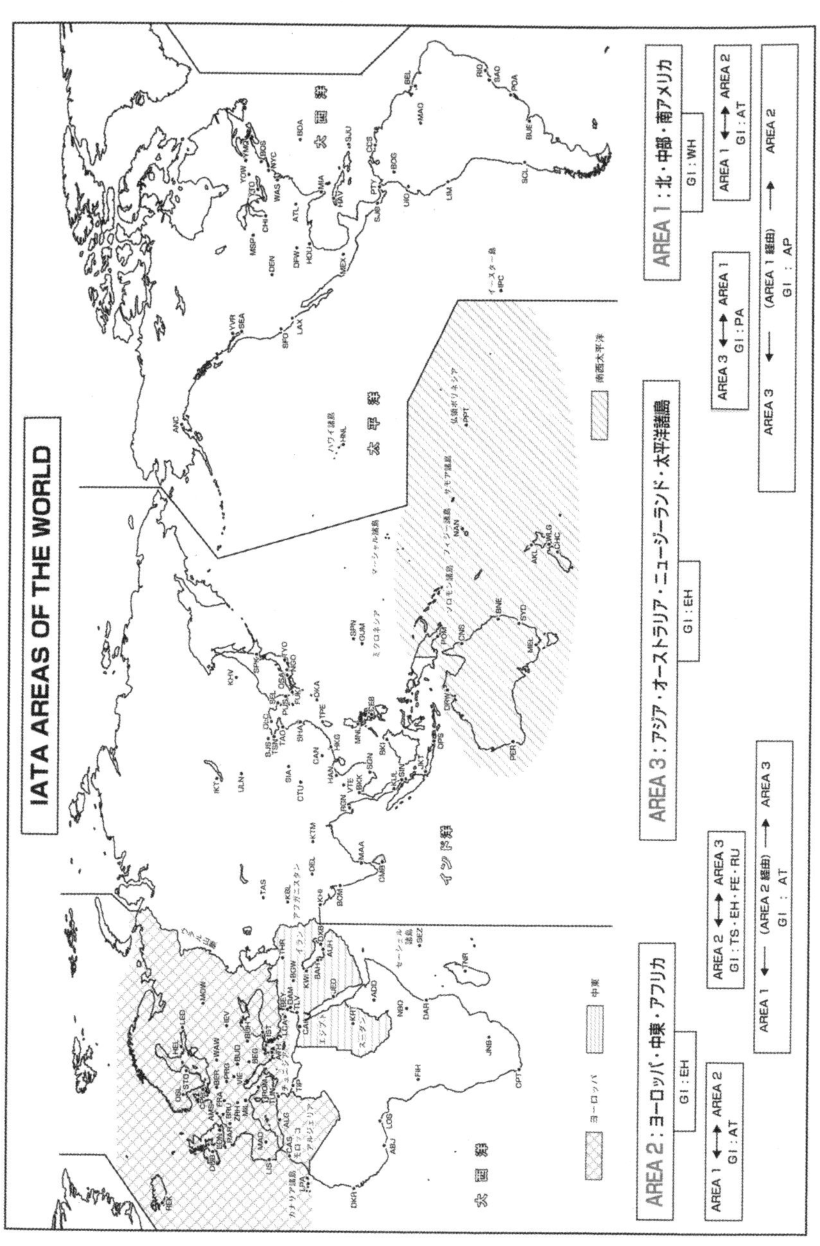

POINT

試験では日本発着のみ出題される傾向にある。よって重要なGIはTS/EH/PA、次にAP/ATとなる。日本発着に関する主要GIには、次のものがある(日本はTC3)。

GI	区間	経路	旅程例
TS	TC3-TC2	欧州間直行便 ロシア経由欧州便	TYO-PAR TYO-MOW-LON
EH	TC3内		TYO-SYD
	TC3-TC2	TC3内都市(南周り)経由欧州 中東(南周り)経由欧州	TYO-BKK-LON TYO-DXB-LON
PA	TC3-TC1	太平洋経由	TYO-NYC TYO-LAX-MEX
AP	TC3-TC1-TC2	大西洋と太平洋経由	TYO-NYC-LON
AT	TC3-TC2-TC1	大西洋経由	TYO-LON-NYC

ココ出る

① TC3とTC1間の旅行には2つのGIがある
- PA日本から太平洋を渡ってTC1に行く旅程(直行便を利用)
- AT日本から大西洋を渡ってTC1に行く旅程(欧州経由)

② TC3とTC2間の旅行には3つのGIがある(ロシア行きを除く)
- TS日本とヨーロッパ間に直行便・シベリア経由を利用している旅程
- EH日本とヨーロッパ間に東南アジアまたは中東などを経由している旅程
- AP日本から太平洋と大西洋の両方の海を渡ってTC2に行く旅程

③ TC3内のみの旅行のGIはすべてEH

4 国際航空運賃の適用

大半の運賃には週末運賃(W)と平日運賃(X)があり、路線と航空会社によって設定が微妙に異なる。設定がない運賃もある。まずは週末がWで平日がXという記号を覚えよう。どの運賃が何曜日から何曜日がWかXかなどは憶える必要はない(問題に掲載されている)。WかXかは、往路は日本の最終地点を出発する曜日、復路は日本に向けた最終国際線区間を出発する曜日が適用される。そのため、行きがWで帰りがXなど、往路と復路それぞれに適用される。運賃は航空券の発券の日に有効な運賃が全旅程に適用される。よって旅行中に値上げになってもそのままの運賃で旅行を続けることができる。

小幼児の年齢は、旅行開始日を基準とする。つまり旅行中に誕生日がきても、旅行終了時まで旅行開始時の運賃及び規則が適用される。

小児 (CH / CHD チャイルド)	2歳以上12歳未満 適用運賃＝(原則)大人運賃×75%
幼児 (IN / INF インファント)	2歳未満 座席を使用する場合は小児と同運賃＝(原則)大人運賃×75% 座席を使用しない場合＝(原則)大人運賃×10%

上記小児幼児運賃は原則であり、航空会社、運賃によって異なる場合がある(問題ごとにタリフを要確認)。

また、航空券には最長旅行期間が定められている。最長旅行期間とは最大滞在期間であり、その日の24時までに復路最終旅行地を出発しなければならないことをいう。例えば、東京－パリ往復航空券で4/20まで有効な航空券であれば、4/20にパリを東京に向け出発しなければならない(4/21に東京着は可)。

PART 4 総合

第1章 国際航空運賃

POINT

- 旅行会社は燃油サーチャージなど値上げが予想される場合、条件によって発券の日に有効な値上げ前の燃油サーチャージを適用して航空券を発券することがある。
- 燃油サーチャージは航空運賃とは別に燃油価格の高騰に伴い徴収する料金で、大人子供同額で運賃種別による免除はない。つまり大人でも子供でも安い運賃であっても普通運賃と同額がかかるという意味である。これにより5万円の航空運賃に3万円の燃油サーチャージがかかるなど市場では不明瞭との見解があり、募集型企画旅行(パッケージツアー)の場合、サーチャージ込みの旅行代金を表示する商品が一般的となった。
- コードシェア便(共同運航便)の場合は、予約便名の航空会社の燃油サーチャージが適用される。

ココ出る

■キャリア運賃の最長旅行期間

「X日発・開始」

例 「21日発・開始」で4/8出発の航空券であれば、その最長旅行期間は

8＋21＝4/29

「Xか月発・開始」

例 「1か月発・開始」で2/1出発の航空券は3/1まで有効

など、最長旅行期間は運賃によって各々異なるのでその都度、タリフ(運賃表)で確認する必要がある。最長旅行期間が1年間の場合もある。

5 運賃計算単位NUC（ヌック）とROE（ロエ）

東京－バンコク－シンガポール－東京という旅程を組んだ場合、東京－バンコク間と東京－シンガポール間では日本円での運賃設定があるが、バンコク－シンガポール間では日本円での設定がない（タイバーツの設定）。国際線運賃計算においては、旅行開始国の通貨建てで運賃が算出される。

ただし、異なる通貨建運賃を合計して計算することはできないため、世界共通の計算単位「NUC」を使って計算する。NUCに換算するためのIATAで定めた交換レートが「ROE」であり、全行程のNUCの合計にROEをかけ、日本円に換算してその航空券を発券する。

NUCへの換算：NUC＝日本円÷ROE
NUCの合計を日本円に換算：合計したNUC×ROE＝日本円建て運賃

POINT

タリフとは運賃表のことであり、それを読みこなさなければならない。ただし、試験問題では解答に有効なタリフが記載されている。つまり、正解はそこに掲載されているということだ。

以下は航空端末の1つでアマデウスによる東京発ニューヨーク行のJLの電子タリフの表示例である。

■TYO発NYC行－JLの日本円運賃の例

```
ROE 110.207967 UP TO 100.00 JPY
04OCT22**04OCT22/JL TYONYC /NSP;PA/TPM 6723/MPM 8067
      ①          ②   ③     ④  ⑤    ⑥          ⑦
      ⑧              ⑨           ⑩  ⑪         ⑫        ⑬   ⑭       ⑮
LN  FARE BASIS    OW  JPY   RT      B  PEN  DATES/DAYS   AP  MIN  MAX  R
01  F1W00ZN5   1463000              F   —     —   —       +   -        M
02  F1X00ZN5   1383000              F   —     —   —       +   -        M
03  J2W00ZN5   1321000              J   —     —   —       +   -        M
04  J2X00ZN5   1184000              J   —     —   —       +   -        M
05  F1W08ZN5             2356000    F   —     —   —       +   -   12M  M
06  F1X08ZN5             2191000    F   —     —   —       +   -   12M  M
07  J2W08ZN5             2033000    J   —     —   —       +   -   12M  M
08  J2X08ZN5             1767000    J   —     —   —       +   -   12M  M
09  Y2W00ZN5    891000              Y   —     —   —       +   -        M
10  W2W00ZN5    891000              W   —     —   —       +   -        M
11  Y2X00ZN5    748000              Y   —     —   —       +   -        M
12  W2X00ZN5    748000              W   —     —   —       +   -        M
13  Y2W08ZN5             1394000    Y   —     —   —       +   -   12M  M
14  W2W08ZN5             1394000    W   —     —   —       +   -   12M  M
15  Y2X08ZN5             1151000    Y   —     —   —       +   -   12M  M
16  W2X08ZN5             1151000    W   —     —   —       +   -   12M  M
              ＝＝＝以下、省略＝＝＝
```

① 運賃の検索を行った日
04OCT22 = 2022年10月4日
② 航空会社コード
JL = 日本航空
③ 運賃区間
TYONYC = 東京(TYO)発、ニューヨーク(NYC)間
④ 普通運賃と特別運賃の両方を表示
NSP
⑤ GI（グローバルインディケーター）
PA
⑥ TYO-NYC間の区間マイル(6723)
TPM 6723
⑦ TYO-NYC間の最大許容マイル(8067)
MPM 8067
⑧ 運賃種類のコード(FARE BASIS)
クラス・運賃の種類(J2)
曜日運賃(X = ウィークデイ運賃、W = ウィークエンド運賃)
航空会社が定める運賃タイプの略号(例 ラインナンバー 08：08ZN5)
⑨ 日本円運賃(JPY)
往復運賃は「RT」の列に運賃額が記載される(例 J2X08ZN5：1,767,000円)
片道運賃は「OW」の列に運賃額が記載される(例 J2X00ZN5：1,184,000円)
⑩ 予約クラスのコード(B)
F = ファースト
J = ビジネス
W = プレミアムエコノミー
Y = エコノミー
⑪ 取消手数料の情報(PEN)
取消手数料が徴収されないときは「－」、聴取されるときは「＋」で表示
⑫ 適用期間(DATES/DAYS)
シーズナリティなど
⑬ 購入・予約期限(AP = ADVANCE PURCHASE DATE)
発券や予約の期限がないときは「－」、あるときは「＋」で表示
⑭ 必要旅行日数・最長旅行期間(MIN/MAX)
左 = 必要旅行日数(MIN)：－(なし = 必要旅行日数の制限はない)
右 = 最長旅行期間(MAX)：12M（12か月 = 1年)

⑮ 経路に関する規定(R)
M＝通常のマイレージ計算を適用する
R＝経路が指定される

よく出る

国際線運賃計算は、世界共通単位であるNUCを使って行う。

① NUCへの換算
開始国通貨建て運賃÷ROE=NUC
※運賃額が同じでも、ROEが変わればNUC額も連動して変わる。

② NUCの合計を旅行開始国通貨建て運賃に換算
NUC×ROE＝旅行開始国通貨建て運賃

③ 端数処理
開始国通貨建て運賃表示：日本円の場合には、小数点以下1桁までの数値を100円単位に切上げ
NUC：小数点以下2桁まで残し、3桁以下は切捨て
ROE：常に小数点以下6桁(最後3桁が0の場合3桁までしか表示されない場合あり)
※国家試験では電卓の持ち込みが不可のため、NUC1.00＝JPY100.000000とする場合が大半となる。

2 旅行形態と適用運賃

・学習のポイント

- それぞれの旅行形態の特徴とルール、その適用運賃について理解する。
- 試験問題では運賃計算における折返し地点と旅行形態が必ず記載されており、「旅行形態が何か？」を理解してから解き始める必要がある。

通し運賃

A地点からC地点までタクシーで移動するのに運賃が1,000円だとする。運転手に頼んで、B地点から人を乗せてA地点－B地点－C地点と走ったが、運賃は同じ1,000円だった。たくさん立ち寄ったのに同じ運賃？ 国際線の航空運賃もこれと同じ感覚で、最大飛行できる距離に応じてどのくらい経由できるか、その結果として運賃額が決まる。そんなイメージだ。

TPM（チケッテッドポイントマイル）	区間マイル、各都市間の距離のこと。
MPM	最大許容マイル、最大飛べる距離のこと。その範囲で収まることを「Mで入る」（マイルで入る、MPMで収まる）という。
運賃割増率	例えば、A地点/B地点からさらにD地点を経由しC地点と回ってもらったら、料金がアップした。A→B→D→C地点の運賃はA地点からC地点の直行運賃1,000円の25％増しだった。これを運賃の25M（25％ UP）という。超過マイル率は105％、110％、115％、120％、125％の5段階あり、25％を超えるとその通し運賃は適用できない。
チケッテッドポイント	券面上記載されるすべての都市。
乗り換え	24時間を超えて滞在する途中降機と24時間以内に出発する乗り継ぎに分かれる。24時間ちょうどは乗り継ぎとなる。
サーフェイス	航空機以外の手段で移動する区間。例えば、東京－ロンドンを航空機で移動し、ロンドン－パリをユーロスターで移動、パリ－東京は航空機利用。この場合のロンドン－パリ間をサーフェイスという。
フェアコンポーネント	1つの直行運賃を適用できる始点から終点（目的地）までの運賃計算区間（ひとくくりの運賃）。

1 旅行形態

旅行形態は次の4種類に分類され、往復割引の半額(1/2往復運賃＝HR運賃)が適用できるかどうかなど、運賃は各旅行形態によって定められている。

RT（ROUND TRIP）	往復旅行
CT（CIRCLE TRIP）	周回旅行
OJ（OPEN JAW TRIP）	オープンジョー旅行
OW（ONE WAY TRIP）	片道旅行

OW以外は、各フェアコンポーネントに往復割引の半額(1/2往復運賃＝HR運賃)が適用できる。

① RT（ROUND TRIP）：往復旅行

- 旅行開始地点に戻る連続した旅行
- 往路、復路の2つのフェアコンポーネント(通し運賃)で成立
- 往路、復路の運賃額が同額である場合、往路と復路の旅行経路が異なっていても、上記条件を満たせば、往復旅行(RT)となる

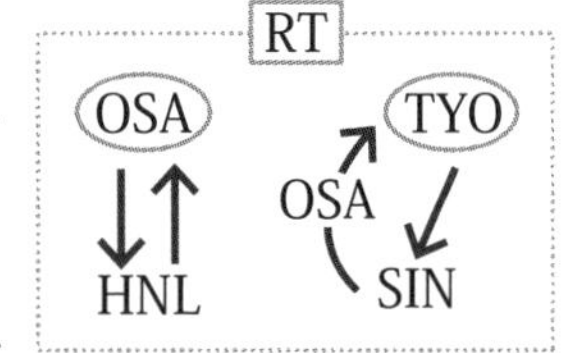

(注)平日・週末運賃(X/W)が混在する場合は、往路の曜日を復路におきかえて計算した結果、往路・復路の運賃額(NUC)が同額であればRTとなる。

② CT（CIRCLE TRIP）：周回旅行

- 旅行開始地点に戻る連続した旅行
- 往復旅行(RT)の定義にあてはまらないもの。2つのフェアコンポーネントで、往路・復路の運賃額が同額でない場合、または3つ以上のフェアコンポーネント(通し運賃)で成立。なお、世界一周旅行(太平洋・大西洋を経由する旅行)は、たとえ往復旅行(RT)の定義に合致しても周回旅行とみなす

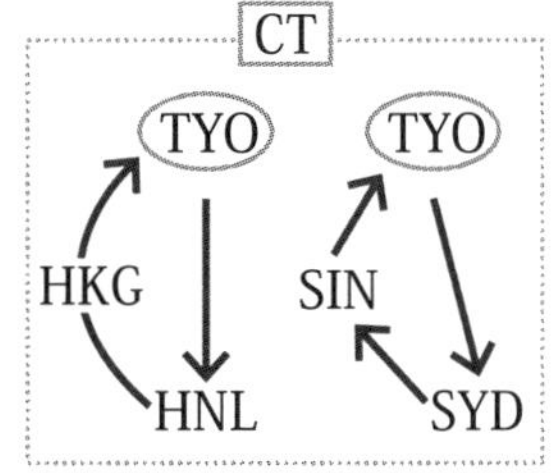

③ OJ（OPEN JAW TRIP）：オープンジョー旅行

- 旅行開始国に戻るサーフェイス区間がある旅行
- 往路、復路の2つのフェアコンポーネント(通し運賃)で成立
- OJには、次の3つのタイプがある

(1)開始国地点側にサーフェイス区間がある場合、サーフェイス区間が国内区間であること

(2)折返し地点側にサーフェイス区間がある場合、サーフェイス区間は国内区間・国際区間どちらでも可。ただし、サーフェイス区間が国際区間の場合、その区間距離(マイル)は2つのフェアコンポーネントのマイルのうち、少ない方の区間と比べて少ないこと

(3)双方の国にサーフェイス区間がある場合
・開始国地点側のサーフェイス区間は同一国であること
・折返し地点側のサーフェイス区間の条件は、前記(2)に同じ

(例外)下記は同一国とみなす(みなし同一国)
・米国とカナダ間
・ヨーロッパの全域間

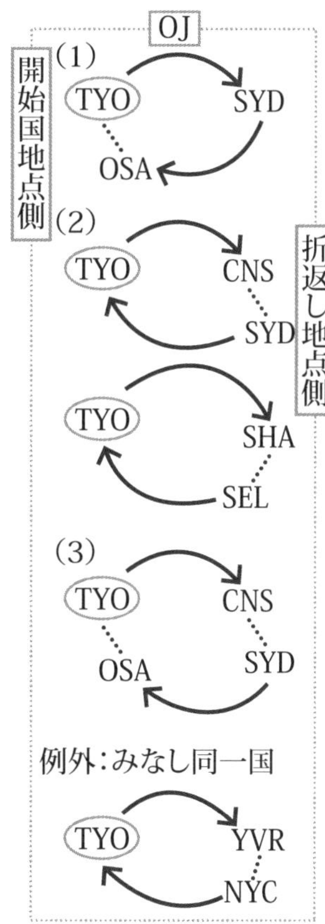

④ OW (ONE WAY TRIP):片道旅行

前記①②③のどれにもあてはまらない旅行。

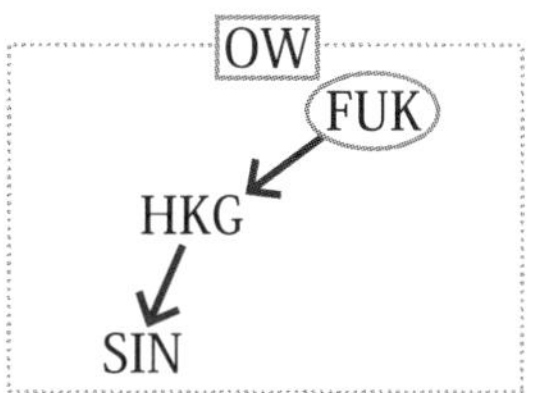

■旅程の構成・計算上の基本的な用語

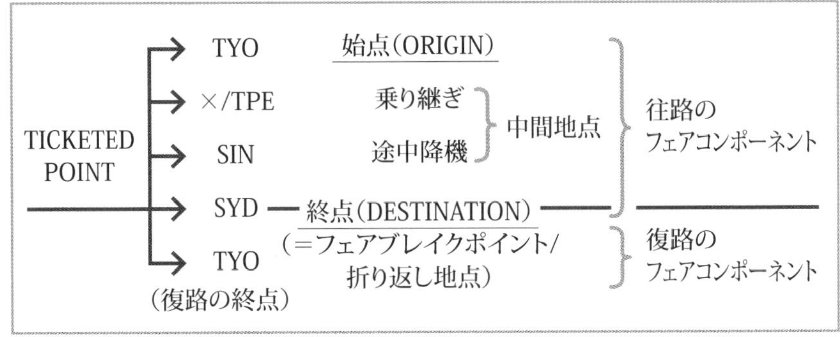

注：TICKETED POINT（チケッテッドポイント）：航空券面上に記載されるすべての地点
FARE COMPONENT（フェアコンポーネント）：運賃計算上の構成単位
乗り継ぎは×/の印をつける（24時間以内の乗り換え）

■乗換え

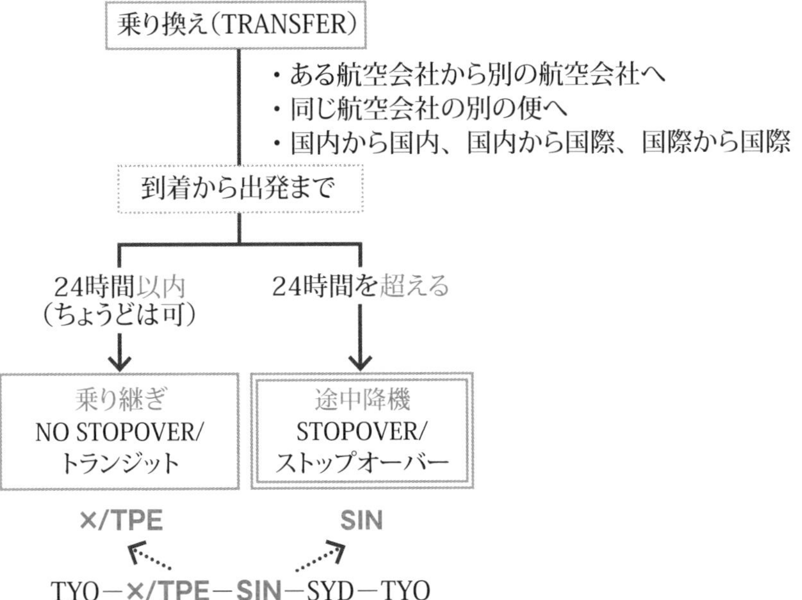

2 適用運賃

前述の4つの旅行形態(運賃計算上の形態)から、適用する運賃が決定される。

①往復旅行(RT) ②周回旅行(CT) ③オープンジョー旅行(OJ)	1/2往復運賃 (HR運賃＝HALF ROUND TRIP FARE)
④片道旅行(OW)	片道運賃(OW運賃＝ONE WAY FARE)

日本発運賃の場合、往復割引運賃が設定されているため、HR運賃・OW運賃のどちらを適用するかで運賃が大きく異なる。運賃計算では、より安くなるように全体の旅程(全旅程)を切り分け、旅行形態の条件を見てフェアコンポーネントごとに適用運賃(HR運賃・OW運賃)を決定し、計算する。

また、現場ではお客様に販売する運賃はより安い運賃というだけではなく、変更の可能性があるかどうかなど状況に応じてルールを確認し、安全な運賃をお勧めすることも大切である。

3 適用運賃の方向

往路のコンポーネント運賃は、旅行出発地国から目的地(折り返し地点)に向けた方向の旅程に沿ったGIの運賃を適用する。復路のコンポーネント運賃は、旅行方向とは逆方向(出発地国から折り返し地点)に向けた旅程に沿ったGIの運賃を適用する。

■旅行形態まとめ

RT
HR運賃

旅行開始地点（同じ地点）に戻るフェアコンポーネントが2つで往路＝復路

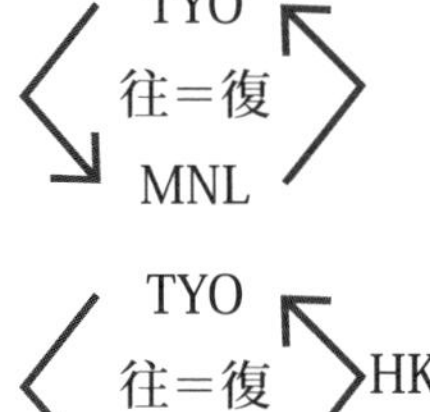

CT
HR運賃

旅行開始地点（同じ地点）に戻るフェアコンポーネントが2つで往路≠復路または、フェアコンポーネントが3つ以上

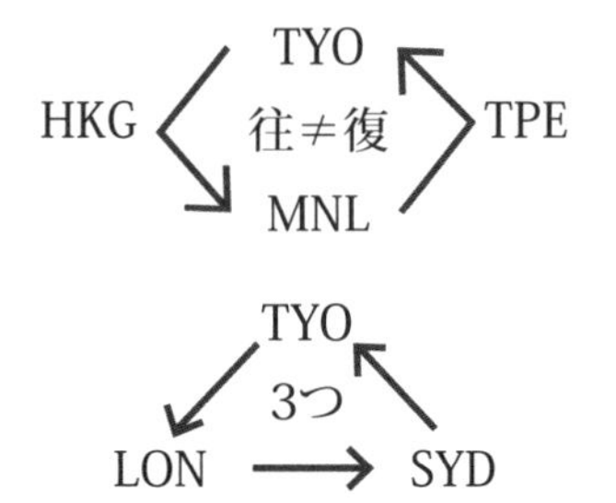

OJ
HR運賃

旅行開始国（同じ国）に戻るフェアコンポーネントが2つ
サーフェイス区間が開始国側－国内区間
折返し地点側－国際・国内区間どちらでも可
ただし、サーフェイス区間が国際区間の場合、そのマイルは2つのコンポーネントのうちの少ない方よりも少ない

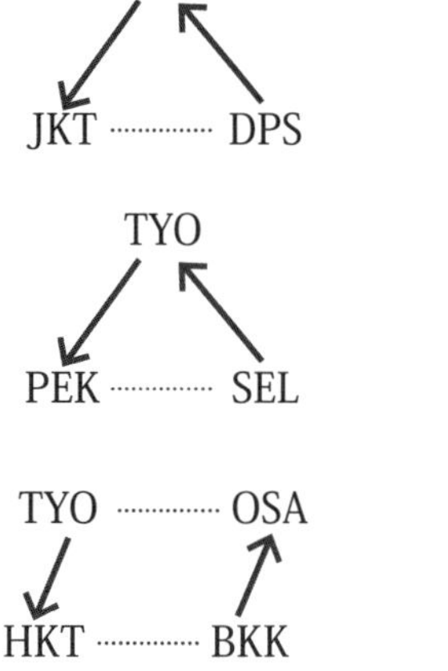

OW
OW運賃

RT／CT／OJのどれにも該当しない

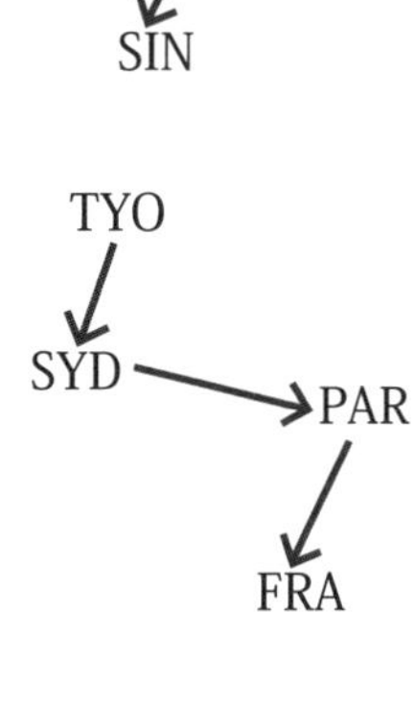

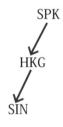

3 マイレージシステム（マイレージ計算）

・学習のポイント

- 運賃計算方法「マイレージシステム」とその特別規定を理解する（前項の旅行形態も必読）。
- 運賃割増率の計算などは手計算で行う必要があり、特にTPMの合計 ÷MPMの計算には慣れておく。

マイレージシステム（マイレージ計算）

東京－シンガポール－東京のように、経由地がない場合には東京－シンガポールの直行運賃をそのまま適用する。しかし、旅程に経由地（中間地点）がある場合には、その旅程の始点と終点の直行公示運賃の適用が可能かどうかを距離計算を基準にチェックする。東京－クアラルンプール－シンガポールは東京－シンガポールの運賃で収まるかどうか？ この飛行距離に比例した運賃の算出方法がマイレージシステムである。

1 マイレージシステムの3ポイント

MPM	最大許容距離（MAXIMUM PERMITTED MILEAGE）
TPM	旅程上の各都市間の区間距離（TICKETED POINT MILEAGE）
EMS	割増率（EXCESS MILEAGE SURCHARGE）。5%、10%、15%、20%、25%の5段階、TPMの合計÷MPM によって算出

- MPMとTPMは発券日に有効なものを適用する
- 国家試験問題には、運賃割増率が選択肢に記載されている問題が多い。問題の割増率を参考にして手計算を行うことが有利

■計算の手順

①フェアコンポーネントごとに行う
②始点から終点までのTPM合計を算出
③始点と終点間のMPMを調べる
④TPMの合計とMPMを比較
　TPMの合計≦MPM…直行運賃を適用（＝割増なし）

TPMの合計＞MPM…割増率を算出し直行運賃に適用
(TPMの合計÷MPM)
※割増率が25%を超える場合は、直行運賃適用不可。フェアブレイクポイント(折り返し地点)を再考し、フェアコンポーネントを分割して計算する。

POINT

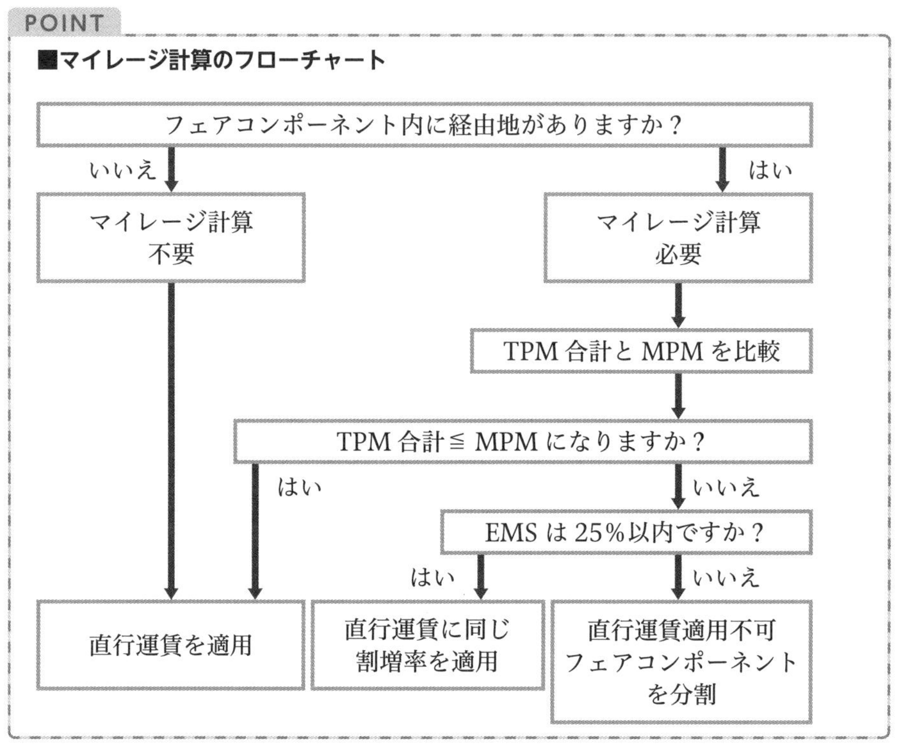

■航空券の記載内容(アマデウスeチケットお客様控え)
ヨーロッパ行－JL Semi－Flex J運賃

eチケットお客様控え
ELECTRONIC TICKET ITINERARY / RECEIPT

■お名前 NAME　NORYOKU/HANAKO MS ①

■予約番号 REFERENCE　M3ZA2N ②

■発券日 TICKETING DATE　01OCT22 ③

■チケット番号 TICKETING NUMBER　1311764100103 ④

■発券航空会社 TICKETING AIRLINE　JAPAN AIRLINES ⑤

■発券事業所 TICKETING PLACE　16301234 ⑥

■マイレージNO FQTV　JL195104170 ⑦

旅程表 ITINERARY

出発/到着日時 ⑧ DATE/TIME	都市/空港（ターミナル） ⑨ CITY/AIRPORT	航空会社/便/クラス⑩ AIRLINE/FLIGHT/CLS	予約⑪ STATUS	備考 ⑫ REMARKS
10OCT(MON) 1115 10OCT(MON) 1630	TOKYO/NARITA INTL(2) FRANKFURT INTL(2)	JAPAN AIRLINES JL 407 / J	OK	FB:JNW3AOM1 BGG:3PC NVB/NVA: //
19OCT(WED) 2030 20OCT(THU) 1525	PARIS/CHARLES DE GALLE(2E) TOKYO/HANEDA INTL	JAPAN AIRLINES JL 046 / J	OK	FB:JNX3AOM1 BGG:3PC NVB/NVA: //

FB:運賃種別(FARE BASIS)
BGG:無料手荷物許容量(FREE BAGGAGE ALLOWANCE)
NVB/NVA: NOT VALID BEFORE/AFTER

航空券の提示を求められたときには、パスポートとともにこの書類をご提示ください。記載されている内容は発券時のものです。予告なしに変更される場合がありますので、最新情報をご確認ください。

運賃／航空券情報 FARE/TICKET INFORMATION

お支払い方法 FORM OF PAYMENT ⑬	CASH
運賃 FARE ⑭	JPY1322000
空港税等 TAX ⑮	JPY115200YQ/JPY1000TK/JPY2130SW/JPY5300I/JPY2090FR/JPY2620QX/JPY4480IZ TOTAL : JPY 1450050
運賃計算情報 FARE CALCULATION ⑯	10OCT22 TYO JL FRA 6587.54 /－PAR JL TYO 5407.95 NUC11995.49 END ROE110.207967
制限事項等 ENDORSEMENTS / RESTRICTIONS ⑰	FLT BTWN JPN-EUR//JL ONLY

ご注意
航空会社の提供する旅客運送その他のサービスは、本書の内容に含まれる運輸約款の適用を受けます。運輸約款は発行航空会社からもご入手いただけます。
このお客様控えは、ワルシャワ条約第3条上「航空券」とみなされます。ただし航空会社が同条約第3条の要件に適合する別の書類をお客様に発行する場合は別とします。

【旅客情報】

① **お名前(お客様名)**

② **予約番号(リファレンスナンバー)**

M3ZA2N

③ **発券日(航空券の発券日)**

01OCT22 = 2022年10月1日

④ **チケット番号(航空券番号)**

現在、お客様にはこの「eチケットお客様控え」が渡されるが、航空会社の端末内では航空券は発券されており、その航空券番号が記される

⑤ **発券航空会社**

日本を出発する時に利用する航空会社名が記載される。当航空券は日本航空

⑥ **発券事業所**

航空券の発券を行った個所名(航空会社またはIATA代理店)と、そのIATA登録番号

⑦ **マイレージNO**

旅客のマイレージプログラムの番号

【旅程表】

⑧ **出発/到着日時(DATE/TIME)**

上段が出発日・曜日・出発時間、下段が到着日・曜日・到着時間

⑨ **都市/空港(ターミナル)(CITY/AIRPORT)**

上段が出発都市、下段が到着都市。( )内の数字はターミナルナンバー

⑩ **航空会社/便/クラス(AIRLINE/FLIGHT/CLS)**

上段が予約を行った航空会社のフルネーム、下段がその航空会社のアルファベット略号/フライト番号/予約(利用クラス)

⑪ **予約(STATUS)**

OK = 予約OK(他に「RQ = リクエスト中/キャンセル待ち」「OP = 未予約」など)

⑫ **備考(REMARKS)**

FB(Fare Basis = 運賃種類・種別)

BGG(Free Baggage Allowance = 無料手荷物許容量)

NVB = Not Valid Before、NVA = Not Valid After(必要旅行日数と最長旅行期間の規則に基づく日付)など

【運賃／航空券情報】

⑬ **お支払い方法(FORM OF PAYMENT)**

CASH＝現金(他に、クレジットカード支払いがある)

⑭ **運賃(FARE)**

この航空券の運賃。出発地国通貨建て運賃(日本円)

⑮ **空港税等(TAX)**

運賃以外に徴収される(燃油サーチャージ、空港使用料、各国のTAX類等)

・JPY115200YQ＝燃油サーチャージ(114,400円)と航空保険料(800円)の合計額

・JPY1000TK＝国際観光旅客税(1,000円)

・JPY2130SW＝成田空港の空港施設使用料(2,130円)

・JPY530OI＝成田空港の旅客保安サービス料(530円)

他に、パリの空港税・民間空港税・旅客サービス料・国際線出発連帯税などの各国の税金料金と、航空運賃を加えた旅客の合計支払額(1,450,050円)

⑯ **運賃計算情報(FARE CALCULATION)**

運賃計算情報を読み解けば「どういう運賃計算がされたか」がわかる。航空券に適用した運賃計算の結果がNUC額で表記され、日本円へのIATA換算レート(ROE)も表記(表記方法はP392)

⑰ **制限事項等(ENDORSEMENTS/RESTRICTIONS)**

NONREF (払い戻し不可)、NOT REROUTABLE (経路変更不可)、NOT ENDORSABLE (他の航空会社への裏書・譲渡不可)など、各運賃に適用される制限事項を記載

■運賃計算情報欄(FARE CALCULATION)の記載内容

下記①の旅行開始日から順に⑤のROEまで記載される。

旅程例

出発	到着	搭乗日	便名	出発	到着
TOKYO(TYO)	— NEW YORK(NYC)	25APR23(火)	JL006	1110—	1055
Surface (地上運送区間)					
WASHINGTON(WAS)	— CHICAGO(CHI)	05MAY23(金)	AA467	1000—	1110
CHICAGO(CHI)	— LOS ANGELES(LAX)	05MAY23(金)	AA1445	1510—	1735
LOS ANGELES(LAX)	— TOKYO(TYO)	13MAY23(土)	JL061	1155—	1645+1

Fare Calculation (Linear Format)の記載例

```
25APR23  TYO JL NYC Q100.00 3850.00  /－WAS AA X/CHI AA LAX JL TYO M4840.00
   ①               ②                               ③
NUC8790.00 END ROE100.000000
     ④            ⑤
```

①出発日	2023年4月25日
②往路のコンポーネント	・始点はTYO、終点はNYC ・利用航空会社コード(JL)を、都市間の都市コードとの間に記載 ・特定便追加運賃があるので、それを表すためにQを付す(Q100.00) ・往路終点の都市コード(NYC)の後ろに運賃額(3850.00)を記載
③復路のコンポーネント	・始点はWAS、CHIは乗り継ぎ地点、LAXは途中降機地点、終点はTYO ・折り返し地点間はSurfaceなので、往路の運賃を記載した後にNYC－WAS間は航空機を使用しないことを示す「/－」を記入し、復路の始点の都市コードのWASから記載を開始 ・CHIは乗り継ぎ地点であることを表す(途中降機地点と区別)ために、都市名の前に「×/」を記載(＝途中降機は番号を付けない) ・復路終点の都市コード(TYO)の後ろに復路のマイレージ計算の結果(M)と運賃額(4840.00)を記載
④全旅程の運賃・料金の合計	・全旅程運賃(往路運賃＋復路運賃)のNUC額合計と運賃計算はここで終了という意味の「END」が記載される ※途中降機料金や特別便追加運賃(Qチャージ等)がある場合は、その金額も含めたNUCの合計額(8790.00)を記載
⑤ROE	・出発地国通貨(日本円)建て運賃(JPY)へのIATA換算率(ROE) ※本例ではROE：1NUC＝JPY100.000000とする

2 マイレージ計算具体例

下記旅程の運賃を算出せよ。

旅程例

	出発	到着	搭乗日	便名	出発	到着
〔往路〕	TOKYO(TYO)	− LONDON(LON)	02SEP22（金）	JL043	1120	− 1550
	LONDON(LON)	− ROME(ROM)	02SEP22（金）	BA558	1830	− 2155
	ROME(ROM)	− MILAN(MIL)	08SEP22(木)	AZ1026	1435	− 1550
	Surface　（地上運送区間）					
〔復路〕	MADRID(MAD)	− PARIS(PAR)	12SEP22(月)	AF1001	1000	− 1205
	PARIS(PAR)	− TOKYO(TYO)	15SEP22(木)	JL046	2030	− 1525 + 1

JALビジネスクラスFlex J運賃(抜粋)

```
    ROE 100.000000  UP TO 100.00 JPY
TYOROM
  01SEP22**01SEP22/JL  TYOROM TS/MPM 7414
  FARE BASIS      OW  NUC   RT        B
  JNXOAOMO               14550.00     J
TYOMIL
  01SEP22**01SEP22/JL  TYOMIL TS/MPM 7292
  FARE BASIS      OW  NUC   RT        B
  JNXOAOMO               14550.00     J
```

```
    ROE 100.000000  UP TO 100.00 JPY
TYOMAD
  01SEP22**01SEP22/JL  TYOMAD TS/MPM 8154
  FARE BASIS      OW  NUC   RT        B
  JNXOAOMO               14550.00     J
TYOPAR
  01SEP22**01SEP22/JL  TYOPAR TS/MPM 7432
  FARE BASIS      OW  NUC   RT        B
  JNXOAOMO               14550.00     J
```

〔各区間のTPM〕TYO − 6214（TS）− LON − 894 − ROM − 307 − MIL − 736 − MAD
MAD − 664 − PAR − 6194（TS）− TYO

米国行：JALビジネスクラスFlex J運賃・規則表(抜粋)

資料提供：(株)オーエフシー

名称・運賃種別	JALビジネスクラスFlex J運賃
適用期間・運賃	ウィークエンド(W)・ウィークデイ(X)運賃の適用： 〔片道運賃〕 日本国内の最終地点を出発する曜日に適用される片道運賃を適用 ・ウィークエンド(W)＝土～月／ウィークデイ(X)＝火～金 〔往復運賃〕 往路：日本国内の最終地点を出発する曜日を基準とし1/2往復運賃を適用 ・ウィークエンド(W)＝土～月／ウィークデイ(X)＝火～金 復路：北米内の最終地点を出発する曜日を基準とし1/2往復運賃を適用 ・ウィークエンド(W)＝金・土／ウィークデイ(X)＝日～木
予約・発券	予約クラス：J
必要旅行日数	制限なし
最長旅行期間	12か月発・開始
途中降機	制限なし
乗り換え	制限なし
運賃計算例外規定	なし

※ヨーロッパ行：NH Full Flex Plus ／普通運賃J1も同じ規則。

PART 4 総合
第1章 国際航空運賃

① 旅行形態は**オープンジョー旅行**である。よって、コンポーネントごとにHR運賃(往復割引運賃の半額)を適用することができる

② 下記のように図を書いてみよう。(　)内は計算の結果を記入済み

```
      TYO (5M7638.75CX)
  × / LON
      ROM
  ── MIL ──    目的地(往路の終点)
    Surface      (地上運送区間)
 ── MAD ──    目的地(復路の始点)
      PAR (M7275.00CX)
      TYO
           (NUC14913.75)
```

③ LONは乗り継ぎ(24時間以内に出発)なので「X /」の印を付ける。LONには9/2の15:50に到着して18:30にROMに向けて出発

④ TYO/LON/ROM/MILまでの各TPMの合計は7415 (6214+894+307)

⑤ TYO/MIL (TS)間のMPMは7292

⑥ 7415＞7292なので運賃割増が必要。TPMの合計÷MPM＝7415÷7292＝1.01686…

⑦ 1.00を超えて1.05以下なので割増率5%を用いる。

⑧ 往路：平日(X)往復運賃
TYO/MILの往復運賃NUC14550.00×1/2×1.05＝5M7638.75

⑨ MAD/PAR/TYOの各TPMの合計は6858 (664＋6194)

⑩ TYO/MAD (TS)間のMPMは8154。よってM (マイル内で収まり、割増の必要なし)

⑪ 復路：平日(X)往復運賃
TYO/MADの往復運賃NUC14550.00×1/2＝M7275.00

⑫ 往路復路の各コンポーネントのNUCを合計するとNUC14913.75

⑬ 日本円に直すとNUC1.00＝JPY100.000000なので1,491,400円(100円単位へ切り上げ)

3 マイレージシステムの特別規定

■TPM控除マイル(TPM DEDUCTION)

フェアコンポーネントのマイレージ計算の中でも、特定区間で特定地点を経由する場合はTPMの合計から一定のマイルを差し引くことができる。差し引き後のTPM合計とMPMを比較することになり、旅程によっては割増率が減ったり、

TPM合計がMPMを超えていても結果的にMPM内に収まる場合もある。

TPM合計から差し引くことができる一定のマイルをEXTRA MILEAGE ALLOWANCE（控除マイル）という。

日本発着の旅程に適用できる主なTPM控除マイルの例

区間		経由地点	EXTRA MILEAGE ALLOWANCE
日本	AREA3 （除く南アジア亜大陸）	BOMとDELの両方または KHIとISBの両方	700
	BOM	DEL	
	DEL	BOM	
	KHI	ISB	
	ISB	KHI	
TYO または OSA	DPS	JKT乗継ぎ （途中降機は不可）	70

■特定経路（SPECIFIED ROUTING）

特定の2地点間を始点・終点とするフェアコンポーネントで指定された地点を経由していれば、マイレージ計算を行わずにその始点/終点間の直行運賃を適用できる。この指定経路をSPECIFIED ROUTINGという。指定経路・規則に合致しない旅程には、通常通りマイレージ計算を行う。

日本に関係のある主な特定経路（SPECIFIED ROUTING）の例

区間		経由地点
FUK	BJS	SHA
OSA	BJS	NGS − SHA（注1）
TYO	BJS	OSA − NGS − SHA（注1）
TYO	LYP/ISB/KHI/LHE/MUX/PEW	MNL − BKK（注2）
	CAI	MNL − BKK（注2）
	KWI	BKK ／ MNL（注2）
日本	MHD	THR
SPK	SEL	NGO ／ TYO（注2）
NGO/OSA/TYO	DEL	BKK
日本	SEA	LAX/SFO

注1）途中降機は経由地点のいずれかで1回のみ可。
注2）“－”はAND・OR。経由地点は省略してもよいが順序を逆にすることは不可。
“／”はOR。いずれか1か所のみ。
※国家試験での特定経路は赤字を注意。

■みなし計算

サーフェス区間を含む旅程の場合のマイレージ計算には、①旅程通りに実際に搭乗する区間のみで計算を行う、②サーフェス区間を搭乗したと仮定して計算を行う、という2通りのやり方がある。このうち、②の方法をみなし計算という。

前出の行程を全て航空機利用と仮定し、マドリード(MAD)を折り返し地点とした場合、往路が東京－マドリード運賃のM（往路東京マドリード間のTPMの合計8151、MPM8154)、復路は前出と同じコンポーネントでMとなる。同じ行程で運賃計算の結果、みなし計算の方のNUC額が低い。つまり、安い航空運賃となる。

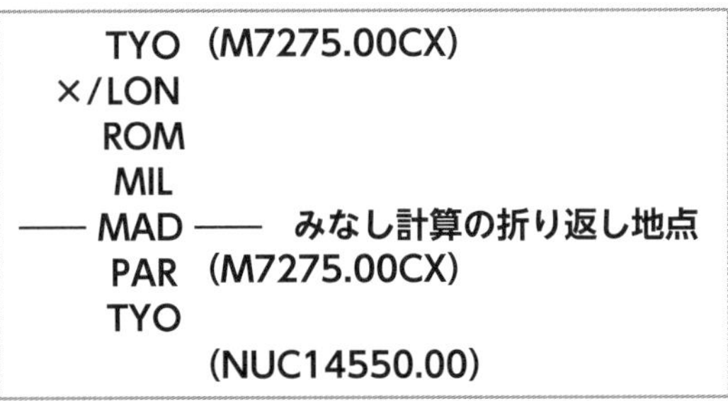

TYO (M7275.00CX)
×/LON
ROM
MIL
—— MAD —— みなし計算の折り返し地点
PAR (M7275.00CX)
TYO
(NUC14550.00)

① TYO/LON/ROM/MIL/MADまでの各TPMの合計は8151 (6214+894+307+736)
② TYO/MAD (TS)間のMPMは8154
③ 8151＜8154なので運賃の割増は不要
④ 往路：平日(X)往復運賃
TYO/MADの往復運賃NUC14550.00×1/2＝M7275.00
⑤ 復路は前出と同じコンポーネント
TYO/MADの往復運賃NUC14550.00×1/2＝M7275.00
⑥ 往路復路の各コンポーネントのNUCを合計するとNUC14550.00
⑦ 日本円に直すとNUC1.00＝JPY100.000000なので1,455,000円

4 HIPチェック

・学習のポイント

- 運賃を計算する上で重要なルールである「HIPチェック」について理解する。
- 日本から一番高い運賃の都市はどこか、その都市を終点（目的地）として運賃計算がなされていない場合は要チェック。

HIPチェックとは

運賃計算をしている中で、「同じフェアコンポーネント（通し運賃）内に始点〜折り返し地点間より高い運賃（HIF：F はFARE）が存在したら、たとえマイル（M）で入っても、その運賃を経由しているわけだから、その高い運賃を使わなくてはならない」というのがHIP（Higher Intermediate Point）というルールである（Pはポイント＝地点。Fはフェア＝運賃）。高い航空運賃を経由しているのに、その運賃よりも安くなってしまうのは考え方としても不自然であるし、実際に高い航空運賃で往復した旅客にとっても不公平になる。

HIPチェックを計算するのに、フェアブレイクポイント（折り返し地点）はどこの都市に設定すればよいだろうか？　①出発地から一番遠い都市か、②出発地からのMPMが一番大きい都市か、③チケッティング（運賃計算をして発券する人）のセンスだろうか。

実は、3つとも正解だ。国家試験ではほとんどの場合において、フェアブレイクポイントは問題に明記されている。

ただし、「運賃規則に基づき折り返し地点を設定し運賃を算出せよ」といった出題もある。その場合は、乗り換え（都市・回数）、途中降機（都市・回数）の規則と照らし合わせて、折り返し地点として設定可能な都市を導き出すことがカギとなる。また、マイレージ計算の結果、25Mを超えないことも見極めるポイントである。

POINT

■HIPチェックの計算ルール

対象都市は途中降機(ストップオーバー)をしている都市とする。乗り継ぎ(トランジット=×)はHIPの対象外となる。よって、行程をよく見てどこかに×/があるか、またはつけるかを見抜くことが重要になる。

<計算の手順>

1. フェアコンポーネントごとにチェックをする。
2. フェアコンポーネントの始点→終点の直行運賃を算出する。……(A)
3. 始点→中間地点、中間地点→終点、中間地点→中間地点、の直行運賃の中で最も高い直行運賃を算出する。……(B)
   適用運賃は、以下で比較する。
   ①途中降機地点のみを対象とする(運賃によってすべてのチケッテッドポイントを対象とする場合有)
   ②同じ運賃種別(HRならHR、OWならOW)
   ③同じクラス
   ④同じ方向
4. (A)と(B)を比較して、(B)のほうが高い場合には(B)を当該フェアコンポーネントの運賃とする。
5. マイレージ計算の結果、割増がなければ4. の運賃をそのまま適用する。5M～25Mの場合は、4. の運賃に対して割増をする。
6. フェアコンポーネントごとに、HIPとなる都市を適用する運賃の方向で表示する。

・ HIPチェックを対象とする地点に、同一クラスの運賃が複数ある場合には、途中降機・乗り換えなどの規則をチェックのうえ、2地点間に適用する運賃を決定する(曜日運賃があるときはコンポーネントに適用されている週末か平日運賃で比較)
・ 特定経路(SPECIFIED ROUTING)を適用するコンポーネントではHIPチェックは不要

■HIPチェック具体例

下記日程の往路の終点をMAD、復路の始点をROMとしてNUC、JPYを算出せよ(便名、各区間のNUC運賃、ROE、MPM、X、Wの設定などすべて当問題用のものである)。

旅程例

	出発	到着	搭乗日	便名	出発	到着
〔往路〕	TOKYO(TYO)	− FRANKFURT(FRA)	23SEP22（金）	NH223	1125	− 1630
	FRANKFURT(FRA)	− NICE(NCE)	23SEP22（金）	LH1068	2120	− 2245
	NICE(NCE)	− MADRID(MAD)	27SEP22（火）	IB8727	1200	− 1405
	鉄道(Surface 区間)					
〔復路〕	ROME(ROM)	− ATHENS(ATH)	05OCT22(水)	AZ718	1500	− 1755
	ATHENS(ATH)	− PARIS(PAR)	10OCT22(月)	AF1533	1445	− 1710
	PARIS(PAR)	− TOKYO(TYO)	10OCT22(月)	NH216	2030	− 1525 + 1

NH Full Flex Plus ／普通運賃J1（抜粋）

```
ROE 100.000000  UP TO 100.00 JPY
TYONCE
  01SEP22**01SEP22/NH TYONCE TS/MPM 7491
  FARE BASIS      OW  NUC    RT       B
  J1XRTE1                14210.00     J
TYOMAD
  01SEP22**01SEP22/NH TYOMAD TS/MPM 8154
  FARE BASIS      OW  NUC    RT       B
  J1XRTE1                13810.00     J
```

```
ROE 100.000000  UP TO 100.00 JPY
TYOROM
  01SEP22**01SEP22/NH TYOROM TS/MPM 7414
  FARE BASIS      OW  NUC    RT       B
  J1XRTE1                13810.00     J
TYOATH
  01SEP22**01SEP22/NH TYOATH TS/MPM 7252
  FARE BASIS      OW  NUC    RT       B
  J1XRTE1                15010.00     J
```

〔各区間のTPM〕TYO − 5928（TS）− FRA − 445 − NCE − 595 − MAD
ROM − 667 − ATH − 1306 − PAR − 6194（TS）− TYO

ヨーロッパ行：NH Full Flex Plus ／普通運賃J1・規則表(抜粋)

※P393「米国行：JALビジネスクラスFlex J運賃・規則表(抜粋)」と同じ規則のため、「ヨーロッパ行：NH Full Flex Plus ／普通運賃J1」として読み替え。

下記のように、図を書いてみよう。(　)内は計算結果を記入済み。

```
      TYO   (M7105.00CX)
  × / FRA
      NCE
—— MAD ——
   Surface
—— ROM ——
      ATH   (15M8630.75CX)
  × / PAR
      TYO
            (NUC15735.75)
```

PART 4 総合

第1章 国際航空運賃

① 旅程でトランジット(乗り継ぎ)はないか？　FRAとPARで24時間以内に乗り継いでいるので、「×/」をつける。

② 往路TYO/FRA/NCE/MADまでの各TPMの合計は6968 (5928+445+595)

③ TYO/MAD（TS)のMPMは8154

④ 6968＜8154なので運賃の割増は不要。

⑤ 往路：TYO/FRAは金曜発なので平日(X)往復運賃を適用する。

〔HIPチェック〕

・TYO/FRA（FRAは乗り継ぎ地点なのでHIPチェックの対象外)

・TYO/NCE（往路始点～途中降機地点）NUC14210.00　←　HIP運賃

・TYO/MAD（往路始点～往路終点）NUC13810.00

TYO/MADよりもTYO/NCEの方が高いのでTYO/NCEの運賃がHIP運賃。

マイレージ計算の結果、割増は不要なので、HIP運賃であるTYO/NCEの平日(X)往復(RT)運賃×1/2が往路のコンポーネントの適用運賃を求める計算式となる。

TYO/NECの平日(X)往復運賃NUC14210.00×1/2＝NUC7105.00

⑥ 復路ROM/ATH/PAR/TYOまでの各TPMの合計は8167 (667+1306+6194)

⑦ TYO/ROM（TS)間のMPMは7414

⑧ 8167＞7414なので運賃割増が必要。

⑨ TPMの合計÷MPM＝8167÷7414＝1.1015…

⑩ 1.10を超えて1.15以下なので割増率15%を用いる。

⑪ 復路：PAR/TYOは月曜発なので平日(X)往復運賃を適用する。

〔HIPチェック〕

・TYO/PAR（PARは乗り継ぎ地点なのでHIPチェックの対象外)

・TYO/ATH（復路終点～途中降機地点）NUC15010.00　←　HIP運賃

・TYO/ROM（往路終点～往路始点）NUC13810.00

TYO/ROMよりもTYO/ATHの方が高いのでTYO/ATHの運賃がHIP運賃

マイレージ計算の結果、運賃の割増(15M)が必要となるので、HIP運賃であるTYO/ATHの平日(X)往復(RT)運賃×1/2×1.15が復路のコンポーネントの適用運賃を求める計算式となる。

TYO/ATHの平日(X)往復運賃NUC15010.00×1/2×1.15＝NUC8630.75

⑫ 往路復路の運賃は、往路7105.00＋復路8630.75＝NUC15735.75

⑬ 日本円に直すとNUC1.00＝JPY100.000000なので1,573,600円(100円単位へ切り上げ)

5 キャリア運賃

学習のポイント

- 過去数年間ではJL/NHのキャリア特別運賃から出題。
- まず運賃を決定する細かいルールや条件を理解し、実際のタリフからその特徴を押さえる。

キャリア普通運賃は、原則、旅客の適用条件や旅行条件に制約はなく、変更や取り消しの制限もない。また、最長旅行期間は1年(12か月)、必要旅行日数の制限もなく、出張など会社での利用、業務渡航に適している。

国家試験には、主に日系JL/NHのキャリア特別運賃から出題される。そして、答えとその答えを導くルールは問題に記載されている。なんと、TPM控除マイル／SPECIFIED ROUTING（特定経路）も出ているのだ。記載されているタリフを後述の「POINT」に沿って読み解くことが重要となる。

実際の現場でも同じであるが、運賃ルールは変わるため憶えても仕方がない。お客様の旅程に最も適したルールと運賃をその場でタリフを見ながら説明し販売することが仕事となる。お客様の質問に自身が説明している姿を想像して取り組むと良いだろう。

さて、キャリア運賃には基本往復自社利用で「キャリア普通運賃」と「キャリア特別運賃」がある。キャリア普通運賃はほぼIATAの運賃計算規則・条件で設定されている。キャリア特別運賃にはキャリアペックス運賃やキャリアIT運賃などがあり、以下のような制限や様々な条件があるのが特徴だ。また、販売促進のために安価でエコノミークラスの運賃体系が多い。試験では、それらを読み解くことが合格への第一歩となる。

- **適用可能都市**
- **途中降機、乗り換え・経路**
- **シーズナリティ**
- **旅行形態**
- **結合可能運賃**
- **予約・経路の変更、取り消し・払い戻し**

では、実際にタリフを読み込んでみよう。

POINT

① 旅程がひと目でわかるよう縦書きにする

- フェアブレイクポイント/サーフェイス、そしてトランジット(×/=バツ印。24時間以内の乗継ぎ)かストップオーバー(24時間を超える滞在)かを縦書きにする(これがとても重要!)
- これにより、旅行形態をひと目でチェックできる(ただし、RTかCTかは計算しないとわからない)
- OWの問題は出題されていない。OJの問題が多い
- OWでなければコンポーネントごとに運賃はHR運賃が適用できる(日本円の往復表記であればその半額を適用する。端数処理は100円単位切上げで同じ)
- 途中降機、乗り換えのルールを確認する(P405Ⓔ)。ストップオーバーチャージ(途中降機料金)があるかどうか? あればいくらか?(途中降機料金なので乗り継ぎには不要)
- 経路規定と旅程を見比べる(P405Ⓕ)

② タリフの運賃計算例外規定(P405Ⓖ)をまず確認

- 「なし」は「距離計算(マイレージ計算)」や「HIPチェック」が必要ということ
- 「通常のHIPチェックを行う」なら今まで勉強したルールを適用する
- 最近多いパターンで「指定経路型運賃であり、距離計算・HIPチェックは行わない」とある場合、マイレージ計算やコンポーネント内でどの運賃が高いか(HIPチェック)などを考える必要はない

③ 適用期間・運賃(P405Ⓐ)

週末/平日の別を判断する。行き帰りそれぞれ単純に日本を出発する日/日本に帰る日の曜日を適用する。「福岡/東京/ロサンゼルス」なら東京/ロサンゼルスの出発曜日、「サンフランシスコ/ ホノルル/ 東京」ならホノルル/ 東京の曜日を見てWかXを決定する。

④ シーズナリティ(適用期間)

運賃が設定される期間のことを「シーズナリティ」という。シーズナリティの適用が、「往路と復路で異なる運賃」と「往路も復路も同じ運賃」の2つがある。

- シーズナリティの適用が、往路と復路で異なる運賃(P410Ⓝ)
  往路往復運賃と復路往復運賃が別々に設定され、かつ往路のコンポーネントのシーズナリティは「往路の国際線出発日」を基準とし、復路のコンポーネントのシーズナリティは「復路の国際線出発日」を基準として、それぞれのシーズナリティの運賃を適用する。
- シーズナリティの適用が、往路も復路も同じ運賃(P410Ⓜ)

往路運賃と復路運賃という区別はなく、かつ往路と復路は「往路の国際線出発日」を基準としたシーズナリティ（往路と復路は同じシーズナリティ）の運賃を適用する。

⑤ 追加運賃

コンポーネントの適用運賃を計算する際に追加運賃（Qチャージあるいはサーチャージ）の加算が必要な運賃がある。

・特定便追加運賃（P406のⓀ）

・特定日追加運賃

・搭乗曜日追加運賃

⑥ 結合可能運賃（P405Ⓗ）

往路と復路のコンポーネントに、異なる運賃種別（予約クラス）運賃を適用し、往路と復路の運賃を合算（運賃を結合）して全旅程の運賃とすることが可能な運賃がある。このときに算出される全旅程の運賃を結合運賃という。国家試験では頻繁に主題される。

・例えば、運賃A高B普C安 という3タイプがあったとする。「行きはA高、帰りはC安」などの組み合わせでその合計額を全旅程運賃とする。当然、お客様は安い方が良いが、安いには訳がある（ルールが厳しいとい意味）。

・運賃同士が組み合わせできる場合と組み合わせられない場合の記載がされている。

・ルールと運賃表を見比べて、安い運賃から高い運賃までそれぞれどの運賃かを理解する（ルールに当てはまれば、できるだけ安い運賃を選ばせる問題が多い）。

・結合をしようとする運賃同士の適用規則が異なる場合、特に明記がない限り、以下のように取り扱う（大前提ルール：より安い運賃のルールの方が高い運賃のルールより厳しい）。

注意 **予約の期限が過ぎた運賃は適用できない（他の運賃との結合はできない）。**

注意 発券、必要旅行日数、最長旅行期間、取り消し・払い戻し**については、**全旅程により厳しい**規則が適用される。**

注意 適用期間、途中降機、乗り換え、経路規定、運賃計算例外規定、予約変更・経路変更、追加運賃（特定便追加運賃・特定日追加運賃など）**の規則については、**フェアコンポーネント（運賃計算区間）ごと**の規則が適用される。**

⑦ 予約変更・経路変更／取り消し・払い戻し／小幼児運賃（P405Ⓘ）

これらの欄は、設問がある場合に見れば良い。

⑧ とても大切なチェック事項

正誤問題で多く出題される項目（予約・発券、必要旅行日数、最長旅行期間）。

コレ出る

■ほぼ出題される3パターン

① **予約・発券(P405Ⓑ)**

例えば、出発日が4/30、予約完了日が4/14で

・予約は最初の国際線搭乗日の14日前までに行う

・発券は予約完了後7日以内。ただし最初の国際線搭乗日の14日前までに行う

というルールだとする。

・予約期限は、4/30 − 14 = 4/16までにしなければならない

・発券期限は、予約完了後7日以内(4/14 + 7)の4/21、または最初の国際線搭乗日の14日前まで(4/30 − 14)の4/16。より早い方(厳しい方)の日付を選択。よって4/16が発券可能な最終日となる

② **必要旅行日数(P405Ⓒ)**

・最も早く日本に向けた旅行を開始できる日で復路最後の途中降機地点からの出発は、この日の0時以降でなければならない

・日本発の運賃は「X日発・開始」の期日で定められており、日本の国内線の出発日は含めず、往路の国際線出発日の翌日から起算する

・東京発4/8、パリ往復で必要旅行日数が「3日発・開始」の場合、4/8 + 3 = 4/11となり、パリの出発は4/11の0時以降の便となる

③ **最長旅行期間(P405Ⓓ)**

・適用運賃の最大滞在可能日数。復路最後の途中降機地点から日本に向けた帰路の出発はこの日の24時までに出発する便でなければならない(日本着の日ではない)

・表記は「X日発・開始」「X週間発・開始」「Xか月発・開始」とあり、往路の出発日(日本国内線を含む)の翌日から起算する

・東京発4/8、パリ往復で最長旅行期間が「21日発・開始」の場合、4/8 + 21 = 4/29の24時までに出発する便となる

例 **4/30出発で「2週間発・開始」は2週目の同曜日(5/14)、「1か月発・開始」は1か月目の月末日(5/31)の24時までに出発する便で帰国しなければならない。**

注意 「Xか月発・開始」→旅行開始日が月末の場合はXか月目の月末となる。
「1か月発・開始」→6/30 (7/31)・7/30 (8/30)・7/31 (8/31)・1/30、31 (2/28 (29))・2/28、29 (3/31)
問題にはカレンダーが記載されている。カレンダーをしっかりみて答えよう。

【例題1】JAL米国行　スペシャルプラス

JL	米国行 < Special Plus I >	（抜粋）

<table>
<tr><td></td><td>名称・運賃種別</td><td>Special Plus I 運賃（例：IHX22ZN4）</td></tr>
<tr><td></td><td>目的地</td><td>米国　（ハワイを除く）（PA）</td></tr>
<tr><td></td><td>適用旅客・人数</td><td>個人</td></tr>
<tr><td></td><td>クラス・旅行形態</td><td>ビジネスクラス往復、周回、オープンジョー</td></tr>
<tr><td>Ⓐ</td><td>適用期間・運賃</td><td>運賃額詳細（追加運賃を含む）は運賃表を参照
シーズナリティの適用：
　往路：往路の国際線出発日を基準として往路の旅程に適用する
　復路：復路の北米内の最終地点出発日を基準として復路の旅程に適用する
ウィークエンド（W）・ウィークデイ（X）運賃の適用　：
　往路：日本国内の最終地点を出発する曜日を基準とし、1/2 往復運賃を適用する
　復路：北米内の最終地点を出発する曜日を基準とし、1/2 往復運賃を適用する
<table><tr><td></td><td>ウィークエンド（W）</td><td>ウィークデイ（X）</td></tr><tr><td>往路出発</td><td>土～月</td><td>火～金</td></tr><tr><td>復路出発</td><td>金・土</td><td>日～木</td></tr></table>旅程にホノルルが含まれる場合は、片道につき大人 30,000 円、小児 22,500 円、幼児 3,000 円の Q サーチャージが途中降機の有無に関わらず加算される</td></tr>
<tr><td>Ⓑ</td><td>予約・発券</td><td>①予約クラス："I"（日本国内"I""Y"）
②予約は最初の国際線搭乗日の 21 日前までに行う
③発券は予約完了後 7 日以内。ただし、最初の国際線搭乗日の 21 日前までに行う</td></tr>
<tr><td>Ⓒ</td><td>必要旅行日数</td><td>復路の北米内最終地点の出発は最初の日曜日以降</td></tr>
<tr><td>Ⓓ</td><td>最長旅行期間</td><td>12 ヵ月発・開始</td></tr>
<tr><td rowspan="2">Ⓔ</td><td>途中降機</td><td>第 1 地区内で往路・復路各 1 回無料で可</td></tr>
<tr><td>乗り換え</td><td>①日本国内で往路・復路各 1 回可
②第 1 地区内で往路・復路各 2 回可</td></tr>
<tr><td>Ⓕ</td><td>経路規定</td><td>・日本発着国際区間は日本航空（JL）に限る
・日本国内区間は日本航空（JL）、または日本トランスオーシャン航空（NU）に限る
・フェアコンポーネント内のサーフェスセクターは不可</td></tr>
<tr><td>Ⓖ</td><td>運賃計算例外規定</td><td>HIP チェックは行わない</td></tr>
<tr><td></td><td>参加航空会社</td><td>NU、AA、AC、AS、B6、WS</td></tr>
<tr><td>Ⓗ</td><td>結合可能運賃</td><td>①当該運賃用アッドオン運賃
②結合可能な日本発第 1 地区（ハワイを除く）行き 1/2 JL/AA 運賃
③発券、必要旅行日数、最長旅行期間、取り消し・払い戻しを除き、フェアコンポーネントごとの規則が適用される。
　ただし、変更料金については、旅程内の変更したすべてのフェアコンポーネントの中でもっとも高い額が適用される</td></tr>
<tr><td rowspan="4">Ⓘ</td><td>小幼児運賃</td><td>小児は大人運賃の 75%、幼児は大人運賃の 10%。ただし幼児は同伴する大人が本運賃を利用する場合にのみ適用可</td></tr>
<tr><td>同時旅行</td><td>制限なし</td></tr>
<tr><td>予約変更・経路変更</td><td>無料で可。すでに予約が入っている便の出発時刻までに手続きを行うこと。変更の結果生じる差額調整は行うこと。</td></tr>
<tr><td>取り消し
払い戻し</td><td>〔出発前〕
払い戻し不可
〔出発後〕
払い戻し不可</td></tr>
</table>

資料提供：(株)オーエフシー

Special Plus I 運賃表 （東京発・抜粋）

往路運賃：往路の国際線出発日を基準として往路の旅程に適用する

復路運賃：復路の北米内の最終地点出発日を基準として復路の旅程に適用する

Ⓙ

〔往路運賃〕 （単位：円）

目的地 / シーズナリティ	LAX ロサンゼルス		CHI シカゴ		NYC ニューヨーク		WAS ワシントン	
	W	X	W	X	W	X	W	X
4/1 ～ 4/30	870,000	620,000	1,000,000	750,000	1,020,000	770,000	1,020,000	770,000
5/1 ～ 7/11	810,000	568,000	948,000	698,000	968,000	718,000	968,000	718,000
7/12 ～ 9/30	870,000	620,000	1,000,000	750,000	1,020,000	770,000	1,020,000	770,000

〔復路運賃〕 （単位：円）

目的地 / シーズナリティ	LAX ロサンゼルス		CHI シカゴ		NYC ニューヨーク		WAS ワシントン	
	W	X	W	X	W	X	W	X
4/1 ～ 5/6	870,000	620,000	1,000,000	750,000	1,020,000	770,000	1,020,000	770,000
5/7 ～ 7/9	810,000	568,000	948,000	698,000	968,000	718,000	968,000	718,000
7/10 ～ 9/30	870,000	620,000	1,000,000	750,000	1,020,000	770,000	1,020,000	770,000

特定便追加運賃

搭乗便が下記特定便に該当する場合、特定便追加運賃をＱサーチャージとして加算する。

Ⓚ

搭乗便	加算額（片道）
JL001/002/005/006	10,000 円

資料提供：(株)オーエフシー

旅程例

出発	到着	搭乗日	便名	出発	到着
TOKYO(TYO)	— NEW YORK(NYC)	25APR23(火)	JL006	1110—	1055
Surface（地上運送区間）					
WASHINGTON(WAS)	— CHICAGO(CHI)	05MAY23(金)	AA467	1000—	1110
CHICAGO(CHI)	— LOS ANGELES(LAX)	05MAY23(金)	AA1445	1510—	1735
LOS ANGELES(LAX)	— TOKYO(TYO)	13MAY23(土)	JL061	1155—	1645+1

クラス・人員	ビジネスクラス・大人１名
適用運賃	米国行　JAL Special Plus I運賃
運賃計算上の折り返し地点と旅行形態	往路の終点をニューヨーク(NYC)、復路の始点をワシントン(WAS)とするオープンジョー旅行
各区間TPM	TYO－6723（PA）－NYC－221－WAS－594－CHI－1745－LAX－5458（PA）－TYO
各都市間MPM（PA）	TYO－NYC　8067　　TYO－WAS　8114 TYO－CHI　7539　　TYO－LAX　6549
予約の完了日	2023年４月１日(土)
発券の完了日	2023年４月１日(土)
航空券の発券・販売	日本
その他	運賃は本来NUCで算出するが、計算簡素化のため日本円で算出

往路の終点をNYC、復路の始点をWASとするオープンジョー旅行である。

① **図を書く**

TYO	15M
—— NYC ——	
Surface	目的地（往路の終点）
—— WAS ——	（地上運送区間）
× CHI	目的地（復路の始点）
LAX	TC1 内で復路 1 回目の乗り換え → 乗り継ぎ
TYO	TC1 内で復路 2 回目の乗り換え → 途中降機

・途中降機か乗り継ぎかのチェック

〈復路〉AA467便は5/05に出発し、同日5/05の11:10にCHI着。CHI/LAXは5/05の15:10にCHI発。CHIは24時間以内の乗り換えなので乗り継ぎ（トランジット、×をつける）。

② **運賃はいくらか？**

・運賃計算例外規定：HIPチェックは不要とあるが、距離計算は不要という記載はないのでマイレージ計算を行う

〈復路〉WAS/CHI/LAX/TYOのTPMの合計は7797、TYO/WASのMPMが8114、よってMで入る（マイルアップなし）

〈往路〉4/25（火）＝ウィークデイ（X）、Special Plus I運賃表の往路運賃の目的地NYCシーズナリティ 4/1 ～ 4/30、770,000円×1/2＝385,000円

・特定便追加運賃（Qサーチャージ）TYO/NYC JL006 片道10,000円加算

〔往路運賃〕 385,000円＋10,000円＝395,000円

〈復路〉5/13（土）＝ウィークエンド（W）、復路運賃の目的地WASシーズナリティ 5/7 ～ 7/9

968,000円×1/2＝484,000円

・LAXは途中降機であるが規則は「1回無料で可」となっている。復路の途中降機はLAXの1回のみなので、途中降機は無料で可能

・LAX/TYO JL061は特定便に該当しない

〔復路運賃〕 484,000円

〔全旅程運賃〕 往路395,000円＋復路484,000円＝JPY879,000

③ 最長旅行期間を最大に利用し帰国できるLAX/TYOを出発する日は？

最長旅行期間2023年4月25日の場合、12か月後（＝1年後）の2024年4月25日の24時までに日本に向けて出発しなければならない。

④ 予約は何日までにしなければならないか？

最初の国際線の21日前まで → 4/25 − 21日＝4月4日までに予約しなければならない（4/1に予約が完了しているので規則に合致する）。

⑤ 予約が4/1に完了しているが、いつまでに発券しなければならないか？

「予約完了後7日以内」………4/1＋7＝4月8日

「ただし、最初の国際線搭乗日の21日前まで」………4/25 − 21＝4月4日

より厳しいルール、より早い日付を選択、4月4日が発券可能な最終日となる（4/1に発券が完了しているので規則に合致する）。

⑥ 小児運賃はいくらか？

・大人運賃の75% → 879,000円×0.75＝659,250円 → 659,300円（100円単位に切り上げ）

・途中降機料金や追加運賃（Qサーチャージ）も、運賃と同じ割引率が適用される

⑦ 当旅程の旅行形態は？

OJ　往路NYC着／復路WAS発　折り返し地点側のオープンジョー旅行

【例題2】JAL米国行　スペシャルプラス

JL	米国行＜Special Plus J＞＜Special Plus L＞	（抜粋）

<table>
<tr><td>名称・運賃種別</td><td>Special Plus J 運賃</td><td>Special Plus L 運賃</td></tr>
<tr><td>目的地</td><td colspan="2">米国（ハワイを除く）（PA）</td></tr>
<tr><td>適用旅客・人数</td><td colspan="2">個人</td></tr>
<tr><td>クラス・旅行形態</td><td>ビジネスクラス 往復、周回、オープンジョー</td><td>エコノミークラス 往復、周回、オープンジョー</td></tr>
<tr><td rowspan="2">適用期間・運賃</td><td>運賃額詳細（特定便追加運賃を含む）は、運賃表を参照</td><td>運賃額詳細（特定便追加運賃を含む）は、運賃表を参照
シーズナリティの適用：
往路：往路の国際線出発日を基準として往路の旅程に適用する
復路：復路の北米内の最終地点出発日を基準として復路の旅程に適用する</td></tr>
<tr><td colspan="2">ウィークエンド（W）・ウィークデイ（X）運賃の適用：
往路：日本国内の最終地点を出発する曜日を基準とし、1/2往復運賃を適用する
復路：北米内の最終地点を出発する曜日を基準とし、1/2往復運賃を適用する
<table><tr><td></td><td>ウィークエンド（W）</td><td>ウィークデイ（X）</td></tr><tr><td>往路出発</td><td>土～月</td><td>火～金</td></tr><tr><td>復路出発</td><td>金・土</td><td>日～木</td></tr></table>旅程にホノルルが含まれる場合は、片道につき大人30,000円、小児22,500円、幼児3,000円のQサーチャージが途中降機の有無に関わらず加算される</td></tr>
<tr><td>予約・発券</td><td>①予約クラス："J"
②発券は以下の期限までに行う
・予約が最初の国際線搭乗日の22日以前：最初の国際線搭乗日の14日前まで
・予約が最初の国際線搭乗日の21日～出発前：予約完了後7日以内</td><td>①予約クラス："L"
②予約は最初の国際線搭乗日の7日前までに行う
③発券は以下の期限までに行う
・予約が最初の国際線搭乗日の29日以前：予約完了後7日以内
・予約が最初の国際線搭乗日の28日～7日前：予約完了後3日以内
ただし最初の国際線搭乗日の7日前まで</td></tr>
<tr><td>必要旅行日数</td><td>3日発・開始（復路の太平洋横断旅行は、往路の太平洋横断旅行出発後3日目以降）</td><td>3日発・開始（復路の太平洋横断旅行は、往路の太平洋横断旅行出発後3日目以降）</td></tr>
<tr><td>最長旅行期間</td><td>12ヵ月発・開始</td><td>12ヵ月発・開始</td></tr>
<tr><td>途中降機</td><td colspan="2">第1地区内で往路・復路各1回無料で可</td></tr>
<tr><td>乗り換え</td><td colspan="2">第1地区内で往路・復路各2回可</td></tr>
<tr><td>経路規定</td><td colspan="2">日本発着国際線区間は日本航空（JL）に限る</td></tr>
<tr><td>運賃計算例外規定</td><td colspan="2">HIPチェックは行わない</td></tr>
<tr><td rowspan="2">結合可能運賃</td><td>1/2 Special Plus L 運賃</td><td>1/2 Special Plus J 運賃</td></tr>
<tr><td colspan="2">発券、必要旅行日数、最長旅行期間、取り消し・払い戻しを除き、フェアコンポーネントごとの規則が適用される
ただし、変更料金については、旅程内の変更したすべてのフェアコンポーネントの中でもっとも高い額が適用される</td></tr>
<tr><td>予約変更
経路変更</td><td colspan="2">無料で可。すでに予約が入っている便の出発時刻までに手続きを行うこと。変更の結果生じる差額調整は行うこと</td></tr>
<tr><td>取り消し
払い戻し</td><td colspan="2">〔出発前／出発後〕
払い戻し不可</td></tr>
</table>

資料提供：(株)オーエフシー

Special Plus J 運賃表 （抜粋）

出発地	東京・名古屋・大阪					(単位：円)
目的地 / シーズナリティ	LAX ロサンゼルス		SFO サンフランシスコ		CHI シカゴ	
	W	X	W	X	W	X
4/1 ~ 5/31	1,266,000	946,000	1,337,000	1,017,000	1,497,000	1,177,000

Special Plus L 運賃表 （抜粋）

往路運賃：往路の国際線出発日を基準として、往路の旅程に適用する
復路運賃：復路の北米内の最終地点出発日を基準として、復路の旅程に適用する

Ⓝ

【往路運賃】

出発地	東京・名古屋・大阪					(単位：円)
目的地 / シーズナリティ	LAX ロサンゼルス		SFO サンフランシスコ		CHI シカゴ	
	W	X	W	X	W	X
4/1 ~ 4/28	312,000	292,000	322,000	302,000	334,000	314,000
4/29 ~ 5/3	372,000	352,000	382,000	362,000	394,000	374,000
5/4 ~ 5/31	312,000	292,000	322,000	302,000	334,000	314,000

【復路運賃】

出発地	東京・名古屋・大阪					(単位：円)
目的地 / シーズナリティ	LAX ロサンゼルス		SFO サンフランシスコ		CHI シカゴ	
	W	X	W	X	W	X
4/1 ~ 5/3	312,000	292,000	322,000	302,000	334,000	314,000
5/4 ~ 5/8	372,000	352,000	382,000	362,000	394,000	374,000
5/9 ~ 5/31	312,000	292,000	322,000	302,000	334,000	314,000

特定便追加運賃

搭乗便が下記に該当する場合、特定便追加運賃をQサーチャージとして追加する（小幼児割引適用）

	加算額（片道）	
運賃種別 / 搭乗便	Special Plus J	Special Plus L
JL001/002/005/006	20,000円	7,500円

資料提供：(株)オーエフシー

旅程例

出発		到着	搭乗日	便名	出発		到着
TOKYO(TYO)	-	SAN FRANCISCO(SFO)	14APR23(金)	JL002	1945	-	1210
SAN FRANCISCO(SFO)	-	CHICAGO(CHI)	17APR23(月)	AA197	1800	-	2355
Surface(地上運送区間)							
LOS ANGELES(LAX)	-	HONOLULU(HNL)	25APR23(火)	AA283	1035	-	1440
HONOLULU(HNL)	-	TOKYO(TYO)	06MAY23(土)	JL783	1150	-	1610 + 1

クラス・人員	往路ビジネスクラス／復路エコノミークラス・大人1名
適用運賃	米国行　JL Special Plus J運賃／JL Special Plus L運賃
運賃計算上の折り返し地点と旅行形態	往路の終点をシカゴ(CHI)、復路の始点をロサンゼルス(LAX)とするオープンジョー旅行
JAL国際線予約クラス	往路(TYO － SFO：JL002)「Jクラス」 復路(HNL － TYO：JL783)「Lクラス」
各区間TPM	TYO － 5130（PA）－ SFO － 1847 － CHI － 1745 － LAX － 2553 － HNL － 3831（PA）－ TYO
各都市間MPM（PA）	TYO － SFO　6156　　TYO － CHI　7539 TYO － LAX　6549　　TYO － HNL　4597
予約および発券の完了日	2023年4月3日(月)
航空券の発券・販売	日本
その他	運賃は本来NUCで算出するが、計算簡素化のため日本円で算出

往路の終点をCHI、復路の始点をLAXとするオープンジョー旅行である。往路に「JAL Special Plus J運賃」(予約クラス：J)を適用、復路に「JAL Special Plus L運賃」(予約クラス：L)を適用し、異なる種別(クラス)運賃を結合した場合で考える。

〈結合運賃〉

- 予約の期限が過ぎた運賃は、全旅程に適用できない(＝他の運賃との結合は不可)
- 発券、必要旅行日数、最長旅行期間、取り消し・払い戻しについては、全旅程により厳しい規則が適用される
- 適用期間、途中降機、乗り換え、経路規定、運賃計算例外規定、予約変更・経路変更についてはフェアコンポーネント(運賃計算区間)ごとの規則が適用される

① 図を書く

TYO	
SFO	TC1 内で往路 1 回目の乗り換え → 途中降機
―― CHI ――	目的地（往路の終点）
Surface	（地上運送区間）
―― LAX ――	目的地（復路の始点）
HNL	TC1 内で復路 1 回目の乗り換え → 途中降機
TYO	

② **運賃はいくらか？**

・運賃計算例外規定：HIPチェックは不要とあるが、距離計算は不要という記載はないのでマイレージ計算を行う。

〈往路〉

・マイレージ計算：TPM合計6977 < MPM7539（TYO/CHI）なので運賃の割増不要。(M)

・往路4/14（金）= ウィークデイ（X）、Special Plus J運賃表の往路運賃の目的地CHIシーズナリティ 4/1 ～ 5/31、1,177,000円× 1/2 = 588,500円

・特定便追加運賃（Qサーチャージ）TYO/SFO JL002 片道20,000円加算

〔往路運賃〕 588,500円+ 20,000円= 608,500円

〈復路〉

・マイレージ計算：TPM合計6384 < MPM6549（TYO/LAX）なので運賃の割増不要。(M)

・復路5/06（土）= ウィークエンド（W）、Special Plus L運賃表の復路運賃の目的地LAXシーズナリティ 5/4 ～ 5/8、372,000円× 1/2 = 186,000円

・旅程にホノルルが含まれるコンポーネントの場合、Qサーチャージ片道30,000円加算

〔復路運賃〕 186,000円+ 30,000円= 216,000円

〔全旅程運賃〕 往路608,500円＋復路216,000円＝JPY824,500

③ **必要旅行日数の制限はない（○×）**

×（バツ） 必要旅行日数……より厳しい規則（＝より長い期間）を全旅程に適用する

「Special Plus J運賃」も「Special Plus L運賃」も「3日発・開始（復路の太平洋横断旅行は、往路の太平洋横断旅行出発後3日目以降）」の規則である。

4/14 + 3 = 4月17日

④ **最長旅行期間の満了日は2024年4月14日（○×）**

○（マル） 最長旅行期間……より厳しい規則（＝短い方の期間）を全旅程に適用する

「Special Plus J運賃」も「Special Plus L運賃」も「12か月発・開始」の規則である。

2023年4月14日から12か月後（＝1年後）の同日にあたる2024年4月14日

⑤ **変更は往復ともに無料で可能（○×）** ○（マル）

【例題3】JAL東南アジア行　セミフレックス、スペシャル

JL	東南アジア行 <Semi −Flex J><Semi −Flex D><Special I>　（抜粋）

名称・運賃種別	Semi − Flex J 運賃	Semi − Flex D 運賃	Special I 運賃
目的地	東南アジア		
適用旅客・人数	個人		
クラス・旅行形態	ビジネスクラス往復、周回、オープンジョー		
適用期間・運賃	①詳細は運賃表を参照 ②ウィークエンド（W）・ウィークデイ（X）運賃の適用： 往路：日本国内の最終地点を出発する曜日を基準とし、1/2往復運賃を適用する 復路：最終国際線区間を出発する曜日を基準とし、1/2往復運賃を適用する （　／ウィークエンド（W）／ウィークデイ（X）　往路出発：日・月／火～土　復路出発：金・土／日～木）		
予約・発券	①予約クラス："J" ②予約は最初の国際線搭乗日の3日前までに行う ③発券は予約完了後7日以内に行う。ただし、最初の国際線搭乗日の3日前まで	①予約クラス："D" ②予約は最初の国際線搭乗日の14日前までに行う ③発券は予約完了後7日以内に行う。ただし、最初の国際線搭乗日の14日前まで	①予約クラス："I" ②予約は最初の国際線搭乗日の7日前までに行う ③発券は予約完了後7日以内に行う。ただし、最初の国際線搭乗日の7日前まで
必要旅行日数	制限なし	2日発・開始	復路の最終国際線区間は最初の日曜日以降
最長旅行期間	12ヵ月発・開始		
途中降機	シンガポール行：KULで往路・復路各1回可（1回につき10,000円） マレーシア行：KULまたはSINで往路・復路各1回可（1回につき10,000円）	シンガポール行：不可 マレーシア行：KULで往路・復路各1回可（1回につき10,000円）	
乗り換え	日本国内で往路・復路各1回可。さらに シンガポール行：KULで往路・復路各1回可 マレーシア行：KULまたはSINで往路・復路各1回可	日本国内で往路・復路各1回可。さらに シンガポール行：日本国外での乗り換えは不可 マレーシア行：KULで往路・復路各1回可	
経路規定	①日本国内区間は日本航空（JL）または日本トランスオーシャン航空（NU）に限る。 ②日本発着国際線区間は日本航空（JL）に限る。		
運賃計算例外規定	指定経路型運賃であり、距離計算、HIPチェックは行わない		
結合可能運賃	①当該運賃用日本国内アッドオン運賃 ②結合可能な東南アジア行1/2JL運賃：（含むSemi-Flex J運賃/Semi-Flex D運賃/Special I運賃） 発券、必要旅行日数、最長旅行期間、取り消し・払い戻しについては結合されるより厳しい運賃規則が全旅程に適用される。ただし適用期間、途中降機、乗り換え、経路規定、運賃計算例外規定、予約変更・経路変更については、フェアコンポーネントごとの運賃規則が適用される。		
予約変更 経路変更	無料で可。 すでに予約が入っている便の出発時刻までに変更手続きを行うこと。変更の結果生じる差額調整は行うこと。		1回につき変更料金30,000円で可
取り消し 払い戻し	〔出発前〕①往路の最初の区間の予約便出発時刻より前に取り消しの連絡を行った場合 大人40,000円を取り消し手数料として収受し、残額を払い戻す ②予約便の取り消しを行わなかった場合 払い戻し不可 〔出発後〕出発地からすでに旅行した区間を適用可能普通運賃で再計算し、運賃額との差額がある場合は残額を払い戻す		〔出発前／出発後〕 払い戻し不可

運賃表　（抜粋）

出発地	東京					(単位：円)
シーズナリティ / 運賃種別＼目的地	SIN シンガポール		KUL クアラルンプール		PEN ペナン	
	W	X	W	X	W	X
4/1～5/31　Semi − Flex J 運賃	617,000	567,000	643,000	593,000	656,000	606,000
Semi − Flex D 運賃	503,000	423,000	505,000	425,000	543,000	463,000
Special I 運賃	340,000	290,000	340,000	290,000	364,000	314,000

日本国内アッドオン運賃　加算表　（抜粋）

日本国内の各出発地から東南アジア行き。Semi − Flex J 運賃、Semi − Flex D 運賃、Special I 運賃は東京発運賃に下記を加算する。

加算地点	日本国内設定都市	加算額（往復）
東京	札幌、函館、福岡、他設定都市	16,000円

資料提供：(株)オーエフシー

PART 4 総合　第1章 国際航空運賃

旅程例

		(出発)	(到着)
FUK-TYO	5月15日(月) JL322	1700	1835
TYO-SIN	5月16日(火) JL037	1050	1730
SIN-PEN	Surface(地上運送区間)		
PEN-KUL	5月22日(月) MH1143	1040	1140
KUL-TYO	5月26日(金) JL724	2250	0645+1

往路は始点をFUK、終点をSIN、復路は始点をPEN、終点をTYOとするダブルオープンジョー旅行である。

往路に「JAL Special I運賃」復路に「JAL Semi − Flex D運賃」を適用して、異なる種別(クラス)運賃を結合した場合で考える。

① 図を書く

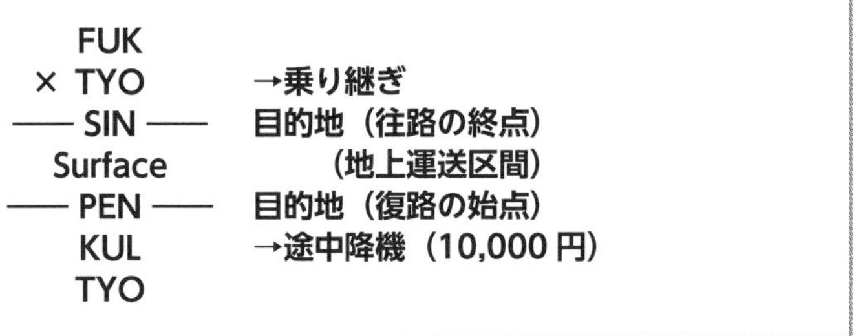

② 運賃はいくらか?

・運賃計算例外規定:指定経路型運賃であり、距離計算(=マイレージ計算)、HIPチェックともに不要

〈往路〉

・日本国内の最終地点(TYO-SIN)の出発日は5/16(火)なのでウィークデイ(X)運賃

・往路5/16(火)=ウィークデイ(X)、Special I運賃表の目的地SIN 290,000円

・往路の始点がFUKなので、日本国内アッドオン運賃(往復16,000円)を加算したものが、FUK発着の往復運賃となる。290,000円+16,000円=306,000円

〔往路運賃〕306,000 × 1/2 = <u>153,000円</u>

〈復路〉

・復路5/26（金）= ウィークエンド(W)、Semi − Flex D運賃表の目的地PEN543,000円

・KUL途中降機料金10,000円の加算

〔復路運賃〕 543,000円× 1/2 + 10,000円 = 281,500円

〔全旅程運賃〕 往路153,000円 + 復路281,500円 = JPY434,500

③ マレーシア行ではSINで乗り継ぎまたは途中降機できる(〇×)

×(バツ) KULのみ乗り継ぎまたは途中降機できる。

④ 必要旅行日数の規則の条件を満たす、KUL-TYO間の最も早い旅行開始日は5月18日(〇×)

×(バツ) 必要旅行日数の規則は結合されると、より厳しい規則が全旅程に適用される(= より長い期間)。→ Special I運賃の規則「復路の最終国際線区間は最初の日曜日以降」= 5月21日(日)

⑤ 最長旅行期間の規則を最大限に適用したときの、復路KUL-TYO間の旅行開始日は、2024年5月26日(〇×)

×(バツ) 最長旅行期間は両運賃とも「12か月発・開始 = 旅行開始日(日本国内線も含める。FUK-TYO 5/15)から数えて12か月目 = 1年後の同日」→ 2024年5月15日

【例題4】ANA東南アジア行　スペシャル

NH　東南アジア行 < Special H/Q/V/W/S >　（抜粋）

名称・運賃種別	Special H 運賃	Special Q 運賃	Special V 運賃	Special W 運賃	Special S 運賃
目的地	東南アジア				
適用旅客・人数	個人				
クラス・旅行形態	エコノミークラス往復、オープンジョー				
適用期間・運賃	詳細は運賃表を参照 特定便に該当する場合、特定便追加運賃をQサーチャージとして、それぞれの額を追加する				
予約・発券	①予約クラス："H"	①予約クラス："Q"	①予約クラス："V"	①予約クラス："W"	①予約クラス："S"
	②予約は旅行開始の5日前までに行う ③発券は以下の期限までに行う ・予約が旅行開始の29日以前：予約後7日以内 ・予約が旅行開始の28～5日前：予約後3日以内。ただし旅行開始の5日前まで				
必要旅行日数	2日発・開始				
最長旅行期間	6ヵ月発・開始				
途中降機	タイ行はBKKで往路・復路各1回可、マレーシア行はKUL、SINで往路・復路各1回可（1回につき7,000円）				
乗り換え	タイ行はBKKで往路・復路各1回可、マレーシア行はKUL、SINで往路・復路各1回可				
経路規定	①日本発着国際線区間は全日空（NH）に限る ②その他の区間は全日空（NH）のコードシェア便または指定経路上の航空会社（PG、SQ、TGなど）の運航便に限る				
運賃計算例外規定	指定経路型運賃であり、距離計算、HIPチェックは適用しない				
結合可能運賃	①当該運賃用タイ国内アッドオン運賃 ②1/2 Special H/Q/V/W/S 運賃 発券、必要旅行日数、最長旅行期間、取り消し・払い戻しについては結合されるより厳しい運賃規則が全旅程に適用される。ただし適用期間、途中降機、乗り換え、経路規定、運賃計算例外規定、予約変更・経路変更については、フェアコンポーネントごとの運賃規則が適用される。				
小幼児運賃	小児は大人運賃の75%、幼児は大人運賃の10%				
取り消し 払い戻し	払い戻し不可				

東南アジア行 Special 運賃表　（抜粋）

出発地	東京		（単位：円）
シーズナリティ	目的地／運賃種別	BKK　バンコク	KUL　クアラルンプール
10/1～3/31	Special H	192,000	197,000
	Special Q	143,000	148,000
	Special V	110,000	117,000
	Special W	82,000	89,000
	Special S	69,000	76,000

タイ国内加算運賃 (Add – On Fare)

以下の都市はBKK+加算運賃で利用可

設定都市（抜粋）	加算額（往復）
プーケット　HKT（PHUKET）	8,000円
チェンマイ　CNX（CHIANG MAI）	8,000円
サムイ　USM（KOH SAMUI）	10,000円

特定便追加運賃

日本発着国際線搭乗便が下記に該当する場合、特定便追加運賃（片道）をQサーチャージとして追加する（単位：円）

搭乗便		Special H	Special Q	Special V	Special W	Special S
往路	NH847	6,500	6,500	6,500	6,500	–
	NH885	2,500	2,500	2,000	2,000	2,000
復路	NH850	6,500	6,500	6,500	6,500	–
	NH886	2,500	2,500	2,000	2,000	2,000

資料提供：(株)オーエフシー

旅程例

⊖ チケットお客様控え

旅程表 ITINERARY

出発/到着日時 DATE/TIME	都市/空港（ターミナル） CITY/AIRPORT	航空会社/便/クラス AIRLINE/FLIGHT/CLS	予約 STATUS
11NOV(FRI) 0100 11NOV(FRI) 0555	TOKYO/HANEDA BANGKOK/SUVARNABHUMI	ALL NIPPON AIRWAYS NH 849 / H	OK
15NOV(TUE) 1300 15NOV(TUE) 1430	BANGKOK/SUVARNABHUMI KOH SAMUI	BANGKOK AIRWAYS PG 216 / T	OK
21NOV(MON) 1415 21NOV(MON) 2215	KUALA LUMPUR TOKYO/HANEDA	ALL NIPPON AIRWAYS NH 886 / V	OK

往路の終点をUSM、復路の始点をKULとするオープンジョー旅行である。

往路に「NH Special H運賃」(予約クラス：H)を適用し、復路に「NH Special V運賃」(予約クラス：V)を適用して、異なる種別(クラス)結合した運賃。「Special H/Q/V/W/S運賃」は、往路と復路のコンポーネントに異なるクラスの運賃を適用する(運賃を結合する)ことが可能な運賃である。

① 図を書く

TYO
BKK　　→ 途中降機（7,000円）
——USM——　目的地（往路の終点）
Surface　　地上運送区間）
——KUL——　目的地（復路の始点）
TYO

② 運賃はいくらか？

・運賃計算例外規定：指定経路型運賃であり、距離計算(＝マイレージ計算)、HIPチェックともに不要

〈往路〉

・往路TYO/BKKのSpecial H運賃(目的地BKK) 192,000円にタイ国内加算運賃BKK/USM、10,000円(往復)を加算したものが、TYO発の目的地USMに適用する往復運賃となる

192,000円＋10,000円＝202,000円

・BKK途中降機料金7,000円の加算

・特定便追加運賃の加算は該当しない

〔往路運賃〕 202,000円×1/2＋7,000円＝108,000円

PART 4 総合　第1章 国際航空運賃

〈復路〉

・復路は，KUL/TYOの旅程。TYO/KULのSpecial V運賃（目的地KUL）117,000円

・特定便追加運賃（Qサーチャージ）KUL/TYO NH886 Special V運賃の場合は、2,000円（片道）を加算

〔復路運賃〕 117,000円×1/2＋2,000円＝60,500円

〔全旅程運賃〕 往路108,000円＋復路60,500円＝JPY168,500

③ 最も早く日本に向けて出発できる日は何日か？

必要旅行日数：2日発・開始　11/11＋2日＝11/13

④ 最大滞在が可能な日数で日本に向けた帰路出発日は何日か？

最長旅行期間：6か月発開始　11/11＋6か月後（の同日）＝翌年5/11

⑤ 予約期限は最初の国際線出発の3日前までである（○×）

×（バツ）　予約は旅行開始の5日前までに行う。

⑥ 予約が11月5日であれば何日までに発券しなければならないか？

発券は「予約後3日以内」→ 11/5＋3日＝11/8。「ただし旅行開始の5日前まで」→ 11/11－5日＝11/6。よって、より厳しい方（＝早い方の日にち）の11/6までに発券しなければならない。

⑦ 小児運賃はいくらか？

168,500円×0.75＝126,375円 → 126,400円（100円単位に切り上げ）

【例題5】ANAヨーロッパ行　フレックス、ベーシック

NH　ヨーロッパ行 < Flex B > < Flex U > < Basic W >　（抜粋）

名称・運賃種別	Flex B　運賃	Flex U　運賃	Basic W　運賃
目的地	ヨーロッパ（TS）		
適用旅客・人数	個人		
クラス・旅行形態	エコノミークラス往復、周回、オープンジョー		
適用期間・運賃	①運賃額詳細（特定便追加運賃を含む）は運賃表を参照 ②ウィークエンド（W）・ウィークデイ（X）運賃の適用： 〈往路〉日本国内の最終地点を出発する曜日を基準とし、1/2往復運賃を適用する 〈復路〉ヨーロッパ内の最終地点を出発する曜日を基準とし、1/2往復運賃を適用する Flex B・Flex U： （　）／ウィークエンド(W)／ウィークデイ（X） 往路出発／土～月／火～金 復路出発／金・土／日～木	③シーズナリティの適用： 往路：往路の最初の国際線出発日を基準として往路の旅程に適用する 復路：復路の最後の国際線出発日を基準として復路の旅程に適用する	Basic W： （　）／ウィークエンド(W)／ウィークデイ（X） 往路出発／土・日／月～金 復路出発／金・土／日～木 ③シーズナリティの適用（Flex U欄に同じ）
予約・発券	①予約クラス："B" ②予約は旅行開始前までに行う ③発券は予約完了後7日以内に行う	①予約クラス："U" ②予約は旅行開始の7日前までに行う ③発券は以下の期限までに行う ・予約が旅行開始の29日以前：予約完了後7日以内 ・予約が旅行開始の28～7日前：予約完了後3日以内。ただし旅行開始の7日前まで	①予約クラス："W" ②予約は旅行開始前までに行う ③発券は予約完了後48時間以内に行う
必要旅行日数	制限なし	3日発・開始	3日発・開始。ただしヨーロッパ内で土曜日の滞在が含まれていること
最長旅行期間	12ヵ月発・開始	12ヵ月発・開始	12ヵ月発・開始
途中降機	ヨーロッパ内で往路・復路各2回可 （1回につき20,000円）	ヨーロッパ内で往路・復路各1回可 （1回につき20,000円）	ヨーロッパ内の乗り換え地点で往路・復路各1回可（1回につき20,000円）
乗り換え	ヨーロッパ内で往路・復路各3回可	ヨーロッパ内で往路・復路各2回可	LON/PAR/FRA/MUC/DUS/ZRH/BRU/GVA/VIE/ROM/MIL/STOで往路・復路各2回可
経路規定	日本発着の国際区間は全日空（NH）に限る		
運賃計算例外規定	なし	マイレージサーチャージ、HIPは適用しない	
結合可能運賃	1/2 Flex U運賃	1/2 Flex B運賃	1/2 Basic V/W/S運賃
	発券、必要旅行日数、最長旅行期間、取り消し・払い戻しについては、結合されるより厳しい運賃規則が全旅程に適用される。ただし、適用期間、途中降機、乗り換え、経路規定、運賃計算例外規定、予約変更・経路変更については、フェアコンポーネントごとの運賃規則が適用される。		
予約変更 経路変更	出発前／出発後 無料で可。ただしすでに予約が入っている便の出発時刻までに手続きを行う （変更の結果生じる差額調整は行う）		出発前／出発後 1回につき変更手数料20,000円で可。ただしすでに予約が入っている便の出発時刻までに手続きを行う（変更の結果生じる差額調整は行う）
取り消し 払い戻し	〔出発前〕 大人30,000円、小児22,500円を取り消し手数料として収受し残額を払い戻す 〔出発後〕 払い戻し不可		

資料提供：(株)オーエフシー

Flex B 運賃表 （東京発・抜粋）

（単位：円）

目的地／シーズナリティ	LON ロンドン		PAR パリ		FRA フランクフルト		ATH アテネ	
	W	X	W	X	W	X	W	X
1/1 ～ 3/31	584,000	544,000	584,000	544,000	584,000	544,000	590,000	550,000

Flex U 運賃表 （東京発・抜粋）

往路運賃：往路の最初の国際線出発日を基準として、往路の旅程に適用する
復路運賃：復路の最後の国際線出発日を基準として、復路の旅程に適用する

〔往路運賃〕 （単位：円）

目的地／シーズナリティ	LON ロンドン		PAR パリ		FRA フランクフルト		ATH アテネ	
	W	X	W	X	W	X	W	X
1/1 ～ 2/28	430,000	410,000	430,000	410,000	430,000	410,000	435,000	415,000
3/1 ～ 3/31	460,000	440,000	460,000	440,000	460,000	440,000	465,000	445,000

〔復路運賃〕 （単位：円）

目的地／シーズナリティ	LON ロンドン		PAR パリ		FRA フランクフルト		ATH アテネ	
	W	X	W	X	W	X	W	X
1/1 ～ 1/3	460,000	440,000	460,000	440,000	460,000	440,000	465,000	445,000
1/4 ～ 2/28	430,000	410,000	430,000	410,000	430,000	410,000	435,000	415,000
3/1 ～ 3/31	460,000	440,000	460,000	440,000	460,000	440,000	465,000	445,000

Basic W 運賃表 （東京発・抜粋）

往路運賃：往路の最初の国際線出発日を基準として、往路の旅程に適用する
復路運賃：復路の最後の国際線出発日を基準として、復路の旅程に適用する

〔往路運賃〕 （単位：円）

目的地／シーズナリティ	LON ロンドン		PAR パリ		FRA フランクフルト		ATH アテネ	
	W	X	W	X	W	X	W	X
1/1 ～ 3/31	180,000	170,000	180,000	170,000	180,000	170,000	185,000	175,000

〔復路運賃〕 （単位：円）

目的地／シーズナリティ	LON ロンドン		PAR パリ		FRA フランクフルト		ATH アテネ	
	W	X	W	X	W	X	W	X
1/1 ～ 1/3	190,000	180,000	190,000	180,000	190,000	180,000	195,000	185,000
1/4 ～ 3/31	180,000	170,000	180,000	170,000	180,000	170,000	185,000	175,000

特定便追加運賃

搭乗便が下記特定便に該当する場合、特定便追加運賃をQサーチャージとして加算する。

搭乗便		Flex B 加算額（片道）	Flex U 加算額（片道）	Basic W 加算額（片道）
往路	NH203/211/215/217/223	10,000円	5,000円	5,000円
復路	NH212/216/218/224	10,000円	5,000円	5,000円

資料提供：(株)オーエフシー

旅程例

			(出発)	(到着)
TOKYO (HND) – LONDON (LON)	17FEB (金)	NH211	1140	1525
LONDON (LON) – PARIS (PAR)	22FEB (水)	AF1138	0830	0925
PARIS (PAR) – ATHENS (ATH)	他の運送機関利用			
ATHENS (ATH) – FRANKFURT (FRA)	05MAR (日)	LH1283	1750	1950
FRANKFURT (FRA) – TOKYO (HND)	06MAR (月)	NH204	1130	0655 + 1

予約および発券の完了日	2023年2月12日(日)
運賃計算上の折り返し地点と旅行形態	往路の終点をPAR、復路の始点をATHとするオープンジョー旅行
予約の変更	全旅程を予約の変更なく旅行を完了するものとする

① 図を書く

```
    TYO
    LON        → 途中降機
 ――PAR――      目的地（往路の終点）
  Surface          （地上運送区間）
 ――ATH――      目的地（復路の始点）
  × FRA        → 乗り継ぎ
    TYO
```

② 上記条件において全旅程に適用できる最も安価な運賃を算出

算出のポイントは、以下の3点である。

1. それぞれの運賃で、適用規則が異なる項目(予約の期限、必要旅行日数の適用など)があるので、提示された条件(旅程や航空券の予約・発券の完了日など)に合致する最も安価な運賃を選択する
2. Flex B運賃とFlex U運賃は、運賃を結合することが可能だが、Basic W運賃はFlex B運賃やFlex U運賃との結合はできない(Basic V/W/S運賃相互間の運賃結合のみ可能)
3. Flex U運賃とBasic W運賃は、往路運賃と復路運賃が別々に設定され、かつ各々のシーズナリティの適用方法が異なるので注意が必要

〈往路〉

- 予約の完了日は2/12で、旅行開始は2/17なので、出発の5日前である。したがって、予約・発券の規則で「予約は旅行開始の7日前までに行う」となっているFlex U運賃は、予約の期限を過ぎているため、全旅程に適用できない
- 旅程には、ヨーロッパ内での「土曜日の滞在」が含まれている。また「予約の変更なく」旅行を完了するので（Flex B運賃も適用条件を満たしているが）より安価な運賃である<u>「Basic W運賃」を全旅程に適用することができる</u>
- Basic W運賃は、運賃計算例外規定により、距離計算（＝マイレージ計算）、HIPチェックともに不要
- 往路2/17（金）＝ウィークデイ（X）、Basic W運賃表の往路運賃の目的地PARシーズナリティ 1/1 ～ 3/31、170,000円
- 特定便追加運賃（Qサーチャージ）TYO/LON NH211 Basic W運賃の場合は、5,000円（片道）を加算
- LON途中降機料金20,000円の加算

〔往路運賃〕 170,000円×1/2＋5,000円＋20,000円＝<u>110,000円</u>

〈復路〉

- 往路と同じく、距離計算（＝マイレージ計算）、HIPチェックともに不要
- 復路3/6（月）＝ウィークデイ（X）、Basic W運賃表の復路運賃の目的地ATHシーズナリティ 1/4 ～ 3/31、175,000円
- 特定便追加運賃の加算は該当しない

〔復路運賃〕 175,000円×1/2＝<u>87,500円</u>

〔全旅程運賃〕 往路110,000円＋復路87,500円＝<u>JPY197,500</u>

セレクト問題

1 国際航空運賃の基礎

☑ 問① **TYO－LAX（LOS ANGELES）－TYOのキャリア普通運賃往復エコノミークラス普通運賃を適用した航空券について、以下の文章で内容が誤っているものをすべて選べ。**

① 適用する運賃のグローバルインディケーター(GI)はAPである。
② 航空券の最長旅行期間は旅行開始の翌日から起算して最長１年間である。
③ 平日週末運賃が設定されている場合は、往路・復路それぞれの国際線を出発する曜日によって平日運賃及び週末運賃を決定する。
④ 燃油サーチャージがある場合は、往路・復路の各区間で徴収する。
⑤ 小児(10歳）１人当たりの運賃は、大人運賃の75%である。
⑥ 幼児(１歳)が座席を占有しない場合、幼児１人当たりの運賃は大人往復運賃の10%となる。
⑦ 幼児(１歳)が座席を占有する場合、幼児１人当たりの運賃は大人往復運賃の50%となる。
⑧ 大人１名が小児１名幼児１名を同伴するときは、１名は小児運賃を適用、もう１名は座席を使用しない幼児運賃を適用することができる。
⑨ 運賃は出発国通貨建てJPYで公示されている。
⑩ 片道運賃の２倍が往復運賃である。

解答

問1：①正しくはPA　⑦正しくは75%　⑩往復運賃の割引あり

2 マイレージシステム

☑ 問① **下記TPM合計とMPMを比較して割増率はいくつになるか、M～25Mで記入せよ。不能な場合は×を記入せよ(STPMとは各区間TPMの合計)。**

	STPM	MPM	割増率		STPM	MPM	割増率
①	7801	7447		⑥	8395	7464	
②	7914	7208		⑦	7690	6157	
③	5829	5830		⑧	7149	7149	
④	3974	3973		⑨	4893	4333	
⑤	5046	4005		⑩	10271	8224	

PART 4 総合　第1章 国際航空運賃

☑ 問② 下記の適用条件に基づき、各設問に答えよ。

旅程例

	出発	到着	搭乗日	便名	出発		到着
〔往路〕	TOKYO（TYO）	－LONDON（LON）	04NOV22（金）	NH221	1135	－	1505
	LONDON（LON）	－COPENHAGEN（CPH）	06NOV22（日）	SK1516	1815	－	2110
	SURFACE（地上運送区間）						
〔復路〕	AMSTERDAM（AMS）	－ATHENS（ATH）	09NOV22（水）	KL1575	1125	－	1550
	ATHENS（ATH）	－PARIS（PAR）	13NOV22（日）	AFI1533	1150	－	1340
	PARIS（PAR）	－TOKYO（TYO）	16NOV22（水）	NH216	1930	－	1525＋1

NH Full Flex Plus ／普通運賃J1

```
ROE 100.000000 UP TO 100.00 JPY
TYOLON
 01SEP22**01SEP22/NH  TYOLON TS/MPM 7456
 FARE BASIS      OW NUC   RT        B
 J1XRTE1              13810.00      J
TYOCPH
 01SEP22**01SEP22/NH  TYOCPH TS/MPM 6762
 FARE BASIS      OW NUC   RT        B
 J1XRTE1              13810.00      J
TYOAMS
 01SEP22**01SEP22/NH  TYOAMS TS/MPM 7208
 FARE BASIS      OW NUC   RT        B
 J1XRTE1              13810.00      J
```

```
ROE 100.000000 UP TO 100.00 JPY
TYOATH
 01SEP22**01SEP22/NH  TYOATH TS/MPM 7252
 FARE BASIS      OW NUC   RT        B
 J1XRTE1              15010.00      J
TYOPAR
 01SEP22**01SEP22/NH  TYOPAR TS/MPM 7432
 FARE BASIS      OW NUC   RT        B
 J1XRTE1              13810.00      J
```

クラス・人員	ビジネスクラス・大人1名
適用運賃	NH Full Flex Plus ／普通運賃J1
運賃計算上の折り返し地点	往路の終点をコペンハーゲン(CPH)とし、復路の始点をアムステルダム(AMS)とするオープンジョー旅行
各区間のTPM	TYO－6214（TS）－LON－589－CPH－393－AMS－1355－ATH－1310－PAR－6194（TS）－TYO
各都市のTPM	運賃表に記載する
運賃表(抜粋)	NH Full Flex Plus ／普通運賃J1（抜粋） ※P393「米国行:JALビジネスクラスFlex J運賃・規則表(抜粋)」と同じ規則のため、「ヨーロッパ行：NH Full Flex Plus ／普通運賃J1」として読み替え。 ※ウィークエンド運賃、片道運賃は省略。また欧州内の都市間の運賃はTYO－欧州間の運賃より低額のため省略。

運賃計算情報(Fare Calculation)欄の表示(※表示の一部は設問上「***」で伏せる)

04NOV22 TYO NH LON SK CPH（ ① ）/－AMS KL ATH AF PAR NH TYO（ ② ）NUC****.**END ROE100.000000

(1) 往路の運賃が①に記載される。①に記載すべき「マイレージ計算の結果」「適用運賃額(NUC額)」のすべてを答えよ。

(2) 復路の運賃が②に記載される。②に記載すべき「マイレージ計算の結果」「HIPチェックの結果、どの都市間の運賃を適用したか」「適用運賃額(NUC額)」のすべてを答えよ。

(3) この全旅程に適用する「日本円の運賃額」はいくらになるか答えよ。ROEは、1NUC＝JPY100.000000とする。

解答

問1：①5M　②10M　③M　④5M　⑤×(25Mを超える)
⑥15M　⑦25M　⑧M　⑨15M　⑩25M

問2：(1)　TYO/LON/CPHの各TPMの合計6803＞TYOCPH（TS）MPM6762
→ 5M
復路：平日(X)往復運賃
TYO/CPHの往復運賃NUC13810.00×1/2×1.05＝5M7250.25

(2)　AMS/ATH/PAR/TYOの各TPMの合計8859＞TYOAMS（TS）MPM7208 → 25M
TYO/AMSよりもTYOATHの方が高いのでTYOATHの運賃がHIP運賃
復路：平日(X)往復運賃
TYO/ATHの往復運賃NUC15010.00×1/2×1.25＝
25MTYOATH9381.25

(3)　往路復路の運賃は、往路7250.25＋復路9381.25＝NUC16631.50
日本円に直すとNUC1.00＝JPY100.000000なので1,663,200円
(100円単位へ切り上げ)

3 HIPチェック

①旅程

TOKYO (TYO) – SAN FRANCISCO (SFO)	JL002	C	08SEP (SAT)	1945	1205
SAN FRANCISCO (SFO) – CHICAGO (CHI)	AA197	C	11SEP (TUE)	1700	2245
SURFACE					
NEW YORK (NYC) – HOUSTON (HOU)	UA873	C	16SEP (SUN)	1155	1400
HOUSTON (HOU) – LOS ANGELES (LAX)	UA511	C	18SEP (TUE)	1125	1315
LOS ANGELES (LAX) – TOKYO (TYO)	JL061	C	20SEP (THU)	1305	1625+1

②クラス：ビジネスクラス

③各区間TPM

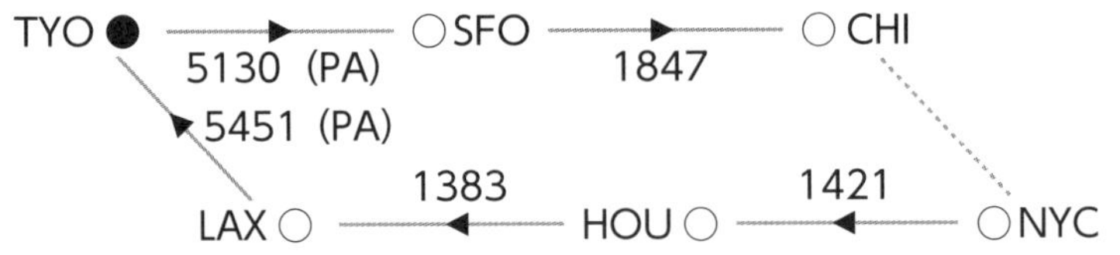

※各区間のNUC運賃、ROE、MPM、X、Wの設定などは当問題用のものです

IATA ROE：1NUC＝JPY 100.000000

NUC運賃		RT/C	MPM
TYO—CHI	平日(X)	3700.00	7539（PA）
	週末(W)	4100.00	
TYO—NYC	平日(X)	4700.00	8084（PA）
	週末(W)	5100.00	
TYO—HOU	平日(X)	5000.00	7989（PA）
	週末(W)	5400.00	
TYO—LAX	平日(X)	3400.00	6541（PA）
	週末(W)	3800.00	

※平日(ウィークデイ：X)と週末(ウイークエンド：W)運賃の適用

	ウイークエンド(W)	ウィークデイ(X)
往路出発	土・日	月～金
復路出発	金・土	日～木

☑ 問① 往路の終点をCHI、復路の始点をNYCとする計算を行い(　　)に記入しなさい。

往路　TYO CHIの往路の運賃　NUC（①　　　　　　）

復路　NYC TYOの割増率(②　　　　　　　)

復路運賃がX、Wかを決める都市はどこか(③　　　　　　)

復路運賃NUC（④　　　　　　　）

当旅程全体はいくらか。

NUC（⑤　　　　　）　JPY（⑥　　　　　　）

解答

問1：①**2050.00**　9/8（土）はW　4100.00×1/2＝2050.00
②**5M**　TPM計は　1421＋1383＋5451＝8255
NYCのMPMは8084　8255÷8084＝1.02115…→1.05（5M）
③**LAX**　9月20日(木)は×
④**2625.00**　HOUがHIP　5000.00×1/2×1.05＝2625.00
⑤**4675.00**　2050.00＋2625.00＝4675.00
⑥**467,500**　4675.00×100.000000＝467,500

第2章
旅行英語

出題傾向と対策

1 出題傾向

総合取扱管理者に必要な英語とは、航空会社や海外のホテルなどとの間で結ばれる契約・条件書の内容、またそれらの内容を正しく理解した上で一般のお客様に説明できる力、つまり「英文条件書・案内書の読解力」である。

試験では例年、英文の「内容」を理解できているかが問われる。特に最近は、正しいものまたは誤っているものを「すべて」選ばせるなど、全選択肢を精査しないと正解できない問題が多くなっている。さらに、「慣用句」「熟語」や「代名詞が何を指しているか」の理解も必要となる。

過去4年間の出題項目

2022年度	● プロ野球球団のホームスタジアム見学ツアー案内 ● クルーズ会社の条件書
2021年度	● シアターレストランの予約に関する案内 ● ホテルより旅行会社に提示された団体予約に関する条件書・案内
2020年度	● グランドキャニオンへのヘリコプターツアー(地上散策含む) ● 貸し切りリバークルーズの案内
2019年度	● ホエールウォッチングに関する参加条件書 ● 国際会議の参加条件書

2 対策

① 出題頻度の高いクルーズの中止及び参加条件に加え、ビジネストラベル、音楽やスポーツ観戦を含めたイベントトラベル、ロングステイ、アドベンチャートラベルなど欧米で盛んな旅行形態の英文パンフレットの表記に慣れておきたい。

② 問題文は、文化、商習慣などが異なる国の人に、正しく理解させるために詳細に記載するので文章が長くなるが、これは詳しく書かれているからわかりやすいということである。

③ 一般英語とは異なる特殊な文法があるが、次の3つの表現の使い方には注意したい。

may	一般的には「かもしれない(推量)」だが、「することができる(可能)」の意味で使われる
shall	一般的には「～でしょう」だが、「～しなければならない(義務)」「～するものとする(強制)」の意味で使われる
should	「～すべき」「～のはずである」の他に、「万一～の場合には」の意味で使われる場合もある

④ 条件書英語によく使われる表現95（P437参照)があり、これらを覚えてしまえば普通の英語問題として解答できる。

⑤ 主語を「人」ではなく「事・物」にする文が多いが、慣れれば問題ない(例：You must make an application in advance. →Application should be made in advance.)。

1 旅行英語

・学習のポイント

①意味の区切りにポーズを入れる
②主語と述語を探して文の構造を把握する
③慣用句・熟語に下線を引いて注意する
④長い名詞はカッコでくくって読みやすくする
⑤「and」「or」「if」「unless (= if not)」をマークする
⑥「may」「shall」「should」の特殊な意味に注意する

1 条件書英語読解の学習のコツ

本章では、各問題を次のように構成している。
①国家試験の出題形式に準拠した問題と設問(まずはそのままチャレンジ)
②ポーズ入り問題文と重要語句解説(正解を確認する前に、内容理解を深める)
③解答と選択肢の語句の説明(正解とその他の選択肢の意味を確認)
④問題文の和訳例(②のポーズ入り問題文と合わせて読み、疑問点を解消)

冒頭に挙げた「学習のポイント」の6項目を意識して、まずは2つの「チャレンジ問題」を、本番のつもりで辞書を引かずに解いてみよう。解答したらすぐに正解を見るのではなく、②「ポーズ入り問題文と重要語句解説」を読んで内容を理解してほしい。

また、問題文や重要語句解説にある( )内の数字は、表1「条件書英語によく使われる表現95」の番号である。

チャレンジ問題(1)(2)は、実際の試験問題に似た体裁の問題文(PDF版)を以下よりダウンロードできる(詳細はP640)。

https://www.shoeisha.co.jp/book/present/9784798178059

2 チャレンジ問題(1) 税関の案内

次の英文は、ある国の税関案内(抜粋)である。これを読み、以下の問1～問2の各設問について該当するものを、それぞれの選択肢から1つ選びなさい。

Customs declarations
Our agricultural industries are free of many insect pests and plant and animal diseases (　A　) in the world. We put a lot of effort at ports and airports into minimising the risk of these being introduced.
Heavy fines may be imposed if you're caught carrying prohibited materials. We're serious about (　B　) our agricultural economy and environment.

You're required by law to "declare" all plant and animal material you bring with you. You must (　C　) an "Agriculture and Customs Declaration" when you arrive.
You must declare if you have any of the following:

food of any sort
plants and parts of plants (alive or dead)
animals (alive or dead) or products of animals（以下略）

It's extremely important that you declare any items that are restricted.
If you declare restricted items you won't be charged with any offence. The goods will simply be taken from you and you can go on your way. Some items may be treated (for example, fumigated) and then returned to you.
(　D　), if you try to bring in restricted items and do not declare them, you will be prosecuted. You can face heavy fines or other sentences.

（注）insect pest : 害虫　　fumigate : 燻蒸消毒する

問1　A～Dの(　　)に入るべき最もふさわしい語句はそれぞれどれか。

A：1. common anywhere　　2. common elsewhere
3. uncommon anywhere　　4. uncommon elsewhere

B：1. developing　2. educating　3. opening　4. protecting

C：1. take out　2. put out　3. fill out　4. come out

D：1. Therefore　2. In other words　3. As a result　4. However

問2　次の記述から、英文の内容に合致していないものだけをすべて選んでいるものはどれか。

(ア)　生花は申告が必要だが、ドライフラワーは申告しなくてよい。

(イ)　持込み制限品を申告した場合は罪に問われることはなく、物品は没収されるが旅行は続けることができる。

(ウ)　申告すべき物品を所持していない場合は、口頭申告でよい。

(エ)　持込み制限物品を申告しなかった場合は起訴され、重い罰金等の処罰を受けることになる。

a.（ア）（イ）　b.（ウ）（エ）　c.（ア）（ウ）　d.（イ）（ウ）（エ）

※正解を見る前に、ポーズ入りの問題文を読み直し、重要語句の意味を確認した上で、再度自分の解答をチェックしよう。なお、英文中の(　)の番号はP437の表と対応している(以降の問題すべて同様)。

【ポーズ入り問題文】

Customs declarations

Our agricultural industries / are free of many insect pests / and plant and animal diseases / **[A: common elsewhere]** in the world. We put a lot of effort / at ports and airports / into minimising the risk of these being introduced.

Heavy fines may(51) be imposed / if you're caught carrying prohibited materials.

We're serious about **[B: protecting]** our agricultural economy and environment.

You're required by law / to "declare" all plant and animal material / you bring with you. You must **[C: fill out]** an "Agriculture and Customs Declaration" / when you arrive.

You must declare / if you have any of the following:

food of any sort

plants and parts of plants (alive or dead)

animals (alive or dead) or products of animals

It's extremely important / that you declare any items / that are restricted.

If you declare restricted items / you won't be charged with any offence. The goods will simply be taken from you / and you can go on your way. Some items may be treated (for example, fumigated) / and then returned to you.

[D: However], if you try to bring in restricted items / and do not declare them,/ you will be prosecuted. You can face heavy fines / or other sentences.

【重要語句解説】

are free of ～	～がない　**例** She is free of debt.〈彼女には借金がない〉
put a lot of effort into ～	～に多くの努力を払う
fine	(この場合は)罰金　＊「I'm fine, thank you.」とは違う
may(51) be	(この場合は)～できる(= can)　＊「かもしれない」ではない
fill out	記入する(= fill in)
be charged with ～	～の罪で告発される
go on your way	(この場合は)旅行を続ける　＊一般には「自分の道を進む」「立ち去る」
be treated	(化学薬品などで)処理される
face	(困難、嫌なことに)直面する
sentence	(法律)刑罰の宣告／判決

解答

問1　A：2　common elsewhere（この国以外ではよくある）
B：4　protecting
C：3　fill out
D：4　However しかしながら(=But)　**参** Therefore「それ故に」、In other words「言い換えれば」、As a result「結果として」

問2　c.（ア）（ウ）　＊以下の和訳例で確認。

【和訳例】

関税申告
わが国の農業は、他の国々において一般的な害虫や動植物の疫病に侵されていません。我々は、これらが国内に侵入する危険を最小にするために、港湾および空港において多大の努力を払っています。
輸入禁止物品所持が発覚した場合は、重い罰金が科されます。我々はわが国の農業経済やその環境を保護することに、真剣に取り組んでいます。

訪問者は、所持するすべての動植物を申告するよう、法律で求められています。入国時には「農産物および税関申告書」に記入しなければなりません。
以下のいずれかの物品を所持するならば、申告しなければなりません。
　　いかなる種類の食物でも
　　(生死を問わず)植物、並びに植物の部分
　　(生死を問わず)動物、あるいは動物製品　…(以下略)…

持込みが制限されているいかなる品目も申告することが極めて重要です。
持込み制限品を申告すれば、いかなる罪にも問われることはありません。その物品は単に没収され、あなたは旅行を続けることができます。ある物品は、例えば燻蒸消毒などの処理をした後に手元に返されるでしょう。
しかし、持込み制限品を所持していながら申告しなかった場合は、起訴されます。あなたは多大の罰金か、他の有罪判決を受けるでしょう。
※ちなみに、これはニュージーランドの関税申告の抜粋。海外観光資源で学んだ知識も活用しよう。

3 チャレンジ問題(2) 航空会社の運送約款

次の英文は、ある航空会社の運送約款（抜粋）である。これを読み、以下の問1～問2の各設問について該当するものを、それぞれの選択肢から1つ選びなさい。

6. Check-in and boarding

6a) Check-in deadlines

Check-in deadlines vary and your journey will be smoother if you allow plenty of time to check in. Please find out the check-in deadlines for your flights before you travel and keep to them. We may also tell you a time by which you must present yourself for check-in.

6b) The check-in deadline for your first flight

We will tell you the check-in deadline for your first flight with us. Check-in deadlines for all our flights are set out in our website www.xx.com and you can also ask us for details at any time.

6c) You must check in by the check-in deadline

If you do not complete the check-in process by the check-in deadline, we may decide to cancel your reservation and not carry you. By completing the check-in process we mean that you have received your boarding pass for your flight.

6d) You must arrive at the boarding gate (A).

You must be present at the boarding gate (B) the time we give you when you check in. We may decide not to carry you if you fail to arrive at the boarding gate (A).

6e) We are not (C) if you fail to meet deadlines

We will not be (C) to you for any loss or expense you suffer if you fail to meet check-in deadlines, or fail to be at the boarding gate (A).

問1　A～Cの(　　　)に入るべき最もふさわしい語句はそれぞれどれか。

A：1. any time　2. at times　3. on time　4. behind time

B：1. no sooner than　2. late for　3. sooner or later　4. not later than

C：1. available　2. acceptable　3. liable　4. capable

☑ 問2　次の記述から、英文の内容に合致していないものだけをすべて選んでいるものはどれか。

(ア)当社では全便に共通のチェックイン締切り時間を定めており、当社のウェブサイトで確認できる。

(イ)チェックイン締切り時間に間に合わず搭乗できなかった場合には、当社の次の便に同じ運賃クラスの空席があれば、それを提供する。

(ウ)チェックイン完了とは、チェックインカウンターで有効な航空券とパスポートを当社係員に提示することを意味する。

(エ)乗客がチェックイン並びに、搭乗口集合の締切り時間に間に合わなかった場合、当社は乗客が被った損失または費用に対するいかなる責任も負わない。

a.（ア）（イ）　b.（ウ）（エ）　c.（ア）（イ）（ウ）　d.（イ）（ウ）（エ）

【ポーズ入り問題文】

6. Check-in and boarding

6a) Check-in deadlines

Check-in deadlines vary / and your journey will be smoother / if you allow plenty of time to check in. Please find out the check-in deadlines for your flights / before you travel / and keep to them. We may also tell you a time / by which you must present yourself for check-in.

6b) The check-in deadline for your first flight

We will tell you the check-in deadline / for your first flight with us. Check-in deadlines for all our flights / are set out in our website www.xx.com / and you can also ask us for details / at any time.

6c) You must check in / by the check-in deadline

If you do not complete the check-in process / by the check-in deadline, / we may(51) decide to cancel your reservation / and not carry you. By completing the check-in process / we mean that / you have received your boarding pass / for your flight.

6d) You must arrive at the boarding gate **[A: on time].**

You must be present at the boarding gate / **[B: not later than]** the time we give you / when you check in. We may(51) decide not to carry you / if you fail to arrive at the boarding gate **[A: on time].**

6e) We are not **[C: liable(50)]** / if you fail to meet deadlines

We will not be **[C: liable(50)]** to you / for any loss or expense you suffer / if you fail to <u>meet</u> check-in deadlines,/ or fail to be at the boarding gate **[A: on time].**

【重要語句解説】

vary	異なる／変わる／変化する　＊very「非常に」と間違えないように
keep to ～	～に従う／～を守る
by	～まで　＊byは最終期限の「～まで」、till / untilは「継続して～まで」を意味し、出題も多い。**例** You must come to the office by 9:00 AM. and stay there until twelve noon.〈9時までに出社して正午までいなければならない〉
set out	発表する／表示する
may	～することができる
we mean that ～	～以下を意味する
liable(50)	責任がある
meet	(この場合は)要求を満たす／期待に応える

解答

問1　A：3　**on time**「時間通りに」　**参** any time「いつでも」、at times「ときどき」、behind time「遅れて」

B：4　**not later than**「～より遅れずに」　**参** no sooner than「～するとすぐに」、late for「～に遅れる」、sooner or later「遅かれ早かれ」

C：3　**liable**「責任ある」　**参** available「入手(利用)可能な」、acceptable「受入れ可能な」、capable「有能な」

問2　c. (ア)(イ)(ウ)　　＊以下の和訳例で確認。

【和訳例】

6. チェックインおよび搭乗

6a)チェックイン締切り時間

チェックイン締切り時間は様々であり、チェックインのために十分な時間を見越すことで、旅行はスムーズなものになります。旅行前にフライトのチェックイン締切り時間を確認し、守るようにしてください。また、チェックインを行わなければならない時間をお伝えする場合があります。

6b)最初のフライトのチェックイン締切り時間

当社は、最初に搭乗する当社のフライトのチェックイン締切り時間をお伝えします。当社のすべてのフライトのチェックイン締切り時間は、当社ウェブサイトwww.xx.comに掲載されています。また、当社にいつでも詳細をお問い合わせいただけます。

6c)チェックイン締切り時間までにチェックインする必要があります

チェックイン締切り時間までにチェックインを行わない場合、当社はあなたの予約をキャンセルし、輸送を行わない場合があります。チェックインの実行は、フライトの搭乗券の受領を意味します。

6d)決められた時間までに搭乗口に到着する必要があります

あなたは、チェックイン時に示される時間までに搭乗口に来なければなりません。時間までに搭乗口に来ない場合、当社は輸送を行わない場合があります。

6e) あなたが締切り時間に間に合わなかった場合、当社はいかなる責任も負いません
当社は、チェックイン締切り時間までにチェックインしない場合、または時間通りに搭乗口に来ない場合、あなたが被った損失または費用に対する法的責任を負いません。

※ある英語国の代表的な航空会社の約款より抜粋。

2つのチャレンジ問題で、文章自体はそれほど難しくないことに気づいたのではないだろうか。さらに、以下の「条件書英語によく使われる表現95」を覚えて読解力を伸ばそう。熟語として覚え、例文も暗記しておこう（太字は出題頻度の高い表現、※は本章掲載問題に出てくる表現）。

表1：条件書英語によく使われる表現95

番号	英語	日本語
1	**according to ～** **in accordance with**	～によれば、～によると、 ～に従って、一致して
2	against their will	彼らの意志に反して
3	And（Study hard, and you will succeed.）	および、ならびに 命令文+and は「そうすれば」
4※	Or（Study hard, or you will fail.）	または、もしくは 命令文+orは「さもないと」、「そうしないと」
5	**A and/or B**	AとBまたはAかB 法律・商業など正式な契約書でしばしば用いられる
6	make an application for ～	～を申し込む、～の申し込みをする
7	**apply to ～**	～に当てはまる、～に適用する
8※	**as of Jan. 1, 2023**	2023年1月1日の時点で（as of ～ =～の時点で、～現在で）
9	on the (a) basis of ～, / on a ～ basis	～の条件で、～を基準として
10※	**based on（upon）～**	～に基づく
11	responsibility to be borne by ～	～が負うべき責任
12	**on behalf of ～**	～を代理して、～の代わりに、～のために
13	in compliance with ～	～に従って、～を遵守して
14	passengers concerned	関係する乗客
15	conclude a contract enter into a contract	契約を締結する
16	in connection with ～	～に関連して
17	**with the consent of ～**	（～の）承諾、許可のもとに、を得て
18	be consistent with ～	～と一致する
19	contribute to ～	～に貢献する、寄与する

番号	英語	日本語
20※	**deem / consider / presume / regard / treat**	いずれも「〜とみなす」「〜と推定する」の意味で用いられる
	例文 The contract **is deemed to have been concluded** when the application form has been submitted and the deposit paid.	申込書が提出され申込金が支払われた時に、契約は締結されたものとみなされる
21※	**due to** (=because of, owing to) 〜	〜が原因で、〜のために
	例文 The river banks collapsed due to heavy rain.	豪雨の為に堤防が決壊した
22	due date	(支払いなどの)期日、期限
23	ensure that	〜を確実にする、〜を保証する
24※	**be entitled to 〜**	〜の権利・資格がある
	例文 Should any cost change (If any cost should change), we are entitled to change the selling price.	万一コストに変動があった場合は、我々はその売値を変更する権利を有する
25	equal to 〜	〜に相当する、〜と同等の
26	equivalent to 〜	〜に相当する
27	in the event of 〜	〜の場合
28	**in the event that 〜**	万一(that以下)という場合には
29	in any event	どの場合でも
30	with the exception of 〜	〜を除いて
31	in exchange for 〜	〜と引き換えに
32	**exempt from 〜**	〜を免除された
33	at the expense of 〜, at the cost of 〜	〜の費用負担で
34	to the extent that 〜	〜の範囲で
35	force majeure	不可抗力(フランス語)
36	in force	(法令などが)効力のある、有効な
37	be governed by 〜	〜の定めるところによる、〜によって統括される
38	hereby "The Seller hereby confirms that 〜"	契約書の特に強調される条項の中で多く使用されるが、特に hereby がなくても意味は変わらない
39※	**hereafter** = here + after	これ以降は
40※	**hereafter referred to as 〜** **hereafter called 〜**	契約書の頭書(前文)に記載される契約当事者について「以後〜という」意味
41	his/her (his or her), cf. he/she (he or she)	彼の、または彼女の 契約などで両性を含む場合に用いられる
42	**in so far as〜, as long as〜, as far as〜,**	〜の範囲で、〜する限りにおいて、〜の場合
43	including, but not limited to 〜,	〜を含むがこれに限定されずに
44	incur	(負債・損失を)負う・受ける

番号	英語		日本語
45	inform the other party of the contents		他方にその内容を通知する
46	intend to do ～		～するつもりである、～しようと思う（＝be going to do）
47	no later than ～		～よりも遅れることなく、～までに、～以内に
48	at the latest		いくら遅くとも、最も遅くても
49	less than ～		～より少なく（「未満」の意で、「以内」ではない）
	例文	less than 7 days before departure	出発前6日以内に
50※	**responsible / liable**		ともに「責任がある」「有責な」の意味
	例文	We are liable for the damage.	我々はその損害に対して責任がある
		Anyone who spits on the street is liable to a fine.	路上につばを吐く人は罰金を科せられる
51※	助動詞 **may**		「権利」を表し、「～する事ができる」と訳す
	例文	The matter may be considered from two different standpoints.	この問題は2つの異なった見地から考察する事ができる
52	may not ～		「～してはならない」「～できない」の意
	例文	Nothing may be contained in or attached to this letter.	この郵便物には何も入れたり貼ったりすることはできない
53	be necessary for ～ (to do ～)		～（するため）に必要な
54※	**notify A of B**		AにBを知らせる、通知する（＝ inform A of B）
	例文	I notified the police of the theft.	私は警察に窃盗を通報した
55	mutual consent		双方の合意
56	**be not obliged to ～**		～する義務はない、～する責任は負わない
57※	**on and after the date of departure**		出発の当日またはその後
58	permission for ～ (to do ～)		（～してよいという）許可、承認（＝ consent）
59	pertaining to ～		～に関する
60	pertinent to ～		～に関係する、～に見合った
61	be in a position to do ～		～の（～する）立場（地位）にある
62	**prior to (= before) ～**		～より前に、～以前に
63	prior consultation		事前の相談
64※	**provided ～** **Provided, however, that ～**		「ただし～を条件として」限定する条件を記載する
	例文	I prefer to go by bus, provided (that) the roads aren't crowded.	道路が混んでいなければ、私はバスで行く方が良い
		Provided you paid full amount, you are entitled to a refund in case of any defects.	全額の支払いを条件として、あなたは商品に欠陥があった場合には払い戻しを受けることが出来る
65	pursuant to ～		～に応じて、従って
	例文	pursuant to Article 5	第5条に従って
66	for the purpose of ～		～の目的のために

<table>
<tr><th>番号</th><th colspan="2">英語</th><th>日本語</th></tr>
<tr><td>67※</td><td colspan="2">for any reason whatsoever</td><td>理由の如何を問わず</td></tr>
<tr><td>68</td><td colspan="2">with regard to ～</td><td>～に関しては</td></tr>
<tr><td>69</td><td colspan="2">be regarded as ～</td><td>～とみなされる、～と考えられる
(= considered)</td></tr>
<tr><td>70</td><td colspan="2">in relation to ～</td><td>～に関して</td></tr>
<tr><td>71</td><td colspan="2">upon ～ 's request,
at the request of ～</td><td>～から要請がある場合は</td></tr>
<tr><td>72</td><td colspan="2">with respect to ～</td><td>～に関して</td></tr>
<tr><td>73※</td><td colspan="2">in respect of ～</td><td>～に関しては、 ～ついては</td></tr>
<tr><td>74</td><td colspan="2">as a result of ～</td><td>～の結果</td></tr>
<tr><td>75</td><td colspan="2">resulting from ～</td><td>～に起因する</td></tr>
<tr><td>76</td><td colspan="2">result in ～</td><td>(結果的に)～という結果になる、～をもたらす、～に終わる</td></tr>
<tr><td>77</td><td colspan="2">have the right to ～</td><td>～する権利を持つ、～できる</td></tr>
<tr><td>78</td><td colspan="2">the said (service)</td><td>(法律):前記の、上述の(サービス)</td></tr>
<tr><td>79</td><td colspan="2">set forth in each item of Article 13</td><td>第13条各項に定められている、記載されている</td></tr>
<tr><td>80※</td><td colspan="2">助動詞 shall</td><td rowspan="2">「義務」「強制」を表し、「～しなければならない」「～するものとする」「～する」と訳す</td></tr>
<tr><td rowspan="2">81</td><td colspan="2">= be under the obligation to, be to, be obliged to, be liable to, be responsible to ～</td></tr>
<tr><td>例文</td><td>Each party shall keep one copy of this agreement.</td><td>双方がこの契約書の写しを保管するものとする</td></tr>
<tr><td rowspan="2">82</td><td colspan="2">shall not ～</td><td>「禁止」を表し、「～してはならない」「～できない」と訳す</td></tr>
<tr><td>例文</td><td>You shall not let anyone else use your ticket.</td><td>他のいかなる人にもチケットを使用させてはならない</td></tr>
<tr><td>83</td><td colspan="2">shall not be held responsible</td><td>責任を負うものではない</td></tr>
<tr><td>84</td><td colspan="2">should be (obtained),</td><td>(入手)されるべき「義務」 (入手)されて当然である「当然」(一般的用法)</td></tr>
<tr><td>85</td><td colspan="2">助動詞 should</td><td>一般的には「義務」を表すが法律文書では別の意味でしばしば使用される</td></tr>
<tr><td rowspan="3">86※</td><td colspan="2">仮定法未来で If A should do ～ , Should A do ～</td><td>「起きてはならない(起きて欲しくない)未来の事実」「起きる可能性のない未来の事実」つまり「万一」というニュアンスを表す</td></tr>
<tr><td rowspan="2">例文</td><td>Should either party commit any breach of this Agreement, ～</td><td>いずれか当事者が本契約に違反した場合、～</td></tr>
<tr><td>If she should come here, (Should she come here,) I will let you know at once.</td><td>万一彼女がこちらへ来たら、あなたにすぐに知らせる</td></tr>
<tr><td>87</td><td colspan="2">as stipulated in Article 9</td><td>第9条に定められているとおり、定めるところの</td></tr>
</table>

番号	英語	日本語
88	**subject to ～**	【頻出表現】 状況により、3つの意味で使われるので注意が必要
	例文 ①Prices are subject to change.	価格は変更されることがある(変更、遅延など好ましくない事項の場合)
	例文 ②Violations are subject to a $100 fine.	規則違反には100ドルの罰金が科せられる(規則、罰金、税金などの場合は「～しなければならない」(=must)の意味)
	例文 ③Our marriage is subject to approval of our parents.	私達の結婚は両親の承認を前提(条件)としている(承認、同意などの場合は「～を前提とする」「～の条件で」の意味)
89	submit to ～	～に提出する
90	**terms and conditions**	条件
91	that is	すなわち、換言すれば、つまり
92	under the following conditions	以下の条件で
93	vice versa	逆もまた同じ(ラテン語) v.v.と略す
	例文 She dislikes me, and vice versa (= I dislike her).	彼女は僕を嫌いだし、僕も彼女が嫌いだ
94	**without (prior) notice**	(事前の)予告なしに
95	without delay	遅滞なく、すぐに、ただちに

セレクト問題

さらにスキルアップするために、3つの「セレクト問題」にチャレンジしよう。「内容を理解する」という目的を忘れずに、語句の詳しい説明、和訳例なども参考にしてほしい。

第1問

次の英文は、ある航空会社の運送約款（抜粋）である。これを読み、以下の問1～問3の各設問について該当するものを、それぞれの選択肢から1つ選びなさい。

ARTICLE 9 - SCHEDULES, CANCELLATIONS, DELAYS AND DIVERSIONS

9.1 SCHEDULES

9.1.1 The flight timings shown on your Confirmation/Itinerary or elsewhere may change between the date of reservation and the date of travel.

9.1.2 When we accept your booking, we will notify you of the scheduled flight timings in effect (A) that time, and it will be shown on your Confirmation/Itinerary. It is possible we may need to change the scheduled flight timings after you have booked your flight. If you provide us with your e-mail address and an away contact number, we will endeavour to notify you of any changes by such means. If, after you make your reservation, but before the date of travel, we change the scheduled departure time by more than three hours and this is unacceptable to you and we are unable to book you on an alternative flight which is acceptable to you, you will be (B) to a refund for all monies paid in respect of the time changed flight.
（中略）

9.3 DIVERSIONS

If, for reasons (C) our control, we are unable to land at the airport at your destination and are diverted so as to land at another airport then the carriage by air shall be deemed to be completed when the aircraft arrives at that other airport. We shall, however, arrange or designate alternative transportation, whether by our own services or by other means of transportation specified by us to carry you to the original destination as set out in your Confirmation/Itinerary without additional cost.

☑ 問1　A～Cの(　　　)に入るべき最もふさわしい語句はそれぞれどれか。

A：1. before　　2. after　　3. for　　4. as of
B：1. subject　　2. liable　　3. entitled　　4. available
C：1. of　　2. within　　3. following　　4. outside

☑ 問2　次の記述から、英文の内容に合致していないものだけをすべて選んでいるものはどれか。

(ア)予約受付時には実際に運行される確定スケジュールをお知らせします。
(イ)予約受付後のスケジュール等の変更については、お客様からいただいたEメールアドレス、並びに連絡先にお伝えするよう努めます。
(ウ)当社の管理不可能な理由により当初の目的地空港に着陸できない場合は、代替空港に着陸した時点で、乗客に対する航空機による運送義務を完了したものとみなします。
(エ)その後に当初の目的地までの移動を行う場合は、お客様の責任と費用において行うものとします。

a. (ア)(イ)　　b. (ウ)(エ)　　c. (ア)(イ)(ウ)　　d. (ア)(エ)

☑ 問3　予約受付後、出発までの間に変更があった場合、当社便に対する支払い運賃全額の払戻しを受けるために必要な条件すべてを選んでいるものはどれか。

(ア)出発時刻が3時間以上にわたり変更となる。
(イ)その変更を乗客が受け入れることができない。
(ウ)乗客が受入れ可能な代替便が満席で予約できない。
(エ)予約と同時に運賃全額の支払いが完了している。

a. (ア)　　b. (ア)(イ)(ウ)　　c. (ア)(イ)(ウ)(エ)　　d. (ウ)(エ)

【ポーズ入り問題文】

ARTICLE 9 - SCHEDULES, CANCELLATIONS, DELAYS AND DIVERSIONS

9.1 SCHEDULES
9.1.1 The flight timings / shown on your Confirmation/Itinerary or elsewhere / may(51) change between the date of reservation / and the date of travel.

9.1.2 When we accept your booking, / we will notify(54) you of the scheduled flight timings in effect / **[A: as of(8)]** that time,/ and it will be shown on your Confirmation/Itinerary. It is possible / we may need to change the scheduled flight timings / after you have booked your flight. If you provide us with your e-mail address / and an away contact number, / we will endeavour to notify(54) you / of any changes / by such means. If, / [after you make your reservation, / but before the date of travel,] / we change the scheduled departure time / **by** more than three hours / and this is unacceptable to you / and we are unable to book you on an alternative flight / which is acceptable to you, / you will be **[B: entitled**(24) **]** to a refund for all monies paid / in respect of(73) the time changed flight.

9.3 DIVERSIONS
If, /[for reasons **[C: outside]** our control,] / we are unable to land at the airport at your destination / and are diverted / so as to land at another airport / then the carriage by air shall(80) be deemed(20) to be completed / when the aircraft arrives at that other airport. We shall(80), however, / arrange or designate alternative transportation, / whether by our own services / or by other means of transportation specified by us / to carry you to the original destination / as set out in your Confirmation/Itinerary / without additional cost.

【重要語句解説】

may(51) change	変更することがある／変更できる
between A and B	AとBの間で
notify(54) A of B	AにBを通知する(= inform A of B)
in effect	有効な／効力を有する
as of(8) ～	～の時点で　**例** as of Jan. 1, 2001〈2001年1月1日の時点で〉
provide A with B	AにBを供給する／AにBを与える
by	～の差で　**例** We missed the train by five minutes.〈5分のところで電車に乗り遅れた〉
be entitled(24) to ～	～の権利を有する
in respect of (73) ～	～に関して／～について
outside our control	我々の管理の及ばない理由で／どうすることもできない理由で(= beyond our control)
so as to land	着陸するために　＊land「着陸する」、take off「離陸する」
be deemed(20) to be completed	完了したものとみなされる
shall(80)	～するものとする　＊義務・責任を意味する条件書英語頻出表現
designate	示す／明示する
whether A or B	Aであろうと、Bであろうと
means of transportation	交通手段　＊means of payment「支払手段」複数形で使う
set out	発表する／明示する　＊チャレンジ問題2を参照

解答

問① A：4　as of
　　B：3　entitled「権利がある」　**参** subject「～を条件、前提として」、liable「責任がある」、available「入手・利用可能な」
　　C：4　outside
問② d.（ア）（エ）
問③ b.（ア）（イ）（ウ）　＊以下の和訳例で確認。

【和訳例】
第9条　スケジュール、取消、遅延、並びに経路変更
9.1　スケジュール
9.1.1　予約確認書・旅程表、またはその他の場所に示されたフライトのスケジュールは、予約日からフライト予定日までの間に変更となることがあります。
9.1.2　予約受付時、当社は乗客にその時点における有効な出発予定時間をお知らせし、それが予約確認書・旅程表に記載されます。予約後に、出発予定時間を変更する必要が生じる可能性があります。当社に乗客のEメールアドレス、および不在時の連絡先が伝えられている場合は、生じた変更について、そうした手段でお伝えするよう努めます。予約後、出発日までの間に、出発予定時刻を3時間以上変更した場合、その変更を乗客が受け入れられず、受入れ可能な代替便の予約もできない時は、その乗客は時間が変更となった便に関する支払金額全額の払戻しを受ける権利があります。
9.3　経路変更
もし、当社の管理範囲を超える理由により、乗客の目的地の空港に着陸することができず、別の空港に着陸するために経路変更した場合は、航空機がその代替空港に到着した時に航空輸送に関する責任は完了したものとみなします。しかしながら当社は、乗客を予約確認書・旅程表に明示された目的地まで輸送するために、当社のサービスあるいは他の交通手段により、代替の輸送手段を追加費用の支払いなしに手配・用意するものとします。

※ヨーロッパのある大手LCC（格安航空会社）の約款(抜粋)。

第2問

次の英文は、ニューイヤーコンサートのチケット申込みの案内(抜粋)である。これを読み、以下の問1～問4の各設問について該当するものを、それぞれの選択肢から1つ選びなさい。

[A: Due to] extremely high demand, tickets for the three traditional end of year concerts of the Vienna Philharmonic are drawn by lot over this website at the beginning of each year. In this way, music lovers from all over the world have an equal chance to purchase these highly desired tickets. Between January 2 and February 28, 2022, applications will be accepted to take part in the drawing for tickets to the end of year concerts 2022/23.

During this period, all interested parties are invited to register at this website for tickets to the Preview Performance (December 30, 2022, 11:00 AM), the New Year's Eve Concert (December 31, 2022, 7:30 PM), and the New Year's Concert (January 1, 2023, 11:15 AM).
The application can be made on the New Year's Concert drawing page. Here you can decide for which concerts and which categories you would like to apply. You may make one application for each of the three concerts.

The number of tickets for the New Year's Concert is limited to two, and the number

of tickets for the Preview Performance and New Year's Eve Concert can be up to four. The program is the same for all three concerts.
Should you wish to make a change in your application, you may only do so during the sign-up period (January 2 - February 28). In March you will be informed of the results of the drawing by e-mail.

Within the two-month application period, the actual time of application is **[B: irrelevant]**. An application made on January 2nd has the same chances as an application made on February 28th. The only way to obtain tickets for these concerts is by taking part in the online drawing! Requests submitted by e-mail or any other means will not be considered!

☑ 問① [A: Due to]の意味として最もふさわしいものはどれか。

（ア）Contrary to　（イ）Equal to　（ウ）Compared to
（エ）Because of

☑ 問② [B: irrelevant] の意味としてふさわしいものだけを、すべて選んでいるものはどれか。

（ア）First come, first served
（イ）not important to or connected with the result
（ウ）The sooner, the better　（エ）very important for you
a.（ア）(ウ)　**b.**（エ）　**c.**（イ）(ウ)　**d.**（イ）

☑ 問③ 次の記述から、英文の内容に合致していないものだけをすべて選んでいるものはどれか。

（ア）チケットの申込みはウェブサイト、あるいはEメールで可能である。
（イ）電話や手紙による申込みはできない。
（ウ）申込みは新年1月元日から2月末まで可能である。
（エ）抽選の結果は3月にEメールで通知される。
a.（イ）(ウ)　**b.**（ア）(エ)　**c.**（ア）(ウ)　**d.**（ア）(イ)(ウ)

☑ 問④ 次の記述から、英文の内容に合致していないものだけをすべて選んでいるものはどれか。

（ア）3回のコンサートではそれぞれ異なる曲が演奏される。
（イ）多くの人が来場できるように、申込みは1人1枚に限定される。
（ウ）12月30日と31日のコンサートは、4枚まで申込みが可能である。

（エ）一旦申込みをした内容の変更は一切できない。

a.（ア）（イ）　**b.**（イ）（エ）　**c.**（イ）（ウ）（エ）　**d.**（ア）（イ）（エ）

【ポーズ入り問題文】

[A: Due to (21)] extremely high demand, / tickets for the three traditional end of year concerts of the Vienna Philharmonic / are drawn by lot / over this website / at the beginning of each year. In this way, / music lovers from all over the world / have an equal chance / to purchase these highly desired tickets. Between January 2 and February 28, 2022, / applications will be accepted / to take part in the drawing for tickets / to the end of year concerts 2022/23.

During this period, / all interested parties are invited to register at this website / for tickets to the Preview Performance (December 30, 2022, 11:00 AM), / the New Year's Eve Concert (December 31, 2022, 7:30 PM), / and the New Year's Concert (January 1, 2023, 11:15 AM).
The application can be made / on the New Year's Concert drawing page. Here you can decide / for which concerts and which categories / you would like to apply. You may make one application / for each of the three concerts.

The number of tickets for the New Year's Concert / is limited to two, / and the number of tickets for the Preview Performance and New Year's Eve Concert / can be up to four. The program is the same / for all three concerts.
Should(86) you wish to make a change in your application, / you may (51) only do so / during the sign-up period (January 2 - February 28). In March you will be informed of (54) the results of the drawing by e-mail.

Within the two-month application period, / the actual time of application is [B: irrelevant]. An application made on January 2nd / has the same chances / as an application made on February 28th. The only way to obtain tickets for these concerts / is by taking part in the online drawing! Requests submitted by e-mail or any other means / will not be considered!

【重要語句解説】

due to (21)	～のために／～が原因で(= because of)
draw by lot	抽選する／くじを引く
take part in ～	～に参加する(= participate in ～)
interested parties	興味を持った人々／関心のある人々
up to four	4枚まで　＊「up to」は上限を示す
Should (86) you wish	もしも変更を希望するなら(= If you should wish)
you may (51) only do so	may は「～できる」の意味(= can)
be informed of (54) ～	notify A of B と同じ用法
irrelevant	重要な関連がない(= not important to or connected with a situation)
same as ～	～と同じ

解答

問① (エ) 参 contrary to ～「～に反して、反対して」、equal to ～「～と等しい」、compared to ～「～に例えて」

問② d. (イ) 参 First come, first served「早い者勝ち、申込み順に」、The sooner, the better「早ければ早い程良い」

問③ c. (ア)(ウ)

問④ d. (ア)(イ)(エ) ＊以下の和訳例で確認。

【和訳例】

ご要望が非常に多いため、年末年始の伝統となっているウィーン・フィルの3つのコンサートのチケットは、このウェブサイトにて年の初めに抽選をおこないます。これにより、世界中の音楽ファンの皆様から大変ご要望の多いチケット入手の機会は均等になります。2022年1月2日から2月28日までの間に2022年／2023年の年末年始のチケット抽選への参加申込みを受け付けます。

プレヴューコンサート(2022年12月30日11時)、ジルヴェスターコンサート(2022年12月31日19時30分)、そしてニューイヤーコンサート(2023年1月1日11時15分)のチケットの抽選に興味のある方は、この期間内に申し込んでください。

ウィーン・フィルのウェブサイトに登録することで申込みができます。ウェブサイトでは、どのコンサートの、どのカテゴリーのチケットを希望するかを選択できます。3つのコンサートのそれぞれに、1回だけ申し込むことができます。

チケットの枚数は、ニューイヤーコンサートの場合は2枚までですが、その他の2つのコンサートは4枚までお申し込みいただけます。プログラムは3回のコンサートともすべて同じです。

申込内容の変更は、抽選の申込期間内(1月2日～2月28日)のみ可能です。抽選結果については、3月にEメールでお知らせいたします。

2か月の期間のうちの申込日時は、抽選結果には全く関係しません！　2月28日の申込みは、1月2日の申込みと全く同じチャンスがあります。これらのコンサートのチケットを得る唯一の方法は、オンライン抽選に参加することです。郵便やEメールでのチケットの申込みは、一切考慮されませんのでご注意ください！

※ウィーン・フィルの新年演奏会のチケット申込方法より抜粋。

第3問

次の英文は、VisitKansaiの条件書(抜粋)である。これを読み、以下の問1～問2の各設問について該当するものを、それぞれの選択肢から1つ選びなさい。

1. About VisitKansai

VisitKansai (hereafter referred to as VK) is a volunteer guide site to encourage understanding of Japanese culture and people and to promote cross-cultural friendship.

2. Guides

VK guides are volunteers who provide guide services based on their own goodwill [A] the guide has a license or not. VK makes no claims or no guarantees as to the qualifications or experience of its guides.
Any and all persons who request and/or utilize the services of VK will be collectively referred to as "Guest " hereafter.
VK offers one (1) guide per group of Guest. There are no predetermined routes of destinations. VK guides will do their reasonable effort to suggest custom itineraries based upon the needs of each group of Guest. VK reserves the right to refuse requests or itineraries that VK deems unreasonable for any reason.

3. Reward and Cost of the Guide
Basically VK guide services are [B], so Guest does not pay any reward to the guide. Besides, when Guest chooses "Experienced guide" condition at the time of request, Guest must pay for the following expenses:
TRAVEL EXPENSES INCURRED BY THE GUIDE while conducting a tour for the Guest. These include any and all public transportation fees incurred on and after meeting the guest at the appointed meeting place and on and before the point when Guide leave Guest after guiding completed. Guest does not pay any costs incurred by the guide on and before the meeting and after the tour period.
ADMISSION FEES to museums, temples, events etc. incurred by the guide while providing guiding.
Cost for meal and drinks
Provided however, that Guest must pay any costs incurred when the Novice Guide/Experienced Guide picks up Guest at any seaport or airport with such guide's consent.

（注）Novice (= beginner) 初心者、かけだし

問① [A]、[B] に入るべき最もふさわしい語句をそれぞれ選びなさい。

[A] **a.** either **b.** weather **c.** neither **d.** whether

[B] **a.** not expensive **b.** chargeable **c.** free of charge **d.** excellent

問② 次の記述から、英文の内容に合致していないものだけをすべて選んでいるものはどれか。

（ア）VKのガイドは全員が通訳ガイドの資格を有するものです。
（イ）VKのガイドは外国人に対するガイド経験があるとは限りません。

(ウ) ガイドの数に余裕があれば、1つのグループに2人のガイドを提供することも可能です。

(エ) お客様は、当方が予め用意したモデルコースの中から希望のルートを選んでいただきます。

(オ)「経験あるガイド」を選ばれたお客様には、ガイド中に発生する入場料、交通費などの支払いをしていただきます。

a. (イ)(ウ)　**b.** (ア)(エ)　**c.** (イ)(オ)　**d.** (ア)(ウ)(エ)

【ポーズ入り問題文】

1. About VisitKansai
VisitKansai (hereafter (39) referred to as (40) VK) / is a volunteer guide site / to encourage understanding of Japanese culture and people / and to promote cross-cultural friendship.

2. Guides
VK guides are volunteers / who provide guide services / based on (10) their own goodwill / [A: whether] the guide has a license or not. VK makes no claims or no guarantees / as to the qualifications or experience of its guides.
Any and all persons / who request and/or (5) utilize the services of VK / will be collectively referred to (40) as "Guest " hereafter (39).
VK offers one (1) guide per group of Guest. There are no predetermined routes of destinations. VK guides will do their reasonable effort / to suggest custom itineraries / based upon (10) the needs of each group of Guest. VK reserves the right to refuse requests or itineraries / that VK deems unreasonable for any reason (67).

3. Reward and Cost of the Guide
Basically VK guide services are [B: free of charge], / so Guest does not pay any reward to the guide. Besides, when Guest chooses "Experienced guide" condition / at the time of request, / Guest must pay for the following expenses:
TRAVEL EXPENSES INCURRED BY THE GUIDE / while conducting a tour for the Guest. These include any and all public transportation fees incurred / on and after (57) meeting the guest at the appointed meeting place / and on and before (57) the point / when Guide leave Guest after guiding completed. Guest does not pay any costs incurred by the guide / on and before (57) the meeting and after the tour period.
ADMISSION FEES to museums, temples, events etc. / incurred by the guide while providing guiding.
Cost for meal and drinks
Provided however (64)), / that Guest must pay any costs incurred / when the Novice Guide/ Experienced Guide picks up Guest / at any seaport or airport / with such guide's consent (17).

【重要語句解説】

hereafter(39) referred to as(40)	ここ以降において／これ以降、～という(=hereinafter)
based on(10)	～に基づく(= based upon)
whether A or B	AであろうとBであろうと(ガイド免許を所持していようがいまいが)　＊セレクト問題1を参照

claim	主張する　＊日本語の「クレーム」(苦情を言う)とは異なる！
as to ～	～に関して
any and all	どんな～もすべて(= any and every)　＊条件書で使われる強調形
A and/or(5) B	AとB、またはAかB
custom	(形容詞で)注文による／希望にそった／オーダーメイドの　＊名詞では「習慣」「(複数形で)税関」
reserve the right to ～	～する権利を留保する　＊必ずそうするのではなく、「後で必要となった場合にはそうすることができる」という意味
for any reason(67)	いかなる理由でも／理由の如何を問わず
free of charge	無料の
besides	その他に／なおこれ以外には
on and after / on and before(57)	～の時とそれ以降(以前)　＊「～の時」を含むことを明確にする表現
provided however(64)	ただし～を条件として(ガイドが空港・港湾へ迎えに行くことを条件として)
with such guides' consent(17)	ガイドの承諾のもとに

解答

問① **[A] d. whether**　参 either A or B「AかBのどちらか一方の」、weather「天気、天候」、neither「(2者のうちの)どちらでもない」
[B] c. free of charge「無料の」　参 chargeable「支払われるべき」、excellent「優秀な」

問② **d. (ア) (ウ) (エ)**　＊以下の和訳例で確認。

【和訳例】

1. VisitKansai について
VisitKansai（以下、VKとします）は、外国人にもっと日本人や日本文化を知ってもらい、異文化交流を深めることを目的として結成されたボランティアガイドサイトです。

2. ガイドについて
VKのガイドは、通訳ガイド資格の有無にかかわらず、善意のもとに活動するボランティアガイドです。VKは、ガイドの資格の有無や経験については保証しません(有資格者や経験豊富なガイドばかりというわけではありません)。
VKのサービスを利用する者を、以下「ゲスト」と呼びます。
1グループに1名のガイドがつきます。規定ルートはなく、それぞれ、ゲストのニーズに合わせてプランを作り、ガイドします。ただし、VKが不適切と判断したリクエストはお断りする場合があります。

3. 報酬・経費について
VKガイドへの報酬は無料ですが、"Experienced Guide" 条件を選択したゲストは、以下の費用を負担します。
　ガイド中に発生するガイドの交通費（ゲストとの待ち合わせ場所まで、および別れてから帰宅するまでの経費は含まれません）
　お寺や美術館、アトラクションなどのガイドの入場料
　食事および飲み物代
　ただし、Novice Guide / Experienced Guideの種別にかかわらず、ガイドの承諾をもとに、空港での出迎えなど遠隔地まで向かう場合は、その経費もゲストが負担します。

　ここまでの5問で、今までより条件書英語に慣れていることを期待する。英語は「ことば」なので実際に使われている英語圏のツアーパンフレット等に目を通し、慣れることが大切だ。

　他の内容、例えば「クルーズの申込条件書」や「ホテル宿泊約款」などから出題されたとしても、条件書英語の基本は共通している。「業法・約款」で学んだこと、常識や想像力を駆使して当たってほしい。

表2：頻出旅行英単語118

番号	英語	日本語	番号	英語	日本語
1	address	住所	2	admission fee	入場料金
3	aisle（seat）	通路（側の席）	4	aisles and exits	通路と出口
5	allotment	割り当て	6	altitude	高度
7	amount	総額	8	arrival（arrive）	到着（到着する）
9	baggage（= luggage）	手荷物	10	baggage claim area	荷物引取エリア（航空会社に委託した手荷物を引き取る場所）
11	balance	残額	12	beverage	飲み物
13	boarding gate	搭乗ゲート	14	boarding pass	搭乗券
15	book	予約する	16	breakfast	朝食
17	captain	機長	18	cashier	会計
19	centigrade（= Celsius）	摂氏	20	charge	料金、請求する
21	checked baggage	受託手荷物（航空会社に預けた荷物）	22	claim tag	預入れ荷物引換証、クレームタグ
23	coach	大型観光用バス、鉄道の車両、エコノミークラス、指導員	24	concierge	コンシェルジュ
25	conductor	車掌、または添乗員（Tour Conductor）、指揮者	26	configuration	座席配置
27	confirm	確認する	28	Consulate (General)	領事館（総領事館）
29	contract	契約	30	customs	税関（必ず複数形で使う）

番号	英語	日本語	番号	英語	日本語
31	Customs Declaration Form	税関申告書	32	Date of Birth	生年月日
33	Daylight Saving Time（DST）	夏時間（＝Summer Time）	34	declare	申告する
35	delay	遅延	36	deposit	予約金
37	descend	下降する	38	destination	行先、目的地
39	discretion	任意	40	Disembarkation Card	入国カード
41	double decker	2 階建てバス	42	Duty-Free Shop（DFS）	免税店
43	eligible for	～の資格がある	44	Embarkation Card	出国カード
45	Emergency Exit	非常口	46	entitle to	～の権利がある
47	Estimated Time	予定時間	48	excess（例：Excess Baggage）	超過（例：超過手荷物）
49	Exit	出口	50	fare	運賃
51	fasten seat belt sign	安全ベルト着用サイン	52	fill in（＝ fill out）	記入する
53	flight time	飛行時間	54	foreigner	外国人
55	go straight	まっすぐ行く	56	ground floor	1 階
57	guide	ガイド	58	head waiter	ヘッドウエイター（給仕人のチーフ）
59	immigration	出入国審査	60	in full	全部
61	incur	負う	62	inspection	検査（視察）
63	invoice	請求書	64	involuntary	本人の意思に拠らない
65	itinerary	日程、旅程	66	land operator	地上手配業者、ランドオペレーター
67	landing	着陸	68	leg	区間
69	life vest	救命胴衣	70	local restaurant	ホテル以外のレストラン
71	master account	団体勘定	72	meal	食事
73	Minimum Connecting Time（MCT）	最少乗り継ぎ時間	74	money change	両替
75	nationality	国籍	76	occupancy	座席の混み具合（元々は占有の意味）
77	occupation	職業（Profession＝頭脳を使う職業）	78	Occupied	使用中（元々は占有されているの意味）
79	oxygen mask	酸素マスク	80	passenger	乗客
81	Passport Control	出入国審査、旅券審査	82	payable	支払うべき

番号	英語	日本語	番号	英語	日本語
83	Personal Account	個人勘定	84	personal belongings / effects	身の回り品
85	porter	ポーター（空港・駅・ホテルで荷物を運ぶ職業の人）	86	porterage	荷物運搬料金
87	purpose	目的	88	quarantine	検疫
89	railway officials	鉄道係員	90	rate	料金
91	reception	受付（ホテルでは宿泊手続き担当）	92	reconfirmation	再確認
93	refund	払い戻し	94	requirement	要件
95	reservation (=booking)	予約	96	return fare / ticket	往復運賃・チケット
97	rooming	部屋割り	98	safety deposit	貴重品預け
99	secure	保証する	100	sightseeing	観光
101	signature	署名	102	supplement	追加
103	take off	離陸	104	temperature	気温
105	terms	条件	106	time difference	時差
107	timetable	時刻表	108	transfer	移動、乗換え
109	turbulence	乱気流	110	turn to the left, turn left	左に曲がる
111	twin room	（一人用ベッドが２つある）２人部屋	112	unaccompanied baggage	別送手荷物、別送品
113	underground	（英）地下鉄、（米）地下道	114	vacant	空いている
115	valuables	貴重品	116	voluntary	本人の意思による
117	voucher	バウチャー、クーポン	118	Wake-up Call	目覚まし電話（Morning Call は和製英語）

MEMO

第3章 出入国法令

出題傾向と対策

1 出題傾向

① 問題形式は「4者択一」よりも「すべて選んでいるものはどれか」「すべて選びなさい」方式が定着している。各事項を正確に理解していなければ得点できない。

② 配点は、海外旅行実務200点満点中の40点(5点× 8問)。

旅券法(4問)	・18歳未満の旅券申請について ・戸籍謄本(抄本)の省略 ・旅券申請に際して代理で申請する者の資格 ・受領しなかった旅券の失効条件について ・外国での在留届の提出先 ・紛失した旅券の失効条件について ・旅券の切替申請について ・旅券申請時の身元確認書類 ・代理申請時の条件
出入国管理及び難民認定法(1問)	・みなし再入国許可と再入国許可の違い(有効期間及び、有効期間延長の可否) ・中長期在留者と特別永住者の違い(有効期間及び、有効期間延長の可否)
関税法(3問)	・酒類の課税について ・課税対象品の選択 ・海外市価が30万円のハンドバッグの課税率 ・別送品の宛先 ・6歳未満の子供の持ち込みについて ・20歳未満の旅行者の酒類及びたばこの購入について

過去3年間の出題項目

関係する法律		項目	内容	2022年度	2021年度	2020年度
旅券法	旅券手続		**旅券の種類**			
		数次往復用旅券	5年・10年旅券は成人のみ選択できる			
			申請時18歳以上は5年・10年選択できる	○	○	○
			新規発給申請			
		新たな旅券申請要件	新たな旅券が申請できるとき			
			残存有効期間が1年未満			○
			著しく損傷した旅券			
			査証欄に余白がなくなった場合			○
		申請時必要書類	身元確認書類（1つ・2つ）	○	○	○
			住民票省略（住民基本台帳ネットワークシステムに加入）		○	○
		戸籍謄本（抄本）	戸籍謄本（抄本）の省略ができるとき、できないとき	○	○	
			戸籍謄本（抄本）は6か月以内のものに限る			
		3つの署名欄	法定代理人署名、18歳以上は不要			○
			代理署名（所持人自署欄）のできる人、優先順位	○		
		代理申請・居所申請	代理申請時の「申請書類等提出委任申出書」の提出（法定代理人の場合は不要・配偶者の場合は必要）	○	○	○
			代理申請者の身元確認の必要性			
			代理申請者の不正行為			
			代理申請者の条件	○		
			新規発給以外の申請			
		変更申請	記載事項変更旅券の残存有効期間		○	
			記載事項変更旅券の申請条件		○	
			旅券の記載事項			
		査証欄増補申請	査証欄増補申請（1回限り、いつでもできる）		○	○
			渡航書	○	○	
			受領			
			査証欄増補申請・受領時の代理人の資格			
			代理申請・受領のできるとき	○		
			旅券の失効			
		旅券失効要件	旅券紛失の場合、届出時に失効	○	○	
			旅券紛失時の代理届出			○
			発行の日から6か月以内に受領しないとき	○	○	
			有効な旅券が返納されたときに、新たな旅券が発給されたとき	○	○	
			紛失・焼失の届出に必要な書類	○		
			外国滞在の届出			
			在留届		○	○

関係する法律		項目	内容	2022年度	2021年度	2020年度
出入国管理及び難民認定法	外国人の日本出入国		**外国人の出国と再入国許可**			
			有効期間（中長期在留者及び特別永住者の場合）	○	○	
			再入国許可書・再入国許可証			○
			一次・数次の申請と許可	○		○
		みなし再入国許可	みなし再入国の定義	○		○
			再入国出入国記録	○		○
			有効期間及び海外での延長不可			
			中長期在留者および特別永住者の有効期間		○	
			短期滞在者の有効期間		○	

（つづく）

（つづき）

関係する法律		項目	内容	2022年度	2021年度	2020年度
外国為替及び外国貿易法／関税法	日本人の出入国手続	日本の入国（帰国）時の手続				
		税関手続				
		別送品	別送品の引取り期限（輸入手続）は６か月以内			○
			別送品の場合は「携帯品・別送品申告書」２通必要			
			別送品の申告は入国前	○		
			別送品表示			
			旅行者本人受取り			
		20歳未満	20歳未満の者の免税範囲（酒・たばこは免税範囲なし）	○	○	
			６歳未満の者の免税範囲			
		課税	課税対象は旅行者に有利なものが選択される			
			持ち帰ったものが免税範囲か課税されるか		○	
			海外市価と課税価格			
			一般税率が適用されるもの（課税価格が10 万円を超えるもの）	○		○
			消費税のみ課税される品目（腕時計、ゴルフクラブ等）	○	○	

関係する法律	項目	内容	2022年度	2021年度	2020年度
家畜伝染病予防法／植物防疫法／ワシントン条約	酒類	酒類の課税・免税範囲	○	○	○
	たばこ	たばこの免税範囲と課税額			○
	香水	香水の免税範囲		○	○
	その他品物	20万円以内（品物の海外市価の合計額）は免税		○	○
		20万円以上の品物は全額が課税対象（品物単位）		○	○
		１品目１万円以内の品物は無条件免税（免税枠計算に含めない）		○	○
		外国製品の持出し届	○		
		化粧品（標準サイズ１品目24個以内持込可）		○	
	輸入が禁止または規制されているもの	上海蟹（外来生物法）			
		キャビア（ロシアから）の瓶詰		○	
		紅茶			
		ビーフジャーキー	○		
		ランの切花			○
		白菜のキムチ			
		パイナップルの生果実			
		バラのドライフラワー	○		
		サクランボの生果実			
		フランクフルトソーセージの缶詰			
		からすみ			○
		生ハム			○
		フォアグラのパテ		○	
		トリュフ		○	
		中国の干しアワビ	○		

※各項目の無印の欄は2016年度～ 2019年度に出題されたもの

2 対策

旅券法においては、前述の出題傾向の項目について年数や条件をしっかり学習する必要がある。また、2023（令和5）年3月27日より施行される下記の内容をしっかり把握しておこう。

- 査証欄増補の廃止
- 一般旅券の発給申請、紛失・焼失の届出、渡航書の発給申請をオンライン化。原則として切替申請時の出頭を不要とする（記載事項に変更のない場合）
- 発効後6か月以内に受領せず当該旅券が失効した未交付旅券の発行経費徴収
- 戸籍の確認が必要な場合は戸籍謄本のみ有効

出入国管理及び難民認定法では、再入国許可とみなし再入国許可の違い（短期滞在資格を持つ外国人が指定旅客船を利用したケースなど）、中長期在留者と特別永住者の違いを理解しておきたい。

関税法では、前述の出題傾向に加え、ワシントン条約や外来生物法による規制や禁止される主要項目も覚える必要がある。特に近年は、経済産業省発行のSouvenir Guide掲載の内容も出題されている。関係機関が発行している案内などにも目を通しておく必要がある。

査証については、出題は後述の「海外実務」の中でされている。各国の電子渡航認証システムの条件や内容を把握しておくことが重要である。特に米国のESTAについては2年連続で出題されている。

近年、関係各所のホームページやホームページ内のQ＆Aなどから出題される問題が増えている。本書では基本的事項を中心に掲載するが、あわせて関係各所の情報にも目を向けてほしい。

●税関Webサイト

http://www.customs.go.jp/zeikan/pamphlet/index.htm

1 渡航手続：旅券手続

学習のポイント

- 旅券法および旅券法施行規則に基づいた旅券の各項目。
- 基本となる新規発給申請と記載事項変更申請の条件、旅券の効力を失うときの要件、および各項目の特例。

1 旅券とは

「旅券」とは、外務大臣が身分・**国籍を証明**し、保護扶助を在外関係諸機関に要請する国際的な**公文書**のこと。旅券には、所持する者（**名義人**）の身分を証明するために、次の項目が記載されている。

旅券の記載事項

①旅券の種類、番号、発行年月日、有効期間満了の日
②旅券の名義人の氏名および生年月日
③旅券の名義人の性別、国籍（コード）および本籍の都道府県名
④旅券の発行国のコードおよび発行官庁

上記の赤字の項目に変更が生じた場合、後述の旅券の新規申請または記載事項変更旅券の申請が必要となる。

旅券に記載する氏名は原則**ヘボン式ローマ字**で、戸籍に記載されている氏名を表記する。ただし、申請者がヘボン式によらないローマ字表記を希望し、外務大臣または領事館が出生証明書等によりその表記が適当であり、渡航の便宜のため特に必要があると認めるときは、ヘボン式によらないローマ字でも認められる。

日本では、2006年3月よりIC旅券が発給されている。IC旅券のICチップ部分には名義人の写真や旅券番号等のデータが暗号化されて記録されている。

2 旅券の種類

公用旅券	国の用務で渡航する者に発給される旅券。特に外交官を含む外交関係者に発給される旅券は外交旅券という。
一般旅券	公用旅券以外の旅券で一般の渡航者に発給される。数次往復用旅券と一往復用旅券（旅券法上のみで現在発給されることはない）がある。

ココ出る

数次往復用一般旅券は、有効期間が発行日から「10年」と「5年」の2種類あり、有効期間内であればすべての国および地域に何度でも渡航可能である。

10年用旅券	申請時18歳以上の者に発給
5年用旅券	申請時18歳未満の者、および18歳以上で申請者が希望する場合に発給

3 新規発給申請

国内において新規で旅券を申請する（新規発給申請）場合、書面手続と電子手続の2通りがある。

書面手続	原則、渡航者の現住所（住民登録地）の都道府県庁もしくは一部の市町村の旅券窓口へ、また国外においては最寄りの領事館へ本人が出向いて申請
電子手続	申請に必要な書類を電子化し、オンラインにより申請（電子手続は順次導入の見込みであり、都道府県（市町村）により手続可能な項目が異なる）

1 新規発給申請を行う場合

以下の場合に新規発給申請ができる。

申請自由	○：可　△：一部道府県は可　×：不可	
	書面手続	電子手続
①新たに旅券の申請を受けるとき	○	△
②旅券の有効期限が満了となったとき	○	△
③旅券の残存期間が1年未満となったとき※1	○	○※2
④有効旅券の記載事項に変更が生じたとき（残存有効期間にかかわりなく可能）※1	○	△
⑤査証欄に余白がなくなったとき（同上）※1	○	○
⑥有効旅券を著しく損傷したとき（同上）※1	○	×
⑦有効旅券を紛失・盗難または焼失して、その旨を届けたとき（海外で有効旅券を紛失し、帰国のための「渡航書」で帰国した場合を含む）	○	△
⑧外務大臣または領事館が旅券の名義人の保護また渡航の便宜のため特に必要があると認めたとき※1	○	×

※1：③～⑥、⑧は後述の切替（新規）申請を参照。
※2：本籍地、戸籍上の氏名・性別に変更がない人。

2 申請に必要な書類

日本国内で旅券の新規発給申請をする場合、申請者は都道府県知事を経由して、外務大臣に次の書類を提示または提出しなければならない。

①一般旅券発給申請書。10年用と5年用では様式が異なる	1通
②戸籍謄本（申請日前6か月以内に発行）	1通
③写真（申請日前6か月以内に撮影）	1枚
④身元を確認するための書類 (1)住民票の写し（申請日前6か月以内に発行） (2)本人確認のための書類	1点または2点

※電子手続の場合は、上記書類を電子化し送信することにより行う（戸籍謄本を除く）。
※①と③は、国外のIC旅券が発行できない在外公館では、それぞれ2通（枚）必要。
※②は、戸籍が電算化された市区町村では、戸籍謄本は「全部事項証明書」が発行される。
※③は、写真は、大きさ4.5cm × 3.5cm、正面、無帽、無背景などの条件がある。
※④(1)は、**住民基本台帳ネットワークシステム**（略して住基ネット）を利用する場合、住民票の写しの提出は不要。住民登録をしていない単身赴任等が居所にて申請する場合は必要。
※④(2)の主なものは次の「ココ出る」の通り。

■本人確認のための書類（主なもの）

1つで身元を確認できるもの
・日本国旅券（有効なものまたは失効後6か月以内のもの） ・運転免許証（国際免許証、仮免許証も含む） ・宅地建物取引士証 ・写真付き住民基本台帳カード（有効なものについては、個人番号カードの交付を受けるまでは、個人番号カードとみなされる） ・写真付き身体障害者手帳（写真貼替え防止がなされているもの） ・運転経歴証明書（平成24年4月1日以降交付） ・個人番号カード（マイナンバーカード） ・船員手帳 ・電気工事士免状 ・写真付き官公庁職員身分証明書
2つ必要とするもの **※AとA、AとBの組合せの場合は有効だが、BとBの組合せの場合は受け付けられない**
A ・健康保険被保険者証 ・国民健康保険被保険者証 ・後期高齢者医療被保険者証 ・国民年金証書（手帳） ・厚生年金証書（手帳） ・船員保険被保険者証 ・共済年金証書 ・一般旅券発給申請書に押印した印鑑に係る印鑑登録証明書及び実印 ・基礎年金番号通知書

B
・学生証(写真付き)
・会社の身分証明書(写真付き)
・公の機関が発行した資格証明書等
・失効旅券(失効後6か月を経過した旅券で本人確認できるもの)
・母子手帳
・身体障害者手帳(写真張替防止措置のないもの)

3 戸籍謄本の省略

新規発給申請に必要な書類のうち、下記の場合は「戸籍謄本」の提出を省略することができる。

① 有効な旅券を返納の上、新たに旅券の発給を申請する場合

- 残存有効期間が1年未満となったとき
- 査証欄に余白がなくなったとき
- 旅券を著しく損傷したとき
- 上記の場合以外で、有効な旅券を返納の上、申請する場合

注意 **有効期間が満了となった旅券の場合は不可。**

② 同一戸籍内にある2人以上の者が同時に旅券を申請する場合で、いずれかの1人が戸籍謄本を提出する場合

注意 **申請する都道府県が同一であれば住民票が同じでなければならないという規定はない。**

③その他

- 緊急に渡航する必要が生じ、戸籍謄本の提出が困難と認められたときで、本籍の入った住民票の写し(6か月以内に発行)を提出する場合
- 国外において有効な国籍証明書または船員手帳を提出する場合
- 対立関係にある国や地域に渡航する渡航者の保護・便宜のため二重に旅券の発給申請をする場合

4 書面手続の場合

新規発給申請に必要な「一般旅券発給申請書」には「署名欄」が2か所あり、それぞれの内容と必要性、代理記名の場合の規定を理解しておく必要がある。

① 「所持人自署」欄

この欄にした署名は、そのまま旅券に転写される。また、受領のときなど後から変更することはできない。署名にあたって使用する文字は、日本字でもローマ字でも楷書でも筆記体でも問わない。

なお、署名をする能力のある者は必ず本人が行わなければならないが、次のい

ずれかに該当する場合、申請者の氏名を代理で記名(署名)できる。

・疾病または身体の故障により署名が困難な者
・乳児または幼児等であって署名する能力のない者

申請者本人が署名をすることができないときは、次のいずれかに該当する者が、次の順位によって申請者の代わりに記名することができる。電子手続の場合は、自署または代理記名済の画像を送信する。

ココ出る

■代理記名(署名)できる者とその順位

1	法定代理人(親権人・後見人)
2	配偶者
3	海外の渡航に同行を予定している者
4	都道府県知事または領事官が適当であると認める者

②「法定代理人署名」欄

申請者が、申請時において未成年者(18歳未満)または成年被後見人である場合、この欄に申請者の「法定代理人」の署名が必要である。

注意 **未成年者に関する「法定代理人」は、親権者(父または母)と未成年後見人(親権者がいないとき)がある。**

4 代理申請

1 代理申請

代理申請とは、一般旅券の発給申請にあたり、申請に係る必要書類を申請者が代わりの者を通じて行うこと。申請者本人が行うことが原則だが、代理人による申請も認められている。代理人は次のいずれかに該当する者で、**申請の内容を知り、かつ都道府県知事または領事官の指示を申請者に確実に伝達する能力がある者**でなければならない。なお、未成年者は不可とする規定はない。

電子手続においては、申請者が未成年者または成年被後見人であって、かつ国内においてその法定代理人を通じて申請するときに限り認められる(旅券申請の他、紛失焼失の場合も同じ)。また、あらかじめ代理提出を行う法定代理人に関する情報をオンラインで届けなければならない。

■書面手続で代理人として認められる者

①配偶者または2親等内の親族
②申請者が指定した者

①と②に順位の優劣はない。ただし、②は当該申請前5年以内に旅券の発給に際して、不正な行為をした者は代理人にはなれない(①にはそのような規定はない)。また、代理申請の場合は申請者本人が出頭する際に必要とされる書類だけではなく、代理人の身元を確認する書類の提示は必ず必要となる。

ココ出る

■代理人による申請に必要な書類

①申請書類等提出委任申出書　1通 ※代理人が「法定代理人」である場合は提出(記入)不要
②**代理人**の「本人確認のための**書類**」 ※申請者の身元確認書類と同様、代理人自身のものも必要

2 居所(きょしょ)申請

居所とは、住んでいる都道府県外に住民登録があるが、一時的にその場所で居住している場合をいう。旅券の申請は、住民登録のある居住地の都道府県で行うのが原則であるが、次の場合、居所で申請ができる。なお、代理申請は認められない(電子申請対象外)。

ココ出る

■居所申請の範囲(対象となる者)

①海外からの一時帰国者(日本に住民登録をしていない者)
②船員(寄港地に上陸中の者)
③学生、生徒
④長期出張者、単身赴任者、季節労働者
⑤都道府県知事が適当と認める者

居所申請には、上記①は一時帰国を立証する書類(査証、旅券等)、②〜④は住民票に加え居所に在住していることを証明できる書類(船員手帳、学生証等)が必要。

5 新規発給以外の申請

1 有効旅券の切替申請

現に所有する旅券の有効期間が残っていても、次の場合、その有効な旅券を返納して新たな旅券の発給を申請することができる。便宜上、「切替(きりかえ)」申請と呼んでいる。

■数次往復用一般旅券の切替

①旅券の残存有効期間が１年未満となったとき
②旅券の記載事項に変更が生じたとき（残存有効期間にかかわりなく可能）
③旅券の査証欄に余白がなくなったとき（残存有効期間にかかわりなく可能）
④旅券を著しく損傷したとき（残存有効期間にかかわりなく可能）
⑤外務大臣または領事官がその者の保護または渡航の便宜のため特に必要があると認めるとき

2 残存有効期間同一旅券

一般旅券の発給を受けた後に旅券の氏名、本籍の都道府県名、性別、生年月日に変更が生じた場合及び査証欄に余白が見開き３ページ以下になった場合は、その旅券を返納して**新たな旅券の発給申請または残存有効期間同一旅券の申請のどちらかを選択**することができる。

ココ出る

■残存有効期間同一旅券の特徴

①返納する旅券と有効期間満了日が同じ
②所持人自署・顔写真・ICチップ内のデータ・旅券番号は新しくなる
③手数料は6,000円
④代理人による受取りは不可

6 受領（旅券の交付）

1 新規発給の旅券の受領

新規発給申請による旅券は、原則、申請者本人でなければ受領できない。ただし、**病気、身体の障害、交通至難の事情その他の真にやむを得ない理由**で出頭できないと認められた場合、受領時、申請者が指定する者が人違いでないことが明らかなときは、「交付時出頭免除願書」を提出のうえ、申請者の代わりに旅券の交付を受ける（旅券を受領する）ことができる。

「交付」とは、国が旅券申請者に旅券を引き渡すこと、「受領」とは、旅券申請者が旅券を受け取ることである。

■受領に必要な書類

①旅券（パスポート）引換証（一般旅券受領書）
②所定の手数料に相当する額の収入印紙・証紙
③現有旅券（申請時に返納していない場合）

2 旅券受領の期限

旅券は**発行日から６か月以内**に受領しなければ、その６か月を経過したときをもって失効する。旅券を受け取らずに失効させ、5年以内に再度申請する場合は、手数料が通常より高くなる。

7 紛失または焼失の届出

旅券を**紛失**、または**焼失**した場合は、ただちに**国内では**都道府県に出頭のうえ都道府県知事を経由して**外務大臣**に、**海外では**最寄りの領事館に出頭のうえ**領事官**に、次の書類を提示・提出して届け出て、その旅券の失効手続を受けなければならない。

ココ出る

■紛失または焼失した場合の届出に必要な書類

①紛失一般旅券等届出書　1通
②写真　1枚
③身元確認のための書類
※新規発給申請の規定と同じで、
- 「本人確認のための書類」　1点または2点
- 「住民票の写し」(住基ネットを利用する場合は提出不要)

④紛失または焼失を立証する書類　1通
⑤住民票の写し

紛失または焼失の届出は、原則として旅券の名義人本人が行わなければならない。なお、真にやむを得ない理由により出頭が困難と認められた場合以外は、代理人による届出は認められていない。

代理の届出が許可された場合は、代理人の配偶者、2親等以内の親族の他に指定した者も可(電子申請の場合はこの限りではない)。

未成年が紛失届を提出する場合は、法定代理人の同意が必要である。

8 旅券の失効

次のいずれかに該当する場合、旅券はその効力を失う(失効)。

ココ出る

■旅券の失効条件

①旅券の名義人が死亡、または日本国籍を失ったとき
②旅券発給申請者が、旅券の発行の日から6か月以内にその旅券を受領しない場合、その6か月を経過したとき
③旅券の有効期間が満了したとき（国外においても失効する）
④有効期間内の申請によって返納した旅券に代わる新たな旅券が発行されたとき
⑤紛失または焼失した旅券の場合は、その旨の届出があったとき
⑥返納命令を受けても、期限内に返納しなかったとき

注意 **③の「有効期間が満了したとき」は、5年用、10年用旅券の発行日の5年後、10年後の同一日をいう。**

例 5年旅券の有効期間
旅券発行日：2020年5月1日
有効期間満了日：2025年5月1日（5年後の同一日）

9 渡航書（帰国のための渡航書）

外国での旅券の発給申請には相当な日数が必要なため、外国で旅券を紛失または焼失した場合で、帰国に余裕がないときには、新たな旅券を申請する代わりに「渡航書」（日本に帰国することを目的）の発給を申請できる。帰国にあたって、経由地が指定された場合を除いて、日本以外の他の国に入国することはできない。

「渡航書」の発給は、原則として、帰国希望者（渡航書の発給を受けようとする者）本人が、最寄りの領事官に出頭のうえ申請する。ただし、やむを得ない事情があるとき、帰国希望者の親族の他、その雇用者など外務省令で定める関係者は、申請者に代わり申請することができる。

POINT

■「渡航書」で帰国後の旅券申請

「渡航書」で帰国したあとに旅券申請をする場合は、新規発給申請（10年または5年の旅券）となり、新規申請に必要な書類のほか、この「渡航書」の提出も必要となる。

10 外国滞在の届出

旅券の名義人が、外国に住所または居所を定めて3か月以上滞在しようとするときは、遅滞なく、その住所または居所を管轄する領事官に「在留届」を1通提出しなければならない。在留届は、外国滞在中の在留邦人の保護・連絡を目的としている。

11 旅券の返納

外務大臣または領事官は、旅券を返納させる必要があると認めるときは、旅券の名義人に対して旅券の返納を命じることができる。いくつかの場合を記載する。

- 刑罰等関係該当者に該当すると判明した場合、または該当するに至った場合
- 旅券の交付後に、名義人が「旅券の発給制限」に該当することが判明または該当することになった場合
- 錯誤や過失により、旅券の発給、渡航先の追加をした場合

2 渡航手続：査証手続

・学習のポイント

- 外国へ入国する際の査証の必要性の有無。
- 主要国を中心に、特殊なケースについても理解する。

1 査証

1 査証とは

入国に際して、旅券だけではなく「査証」を取得していないと入国できない国がある。査証（英語でVISA）とは、渡航先国の在日大使館や領事館が入国を希望する渡航者の身元や旅券を審査し、入国資格があるということを判断して本国に推薦するものである。査証そのものが入国許可証というわけではないので、必ずしも入国を保証するものではない。最終的に入国を認めるかどうかの判断は、入国時の入国審査官によって決定される。

査証は、滞在目的により外交・公用・観光・商用・留学などのそれぞれの査証に分かれる。

POINT

査証に記載される「有効期間」とは、その期間内に入国しないと査証が無効になる期間である。実際にその国に滞在できる期間は、入国時に入国審査官が決定する。

2 査証が不要な国・必要な国

下記の説明で「日本人」と記した場合、すべて「日本国籍を有する者」（日本の有効な一般旅券所持者）である。情勢によって査証の要・不要が変わる場合がある。ここに記載している情報は、2023年1月現在のものである。

POINT

■外国への入国方法

渡航者が他の国へ入国しようとするときは、一般的に次の3つのうちどれかの適用を受けることになる。

① 二国間の査証相互免除取決めに基づき、「査証免除」の適用を受ける

② あらかじめ渡航先国の大使館・領事館などで「査証」を取得する

③ 目的・滞在期間（時間）あるいは出国のための航空券所持など、一定の条件の下に査証を免除している国の場合、その条件を満たして無査証で入国する

これらの適用については、二国間の取決め・入国目的・滞在期間などによる。また、新型コロナウイルス感染症により、査証の情報は流動的である。最新情報については、各国大使館のホームページ等より最新の情報を入手し確認すること。

■査証相互免除国

日本人が観光や知人訪問等の短期間滞在者であって、就業等の報酬を得る活動に従事しない者が入国する場合、多くの国が**査証を免除**している。例えば、米国、イギリス、イタリア、ドイツなどのように、日本との間で査証を相互免除する「査証相互免除国」がある。

なお、メキシコは査証不要だがFMM（旧ツーリストカード）が必要となる。これは、機内あるいは現地で配布される。

また、下記の国においては事前に電子渡航認証取得が必要である。

- ニュージーランド(NZeTA)
- カナダ(eTA)
- 韓国(K-ETA)

■査証が必要な国

日本人に対して目的が何であれ、観光・商用・その他にかかわらず短期滞在でも査証を必要とする主な国は次の通り。なお、日本出発前に取得するのが原則であるが、一部の国は条件つきで入国時にも取得可能である。

例 ロシア・インド・カンボジア・ミャンマー・ネパール・ケニア・インドネシア・エジプトなど。

2 ESTA（米国）・ETA（S）(オーストラリア)

1 電子渡航認証システム(ESTA：エスタ)

日本と米国は、査証を相互免除とする「**査証免除プログラム**」(**VWP**：Visa Waiver Program)を締結している。米国に無査証で渡航する場合、すべての旅行者(乳幼児も含む)は渡航前に「**電子渡航認証システム**」(**ESTA**：Electronic System for Travel Authorization)による認証取得の必要がある。ただし、グアムに渡航する場合は、「グアム・北マリアナ諸島連邦査証免除プログラム」(GCVWP)によりESTAは不要となる。

POINT

■ESTA取得にあたっての注意点

・目的は観光・商用・会議出席、トランジットに限られる(他の目的は査証必要)
・滞在日数は90日以内(延長・資格変更は不可)
・ESTA取得の流れ
①取得にあたっては、米国当局のWebサイトにアクセスし、画面上で手続を行う(現在24アメリカドル(有料))
②拒否された場合は、査証申請が必要
③出発の72時間前までに取得するのが望ましい
④渡航者本人だけでなく、旅行会社や家族・知人なども代わって申請可
⑤有効期限は2年間または旅券の残存期間のどちらか短いほうとなる

出発時の航空会社へチェックインする際に認証を確認され、取得していない場合は搭乗できない。

2 電子入国認可システム(ETA (S):イーティーエーまたはイータス)

オーストラリアに入国する場合は**査証が必要**であるが、オーストラリアでは入国手続の合理化の一環として、査証の申請と発行をコンピュータ上で行う「**電子入国認可システム**」(**ETAS**:Electronic Travel Authority System)を導入している。ETA、またはETASと略されるこのシステムは「電子ビザ」とも呼ばれる。

POINT

■ETA (S)取得にあたっての注意点

3か月以内の短期観光あるいは商用等を目的とした場合のみ、このシステムを利用できる。目的・期間等条件が合わないときは、従来どおりの査証申請となる。

3 査証取得が必要か不必要か(2023年1月現在)

海外旅行をするにあたっては、事前に渡航先国の査証の必要性を正確に調べておく必要がある。観光においても査証取得が必要な国も多いので、常に最新の情報を確認しておきたい。

POINT

■主要観光ツアー（査証取得が必要かどうかの理解）

下記のコースは、日本人が観光を目的に10日間のツアーをする場合の一例。

番号	都市／観光地	国名・地域名	査証
1	ロンドン、パリ、ローマ	英国、フランス、イタリア	×
2	ジュネーブ、ベルリン、ウィーン	スイス、ドイツ、オーストリア	×
3	オスロ、ストックホルム、コペンハーゲン	ノルウェー、スウェーデン、デンマーク	×
4	プラハ、ブダペスト、ワルシャワ	チェコ、ハンガリー、ポーランド	×
5	バルセロナ、マドリード、リスボン	スペイン、ポルトガル	×
6	エーゲ海クルーズ、クレタ島、ロードス島	ギリシァ	×
7	モスクワ、サンクト・ペテルブルグ	ロシア	必要
8	カイロ、アスワン、ルクソール	エジプト	必要
9	ナイロビ、キリマンジャロ	ケニア、タンザニア	必要
10	エルサレム、テルアビブ	イスラエル	×
11	デリー、バラナシ、アグラ、ジャイプール	インド	必要
12	ヒマラヤ、チョモランマ、カトマンズ	ネパール	必要
13	ウランバートル、ゴビ、カラコルム	モンゴル	×
14	ハノイ、フエ、ダナン、ホーチミン	ベトナム	×
15	プノンペン、シェムリアップ、アンコール・ワット	カンボジア	必要
16	バンコク、パタヤ、プーケット、マニラ	タイ、フィリピン	×
17	クアラルンプール、ペナン、シンガポール	マレーシア、シンガポール	×
18	ソフィア、プロヴディフ	ブルガリア	×
19	北京、上海、西安、大連	中国	×※
20	香港、マカオ、台北、高雄	香港、マカオ、台湾	×
21	仁川、釜山、済州島、ソウル	韓国	×K-ETA
22	アブダビ、ドバイ	アラブ首長国連邦	×
23	ニューヨーク、ワシントン、アトランタ	米国	×要ESTA認証
24	バンクーバー、モントリオール、トロント	カナダ	×eTA必要
25	カンクン、ユカタン半島、チェチェンイッツァ	メキシコ	×陸路はFMM必要
26	リオデジャネイロ、サンパウロ、イグアスの滝	ブラジル	×
27	リマ、クスコ、マチュピチュ	ペルー	×
28	グアム、サイパン、ロタ、テニアン、ポナペ	グアム、マリアナ、ミクロネシア	×
29	ケアンズ、グレート・バリア・リーフ、ゴールドコースト	オーストラリア	ETA（S）必要
30	クライストチャーチ、オークランド	ニュージーランド	NZeTA

※2020年3月10日より査証免除措置が暫定的に停止中。

4 ワーキング・ホリデー査証

青少年が観光を主目的として相手国の文化等を学ぶ中で、滞在期間中に旅行費用の不足などを補うために、その国で短期間働くことができる査証。対象としては、基本は18 ～ 30歳までの日本人(相手国により年齢範囲が異なる)。

日本は次に掲げる国・地域との間でワーキング・ホリデーの協定を結んでいる(2023年2月現在)。

オーストラリア・ニュージーランド・カナダ・韓国・フランス・ドイツ・英国・アイルランド・デンマーク・ポーランド・スロバキア・ポルトガル・オーストリア・台湾・香港・ノルウェー・ハンガリー・スペイン・チェコ・アルゼンチン・チリ・アイスランド・リトアニア・エストニア・オランダ・スウェーデン・イタリア・フィンランド

3 出入国手続：日本人の出入国手続

・学習のポイント

- 日本出入国時に必要な書類および手続き、関連法案（関税法・関税定率およびそれぞれの基本通達、輸入貿易管理令、検疫法など）を理解する。

1 日本の出国手続

1 日本出国時の順序

日本の出国手続は、次の①～⑥の順序で行われる。

① 搭乗手続（Check-in）：航空会社のカウンターなどで搭乗手続を行う。受託手荷物がある場合は航空会社に預ける。

② 保安検査（セキュリティチェック、Security Check）：ハイジャック防止等のための機内に持ち込む手荷物のX線検査および金属探知機による身体検査。

③ 税関（Customs）：〔該当する場合のみ〕「外国製品の持出し届」による申告、「支払手段等の携帯輸出・輸入申告書」による届け出、「輸出証明申請書」の提出。

④ 出国審査（Immigration）：旅券と搭乗券を提示。出国が認められると、旅券に出国の証印を受ける（顔認証ゲートを利用して出国する場合は証印されない）。

POINT

■日本の出国審査時

旅券と、これから搭乗する航空機の**搭乗券**のみ。eチケット（控）、訪問する国の査証を提示する必要はない。

⑤ 搭乗（Boarding）：旅券と搭乗券を提示する。Webチェックインを利用して、空港の航空会社のカウンターに行かない場合もあり、実際の航空機に搭乗する前に、必ず本人確認のための旅券の提示が必要である。

⑥ 出発（Departure）：出発

■出入国手続の順序

出国時	**検疫（Q）⇒税関（C）⇒出国審査（I）**
帰国（入国）時	**検疫（Q）⇒入国審査（I）⇒税関（C）**

出国時と入国時は、順序が異なる。なお、各段階は英語で税関は「Customs」、出国審査（入国審査も同様）は「Immigration」、検疫は「Quarantine」と呼び、一般的に出国（または入国）手続全般をこれらの頭文字を取って「CIQ」と呼んでいる。

2 外国製品の持出し届

出国時、**税関**手続の中で、時計、バッグ、ネックレス、指輪などの外国製品(外国製品なのか判別がつかないものも含む)を持ち出す場合は、現品を提示し**「外国製品の持出し届」**(1通)に詳細(品名、数量、特徴など)を記入し、税関の係員の認印を受ける。この届出をしていないと、帰国時に海外で購入した品物と区別できず、課税の対象となる場合がある。

外国製のゴルフバッグなど、航空機に預ける荷物が対象の場合はチェックイン前に税関へ行き、手続ができる。

外国製品の持出し届を紛失した場合、再発行はされないので大切に保管しておく必要がある。

3 支払手段等の携帯輸出・輸入

合計額が「100万円相当額を超える現金等の支払手段」、または「合計重量が1kgを超える金の地金(純度90%以上の金)」を海外に持ち出すとき(**輸出**)、または、日本に持ち込むとき(**輸入**)は、居住者、非居住者ともに**「支払手段等の携帯輸出・輸入申告書」**を1通(複写式)作成し、管轄する税関に届出しなければならない。

POINT

■「支払手段」とは(主なもの)

なお、出国時(輸出)および帰国時(輸入)のどちらも申告の対象となる場合は、出国時と帰国(入国)時のそれぞれ、税関への届出が必要である。

- 現金(日本円・外国通貨)通貨の種類を問わない
- 小切手(トラベラーズチェックを含む)
- 約束手形
- 有価証券(株券、国債等)

※**クレジットカード・キャッシュカードは含まれない**(利用限度額にかかわらず)

4 輸出規制品

輸出貿易管理令で輸出が規制されているものを海外に持ち出すときは、事前にそれぞれを管轄する官庁の許可または承認が必要となる。

- 狩猟、銃砲や超高性能パソコン……経済産業省
- 重要文化財……文化庁
- 動植物類……農林水産省、環境省

2 日本の入国(帰国)時の手続

1 日本入国(帰国)時の順序

日本の入国手続は、次のような順序で行われる。

①到着(Arrival)

②検疫(Quarantine):帰国者に関する検疫・「健康状態質問票」の提出(特定地域からの帰国の場合)

③入国審査(Immigration):旅券を提示して入国の証印を受ける。

④動物・植物検疫:対象となるものを持ち込んだときに検査を受ける。
- 肉や肉製品およびペットの検査
- 果物、花、種子などの検査

⑤税関(Customs):「携帯品・別送品申告書」を提出し、課税の有無の申告や所持品の検査を受ける。

⑥入国

2 帰国者に対する検疫

検疫感染症の流行地域から(またはその地域を経由して)帰国した者は「**健康状態質問票**」の提出が必要で、機内で配布される。また、**検疫感染症**に感染したおそれのある者は、検疫官から健康状態に関して詳細に聞かれる。

POINT

検疫感染症とは、日本に常在しない感染症で、検疫所による検疫の対象となるものである。2023年1月現在、検疫感染症に指定されている感染症は次の通り。

> エボラ出血熱、クリミア・コンゴ出血熱、痘そう、ペスト、マールブルグ病、ラッサ熱、南米出血熱、新型インフルエンザ等感染症、鳥インフルエンザ(H５N１型、H7N9型)、マラリア、デング熱、チクングニア熱、中東呼吸器症候群(MERSコロナウイルス)、ジカウイルス感染症

3 動物検疫

動物から家畜や人に感染する病気が日本に侵入しないために動物類を持ち込む場合、多くのものが検疫の対象となっている。「**家畜伝染病予防法**」に基づき、肉製品・畜産品の輸入については「指定検疫物」および「輸入禁止品」「検査不要品」に区分されている。

① 指定検疫物

家畜伝染病予防法で**指定検疫物**に定められているものは動物検疫の対象となる。なお、検査を受ける際、輸出国政府機関により発行された「**検査証明書**」の提

示が必要。検査に通れば、日本への輸入が認められる(持ち込める)。

ココ出る

■指定検疫物に定められているもの(主なもの)

(1) 牛、豚、羊、やぎ、鹿、馬、犬、うさぎ、みつばち
(2) 鶏、うずら、きじ、だちょう、七面鳥、あひる、がちょう
(3) 上記(1)(2)の肉、骨、脂肪、血液、皮、毛、羽、角、臓器
(4) 上記(1)(2)の生乳、ふん、尿、骨粉、肉粉
(5) 上記(3)を原料とするソーセージ、ハム、ベーコン、ビーフジャーキー
(6) 上記(2)の卵

② 輸入禁止品

前記①の指定検疫物でも、国や地域によっては輸入禁止となっている。疫病の発生などで一時的に輸入禁止となる場合もあるので注意が必要。例えば、米国(ハワイを含む)やカナダからのビーフジャーキー、韓国産真空パックの焼肉用カルビなどの肉製品は持込みできない。

POINT

■輸入禁止・停止品

家畜伝染病予防法や狂犬病予防法などの法律により対象となっている主なものは、次の通り。

- 米国(ハワイ、グアム、サイパンを含む)、カナダで販売されている牛肉加工製品は持込み禁止
- 中国、ロシア、台湾(肉まん)で販売されている肉製品も同様
- ドイツ産のソーセージの缶詰、イタリア産の生ハム、ハンガリー産のフォアグラ

③ 検査不要品(検査なしで持込みできる)

動物検疫の対象とならないものとしては、次のようなものがある。

- **乳製品** 例 バター、チーズ、加工乳
- **魚介類** 例 ロブスター、かに、スモークサーモン
  ※生きているものでもほとんどが検査不要
- はちみつ

注意 **チュウゴクモクズガニ(上海蟹)は外来生物法により輸入禁止、キャビア(チョウザメの卵)はワシントン条約で規制**

4 植物検疫

日本の緑と農作物を病害から守るために、外国から持ち込まれるほとんどの植物類は「植物防疫法」に基づき検査を受けなければならない。「輸入禁止品」「輸入検査品」「検査不要品」の3つに分けられる。

① 輸入禁止品(持ち込むことができないもの)

病害虫、病害虫が寄生する植物、土などが禁止になっているが、対象となる持出し地域と植物は細かく分けられているので、確認が必要である。

植物検疫で輸入禁止	土・土付き植物・植物を加害する病害虫、およびその容器・包装 例 イネモミ、かんきつ類

② 輸入検査品

上記①の輸入禁止品以外すべてのものが該当する。病害虫が付着していないかの検査となり、検疫検査を受けて問題がなければ日本への輸入が認められる。

植物検疫が必要	種子、球根、苗、切花(枝)、生果実、野菜、穀類、豆類、ドライフラワー、薬用植物(漢方薬原料)、植物を材料とした民芸品・ワラ製品など 例 パイナップル、ドリアン、レイ、ブーケ、米

③ 検査不要品(検疫を受けずに持ち込める)

家具や製茶のように高度に加工されたもの、瓶詰や缶詰で密封されているもの、病害虫が付着するおそれのない植物は植物検疫の対象とならない。

植物検疫が不要	● 製材、木工品、家具什器 ● コルク、籐、麻、綿等、繊維製品 ● 製茶　例 紅茶、ウーロン茶、プーアル茶 ● アルコール、砂糖、塩等に漬けられた植物　例 韓国産の白菜キムチ ● 乾果(ドライフルーツ)　例 **乾燥した**あんず、いちじく、かき、すもも、なし、パイナップル、バナナ、パパイヤ、ブドウ、マンゴー、もも等 ● 乾燥した香辛料であって小売用の容器に密閉されているもの ● まつたけ、トリュフ、マッシュルームなどの土の付着していないきのこ類

POINT

■動物・植物検疫の例

輸入禁止	米国・カナダ産**ビーフジャーキー**、ランの鉢植え
検査必要	ニュージーランド・オーストラリア産**ビーフジャーキー**、ランの切花、ドリアンの生果実、ハワイ産パイナップル
検査不要	マンゴーのドライフルーツ、高麗人参茶(顆粒)、ロブスター、スモークサーモン、アンチョビの瓶詰、トリュフ、ゴーダーチーズ、からすみ

注意 **ビーフジャーキーは指定検疫物だが、輸入箇所により禁止。鉢植えは土が付いているので禁止、切花は輸入検査品。**

5 その他の輸入禁止品・規制品

次に掲げるものは、関税法の規定によりその輸入が禁止されている。

①麻薬類：あへん、けしがら、あへん吸煙具、指定薬物（医療等の用途を除く）、大麻、覚せい剤など
②銃砲類：けん銃、小銃、機関銃およびこれらの銃弾・部品
③爆発物、火薬類（ダイナマイトなど）、化学兵器の原材料となる物質
④通貨または有価証券の偽造品、変造品、模造品（偽造通貨、偽造クレジットカードなど）
⑤公安または風俗を害する物品（雑誌、ビデオテープ、DVDなど）、児童ポルノ
⑥偽ブランド（コピー）商品などの知的財産（特許権、商標権、著作権等）を侵害する物品
⑦感染症の予防及び感染症の患者に対する医療に関する法律に規定の病原体
⑧家畜伝染病予防法および植物防疫法で定める動植物で輸入が禁止されているもの

■医薬品・化粧品

医薬品や化粧品などは、個人が自分で使用するために持ち帰る場合、次の範囲に限り厚生労働大臣の許可が不要。

医薬品および医薬部外品	2か月分以内（処方せん医薬品は1か月分以内）
外用剤	1品目24個以内
化粧品	標準サイズで1品目24個以内
医療用具（家庭用）	1セット

※処方せん医薬品：使用にあたって医者の処方が必要な薬、睡眠薬など
※医薬部外品：ビタミン剤、養毛剤など

■ワシントン条約により持ち込めないもの・持ち込みに許可書などが必要なもの

ワシントン条約（「絶滅のおそれのある野生動植物の種の国際取引に関する条約」）は、対象動植物を保護するため、それらの取引（輸出入）を世界的に規制するもの。原則的に携帯品としては取り扱われない。輸出許可書や経済産業省が発行する輸入承認証がないと日本に輸入することはできない。

加工品・製品
・**漢方薬**：ジャコウジカ、トラ、クマ、サイなどの成分を含むもの ・毛皮・敷物：トラ、ヒョウ、クマなど ・ハンドバッグ・ベルト・財布：ワニ、ヘビ、トカゲ ・象牙・象牙製品：インドゾウ、アフリカゾウ ・はく製・標本：ウミガメ
・その他：シャコガイ製品、クジャクの羽、オウムの羽飾り、サンゴ製品、胡弓（ヘビの皮革を利用した楽器） ・**キャビア**（チョウザメの卵）　・二胡（ニシキヘビの皮を使用した楽器）

生きている動植物
・**サル**、オウム全種 ・イグアナ、ヤマネコ、リクガメ、カメレオン、アロワナ ・植物(ラン、サボテン全種、ソテツなど)

■外来生物法で輸入が規制されているもの

もともと日本にいなかった外来生物のうち、生態系等に被害を及ぼすものについては特定外来生物として政府が指定し、輸入は原則禁止。

代表的なものは、チュウゴクモクズガニ(上海蟹)、カミツキガメ、アライグマ、タイワンザル、ブルーギル、アメリカザリガニなど。

■その他の規制品

猟銃、空気銃、刀(刃渡15cm以上)、剣(刃渡5.5cm以上)などは、公安委員会の所持許可を受けるなど所定の手続きが必要である。

6 税関申告

■旅具通関

海外旅行者が入国時、携帯して(別送を含む)輸入する品物について、税関に申告して輸入の許可を受けなければならない。旅行者は、一般商業貨物の輸入通関手続と違って、「旅具通関」という簡易な通関手続きが認められている。主なものは以下の通りである。

POINT

- **個人的な使用に供されるもので、税関が適当と認めたもの**
- **出国時に携帯して輸出したもの**
- **課税価格が30万円程度以下のもの**
  (3個を超える土産品および託送品など本人以外が使用するもの)
- **携帯品、職業用具**

※この手続きは、税関に「携帯品・別送品申告書」を1通(**別送品**がある場合は2通)提出することによって行う。なお、「旅具通関」が認められない場合は、一般の貿易貨物と同様の手続きとなる。

■別送品の手続き

別送品とは、個人的に使用するために、海外で買った品物やもらった品物を帰国時に携帯せず、別便で送付したもの(入国時に携帯して持ち込まないもの)をいう。

別送品が次の諸条件を満たす場合は、免税範囲や簡易な税率の適用を受けることができる。

でる日コロ

- 海外から送付する際、荷物には「別送品」(Unaccompanied Baggage)と明記し、あて先(受取人)を本人(旅行者)とする。
- 入国時、税関で「携帯品・別送品申告書」を2通提出。うち1通に税関印が押され、この書類は別送品引取り時に必要(複数国、箇所から別送しても2通、国ごとに書く必要はない)。
- 入国後は、別送品の申告ができない。
- 引取り期限(輸入手続)は、入国(帰国)後6か月以内。
- 引取り手続は、本人に限らず、通関業者に委託することもできる。

POINT

■入国時に申告できないものは別送品扱い

航空会社などの手違いで運送漏れとなり、後日送られてくる荷物(ロストバゲージ)、引越荷物も、別送品申告の対象となる。

航空会社に預けた手荷物がなくなったり壊れたりした場合、空港内にある「手荷物苦情処理窓口(LOST AND FOUND)」に「紛失届書類(P.I.R:Property Irregularity Report)」を提出してその旨を届け出ることにより、手荷物の調査や修理を依頼する。

■帰国時の税関手続(携帯品等の免税範囲)

旅行者が帰国時に**携帯および別送する品物**のうち、個人的に使用すると認められるものに限って、次の範囲内で免税となる。

携帯品免税基準表(20歳以上の旅行者1人当たり)

<table>
<tr><th colspan="2">品名</th><th>数量・価格</th><th>備考</th></tr>
<tr><td colspan="2">酒類</td><td>3本</td><td>1本当たり760mlのもの</td></tr>
<tr><td rowspan="3">たばこ</td><td>紙巻</td><td>200本</td><td rowspan="2">・日本製と外国製、居住者と非居住者の区別なく左記数量の持込みが可能
・加熱式たばこは紙巻きたばこに準ずる(1箱あたりの数量は紙巻きたばこ20本に相当する量)</td></tr>
<tr><td>葉巻</td><td>50本</td></tr>
<tr><td>その他</td><td>250g</td><td>・外国居住者が輸入するたばこは、日本製・外国製それぞれの免税数量が2倍まで</td></tr>
<tr><td colspan="2">香水</td><td>2オンス</td><td>約50g (1オンスは約28ml)(オーデコロン、オードトワレは含まない)</td></tr>
<tr><td colspan="2">その他の品物</td><td>20万円
(海外市価の合計額)</td><td>その他の品物の免税枠(20万円)の計算:
・1品目ごとの海外市価の合計額が1万円以下のものは、すべて免税(無条件免税)なので、計算に含める必要はない
・合計額が20万円を超える場合、1品目が10,001円以上のものを計算して、20万円以内におさまる品物が免税。その残りの品物(全額)に課税
・1個で20万円を超える品物はその全額に対して課税</td></tr>
</table>

POINT

■1品目ごとの海外市価の合計額が1万円以下のもの

20歳以上の旅行者が海外で買ってきたものが次のもののみとする。

- 1本5,000円のネクタイ2本
- 1枚2,000円のTシャツ4枚
- 1枚4,000円のスカーフ2枚

品目ごとの合計額を見ると、ネクタイは10,000円、Tシャツは8,000円、スカーフも8,000円であり、いずれも1品目ごとの海外市価の合計額が1万円以下なので免税となる。この場合、各品目は無条件免税扱いとなるので、20万円の免税枠計算に含める必要はない。

■20歳未満の場合

携帯品等の免税は、本人が個人的に使用すると認められるものに限り免税となるため、20歳未満の場合は「酒類」と「たばこ」は免税にならない。ただし、持ち込むこと自体は禁止されていないため、託送品または家族への土産など贈与品と認められるものについては課税されて（税金を払って）持ち込むことはできる。

POINT

ただし、6歳未満の子供の場合は、おもちゃなど、明らかに子供本人が使用すると認められるもの以外は免税にならない。

■帰国時の税関手続（携帯品等の課税通関）

① 海外市価

旅行者が実際に支払った価格で、外国における通常の小売価格（購入価格）。ただし、実際に支払った価格が通常の価格に比較して低いと税関が判断した場合や価格が不明の場合は、税関が算出する海外小売価格のことをいう。

この「海外市価」は、携帯品免税基準表にも記載されているように、合計額が免税範囲かどうかを判断するための基準となる。

② 課税価格

一般の輸入取引をする場合の輸入港での価格（輸出国での卸売り価格に運賃等を加えた価格）、「海外市価」のほぼ6割（60%）程度の額のことをいう。免税枠を超えた物品で価格を基準に課税する場合の課税基準となる価格。

POINT

例 海外で12万円のブラウスを買ってきて、課税される場合、課税基準となる価格である課税価格は、海外市価×0.6で計算される。

120,000円（海外市価）× 0.6 = 72,000円←課税価格

■税率の種類

免税範囲を超える携帯品を輸入する場合に適用される税率の区分は、品物や価格によっていくつかの種類に分けられる。課税される場合、対象物品が次に記した3つの税率のうち、どの税率が適用されるかを理解しておく必要がある。

① 簡易税率が適用されるもの

海外からの輸入品には、輸入税である関税と内国消費税が課せられる。ただし、海外旅行者の携帯品や別送品の一部には、関税と内国消費税の税率を合わせたものを基礎として定められた「簡易税率」が適用されるものがある。

（2023年1月現在）

品名	税率	
酒類	1リットル(1000ml)当たり	1本(750ml)につき
(1)ウィスキー、ブランデー	800円	600円
(2)ラム、ジン、ウオッカ	500円	375円
(3)リキュール	400円	300円
(4)焼酎	300円	225円
(5)ワイン、ビール、発泡酒	200円	150円
その他の物品	15%	
紙巻たばこ	1本につき　15円	

※無税で輸入できる酒類は、1本760mlのもの3本までだが、上記の課税額は750mlとして算出。課税する場合、100円未満は切り捨て。

② 一般の関税率が適用されるもの

免税範囲を超えた場合、次に該当する品物には、携帯して輸入するものであっても簡易税率は適用されず、通常の輸入品と同様に関税ならびに消費税および地方消費税が課税される。

- 1個(1組)の**課税価格が10万円**を超えるもの
- 米(別途納付金が必要)
- 食用の海苔、パイナップル製品、紙巻たばこ以外のたばこ
- 旅行者が携帯または別送して輸入する品物すべてについて、簡易税率の適用を希望しないことを税関に申し出たとき。一部の品物だけを簡易税率にすることはできない

③ 消費税10%(地方消費税2.2%を含む)のみが課税されるもの(主なもの)

腕時計、貴石、貴金属製の万年筆、パソコン、絵画、彫刻、骨とう品、金の地金、ゴルフクラブ、テニスラケット

POINT

例 海外で腕時計を100,000円で購入し、課税対象となった場合(2023年1月現在)

課税額＝消費税額＋地方消費税額

消費税額＝海外市価×0.6×消費税率7.8%

地方消費税額＝消費税額×地方消費税率2.2%

となるため、この場合、

消費税額＝100,000×0.6×7.8%＝4,680円

端数処理…4,600円

地方消費税額＝4,600円×$\frac{22}{78}$＝1,297円

端数処理…1,200円

となり、課税額は4,600円＋1,200円＝5,800円となる。

※ただし、試験問題等、課税対象を比較する際の計算では「関税が無税となっている物品の課税額」は、課税価格(海外市価×0.6)×消費税10%(地方消費税を含む)で計算したほうが早い。

このケースの場合、100,000×0.6×10%＝6,000円

端数処理の関係で100～200円の違いが出るケースもあるが、解答の選択欄からは5,800円に最も近いものを選べばよい。

※計算の結果、100円未満の端数は切り捨てる。

ココ出る

■**従量税と従価税**

課税される場合の税額の計算方式には、「**従量税方式(数量を基準)**」と「**従価税方式(価格を基準)**」がある。

免税枠を超える「酒類」と「紙巻たばこ」の税額は、従量税方式により計算される。税額は購入した価格には関係しない。「酒類」と「紙巻たばこ」以外の税額は、従価税方式により計算される。

「香水」は、免税範囲の計算の時は従量税方式を適用するが、免税枠を超えて課税される場合は従価税方式が適用される。

■**税額の計算例**

課税の流れのポイントは以下の3点である。

① 携帯品免税基準表で、輸入する品目のそれぞれが免税範囲かどうかを調べる

② 免税範囲を超えている場合は、超えている品物に関して適用される税率を調べる

③ 課税額は海外市価から課税価格を計算して、その後に適用される税率を乗じて計算する

では、具体例を挙げて、税額を計算してみよう。いずれの例も、特筆していない限り、「20歳以上の日本人旅行者」が帰国時に「記載した品物のみ」を携帯または別送して「輸入」する場合とする。価格が記載されている場合は、海外で購入した価格（海外市価）とする。

【例題1】

①1本20,000円のウィスキー（750ml）	3本
②1本70,000円のワイン（750ml）	1本
③紙巻たばこ	400本
④1個 20,000円の香水（1個1オンス）	2個

携帯品免税基準表のそれぞれの品目を免税範囲で確認していき、免税範囲を超えている場合は、その品目の税率を確認し課税額を計算する。その後、いくつか選択できる場合は、旅行者に有利なもの（税額の低いもの）から税関は課税するので、その品物を選んで最終課税額を出す。

① ウィスキー　② ワイン

酒類は購入価格にかかわらない従量税方式で計算される。760ml程度のもの3本までが免税なので、4本を持ち込む場合は1本が課税の対象となる。**酒類**により簡易税率が1リットル（1,000ml）当たり**ウィスキーは800円、ワインは200円**。税額の低いものに課税されるので、ワインに課税される。

750ml ÷ 1,000ml = 0.75

200円× 0.75 = 150円←750ml当たりのワインの課税額

※税目ごとの100円未満は切り捨てる→100円

③ 紙巻たばこ（外国製）

紙巻たばこも、従量税方式で計算される。数量は200本までが免税、400本を持ち込む場合は200本が課税の対象。1本につき税額は15円。

200本× 15円 = 3,000円

④ 香水

香水は、酒類と同様に購入価格にかかわりなく2オンスまでは免税である。1個1オンスの香水を2個は2オンス。免税範囲に収まるので免税。

【例題1】の結果

100円 + 3,000円 = **3,100円**

【例題2】

①1枚9,000円のスカーフ	1枚
②1枚2,000円のハンカチ	5枚
③1組6,000円のティーカップ	3組
④1着100,000円のスーツ	1着
⑤1個82,000円のハンドバッグ	1個

① スカーフ　② ハンカチ

1品目ごとの海外市価の合計が1万円以下なので、無条件で免税となる。したがって、スカーフ、ハンカチともに免税枠(20万円の免税範囲に収まるかどうかの)計算に含める必要はない。

③ ティーカップ

1品目の海外市価の合計が18,000円(1万円を超えている)なので、免税枠計算に含める。

④ スーツ　⑤ ハンドバッグ

どちらの品目も1万円を超えているので、免税枠計算に含める。

④+⑤ 100,000円+82,000円=182,000円

「免税枠計算」対象の③④⑤を足すと200,000円となり、20万円以内に収まっているので免税となる。

【例題2】の結果

すべて免税

【例題3】

①1個90,000円の指輪	1個
②1個80,000円の衣類	1着
③1個110,000円の腕時計	1個

それぞれの品目は1万円を超えているため、免税枠計算に含めて計算すると、①②③の海外市価合計は280,000円。免税範囲の20万円を超えているので課税。これらの品物のうち、海外市価の合計で20万円以内に収まる品物が免税となり、残りの品物(全額)に課税される。

税関は旅行者に有利となるように、税額が高いものに対して優先的に20万円の免税範囲を適用する(税額の低いものに課税する)。**課税率が異なる品目が入っている場合は品物ごとの税額を計算しないと海外市価だけでは免税対象の品物を**

特定できない。なお、税額は海外市価の6割程度とされる課税価格に税率を乗じて、課税価格を算出したうえで計算を行う。

① 指輪

90,000円(海外市価)× 0.6 = 54,000円(課税価格)

課税価格が10万円を超えていないので、「一般税率が適用されるもの」には該当しない。指輪は「消費税のみ課税されるもの」にも該当しない。その他の物品として15%の「簡易税率」を適用する。

54,000円× 0.15 = 8,100円

② 衣類

①と同様で、課税価格に簡易税率15%を乗じる。

80,000円(海外市価)× 0.6 = 48,000円(課税価格)

48,000円× 0.15 = 7,200円

③ 腕時計

腕時計は、「消費税(地方消費税含む)のみ課税されるもの」に該当するため、課税価格に消費税額(7.8%)+地方消費税額(消費税額× 2.2%)で計算する(2023年1月現在)。

110,000円(海外市価)× 0.6 = 66,000円(課税価格)

66,000円× 7.8% = 5,148円　　端数処理…5,100円(消費税額)

5,100円× $\frac{22}{78}$ = 1,438円　端数処理…1,400円(地方消費税額)

課税額は、5,100円+ 1,400円 = 6,500円

比較して計算した結果、税額が最も低いのは「③腕時計」。「①指輪」と「②ジャケット」の海外市価の合計は170,000円で、20万円の免税範囲に収まるので、この2つを免税とし、「腕時計」が課税される。

【例題3】の結果

6,500円

【例題4】

香水　3オンス		
・1個	1/2オンス	10,000円が4個
・1個	1オンス	15,000円が1個

香水は免税範囲かどうかを決めるときは、数量が基準となる(従量税方式)。2オ

ンスまでは免税。この場合は免税範囲を1オンス超えているため課税される。課税される場合、香水は価格が基準となる(従価税方式)。

1個1/2オンス 10,000円の香水2個(1オンス) = 20,000円と

1個1オンス15,000円の香水1個(1オンス) = 15,000円

を比較すると、1個1オンスの香水のほうが税額は低い。旅行者に有利になるように選択され課税されるので、こちらに課税される。

計算は、15,000円(海外市価) × 0.6 = 9,000円(課税価格)

9,000円 × 10%(消費税および地方消費税) = 900円

(但し、WTO加盟国等が原産国の場合に限る)

【例題4】の結果

900円(端数処理)

3 外国での出入国手続

1 出入国手続

外国での出入国手続も基本的には日本の例と同じであるが、各国ともそれぞれの入国条件を定めて制約を行っているので、出発前に正確に把握しておく必要がある。詳細については、各国大使館のホームページに掲載されているので、正確な案内には欠かせない。なお、手続の流れは日本の出入国と同様。

入国時	**到着⇒検疫(Q)⇒入国審査(I)⇒荷物受取⇒税関(C)⇒到着ロビー**
出国時	**搭乗手続⇒手荷物検査⇒税関(C)⇒出国審査(I)⇒搭乗⇒出発**

POINT

■特殊な取扱い(米国)

出入国手続は通常、入国／出国する空港で行われるが、**米国**では次のような取扱いとなる。

① 入国時、最終目的地(実際入国滞在する)の前に寄港(経由)する米国の他の都市(空港)があるときは、その寄港(経由)地で入国手続を行う。米国の空港で乗り継いでブラジルやメキシコ、カナダなどの第三国へ行く場合も入国手続が必要。

例1 東京～(シアトル)～ニューヨーク
シアトル経由の便でニューヨーク(最終目的地)に行く場合、寄港(経由)地のシアトルで入国手続が行われる。

例2 東京～(ニューヨーク)～サンパウロ
ニューヨーク経由の便でサンパウロ(最終目的地)に行く場合、寄港(経由)地のニューヨークで米国の入国と出国の手続が行われる。

② カナダから空路で米国へ行く場合、カナダの出発地に米国移民局・税関がある空港(バンクーバー、トロントなど)では米国の入国手続をカナダの出発空港で行う。米国の近隣諸国である英国領バミューダ、バハマのナッソーから米国へ入国する場合も同様である。

2 EU・ユーロ・シェンゲン協定

ヨーロッパ諸国では、各地域や経済の一体化を推進する中で、ヨーロッパ諸国間の通貨の統一や相互の国の行き来を簡単にできるように、出入国審査や税関・検疫手続を廃止するなどの協定を結んでいる。

主な組織および協定には次のものがある。

①EU（欧州(ヨーロッパ)連合）

ヨーロッパ諸国の集合体としての**経済的な発展**が目的の組織で、1993年11月に発足した。1993年にマーストリヒト条約が発効。これに加盟する各国間では、税関および検疫手続が廃止されている。

経済一体化を目指す中で、EU加盟国の半数以上は通貨「**ユーロ**」を自国の通貨に採用している。

②シェンゲン協定

EU結成の一環として、**協定加盟国の国境間の自由化**のために、出入国手続の簡素化を目的として締結された協定で、これに加盟している諸国間では**出入国審査**および税関検査が行われない。日本人旅行者は、協定加盟国間の旅行の場合、原則として最初に入国する国と最後に出国する国で出入国手続を行う。ヨーロッパ各国のEU加盟、シェンゲン協定加盟、ユーロ(通貨)採用の有無は次の「ココ出る」の通りである。

ココ出る

■ヨーロッパの協定加盟国一覧 ［2023年1月現在］

国名	英文名	EU	シェンゲン	ユーロ
アイスランド	Iceland	×	○	(アイスランド)クローナ
アイルランド	Ireland	○	×	○
英国	United Kingdom	×	×	ポンド
イタリア	Italy	○	○	○
エストニア	Estonia	○	○	○
オーストリア	Austria	○	○	○
オランダ	Netherlands	○	○	○
キプロス	Cyprus	○	×	○
ギリシャ	Greece	○	○	○
クロアチア	Croatia	○	○	○

ココ出る

スイス	Switzerland	×	○	スイスフラン
スウェーデン	Sweden	○	○	(スウェーデン)クローナ
スペイン	Spain	○	○	○
スロバキア	Slovakia	○	○	○
スロベニア	Slovenia	○	○	○
チェコ	Czech Republic	○	○	(チェコ)コルナ
デンマーク	Denmark	○	○	(デンマーク)クローネ
ドイツ	Germany	○	○	○
ノルウェー	Norway	×	○	(ノルウェー)クローネ
ハンガリー	Hungary	○	○	フォリント
フィンランド	Finland	○	○	○
フランス	France	○	○	○
ブルガリア	Bulgaria	○	×	レフ
ベルギー	Belgium	○	○	○
ポーランド	Poland	○	○	ズウォティ
ポルトガル	Portugal	○	○	○
マルタ	Malta	○	○	○
ラトビア	Latvia	○	○	○
リトアニア	Lithuania	○	○	○
リヒテンシュタイン	Liechtenstein	×	○	(スイス)フラン
ルーマニア	Romania	○	×	レイ
ルクセンブルク	Luxembourg	○	○	○
		(計27か国)	(計27か国)	(計20か国)

3 旅行者免税制度

海外で免税対象の一定金額以上の買い物をした旅行者に対し、付加価値税などが払い戻される制度がある。ヨーロッパでは、付加価値税を**VAT**（**Value Added Tax**）と呼ぶ。

免税を受けるには、出国の際現品と購入店が発行した書類を税関で申告および手続をする。税金の払戻しは出発空港内の銀行での受取りや、帰国後、旅行者のクレジットカードの口座への入金などの方法によって行われる。

現在、旅行者免税制度を採用する国はヨーロッパに多いが、オーストラリアやアジアの国でもある。免税の適用を受ける品目、金額は国により異なる。

なお、ヨーロッパのEU（欧州連合）内の免税手続はEUを離れる最終都市の税関で行うことになっている。

POINT

例えば、「東京～ローマ(イタリア)～マドリード(スペイン)～パリ(フランス)～東京」と旅行し、各国でこの免税制度の条件に合った買い物をして免税手続したとする。イタリア・スペイン・フランスはEU（欧州連合)加盟国のため、免税手続は各国を離れるときではなく、パリを離れる際、空港で各国で購入したものすべての免税手続を行うことになる。

4 ETA（Electronic Travel Authority＝電子入国許可）

国名	入国許可名	入国目的	備考
カナダ	eTA（Electronic Travel Authorization）	観光・商用等の短期滞在、乗り継ぎ(陸路入国の場合は取得不要)	有効期限：５年※
ニュージーランド	NZeTA（New Zesland Electronic Travel Authorization）	観光・商用等の短期滞在、乗り継ぎ	有効期限：２年※
韓国	K-ETA（Korea Electronic Travel Authorization）	観光・商用等の短期滞在	有効期限：２年※
シェンゲン協定加盟国＋(予定)ブルガリア、キプロス、ルーマニア	ETIAS（European Travel Information and Authorization System）	観光・商用等の短期滞在、乗り継ぎ(陸路入国の場合も取得要)	有効期限：３年※ 2023年11月実施予定

※または旅券の残存有効期間のどちらか短い方。

4 出入国手続：外国人の日本出入国

学習のポイント

- 出入国管理および難民認定法（入管法）にもとづき、日本に出入国するすべての外国人が日本に在留する際に必要な事項を理解する。

1 外国人の入国

1 在留資格と在留期間

日本に上陸（入国）しようとする外国人は、入管法に定める永住・外交・芸術・留学などの**在留資格**を持ち、その資格に応じた活動を行うことができる。それぞれの在留資格に応じた**期間**が決められるが、外交・公用・永住者以外は**最長5年**である。

2 入国審査

入国審査官は申請に基づいて外国人の「在留資格」と「在留期間」を決定し、上陸許可の証印により旅券面に表示したうえで上陸（入国）を許可する。

入国審査の際に「指紋の読取り」と「顔写真の撮影」が実施される。

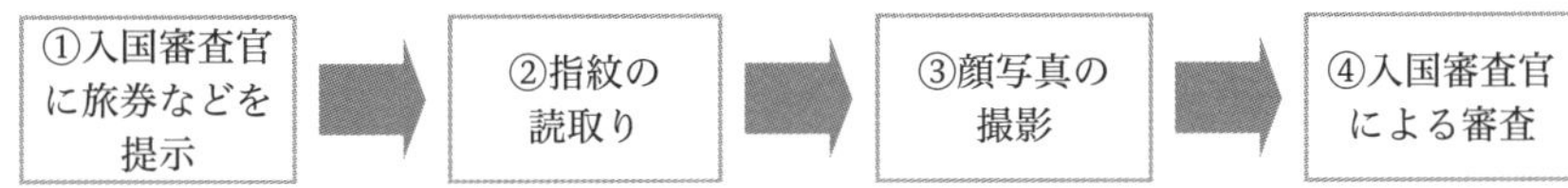

2 外国人の日本在留

1 在留カード

出入国在留管理庁長官は、在留資格を持って中長期在留する外国人（中長期在留者）で、**次のいずれにもあてはまらない外国人**に対して「**在留カード**」を発行する。在留中は常に携帯しなければならない（**16歳未満の者は携帯義務なし**）。

①3か月以下の在留期間の者
②短期滞在の在留資格の者
③外交または公用の在留資格の者
④在留資格を有しない者
⑤特別永住者

3 外国人の出国と再入国許可

1 みなし再入国許可

有効な旅券および「在留カード」または「特別永住者証明書」を所持する外国人が、再入国の意図(出国後1年以内、特別永住者は2年以内に再入国する)を持って出国する際、入国審査官に対してその旨を表明した場合は、原則として、「再入国許可」を受けなくてよい(申請手続がいらない)。

みなし再入国許可により出国した場合、海外において有効期間の延長はできない(特別永住者も同様)。

2 再入国許可

外国人が在留期間中に1年を超える期間(特別永住者は2年以上)外国に滞在し、日本に再び入国する意図をもって出国しようとするときには、再入国許可を受ける必要がある。

①申請と種類

再入国許可の申請は、原則として申請者本人が日本を出国する前に管轄の地方出入国在留管理局に出頭して行う。ただし、申請者が16歳未満の場合や病気その他で出頭できない場合には、申請者の父・母・配偶者等の親族または同居者で地方入国管理局長が認めるものによる代理申請が可能である。

また、地方出入国在留管理局長より取次申請の承認を受けている旅行業者、弁護士、行政書士、申請者を雇用している企業の職員などが代理で申請することもできる。

なお、出入国在留管理庁長官が相当と認めた場合に限り、一次ではなく数次再入国許可を受けることもできる。

POINT

再入国許可	・地方出入国在留管理局で申請が必要 ・出国後1年を超える期間(特別永住者は2年以上)海外に滞在する場合 ・代理申請が認められている ・海外で延長申請が可能
みなし 再入国許可	・申請手続は不要 ・出国後1年(特別永住者は2年)以内に再入国しなくてはならない ・海外で延長はできない

② 再入国許可(書)の交付

再入国の許可は、外国人が旅券を所持するかどうかによって、交付の仕方が異なる。

ココ出る

- 旅券を所持する場合は「再入国許可証」(当該旅券に再入国の許可の証印がされる。またはシールを貼付)
- 旅券を所持していない場合は「再入国許可書」(冊子形式の許可書を交付)

なお、「**再入国許可書**」は、日本入国の際に限り旅券と同等な効力を持つものとして認められる。

③ 再入国許可を有する外国人の出国手続

「再入国許可」「みなし再入国許可」を受けて日本を出国する外国人は、「再入国出国記録カード」を記入し、入国審査官に「再入国許可証(書)」と「在留カード」を提示して出国の確認を受ける。

④ 再入国許可の有効期間と延長

有効期間は中長期在留者および特別永住者で、それぞれ次の年数を超えない範囲内で決定される。

ココ出る

■「再入国許可」の有効期間

中長期在留者	許可の効力を生ずるものとされた日から5年
特別永住者	許可の効力を生ずるものとされた日から6年

再入国許可を受けて出国した外国人が有効期間内に再入国できない相当の理由がある場合、在外公館に有効期間の延長を申請できる。この延長許可は1年以内で、通算6年(特別永住者の場合は7年)を超えない範囲内で決定される。いずれの場合も、在留期間内および「再入国の許可」の有効期間内に再び日本に入国しなければ、現に有している在留資格を失う。

POINT

■再入国許可は外国での取得不可

日本への再入国許可を受けずに出国した場合、外国の在外公館(日本国総領事館等)に本人が出頭しても、再入国許可を取得することはできない。在外公館では、あくまで延長手続のみ取扱う。

一般旅券発給申請書（10年用）

新規・切替　一般旅券発給申請書　（10年用）
（18歳以上で、有効期間が10年の一般旅券を希望する申請者用）

（折り曲げ厳禁）

受理年月日	年　月　日	受理番号	
窓口記入欄		区分	確認
有効期間 10	発行年月日	交付年月日	旅券番号

写真
写真は貼らずにお持ちください
注意
1. 申請者本人のみ
2. 6ヶ月以内に撮影したもの
3. 正面、無帽、無背景
4. 縦45mm×横35mm（ふちなし。頭は頭頂から顎までが34mm±2mm）
＊提出された写真は旅券に転写されます。
＊裏面に氏名を記載してください。

氏名（左詰めで記入）
姓　名
ヘボン式ローマ字活字体大文字で記入してください。（枠が足りない場合は窓口に申し出てください）
姓
名

所持人自署

性別　男　女
生年月日（年月日が一桁の場合は十の位に0を記入）

本籍（市区郡以下を記入してください）

※過去に申請後に旅券を受領しなかったことがありますか。□ある　□ない
※旅券の所持歴はありますか。□ある（以下に最後の旅券について記入）□ない

所持人自署については申請者本人が署名してください。ただし、申請者が自ら署名することが困難な場合は、法定代理人などが代筆することができます。
その場合には、点線より上の枠内に申請者の氏名を記入し、点線より下の枠内に記入者の氏名及び申請者との関係を記入してください。
（例えば、by A. YAMADA (Mother) や by A. YAMADA (Father) など）

旅券番号　発行年月日 西暦で記入　年　月　日
最後に発給を受けた旅券に記載の姓をローマ字、左詰めで記入してください。

この申請書を提出する日の年齢　満（　）歳
18歳未満の場合は、有効期間が10年の一般旅券は発給されません。5年用の申請書（別記第2号様式）を使用して申請してください。
※3日以内に紛失（焼失）届出を行っている場合は、枠内に√印を記入してください。

現住所（住民票に記載の住所）　〒　電話（　）　携帯（　）　メールアドレス
その他勤務先など日中の連絡先　電話（　）
居所で申請する場合は居所も下段に記入してください　〒　電話（　）

日本国内の緊急連絡先　住所
氏名　申請者との関係　電話（　）

刑罰等関係
※次の各事項に該当しているか否か、□に√印を記入してください。（本人又は法定代理人が記入してください。）

	はい	いいえ
1. 外国で入国拒否、退去命令又は処罰されたことがありますか。	□	□
2. 現在日本国法令により起訴され、判決確定前の状態ですか。	□	□
3. 現在日本国法令により、仮釈放、刑の執行停止又は執行猶予の処分を受けていますか。また刑の執行を受けなければならない状態にありますか。	□	□
4. 旅券法違反で有罪となり、判決が確定したことがありますか。	□	□
5. 日本国旅券や渡航書を偽造したり、又は日本国旅券や渡航書として偽造された文書を行使して（未遂を含む）、日本国刑法により、有罪となり、判決が確定したことがありますか。	□	□
6. 国の援助等を必要とする帰国者に関する領事官の職務等に関する法律を適用され外国から帰国したことがありますか。	□	□

外国籍の有無
現在外国の国籍を有していますか。
（※該当する枠内に√印を記入してください）
はい□　いいえ□
「はい」の場合
どの国の国籍ですか。＿＿＿＿
取得年月日＿＿＿年＿＿月＿＿日
どのような方法で取得しましたか。
外国籍の父又は母の子として出生□
外国での出生□
外国人との婚姻又は養子縁組□
帰化申請又は国籍取得届出□

外務省／都道府県

外務省コード欄　03 13条　10 別名併記　14 暦外確認　0A 別人　0C 解除　0E 職権　0H 特例1　0K 特例3　04 対立地域　11 非ヘボン　15 暦外表示　0B 失効　0D その他訂正　0G 再作成　0J 特例2
官庁コード

（別記第1号様式）　裏面も記入してください　用紙の大きさはA4

注意
一、太枠内の所定の欄に黒又は青の濃いインクで枠からはみ出さないよう記入してください。
二、※のある欄では□又は□枠内に√印を、その他の欄はかい書体により（所持人自署の欄は除く）記入してください。
三、この用紙は機械で読み取りますので折らないでください。折った場合は、申請書に改めて記入をお願いする場合もあります。
四、わが国固有の領土である北方領土（択捉島、国後島、色丹島及び歯舞群島）は渡航先には含まれません。
五、申請書に虚偽の記載をして旅券の交付を受けた場合等は、旅券法（五年《営利目的は七年》以下の懲役、三百万円《営利目的は五百万円》以下の罰金）及び刑法によって処罰されます。
六、この申請書に記入した氏名の表記は、外務大臣又は領事官が特に必要と認める場合を除き変更することができません。
七、記載の個人情報は、旅券事務の適正な執行の確保、不正取得・使用の防止等旅券秩序の維持、在外選挙事務及び邦人援護並びにその他必要に応じ国際協力のために利用します。

（裏面）

出発予定日　令和　　年　　月　　日	※主要渡航先での滞在期間　□3ヶ月未満　□3ヶ月以上

※ 次の各項目のいずれかに該当する場合には、該当する項目の□に√印をつけた上で、下記の渡航目的及び渡航先を記入してください。
①□表面の刑罰等関係欄に該当する事項がある場合　　②□旅券の二重発給を受けようとする場合

渡航目的（具体的に）
②の場合は、二重発給が必要な理由も記入

今回の渡航先（渡航先国名と、コード表を参照して国コードを記入してください）

国名		コード	

[illegible]

（姓）□□□□□□□□□□□□□□□□□□□□
□□□□□□□□□□□ 最大31字まで（別名を含む）

（名）□□□□□□□□□□□□□□□□□□□□
□□□□□□□□□□□ 最大31字まで（別名を含む）

注：旅券面への表記可能な字数は姓・名・スペース合わせて37文字（別名併記を除く）までです。
記号（、・～など）や、数字（Ⅱ世など）等は記入できません。但し、別名併記の（ ）は記入可。

外　務　大　臣　殿　　　　　　令和　　年　　月　　日
在　　　大使　総領事　殿

（過去5年以内に申請した前回旅券を受け取らず、その旅券が失効した場合は、通常より高い手数料を徴収します。）

法定代理人（後見人など）署名

（申請者が成年被後見人の場合は、法定代理人（成年後見人）の署名が必要です。署名は必ず本人が戸籍に記載のとおり、かい書体で行ってください（署名が困難な場合を除く）。本人確認のために印鑑登録証明書を使用する場合は、押印が必要です。）

この欄も忘れずに記入してください。

本人確認欄	（1点でよい書類）		（2点必要な書類）	
	□ 日本国旅券	□ 戦傷病者手帳	□ 健康保険証	□ 介護保険証
	□ 運転免許証	□ 宅建取引士証	□ 国民健康保険証	□ 印鑑登録証明書及び実印
	□ 個人番号カード	□ 電気工事士免状	□ 船員保険証	□ 後期高齢者医療被保険者証
	□ 船員手帳	□ 無線従事者免許証	□ 共済組合員証	□ その他写真付きの身分証明書（学生証、社員証、公的な資格証明書など）
	□ 海技免状	□ 官公庁職員身分証明書	□ 年金証書等	□ 一時帰国者
	□ 猟銃等所持許可証	□ 身体障害者手帳（偽造防止、写真付き）		

官公庁記載欄	□ 本人　□ 代理
	✓非ヘボン　□新　□旧　□別名併記　✓長音表記
	疎明資料名（　　　　）
	理　由（　　　　）

（令和五年三月改正）

申請に必要な書類等（有効な旅券を返納して申請する場合は、一部省略できる書類があります。また、現住所以外の自治体で申請される方は、住民票の写しが必要な場合があります。）
一、戸籍謄本　一通（提出の日前6月以内に作成されたもの）
二、写真　一葉
三、本人確認のための書類（運転免許証等の場合は一点、健康保険証等の場合は二点、有効な原本に限る）
四、その他特に必要とされる書類
五、前回発給を受けた旅券

申請書類等提出委任申出書

（法定代理人が申請者に代わって申請書類などを提出する場合には、本様式の提出は不要です）

申請者以外の方が申請書類等を提出する場合には、この様式も忘れずに記入してください。

点線より上の欄は申請者本人が記入してください。

申請者記入	私は旅券法第3条第6項の規定に基づき、下記の引受人を通じて旅券申請書類等を提出いたしたく、申し出ます。 令和　　年　　月　　日 引受人氏名　　　　　　　　申請者との関係 引受人住所
引受人記入	私は本件申請に係る必要書類等を申請者に代わり提出することを引き受けました。私が提出する申請者の所持人自署は本人自筆のもの（又は適正な記名）であること及び写真は本人のものに相違ないことを確認します。私は、過去5年間、旅券の不正取得に係わったことはありません。 令和　　年　　月　　日　　　連絡先電話番号　（　　　） 生年月日　明治・大正・昭和・平成・令和　　年　　月　　日
注意事項	1. 申請者の指定した者が、代わりに申請書類などを提出する場合には、提出者本人を確認するに足る書類等を提示（出）してください。 2. この申請による旅券取得が日本国法令の罰則に該当する場合、申請者に代わって必要書類などを提出した者も罰せられることがあります。

（令和五年三月改正）

（別記第4号様式）

携帯品・別送品申告書

（A面）

日本国税関
税関様式C第5360号

携帯品・別送品申告書

下記及び裏面の事項について記入し、税関職員へ提出してください。
家族が同時に検査を受ける場合は、代表者が１枚提出してください。

搭乗機（船）名		出発地	
入国日	年　月　日		
氏名	フリガナ		
現住所（日本での滞在先）			
	電話（　）		
職業			
生年月日	年　月　日		
パスポート番号 旅券番号			
同伴家族	２０歳以上　名	６歳以上２０歳未満　名	６歳未満　名

※ 以下の質問について、該当する□に"✓"でチェックしてください。

1．下記に掲げるものを持っていますか？　はい　いいえ

① 麻薬、銃砲、爆発物等の日本への持込みが禁止されているもの（B面1．を参照）　□　□
② 肉製品、野菜、果物、動植物等の日本への持込みが制限されているもの（B面2．を参照）　□　□
③ 金地金又は金製品　□　□
④ 免税範囲（B面3．を参照）を超える購入品・お土産品・贈答品など　□　□
⑤ 商業貨物・商品サンプル　□　□
⑥ 他人から預かったもの（スーツケースなど運搬用具や理由を明らかにされず渡されたものを含む）　□　□

＊上記のいずれかで「はい」を選択した方は、B面に入国時に携帯して持ち込むものを記入してください。

2．100万円相当額を超える現金、有価証券又は1kgを超える貴金属などを持っていますか？　はい □　いいえ □

＊「はい」を選択した方は、別途「支払手段等の携帯輸出・輸入申告書」を提出してください。

3．別送品　入国の際に携帯せず、郵送などの方法により別に送った荷物（引越荷物を含む。）がありますか？

□ はい（　　個）□ いいえ

＊「はい」を選択した方は、入国時に携帯して持ち込むものをB面に記入したこの申告書を2部、税関に提出して、税関の確認を受けてください。（入国後6か月以内に輸入するものに限る。）確認を受けた申告書は、別送品を通関する際に必要となります。

《注意事項》
海外又は日本出国時及び到着時に免税店で購入したもの、預かってきたものなど日本に持ち込む携帯品・別送品については、法令に基づき、税関に申告し、必要な検査を受ける必要があります。申告漏れ、偽りの申告などの不正な行為がある場合は、処罰されることがあります。

この申告書に記載したとおりである旨申告します。

署名

（B面）

※入国時に携帯して持ち込むものについて、下記の表に記入してください。（A面の1．及び3．ですべて「いいえ」を選択した方は記入する必要はありません。）

（注）「その他の品名」欄は、申告を行う入国者本人（同伴家族を含む）の個人的使用に供する購入品等に限り、1品目毎の海外市価の合計額が1万円以下のものは記入不要です。
また、別送品も記入不要です。

				＊税関記入欄
酒類			本	
たばこ	紙巻		本	
	加熱式		箱	
	葉巻		本	
	その他		グラム	
香水			オンス	

その他の品名	数量	価格	

＊税関記入欄　円

1．日本への持込みが禁止されている主なもの

① 麻薬、向精神薬、大麻、あへん、覚醒剤、MDMA、指定薬物など
② 拳銃等の銃砲、これらの銃砲弾や拳銃部品
③ 爆発物、火薬類、化学兵器原材料、炭疽菌等の病原体など
④ 貨幣・紙幣・有価証券・クレジットカードなどの偽造品など
⑤ わいせつ雑誌、わいせつDVD、児童ポルノなど
⑥ 偽ブランド品、海賊版などの知的財産侵害物品

2．日本への持込みが制限されている主なもの

① 猟銃、空気銃及び日本刀などの刀剣類
② ワシントン条約により輸入が制限されている動植物及びその製品（ワニ・ヘビ・リクガメ・象牙・じゃ香・サボテンなど）
③ 事前に検疫確認が必要な生きた動植物、肉製品（ソーセージ・ジャーキー類を含む。）、野菜、果物、米など
＊ 事前に動物・植物検疫カウンターでの確認が必要です。

3．免税範囲（一人あたり。乗組員を除く。）

・酒類3本（760mlを1本と換算する。）
・紙巻たばこ200本（外国製、日本製の区分なし。）
＊ 20歳未満の方は酒類とたばこの免税範囲はありません。
・海外市価の合計額が20万円の範囲に納まる品物（入国者の個人的使用に供するものに限る。）
＊ 海外市価とは、外国における通常の小売価格（購入価格）です。
＊ 1個で20万円を超える品物の場合は、その全額に課税されます。
＊ 6歳未満のお子様は、おもちゃなど子供本人が使用するもの以外は免税になりません。

携帯品・別送品申告書の記載に御協力頂きありがとうございました。日本に入国（帰国）されるすべての方は、法令に基づき、この申告書を税関に提出していただく必要があります。引き続き税関検査への御協力をよろしくお願いします。

出典：財務省資料

外国製品をお持ちの方に（外国製品の持出し届）

外国製品をお持ちの方に

出国の時、税関に届け確認を受けておけば、
帰国の際、その品物に税金はかかりません

税関印

ここに税関の印が
ないと無効です

外国製品の持出し届

なまえ	

品名	数量	銘柄、特徴、番号、カラット等を書いて下さい。

◎紛失しないように　◎帰国の際、税関に提出のこと

出典：財務省資料

旅券の手数料　収入印紙及び証紙（東京都は現金）

通常	
10年旅券	16,000円（収入印紙14,000円　証紙2,000円）
5年旅券	11,000円（収入印紙9,000円　証紙2,000円）
5年旅券（12歳未満）	6,000円（収入印紙4,000円　証紙2,000円）
残存有効期間同一旅券	6,000円（収入印紙4,000円　証紙2,000円）
5年以内に未交付失効があった場合	
10年旅券	22,000円（収入印紙18,000円　証紙4,000円）
5年旅券	17,000円（収入印紙13,000円　証紙4,000円）
5年旅券（12歳未満）	12,000円（収入印紙8,000円　証紙4,000円）
残存有効期間同一旅券	12,000円（収入印紙8,000円　証紙4,000円）

セレクト問題

1 旅券手続

次の各問題で、正しいものには○を、誤っているものには×を記入せよ。問3は正しいものをすべて選べ。

ヘボン式によらない氏名表記

☑ 問① 旅券に記載される氏名はヘボン式ローマ字により表記されるが、申請者がその氏名についてヘボン式によらないローマ字表記を希望し、外務大臣または領事官が、出生証明等により当該表記が適当であり、かつ、渡航の便宜のため特に必要であると認めるときは、この限りではない。

旅券の有効期間

☑ 問② 14歳の時に交付を受けた旅券の残存有効期間が1年未満となった場合、名義人は当該旅券の有効期間内に旅券を返納の上、新たに旅券を申請することができる。この場合、有効期間が5年または10年のいずれかを選択することができる。

身元確認書類

☑ 問③ 旅券の発給を申請する際に、申請者が人違いでないことおよび申請者が当該発給申請書に記載された住所または居所に居住していることを確認するため、本籍の入った住民票の写し（都道府県知事が住民基本台帳法により、本人確認情報を利用するときは不要）および申請者の氏名の提出に加え、都道府県知事が提示または提出を求める書類で、1点のみでよいとされているものをすべて選びなさい。

a. 一般旅券発給申請書に押印した印鑑に係る印鑑登録証明書
b. 日本国旅券（失効後5か月経過したもの）
c. 写真付き住民基本台帳カード

戸籍謄本等の省略

☑ 問④ 同一戸籍内にあり同一都道府県内に居住する2人以上の者が同時に旅券の発給申請をする場合、いずれか1人の者が戸籍謄本を提出すれば、他の者は戸籍謄本を提出する必要はない。

2つの署名

☑ 問⑤　旅券の発給申請に当たり、申請者が「一般旅券発給申請書」の「所持人自署」欄に署名する能力のない乳幼児の場合、法定代理人に限り、当該申請者に代わり記名することができる。

☑ 問⑥　未成年が旅券の発給を申請する際、親権者が遠隔地に在住している場合でも原則として、申請用紙に自署の法定代理人の署名が必要である。

代理申請

☑ 問⑦　申請者が指定した者（配偶者または2親等内の親族を除く）が出頭する場合、申請5年以内に旅券に係る不正な行為をした者であってはいけない。

☑ 問⑧　旅券の発給申請に当たり、申請者本人に代わり出頭する者は、「申請書類等提出委任申出書」の提出が必要となるが、当該申請者の法定代理人が出頭する場合はその提出は不要である。

居所申請

☑ 問⑨　旅券の発給を申請する際に、居所（住民登録地以外の居住地）での申請が認められるのは国内居住者のみで、学生・単身赴任者などがその対象となるが、海外からの一時帰国者はその対象とならない。

変更申請

☑ 問⑩　旅券の記載事項のうち、本籍の都道府県名に変更が生じたとき、旅券の名義人は旅券の有効期間内であっても、当該旅券を返納の上、新たに旅券の発給申請をすることができる。

査証欄

☑ 問⑪　旅券の査証欄に余白がなくなった場合に限り、当該旅券の査証欄の増補申請をすることができる。

発給ミス

☑ 問⑫　旅券の発給申請をした本人の記載ミスにより、間違った本籍の都道府県名が記載されて交付された旅券については、記載事項の変更申請をすることができる。

紛失または焼失の届出および失効

☑ 問⑬　国内において旅券を紛失した場合、当該旅券の名義人は、遅滞なく都道府県に出頭の上、都道府県知事を経由して外務大臣にその旨を届出なければならないが、その届出があったとき、当該旅券は失効する。

☑ 問⑭　有効な旅券を返納し、新たに旅券の発給申請をする場合、有効な旅券を返納したとき、当該返納した旅券は失効する。

☑ 問⑮　渡航中に有効期間が満了となった旅券も、有効期間が満了となった時点でその効力を失う。

☑ 問⑯　渡航中に紛失した旅券に代えて「帰国のための渡航書」が発行され帰国した場合、渡航書で帰国したとき、当該紛失した旅券は失効する。

在留届

☑ 問⑰　旅券の名義人が外国に住所または居所を定めて3か月以上滞在する場合、あらかじめ出入国管理局を通じて外務大臣に「在留届」を提出しなければならない。

解答

問①：○　長音等ヘボン式によらない記載を希望する場合は、その綴りが実際に使用されていることを立証する書類などで認められる。

問②：○　14歳時に取得した旅券は5年有効に限定されていた。現在、その旅券は1年未満有効。すなわち、その名義人＝申請者は現在18歳または19歳である。したがって、有効期間が5年または10年を選択することができる。なお、有効期間が1年未満となった場合、新規申請できる。

問③：b.　c.　**a.**「印鑑登録証明書およびその印鑑」は、2点必要な書類のAグループのひとつ。1点では不可。**b.**失効後6か月以内の日本国旅券、**c.**写真付き住民基本台帳カードは1点で可。

問④：○　同一戸籍・同一都道府県居住・同時申請は、1人が戸籍謄本を提出すれば他の者は省略できる。

問⑤：×　「法定代理人に限り」が誤り。次の者が次の順位により、申請者本人に代わり「所持人自署」欄に記名できる。①法定代理人、②配偶者、③海外同行予定者、④都道府県知事または領事官が適当と認める者。

問⑥：○　法定代理人から署名済みの「旅券発券申請同意書」をとりつけ、これに変えて提出することができる。

問⑦：○　配偶者または2親等内の親族を除いてはこの通り。

問⑧：○　法定代理人が出頭し代理申請する場合、「申出書」は不要。

問⑨：×　居所申請できるのは、「海外からの一時帰国者、船員、学生・生徒、単身赴任者・長期出張者、知事が認めた者」である。

問⑩：○　記載事項（氏名または本籍）に変更があった場合、残存有効期間にかかわらず、新規発給申請または残存有効期間同一旅券の申請ができる。
問⑪：×　査証欄に余白がなくなった場合は、新規発給申請または残存有効期間同一旅券の申請のどちらかを選択することができる。
問⑫：×　正しく記載されている事項（氏名、本籍の都道府県名）に変更のあった場合は変更申請も可能であるが、記載ミスにより間違った事項（氏名、本籍の都道府県名）が記載された旅券については変更申請は不可。
問⑬：○　旅券を紛失・焼失した場合は、その旨の届出がされたとき、当該旅券は失効する。なお、国外においては最寄りの領事館に出頭の上、領事官にその旨、届出をしたとき、失効する。
問⑭：×　返納した旅券は、新たな旅券が発行されたとき失効する。
問⑮：○　国内であろうと海外に滞在中（渡航中）であろうと、旅券は有効期間満了したとき、失効する。
問⑯：×　渡航中であっても、紛失の届出がされたとき失効する。
問⑰：×　「在留届」の提出先は、管轄する現地の領事官。

2 査証手続

☑ 問①　カナダの有効なビザを持たない旅行者が、日本から国際線航空機を利用してバンクーバー（YVR）で乗り継ぎ、サンパウロ（SAO）に行く場合、カナダのeTA（Electronic Travel Authorization）による渡航認証は取得する必要がない。

☑ 問②　日本から国際線航空機を利用してパリ（PAR）で乗り継ぎ、マドリード（MAD）に行く場合、シェンゲン協定加盟国圏の入国審査はパリ（PAR）で行う。

☑ 問③　日本から国際線航空機を利用してロサンゼルス（LAX）で乗り継ぎ、ニューヨーク（NYC）に行く場合、アメリカ合衆国の税関検査は、委託手荷物の最終目的地であるニューヨーク（NYC）で行われる。

☑ 問④　日本から国際線航空機を利用してニューヨーク（NYC）で乗り継ぎ、サンパウロ（SAO）に行く場合、アメリカ合衆国のニューヨーク（NYC）は乗り継ぎなので入国手続きは不要で、最終のサンパウロ（SAO）でのみ入国手続きと税関検査が行われる。

☑ 問⑤　20歳以上の日本国籍を有する者が、米国のビザ免除プログラム（VWP）を利用して渡米する場合に取得する電子渡航認証システム（ESTA）は、出発前の事前申請が義務付けられており、承認されたESTAを持っていない場合は米国行きの航空機への搭乗を拒否される。

☑ 問⑥ ESTA認証の有効期限は、2年間または旅券の残存期間のどちらか短いほうとなるが、米国滞在中に有効期限を迎える場合は、有効期限内に新たにESTAの申請をしなければならない。

解答

問①：× カナダで乗り継ぐ場合は入国とみなされeTAが必要である。

問②：○ フランスとスペインはシェンゲン協定加盟国の為、最初に入国する加盟国で入国審査を行う。

問③：× 米国へ渡航する場合で、実際に滞在する都市の前に寄港する米国の都市がある時は、最初に寄港する都市(空港)で入国手続を行う。

問④：× 米国の空港で乗り継いでブラジルやメキシコ、カナダなどの第3国に行く場合は取り次ぐ空港での入国手続(ESTA取得)と出国手続が必要である。

問⑤：○ 米国のビザ免除プログラム(VWP)の適用条件の中に渡航前のESTA取得がある。

問⑥：× 帰国時に旅券が有効であれば、ESTAの期限が切れていても可。

3 日本人の出入国手続

次の各問題で、正しいものには○を、誤っているものには×を記入せよ(特に記載されていない場合は、20歳以上の日本人旅行者に関する問題とする)。

支払手段等の携帯輸出・輸入

☑ 問① 日本出国時に300万円相当額の現金を携帯して輸出し、入国時に110万円相当額の現金を携帯して輸入する場合、出国時、入国時のそれぞれに「支払手段等の携帯輸出・輸入申告書」に必要事項を記入し、税関に提出しなければならない。

外国製品の持出し届

☑ 問② 外国製のゴルフ用具を委託手荷物として航空会社に預ける場合は、事前に「外国製品の持出し届」に品名・数量・特徴などを記入し、現品とともに税関の確認を受けておかなければ、帰国時の税関検査で課税される場合がある。

輸入規制品

☑ 問③ 個人が使用するために携帯して輸入することができる化粧品は、標準サイズで1品目24個以内に限られる。

植物検疫・動物検疫

☑ 問④ 旅行者が日本入国時に携帯して輸入する次の物品から、動植物検疫の対象となるものには○を、対象とならないものには×をつけよ。

a. シンガポールから持ち帰った「ジャスミンティー」
b. カナダから持ち帰った「冷凍ロブスター」
c. ニュージーランドから持ち帰った「ビーフジャーキー」

別送品の手続

☑ 問⑤ 別送品について免税枠の範囲内で免税の適用を受けようとする旅行者は、たとえ数か所から別送した場合であっても、「携帯品・別送品申告書」を２通作成し、税関に提出しなければならない。

税関手続

☑ 問⑥ 「課税価格」とは、一般の輸入取引の場合の輸入港での価格であって、通常の海外小売価格に比較して６割程度の額である。

☑ 問⑦ １本８万円のゴルフクラブ３本が課税の対象となった場合、簡易税率が適用される。

☑ 問⑧ １個で海外市価25万円の物品の場合、20万円を控除した差額に対して課税される。

☑ 問⑨ １本10万円のフランスワイン（750ml）３本のみを輸入する場合、課税の対象とならない。

☑ 問⑩ 20万円で購入したハンドバッグ１個が課税対象となる場合、簡易税率が適用されず一般の関税率が適用される。

☑ 問⑪ 酒類が免税の範囲を超えたときは、海外市価の低額なものから課税される。

☑ 問⑫ 海外市価が10万円のスーツ１着、８万円のネックレス１本、１本５千円のネクタイ３本、１枚４千円のスカーフ３枚のみを輸入する場合、スカーフ２枚が課税対象となる。

解答

問①：○　合計100万円相当を超える支払手段および1kgを超える金の地金（純度90%以上のもの）の携帯輸出、輸入ともに、「支払手段等の携帯輸出・輸入申告書」を税関に提出、届出が必要。この場合、出国（携帯輸出）時、入国（携帯輸入）時、それぞれ支払手段等の合計が100万円を超えるので、出国時、入国時ともに申告が必要。

問②：○　外国製品（外国製品なのか判断がつかないものを含む）は申告が必要。

問③：○　個人が自分で使用するために、海外から持ち帰る場合、化粧品・外用剤は1品目24個(標準サイズ)以内は厚生労働大臣の許可不要。

問④　**a：**×　加工された植物、製茶、乾たけのこ、ホップの乾花等は検疫対象とならない。

b：×　ロブスター・かに・スモークサーモンなどの魚介類は検査不要品。

c：○　牛・豚・やぎ・羊など(偶蹄類)の骨、肉からの加工品は輸出国政府機関より発行された「検査証明書」とともに動物検疫が必要。合格すれば持ち込める。なお、疫病の発生状況等で輸入禁止となる場合がある。現在米国・カナダからのビーフジャーキーは輸入禁止。

問⑤：○　複数国から別送した場合でも、申告書は2通。

問⑥：○　課税価格とは価格を基準に課税する場合の課税基準となる価格。

問⑦：×　適用される税率の区分で、ゴルフクラブは、関税が無税で、消費税(地方消費税含む)のみ課税される。

問⑧：×　海外市価25万円の物品の全額に対して課税。

問⑨：○　酒類は、従量税方式で免税枠が決められており、760ml程度のものは、(購入価格にかかわらず) 3本まで免税。この場合、課税対象とならない。

問⑩：○　1個(1組)の課税価格が10万円を超えるものは、簡易税率によらず、一般の関税率が適用される。1個が海外市価20万円のものの、課税価格は、20万円×0.6＝12万円となり、一般税率が適用される。

問⑪：×　酒類の場合は海外市価にかかわらず種類、量に応じて税額が定められており、その税額の低いものに課税される。例えばウィスキー(750ml) 1本、ワイン(750ml) 3本を持ち込んだ場合、免税枠の3本を超えているため1本に課税される。税額はウィスキー1本(750ml) 600円、ワイン1本(750ml) 150円で、この場合はワインに課税される。

問⑫：○　携帯品免税のその他の品物は、1品目1万円以上のものが免税枠計算の対象となる。20万円以内に収まる物品は免税になり、その残りの物品が課税される。税関は旅行者に有利になるように選択のうえ(税額の低いものに)課税する。

スーツ 1着	10万円		
ネックレス	1本	8万円	
ネクタイ	3本	1万5千円	(5千円が3本)
スカーフ	3枚	1万2千円	(4千円が3枚)

すべて1品目1万円以上のため免税枠計算の対象となり、合計額は20万7千円。課税は物品単位のため、19万9千円(スーツ1着、ネックレス1本、ネクタイ3本、スカーフ1枚)までは免税。スカーフ2枚(8千円)が課税対象となる。

外国での出入国手続

次の各問題で、正しいものには○を、誤っているものには×を記入せよ。

EU・シェンゲン・ユーロ

☑ 問① **次のヨーロッパの各国のシェンゲン協定（出入国審査の撤廃）実施の有無、ユーロ通貨導入の有無について記したもののうち、正しいものには○を、誤っているものには×をつけよ。**

	国名	シェンゲン協定実施の有無	ユーロ通貨導入の有無
a.	英国	無	無
b.	デンマーク	無	有
c.	スウェーデン	有	無
d.	ドイツ	有	有

☑ 問② **スイスはEUに加盟していないが、シェンゲン協定には加盟している。**

出入国手続の特殊な取扱い

☑ 問③ **バンクーバーから航空機でニューヨークに行く場合、米国の入国審査、税関検査はバンクーバーにて出発前に行われる。**

解答

問① デンマークはシェンゲン協定は実施しているが、ユーロ通貨は導入せず、デンマーククローネを使用している。

		国名	シェンゲン協定実施の有無	ユーロ通貨導入の有無
○	a.	英国	無	無
×	b.	デンマーク	有	無
○	c.	スウェーデン	有	無
○	d.	ドイツ	有	有

問②：○　スイスはEU、ユーロには加盟していない。シェンゲン協定には加盟している。

問③：○　航空機利用でカナダと米国を移動する場合、出発・到着空港（カナダ）に米国移民局があれば米国への入・出国手続はカナダの空港で行われる。

4 外国人の日本出入国

次の各問題で、正しいものには○を、誤っているものには×を記入せよ。

PART 4 総合

第3章 出入国法令

在留管理

☑ 問① 「3か月以下の在留期間」「短期滞在」あるいは「外交」または「公用」の在留資格が決定された外国人に対して、「在留カード」は交付される。

☑ 問② 在留カードを受領した16歳以上の外国人は、常にこれを携帯していなければならない。

再入国手続

☑ 問③ 在留カードを所持する中長期在留者が入国審査官に対し、再び入国する意図を表明して出国したが、当該許可の有効期間内に再入国することができないときは、日本国領事館等に当該許可の有効期間の延長を申請することができる。

☑ 問④ 再入国許可の申請に当たっては、申請者本人以外の者が代わりに申請することは認められていない。

☑ 問⑤ 再入国の許可の有効期間は、許可が効力を生ずるものとされた日から4年、特別永住者については、5年である。

☑ 問⑥ 再入国許可を有する外国人が日本を出国するときは再入国出入国記録カードを提出し、入国審査官から出国の確認を受けなければならない。

☑ 問⑦ 再入国の許可を受けて出国した者が当該許可の有効期間内に再入国することができないときは、日本国領事館等に当該許可の有効期間の延長を申請することができる。

解答

問①：×　在留カードは、これらにあてはまらない外国人に対して交付され、在留管理を行っている。申請必要。

問②：○　16歳未満の者は携帯義務はない。

問③：×　この文章はみなし再入国許可であり、みなし再入国許可で出国した場合は、海外において有効期間の延長はできない。

問④：×　申請者本人の申請の他に旅行業者などの取次申請、法定代理人による代理申請は認められている。

問⑤：×　再入国許可の有効期間は、許可が効力を生ずるものとされた日から5年を超えない範囲。特別永住者については、6年を超えない範囲である。

問⑥：○　この出国確認を受けることにより、再び入国するときには出国前の在留資格、在留期限が継続する。

問⑦：○　再入国許可を受けて出国した外国人が有効期間内に再入国できない相当の理由がある場合、在外公館（日本国大使館・領事館など）に有効期間の延長を申請できる。

MEMO

第4章 海外観光資源

出題傾向と対策

海外観光資源の出題ジャンルは広範囲にわたり、世界中の観光地理に関連する歴史・文化・芸術や、その国の衣食住までに及ぶ。また、出題は多くはないが、前後に開催されるイベント、冬季・夏季オリンピック開催地や直近の世界のトピックスにも目を向ける必要がある。ここではすべてを掲出するのは困難であり、学習にあたっては旅行会社のパンフレットやテレビの旅行番組・新聞記事などにも関心をもって、その知識を広げていくことが大切である。

1 出題傾向

① 基本は4択形式で2点×20問(計40点)となっている。
② 関連付けして組み合わせて、正・誤を求める形式。
③ ある地域内での観光資源の説明文を4つ並べて正・誤を求める形式。
④ ある項目の説明文章中いくつかのキーワードの語句の正・誤を求める形式。より深い知識が求められる。
⑤ 2011年度以降は海外観光資源の問題にも複数正解となる問題が出題されているのが特徴。“正しい組合せをすべて選びなさい”という問いで、正解は1つの場合もあれば全部ということもあり得る。正確な知識が必要となる。
⑥ 2021年度には初めて日程表の形式の問題(ドイツ)が出題され、2022年度は中欧3か国(オーストリア、チェコ、ハンガリー)の出題があった。この形式は今後も続くと思われる。

過去6年間の出題地域割合

	2022	2021	2020	2019	2018	2017	構成比%
ヨーロッパ	9問	9問	10問	7問	8問	7問	25～35
中東・アフリカ	2問	3問	3問	3問	2問	2問	10～20
アジア	5問	5問	4問	4問	4問	5問	25～30
北米	2問	2問	2問	3問	3問	4問	15～20
中南米	1問	2問	0問	0問	2問	1問	10
オセアニア	1問	1問	3問	2問	1問	1問	10

※複数地域に及ぶ問題があるため、合計は必ずしも20問にはならない。

過去16年間の出題の多い国・地域

ヨーロッパ	1. フランス
	2. イタリア
	3. 英国
	4. スペイン
	5. スイス・ドイツ
	6. ギリシャ
アジア	1. 中国
	2. インド
	3. タイ
	4. インドネシア
	5. ベトナム・マレーシア
	6. 台湾
南北中アメリカ	1. アメリカ(本土)
	2. アメリカ(ハワイ)
	3. カナダ
	4. メキシコ
	5. ペルー
オセアニア	1. オーストラリア
	2. ニュージーランド
	3. パラオ・仏領ポリネシア
中東・アフリカ	1. トルコ
	2. タンザニア
	3. エジプト
	4. 南アフリカ・ケニア・モロッコ
	5. ジンバブエ

2 対策

① 観光資源の説明文の中の“キーワード”を拾い、関連付けて学習する。

例1 イタリア・トスカーナ州の州都フィレンツェ市内を流れるアルノ川に架かるベッキオ橋

例2 フランスの首都・パリ市内を流れるセーヌ川の中洲・シテ島に建つノートルダム寺院

例3 九朝の古都と呼ばれる河南省の洛陽には中国最古の仏教寺院といわれる白馬寺や中国三大石窟として知られる龍門石窟がある

② 世界地図を常にそばに置いて、学習することを心がける。日本は島国だが、世界は大陸でつながっていて、特にヨーロッパはたくさんの国が隣同士国境を接している。海外旅行のパンフレットにも地図が掲載されているので、自分に合った資料を見つけ、学習方法にも工夫が必要である(ただし、山、川、湾名等の地理的な問題は近年出題されていないので優先度は低い)。

③ 過去問題を反復練習し、選択肢4択は正解を求めるだけではなく、その他3つについても、どこなのか、何なのか、関連することは何かなど、その時点で学習しておくと知識がさらに広がる。それが「全て選べ問題」の攻略にもなる。

④ 世界情勢の変化によって、名称などが変わる可能性があるため、最新情報にも留意する(例：グルジア→ジョージア)。

⑤ 2011年度は、TVコマーシャルなどで話題になったシンガポールのホテルや、韓国人気でよく情報雑誌に出てきたソウルの繁華街、人気アニメ映画の舞台のモデルとなった台湾の観光地と、その当時の話題になった観光スポットが3問出題された。2013年度はオリンピックに関連する話題として、2016年の開催地ブラジル・リオデジャネイロが出題されている。また、2017年の天皇皇后両陛下のパラオのペリリュー島ご訪問も出題されており、時事にも多少注意する必要がある。ただし、国内観光資源ほど出題されないので、それほど対策に時間をかける必要はない。

⑥ 2018年以降は欧州および米国の美術館、作者、絵画等に関する問題が出題された。毎年1～2問出題されるので細かく覚える必要がある(章末の「欧州の主な美術館・絵画・彫刻」を参照)。

⑦ 日程表の問題の攻略には、パンフレットが効果的である。この形式の場合、1か国で数問出題される(2021年度はドイツで4問、2022年度は中欧3か国で3問)ので、特定の国を捨ててしまうことは避けたい。出題は周遊型の国の可能性が高く、欧州のスペイン、フランス、イタリア等に注意したい。

⑧ 名物料理、土産品は出題されても1問程度。多くの時間を割く必要はない。

⑨ 本章の掲載順に覚えるのではなく、「過去16年間の出題が多い国」のリストに従って学習するのが効果的である。

⑩ 観光資源の設問には必ずキーワードがあり、本章では赤文字部分がそれにあたる。キーワードから該当の観光資源を答えられるようにするとよい。

⑪ 海外観光資源は覚えることが多いわりに出題はわずか20問で、満点を取るのはほぼ不可能。60%(12問・24点)を現実的な目標とする。

1 ヨーロッパ

・学習のポイント

- **地理・地形：**海（地中海、エーゲ海、黒海など）、山脈（アルプス、ピレネーなど）、山（スイスーマッターホルン、アイガー、ユングフラウなど、イタリアーベスビオ、エトナ）、河川（ドナウ、ラインなど）、湖（イタリア、スイス）、氷河（スイスーアレッチ氷河など）、フィヨルド
- **文明・史跡：**神殿、遺跡、教会、聖堂、寺院、宮殿、城、城砦など。王家や貴族の名称と結びつける
- **芸術：**画家、彫刻家、音楽家、作家、詩人とその代表作、出生地
- **美術館・博物館：**都市との結びつけと所蔵する代表的作品
- **公園・広場・通り・橋：**都市との結びつけ、川と橋を結びつける
- **観光街道・鉄道：**ドイツの観光街道、ヨーロッパの有名な国際列車（スイス等）の名称と発着駅
- **名物料理・酒・名産品：**陶磁器の名称と産地など（章末資料を参照）
- **祭りとイベント：**多くの祭りやイベントがある（章末資料を参照）

- 主要な地形、周囲の海や国際河川（ドナウ川など）、複数の国にまたがる山脈（アルプス山脈など）の名称などを知る。
- 主要国の首都、その市内の観光資源（海外旅行パンフレット掲載の市内観光で訪れる箇所など）。特に広場・公園・通りの名称は関連付けして学習する（ただし、首都名を問うことはない）。
- 芸術関連は、絵画・彫刻・音楽・文学など作品や作家・作曲家の名前・生誕地（都市・国）など、広範囲に出題されている。特にイタリア・ルネサンス三大巨匠レオナルド・ダ・ヴィンチ、ミケランジェロ、ラファエロについては出題頻度が高いので重点学習が必要である。

1 イギリス

地方行政区分(イングランド・ウェールズ・スコットランド・北アイルランド)。重要なのはイングランドとスコットランドのみ。

・首都：ロンドン

1 ロンドン

市内をテムズ川が流れ、市内はシティ(金融の中心)・ソーホー・メイフェアと呼ばれる地域等がある。

- ピカデリーサーカス：ロンドンの中心、エロス像が建つ広場で、ブランドショップが並ぶリージェント通りの起点。
- ウエストミンスター寺院：歴代国王の戴冠式が行われる。世界遺産。
- セントポール大聖堂：英国国教会の象徴。ルネサンス様式の大聖堂。
- ロンドン塔：テムズ川のほとりに立つ要塞。王宮・牢獄・処刑場として使われた。世界遺産。
- バッキンガム宮殿：英国王室の宮殿、観光客で賑わう衛兵交代が有名。
- 国会議事堂：テムズ川沿いに建ち、ビッグ・ベンと呼ばれる時計台で知られている。
- 大英博物館：古代エジプト・ギリシャをはじめとする世界の至宝が収集され、エジプトで発見された“ロゼッタ・ストーン”やエルギン・マーブル、ミイラなどが有名。
- タワーブリッジ：テムズ川に架かる跳ね橋。
- トラファルガー広場：英雄ネルソン提

督の記念碑が建つ広場。近くにはナショナル・ギャラリーがある。ナショナル・ギャラリーには「レディ・ジェーン・グレイの処刑」等がある。

- ハイド・パーク：約350エーカーの面積を誇る世界的に有名な王立公園。
- グリニッジ：ロンドンの南東部、テムズ川南岸にグリニッジ天文台がある。世界の標準時となる子午線がここを通っている。

2 ウィンザー

ロンドンの西方、テムズ川のほとりの町。

- ウィンザー城：ウィンザーにある英国王室の居城。エリザベス女王が週末過ごされる場所でもある。

3 カンタベリー

- カンタベリー大聖堂：英国国教会総本山。世界文化遺産。

4 ストラトフォード・アポン・エイボン

エイボン川のほとりの小さな町。文豪シェイクスピアの出生地。また、この地域はライム・ストーンという石で造られた「はちみつ色の村」といわれるところ。主な町はバイブリー、ボートン・オン・ザ・ウォーター、チッピング・カムデン等がある。

- シェイクスピア劇場、シェイクスピアの家など。

5 オックスフォードとケンブリッジ

いずれもロンドンの北にある大学町。パント（小舟）での川下りが人気。

6 バース

ロンドンの南西部、Bath（風呂）の語源であり、古代ローマ時代温泉保養地として栄えた。ローマ浴場跡など。

7 ストーンヘンジ

ロンドン南西、ソールズベリー郊外にある巨石遺跡。紀元前3000年頃から建造され、神殿として使われた建物の廃墟、世界遺産。

8 ヨーク

イングランド地方北部にある中世都市。

- ヨーク大聖堂：ゴシック建築の大聖堂。

9 リバプール

産業都市であり、ロンドンに次ぐ第2の港町。ビートルズの出身地としても知られる。

10 イングランド湖水地方

イングランド北西にある山岳地帯。ウィンダミア湖、グラスミア湖といった美しい湖があり、風光明媚な景色が見られる。ウィンダミア湖周辺はピーターラビットの作者、ビアトリクス・ポターゆかりの地。グラスミア湖周辺は詩人ワーズワースゆかりの地。

11 マン島

アイリッシュ海に浮かぶ小島で、世界的に有名なオートバイレース「TTレース」が開催される。

12 エディンバラ

スコットランド王国の首都であった都市、現スコットランドの首都。毎年8月開催のエディンバラ国際フェスティバルは有名（軍楽隊の野外行進、ミリタリー・

タトゥーなど)。

- エディンバラ城：キャッスルロックという岩山に建つ、エディンバラの象徴。
- ホリールードハウス宮殿：英国王室のスコットランドにおける宮殿。
- ロイヤル・マイル：エディンバラ城からホリールードハウス宮殿の間の1マイルの通りの意味で、目抜き通り。
- セント・アンドリュース・ゴルフコース：エディンバラ近郊、ゴルフ発祥の地。世界最大のゴルフトーナメント"全英オープン"開催地。

13 グラスゴー

スコットランド最大の産業都市。12世紀のグラスゴー大聖堂がある。

14 インバネス

スコットランドのハイランド地方北部の町で、ネッシーで知られるネス湖の観光の拠点。

2 フランス

4つの河川(セーヌ川、ロワール川、ローヌ川、ガロンヌ川)、アルプス山脈がフランス・スイス・イタリアの国境線をまたがって走っている。

・首都：パリ

1 パリ

市内をセーヌ川が流れており、中洲のパリ発祥の地、シテ島にあるノートルダム大聖堂をはじめ、セーヌ河岸に隣接する多くの歴史的建造物が世界遺産となっている。

- ノートルダム大聖堂：ゴシック様式の建造物。"バラ窓"のステンドグラスは必見(2019年4月に火災で焼失。現在再建中)。
- エトワール凱旋門：シャルル・ド・ゴール広場に建つ門でパリの象徴。フランス軍の勝利を記念して、ナポレオン1世の命によって建てられた。
- シャンゼリゼ通り：凱旋門からコンコルド広場の間のパリの目抜き通り。
- コンコルド広場：パリ市街を見渡せる広場で、中心にはエジプトから贈られたオベリスクがある。ルイ16世の王妃マリー・アントワネットなどが処刑された場として知られている。
- オペラ座：オペラ・ガルニエとも呼ばれるオペラの殿堂。
- ルーブル美術館：世界的に有名な美術館。レオナルド・ダ・ヴィンチの"モナリザ"、"ミロのビーナス"、"サモトラケのニケ"等が展示されている。
- オルセー美術館：旧オルセー駅舎を利用して造られた印象派のコレクションで有名な美術館で、代表作はミレーの"落穂拾い"、ルノワールの"ムーラン・ド・ラ・ギャレットの舞踏会"など。
- エッフェル塔：130年近く前にパリ万国博のために建てられた。パリの象徴。
- シャイヨー宮：エッフェル塔からセーヌ川の対岸に、1937年のパリ万博のために旧トロカデロ宮の跡に建築。
- アンバリッド：ルイ14世が負傷兵を収容するために建てた教会。ナポレオンの遺体が安置されている。

- リュクサンブール公園：リュクサンブール宮殿の庭園として造られた公園。アメリカに贈られた“自由の女神”の原型がおかれている。
- サクレ・クール寺院：芸術家の集まる小高い丘の“モンマルトルの丘”に建つ、白亜の寺院。入口にはジャンヌ・ダルクの騎馬像がある。
- ムーラン・ルージュ：モンマルトル地区にあるキャバレー。フレンチカンカン(ダンス)のショーが見られる。

2 イル・ド・フランス地方

パリの周囲半径約100kmの地域をいう。

- ベルサイユ宮殿：ルイ14世(ブルボン家)が造営した宮殿で、広大な庭園、鏡の間、マリー・アントワネットの愛したプチ・トリアノンが必見。
- フォンテーヌブロー：貴族や王室の狩猟の場、ナポレオンの好んだフォンテーヌブロー城などがある。
- ジベルニー：代表作“睡蓮”の画家クロード・モネが晩年を過ごした家がある。
- バルビゾン：画家の村。
- シャルトル：「シャルトルブルー」と呼ばれるステンドグラスが美しい大聖堂がある町。

3 ロワール渓谷

ロワール川流域には多くの城や館が点在する。中心都市はトゥール。主な城にはアンボワーズ城、シュノンソー城、シャンボール城がある。

- オルレアン：百年戦争の際、オルレアン解放にジャンヌ・ダルクが功績を残したことで“オルレアンの乙女”として歴史に名を残した。

4 モン・サン・ミシェル

サン・マロ湾に浮かぶ小島にあるベネディクト派の修道院。潮の干満によってその景色が変化し美しい姿を見せる。世界遺産。“マダム・プラール・オムレツ”は名物料理。

5 ランス

フランス北東部のシャンパーニュ・アルデンヌ地方でシャンパンの産地。

- ランス大聖堂：ノートルダム大聖堂は歴代フランス国王の戴冠式が行われてきた。国内においてはシャルトル大聖堂、アミアン大聖堂と並ぶゴシック建築の傑作。

6 ストラスブール

アルザスの伝統家屋、木組みの家が密集するプチ・フランス地区は世界遺産。

7 リヨン

絹織物産業の盛んな町。世界でも有数の食文化の町。ポール・ボキューズなど有名なレストランに世界中から食通が訪れる。また、『星の王子さま』の作者、サン・テグジュペリの出生地。

8 シャモニー

- ヨーロッパ最高峰モンブラン観光の拠点。第1回冬季オリンピックの開催地。

9 プロバンス地方、アルプ地方、コート・ダジュール地方

南仏、地中海沿岸のイタリア国境近く

までの総称。

- ニース：コート・ダジュール最大の観光都市でカーニバルは有名。カジノ、シャガール美術館、マティス美術館、英国人の散歩道など。
- カンヌ：ニースと並ぶリゾート地、毎年5月の国際映画祭が有名。ナポレオン街道(ゴルフ・ジュアン⇒カンヌ⇒グラース⇒グルノーブル)。
- グラース：香水産業で有名な町。
- アビニヨン：中世にローマ法王庁があった町。サン・ベネゼ橋、ローマ時代の水道橋のポン・デュ・ガールが見どころ。
- アルル:画家ゴッホゆかりの地、ビゼー作、組曲“アルルの女”など。
- マルセイユ：フランス第2の都市、地中海に面した港町。魚介類のサフラン煮込、ブイヤベースの本場。

3 モナコ公国

コート・ダジュールにあるフランスに囲まれた国。首都はモナコ。

- モナコ：カジノで有名。グラン・カジノは最も由緒があり、建物はオペラ座の建築家ガルニエの設計。モンテカルロ地区でのＦ１グランプリが有名。

4 イタリア

イタリア半島の中心にアペニン山脈が走り、3つの川、テベレ川、ルビコン川、ポー川が流れている。北部にはアルプス山脈が東西に走り、フランス・スイス・オーストリア・スロベニアと国境を接する。

・首都：ローマ

1 ローマ

市内をテベレ川が流れ、ローマ帝国時代の遺跡が多く残されて点在する。カトリックの総本山、バチカン市国が市内にある。

- フォロ・ロマーノ：古代ローマ時代の市民生活の中心地の遺跡。
- コロッセオ：古代ローマ時代最大の円形闘技場、5万人以上収容可能施設として造られた。
- コンスタンティヌス帝の凱旋門：コロッセオの近くにある、コンスタンティヌス帝の戦勝記念の門。
- トレビの泉：彫刻と彫像がある噴水で、後ろ向きになってコインを投げ入れると再びローマに来ることができるとの言い伝えがある。
- スペイン広場：コンドッティ通りが行き当たる広場。映画“ローマの休日”で知られるスペイン階段がある。
- カラカラ浴場跡：古代ローマ時代の浴場跡。
- アッピア街道：旧ローマ街道、女王の道とも呼ばれる。

2 バチカン市国

ローマ市内にある世界最小独立国、法王主権の宗教国家。

- サン・ピエトロ寺院：カトリックの総本山、歴代法王が葬られている。ミケランジェロの彫刻"ピエタ"の像がある。

- システィーナ礼拝堂：サン・ピエトロ寺院に隣接する教皇の礼拝堂。ミケランジェロの壁画"最後の審判"や"天地創造"がある。

※バチカン市国はローマ市内に位置するためここに掲載。

3 ミラノ

イタリア第2の都市。経済の中心地でもあり、パリ・ニューヨークに並ぶ、ファッション情報発信地。

- サンタ・マリア・デッレ・グラツィエ教会：レオナルド・ダ・ヴィンチ作の壁画"最後の晩餐"がある。
- ドゥオモ：ゴシック建築のミラノ大聖堂。前にはドゥオモ広場がある。
- スカラ座：世界的に有名なオペラの殿堂。

4 フィレンツェ

トスカーナ州の州都、イタリア・ルネサンス発祥の地。富豪メディチ家の援助によって繁栄し、花の都とも呼ばれる。

- サンタ・マリア・デル・フィオーレ(花の聖母教会)：別名、ドゥオモ。フィレンツェの象徴。ピンクと緑の大理石を使用した大聖堂。
- サン・ジョバンニ洗礼堂：フィレンツェの守護神・ジョバンニに捧げられた。東扉はミケランジェロが"天国の門"と呼んで称賛した。
- ウフィッツィ美術館：ミケランジェロの"聖家族"、ボッティチェリの"ビーナスの誕生"や"春"、レオナルド・ダ・ヴィンチの"受胎告知"など。
- アカデミア美術館：ミケランジェロの"ダビデ像"がある。
- ベッキオ橋：アルノ川に架かるフィレンツェ最古の石橋。橋の上には貴金属店が並ぶ。

5 ベネチア

市内は陸上交通機関がない運河の街で"水の都"と称され、古くから商港として栄えたイタリア屈指の都市国家。市内交通はボートやゴンドラによる水上交通か徒歩。

- サン・マルコ寺院：守護聖人サン・マルコを祀る寺院で、ベネチアの象徴"サン・マルコ広場"に建つ。
- ドゥカーレ宮：サン・マルコ運河に面した、かつてのベネチア総督の館。
- リアルト橋：大運河に架かるベネチア最古の大理石の橋、シェイクスピアの戯曲"ベニスの商人"で知られる。
- ムラノ島：ベネチアン・グラスの産地。
- ブラーノ島：レース編みとカラフルな家並み。
- リド島：カジノがあるリゾート。

6 ナポリ

ナポリ湾に面した世界的に有名な観光都市。世界三大美港の1つ(その他はシドニーとリオデジャネイロ)。近くにはベスビオ火山の噴火で埋まってしまった廃墟"ポンペイ"、"エルコラーノ"の遺跡(世界遺産)がある。

- サンタルチア港：カプリ島(青の洞窟)などへの起点。

・サンカルロ歌劇場：イタリア三大歌劇場のひとつ。

7 アマルフィ

ソレント半島の東端にある海岸。レモンが茂るリゾート地として人気の世界遺産。西端にはポジターノの町がある。

8 アッシジ

イタリアの守護聖人・聖フランチェスコの生誕地。サンフランチェスコ大聖堂などがある"宗教の町"。

9 シエナ

フィレンツェと肩を並べる芸術都市。扇状のカンポ広場や裸馬レースのパリオ・デレ・コントラーデが有名。

10 ベローナ

"ロミオとジュリエット"の舞台の地。古代ローマ時代の野外円形劇場アレーナなど。ジュリエッタの家。

11 トリノ

2006年冬季オリンピック開催地。イタリア自動車産業の中心的企業フィアットがある。

12 ピサ

フィレンツェの西の港町。ガリレオ・ガリレイが落下実験をした"ピサの斜塔"、ドゥオモなど。

13 サンジミニャーノ

フィレンツェの西南、城壁をめぐらし中世の雰囲気を残す"美しい塔の街"。

14 ラベンナ

モザイク芸術の町として有名。

15 ボローニャ

欧州最古の総合大学ボローニャ大学のある学問の町。

16 シチリア島

地中海最大の島、シチリア州で州都はパレルモ。ギリシャ、ローマなどの支配を受け、遺跡が残る。島内にはヨーロッパ最大の活火山エトナ山がある。

・アグリジェント："神殿の谷"一帯には保存状態のよいギリシャ神殿が立ち並び、コンコルディア神殿は最も保存状態のよい遺跡。

17 北イタリア

スイスとの国境には多くの湖が点在する湖水地帯がある。主にマジョーレ湖、ルガノ湖、コモ湖など。また、オーストリアとの国境近くはアルプス山脈が迫る山岳地帯で、ドロミテ地方に2026年にミラノと共同で冬季オリンピックが開催されるコルチナ・ダンペッツォがある。

5 スイス

永世中立国であるが、軍隊を持つ国。アルプスの高い山々に囲まれ、美しい景観は世界でも有数の観光立国。イタリアとの国境には湖が多く点在し観光名所として人気。

・首都：ベルン

1 ジュネーブ

南西部フランスとの国境近く、レマン湖畔最大の町。国際都市で国際連合欧州本部がある。ヨーロッパの最高峰モンブラン（標高4,808m）観光への玄関都市。その他、モンブラン橋、ルソー島、イギリス公園(花時計)等。

2 チューリヒ

チューリヒ湖畔にある国際金融都市。スイスの空の玄関都市。チューリヒ南東のマイエンフェルトには、小説“アルプスの少女ハイジ”の舞台とされる村がある。

3 ルツェルン

ルツェルン湖畔にあり、近くのピラトス山への登山口。カペル橋は市内を流れるロイス川に架かる木造の屋根つき橋。「瀕死のライオン」として知られるライオン記念碑。

4 アルプス三大名峰

- ユングフラウ：インターラーケンを玄関口として、グリンデルワルト、クライネシャイデックを経て、ユングフラウヨッホへ到達、眼下にヨーロッパ最長のアレッチ氷河が見られる。
- マッターホルン：電気自動車と馬車しか認めない麓の町ツェルマットからゴルナーグラートまで登山列車で登るルートがある。
- モンブラン：ジュネーブから麓の町フランス国内シャモニーへ、そして終点エギーユ・デュ・ミディまで登りきり、モンブランやグランドジョラスなどが視野に広がる。

5 レマン湖

湖畔にある高級リゾート・ローザンヌには国際オリンピック委員会(IOC)の本部がある。湖の東部にある高級保養地モントルー、レマン湖の東端にイギリスの詩人バイロンの作品で有名なション城が

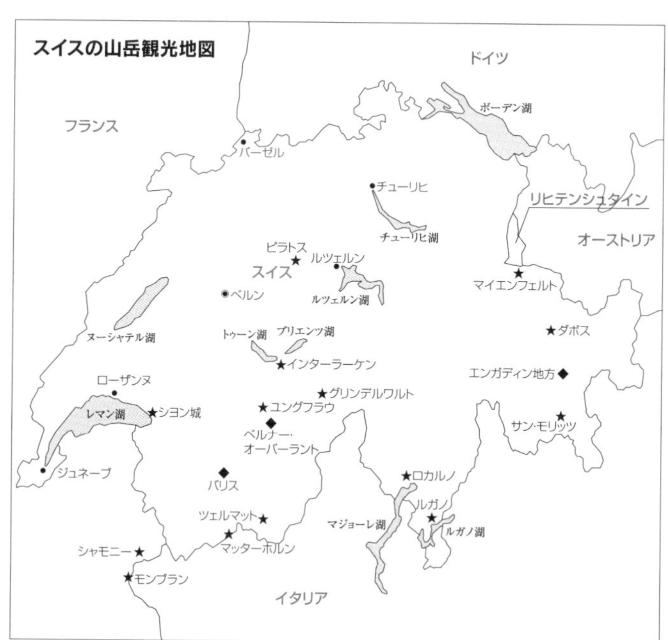

POINT
スイスは山の名前と拠点の町、展望台、鉄道、駅名を立体的に覚える。

PART 4 総合
第4章 海外観光資源

ある。

6 氷河特急（グレイシャー・エクスプレス）

エンガディン地方にある避暑地サン・モリッツからツェルマットの間の山岳地域を走る“世界一遅い”といわれる人気の鉄道。

7 ゴッタルド・トンネル

エルストフェルトからボディオを結ぶ全長57kmの鉄道トンネル。2016年6月に開通。青函トンネルを抜いて世界最長のトンネル。

6 スペイン

フランスとの国境に走るピレネー山脈から南のイベリア半島には、小さな国・アンドラ公国、ポルトガルとスペインがある。スペイン国内には3つの川（エブロ川、タホ川、グアダルキビル川）が流れている。

・首都：マドリード

1 マドリード

- プラド美術館：スペインを代表する画家エル・グレコ、ベラスケス（ラス・メニーナス）、ゴヤ（裸のマハ）の作品をはじめ世界中の美術品が展示されている。
- ソフィア王妃芸術センター：ピカソの代表作“ゲルニカ”がある。
- スペイン広場：作家・セルバンテス没後300年記念碑や、作品“ドン・キホーテ”の主人公の像がある。
- マヨール広場：市の中心にある集合住宅に囲まれた広場。
- プエルタ・デル・ソル（太陽の門）：マドリードの中心にある広場。デパートやショップが多く並んでいる。
- グラン・ビーア（大通り）：スペイン広場からシベーレス広場までの目抜き通り。

2 トレド

マドリードに遷都される前の首都。タホ川に囲まれた旧市街は世界遺産。スペインのカトリックの総本山である大聖堂、グレコの家（トレドで活躍したギリシャ人画家エル・グレコ）、サント・トメ教会など。

3 バルセロナ

地中海に面した港湾都市。

- サグラダ・ファミリア（聖家族教会）：アントニオ・ガウディの作品。1882年着工、現在も建築中である。ガウディの作品は他に市内にグエル公園、カサ・ミラ、カサ・バトリョなどがある。
- ランブラス通り：目抜き通り。モンジュイックの丘からはバルセロナ市内が一望できる。
- モンセラート修道院：バルセロナ近郊、モンセラート（セラト山）にあるベネディクト派の修道院。「黒いマリア像」が有名。

4 バレンシア

地中海に面した貿易港。3月に行われるサンホセの火祭りは有名。ラ・ロンハ・デラ・セダ（絹商品取引所）は世界文化遺産。

5 グラナダ

シエラ・ネバダ山脈の麓、イスラム支配最後の砦。イスラム建築のアルハンブラ宮殿(アラビア語＝赤い城)、フェネラリーフェ庭園など。

6 コルドバ

グアダルキビル川の畔に建つ、イスラム教寺院のメスキータ(モスク)など。

7 セビリア

河港都市。オペラ"セビリアの理髪師"、"カルメン"の舞台となった地。春祭り"フェリア・デ・プリマベーラ"が有名。

- ヒラルダの塔：セビリア大聖堂に隣接する鐘楼で市の象徴。

8 セゴビア

紀元前1世紀ごろに建てられたローマ時代の水道橋。ディズニー映画"白雪姫"の城のモデルとなったアルカーサルなど。

9 サンティアゴ・デ・コンポステラ

カトリック教徒の巡礼地でフランスからピレネー山脈を越えて巡礼の道がある。ロマネスク様式の大聖堂に12使徒のひとり聖ヤコブの遺骨がある。

10 サラマンカ

スペインを代表する大学の町。旧市街は世界遺産。

11 コスタ・デル・ソル

"太陽の海岸"という意味。アンダルシア地方の地中海沿岸の海岸をいう。画家ピカソの出身地のマラガ、マルベーリャ、トレモリノス、ネルハなどリゾート都市がある。

12 サン・セバスティアン

北部バスク地方にある美しいコンチャ海岸と美食の町として有名。

13 マヨルカ島

バレアレス諸島最大の島で中心はパルマ。ショパンと恋人ジョルジュ・サンドが過ごした島として知られている。

14 カナリア諸島

スペイン本土から南西1,000kmの大西洋上にあるリゾート。

7 ポルトガル

ユーラシア大陸の最西端、イベリア半島の大西洋に臨む位置にある。タホ川がスペインからポルトガルに流れ入り、テージョ川と名称を変え大西洋に流れ出る。また、北部にはドウロ川が河口の町ポルトに流れ出る。

・首都：リスボン

1 リスボン

エンリケ航海王子やポルトガルの航海士バスコ・ダ・ガマを称えて建てられた、ジェロニモス修道院、そして船の出入りの監視のため造られたベレンの塔は世界遺産。郊外にはユーラシア大陸最西端にあるロカ岬。

近郊のシントラはその文化的景観が評価されシントラ宮殿など建造物が世界遺産登録されている。"アズレージョ"という青い絵付タイルがある。

2 マデイラ諸島

イベリア半島の南西約1,000kmの保

養地でマデイラワインが有名。

3 ポルト

ポートワインの本場でポルトガル北部の商工業の中心地。

4 コインブラ

12 ～ 13世紀の首都。コインブラ大学で有名。

8 オランダ

オランダ語のネーデルランドが低地国を意味するように国土の25%が海面下、低地が45%という特徴のある地形。ハーグの近郊キューケンホフ公園のチューリップと、ロッテルダムの近郊の村・キンデルダイクの風車(世界遺産)が有名。

・首都：アムステルダム

1 アムステルダム

運河の町、法律上の首都。

- ダム広場：アムステル川をせき止めるダムでできた町の発祥地。
- 国立博物館：オランダ最大規模の美術館。レンブラントの“夜警”、フェルメールの“牛乳を注ぐ女”の作品が収蔵。
- ゴッホ美術館：ファン・ゴッホの遺族の寄贈により開館された。”馬鈴薯を食べる人々”がある。
- アンネ・フランクの家：“アンネの日記”の舞台。ナチスに連行されるまでの潜伏生活を送っていた家。
- レンブラントの家
- マヘレの跳ね橋：アムステル川に架かる木造の跳ね橋。

2 ハーグ(デン・ハーグ)

公式行事が行われる事実上の首都。王宮、国会議事堂、政庁がある。

- マウリッツハウス美術館：フェルメールの“真珠の耳飾りの少女”“デルフトの眺望”など。

3 デルフト

白地に青の絵付陶磁器デルフト焼の生産地で、画家フェルメールの出生地。

4 ロッテルダム

国際河川のライン川とマース川が北海に流れ出る三角州に位置するヨーロッパ最大の港湾都市。近郊のゴーダはゴーダチーズの産地。

5 ユトレヒト

ウサギのミッフィー(ナインチェ)の作者ディック・ブルーナが暮らした町。

9 ベルギー

隣接したオランダ、ルクセンブルクとベルギーを総称してベネルクス3国。

・首都：ブリュッセル

1 ブリュッセル

EU（欧州連合)、NATO（北大西洋条約機構)の本部がある国際都市。

- グラン・プラス：市庁舎、ギルドハウス、王の家など歴史的建造物に囲まれた、世界で最も美しい広場といわれる。世界遺産。
- 小便小僧：“ジュリアン”の愛称を持つ小便小僧の像。

- オルタ美術館：19～20世紀にヨーロッパで流行った芸術運動、アールヌーボー（新しい芸術の意）の中心地ベルギーの建築家ヴィクトル・オルタ邸を美術館として開放。世界遺産。

2 ブルージュ

ブルージュとは"橋"を意味する。「屋根のない博物館」といわれる美しい景観は運河と橋の町で"水の都"と呼ばれている古都。ペギン会修道院、メムリンク美術館、グルーニング美術館。

3 アントワープ

ベルギーの画家ルーベンスが過ごした場所。ウィーダ作"フランダースの犬"の舞台となった地。ノートルダム大聖堂（ルーベンスの「キリスト昇架」、「キリスト降架」）など。

4 ゲント

5年おきに国際フラワーショーが開かれる「花の町」。

10 ドイツ

北は北海・バルト海に臨み、南はアルプス山脈が接近する高地。2つの国際河川ライン川とドナウ川が国内を流れ、それぞれ北海、黒海へと流れ出る。ロマンチック街道をはじめとする多くの観光街道がある。

・首都：ベルリン

1 ベルリン

1990年の東西ドイツ統一後、首都となる。シュプレー川沿いの都市。

- ブランデンブルク門：ドイツ古典主義様式建築でドイツの象徴とされる。この門の前から菩提樹の並木道はウンター・デン・リンデン（菩提樹の下の意）通り。
- ペルガモン博物館："博物館島（ムゼウムスインゼル）"と呼ばれるシュプレー川の中洲に5つの博物館があり、その1つのペルガモン博物館は、古代ギリシャのペルガモンで発掘された"ゼウスの大祭壇"などの巨大遺跡を実物大で展示。このほかに女王ネフェルティティの胸像が展示されている新博物館が有名。

2 ポツダム

ベルリンの南西、プロイセン王の城下町。フリードリッヒ大王の夏の離宮サンスーシ宮殿がある。第二次世界大戦終戦のための会議（ポツダム会談）がツェツィリエンホーフ宮殿で行われた。

3 フランクフルト

マイン川沿いの国際空港のある、ドイツの金融の中心都市で、古くは皇帝の戴冠式も行われた。詩人ゲーテの生誕地。

4 ボン

ライン川沿いの西ドイツ時代の首都であった。作曲家ベートーベンの出生地。

5 ハイデルベルク

ネッカー川沿いの町で、ドイツ最古のハイデルベルク大学、ハイデルベルク城、学生牢、哲学者の道など。

6 ケルン

市の象徴、ドイツ最大のゴシック建築

のケルン大聖堂（ドーム）が有名（世界遺産）。オーデコロン（「ケルンの水」の意）が名産。

7 ミュンヘン

ドイツ南部バイエルン州の州都。ビールの町として知られ、毎年9～10月に開催されるビール祭り“オクトーバー・フェスト”は有名。

- マリエン広場：新市庁舎前の広場で、“ドイツ最大の仕掛け時計”に観光客が集まる。
- ホーフブロイ・ハウス：バイエルン王室ご用達醸造所であったビアホール。
- アルテ・ピナコテーク：デューラーなどドイツ画家の作品が中心の美術館。
- ノイエ・ピナコテーク：19世紀以降のドイツ絵画やフランス印象派の近代絵画が見られる美術館。

8 フュッセン

南ドイツ、オーストリアとの国境近く、ロマンチック街道の終点。バイエルン王ルートビヒ2世の白亜の城ノイシュバンシュタイン城、ロココ様式が美しいビース教会（世界遺産）などがある。他はホーエンシュバンガウ城、リンデルホーフ城など。

9 ワイマール

文豪ゲーテとシラーゆかりの地、文学

POINT ドイツは観光街道沿いの町ごとに覚えるとよい。

者や音楽家に深い関係があり、ドイツ古典主義文化が花開いた芸術の都。ゲーテの家、シラーの家など。

10 マイセン

ヨーロッパ屈指の陶磁器マイセン焼の生産地である。

11 ドレスデン

“エルベのフィレンツェ”といわれる“芸術と文化”の町。

- ツビンガー宮殿：ザクセン王国繁栄の象徴であり、19世紀に復旧再建され、現在は博物館。
- ゼンパー歌劇場：古典主義建築家ゴットフリート・ゼンパーの設計。

12 エリカ街道

ドイツ北部の観光街道で、エリカとは8～9月に咲く紫色の植物の名前。ハンブルク、リューベック、木組みの町並みのツェレ、ハノーバーまでの街道。

13 メルヘン街道

グリム童話にゆかりのある町をつなぐ街道。ブレーメン(ブレーメンの音楽隊)、ハーメルン(ハーメルンの笛吹き男)、ザバブルク、ハーナウまで。

14 ロマンチック街道

のどかな田園風景と中世の古い町並みを辿る街道。ビュルツブルク、ローテンブルク、ディンケルスビュール、アウグスブルク、フュッセンまで。途中のローテンブルクは“マイスタートゥルンク”という市庁舎前の仕掛け時計が人気。

15 古城街道

街道沿いに50近くの古城が点在し中世の町並みが見られる。ドイツ南西部マンハイムからハイデルベルク、ニュルンベルク、バイロイト、さらにチェコのプラハまで続く。

16 ファンタスティック街道

ドイツ南西部温泉保養地バーデンバーデンからシュバルツバルト(黒い森)、ボーデン湖を経てコンスタンツまで。

17 アルペン街道

ドイツ南部の山岳地帯を横切る街道。ボーデン湖東側のリンダウからフュッセン(ノイシュバンシュタイン城、リンデルホーフ城)、キーム湖を経てベルヒテスガーデンまで。

11 オーストリア

山岳の国、スイス・イタリアに近いチロル地方は3,000m級の山が連なる。国際河川ドナウ川がリンツ、ウィーンを通り抜けスロバキア・ハンガリー、そしてルーマニアとブルガリアの国境に沿って黒海に流れ出る。

・首都：ウィーン

1 ウィーン

ドナウ川流域に位置し、中世、ハプスブルク家の栄華を残す都。多くの有名な音楽家を育てた“音楽の都”でもある。

- 聖シュテファン寺院：ウィーンの象徴。同国最大のゴシック建築の教会で、モザイク屋根が特徴。
- シェーンブルン宮殿：ハプスブルク家の歴代君主の離宮として造られた。女帝マリア・テレジアの時代に完成。世界遺産。

- ホーフブルク宮殿：ハプスブルク家が住居としていた王宮。シシィ博物館(シシィは、フランツ・ヨーゼフ1世の妃エリザベートの愛称)など。
- ケルントナー通り：聖シュテファン寺院の前からウィーン国立オペラ座を結ぶ、繁華街。
- ウィーン美術史博物館：ハプスブルク家の皇帝達によって集められた世界中の美術品を収蔵。ブリューゲル、ルーベンス、フェルメールの作品。“バベルの塔”(ブリューゲル作)が有名。
- 中央墓地：ベートーベン、シューベルトなど著名な音楽家の墓やモーツァルトの記念碑がある。名画“第三の男”のラストシーンで知られる。
- ベルベデーレ宮殿：英雄オイゲン公の夏の離宮。

2 ザルツブルク

オーストリア中部の“音楽の都”。モーツァルトの生誕地。“ザルツブルク音楽祭”は有名。

- ミラベル宮殿：旧市街の歴史的建造物。
- モーツァルトの生家
- ザルツカンマーグート：ザルツブルクの東にある湖水地方で避暑地。バート・イシュルが中心地。映画“サウンド・オブ・ミュージック”のロケ地。

3 インスブルック

チロル地方の中心。1976年冬季オリンピック開催地。“黄金の小屋根”“マリア・テレジア通り”。

12 チェコ

1993年にスロバキアと分離。中央をブルタバ川が南から首都プラハを抜けて流れる。

・首都：プラハ

1 プラハ

14世紀には神聖ローマ帝国の首都でもあった。ブルタバ(モルダウ)川沿いの古都。歴史地区が世界遺産。

- プラハ城：フラッチャニの丘に建つ、歴代王の居城。プラハの象徴。城内に聖ヴィート大聖堂がある。
- カレル橋：ブルタバ川に架かる、15世紀に造られたチェコ最古の石橋。30体の聖人像が欄干に並ぶ。

2 チェスキー・クルムロフ

チェコの南ボヘミア、オーストリアとの国境近く、中世のロマネスク様式の美しい家並みが世界遺産。クルムロフ城など。

3 マリアンスケとカルロビ・バリ

いずれも温泉保養地。ドイツ語ではマリエンバート、カルルスバート。

13 ハンガリー

四方を山で囲まれ、中央はスロバキアからドナウ川が流れ入る。

・首都：ブダペスト

1 ブダペスト

ドナウ川の右岸のブダと左岸のペスト

が合併し出来た、“ドナウの真珠”と称えられる古都。

- マチャーシュ教会：ブダの王宮の丘に建つ、ゴシック様式の教会でマチャーシュ１世が教会を増築したことから名前が付いた。
- 漁夫の砦：マチャーシュ教会の裏手、ドナウ川に沿って建てられた尖塔と回廊で、かつては魚市場。
- 聖イシュトバーン大聖堂：ブダペスト最大の聖堂で、初代ハンガリー王イシュトバーンの名前が付いている。
- セーチェニくさり橋：ドナウ川の右岸と左岸を初めて結んだ最古の橋。

2 トカイ

ハンガリー東部、貴腐ブドウの甘口ワインの産地。

3 ヘレンド

中部ヨーロッパ最大の湖・バラトン湖の北にありハンガリーの陶磁器ヘレンド焼の産地。

14 ノルウェー

スカンジナビア半島の西側、北極圏のノールカップはヨーロッパ最北端の岬。ノルウェー海に臨む側にはフィヨルドが形成され、自然景観が“西ノルウェー・フィヨルド群”として世界遺産。

・首都：オスロ

1 オスロ

ハンザ同盟で栄えた都市。カール・ヨハン通り、ビーゲランの彫刻群で有名なフログネル公園、バイキング船博物館、コンチキ号博物館、郊外のムンク美術館（“叫び”エドバルド・ムンク作）、ホルメンコーレン・スキージャンプ台。

2 ベルゲン

ハンザ同盟の栄華を今にとどめる、フィヨルド観光の玄関都市。ソグネフィヨルド（オスロ～ソグネフィヨルド～ベルゲンが一般コース）。音楽家グリーグの出生地（グリーグの家）。ブリッゲン地区にある築300年の木造建築倉庫群は世界遺産。

15 スウェーデン

スカンジナビア半島のボスニア海とバルト海に臨む森と湖の国。

・首都：ストックホルム

1 ストックホルム

多数の島々が橋で結ばれていることで、“水の都”、“北欧のベネチア”と称される。旧市街ガムラスタン、セルゲル広場、ノーベル賞受賞式の会場のコンサートホール、最古の戦艦バーサ号博物館など。郊外には世界遺産のドロットニングホルム宮殿がある。

2 ヨーテボリ

自動車会社ボルボの本社がある都市。

16 フィンランド

森と湖の国、通称“スオミ”と呼ばれる。

・首都：ヘルシンキ

1 ヘルシンキ

“バルト海の乙女”と称される港湾都市。ストックホルムとの間に豪華客船“シリアライン”が運航。郊外のロシア帝国に対峙する目的で造られたスオメンリンナの要塞跡が世界遺産。

2 ロバニエミ

北部ラップランドの中心でサンタクロース村があるのは有名。

3 ナーンタリ

テーマパーク「ムーミン・ワールド」がある。

17 デンマーク

西にユトランド半島の他、シェラン島、フュン島など島々を有す。海外領として、イギリスの北方に世界最大の島・グリーンランドがある。

・首都：コペンハーゲン

1 コペンハーゲン

シェラン島東部の水陸交通要衝の地。チボリ公園、歩行者天国のストロイエ、アンデルセン童話の“人魚姫の像”。王の居城アマリエンボー宮殿、コペンハーゲンの発祥地クリスチャンスボー宮殿、オランダ・ルネサンス様式の離宮ローゼンボー城など。シェラン島北部のクロンボー城(世界遺産)はシェイクスピアの『ハムレット』の舞台として知られる。

※「○○ボー」がついたらデンマーク。

2 オーデンセ

フュン島にある、童話作家アンデルセンの出生地。

3 ビルン

組み立てブロック「レゴ」の大遊園地「レゴランド」がある。

18 ロシア

ユーラシア大陸北半分、ウラル山脈によってヨーロッパとシベリア・極東地区に分けられる。面積は世界の8分の1。東部には透明度世界一、世界最深の湖バイカル湖(世界遺産)がある。民芸品で人気はマトリョーシカ。

・首都：モスクワ

1 モスクワ

国の中枢といわれる大宮殿クレムリン、隣接する赤の広場がある。また聖ワシリー大聖堂は塔の先端がたまねぎ型のドームで知られる。オペラやバレエの殿堂ボリショイ劇場、ロシア美術の作品が多数収蔵されているトレチャコフ国立美術館など。

2 サンクト・ペテルブルク

ピョートル大帝(ロマノフ王朝)が建設、ネバ川沿いのロシア帝国の首都で、ペトログラード、レニングラードと名前を改称。文化・芸術の街で、ロシアが世界に誇る国立美術館、エルミタージュ(隠れ家を意味する)美術館には、女帝エカテリーナ2世のコレクションなど約300万点以上が収められている。マリインスキー劇場はバレエ・オペラの殿堂。ロシア正教会の大聖堂、イサク聖堂。市の目抜き通りネフスキー大通りなど。

3 ウラジーミル

モスクワ東方にある古都で、ウスペンスキー大聖堂やドミトリエフスキー聖堂等の白い建築物群は世界遺産。

4 ウラジオストク

ロシア極東の主要工業都市。日本との間に航路も開設されている。またモスクワとの間に全長9,297kmのシベリア鉄道“ロシア号”が運行されている。

5 イルクーツク

東シベリアの工業・文化の中心地。東70kmにバイカル湖がある。

19 ギリシャ

地中海に突き出たバルカン半島の先端に位置し、ペロポネソス半島や国土の2割といわれるエーゲ海に浮かぶ大小の島々からなる。

・首都：アテネ

1 アテネ

世界的に知られる古代ギリシャの遺跡やそれらから発掘された遺品が収蔵されている、国立考古学博物館がある。1896年に第1回オリンピックが開催された。

- パルテノン神殿：守護神アテナを祀った神殿で、アクロポリスの丘の上に建つ。
- エレクティオン：紀元前408年に完成した柱廊で、ホメロスの詩に登場する6体の少女像(模作)が柱となっている。
- シンタグマ広場：最初の憲法(シンタグマ)が発布された場所。
- ピレウス：アテネの南西にあり、エーゲ海クルーズの起点となる港。
- スニオン岬：紀元前444年建造のポセイドン神殿があり、夕陽が美しい岬。

2 エーゲ海の島々

- クレタ島：エーゲ海最大の島。中心地イラクリオンは郊外にあるミノア文明の遺跡クノッソス宮殿への観光拠点。
- サントリーニ島：キクラデス諸島最南端、三日月形の火山島、エーゲ海でも有数のリゾート島。
- ミコノス島：エーゲ海屈指のリゾート島で白い家と粉ひき風車が有名。
- ミロス島：ルーブル美術館にある“ミロのビーナス”が発掘された島。
- ロードス島：ドーリア人が入植した島。
- デロス島：ライオンの像、クレオパトラの家がみどころ。
- サモトラケ島：ルーブル美術館にある“サモトラケのニケ”があった島。

3 メテオラ

テッサリア地方の険しい岩山の上に建つギリシャ正教の大修道院で、世界複合遺産。

4 アトス山

アレクサンドロス大王の故郷でマケドニア地方のテッサロニキ(世界遺産)の南東にある山で、修道士の自治によるギリシャ正教の総本山。女人禁制。世界遺産。

5 コルフ島

イオニア海に浮かぶ島で旧市街は世界

遺産。

6 ミケーネ

ドイツの考古学者シュリーマンが発掘したミケーネ文明の中心地。

7 オリンピア

古代オリンピック発祥の地。世界遺産。

8 ミストラ

「中世のポンペイ」と呼ばれるビザンチン帝国時代に栄えた中世の都市跡。

2 北アメリカ・ハワイ

学習のポイント

- **地理・地形**：海・湾（カリブ海、メキシコ湾など）、山脈（ロッキー、アパラチア）、山（ハワイ諸島各島にある山）、湖（五大湖）、氷河（ロッキー山脈地域）、島（ハワイ諸島）、半島、滝（ナイアガラ）、川（ミシシッピ、コロラド、リオグランデなど）
- **国立公園**：イエローストーンをはじめとする多くの国立公園があり、出題対象頻度が高い。特に世界遺産は重要
- **鉄道・観光街道**：アメリカのアムトラック、カナダのメープル街道
- **祭り・イベント**：夏季・冬季オリンピック開催地
- **名物料理・酒・名産品**：クレオール料理（ジャンバラヤ）は南部アメリカ・ニューオリンズ、ハワイではルアウ料理など

- 北アメリカ大陸にはアメリカ合衆国、カナダの2か国と中央アメリカに延びるメキシコ半島を占有するメキシコが大陸の南部を占める。アメリカ合衆国は本土と離れた位置にアラスカ州とハワイ州がある。太平洋に臨む西側はアメリカとカナダ両国にまたがって雄大なロッキー山脈が南北に走る。大西洋に臨む東側にはアパラチア山脈がある。アメリカとカナダの国境の東部分には五大湖がある。アメリカ中部は大自然の形成する地形が多く、特に国立公園は出題頻度が高い。メキシコ湾に流れ出るミシシッピ川やリオグランデ川、ロッキー山脈西部からカリフォルニア湾に流れるコロラド川。五大湖のオンタリオ湖から国境沿いをセントローレンス川が北上し、カナダのセントローレンス湾へ、というように地図上で全体像を理解しておこう。
- またアメリカは自動車産業の発展とともに国道が縦横に発達し、ルート66（マザーロード）はロサンゼルスからシカゴまでの道路を指す。
- ハワイ州のハワイ諸島は特に出題の頻度が高い地域である（ほぼ毎年1問出題）。地図には常に目をやって地理・地形を確認する必要がある。特に島と山名、都市名、観光地名を関連付けて覚えよう。

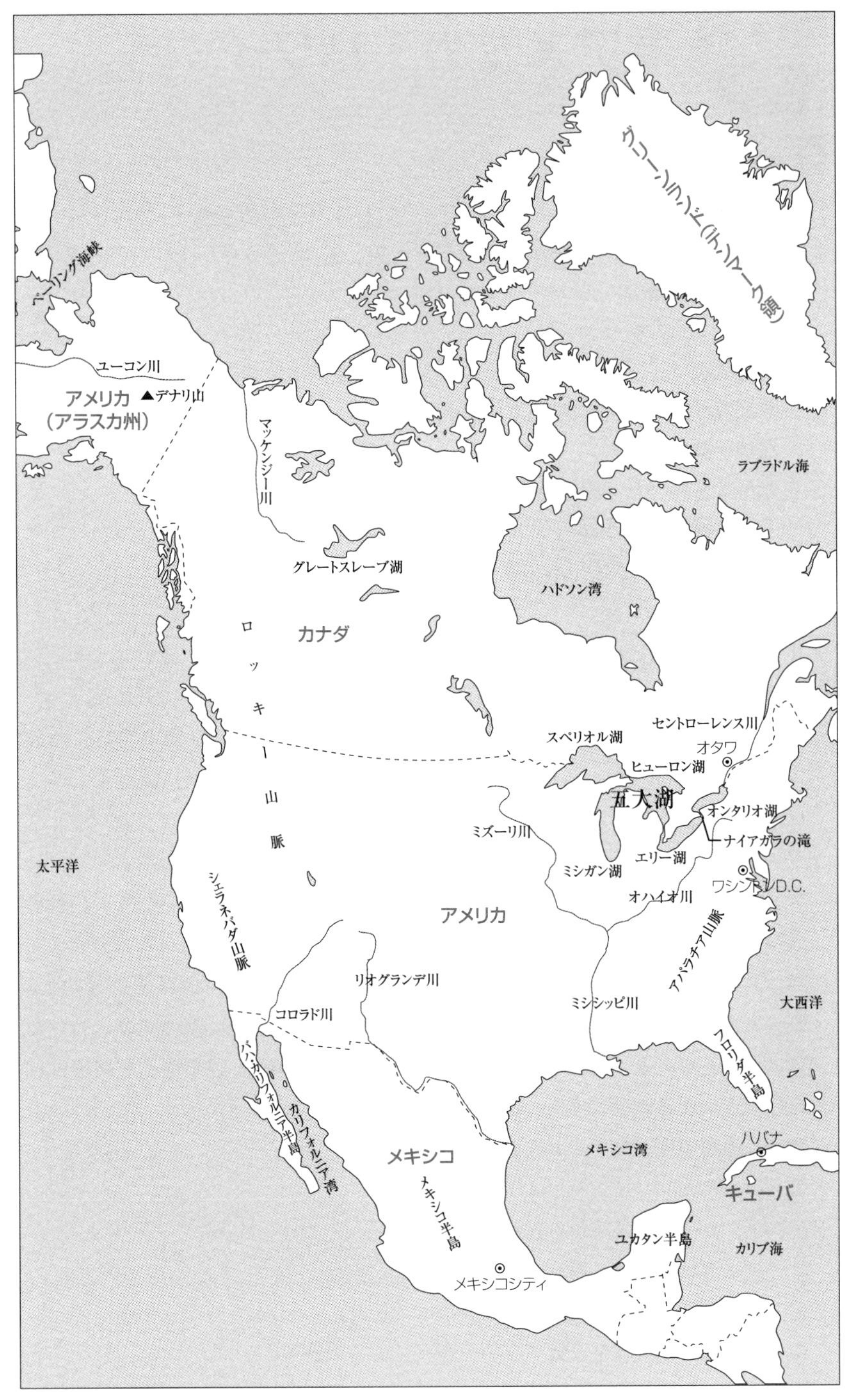
ベーリング海峡
ユーコン川
アメリカ
（アラスカ州）
▲デナリ山
マッケンジー川
グレートスレーブ湖
ロッキー山脈
カナダ
ハドソン湾
ラブラドル海
グリーンランド（デンマーク領）
セントローレンス川
スペリオル湖
オタワ
ヒューロン湖
五大湖
オンタリオ湖
ナイアガラの滝
ミズーリ川
エリー湖
ミシガン湖
ワシントンD.C.
オハイオ川
太平洋
シエラネバダ山脈
アメリカ
アパラチア山脈
リオグランデ川
大西洋
ミシシッピ川
コロラド川
バハカリフォルニア半島
カリフォルニア湾
フロリダ半島
ハバナ
メキシコ
メキシコ湾
キューバ
メキシコ半島
ユカタン半島
カリブ海
メキシコシティ

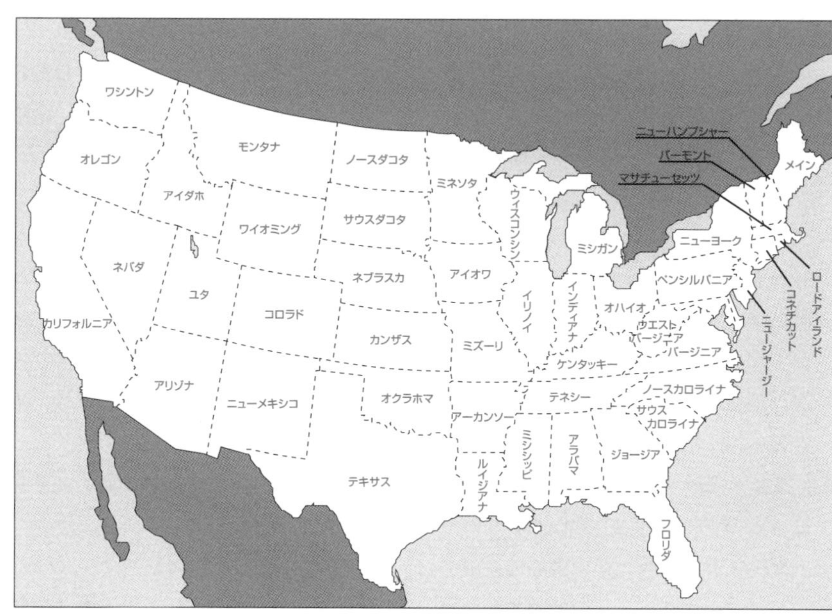

POINT 州名が出題されたことはない。

1 アメリカ合衆国

50州と連邦直轄地(District of Columbia)から構成されている。北はカナダ、南はメキシコと国境を接する。アメリカ南部はメキシコ湾に臨み、その東部はフロリダ半島が大西洋を分けるようにカリブ海に延びている。

首都：ワシントンD.C.

1 ワシントンD.C.

どこの州にも属さないコロンビア特別区。国会議事堂や日本から贈られた桜が植えられているポトマック公園など。

- リンカーン記念堂：ギリシャ神殿風の白亜の建物で第16代大統領リンカーンが椅子に座った像がある。
- ジェファーソン記念堂：独立宣言の起草者第3代大統領ジェファーソンを記念し、タイダルベイスン(池)の畔に造られたローマのパンテオン風の建物。
- ワシントン記念塔：ワシントンD.C.でもっとも高い白いオベリスク。初代大統領ジョージ・ワシントンの栄誉ある功績を記念した建物。
- スミソニアン各博物館：航空宇宙博物館、自然史博物館など。呪いのブルーダイヤモンドと呼ばれる45.5カラットの"ホープダイヤモンド"が自然史博物館に展示されている。

2 ボストン

マサチューセッツ州の州都。文化・教育・歴史の中心都市。

- ボストン美術館：日本の浮世絵の収集で有名。
- フリーダム・トレイル：市内の道路約4kmに赤い線が引かれていて、市内の観光コース（キングスチャペル、ボストン・コモン公園、オールドサウス集会所、ボストン美術館等）を巡ることができる。

3 ニューヨーク

ニューヨーク州にあるアメリカの金融・文化・芸術・商工業の中心地。中でもハドソン川とイースト川に囲まれたマンハッタンが中心。

- タイムズスクエア：南北に走る劇場街の目抜き通りブロードウェイが交差する辺りで、毎年の大晦日のカウントダウンは世界的に有名。
- ウォール街：世界金融の中心地域。
- 国際連合本部
- セントラル・パーク：マンハッタン中央部にある世界的に有名な公園。
- 自由の女神像：1886年独立100年を記念してフランスから寄贈された。リバティ島にあり、マンハッタンの最南端の公園バッテリー・パークからフェリーで行く。
- エンパイア・ステート・ビル：102階。
- ワンワールドトレードセンター：グラウンドゼロ跡地に建設、2014年完成。米国独立年1776年にちなんで1776フィートの高さは全米一。
- クライスラー・ビル：かつての自動車メーカー・クライスラーのビル。尖塔がうろこ状になった高層ビル。
- ロックフェラー・センター：街の中心にある複合施設。
- カーネギー・ホール：鉄鋼王カーネギーの寄付によって建てられた世界的に有名なコンサートホール。
- ハドソンヤード：マンハッタンのハドソン川沿いの再開発地区。
- ハイライン：高架貨物鉄道跡を遊歩道にした公園。
- メトロポリタン美術館：セントラル・パークに近く、古代エジプトから現代美術まで世界中の200万点を超えるコレクションからなる、世界屈指の美術館である。

4 フィラデルフィア

ペンシルバニア州の州都。独立宣言が1776年に採択された当時の中心地で、1790～1800年の10年間首都であった。

- インディペンデンス・ホール（独立記念館）。世界遺産。
- 自由の鐘：アメリカ独立や奴隷制度廃止など自由運動の象徴。

5 ウィリアムズバーグ

バージニア州南東部にある歴史的な都市で、植民地時代の建造物を復元、保存し、町全体が歴史博物館。

6 アトランタ

ジョージア州の州都。マーガレット・ミッチェルの小説“風と共に去りぬ”の舞台の地。コカ・コーラ、CNN本社がある。

- ストーン・マウンテン公園：南北戦争の南軍の指導者3名の巨大な浮き彫りが世界最大の花崗岩の一枚岩に刻まれている。

7 ニューオリンズ

ルイジアナ州。ミシシッピ川河口に位置する。デキシーランド・ジャズ発祥の地。繁華街フレンチ・クォーター、バーボン・ストリートなど。

8 オーランド

フロリダ州フロリダ半島中部、屈指のリゾート保養地。

- ウォルト・ディズニー・ワールド：ディズニー直営ホテルやテーマパークが人気。
- ケネディ宇宙センター：ケープ・カナベラルにあり、オーランドが玄関都市。

9 マイアミ

フロリダ半島南部の世界的に有名なリゾート地。

- セブンマイルブリッジ：フロリダキーズ諸島最大の島キーラーゴからキーウェストまでを結ぶ道路にある橋のひとつ。
- キーウェスト：作家アーネスト・ヘミングウェイが晩年過ごした地。
- エバーグレーズ国立公園：フロリダ半島最南端にある大湿地帯、珍しい動植物が生息することから世界遺産。

10 シカゴ

イリノイ州最大の都市。ミシガン湖畔にあるアメリカ第2の経済・金融の拠点で、シカゴ商品取引所などがある。高層ビルの林立する摩天楼の街。

- ウィリス・タワー：旧名シアーズ・タワーで110階建ての高層ビル。
- ジョン・ハンコック・センター：高さ457m、100階建ての黒いビル。
- グラント公園：ミシガン湖に面した広い公園。コンサートなどが開かれる。公園の北西部にはアメリカ3大美術館の1つ、シカゴ美術館(他はメトロポリタン美術館、ボストン美術館)がある。

11 五大湖

カナダとの国境に点在する5つの湖。スペリオル湖、ミシガン湖、ヒューロン湖、エリー湖、オンタリオ湖。エリー湖から流れ出るナイアガラ川がオンタリオ湖に向かう途中にある絶壁にナイアガラの滝がある。カナダ側からの入口はトロント、アメリカ側はバッファローである。

12 シアトル

太平洋側のワシントン州の港湾都市。航空産業が盛んである。

- 航空機産業のボーイング社、コンピューター産業のマイクロソフト社の本社がある。
- 展望塔のスペース・ニードル、マウント・レーニア国立公園など。

13 サンフランシスコ

カリフォルニア州の金鉱の発見により繁栄した米国西部の玄関口。坂が多くケーブルカーや霧がこの町の象徴である。

- ゴールデン・ゲート・ブリッジ：金門

橋とも呼ばれる吊り橋。近くには同名の公園があり、日本庭園や博物館・美術館・植物園などがある。

- フィッシャーマンズ・ワーフ：大きな蟹の看板が目印、観光客の人気スポット。魚介類の屋台やレストランが並び、東側の桟橋にはショッピングモール、ピア39がある。かつての監獄、アルカトラズ島へはフェリーで観光が可能。
- ツインピークス：2つの丘で、夜景はもっとも美しいといわれる場所。
- 17マイルドライブ：近郊の町モントレー、カーメルへのドライブルート。

14 ヨセミテ国立公園

サンフランシスコの東、シェラネバダ山脈中部に位置し1890年に国立公園に指定された。公園内には花崗岩の一枚岩の絶壁エルキャピタン、ジャイアントセコイア（アメリカ杉）、大森林のマリポサ・グローブなど。世界遺産。

15 ロサンゼルス

カリフォルニア州最大、全米第2の都市。近郊には、サンタモニカやロングビーチなど有名なリゾートビーチもある。

- オルベラ街：ロサンゼルス発祥の地であるメキシコ人街。
- ハリウッド：アメリカ映画産業の中心。チャイニーズ・シアターは中国寺院風の建物で話題作などが上映されている。大スターの手形やサインが路上に残されていることで有名。
- リトル・トーキョー：アメリカ最大の日本人街。
- ビバリーヒルズ：映画スターなど有名人が住む高級住宅地。ロデオ・ドライブは高級ブティックが並ぶ大通り。
- ディズニーランド：近郊アナハイムにある、人気テーマパーク。
- デス・バレー：シェラネバダ山脈の東側、ネバダ州との境にあるデス・バレー国立公園の中核を成す、世界で最も暑い帯状の砂漠地帯。

16 サンディエゴ

ロサンゼルスの南にあるリゾート都市。シーワールド、レゴランド等がある。南25kmにはメキシコ領ティファナがある。

17 ラスベガス

ネバダ州最大かつ、世界有数のカジノの町。乾燥地帯で、フーバー・ダムの建設により発展し、カジノ付ホテルが建ち並ぶカジノ公認都市。グランド・キャニオンへの玄関都市。

18 グランド・キャニオン国立公園

コロラド川が氷河時代から川の両岸を浸食して造った大峡谷を中心とする国立公園。世界遺産。

19 モニュメント・バレー

ユタとアリゾナの州境の砂漠にそびえ立つ赤色砂岩が点在する風景は西部劇映画の撮影などに使われてきた。アメリカ先住民ナバホ族の居住地であり、聖地。

20 ソルト・レイク・シティ

ユタ州の州都。モルモン教本部寺院がある。郊外には大塩湖グレート・ソルト・レイクがある。

21 ヒューストン

テキサス州。アポロ11号を打ち上げたNASAジョンソン宇宙センターがある。石油の産地でもある港湾都市。

22 ブラック・ヒルズ

ワイオミング州とサウスダコタ州の州境の山岳地帯。

- マウントラシュモア国立メモリアル：ラシュモア山の山腹に米国歴代4人の大統領（ワシントン・ジェファーソン・ルーズベルト・リンカーン）の顔が彫られている。
- その他：デビルズタワー国立モニュメントやクレージーホース・メモリアルがある。

23 イエローストーン国立公園

ワイオミング、アイダホ、モンタナの3州にまたがる国立公園で1872年に世界で初めて国立公園に指定され、1978年世界遺産となる。象徴としての間欠泉オールド・フェイスフルは有名。

24 グレイシャー国立公園

モンタナ州、カナダのウォータートン国立公園につながる、名のとおりの氷河国立公園。

25 デンバー

コロラド州の州都。町の標高1,609mから"マイル・ハイ・シティ"と呼ばれる。

26 メサ・ベルデ国立公園

1906年国立公園に指定。州南西部に位置し2千年前から13世紀ころまでの先住民（アナサジ族）集落の遺跡がある。世界遺産。

27 ブライス・キャニオン国立公園

ユタ州南部の奇岩巨岩群。フェアリーランドという岩が林のような景観が人気。

28 デナリ国立公園

アラスカ州にある、北米最高峰デナリ山（標高6,190m）を中心とする国立公園。

29 フェアバンクス

アラスカ州。オーロラ観測で有名な町、先住民族イヌイットの集落がある。

30 バロー岬

アラスカ州。北米最北端北極圏にある岬、イヌイット族の生活の見学など。

2 ハワイ諸島（ハワイ州）

アメリカ50州の1つハワイ州。太平洋上のハワイ諸島を指す。カメハメハ1世がハワイ王国を築き、1959年にアメリカ50番目の州となる。州都ホノルルのあるオアフ島のみならず他のカウアイ、マウイ、ハワイ、ラナイ、モロカイなど各島の自然、文化、歴史などしっかり学習しておきたい。

1 オアフ島

州都ホノルルのある島。3番目の大きさ。別名"アロハの島""集いの島"とも呼ばれる。

- ホノルル：ワイキキ・ビーチを右手に見つつ、ダイヤモンドヘッドを正面に、高級ホテル群が見えるのがメインストリートのカラカウア通り。ハワイ王朝時代のイオラニ宮殿近くには初代カメ

PART 4 総合

第4章 海外観光資源

ハメハ大王の銅像が建つ。
- ヌウアヌ・パリ展望台：強風が吹くことで観光客にも知られる、かつての古戦場。
- ポリネシア文化センター：オアフ島北部。フラのショーが見られる。
- パールハーバー(真珠湾)：第2次世界大戦開戦の火蓋が切られた場所。アリゾナ記念館など。

2 マウイ島

別名"渓谷の島"と呼ばれ、ハワイ王朝のかつての首都で2番目の大きさ。捕鯨基地ラハイナ、島の中心のカフルイなど。世界最大のクレーターをもつハレアカラ火山やイアオ渓谷、海浜リゾートカアナパリビーチが有名。砂糖きび観光列車はラハイナ－カアナパリ－プウコリイ間を運行。ホエールウォッチングが人気。

3 ハワイ島

"ビッグ・アイランド"と呼ばれる、ハワイ諸島最大の島で活火山のキラウエア火山の他、4,000m級の山々、ハワイ最高

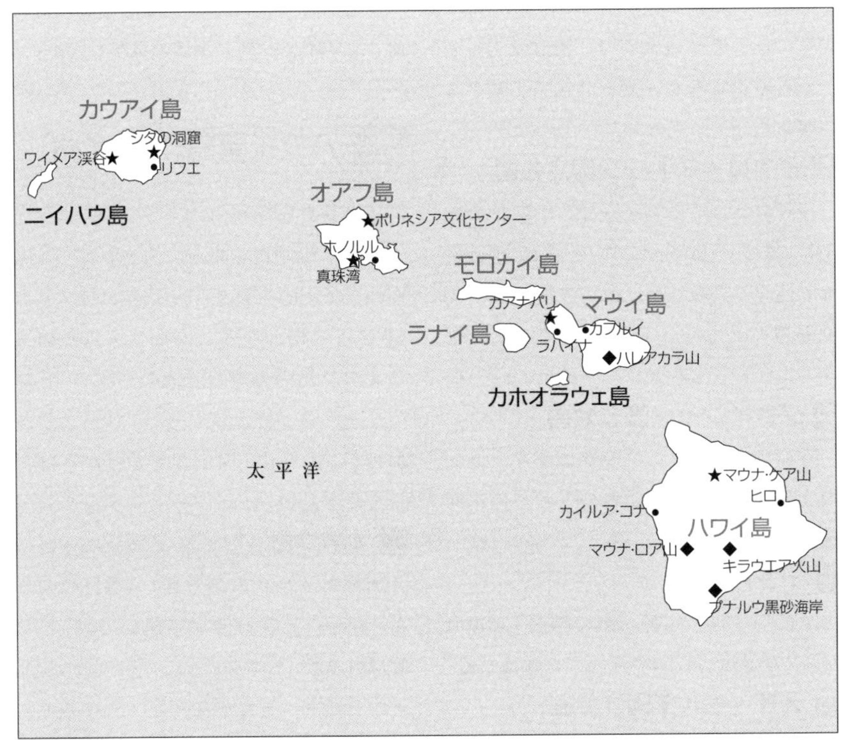

POINT　ハワイは火山列島で、東が最も新しくできたハワイ島。西が最も古いカウアイ島。よって火山活動が盛んな島がハワイ島、落ちついた島がカウアイ島となる。主要4島は東から頭文字で「ハ・マ・オ・カ」と覚えよう。島の大きさもこの順番になっている。主要6島は東から西へ「ハ・マ・ラナイ・モロ・オ・カ」と覚えよう。

峰マウナ・ケア山(4,205m)、世界最大の体積マウナ・ロア山(4,170m)がある。また火山溶岩が海に流れ込んでできた黒砂のプナルウ黒砂海岸など。大きな町は西にカイルア・コナ、東にヒロがある。ハワイ火山国立公園は世界遺産である。

4 カウアイ島

“庭園の島”と呼ばれる4番目の大きさの島。中心はリフエ。リトル・グランド・キャニオンといわれるワイメア渓谷やハワイ王朝時代の神聖なシダの洞窟などが見どころ。断崖絶壁の海岸線が続くナパリ・コーストは船上ツアーか遊覧飛行で観光する。

5 ラナイ島

島の愛称は“パイナップル・アイランド”。

6 モロカイ島

別名「友情の島」といわれる観光開発が進んでいない素朴な島。

3 カナダ

国土面積はロシアに次ぐ世界2位。カナディアン・ロッキーが太平洋側沿いに走り、中央は大平原を形成し農業地帯。北極圏内の地が多く、人が住む面積は極めて少ないのが特徴。

・首都：オタワ

1 オタワ

1867年に首都となり、国会議事堂がある。コンフェデレーション広場、リドー運河など。

2 バンクーバー

ブリティッシュ・コロンビア州最大の都市。カナダにおける太平洋側の玄関都市。市発祥の地ギャスタウン、トーテムポールで有名なスタンレー公園など。2010年冬季オリンピック開催地で、近郊ウィスラーはスキー競技会場。

3 ビクトリア

ブリティッシュ・コロンビア州の州都。バンクーバー市の対岸にあるバンクーバー島の南東に位置し、イギリス的雰囲気のある町。市の象徴である私有の庭園ブッチャート・ガーデンがある。

4 カルガリー

アルバータ州のカナディアン・ロッキーの玄関都市。1988年に冬季オリンピック開催。毎年7月ロデオ大会“スタンピード”開催地。

5 カナディアン・ロッキー

ロッキー山脈のカナダ国内部分で、最大の観光地。最大面積を有するジャスパー国立公園、その南にコロンビア大氷原、さらにその南にカナダ最初の国立公園となったバンフ国立公園があり、その中心都市はバンフ、また近郊にカナナキスがある。世界遺産。

- ジャスパー国立公園：アルバータ州の州都エドモントンが玄関都市。観光のポイントはアサバスカ氷河、マリーン湖など。
- バンフ国立公園：英国ビクトリア女王の娘の名前を付けた氷河湖ルイーズ湖、モレーン湖、サルファーマウンテンなど。

- ヨーホー国立公園：バンフ国立公園の西、ブリティッシュ・コロンビア州にある。エメラルド・レイクなど。

6 トロント

オンタリオ湖畔にあるオンタリオ州の州都。ナイアガラの滝へのカナダ側の玄関都市。CNタワーは市のシンボル。

7 ナイアガラの滝

エリー湖からオンタリオ湖に注ぐナイアガラ川にかかる世界最大級の瀑布(滝)。スカイロン・タワー、風の洞穴、観光船の「ホーンブロワー」号など。

8 モントリオール

ケベック州の港湾都市。フランス語圏で、フランス色豊かな町。北米最大のゴシック様式であるノートルダム聖堂など。

9 ケベック・シティ

ケベック州の州都でセントローレンス川河口に開けた、フランス人がつくった都市。フランス系住民が多く、北アメリカ唯一の城塞都市といわれ世界遺産である。ダルム広場、ロワイヤル広場、町のシンボル古城ホテルのシャトー・フロントナックなど。

10 メープル街道

ナイアガラの滝を起点とし、トロント、オタワ、モントリオール、ケベックまでの約800kmを国の木メープルの名前を付けた観光街道で、特にローレンシャン高原は9月下旬から10月初旬時期は紅葉が大変美しく、観光の目玉となっている。

11 プリンス・エドワード島

カナダ最小のプリンス・エドワードアイランド州。モンゴメリの小説“赤毛のアン”の舞台。モンゴメリ夫人の生家、赤毛のアンの家グリーン・ゲイブルズ・ハウスなど。

12 ハリファックス

ノバスコシア州。アトランティック・カナダ(大西洋側カナダ)最大の港町。「赤毛のアン」の作者、モンゴメリ夫人が学生時代を過ごした街。

13 イエローナイフ

ノースウエスト準州の州都。グレートスレーブ湖の北、北緯62度で北極圏から約400km南にあり、オーロラ観賞の拠点。

14 ウィニペグ

カナダの東西のほぼ中央にある交通・物流の拠点。

3 中米・南アメリカ

・学習のポイント

- **地理・地形**：海・湾(メキシコ湾、カリブ海、南極海)、山脈・山(アンデス山脈、アコンカグア山)、高原(ブラジル高原、ギアナ高地)、湖(チチカカ)、川(アマゾン、ラ・プラタ)、滝(イグアス、エンゼル)、島(ガラパゴス諸島、イースター島、フェゴ島)
- **文明・史跡**：アステカ王国、テオティワカン、マヤ文明、インカ帝国の史跡、遺跡、神殿、聖堂、寺院、教会、宮殿、城砦など
- **公園・広場・通り**：都市との結びつけ
- **祭り・イベント**：リオのカーニバルなど
- **名物料理・酒・名産品**：トルティーリャ、タコス(メキシコ)、シュラスコ(ブラジル)など(章末資料を参照)

- 古い歴史を持つ民族がつくった文化やその遺跡など、世界文化遺産に登録されている観光資源が中心となる。マヤ、アステカ、テオティワカン、インカの文化遺跡を都市と関連させて覚えること。また南米大陸には、アンデス山脈やアマゾン川といった大陸内の複数の国の境を越えた、自然に関わる地形と観光資源も世界遺産として登録されており、見逃すことができない。

1 メキシコ

北アメリカ大陸の南部に突き出たメキシコ半島とバハ・カリフォルニア半島、カリブ海に突き出たマヤ文明遺跡が多く残るユカタン半島がある。メキシコ半島は東西を山脈に挟まれた標高1,000m以上のメキシコ中央高原で西に太平洋、東はメキシコ湾に分ける地形となっている。アメリカとの国境に沿ってリオグランデ川がメキシコ湾に流れ出る。

・首都：メキシコシティ

1 メキシコシティ

メキシコ中央部に栄えたメソ・アメリカ文明アステカ王国から、16世紀以降スペイン植民地であった時代を通じメキシコの首都。

- ソカロ広場：アステカ王国の都テノチティトランの中央神殿跡(テンプロ・マヨール)、カテドラルなど歴史的な建物が集まるこの一帯と、郊外の水郷地帯ソチミルコは世界遺産となっている。
- テオティワカン遺跡：首都の北東50kmにある紀元前2世紀から紀元後

POINT メキシコは4遺跡（テオティワカン、チチェン・イッツァ、ウシュマル、パレンケ）、4リゾート（アカプルコ、カンクン、ロスカボス、ラパス）をおさえる。

6世紀頃の大計画都市の遺跡で、“太陽のピラミッド”、“月のピラミッド”、“死者の道”、“ケツァルコアトルの神殿”などがあり、世界遺産。

2 カンクン

ユカタン半島の東端、カリブ海に面した代表的な高級リゾート地。

3 アカプルコ

太平洋岸の有名な国際的海浜リゾー

ト。慶長遣欧使節団・支倉常長一行が途中上陸した地。ラケブラダ岬は断崖絶壁からのダイビングで有名な場所。

4 ロスカボス

バハ・カリフォルニア半島最南端の海浜リゾート地。

5 ラパス

バハ・カリフォルニア半島最大の町で、フィッシングとダイビングで人気。

6 メリダ

ユカタン半島のマヤ文明観光の玄関都市。「白亜の都」と呼ばれる。

- ウシュマル：ユカタン・マヤ遺跡、魔法使いのピラミッド、総督の館など。
- チチェン・イッツァ：ユカタン・マヤ遺跡の都市遺跡、ククルカンのピラミッドをはじめ周囲には30余りの神殿が点在している。
- パレンケ：南部グアテマラ近くのジャングルの中にある都市遺跡。碑文の神殿など。

2 カリブ海の島々

1 キューバ

カリブ海最大の島国。郊外の漁村コヒマルはヘミングウェィの『老人と海』の舞台となった地。

・首都：ハバナ（カテドラル、モロ要塞、ガルシア・ロルカ劇場、革命広場など）。“旧市街とその要塞群”が世界遺産。

2 ジャマイカ

中央部にブルーマウンテン山脈が連なる火山島で、高級コーヒー豆のブルーマウンテンの産地。島の北西のモンテゴ・ベイは、国際空港があり、世界的人気のリゾート地。

・首都：キングストン
音楽、レゲエミュージック発祥の地でレゲエの神様といわれるボブ・マーリー博物館がキングストンにある。

3 南アメリカ

北はカリブ海、東は大西洋、西に太平洋、南は南極海との間のドレーク海峡に囲まれた位置にある。地形ではアンデス山脈、ギアナ高地、ブラジル高原、大平原パンパ、アマゾン川、ラ・プラタ川、オリノコ川などを地図で確認。

1 ブラジル

国土の8分の3が平原、8分の5を占めるのがブラジル高原とギアナ高地の一部の高地。ペルー・アンデスを源とし、河口の町ベレンを経て大西洋に流れ出る大河アマゾン川は世界最大の流域面積で肥沃な地帯を形成。

・首都：ブラジリア（広大な高原につくられた近代都市。世界遺産）

- リオデジャネイロ：ブラジリアが首都になる前の首都。2016年の夏季オリンピック開催地。世界三大美港のひとつでもある。サンバ音楽で知られる“リオのカーニバル”は世界的に有名。海抜700m以上の絶壁に立つキリストの像で知られるコルコバードの丘、ポン・

デ・アスーカル(砂糖パンの意味)、イパネマ海岸・コパカバーナ海岸など。

- イグアスの滝：世界三大瀑布の1つ。ブラジル・アルゼンチン・パラグアイ3か国の国境にあるイグアス川にかかる瀑布。玄関都市はフォス・ド・イグアス。
- サンパウロ：ブラジル最大の都市。日系人も多く、海外最大の日系人社会がある。
- サルバドル：東部大西洋岸の港湾都市。1549～1763年まで首都だったサンバ発祥の地。
- レンソイス・マラニャンセス国立公園：ブラジル北東部にある白い砂丘にエメラルド色の湖が美しい。

2 ペルー

インカ帝国の遺跡が中心。

・首都：リマ

- リマ：スペイン人ピサロが建設した植民地時代首都であった古都。歴史地区が世界遺産。郊外にプレインカ時代の遺跡、パチャカマ神殿がある。
- クスコ：標高3,500mにある、かつてのインカ帝国の首都で世界遺産。マチュピチュへの玄関都市。
- マチュピチュ遺跡：標高2,460mにあり、別名"空中都市"といわれる。クスコから高原列車で3時間の日帰りが可能。インカ文明の都市遺跡で世界遺産。
- チチカカ湖：ボリビアとの国境、標高3,812mにある南米最大の淡水湖。湖には葦(トトラ)で編んだ浮島や葦舟で生活する。
- ナスカの地上絵：リマの南約400kmにある広大な砂漠平原に描かれた謎の巨大地上絵。曲線や直線の図柄や鳥・サル・クモなど抽象的な絵柄は、いまだその謎が解明されていない。世界遺産。

3 ベネズエラ

北部はマラカイボ湖、オリノコ川など、南部はギアナ高地がブラジルまで延び、台地を形成。

・首都：カラカス

- エンゼル・フォール(アンヘルの滝)：世界最大の落差(979m)といわれる滝。南部に深い密林地帯が広がるギアナ高地、世界遺産カナイマ国立公園がある。

4 エクアドル

中央部が赤道を横断し、国名はスペイン語で"赤道"を意味する。

・首都：キト

- ガラパゴス諸島：太平洋上約1,000km離れた赤道直下の火山島。スペイン人により発見。チャールズ・ダーウィンが"種の起源"を著し、ウミイグアナ、リクイグアナ、ゾウガメ、フィンチなど島固有の動植物が棲息することで有名。世界遺産。

5 チリ

太平洋とアンデス山脈に挟まれた世界で一番細長い国。

・首都：サンティアゴ

- イースター島：正式名称はパスクア島。

チリ海岸より太平洋上3,800km離れた孤島。ポリネシア海域最東端に位置する島。巨大な石頭像“モアイ像”で知られるラパ・ヌイ(現地語)国立公園として世界遺産。

6 アルゼンチン

西はアンデス山脈が南北に走り、ラ・プラタ川流域はパンパと呼ばれる温帯草原。南緯40度以南のパタゴニアと呼ばれる地方の特徴は大小50を超える氷河があること。

・首都：ブエノスアイレス

- ブエノスアイレス：ラ・プラタ川河口にある南米第一の貿易港。5月広場、コロン劇場、タンゴ発祥の地ボカ地区。
- アコンカグア山：アンデス山脈中チリとの国境にある標高6,960mの南米最高峰。ワインの産地メンドーサが近くにある。
- ウスアイア：フエゴ島南端、ビーグル海峡に面する南極クルーズの基地。フエゴ島はマゼラン海峡を隔てて南米大陸と相対している。

4 アジア

学習のポイント

- **地理・地形：**海、湾、山脈・山(ヒマラヤ、天山など中国の山脈、エベレストなどの山々)、河川(黄河、長江、メコン、チャオプラヤ、ガンジスなど)、湖、半島(朝鮮、インドシナ、マレー、インド)、島(フィリピン、インドネシア、韓国などの島々)、砂漠(中国)、アジアのビーチリゾート
- **文明・史跡：**黄河文明、インダス文明など古代文明の遺跡・史跡。特に世界遺産。仏教、イスラム教、ヒンズー教、儒教など宗教と寺院、石窟寺院など
- **公園・広場・通り：**主要都市の繁華街・通り。ソウル(明洞、仁寺洞、三清洞、梨泰院など)。北京の天安門広場
- **鉄道：**中国、台湾、韓国の鉄道の名称
- **祭り・イベント：**ペラヘラ祭り(キャンディ・スリランカ)など
- **名物料理・酒・名産品：**サムゲタン、トムヤムクン、フォー、ナシゴレンなど(章末資料を参照)

- アジアといっても、東アジア、東南アジア、西南アジア、中央アジアなど広範囲にわたる。最近の傾向としては、経済発展が目覚ましく国際的な地位を築こうとしている中国が、その歴史は4千年ともいわれ出題項目は多岐にわたる。直近のイベントとして2008年の北京オリンピック(2008年出題)、2010年上海万博など。中国は1回の試験に2問出題という年もある。偉人に関連した観光資源も押さえたい。また、インドの出題も近年増えている。
- アジアは多くの民族が交流する地域でもあり、試験問題に占める構成比率は欧州に次いで平均25％前後。新しい情報は旅行会社が作るパンフレットにも留意が必要だ。アジアは古代文明の黄河文明やインダス文明発祥の地でもある地域で、対策としては過去問題の徹底分析が効果的だろう。重要なキーワードを関連付けて覚えていこう。

1 中国

東部は黄海・東シナ海・南シナ海と海に面し、2つの大河、黄河と長江(揚子江)が大海に流れ出る。西方では北部のアルタイ山脈、西の天山(テンシャン)山脈、崑崙(クンルン)山脈、南は8,000m級の山々が連なるヒマラヤ山脈が国境線を走り、内陸部は砂漠地帯とチベット高原といった地形。

・首都：北京

1 北京

中央政府直轄地。天安門、天安門広場、王府井(最大の繁華街)。景山公園、北海公園、天壇公園(五穀豊穣を祈った皇室の聖地)、故宮博物院(北京の中心にある世界最大の宮殿群、別名"紫禁城")。頤和園(女帝・西太后の離宮、中国建築の宝庫)。

- 北京郊外：明の十三陵(明朝歴代の皇帝・皇后の陵墓)、万里の長城(東端・虎山から西端・嘉峪関までの地上最大の建造物で世界遺産)、八達嶺、居庸関(モンゴル高原に通じる関所跡)。

2 上海

中央政府直轄地。2010年には万国博覧会が開催された。長江河口にある中国最大の貿易港で、清朝時代には外国租界が置かれ繁栄した。

外灘(黄浦江沿いにある歩道と山東路沿いの外国租界の置かれた時代の建築物が並ぶ地域)、南京路(目抜き通り)、豫園(名庭園)、玉仏寺、東方明珠塔(468m)。

3 黄山

安徽省南東の山岳地区で奇松、怪石、雲海、温泉で知られる名山。

4 蘇州

“東洋のベニス”と呼ばれる水陸交通要衝の地。寒山寺、留園、拙政園、獅子林、虎丘など。

5 杭州

“世界でもっとも美しく華やかな街”とマルコ・ポーロに賞賛された水陸交通の要地。世界遺産に登録され、見どころは西湖、孤山、三潭印月など。郊外には霊隠寺、六和塔。

6 桂林

石灰岩の奇峰が林立する景観で知られ、漓江下りで水墨画のような景色を楽しむ。郊外には鍾乳洞の蘆笛岩がある。世界遺産。

7 武夷山

福建省にあり“第2の桂林”といわれ、奇岩や巨峰をぬって九曲渓を竹筏で下りながら山水画のような景色を観賞する。世界遺産。

8 深圳

香港に隣接する経済特別区。香港から日帰り観光がある。中国民族文化村、「世界の窓」など。

9 成都

四川省の省都。“三国志”で知られ、諸葛孔明と劉備を祀る武侯祠、詩人・杜甫の杜甫草堂など。郊外には三星堆遺跡がある。

10 黄龍

四川省の秘境。棚田のように石灰でできた池が青く美しい。五彩池がみどころ。

11 九寨溝

四川省北部の秘境。大小100以上の沼が連なるカルスト地形のエメラルド色の湖沼地帯。世界遺産。五花海、諾日朗瀑布など。

12 麗江

雲南省、玉龍雪山の麓の町。少数民族ナシ族によりつくられ、象形文字のトンパ文字を使い独特の文化を持ち、美しい町並みなどが世界遺産。

13 西安

陝西省の省都。中国古代の諸王朝の首都として栄えた、かつての長安。西安城壁、慈恩寺にある大雁塔(僧・玄奘の持ち帰った仏教経典を保存するために建立された)、秦始皇帝陵、兵馬俑坑(秦始皇帝陵の東に出土された6,000体の陶製の俑坑、現在は博物館になっている)。華清池(玄宗が華清宮としてつくった保養地、楊貴妃と過ごした湯殿が残る)。

14 洛陽

中国古代9つの王朝が置かれたことで“九朝古都”と呼ばれる。中国初の仏教寺院・白馬寺、郊外の龍門石窟(中国三大石窟の1つ)など。

15 武陵源

湖南省。北西部に位置する世界自然遺

産。地殻変動により生まれた3,000本以上の石柱が立つ自然保護区。

16 嘉峪関

甘粛省。万里の長城の西の関所、軍事基地。

17 ラサ

チベット自治区。チベット族の民族自治区で宗教・政治・経済の中心。ポタラ宮は世界遺産。

・青蔵鉄道：海抜5,000mを超える高地を走る高原鉄道で“天空列車”とも呼ばれ、青海省西寧とラサとの間を2006年に全通した。

18 敦煌

甘粛省。シルクロードの重要な要塞で河西回廊の西端に位置する。莫高窟(中国三大石窟の1つ)。鳴沙山、西千仏洞、月牙泉(湖)、近郊には陽関、玉門関など。

19 大連

遼寧省にある港湾都市。ロシアが租借した後、日露戦争後日本の租借地となった。毎年初夏の頃に開催されるアカシア祭りが知られている。郊外には日露戦争の激戦地二百三高地がある。

20 香港

特別行政区。1997年イギリスより返還。香港島・九龍・新界・ランタオ島から成る。

- 香港島：九龍半島・尖沙咀とを結ぶスターフェリーは100年の歴史。百万ドルの夜景で知られるビクトリアピークはケーブルカーでのぼる。
- 九龍：半島の南端・尖沙咀は繁華街、ネイザンロードは香港一の繁華街。
- ランタオ島：アジアで2番目のディズニーランドがある。

21 マカオ

特別行政区。1999年ポルトガルから返還。セナド広場を中心に歴史地区は2005年世界遺産。

聖ポール天主堂跡(マカオのシンボル)、媽閣廟(マカオの由来となったマカオ最古の寺院)、カジノ、ドッグレース、マカオグランプリは有名。

22 中国三大石窟(近郊都市)

雲崗石窟(大同)、龍門石窟(洛陽)、莫高窟(敦煌)。

2 台湾

台湾島は最高峰玉山など3,000m級の山々が連なる台湾山脈が走る。北の台北と南の高雄まで台湾新幹線が最短約80分で結ぶ。

・首都：台北

1 台北

中正紀念堂(台湾前総統蒋介石をたたえる白亜の建物、衛兵交代)、故宮博物院(ヒスイの白菜)、台北101（世界有数の超高層ビル)、士林観光夜市。龍山寺(市内最古の寺)。孔子廟。

郊外には、淡水、新北投温泉、レトロな風情で人気の九份、烏来といった観光地がある。

2 日月潭

台湾島の中央、台湾最大の天然湖、保

養地。近郊に14の少数民族の九族文化村がある。

3 花蓮

国際港で大理石産業の中心。北部の大理石の断崖"太魯閣(タロコ)渓谷"への拠点、アミ族の阿美文化村など。

4 高雄

南部の台湾高速鉄道の終点。澄清湖、龍虎塔のある蓮池潭。

3 韓国

朝鮮半島北緯38度以南、半島東部は太白山脈が南北に走り、海岸線は日本海に臨み西部は黄海に面す。

民族衣装：チマチョゴリ＝女性用、バジチョゴリ＝男性用

・首都：ソウル

1 ソウル

市内中央部を北西に漢江が流れ黄海に注ぐ。李氏朝鮮王朝時代の歴史的な建造物が点在する。景福宮(李氏朝鮮の李成桂が建設。ここでハングル文字が作られた)、昌徳宮(朝鮮王朝の造園芸術の粋、秘苑)は世界遺産。

宗廟(李氏朝鮮歴代国王と妃の位牌が祀られる。

明洞(韓国の流行の発信地、繁華街)、仁寺洞(古美術品や韓国の伝統的文化を担うショッピング街)。市内の他の見どころは、国立中央博物館、南大門市場、東大門、梨泰院、ロッテワールド、北村韓屋村など。

ソウル郊外：京畿道水原市の水原華城(李氏朝鮮王朝の城郭跡、世界遺産)

2 慶州

3世紀から935年まで新羅の首都として繁栄した古都。古墳公園、瞻星台(新羅王朝時代の現存する東洋最古の天文台)。慶州歴史地区は世界遺産。

慶州郊外：石窟庵と仏国寺は新羅美術の集大成ともいわれ、世界遺産。海印寺(新羅時代に伽耶山中に建立された寺で、高麗八萬大蔵経版木＝世界遺産が納められている)は大邱の郊外にある。

3 釜山

国際貿易港、日本の下関・博多との間に航路がある。甘川文化村、光復洞、龍頭山公園、チャガルチ市場、郊外の梵魚寺など。

4 済州島

東洋のハワイと呼ばれる火山島。島の中央には漢拏山がそびえ、動植物の自然保護地区でもある。"火山島と溶岩洞窟群"として世界遺産。島のシンボル、伝統的な石像のトルハルバンが見られる。

城山日出峰、万丈窟など。

5 板門店

北緯38度線近くの北朝鮮との休戦ラインを中心とした約2kmの非武装地帯。

6 珍島

春の大潮の日に「海割れ現象」が起こる島。

4 ベトナム

インドシナ半島の東部、南北に細長くトンキン湾、南シナ海、タイランド湾に面している。チベットを源とするメコン川がインドシナ半島を貫通し南シナ海に注ぎ、メコンデルタを形成し、米の一大生産地である。

民族衣装：女性のアオザイ

伝統芸能：水上人形劇（北部）など

・首都：ハノイ

1 ハノイ

街路樹や建物にフランス植民地時代の名残りを感じられる町。ホーチミン廟、ホアンキエム湖、タイ湖など。ハノイ東方には“海の桂林”と呼ばれる世界遺産のハロン湾があり、珍味ツバメの巣の採集で知られる。

2 フエ

グエン王朝の首都であった古都。歴史的な宮殿や帝廟などの建物が並び、世界遺産。

3 ホーチミン

“東洋のパリ”といわれ、旧名サイゴン（かつての南ベトナムの首都）。ドンコイ通り、戦争証跡博物館、ベンタイン市場など。

4 ホイアン

ベトナム中部の日本、インド、中国、イスラムを結ぶ海上交易の中継地点として繁栄した古都で世界遺産。日本人町にある来遠橋（日本橋）など。

5 タイ

インドシナ半島の中央に位置する。国の中央をチャオプラヤ川（メナム川）が流れ、河口近くのデルタ地帯には首都バンコクがある。

・首都：バンコク

1 バンコク

最大の繁華街であるシーロムロード。仏教国であり市内には多くの寺がある。ワット・プラケオ（エメラルド寺院）、ワット・アルン（暁の寺）、ワット・ポー（涅槃寺、バンコク最古の寺院）、ワット・トライミット（黄金仏寺）、水上マーケット（ダムヌン・サドゥアックが有名）など。

2 アユタヤ

14～18世紀に栄えたアユタヤ王朝の首都であった町。17世紀山田長政がつくった日本人町、ワット・プラ・シー・サンペット（3基の仏塔には王の遺骨が納められている）。世界遺産。郊外には離宮バンパイン宮殿がある。

3 チェンマイ

タイ北部最大の町、北方のバラと呼ばれている。ワット・プラ・シン、ワット・プラタート・ドイステープなど。

郊外のメーサ・エレファント・キャンプ（象のショー）が人気。

4 プーケット島

マレー半島南部、インド洋側のアンダマン海に浮かぶ島で有名なリゾート地。パトン・ビーチ、バンタオ・ビーチなど。

5 サムイ島

かつてはヒッピーの島といわれた、別名「ココナッツ・アイランド」。マレー半島東部タイランド湾側のリゾート島。

6 ホアヒン

バンコクの南200kmタイ王室が避暑地としてきた上品なリゾート。

7 パタヤ

タイランド湾北部に位置するタイ最大のリゾート。

6 カンボジア

国土の中央を国際河川のメコン川が貫通している。“世界三大仏教遺跡”のひとつ、世界遺産“アンコール・ワット”観光が有名。

・首都：プノンペン

1 プノンペン

王宮、シルバー・パゴダ(5,000枚の銀のタイルが敷き詰められていることが名の由来)など。

2 トンレサップ湖

東南アジア最大の湖。湖の北にアンコール遺跡への玄関都市シェムリアップがある。

3 アンコール・ワット

12世紀アンコール王朝時代に建設され、クメール建築の傑作といわれるヒンドゥー教(一時仏教遺跡)の霊廟寺院の遺跡(世界遺産)。その北に城塞都市アンコール・トムがある。樹木の浸食が印象的なタ・プローム遺跡。「東洋のモナリザ」といわれる彫刻が美しいバンテアイ・スレイの遺跡。「東のアンコール」といわれるベン・メリア遺跡等がある。

7 ミャンマー

かつての国名はビルマ。

・首都：ネーピードー

1 ヤンゴン

旧名ラングーン、かつての首都。仏教の聖地らしくパゴダ(寺院)や仏塔が数多くみられる。シュエダゴン・パゴダには大仏舎利塔あり、釈迦の骨と歯が納められている。スーレー・パゴダなど。

2 マンダレー

ミャンマーのほぼ中央に位置し、かつての首都。エーヤワディー川沿いの丘に立つ730もの白いパゴダ群である、クドードォ・パゴダ。

3 バガン

ボロブドゥール、アンコール・ワットと並ぶ世界三大仏教遺跡のひとつ。エーヤワディ川(旧称イラワジ川)の東岸に広がる仏教の聖地。アーナンダ寺院。

8 マレーシア

国土はマレー半島の南部とカリマンタン島(ボルネオ島)の北部。マレー半島西側はマラッカ海峡を隔ててインドネシアのスマトラ島と対峙する。

・首都：クアラルンプール

1 クアラルンプール

マスジット・ジャメ(市内最古のモスク)、ペトロナス・ツインタワー、KLタワー、郊外にあるバツー洞窟(ヒンドゥー教の聖地)など。

2 マラッカ

マラッカ海峡に臨む古都。中東・欧州と東アジアを結ぶ重要な位置にあり、オランダやイギリスの支配を受けその名を残すオランダ広場、サンティアゴ砦、フランシスコ・ザビエルゆかりのセントポール教会など。世界遺産。

3 ペナン島

マラッカ海峡にあるリゾート島。海上交易の中継地点、中心のジョージタウンは世界遺産。有名なバツー・フェリンギビーチなどがある島。

4 ランカウイ島

ペナン島の北にあるビーチリゾート。

5 コタ・キナバル

ボルネオ島の北、サバ州の州都。標高4,095mのキナバル山がある。キナバル自然公園はオランウータンなど特有の動植物が棲息している世界遺産。

6 ジョホール・バル

マレー半島南端の都市。対岸はシンガポール。

9 インドネシア

インド洋に点在する大小の島々で構成される。スマトラ島、ジャワ島、バリ島、スラウェシ島、カリマンタン島が主な島。

・首都：ジャカルタ

1 ジャワ島

首都ジャカルタがある島。世界三大仏教遺跡の1つ、ボロブドゥール遺跡は古都ジョクジャカルタが拠点となる。ヒンドゥー教の遺跡としてはインドネシア最大のプランバナン寺院群(世界遺産)。

2 バリ島

聖なる火山アグン山のある"神々の島"といわれるバリ・ヒンドゥー教の島。中心はデンパサール。ヌサドゥア、クタ、サヌールといったビーチリゾートが有名。ウブドはバリ芸術の中心でバリ絵画やケチャ、レゴン、バロンといった伝統舞踊が鑑賞できる。ネカ美術館、タナロット寺院、ブサキ寺院、ウルワツ寺院など。

3 ビンタン島

シンガポールの南東46kmにある、インドネシア領のリゾート島。

10 シンガポール

マレーシアに隣接し、ジョホール水道を隔てシンガポール島とセントーサ島からなる。

・首都：シンガポール

1 シンガポール

マーライオン(シンガポールの象徴)、オーチャード通り、エリザベスウォーク、シンガポール・フライヤー(世界第2位の大きさの観覧車)、屋上にあるプールで話題のマリーナ・ベイ・サンズホテル、巨大植物園ガーデンズ・バイ・ザ・ベイ、ジュロン・バード・パークなど。

2 セントーサ島

テーマパークやカジノがあるリゾート地。2010年リゾート・ワールド・セントーサ(複合リゾート)がオープンし、ユニバーサル・スタジオ・シンガポールが人気。

11 フィリピン

7,000以上の大小の島々で構成されるフィリピン諸島で、大半は珊瑚礁。1571年からスペインの植民地となり、1946年独立。ルソン島、ミンダナオ島、セブ島、パラワン島など。

・首都：マニラ

1 マニラ

ルソン島にある。イントラムロス(スペイン統治時代の城塞跡)、サンティアゴ要塞、マラカニアン宮殿、リサール公園など。

2 セブ

フィリピンを代表するリゾート地。1521年にポルトガル人のマゼランが上陸したところ。木製の十字架“マゼラン・クロス”、サン・ペドロ要塞など。

3 パラワン島

南シナ海のダイビングポイント。ジュゴンが棲むといわれている。北の町エルニドは白砂のビーチで、隠れ家的リゾート地である。

4 ミンダナオ島

戦前は日本人が多く住んだダバオ、港湾都市のサンボアンガがある。

12 インド

インド洋に突き出たインド半島は東はベンガル湾、西はアラビア海に分けている。中央にはデカン高原、東部にはガンジス川流域にヒンドスタン平原が広がる。

・首都：デリー

1 デリー

オールドデリーには、ラール・キラー(ムガル王朝第5代皇帝シャー・ジャハーンが建設した城)別名“レッド・フォート”、ラージ・ガート(独立の父ガンジーが火葬された場所)など。

2 アグラ

ムガル帝国の首都として繁栄した。左右対称の白い大理石でできたタージ・マハル(廟)は世界遺産。アグラ・フォート(城)。郊外の廃郡、ファティプール・シクリ。

3 ジャイプール

北部ラジャスタン州の州都。赤い城壁に囲まれた町の別名は“ピンク・シティ”。風の宮殿(ハーワ・マハル)。

4 カジュラホ

インド中部。10～11世紀に建立されたヒンドゥー教寺院、ジャイナ教寺院群がある。カンダリア・マハデバ寺院、パールシュバナータ寺院など。官能的な彫刻で有名。

5 ムンバイ

旧名ボンベイ。16世紀はポルトガル、17世紀はイギリスの植民地支配を受けた、アラビア海に面する都市。インド門。近郊のヒンドゥー教の石窟寺院があるエレファンタ島など。

6 オーランガバード

ムンバイ北西デカン高原にある町。近郊に石窟寺院群がある。ヒンドゥー教、ジャイナ教、仏教の彫刻のエローラ石窟寺院とワゴーラ川沿いの断崖に建つインド最古の仏教石窟寺院跡、蓮華手菩薩の壁画で有名なアジャンタ石窟寺院。いずれも世界遺産。

7 バラナシ

ベナレスとも呼ぶヒンドゥー教の一大聖地。ガート(沐浴場)では参拝者が身を清める姿が見られる。郊外にサールナート(仏教四大聖地の1つ)。

8 仏教四大聖地

釈迦ゆかりの地。生誕の地、ネパールのルンビニを含めて4つ。釈迦が悟りを開いたブッダガヤ、初めて説法をしたサールナート、入滅の地クシナガル。

13 ネパール

ヒマラヤ山脈がチベット国境からネパール国内に迫り、首都カトマンズはチョモランマ(エベレスト)をはじめとする8,000m級の山への登山口でもある。

・首都：カトマンズ

1 カトマンズ

標高約1,350mにあるヒンドゥー教の聖地。女神の化身が住むクマリの館。町の中心はダルバール広場。郊外には釈迦の目が描かれているカトマンズ最古の仏教寺院スワヤンブナート寺院。

2 ポカラ

アンナプルナなどヒマラヤ連山が一望できるネパール第2の都市。登山やトレッキングの基地でもある。

3 ルンビニ

仏教四大聖地の1つ。釈迦の生誕地として世界遺産。

14 スリランカ

旧国名はセイロン。ポルトガル・オランダ・イギリスに支配された歴史がある。良質な紅茶の産地でもある。

・首都：スリ・ジャヤワルダナプラ・コッテ

1 コロンボ

かつての首都。コロンブスの名に因んでつけられた都市名。

2 ヌワラ・エリア

イギリス植民地時代の面影を残す、スリランカ第一の良質な紅茶の産地。

3 仏教遺跡めぐり

キャンディ(仏歯寺、ペラヘラ祭り)、アヌラーダプラ(古代シンハラ王朝遺跡)、ポロンナルワ(10～12世紀シンハラ王朝の首都)、シギリヤ(岩山シギリヤ・ロックに描かれた貴婦人像「シギリヤ・

レディ」の壁画の遺跡)。いずれも世界遺産。

15 モルディブ

英連邦加盟国。インド洋に浮かぶ1,200の珊瑚礁からなるリゾートアイランド。

・首都：マレ

1 マレ

約2km²の小さな島にある首都。マレ国際空港は隣のフルレ島にある。

16 ウズベキスタン

中央アジアの中心であり、シルクロード観光の重要な国。

・首都：タシケント

1 ヒバ

城壁に囲まれた旧市街地はイチャン・カラといわれる。18～19世紀に建設された歴史的建造物が残る町全体が博物館といわれ、世界遺産。

2 サマルカンド

“青の都”“イスラム世界の宝石”と呼ばれるオアシスの町。シルクロード交易で繁栄した。グリ・エミール廟、ビビハニム・モスクなど。世界遺産。

3 ブハラ

古代よりオアシス都市として、サマルカンドと並んでシルクロード交易で栄えた。ブハラ歴史地区として世界遺産。

17 アフガニスタン

中央アジアに位置する内陸国。

・首都：カブール

1 バーミヤン

カブールの北西130kmにある仏教遺跡。磨崖仏はイスラム勢力タリバーンにより破壊されたが、世界危機遺産に登録。

18 パキスタン

インドの西アラビア海に面するインダス文明の遺跡の残る国。

・首都：イスラマバード

1 タキシラ

イスラマバードの北西、ガンダーラ地方にある古代遺跡。

2 モヘンジョダロ

紀元前2500～前1500年頃のインダス文明最大の都市遺跡。

3 ラホール

パンジャブ地方の主要都市。シャーラマール庭園とラホール城は世界遺産。

4 カラチ

パキスタン最大の都市。

5 オセアニア

学習のポイント

- **地理・地形**：海、太平洋の海域と島、グレート・バリア・リーフ（世界最大のサンゴ礁）、山（オーストラリア－オルガ、ニュージーランド－トンガリロ、クック）、山脈（ニュージーランド－サザン・アルプス）、湖（ニュージーランド－タウポ、テ・アナウ）
- **国立公園**：オーストラリア、ニュージーランドともに自然豊かな国で国立公園が多い。その特徴と玄関都市を結びつけて学習すること
- **公園・広場・通り**：主要都市の繁華街、観光客の集まる場所も重要。シドニー（ロックス、キングス・クロスなど）
- **名物料理・酒・名産品**：マオリのハンギ料理（ニュージーランド）など

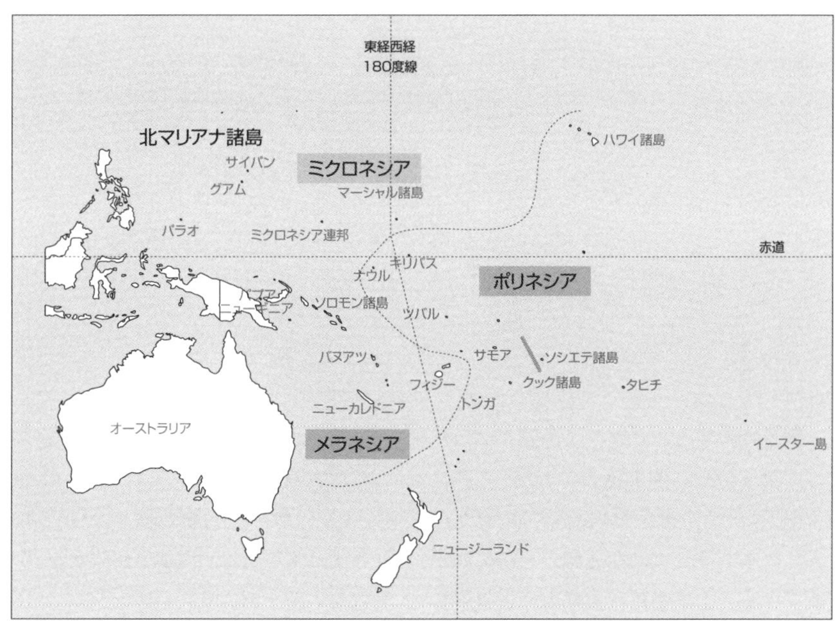

- オセアニアとは大洋州ともいい、オーストラリア大陸、ニュージーランド(北島・南島)、太平洋上のポリネシア、ミクロネシア、メラネシアの島々の総称。毎年1～2問の出題ではあるが、広域にわたるため侮れない。
- 特にオーストラリアとニュージーランドは重要。

1 オーストラリア

POINT オーストラリアの都市は、北はダーウィン、西はパース、南はアデレードのみ。あとは東海岸沿いに都市が並ぶ。キーワードとともに覚えること。

南半球のオーストラリア大陸とタスマニア島を含む。国土はインド洋、アラフラ海、コーラル海、タスマニア海、グレートオーストラリア湾など四方を海に囲まれている。主要都市は東部海岸に集中しているが、北東部はグレート・バリア・リーフと呼ばれる世界最大の珊瑚礁が南北に続き、一大リゾートエリアとなっている。大陸中央部にはエアーズ・ロック(ウルル)(世界最大級の単一岩)が、さらに西側は荒涼たる砂漠地帯が広がる。

・首都：キャンベラ

1 キャンベラ

連邦政府直轄地、キャプテン・クック

記念噴水など。

2 シドニー

ニューサウスウェールズ州の州都。オーストラリア最古かつ最大の港湾都市。世界三大美港のひとつである。オペラ・ハウス(シドニーの象徴。世界遺産)、ハーバー・ブリッジ、ダーリング・ハーバー、ロックス(シドニー発祥の地)、キングス・クロス(歓楽街)。郊外に世界遺産ブルーマウンテンズ国立公園(アボリジニ伝説が残る3つの奇岩、スリーシスターズ)。

3 メルボルン

ビクトリア州の州都。フィッツロイ庭園(キャプテン・クックの家)、市の東南にあるフィリップ島では日没に巣に戻るリトルペンギンを観察する"ペンギン・パレード"が人気。

4 グレート・オーシャン・ロード

メルボルンの南西にある全長約260kmの海岸道路。美しい断崖と「十二使徒」と呼ばれる奇岩群がある。

5 ケアンズ

クイーンズランド州。グレート・バリア・リーフへの玄関都市であり、またキュランダ観光鉄道の出発地で、バロン渓谷国立公園の景色が楽しめる。

6 グレート・バリア・リーフ

南北2,000kmに及ぶ世界最大の珊瑚礁で世界遺産。グリーン島、ヘイマン島(高級リゾート)、ハミルトン島(空港あり)、リンデマン島が主な島。

7 ブリスベン

クイーンズランド州の州都。ゴールド・コーストへの玄関都市。ローン・パイン・コアラ保護地区。

8 ゴールド・コースト

南北40kmにのびる海浜リゾートで、サーファーズ・パラダイスなどがその代表。カランビン野鳥園では、ロリキートという野生のインコの餌付けが楽しめる。

9 アデレード

サウスオーストラリア州の州都。南西海上にあるカンガルー島では特有の動物が見られる。

10 ダーウィン

ノーザン・テリトリー準州の州都。自然科学者チャールズ・ダーウィンの名にちなんで名が付いた。貴重な野生の動植物が棲んでいる湿地帯で、カカドゥ国立公園は40万年以上前に人が住んだ跡や洞窟壁画が残されていることで世界遺産に登録。

11 エアーズ・ロック(ウルル)

大陸中央部、"大地のヘソ"ともいわれ、世界最大級の単一岩でウルル・カタ・ジュタ国立公園内にある。岩肌に先住民アボリジニの壁画が描かれていることからアボリジニの聖地とも呼ばれる。玄関都市(乗継都市)はアリス・スプリングス。

12 パース

ウェスタンオーストラリア州の州都。インド洋に面し、近くにはヨットレースで有名なフリーマントル、"荒野の墓標"

といわれる砂漠に岩石群が広がるピナクルズなどがある。また沖合のロットネスト島にはクオッカなど固有の動物を見る事ができる。

⑬ タスマニア島

タスマニア州、州都はホバート。イギリスの流刑植民地であった。“タスマニア原生地域”はタスマニアン・デビル、ウオンバットなどオーストラリア特有の生物種が棲息する。

2 ニュージーランド

北島と南島からなり、北島には火山地形によりカルデラ・温泉・間欠泉が見られる。南島にはサザン・アルプス山脈が最高峰クック山など3,000mを超える山々を有するアオラキ／マウントクック国立公園があり、タスマン氷河遊覧飛行観光が有名。

・首都：ウェリントン(北島)

1 オークランド

北島にあるニュージーランド最大の都市、第1の港湾都市。ヨットが多く係留されていることで“帆の町”と呼ばれる。スカイタワー、マウント・イーデンなど。

2 ロトルア

北島の地熱地帯にある保養地で先住民マオリ族が多く生活しており、その伝統文化の中心。タウポ湖、トンガリロ国立公園(世界遺産)内にはルアペフ山、トンガリロ山、ナウルホエ山などがあり、マオリの聖地でもある。

3 ワイトモ

ロトルアの西、グロウワーム鍾乳洞(ケーブ)には土ボタルが多数生息し、人気の観光スポット。

4 クライストチャーチ

南島の東海岸にあり、“ガーデン・シティ”とも呼ばれる南島最大の都市。エイボン川が流れる市内はハグレー公園や植物園、市の象徴とされる大聖堂などが観光スポットであるが、2011年の地震の被害を受けている。

5 クイーンズタウン

南島・フィヨルドランド国立公園にあるミルフォード・サウンドへの玄関都市。またテ・アナウ湖の南にあるテ・アナウもトレッキングコース“ミルフォード・トラック”への玄関口である。

6 ダニーデン

スコットランド移民によってつくられ

た町で、近郊のオタゴ半島はロイヤル・アルバトロスなど野生動物の宝庫。

7 マウント・アスパイアリング国立公園

ワナカを起点としアスパイアリング山等がある国立公園。

8 テカポ

クライストチャーチの南西にある小さな町。神秘的なテカポ湖の湖畔には「善き羊飼いの教会」がある。また、星空観察スポットでもある。

3 太平洋上の海域

ミクロネシア、メラネシア、ポリネシアの3つの海域に分けられる。ミクロネシアは日付変更線以西、ほぼ赤道の北部海域。メラネシアは日付変更線以西の赤道南部海域をいう。ポリネシアは概ね日付変更線以東の南北太平洋海域をいい、北はハワイ諸島、東はイースター島、南はニュージーランドを覆うポリネシアン・トライアングルという三角形の海域。主要な島・都市は以下のとおり。

1 ミクロネシア

- グアム島(アメリカ準州、タモンビーチ・恋人岬・ココス島・横井ケーブ、ラッテストーン公園)
- サイパン島(北マリアナ諸島の中心。プンタン・サバネタとスーサイドクリフは第二次世界大戦の悲劇の地。マニャガハ島)
- ポンペイ島(旧ポナヘ島):世界遺産である巨石海上遺跡ナンマドールがある。
- ヤップ島:4島からなり、石貨で有名。

2 メラネシア

- フィジー諸島(主な島=ビチレブ島、バヌアレブ島、マナ島)
  首都:スバ
  スバとナンディ国際空港はビチレブ島にある。
- ニューカレドニア(主な島=グランドテール島、ウベア島、イル・デ・パン)
  首都:ヌメア
  ヌメアは"南海の小パリ"とも呼ばれるフランス人がつくった都市で、観光の拠点。
- パプアニューギニア(主な島=ニューギニア島の東半部、ビスマーク諸島)
  首都:ポート・モレスビー
- バヌアツ
  首都:ポート・ビラ
  バンジージャンプ発祥の地といわれている。

3 ポリネシア

ハワイ諸島、ツバル、サモア、トンガ、フランス領ポリネシア、イースター島など

- フランス領ポリネシア:ソシエテ諸島(タヒチ島、モーレア島、ボラボラ島などからなる)。行政所在地パペーテのあるタヒチ島は画家ゴーギャンが晩年移り住んだ場所として有名で、ゴーギャン博物館がある。

6 中東・アフリカ

・学習のポイント

- **地理・地形：**海(地中海、紅海、ペルシア湾、アラビア海、インド洋)、川(ナイル、チグリス、ユーフラテス)、山脈(アトラス)、山(キリマンジャロ)、高原(エチオピアなど)、湖(ビクトリア湖、死海)、滝(ビクトリアの滝)、砂漠(サハラ)、半島(アラビア)、島(マダガスカル、セーシェル諸島)
- **文明・史跡：**エジプト、メソポタミア文明の遺跡、特に世界遺産は重要で、その所在国・都市を学習する。神殿、宮殿、城、城砦の所在地やイスラム教、キリスト教などの宗教都市など。トルコ、エジプトは出題頻度が高い。北アフリカ(モロッコ、チュニジア)は地中海沿岸でギリシャ・ローマ時代の遺跡に注目
- **国立公園・自然保護：**ケニア、タンザニアの国立公園、自然公園も出題頻度が高い

- エジプト・メソポタミアの2つの古代文明はこの地域が発祥の地であることから、その歴史・文化に関わる事柄が重点となる。特にトルコは東西交易上の重要な地域でもあり、その遺跡や建造物などに注目が必要。

1 トルコ

アジアとヨーロッパの中継地点にあり東西文明の十字路でもあるイスタンブールはビザンチン帝国、オスマントルコ時代の首都。ギリシャ・ローマ時代の遺跡などが多数世界遺産に登録されている。北は黒海、西はエーゲ海、南は地中海に囲まれ、ヨーロッパ大陸とはボスポラス海峡、マルマラ海、ダーダネルス海峡を隔てて接している。国土中央にアナトリア高原。

・首都：アンカラ

1 アンカラ

トルコ革命の本拠地。アタチュルク廟、アウグストゥス神殿、アナトリア文明博物館。

2 イスタンブール

ビザンツ文化とイスラム文化の中心地。歴史地区は世界遺産。

- アヤ・ソフィア大聖堂：ビザンチン建築の最高傑作。多数のモザイク画や聖母マリアの手形といわれる柱、黒地に金文字が書かれた円板など。博物館からモスクへ。
- トプカプ宮殿：15世紀オスマン朝のメフメット2世が居城とした宮殿で、現在

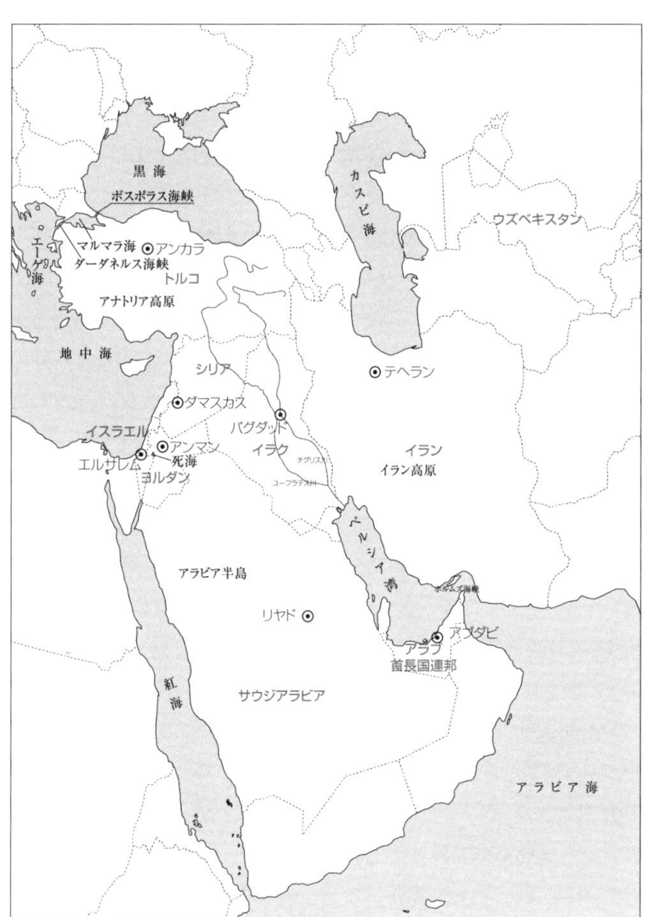

は博物館となっている。中国・日本から収集した陶磁器や世界最大級のエメラルドなどの宝石コレクション、ハーレムは必見。さらにボスポラス海峡に面した埋立地にはオスマン帝国末期に建てられたドルマバフチェ宮殿がある。

- ブルー・モスク：正式名スルタン・アフメッド・モスク。6本の尖塔(ミナレット)と壁一面に青いタイルが張られた、オスマン建築の傑作。
- グランド・バザール：中東最大といわれる約3,000店舗の屋根付き市場。

3 カッパドキア

国土の中央のアナトリア高原に広がる奇岩群。キリスト教徒が居住した地下都市のカイマクル。世界遺産。ギョレメ、カイセリは中心の町。

4 トロイ

古代都市遺跡で、ホメロスの叙事詩“イリアス”のなかのトロイ戦争の舞台と信じてシュリーマンが発掘した世界遺産。トロイの木馬のレプリカがある。

5 パムッカレ

カルシウムを含んだ温泉が高台から斜面を流れ落ち、白い石灰が沈殿して棚田のような景観をつくりだしている。ヒエラポリスというローマ帝国時代の都市遺跡とともに世界遺産。

6 エフェソス

イズミールの南にある古代都市遺跡。アルテミス神殿、ハドリアヌス神殿等。世界遺産。近郊には聖母マリアが晩年過ごしたという「マリアの家」がある。

2 シリア

地理的位置から多くの勢力に支配された歴史を持つ。西方は地中海に面し国土の大半はシリア砂漠。

・首都：ダマスカス

1 ダマスカス

古代オリエント時代から、現存する最古の、人が居住して栄えてきた都市。世界遺産。最大のモスク、ウマイヤ・モスク。

2 パルミラ遺跡

ダマスカス北東約200kmにある砂漠の中の隊商路に栄えた古代都市遺跡。列柱道路、バール神の大神殿など、ローマ帝国支配時代の遺跡。世界遺産。イスラム国により一部破壊された。

3 イスラエル

中近東のシリアの南、地中海沿岸のパレスチナにある国。紀元前11世紀にイスラエル王国が建設後多国の支配を受け、現在もパレスチナ問題を抱える。

・首都：エルサレム(事実上の首都はテルアビブ)

1 エルサレム

ユダヤ教・キリスト教・イスラム教の聖地。岩のドーム(イスラムの聖地)、聖墳墓教会(キリストの墓、ゴルゴダの丘の上に建つ)、ビア・ドロローサ(キリストが十字架を背負って歩いた道)、嘆きの壁(ユダヤ教の聖地)。イスラム教第1の聖地はサウジアラビアのメッカ(ムハンマドの生誕地)である。

2 ベツレヘム

イエス誕生の地、キリスト教徒にとって第2の聖地。聖降誕教会や聖マリア教会。

3 ナザレ

イエスが幼少期を過ごした町。

4 ヨルダン

シリア・イスラエル・サウジアラビアに囲まれた国。隊商路にあり隊商都市として栄えた。ヨルダン渓谷は世界で最も低い地溝帯を形成する。イスラエルとの国境には死海がある。

・首都：アンマン

1 ペトラ遺跡

紀元前2世紀から紀元後2世紀に繁栄したナバテア王国の首都があった都市遺跡。浸食された岩山の谷間につくられた隊商都市でエルハズネ(宝物殿)がみどころ。世界遺産。

2 死海

塩分濃度30%の塩湖で、魚は住んでいない。人間の体が浮く湖として知られている。近くの岩山はクムラン洞窟といわれ、ユダヤ教の聖書である死海写本が発見された所。

5 アラブ首長国連邦

アラビア半島東部ペルシア湾沿岸、オマーン、カタール、サウジアラビアに囲まれた国。

・首都：アブダビ

1 ドバイ

金融・経済・観光の中心地。観光のため人工で造られたジュメイラ・ビーチ。世界一の高層ビル"ブルジュ・ハリファ"は2010年に営業開始。世界最大級のショッピングモール「ドバイ・モール」。

6 イラン

古代ペルシア帝国の遺跡巡りが中心。首都：テヘラン

1 ペルセポリス

ダレイオス1世が建設、アケメネス朝ペルシアの首都。世界遺産。

2 イスファハン

16世紀末にサファビー朝の首都になり、「イランの真珠」「イスファハンは世界の半分」といわれるほど栄えた都市。イマーム・モスク、イマーム広場。世界遺産。

アフリカ大陸の周囲の地形は、北は地中海を介してヨーロッパに近く、東部は紅海を介して対岸はアラビア半島、さらに南東部はインド洋、西は大西洋に囲まれている。大陸の中央より北はサハラ砂漠が広大な面積を占め、北東部には世界最長ナイル川がスーダンのハルツームで青ナイルと白ナイルが合流し、さらに北上してエジプト・カイロを通り、地中海沿岸のアレクサンドリア一帯に三角州を形成する。東部アフリカは、標高2,000m以上のエチオピア高原が広がる。赤道近くのケニアとタンザニアの国境にはアフリカ最高峰キリマンジャロ山(標高5,895m・山頂はタンザニア)がそびえる。さらに南方、ジンバブエとザンビアとの国境に世界三大瀑布の1つビクトリアの滝があり、周辺はビクトリア・フォールズ及びザンベジ国立公園となっている。また、大陸南端には喜望峰がある。

7 エジプト

古代エジプト王朝は紀元前4000年から紀元前332年までの間に31王朝が興り繁栄を極めた。ナイル川流域にはその歴史の跡を物語る古代エジプト文明の多くの建造物や遺跡が点在している。19世紀、インド洋・紅海と地中海を結ぶ海上交通の要衝、スエズ運河がフランス人レセップスによって完成。

・首都：カイロ

1 カイロ

ナイル川デルタ地帯にあるアフリカ最大の都市。政治、経済、文化の中心都市。2021年4月にオープンした国立エジプト文明博物館には22人のファラオのミイラ等が展示。ムハンマド・アリ・モスクなど。

2 ギザ

カイロから西南およそ20kmにある都市でネクロポリス(墓地遺跡)とも呼ばれ、クフ、カフラー、メンカウラー各王のピラミッドやスフィンクスがある。2023年開館予定の大エジプト博物館にはツタンカーメン王の黄金のマスクやラムセス2 世のミイラなど世界に誇る至宝が展示・収蔵される予定。ギザは世界遺産。

3 ルクソール

古代王国時代の首都テーベの遺跡。ナイル川の右岸にルクソール神殿とカルナック神殿、左岸にハトシェプスト女王葬祭殿。"王妃の谷""王家の谷"にはツタンカーメン少年王などの王墓がある。

4 アスワン

人造湖ナセル湖の南にあるアブシンベル神殿への玄関都市。アブシンベル神殿はラムセス2世が建てた神殿で、アスワン・ハイ・ダム建設による水没を回避するために大規模な移転を行ったことでも有名。世界遺産のきっかけとなった遺跡。

5 アレクサンドリア

"地中海の真珠"といわれる、エジプト第2の都市。マケドニア王アレクサンドロス大王が遠征行軍の途上の地にその名

アフリカ大陸の地図

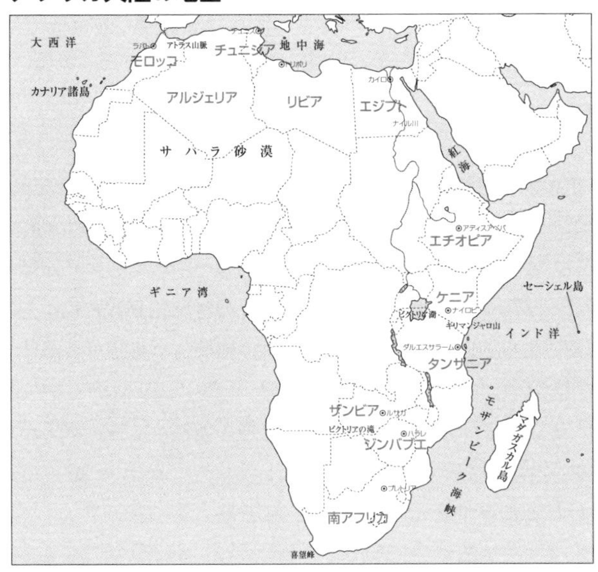

を付けた都市。

6 ロゼッタ

大英博物館に展示されているロゼッタ・ストーンの発見された町。

7 サッカラ

ギザの南約10kmにあり、ジェセル王の階段ピラミッドがある。

8 モロッコ

アフリカ大陸北西にあり、東西に地中海沿岸と平行してアトラス山脈が走り、南部のアルジェリア国境近くはサハラ砂漠となる。地中海のジブラルタル海峡を隔てて対岸はイベリア半島スペイン。アルジェリア・チュニジアを含めた3か国をマグレブ(日の没する国) 3国という。

・首都：ラバト

1 ラバト

ローマ時代の遺跡が多い町。ムハンマド5世の霊廟、ハッサンの塔など。

2 カサブランカ

フランス占領下に発展したモロッコ最大の港湾都市。ハッサン2世モスク、ムハンマド5世広場。映画“カサブランカ”の舞台。地名は「白い家」の意味。

3 マラケシュ

モロッコ中部、サハラ砂漠への隊商路の起点として発展し、ジャマ・エル・フナ広場、クトビア・モスク(クトビアの塔)、バヒア宮殿がある旧市街は世界遺産。街は夕焼けにはピンク色に染まる。

4 フェズ

8世紀にイスラム王朝が建設、14～15世紀に栄え交通の要衝。モロッコ一複雑といわれるメディナ(旧市街)は世界遺産で、カラウィーン・モスクなどのイスラム建築がある。旧市街は世界遺産。

9 チュニジア

アルジェリアとリビアの間の地中海に面する位置にある。古代ローマやカルタゴの遺跡など。

・首都：チュニス

1 カルタゴ遺跡

カルタゴは古代フェニキア人によって建設され、ローマ帝国によって壊滅した。現存するのはローマ時代の遺跡が多い。

10 リビア

古代ギリシャ、フェニキア、カルタゴ、ローマの支配を受けた。国土の9割は砂漠地帯。

・首都：トリポリ

1 レプティス・マグナ、サブラタ、キュレネ

ローマの植民地時代の遺跡。いずれも世界遺産。

11 ケニア

インド洋に面した中央アフリカ高地に属する、北部の乾燥地帯と南西部の密林地帯からなる。国立公園・保護区での野生動物のサファリ・ツアーが主な観光。

・首都：ナイロビ

1 ナイロビ

東アフリカの表玄関。標高1,660mの高原上にある中心都市。ケニア初の保護地区、ナイロビ国立公園がある。

2 アンボセリ国立公園

タンザニアとの国境近くキリマンジャロ山が背後に迫る位置にある。作家ヘミングウェイが『キリマンジャロの雪』を執筆した場所でもある。

3 マサイ・マラ国立保護区

マサイ族の集落が見られる。

4 ツァボ国立公園

面積21,000km^2、ケニア最大規模の国立公園。「ピンク・エレファント」が有名。また、高床式のソルトリック・ロッジが人気。

5 ナクル湖国立公園

ナクル湖はフラミンゴ等の水鳥の宝庫となっている。

6 メルー国立公園

ジョイ・アダムソンの『野生のエルザ』の舞台となった国立公園。

7 アバーディア国立公園

動物を観察するための樹上のロッジ“ツリー・トップ・ロッジ”が有名。

8 ケニア山国立公園

ケニア山を中心とする国立公園。

12 タンザニア

ケニアの南にあり、東はインド洋、北西部にはビクトリア湖、西にはタンガニーカ湖が囲む。ケニアとの国境付近にはキリマンジャロ山がある。

・首都：ドドマ

1 セレンゲティ国立公園

東アフリカで最も知られた国立公園。キリマンジャロ山麓に14,763km^{2}の広さの自然保護区。世界遺産。

2 キリマンジャロ国立公園

アフリカの最高峰キリマンジャロ山の麓、一部が国立公園。世界遺産。

3 ンゴロンゴロ保全地域

セレンゲティ国立公園に隣接するクレーター（火口原）を中心とする保全地区。世界遺産。

域内には、世界最古の旧石器時代の遺跡が発見されたオルドバイ峡谷がある。

13 南アフリカ

ヨーロッパ大航海時代にポルトガル人が喜望峰を発見し、その後オランダの東インド会社がこの地を航海路の中継基地とした。また、金やダイヤモンドの世界的に有名な産地。

・首都：プレトリア

1 プレトリア

行政府をプレトリア、国会はケープタウン、最高裁判所はブルームフォンテーンにおかれている。首都機能はプレトリアにある。春10月に紫色のジャカランダの花が咲きほこり、ジャカランダ・シティと呼ばれる。

2 ヨハネスブルク

金鉱の発見で栄えた南アフリカ最大都市。経済の中心。

3 ケープタウン

南アフリカ発祥の地で“マザーシティ”と呼ばれる。大航海時代以降、大西洋とインド洋を結ぶ重要な寄港地。テーブル・マウンテンや郊外南約60kmに喜望峰がある。近くのボルダーズビーチでは、ケープペンギンを見ることができる。アフリカ大陸最南端はアガラス岬。

4 クルーガー国立公園

モザンビーク国境近く、面積2万km^2、南アフリカ最大の自然動物保護区。人気の高いライオン、ヒョウ、サイ、ゾウ、バッファローのビッグ・ファイブを全て見られる。

5 キンバリー

世界的に有名なダイヤモンド発掘の中心地。

6 ブルートレイン

プレトリアとケープタウン間の約1,600kmを約27時間で走る世界一の豪華寝台列車。

欧州の主な美術館・絵画・彫刻

美術館	所在地(国)	作者	作品名
ルーブル美術館	パリ(フランス)		ミロのヴィーナス／サモトラケのニケ
		レオナルド・ダ・ヴィンチ	モナリザ
オルセー美術館	パリ(フランス)	ミレー	落穂拾い
		ルノワール	ムーラン・ド・ラ・ギャレット
		マネ	草上の昼食／笛を吹く少年／オランピア
オランジュリー美術館	パリ(フランス)	モネ	睡蓮(連作)
マルモッタン・モネ美術館	パリ(フランス)	モネ	印象・日の出
大英博物館	ロンドン(英国)		ロゼッタ・ストーン／エルギン・マーブル
システィーナ礼拝堂	バチカン市国	ミケランジェロ	最後の審判／創世期／旧約聖書の天井画／アダムの創造
バチカン美術館(宮殿)	バチカン市国		ラオコーン
		ラファエロ	アテネの学堂
サン・ピエトロ寺院	バチカン市国	ミケランジェロ	ピエタ
ウフィツィ美術館	フィレンツェ(イタリア)	ボッティチェリ	春(プリマベーラ)／ヴィーナスの誕生
		レオナルド・ダ・ヴィンチ	受胎告知
		ラファエロ	ひわの聖母
アカデミア美術館	フィレンツェ(イタリア)	ミケランジェロ	ダビデ像
サンタ・マリア・デッレ・グラツィエ教会	ミラノ(イタリア)	レオナルド・ダ・ヴィンチ	最後の晩餐
プラド美術館	マドリード(スペイン)	ベラスケス	ラス・メニーナス
		ゴヤ	裸のマハ／着衣のマハ
ソフィア王妃芸術センター	マドリード(スペイン)	ピカソ	ゲルニカ
サント・トメ教会	トレド(スペイン)	エル・グレコ	オルガス伯の埋葬
アムステルダム国立美術館	アムステルダム(オランダ)	レンブラント	夜警
		フェルメール	牛乳を注ぐ女
ゴッホ美術館	アムステルダム(オランダ)	ゴッホ	馬鈴薯を食べる人々
マウリッツハイス美術館	ハーグ(オランダ)	フェルメール	真珠の耳飾りの少女／デルフトの眺望
美術史美術館	ウィーン(オーストリア)	ブリューゲル	バベルの塔／雪中の狩人／農民の婚宴
		フェルメール	絵画芸術

(つづく)

アルテ・ピナコテーク	ミュンヘン（ドイツ）	デューラー	自画像／四人の使徒
ペルガモン博物館	ベルリン（ドイツ）		ゼウスの大祭壇／イシュタール門／ミレトスの市場門
新博物館	ベルリン（ドイツ）		ネフェルティティの胸像
エルミタージュ美術館	サンクトペテルブルク（ロシア）	レオナルド・ダ・ヴィンチ	リッタの聖母

主な祭りとイベント

祭り・イベント	開催都市（国）	概要
ソンクラン	タイ	タイの旧正月。4月に行われる新年行事
ナーダム	モンゴル	夏の祭典、ウランバートルで毎年7月に開催される
ホーリー祭	インド	3月（ヒンドゥー暦11月）に色水や色粉をかけ合い春を祝う祭り
ペラヘラ祭り	スリランカ	聖都キャンディの仏歯寺で7月の2週間行われる祭り
オクトーバー・フェスト	ミュンヘン（独）	9月下旬～10月上旬に開催されるビール祭り
バイロイト音楽祭	バイロイト（独）	ワーグナーの舞台作品だけを上演する音楽祭り
パリ祭	パリ（仏）	フランス革命を記念する7月14日の祭り
サン・ホセの火祭り	バレンシア（西）	3月中旬、飾られた大人形を町の広場で燃やす祭り
サンフェルミン祭（牛追い祭り）	パンプローナ（西）	7月前半、牛の群れを街中に放ち若者が伴走する祭り
フェリア・プリマベラ	セビリア（西）	4月下旬1週間のパレードや民謡を中心とする春祭り
トマト祭り	ブニョール（西）	トマトを投げあう祭り
パリオ・デレ・コントラーデ	シエナ（伊）	裸馬の騎馬レース
ベローナ音楽祭	ベローナ（伊）	ベローナの野外円形劇場で行われるオペラの祭典
ザルツブルク音楽祭	ザルツブルク（墺）	モーツァルトの生地で7～8月に開催される世界音楽祭
マスターズ・ゴルフ・トーナメント	オーガスタ（米）	ジョージア州で4月第2週に開催されるゴルフトーナメント
アロハ・フェスティバル	ハワイ（米）	9月中旬から約1か月間開催されるハワイ最大イベント
リオのカーニバル	リオデジャネイロ（伯）	2～3月、4日間サンバのリズムで歌い踊る有名な祭り
ロイヤルアスコット	アスコット（英）	6月に英国王室が主催する競馬レース。テニスのウインブルドン選手権、ゴルフの全英オープンに並ぶイベント
エディンバラ国際フェスティバル	エディンバラ（英）	毎年8～9月にエディンバラ市内各所で行われる祭。エディンバラ城のミリタリー・タトゥー（軍隊の野外行進）が人気
バラ祭り	ブルガリア	5月中旬～6月上旬ブルガリア各地で行われるバラの祭り。カザンラクが有名
インティライミ	クスコ（ペルー）	冬至の日に行われる太陽の祭り

※独：ドイツ、仏：フランス、西：スペイン、伊：イタリア、墺：オーストリア、米：アメリカ、伯：ブラジル、英：英国

通りの名称

通り	都市	国
ストロイエ	コペンハーゲン	デンマーク
リージェント・ストリート	ロンドン	イギリス
クーアフュルステンダム	ベルリン	ドイツ
ウンターデンリンデン	ベルリン	
マキシミリアン	ミュンヘン	
ケルントナー通り	ウィーン	オーストリア
シャンゼリゼ大通り	パリ	フランス
フォーブル・サントノレ通り	パリ	
ビットリオ・ベネト通り	ローマ	イタリア
コンドッティ通り	ローマ	
ガレリア・ビットリオ・エマヌエレ2世	ミラノ	
グラン・ビア	マドリード	スペイン
ランブラス通り	バルセロナ	
五番街	ニューヨーク	アメリカ
ブロードウェイ	ニューヨーク	
ウォール街	ニューヨーク	
バーボン・ストリート	ニューオリンズ	
オルベラ街	ロサンゼルス	
ロデオ・ドライブ	ロサンゼルス	
サンセット大通り	ロサンゼルス	
カラカウア大通り	ホノルル	
リオ・ブランコ通り	リオデジャネイロ	ブラジル
パウリスタ通り	サンパウロ	
7月9日大通り	ブエノスアイレス	アルゼンチン
フロリダ通り	ブエノスアイレス	
クイーン通り	オークランド	ニュージーランド
明洞	ソウル	韓国
仁寺洞	ソウル	
梨泰院路	ソウル	
王府井大街	北京	中国
長安街	北京	
南京路	上海	
ネイザン・ロード	香港	
シーロム通り	バンコク	タイ
オーチャード・ロード	シンガポール	シンガポール
チャンドニ・チョウク	デリー	インド
カール・ヨハン通り	オスロ	ノルウェー

（つづく）

（つづき）

エスプラナーディ通り	ヘルシンキ	フィンランド
ネフスキー大通り	サンクト・ペテルブルク	ロシア
ビア・ドロローサ	エルサレム	イスラエル

名物料理・酒

国	名物料理	酒
イギリス	フィッシュ＆チップス、ハギス	スコッチウイスキー
イタリア	ミネストローネ、ブルスケッタ、ピザ	グラッパ、ワイン
オーストリア	ウインナーシュニッツェル、クネーデル	ワイン
ギリシャ	ムサカ、スブラキ	ウゾ
スイス	チーズ・フォンデュ、ラクレット	
スペイン	パエリア、ガスパチョ	シェリー酒、ワイン
ドイツ	アイスバイン、ザウアークラウト、ブルスト	ビール、ワイン
ハンガリー	グヤーシュ	トカイワイン
フランス	ブイヤベース、エスカルゴ、フォアグラ	シャンパン、ワイン
ロシア	ボルシチ、ピロシキ、ザクースカ、キャビア	ウオッカ
トルコ	シシケバブ、ドネルケバブ、キョフテ	ラク
北アフリカ	クスクス	
インドネシア	ナシゴレン、ミーゴレン、サテ	
韓国	サムゲタン、プルコギ、チヂミ、チゲ	マッコリ
タイ	トムヤムクン、タイスキ	
中国	麻婆豆腐、上海蟹、北京ダック、飲茶	紹興酒、マオタイ酒
ベトナム	フォー、ゴィ・クォン（生春巻き）	
メキシコ	タコス、トルティーリャ	テキーラ
ブラジル	シュラスコ、フェイジョアーダ	ピンガ
インド	チャパティ、ナン、タンドリーチキン	
エクアドル、ペルー	セビーチェ、クイ	
アルゼンチン	アサード、エンパナーダ	ワイン

セレクト問題

1 ヨーロッパ

☑ 問① セーヌ川を挟んでシャイヨー宮に相対し、1889年パリ万博を記念して建てられた［　　　］は、当時は街の景観をめぐって賛否両論があった。現在はパリの象徴として不可欠な存在となっている。

a. アンバリッド　　b. エッフェル塔
c. オペラ座　　d. ルーブル美術館

☑ 問② 歴代の英国国王の戴冠式が行われてきた、ロンドンの［　　　］には、英文学史上代表的な文人の墓や記念碑が集まっている“詩人のコーナー”がある。

a. セントポール寺院　　b. ウエストミンスター寺院
c. ロンドン塔　　d. ケンジントン宮殿

☑ 問③ ［　　　］の代表作の１つであるダビデ像は、フィレンツェのシニョリーア広場からアカデミア美術館に移転され、現在の広場のものはコピー。

a. ガリレオ　　b. サンマルコ　　c. ラファエロ　　d. ミケランジェロ

☑ 問④ 次の都市と都市を流れる川及び川に架かる橋の組合せで全て正しいのは？

a. ウィーン　－　マイン川　－　カレル橋
b. パリ　－　セーヌ川　－　カペル橋
c. プラハ　－　ドナウ川　－　セーチェニくさり橋
d. フィレンツェ　－　アルノ川　－　ベッキオ橋

☑ 問⑤ 次の広場、その所在する都市及びその国を流れる川の組合せで全て正しいのは？

a. 赤の広場　－　サンクト・ペテルブルク　－　ボルガ川
b. スペイン広場　－　ローマ　－　テージョ川
c. ピカデリー・サーカス　－　ロンドン　－　テムズ川
d. バーツラフ広場　－　プラハ　－　ドナウ川

☑ 問⑥ **次の作品と作者及びそれらが現存する建物との組合せで誤っているのは？**

a. 最後の晩餐 － レオナルド・ダ・ヴィンチ － サンタ・マリア・デレ・グラツィエ教会
b. 最後の審判 － ミケランジェロ － システィーナ礼拝堂
c. ピエタ － ラファエロ － サン・ピエトロ寺院
d. ビーナスの誕生 － ボッティチェリ － ウフィツィ美術館

☑ 問⑦ **ドイツのロマンチック街道は、北はマイン河畔のビュルツブルクから南はオーストリア国境に近い山麓の町［　　　］まで約350kmに及ぶ。**

a. ローテンブルク　b. リンダウ　c. フュッセン　d. ニュルンベルク

☑ 問⑧ **シャモニーはフランスとイタリアとの国境にそびえるアルプス山脈の最高峰［　　　］への北麓からの登山観光拠点である。**

a. アイガー　b. マッターホルン　c. モンブラン　d. ユングフラウ

解答

問① b：パリ市内の観光資源の問題。4つともに有名な建物であるが、市内を流れるセーヌ川を軸とした地理的な位置をチェックしよう。ヒントはセーヌ川を挟んでシャイヨー宮の反対側にあるパリ万博記念の建物。

問② b：ロンドン市内の観光資源の問題。**d**はロンドンのサウスケンジントンにある演劇場で、ビクトリア女王の夫アルバート公に捧げられた楕円形の建物。

問③ d：イタリア・ルネサンスの三大巨匠、レオナルド・ダ・ヴィンチ、ラファエロ、ミケランジェロは出題頻度が高い。著名な作品は覚えておきたい。フィレンツェ市内を見下ろす高台にあるミケランジェロ広場には、ミケランジェロの記念碑とダビデ像のレプリカがある。ダ・ヴィンチの「受胎告知」はウフィッツィ美術館（フィレンツェ）にある。

問④ d：カレル橋はチェコのプラハ市内、ブルタバ川に架かる橋、カペル橋はスイスのルツェルン市内、ロイス川に架かる木製の屋根付き橋、セーチェニくさり橋はハンガリーのブダペスト市内、ドナウ川に架かる橋。

問⑤ c：赤の広場はモスクワにある。ローマ市内のスペイン広場、市内を流れるのはテベレ川。プラハ市内のバーツラフ広場、市内を流れるのはブルタバ川。

問⑥ c：バチカン市国のサン・ピエトロ寺院内のピエタ像はミケランジェロの作品。

問⑦ c：ロマンチック街道は、ビュルツブルク－ローテンブルク－ネルトリンゲン－アウグスブルク－フュッセン（オーストリア国境近くまで）。

問⑧ c：スイス山岳観光の問題、玄関都市と山の名称の組合せ。**a**はルツェルン⇔ピラトス、**b**はツェルマット⇔マッターホルン、**d**はインターラーケン⇔ユングフラウ。

2 北アメリカ・ハワイ

☑ **問①** **かつて1790～1800年の10年間首都であった［　　　］は憲法制定の舞台で独立宣言が採択された独立記念館や当時の史跡が豊富に残されている。**

a. ボストン　b. ニューヨーク　c. フィラデルフィア　d. シカゴ

☑ **問②** **次の都市と州の組合せで誤っているものはどれか？**

a. ラスベガス　－　ネバダ州
b. ボストン　－　マサチューセッツ州
c. シカゴ　－　ミシガン州
d. アトランタ　－　ジョージア州

☑ **問③** **次の観光ポイントと、所在する都市及び州の組合せで正しいものはどれか？**

a. ロデオ・ドライブ　－　サンフランシスコ　－　カリフォルニア州
b. バーボン・ストリート　－　アトランタ　－　ジョージア州
c. フリーダム・トレイル　－　ボストン　－　バージニア州
d. 独立記念館　－　フィラデルフィア　－　ペンシルバニア州

☑ **問④** **アメリカ西部にある［　　　］国立公園は巨木セコイアの森林や氷河に浸食された渓谷、エルキャピタンと呼ばれる絶壁や雄大な滝などの自然景観が素晴らしく、また野生の動植物の宝庫である。**

a. グランド・キャニオン　b. ヨセミテ
c. イエローストーン　d. メサ・ベルデ

☑ **問⑤** **ハワイ諸島の次の島々とオプショナルツアーの組合せが誤っているのは？**

a. カウアイ島　－　シダの洞窟とワイメア渓谷ツアー
b. オアフ島　－　ダイヤモンド・ヘッドハイキングツアー
c. マウイ島　－　世界遺産キラウエア火山と星空観測ツアー
d. ハワイ島　－　マウナ・ケア日の出と星空ツアー

☑ **問⑥ カナダのケベックからセントローレンス川沿いのモントリオール、オタワ、トロントを経てナイアガラの滝に至るルートは［　　　］街道の名で知られ、秋のカエデが紅葉する季節の魅力に観光客が集まる。**

a. エリカ　**b.** ファンタスティック　**c.** メープル　**d.** メルヘン

☑ **問⑦ バンフ国立公園に属し、"カナディアン・ロッキーの宝石"と讃えられる［　　　］湖は氷河の浸食活動によってできた窪地に水が溜まった氷河湖で、英国ビクトリア女王の娘の名をとって名付けられた。**

a. マリーン　**b.** エメラルド　**c.** ルイーズ　**d.** オカナガン

☑ **問⑧ マンハッタンの南方リバティ島には、1886年にアメリカ合衆国独立100年を記念して［　　　］より贈られた自由の女神像が立っている。**

a. イギリス　**b.** イタリア　**c.** スペイン　**d.** フランス

解答

問① c：アメリカの現在の首都の前、10年間首都であった都市はフィラデルフィアで、ペンシルバニア州最大の都市。

問② c：シカゴはイリノイ州最大の都市。他の3都市もよく出題される都市である。

問③ d：ロデオ・ドライブはロサンゼルスにある通り。バーボン・ストリートはルイジアナ州ニューオリンズにある通りの名称。ボストンはマサチューセッツ州。

問④ b：キーワードは巨木セコイア（アメリカ杉）とエルキャピタン。説明はヨセミテ国立公園の内容である。

問⑤ c：ハワイ諸島は出題頻度の高い地域。まず地図を見て島の並びと観光資源を関連付けて憶えたい。キラウエア火山はハワイ島にある活火山で、ハワイ火山国立公園として世界自然遺産にも登録されている。

問⑥ c：カナダの国旗はカエデの葉。メープルシロップはカナダの名産品でもある。**a**、**b**、**d**はヨーロッパ・ドイツの観光街道の名称。

問⑦ c：いずれもカナダにある湖の名称。"カナディアン・ロッキーの宝石"とよばれるのはルイーズ湖、ルイーズとは英国のビクトリア女王の娘の名称である。

問⑧ d：ニューヨークの象徴"自由の女神"の説明。アメリカ独立記念100年で贈呈したのはフランス。フランスの首都パリ市内リュクサンブール公園内には自由の女神像の原型がある。

3 中米・南アメリカ

☑ 問① 太平洋に面するメキシコ南部の国際リゾート地［　　　］は伊達政宗の使節として支倉常長がローマに向かう途中に上陸した地で、ラケブラダ岬の断崖絶壁で行われるダイビングショーは観光の名物。

a. アカプルコ　b. カンクン　c. ラパス　d. ロスカボス

☑ 問② メキシコシティの北東にある［　　　］は4～7世紀に最盛期を迎えた古代都市遺跡で、月のピラミッド、死者の道、太陽のピラミッド、ケツァルコアトルの神殿などがある。

a. テオティワカン　b. チチェン・イッツァ　c. ウシュマル　d. パレンケ

☑ 問③ メキシコのユカタン半島に栄えたチチェン・イッツァは［　　　］文明の遺跡の1つで、神殿や階段状のピラミッドなどの石造建築物が残されている。

a. アステカ　b. インカ　c. テオティワカン　d. マヤ

☑ 問④ カリブ海の社会主義国キューバの首都［　　　］の郊外には作家ヘミングウェイが22年住み、作品『老人と海』の舞台となった漁村コヒマルがある。

a. キングストン　b. ハバナ　c. ナッソー　d. サンファン

☑ 問⑤ ［　　　］領イースター島は長い耳と鼻をもった巨大な顔が特徴のモアイと呼ばれる石像で有名であり、太平洋上ポリネシア海域の東端に位置する。

a. エクアドル　b. ペルー　c. コロンビア　d. チリ

☑ 問⑥ サンバのリズムで踊るカーニバルで有名な［　　　］はコパカバーナ海岸やイパネマ海岸など国際的海浜リゾートがあり、かつてのブラジルの首都。世界三大美港の1つともいわれる港湾都市。

a. ブラジリア　b. サンパウロ　c. サントス　d. リオデジャネイロ

☑ 問⑦ ペルー南部クスコから高原列車で3時間、アンデス山中標高2,460mの山頂にあるインカの都市遺跡［　　　］は20世紀初頭にアメリカ人によって発見された。

a. マチュピチュ　b. アステカ　c. マヤ　d. テオティワカン

☑ 問⑧ **世界三大瀑布の1つに数えられる［　　　］の滝は、ブラジル、アルゼンチンとパラグアイの3か国の国境にまたがっている。**

a. アンヘル　b. イグアス　c. ビクトリア　d. ナイアガラ

☑ 問⑨ **次の観光資源の説明文で誤っているのは？**

1535年発見された火山群の**a.** イスパニョーラ諸島は、本土**b.** エクアドルから太平洋上約1,000km離れた**c.** 赤道直下に位置し、**d.** ダーウィンの進化論のヒントとなったことはよく知られている。

☑ 問⑩ **ベネズエラのギアナ高地は深い密林に包まれ、世界最大の落差の［　　　］の滝や世界遺産「カナイマ国立公園」などがある。**

a. ビクトリア　b. イグアス　c. アンヘル　d. ナイアガラ

PART 4 総合

第4章 海外観光資源

解答

問① a：ラパス、ロスカボスはメキシコ半島の西側バハ・カリフォルニア半島の先端にあるリゾート。カンクンはカリブ海に突き出たユカタン半島の東側にある。アカプルコは"太平洋の真珠"とも呼ばれる国際的リゾート地。

問② a：太陽のピラミッド、月のピラミッド、死者の道がヒント。

問③ d：メキシコ・ユカタン半島一帯はマヤ文明の遺跡が点在している。他にはウシュマル、パレンケなど。

問④ b：カリブ海の島々のなかで最大の島キューバ、首都はハバナ。他のナッソーはバハマの首都。キングストンはジャマイカの首都。サンファンはプエルトリコ米国自治連邦区の首都。

問⑤ d：ガラパゴス諸島はエクアドル領。イースター島（ラパ・ヌイ島）はチリ領。

問⑥ d：リオのカーニバルは世界的に有名な祭り。現在の首都ブラジリアの前にブラジルの首都であったのがリオデジャネイロ。

問⑦ a：マチュピチュは標高2,460mの山頂にある都市遺跡で"空中都市"とも呼ばれている。

問⑧ b：滝の名称が4つ。世界三大瀑布はナイアガラ（アメリカとカナダ）、ビクトリア（ザンビアとジンバブエ）、イグアス（ブラジルとアルゼンチンとパラグアイ）を指す。アンヘル（エンゼル）の滝はベネズエラのギアナ高地の奥にある。

問⑨ a：イスパニョーラ諸島⇒正しくはガラパゴス諸島（コロン諸島ともいう）。エクアドル、赤道直下、ダーウィンはガラパゴス諸島のキーワード。

問⑩ c：**問⑧**と瀑布の問題で重複するも、ベネズエラの問題。ギアナ高地、カナイマ国立公園の名称は憶えておこう。

※アンヘルの滝は別名エンゼル・フォールともいわれる。

4 アジア

☑ 問① 次の通りとその所在する都市名との組合せで誤っているものはどれ？

a. オーチャードロード － クアラルンプール
b. シーロムロード － バンコク
c. 明洞路 － ソウル
d. 王府井大街 － 北京

☑ 問② 次の中国の観光地とその所在する都市と省の組合せで正しいのは？

a. 兵馬俑坑 － 西安 － 雲南省
b. 中山陵 － 南京 － 江蘇省
c. 杜甫草堂 － 成都 － 広東省
d. 西湖 － 洛陽 － 浙江省

☑ 問③ 広西チワン族自治区にある［　　　］は水墨画さながらのカルスト地形の景観で知られる漓江下りの出発点として知られている。

a. 昆明　b. 石林　c. 桂林　d. 三峡

☑ 問④ 9つの王朝の首都であったことから九朝古都と呼ばれる［　　　］の郊外には中国三大石窟の１つである龍門石窟がある。

a. 大同　b. 洛陽　c. 開封　d. 南京

☑ 問⑤ 雲南省北西部万年雪を抱く玉龍山の麓、美しい町並みで知られる麗江に多く居住する［　　　］は、世界で唯一の生きた象形文字“トンパ文字”をもつ民族である。

a. ペー(白)族　b. チワン族　c. ナシ(納西)族　d. サニ族

☑ 問⑥ ベトナム・トンキン湾北西部のハロン湾は浸食された石灰岩からなる多数の小島が海面から突き出ている美しい景観で“海の桂林”と呼ばれ、ツバメの巣の採集地としても有名で、［　　　］はその観光拠点である。

a. フエ　b. ダナン　c. ハノイ　d. ホーチミン

☑ 問⑦ ミャンマーのほぼ中央に位置する［　　　］はビルマ王朝最後の都があった都市で、クドードォ・パゴダは経典を刻んだ石板が１枚ずつ納められている、700を超える白いパゴダ群である。

a. バガン　b. マンダレー　c. ヤンゴン　d. バゴー

☑ 問⑧ イスラム教徒の多いインドネシアの島々のなかで「神々の島」と呼ばれる［　　　］は生活や風習、芸能などにヒンドゥー教の伝統が今も残る火山の島。

a. スマトラ島　　b. ビンタン島　　c. ロンボク島　　d. バリ島

☑ 問⑨ 次のインドの観光ポイントと、所在する都市または観光拠点となる都市の組合せで誤っているのは？

a. タージ・マハル　－　アグラ　　b. 風の宮殿　－　ジャイプール
c. インド門　－　コルカタ　　d. エローラ　－　オーランガバード

PART 4 総合

第4章 海外観光資源

解答

問① a：オーチャードロードはシンガポールの目抜き通り。

問② b：**a**－陝西省、**c**－四川省、三国志ゆかりの地、**d**－西湖は、浙江省杭州に広がる湖。2011年世界文化遺産に認定された。

問③ c：水墨画、漓江下り、カルスト地形で広西チワン族自治区がキーワード。

問④ b：中国三大石窟と都市は結びつけて憶えよう。大同⇔雲崗石窟、洛陽⇔龍門石窟、敦煌⇔莫高窟。9つの王朝の首都は**b**の洛陽。

問⑤ c：麗江、トンパ文字、雲南省がキーワード。少数民族についてはペー(白)族は雲南省大理に居住、チワン族は中国南部やベトナム北部に居住、サニ族は雲南省石林に居住している。

問⑥ c：ベトナムの4都市が並んでいる。いずれも地図上の位置を確認すること。ハロン湾は“海の桂林”とよばれ、中国・桂林の風景によく似ている。また“ツバメの巣”は、中国・広東料理などによく使われる食材で珍味として知られる。ホーチミンは旧サイゴンのこと。

問⑦ b：ミャンマーの4都市が並んでいる。いずれも過去国家試験で取り上げられている。ヤンゴン、マンダレーはかつてのミャンマーの首都でもある。仏塔の町でもあり、パゴダとの関連は憶えておきたい。

問⑧ d：インドネシアは多くの島からなり、特にバリ島はリゾート地としても重要な島。キーワードは“神々の島”、ヒンドゥー教、火山島。芸術村のウブドなども知っておきたい。

問⑨ c：いずれも重要なインドの観光資源であり、拠点都市と関連付けして憶える必要がある。ムンバイ(旧ボンベイ)のインド門は英国支配下時代、ジョージ5世夫妻のインド訪問を記念して建てられた。また、デリーにも第一次世界大戦で戦死した兵士を追悼するために建てられたインド門がある。

5 オセアニア

☑ 問① 地熱地帯にある多量の温泉が湧出する保養地［　　　］は先住民マオリ族の居住地として知られ、伝統文化に触れることができる。

a. ロトルア　b. オークランド　c. テ・アナウ　d. ワイトモ

☑ 問② オーストラリア・ビクトリア州の州都メルボルンの南東、［　　　］島では観光のハイライトである“ペンギン・パレード”が見られる

a. カンガルー　b. タスマニア　c. フィリップ　d. ロットネスト

☑ 問③ ニュージーランドで最初に指定された［　　　］国立公園は、北島タウポ湖の南にあり、同地を聖地とする先住民マオリの文化と万年雪のルアペフ山をはじめとする3つの火山を中心に、世界複合遺産となっている。

a. ウェストランド　b. フィヨルドランド
c. トンガリロ　d. アオラキ・マウントクック

☑ 問④ 西オーストラリア州の州都［　　　］は、砂漠に林立する奇岩群ピナクルズやリゾートアイランド、ロットネスト島への観光拠点となっている。

a. アデレード　b. パース　c. ダーウィン　d. ホバート

☑ 問⑤ メラネシアの交通の要地であるため「南太平洋の十字路」とも呼ばれる［　　　］共和国はイギリス連邦の一員で、ビチレブ島・マナ島をはじめ美しいビーチを持つ島々が点在している。

a. ソシエテ諸島　b. パラオ諸島　c. フィジー諸島　d. マリアナ諸島

☑ 問⑥ フランスの海外領土でヌメアを首都とする［　　　］は珊瑚礁に囲まれた常夏の島で観光的な魅力にも優れているが、産業面では埋蔵量で世界有数のニッケルをはじめとする鉱物資源も豊かである。

a. バヌアツ　b. ニューカレドニア　c. ソシエテ諸島　d. ソロモン諸島

☑ 問⑦ サザン・アルプスの美しい景観に恵まれたニュージーランド南島ワカティプ湖にあるリゾート地［　　　］は、ミルフォード・サウンドへの観光の拠点である。

a. クライストチャーチ　b. ダニーデン

c. クイーンズタウン　　d. ウェリントン

☑ 問⑧ **ノーザン・テリトリー準州の州都・ダーウィンの東方220kmにある［　　］国立公園は珍しい動植物の宝庫として、また先住民アボリジニによる壁画が国内で最も集中的に残されている、世界複合遺産でもある。**

a. ブルーマウンテンズ　　b. ウルル・カタ・ジュタ
c. カカドゥ　　d. グレート・サンディ

解答

問① a：**a**、**b**、**d**はニュージーランドの北島にある都市。先住民マオリの居住地はロトルアで温泉の出る保養地としても知られている。

問② c：ペンギン・パレードは日没時にリトルペンギンが海から巣に戻る姿を観察する人気のツアーである。オーストラリアの島が並んでいるがいずれも都市と結び付けて憶えよう。**a**⇒アデレード、**b**⇒ホバート、**d**⇒パース。

問③ c：タウポ湖に近くマオリの聖地で北島にある国立公園はトンガリロ国立公園である。他の3つは南島にある国立公園。

問④ b：ピナクルズ、ロットネスト島、西オーストラリア州がキーワード。

問⑤ c：太平洋上の海域はミクロネシア、ポリネシア、メラネシアの3つの名称があり、地図上での分布を確認し、主な島との関連が出題されている。**a**⇒ポリネシア、**b**、**d**⇒ミクロネシア

問⑥ b：ヌメアが首都、ニッケルの埋蔵量が世界有数、フランス海外領土などがキーワード。

問⑦ c：ウェリントンはニュージーランドの首都で北島にある。**a**、**b**、**c**は南島にある。ミルフォード・サウンドの玄関都市はクイーンズタウン。

問⑧ c：オーストラリアの州の名称と州都を結び付けて憶えよう。4つのオーストラリアの国立公園が並んでいるが、どの州に属しているかを憶える。**a**⇒ニューサウスウェールズ、**b**、**c**⇒ノーザン・テリトリー、**d**⇒クイーンズランド。

6 中東・アフリカ

☑ 問① **世界一の高層ビル、ブルジュ・ハリファやジュメイラ・ビーチで知られるアラブ首長国連邦のドバイは［　　］沿岸に位置する代表的な観光地で、フリーポートならではの買い物が楽しめる一大リゾートとして注目されている。**

a. アカバ湾　　b. オマーン湾　　c. ペルシア湾　　d. アデン湾

☑ **問② 次の観光ポイントとその所在する国及び首都の組合せで誤っているのはどれ？**

a. クトビア・モスク　－　モロッコ　－　ラバト
b. エフェソス　－　トルコ　－　アンカラ
c. ペルセポリス　－　イラク　－　バグダッド
d. パルミラ　－　シリア　－　ダマスカス

☑ **問③ 次の国、遺跡、その国が接する海または湖の組合せで全て正しいのはどれ？**

a. ヨルダン　－　ペトラ遺跡　－　死海
b. イラン　－　ペルセポリス遺跡　－　紅海
c. シリア　－　パルミラ遺跡　－　黒海
d. トルコ　－　エフェソス遺跡　－　カスピ海

☑ **問④ イスラム教の預言者ムハンマドの生誕地［　　　　］はムスリムの聖地のなかでも最も神聖とされ、世界各地から多数の巡礼者が集まる宗教都市である。**

a. エルサレム　b. メッカ　c. ベツレヘム　d. メディナ

☑ **問⑤ モロッコ中部、大アトラス山脈北麓に位置する［　　　　］は、サハラ砂漠への隊商路の起点として発展し、ジャマ・エル・フナ広場を中心としクトビア・モスクのある旧市街は世界文化遺産に登録されている。別名「ピンクの町」ともいわれる。**

a. カサブランカ　b. マラケシュ　c. ラバト　d. フェズ

☑ **問⑥ 南アフリカ共和国発祥の地、独特の形をしたテーブル・マウンテンの麓にある［　　　　］はオランダ統治時代の建築物が見られる都市で、その南方にはバスコ・ダ・ガマがインド航路を開いたことにより名付けられた喜望峰がある。**

a. ダーバン　b. ケープタウン　c. ヨハネスブルク　d. プレトリア

☑ **問⑦ 次の国立保護区、国立公園、自然保護区とその国及び首都の組合せで誤っているのはどれ？**

a. マサイ・マラ国立保護区　－　ケニア　－　ナイロビ
b. キリマンジャロ国立公園　－　タンザニア　－　ドドマ
c. クルーガー国立公園　－　南アフリカ　－　プレトリア

d. ンゴロンゴロ自然保護区　－　エチオピア　－　アディスアベバ

問⑧ エジプトの中・新王朝時代の首都テーベのナイル川東岸にルクソール神殿とその北の[　　　　]神殿が、西岸にはハトシェプスト女王葬祭殿や王家の谷にはツタンカーメン少年王など64の王の墓がある。

a. カルナック　b. パルテノン　c. アブシンベル　d. ラムセス

解答

問① c：中東にある"湾"の名称が4つ。ドバイの説明文であるが、正解のペルシア湾以外も地図上で位置を確認して学習をしておく。

問② c：国と首都の組合せは全て正解。ペルセポリスはアケメネス朝ペルシアの首都。歴代王朝の遺跡がある、イランの世界遺産。イランの首都はテヘラン。

問③ a：国と遺跡の組合せは全て正しい。**b**、**c**、**d**に書かれている海・湖は近隣に存在していない。

問④ b：**c**はイエス・キリストの生誕地。**a**、**b**、**d**はイスラム教に関係する都市で、ムハンマドの生誕地はサウジアラビアのメッカである。

問⑤ b：モロッコ国内の都市で、キーワードはジャマ・エル・フナ広場、クトビア・モスク。ラバトはモロッコの首都。

問⑥ b：キーワードはテーブル・マウンテン、喜望峰。正解のケープタウン以外も南アフリカの重要都市。

問⑦ d：国と首都の組合せは全て正しい。ンゴロンゴロ自然保護区はタンザニア。

問⑧ a：**b**はギリシャ・アテネにある神殿。**c**はナイル川をせき止めてつくられたアスワン・ハイ・ダムの建設の為、大がかりな移転となったことで知られる神殿である。キーワードは「テーベ」。

第5章 海外実務

出題傾向と対策

1 出題傾向

① 合計8問(5点×8＝40点)

② 2022年度の国家試験で出題された内容は次の通りである。ヨーロッパ鉄道時刻表(旧『トーマスクック鉄道時刻表』)は2012年度以降出題がない。

- 現地時間を求める
- 時差を絡めた国際線航空便の所要時間の計算
- 欧州各国のシェンゲン協定加盟状況と使用通過
- 航空会社と航空会社コード(2レター)およびアライアンス名
- 米国、カナダ、シェンゲン協定加盟国圏の出入国
- ユーレイルに関する知識
- 国際線航空機内への持込み物品
- 国名と都市コード(3レター)

本書では、出題頻度の高い項目別にポイントをまとめて記すので、日々着実に理解し、覚えることにより、点数を伸ばすことができる。

2 対策

国名・都市コード・空港コード

毎年、これらの組合せが出題されているため、都市コードは必ず都市名(英語)、国名とともに覚えておくこと。空港コードは、1つの都市で複数の空港を持つ主要都市空港を覚える。

航空会社コード

毎年出題されている頻出項目(2022年度では会社名、コードとアライアンスの組み合わせが出題)。日本発のオンラインキャリアについてはすべて覚えたい。特に、中近東及びLCC（格安航空会社の代表的なもの)については理解しておくこと。

例 EK（エミレーツ)、EY（エティハド)、JQ（ジェットスター)

また、類似したコードは集中的に確認するようにしよう。

例 OZ（アシアナ航空)・OS（オーストリア航空)・MH（マレーシア航空)・MS（エジプト航空)・KE（大韓航空)・KA（キャセイドラゴン航空)

時差
日本(東京や大阪)および他の国の都市の時間に対して、各都市(3～4都市)の現地時間の正誤を求める問題が出題される。都市名と都市コードから、国名、ゾーン名を確実に理解した上で、時差表を正しく読み取れるようにしておきたい。設定日がDST（夏時間)の期間かしっかり読み取ろう。
OAG時刻表
2018年度以降出題されていないが、運航日、ルート、MCT（最少乗継時間)、乗継ぎ、共同運航便、機種、キャビンクラス、空港ターミナルなど。時刻表を詳細に正しく読み取れる力をつけておかなければならない。
航空機の所要時間
毎年出題されている重要項目。設題に指定された航空便の出発及び到着時刻から所要時間を選択する。2都市間の往復の所要時間を計算するパターンと、出発都市から途中の乗り継ぎ都市を経由して目的地まで向かう場合のそれぞれの所要時間を求めるパターンがある。時差問題と同様、設定の日時がDSTにあたっているかを確認すること。
鉄道
主要国の鉄道事情、特にヨーロッパの高速列車、周遊券(パス)などの販売に関しての知識(米国のアムトラックなど)は、広範囲に身につけておきたい。過去2年間ではアジア各都市の空港～市内間の鉄道に関する問題が出題された。ヨーロッパ以外では、アメリカ、カナダ、オーストラリア、アジアの主要な列車名と走行区間を覚えておこう。
その他
過去5年間の出題内容から、「査証必要国・無査証国」では、世界各地域の査証必要国を覚えることが重要である。「出入国手続の特殊な取扱い」は、アメリカ、カナダなどを理解すること。「EU（欧州連合)・シェンゲン協定・ユーロ通貨の加盟、採用国・非採用国」では、1つ、2つ採用の国を特に覚えておきたい。 なお、上記項目の内容は、いずれも毎年、変更される場合があるので、最新情報をしっかり確認しておくこと。また、ホテルやレストラン及びクルーズで使用される専門用語、レンタカーや海外旅行保険など、海外旅行販売における「その他商品」の実務的な基礎知識は、次年度以降多く出題される可能性が高いのでしっかりと理解し覚えておくことが必要である。

1 時差と2地点間所要時間

・学習のポイント

- 日本の現地時間と相手の現地時間の時間差の計算方法を学び、時差のある2国間の航空機の所要時間を計算できるようにする。

1 時差の基礎知識

1 世界の標準時(GMT)と地方標準時(LST)

時差は、イギリスのロンドン郊外にあるグリニッジ天文台を通過する子午線を経度0度とし、その平均太陽時を、世界標準時刻の基準としたものを「グリニッジ標準時(GMT：Greenwich Mean Time)」という。世界はGMTを0として、そこから経度15度ごとに東西それぞれ12（合計で24)の時間帯に分けられている。

世界各地の時間を世界標準時(GMT)に対して定めたのが地方(現地)標準時(LST：Local Standard Time)である。太陽は東から昇り西へ向かうため、各都市の時間(LST)は、GMTを基点にして、東側はGMTより時間が進むので「＋」、西側は遅れるので「－」で表示されている。

日本では、東経135度の位置にある兵庫県明石市の時間を日本の標準時間(中央標準時)としている。135度÷15度＝9（時間)より、GMT＋9、つまりGMTより9時間進んでいることになる。

POINT

時差の単位は原則「時間」で表示されるが、国や地域によって30分や45分等の「分」単位の時差が使用される場合がある。

例えば、ネパールは＋5.45で対GMTは＋5時間45分、世界の標準時より5時間45分進んでいる。

2 国際日付変更線(International Date Line)

上述したように、GMTから東に向かうと時間が進み、西へ向かうと時間が遅れるが、東経180度と西経180度は同じ子午線(経度)であるにもかかわらず、移動方向によって日付が異なり、矛盾する。この不一致を解決するために、太平洋上(東経180度＝西経180度)に「国際日付変更線」を定めている。

国際日付変更線を西から東に越える(例：東京→ホノルル)場合は日付を1日戻し、また逆のルートで東から西に越える(例：ホノルル→東京)場合は日付を1日進ませる。

3 国際時差表(International Time Calculator)

世界各国のGMTに対する標準時、LST（地方標準時）を記したのが本節末に掲載している表である。時差表は、英語で表記される国ごとにA～Zの順で記載されている。

英語の国名・首都および都市コード(3レター、本章第2節)をまとめて覚えていくことが大切である。

ココ出る

英語表記	国名	首都	首都名	3レター
Belgium	ベルギー	ブリュッセル	Brussels	BRU
Chinese Taipei	台湾	台北	Taipei	TPE
Czech Republic	チェコ	プラハ	Prague	PRG
Egypt	エジプト	カイロ	Cairo	CAI
Germany	ドイツ	ベルリン	Berlin	BER
Greece	ギリシャ	アテネ	Athens	ATH
Mongolia	モンゴル	ウランバートル	Ulan Bator／Ulaanbaatar	ULN
Netherlands	オランダ	アムステルダム	Amsterdam	AMS
Philippines	フィリピン	マニラ	Manila	MNL
Russian Federation	ロシア	モスクワ	Moscow	MOW
Switzerland	スイス	ベルン	Bern	BRN
Thailand	タイ	バンコク	Bangkok	BKK
Turkey	トルコ	アンカラ	Ankara	ANK
United Arab Emirates	アラブ首長国連邦	アブダビ	Abu Dhabi	AUH
United Kingdom	イギリス	ロンドン	London	LON
USA	アメリカ	ワシントンD.C.	Washington D.C.	WAS
Viet Nam	ベトナム	ハノイ	Hanoi	HAN

図：世界主要国時差表

世界主要国時差表　★国名の前の※は、夏時間を採用している国（地域）
★(　)内のアルファベットは都市コード、または対GMT数値

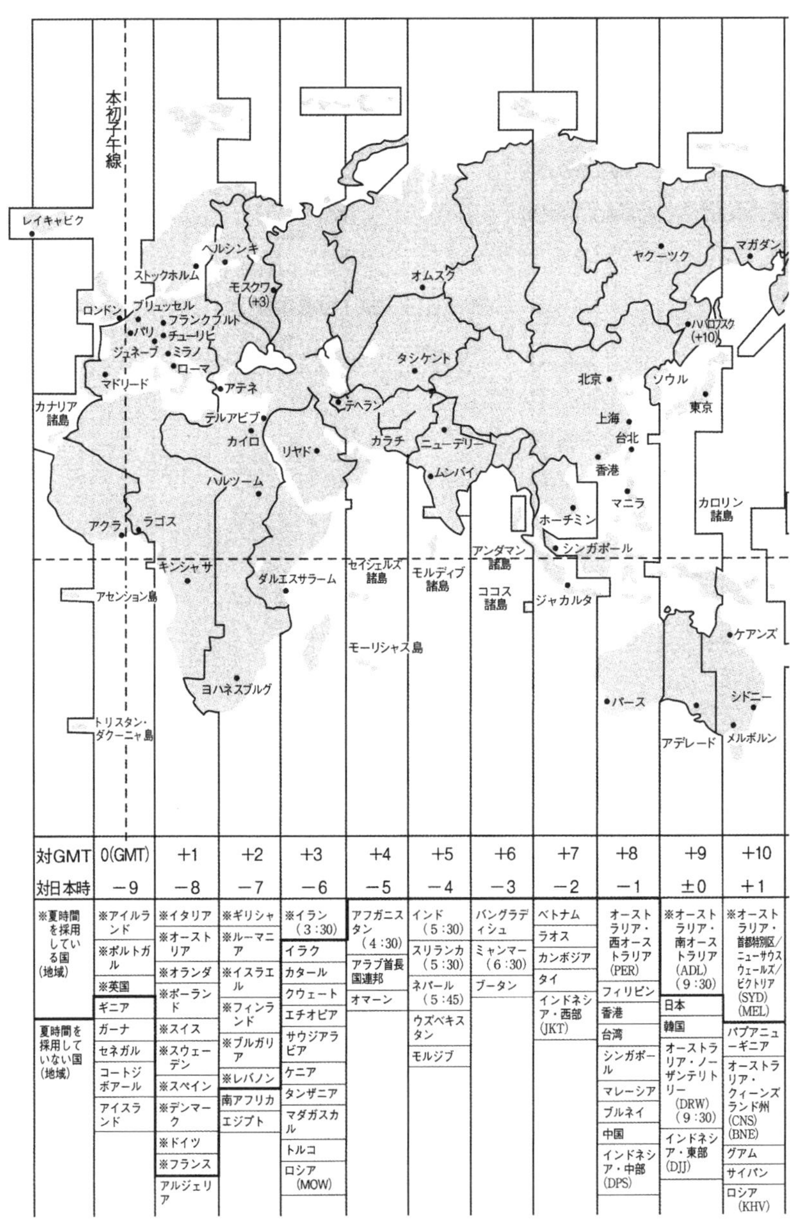

対GMT	0(GMT)	+1	+2	+3	+4	+5	+6	+7	+8	+9	+10
対日本時	−9	−8	−7	−6	−5	−4	−3	−2	−1	±0	+1
※夏時間を採用している国（地域）	※アイルランド ※ポルトガル ※英国	※イタリア ※オーストリア ※オランダ ※ポーランド ※スイス ※スウェーデン ※スペイン ※デンマーク ※ドイツ ※フランス	※ギリシャ ※ルーマニア ※イスラエル ※フィンランド ※ブルガリア ※レバノン	※イラン（3：30）						※オーストラリア・南オーストラリア（ADL）（9：30）	※オーストラリア・首都特別区／ニューサウスウェールズ／ビクトリア（SYD）（MEL）
夏時間を採用していない国（地域）	ギニア ガーナ セネガル コートジボアール アイスランド	アルジェリア	南アフリカ エジプト	イラク カタール クウェート エチオピア サウジアラビア ケニア タンザニア マダガスカル トルコ ロシア（MOW）	アフガニスタン（4：30） アラブ首長国連邦 オマーン	インド（5：30） スリランカ（5：30） ネパール（5：45） ウズベキスタン モルジブ	バングラディシュ ミャンマー（6：30） ブータン	ベトナム ラオス カンボジア タイ インドネシア・西部（JKT）	オーストラリア・西オーストラリア（PER） フィリピン 香港 台湾 シンガポール マレーシア ブルネイ 中国 インドネシア・中部（DPS）	日本 韓国 オーストラリア・ノーザンテリトリー（DRW）（9：30） インドネシア・東部（DJJ）	パプアニューギニア オーストラリア・クィーンズランド州（CNS）（BNE） グアム サイパン ロシア（KHV）

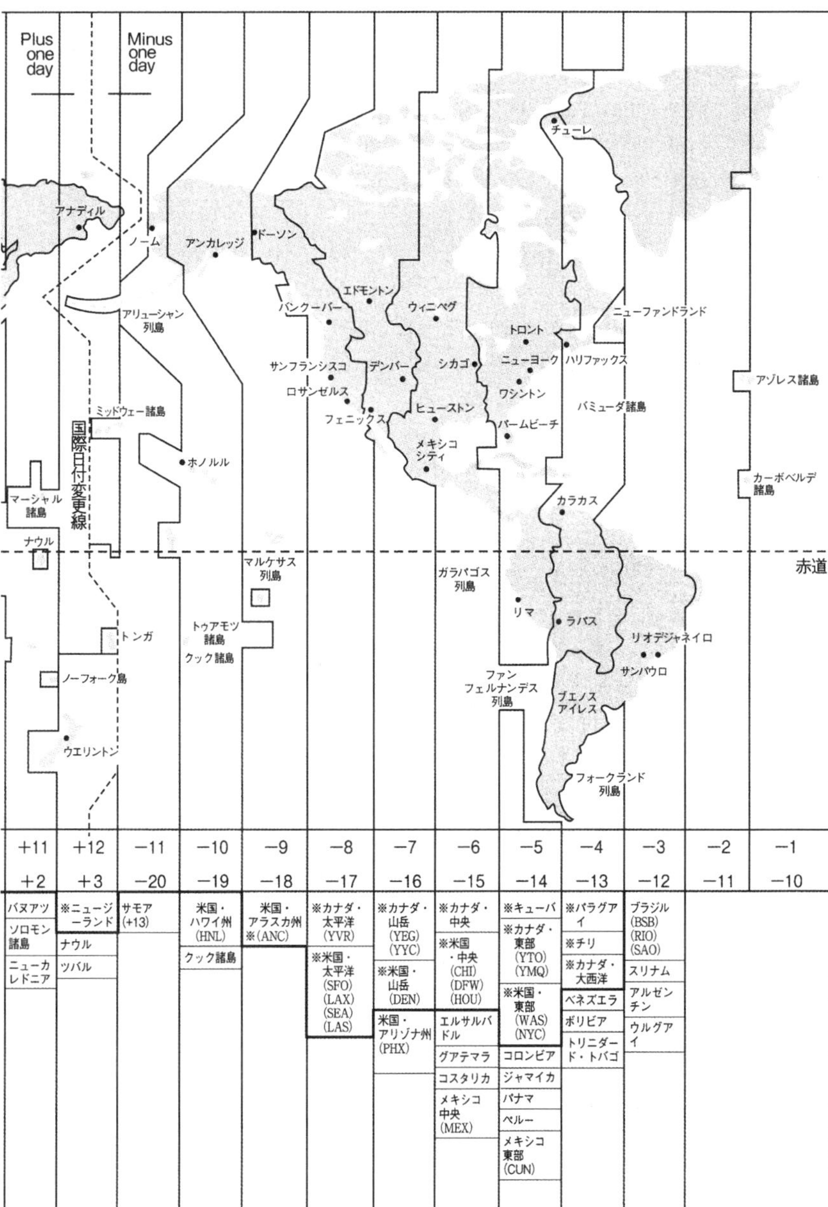
Plus one day
Minus one day
国際日付変更線
赤道
アナディル
ノーム
アンカレッジ
ドーソン
アリューシャン列島
エドモントン
バンクーバー
ウィニペグ
サンフランシスコ
ロサンゼルス
デンバー
フェニックス
シカゴ
ヒューストン
メキシコシティ
トロント
ニューヨーク
ワシントン
パームビーチ
ハリファックス
バミューダ諸島
ニューファンドランド
チューレ
アゾレス諸島
カーボベルデ諸島
ミッドウェー諸島
ホノルル
マーシャル諸島
ナウル
マルケサス列島
ガラパゴス列島
カラカス
リマ
ラパス
リオデジャネイロ
サンパウロ
ブエノスアイレス
ファンフェルナンデス列島
フォークランド列島
トゥアモツ諸島
クック諸島
トンガ
ノーフォーク島
ウエリントン
+11 / +2
+12 / +3
−11 / −20
−10 / −19
−9 / −18
−8 / −17
−7 / −16
−6 / −15
−5 / −14
−4 / −13
−3 / −12
−2 / −11
−1 / −10
+11: バヌアツ、ソロモン諸島、ニューカレドニア
+12: ※ニュージーランド、ナウル、ツバル
−11: サモア(+13)
−10: 米国・ハワイ州(HNL)、クック諸島
−9: 米国・アラスカ州※(ANC)
−8: ※カナダ・太平洋(YVR)、※米国・太平洋(SFO)(LAX)(SEA)(LAS)
−7: ※カナダ・山岳(YEG)(YYC)、※米国・山岳(DEN)、米国・アリゾナ州(PHX)
−6: ※カナダ・中央、※米国・中央(CHI)(DFW)(HOU)、エルサルバドル、グアテマラ、コスタリカ、メキシコ中央(MEX)
−5: ※キューバ、※カナダ・東部(YTO)(YMQ)、※米国・東部(WAS)(NYC)、コロンビア、ジャマイカ、パナマ、ペルー、メキシコ東部(CUN)
−4: ※パラグアイ、※チリ、※カナダ・大西洋、ベネズエラ、ボリビア、トリニダード・トバゴ
−3: ブラジル(BSB)(RIO)(SAO)、スリナム、アルゼンチン、ウルグアイ

■国際時差表の見方

例 オーストラリア（国際時差表より抜粋）

	① Hours ± GMT	② DST ± GMT	③ Daylight Saving Time DST (period)	
Australia④**⑤				
Lord Howe Island	+10.30	+11	02 Oct 22 - 02 Apr 23	
⑥Capital Territory, NSW (excluding Lord Howe Island and Broken Hill), Victoria	+10	+11	02 Oct 22 - 02 Apr 23	➡⑥
⑦Northern Territory	+9.30			➡⑦
⑧Queensland	+10			➡⑧

① 通常期のGMTとの時差（対GMT）
② 夏時間採用期間中の対GMT
③ 夏時間採用期間「Day-Month-Year」（日・月・年）の順に記載
④ 国名のアルファベット順に記載
⑤ その国に複数の時間帯（地域）がある場合、国名の右上に**が付く

POINT

複数の時間帯がある国名の下に州やゾーン（地域）別に各々の対GMTが記載される。別表の世界主要国時差表には、それぞれ夏時間を採用している国、地域、また、その地域に属する都市名を記載しているので、しっかりと覚えておこう。

本節の最後に世界各国の時差の地域区分を地図上で明示しているので、3レターを含め覚えよう。

⑥ 首都圏、ニューサウスウェールズ州（ロードハウアイランド、ブロークンヒルは除く）、ビクトリア州についての記載（見方に注意）
- 通常期の対GMTは＋10（GMTより10時間進んでいる）
- DST（夏時間実施期間）は＋11（GMTより11時間進んでいる）
- DSTは、2022年10月2日～2023年4月2日

⑦ ノーザンテリトリー(北方地域)についての記載

- 対GMTは＋9.30（GMTより9時間30分進んでいる）
- DST欄に記載なし、つまり夏時間実施期間はないので、1年を通して対GMTは＋9.30

⑧ クイーンズランドについての記載

- 対GMTは＋10（GMTより10時間進んでいる）
- DST欄に記載なし、つまり夏時間実施期間はないので、1年を通して対GMTは＋10

POINT

日照時間を有効に活用するため、夏季の一定の期間、時間を1時間進めることを「夏時間」という。

- 年によって実施の月日が異なる
- 採用している国としていない国がある
- 採用している国でも、採用する州(地域)と採用しない州(地域)が混在している国もある

2 2地点間の時差計算

国家試験では、「**2地点間の時差**」と「**航空機の所要時間**」に関する問題が、現在まで必ず出題されている。

1 GMTへの換算

ある地点の現地時間をGMTの時間に換算するときは、次の計算式で求める。

現地時間－対GMT

例1 東京の4月1日14：00をGMTに換算すると？
東京(日本：Japan)の対GMTは＋9
(日本は夏時間採用期間がないので常に＋9)
14：00－(＋9)＝05：00
※GMTの換算時間にすると、4月1日の午前5時

例2 ニューヨーク(アメリカ・東部：Eastern Time)の4月1日22：00をGMTに換算すると？
ニューヨークはDST（夏時間採用期間)で、対GMTは－4
22：00－(－4)＝26：00
計算が24：00を超えた場合は1日分(24：00)を引いて翌日にする。

PART 4 総合 第5章 海外実務

26：00 − 24：00 = 02：00（翌日）

※GMTの換算時間にすると、**4月2日午前2時**

例3 香港の4月1日06：00をGMTに換算すると？

香港(Hong Kong)の対GMTは＋8

(香港は夏時間採用期間がないので常に＋8)

06：00 −(＋8)= − 02：00

計算がマイナスになった場合は1日分(24：00)を加えて前日にする。

− 02：00 + 24：00 = 22：00（前日）

※GMTの換算時間にすると、**3月31日午後10時**

2 2地点間の時差

A地点とB地点の時差(時間差)は、「2地点間の対GMTの差」を計算する。計算結果がプラス(＋)のときは進んでおり、マイナス(−)のときは遅れていることを表す。

A地点の対GMT − B地点の対GMT = 2地点間の時差

例1 7月1日の東京とパリの時差は？

7月1日の東京(日本：Japan)の対GMTは＋9、パリ(フランス：France)は夏時間採用期間で対GMTは＋2

(＋9)−(＋2)=＋7

※時差は＋7。東京はパリより7時間進んでいる

例2 12月1日の東京とパリの時差は？

12月1日の東京(日本：Japan)の対GMTは＋9、パリ(フランス：France)は通常期間(夏時間採用期間外)で対GMTは＋1

(＋9)−(＋1)=＋8

※時差は＋8。東京はパリより8時間進んでいる

例3 12月1日のホノルルと香港の時差は？

12月1日のホノルル(アメリカ・ハワイ：Hawaiian Islands)の対GMTは−10、香港の対GMTは＋8（両都市ともに夏時間は採用していない)

(−10)−(＋8)=−18

※時差は−18。ホノルルは香港より18時間遅れている

例4 12月1日のハノイとサンフランシスコの時差は？

12月1日のハノイ(ベトナム：Vietnam)の対GMTは＋7、サンフランシスコ(アメリカ・太平洋：Pacific Time)は通常期で対GMTは−8

(＋7)−(−8)=＋15

※時差は＋15。ハノイはサンフランシスコより15時間進んでいる

3 相手の現地時間

A地点における現地時間は、B地点（都市）の現地時間で何時になるかを求める。計算式は、次のようになる。

A地点の現地時間－（2地点間の対GMTの差）＝B地点の現地時間

例1 東京が4月1日午前10時のとき、ブリュッセルの現地時間は？

ココ出る

■現地時間を求める手順

① 「国際時差表」から**2地点の**GMT数値（**対GMT**）を探す
② 2地点の時期が**夏時間採用期間**かどうかを必ず**確認**する
③ **2地点間の時差**を求める（A地点の対GMT－B地点の対GMT）
④ **A地点の現地時間－（2地点間の対GMTの差）＝B地点の現地時間**

上記手順に沿うと、東京が4月1日の午前10時のときのブリュッセルの現地時間は、以下のように求められる。

① 東京（日本：Japan GMT＋9）
ブリュッセル（ベルギー：Belgium GMT＋1）
② 対GMT 日本は通年変わらず。4月1日のベルギーは夏時間採用期間
（+1⇨+2）
③ 2地点の時差（＋9）－（＋2）＝（＋7）
④ 10：00－（＋7）＝03：00
※ブリュッセルの現地時間は、**4月1日 午前3時**

例2 東京が1月1日午前10時のとき、ブリュッセルの現地時間は？
1月1日のブリュッセルの対GMTは通常期で＋1
10：00－((＋9)－(＋1))＝10：00－(＋8)＝02：00
※ブリュッセルの現地時間は、**1月1日 午前2時**

例3 パリが8月10日の午前7時のとき、大阪の現地時間は？
8月10日のパリの対GMTは夏時間採用期間で＋2
07：00－((＋2)－(＋9))＝07：00－(－7)＝14：00
※大阪の現地時間は、**8月10日 午後2時**

例4 ロサンゼルスが9月1日午後3時のとき、東京の現地時間は？
① ロサンゼルス（アメリカ・太平洋：USA Pacific Time GMT－7）
東京（日本：Japan GMT＋9）
② 対GMT 9月1日のロサンゼルスは夏時間採用期間。日本は通年変わらず

③ (－7)－(＋9)＝－16

④ 15：00－(－16)＝31：00

計算が24：00を超えた場合は24：00を引いて翌日にする。

31：00－24：00＝07：00（翌日）

※東京の現地時間は、9月2日 **午前7時**

例5 東京が5月1日午前10時のとき、シカゴの現地時間は？

① 東京(日本：Japan GMT＋9)

シカゴ(アメリカ・中央：USA Central Time GMT－6)

② 対GMT 日本は年間同一。5月1日のシカゴは夏時間採用期間(－6⇨－5)

③ (＋9)－(－5)＝(＋14)

④ 10：00－(＋14)＝－04：00

計算がマイナスになった場合は1日分(24：00)を加えて前日にする。

－04：00＋24：00＝20：00（前日）

※シカゴの現地時間は、4月30日 **午後8時**

4 2地点間の所要時間

世界の航空業界の時刻表(後述するOAG)は、GMTに基づいた**現地時間で発着時間が表示**されている。世界各国(地域)は、対GMTが異なる(時差がある)ので、表示された現地時間のままでは2地点間の所要時間は計算できない。

そこで、実際の所要時間を求めるためには、共通の基準を設けて計算する方法を取る。ここでは、「**2地点ともGMTに換算**」して計算する方法を記載する。

■GMT換算による2地点間の所要時間の計算手順

① 出発地・到着地の両地点の対GMTを確認

※DST（夏時間）採用期間に注意

② 両地点の現地時間をGMTに換算

③ **到着地のGMT換算時刻－出発地のGMT換算時刻＝「所要時間」**

例1 1月10日、サンフランシスコ(08：00)出発、同日ニューヨーク(16：36)到着の飛行所要時間は？

① 出発地：サンフランシスコ(SFO)の対GMTは－8（通常期）

到着地：ニューヨーク(NYC)の対GMTは－5（通常期）

② 両地点の現地時間をGMT換算時刻に直すと、**現地時間－対GMT＝GMT換算時刻**なので、

出発地：SFO 08：00（現地時間）－(－8)＝16：00

到着地：NYC 16：36（現地時間）－(－5)＝21：36

③ 所要時間は、**到着地GMT換算時刻－出発地GMT換算時刻**なので、
21：36 − 16：00 = 5：36　**5時間36分**

例2 4月28日、サンフランシスコ(14：30)出発、東京(翌日17：20)到着
サンフランシスコは夏時間採用期間
対GMT サンフランシスコ(SFO)は − 7、東京(TYO)は + 9
17：20 + 1 (翌日着) = 17：20 + 24：00 = 41：20

都市	現地時間	対GMT	GMTに換算する計算式	GMT換算時刻
SFO発	14：30	− 7	14：30 − (− 7) =	21：30
TYO着	17：20 + 1	+ 9	41：20 − (+ 9) =	32：20

※所要時間：32：20 − 21：30 = **10時間50分**

例3 8月9日、東京(21：00)出発、ホノルル(同日08：30)到着
両都市とも夏時間は採用していない(対GMTは年間同一)
対GMT 東京(TYO)は + 9、ホノルル(HNL)は − 10

都市	現地時間	対GMT	GMTに換算する計算式	GMT換算時刻
TYO発	21：00	+ 9	21：00 − (+ 9) =	12：00
HNL着	08：30	− 10	08：30 − (− 10) =	18：30

※所要時間：18：30 − 12：00 = **6時間30分**

例4 8月9日、東京(00：30)出発、ホノルル(前日12：40)到着
両都市とも夏時間は採用していない(対GMTは年間同一)
対GMT 東京(TYO)は + 9、ホノルル(HNL)は − 10
ホノルル到着日は出発の前日なので24：00をマイナスする

都市	現地時間	対GMT	GMTに換算する計算式	GMT換算時刻
TYO発	00：30	+ 9	00：30 − (+ 9) =	− 08：30
HNL着	12：40 − 1	− 10	12：40 − (− 10) − 24：00 =	− 01：20

※所要時間：− 01：20 − (− 08：30) = **7時間10分**

POINT

前日到着の場合は、GMT換算時刻を計算する際、24：00をマイナスする。換算時刻がマイナス表示となっても慌てずに、到着時刻－出発時刻で所要時間を計算する。

例5 3月1日、ロンドン(19：30)出発、東京(翌日16：05)到着
ロンドン(LON)はこの時期は通常の対GMT。東京(TYO)の対GMTは年間同一

対GMT ロンドンは0、東京は＋9

16：05＋1（翌日着）＝16：05＋24：00＝40：05

都市	現地時間	対GMT	GMTに換算する計算式	GMT換算時刻
LON発	19：30	0	19：30－0＝	19：30
TYO着	16：05＋1	＋9	40：05－(＋9)＝	31：05

※所要時間：31：05 － 19：30＝**11時間35分**

POINT

分の位が単純に引けないときは、時間の位から1時間(＝60分)を借りて計算する。この場合、下記のように31時間から1時間を借りて65分とし、そこから30分を引く。

31：05　→　30：65

30：65－19：30＝11：35

例6 5月1日、ロンドン(20：00)出発、東京(翌日16：05)到着

ロンドン(LON)は**夏時間採用期間**。東京(TYO)の対GMTは年間同一

対GMT ロンドンは＋1、東京は＋9

16：05＋1（翌日着）＝16：05＋24：00＝40：05

都市	現地時間	対GMT	GMTに換算する計算式	GMT換算時刻
LON発	20：00	＋1	20：00－(＋1)＝	19：00
TYO着	16：05＋1	＋9	40：05－(＋9)＝	31：05

※所要時間：31：05 － 19：00＝**12時間5分**

資料【国際時差表(International Time Calculator)】

International time calculator

	Hours ±GMT	DST ±GMT	Daylight saving time DST (period)
A			
Afghanistan	+4.30		
Albania	+1	+2	26 Mar 23 - 29 Oct 23
Algeria	+1		
American Samoa	-11		
Andorra	+1	+2	26 Mar 23 - 29 Oct 23
Angola	+1		
Anguilla, Leeward Islands	-4		
Antarctica	-4		
Antigua and Barbuda, Leeward Islands	-4		
Argentina	-3		
Armenia	+4		
Aruba	-4		
Australia**			
Lord Howe Island	+10.30	+11	02 Oct 22 - 02 Apr 23
Capital Territory, NSW (excluding Lord Howe Island and Broken Hill), Victoria	+10	+11	02 Oct 22 - 02 Apr 23
Northern Territory	+9.30		
Queensland	+10		
South Australia, Broken Hill	+9.30	+10.30	02 Oct 22 - 02 Apr 23
Western Australia	+8		
Tasmania	+10	+11	02 Oct 22 - 02 Apr 23
Austria	+1	+2	26 Mar 23 - 29 Oct 23
Azerbaijan	+4		
B			
Bahamas	-5	-4	12 Mar 23 - 05 Nov 23
Bahrain	+3		
Bangladesh	+6		
Barbados	-4		
Belarus	+3		
Belgium	+1	+2	26 Mar 23 - 29 Oct 23
Belize	-6		
Benin	+1		
Bermuda	-4	-3	12 Mar 23 - 05 Nov 23
Bhutan	+6		
Bolivia	-4		
Bonaire, Saint Eustatius and Saba	-4		
Bosnia and Herzegovina	+1	+2	26 Mar 23 - 29 Oct 23
Botswana	+2		
Brazil**			
Alagoas, Amapa, Bahia, Ceara, Maranhao, Para, Paraiba, Pernambuco, Piaui, Rio Grande do Norte, Sergipe	-3		
Amazonas (excluding the cities of Eirunupe, Benjamin Constant & Tabatinga), Rondonia, Roraima	-4		
Acre, Amazonas cities: Eirunepe, Benjamin Constant & Tabatinga	-5		
Fernando de Noronha	-2		
Brunei Darussalam	+8		
Bulgaria	+2	+3	26 Mar 23 - 29 Oct 23
Burkina Faso	GMT		
Burundi	+2		
C			
Cambodia	+7		
Cameroon	+1		
Canada**			
Newfoundland Island (excluding Labrador)	-3.30	-2.30	12 Mar 23 - 05 Nov 23
Atlantic Area including Labrador	-4	-3	12 Mar 23 - 05 Nov 23
Eastern Time	-5	-4	12 Mar 23 - 05 Nov 23
Central Time except Saskatchewan	-6	-5	12 Mar 23 - 05 Nov 23
Mountain Time Zone	-7	-6	12 Mar 23 - 05 Nov 23
Pacific Time	-8	-7	12 Mar 23 - 05 Nov 23
Atlantic Areas not observing DST	-4		
Eastern Areas not observing DST	-5		
Saskatchewan	-6		
Mountain Areas not observing DST	-7		
Cape Verde	-1		
Cayman Islands	-5		
Central African Republic	+1		
Chad	+1		
Chile**			
Mainland (excluding Magallanes Region & Chilean Antarctic)	-4		
Easter Island	-6		
Magallanes Region & Chilean Antarctic	-3		
China	+8		
Chinese Taipei	+8		
Christmas Island, Indian Ocean	+7		
Cocos (Keeling) Islands	+6.30		
Colombia	-5		
Comoros	+3		
Congo	+1		
Congo Democratic Republic of**			
Kinshasa, Bandundu, Bas-Congo, Equateur	+1		
Kasai, Kivu, Maniema, Katanga, Oriental	+2		
Cook Islands	-10		
Costa Rica	-6		
Cote d'Ivoire	GMT		
Croatia	+1	+2	26 Mar 23 - 29 Oct 23
Cuba	-5	-4	12 Mar 23 - 05 Nov 23
Curacao	-4		
Cyprus	+2	+3	26 Mar 23 - 29 Oct 23
Czech Republic	+1	+2	26 Mar 23 - 29 Oct 23
D			
Denmark	+1	+2	26 Mar 23 - 29 Oct 23
Djibouti	+3		
Dominica	-4		
Dominican Republic	-4		
E			
Ecuador**			
Mainland	-5		
Galapagos Islands	-6		
Egypt	+2		
El Salvador	-6		
Equatorial Guinea	+1		
Eritrea	+3		
Estonia	+2	+3	26 Mar 23 - 29 Oct 23
Eswatini	+2		
Ethiopia	+3		
F			
Falkland Islands	-3		
Faroe Islands	GMT	+1	26 Mar 23 - 29 Oct 23
Fiji	+12		
Finland	+2	+3	26 Mar 23 - 29 Oct 23
France	+1	+2	26 Mar 23 - 29 Oct 23
French Guiana	-3		
French Polynesia**			
Marquesas Islands	-9.30		
French Polynesia except Marquesas Island and Gambier Island	-10		
Gambier Island	-9		
G			
Gabon	+1		
Gambia	GMT		
Georgia	+4		
Germany	+1	+2	26 Mar 23 - 29 Oct 23
Ghana	GMT		
Gibraltar	+1	+2	26 Mar 23 - 29 Oct 23
Greece	+2	+3	26 Mar 23 - 29 Oct 23
Greenland**			
Greenland except Pituffik, Ittoqqortoormiit, Nerlerit Inaat	-3	-2	25 Mar 23 - 28 Oct 23
Pituffik	-4	-3	12 Mar 23 - 05 Nov 23
Ittoqqortoormiit, Nerlerit Inaat	-1	GMT	26 Mar 23 - 29 Oct 23
Grenada, Windward Islands	-4		
Guadeloupe	-4		
Guam	+10		
Guatemala	-6		
Guinea	GMT		
Guinea-Bissau	GMT		
Guyana	-4		
H			
Haiti	-5	-4	12 Mar 23 - 05 Nov 23
Honduras	-6		
Hong Kong (SAR) China	+8		
Hungary	+1	+2	26 Mar 23 - 29 Oct 23
I			
Iceland	GMT		
India	+5.30		
Indonesia**			
Western including Sumatera, Jawa, Kalimantan Barat and Kalimantan Tengah	+7		
Central including Sulawesi, Kalimantan Selatan, Kalimantan Timur and Nusa Tenggara	+8		
Eastern including Maluku and Papua	+9		
Iran Islamic Republic of	+3.30		
Iraq	+3		
Ireland Republic of	GMT	+1	26 Mar 23 - 29 Oct 23
Israel	+2	+3	24 Mar 23 - 29 Oct 23
Italy	+1	+2	26 Mar 23 - 29 Oct 23
J			
Jamaica	-5		
Japan	+9		
Jordan	+3		
K			
Kazakhstan**			
Aktau, Atyrau, Aktyubinsk, Uralsk	+5		
Almaty, Astana, Karaganda, Kokshetau, Kostanay, Kyzl-Orda, Petropavlovsk, Semipalatinsk, Shimkent, Ust-Kamenogorsk	+6		
Kenya	+3		
Kiribati**			
Gilbert Islands	+12		
Line Islands	+14		
Phoenix Islands	+13		
Korea Democratic People's Republic of	+9		
Korea Republic of	+9		
Kuwait	+3		
Kyrgyzstan	+6		
L			
Lao People's Democratic Republic	+7		
Latvia	+2	+3	26 Mar 23 - 29 Oct 23
Lebanon	+2	+3	26 Mar 23 - 28 Oct 23
Lesotho	+2		
Liberia	GMT		
Libya	+2		
Liechtenstein	+1	+2	26 Mar 23 - 29 Oct 23
Lithuania	+2	+3	26 Mar 23 - 29 Oct 23
Luxembourg	+1	+2	26 Mar 23 - 29 Oct 23
M			
Macao (SAR) China	+8		
Madagascar	+3		
Malawi	+2		
Malaysia	+8		
Maldives	+5		
Mali	GMT		
Malta	+1	+2	26 Mar 23 - 29 Oct 23
Marshall Islands	+12		
Martinique	-4		
Mauritania	GMT		
Mauritius	+4		
Mayotte	+3		
Mexico**			
Mexico, Rest	-6		
Baja California Sur, Chihuahua, Nayarit, Sinaloa	-7		
Baja California Norte	-8	-7	12 Mar 23 - 05 Nov 23
Sonora	-5		
Piedras Negras, Nuevo Laredo, Reynosa, Matamoros, Ciudad Acuna	-6 -7	-5 -6	12 Mar 23 - 05 Nov 23 12 Mar 23 - 05 Nov 23
Micronesia Federated States of**			
Except Kosrae, Pohnpei	+10		
Kosrae, Pohnpei	+11		
Moldova Republic of	+2	+3	26 Mar 23 - 29 Oct 23
Monaco	+1	+2	26 Mar 23 - 29 Oct 23
Mongolia	+8		
Montenegro	+1	+2	26 Mar 23 - 29 Oct 23
Montserrat, Leeward Islands	-4		
Morocco	+1		
Mozambique	+2		
Myanmar	+6.30		
N			
Namibia	+2		
Nauru	+12		
Nepal	+5.45		
Netherlands	+1	+2	26 Mar 23 - 29 Oct 23
New Caledonia	+11		

(つづく)

OAG Aviation 提供

International time calculator

	Hours ±GMT	DST ±GMT	Daylight saving time DST (period)
New Zealand**			
Mainland except Chatham Island	+12	+13	25 Sep 22 - 02 Apr 23
Chatham Islands	+12.45	+13.45	25 Sep 22 - 02 Apr 23
Nicaragua	-6		
Niger	+1		
Nigeria	+1		
Niue	-11		
Norfolk Island	+11	+12	02 Oct 22 - 02 Apr 23
Northern Mariana Islands	+10		
North Macedonia	+1	+2	26 Mar 23 - 29 Oct 23
Norway	+1	+2	26 Mar 23 - 29 Oct 23
O	Hours ±GMT	DST ±GMT	Daylight saving time DST (period)
Oman	+4		
P	Hours ±GMT	DST ±GMT	Daylight saving time DST (period)
Pakistan	+5		
Palau	+9		
Panama	-5		
Papua New Guinea**			
Mainland except Bougainville	+10		
Bougainville	+11		
Paraguay	-4	-3	01 Oct 23 - 23 Mar 24
Peru	-5		
Philippines	+8		
Pitcairn Islands	-8		
Poland	+1	+2	26 Mar 23 - 29 Oct 23
Portugal**			
Mainland and Madeira	GMT	+1	26 Mar 23 - 29 Oct 23
Azores	-1	GMT	26 Mar 23 - 29 Oct 23
Puerto Rico	-4		
Q	Hours ±GMT	DST ±GMT	Daylight saving time DST (period)
Qatar	+3		
R	Hours ±GMT	DST ±GMT	Daylight saving time DST (period)
Reunion	+4		
Romania	+2	+3	26 Mar 23 - 29 Oct 23
Russian Federation**			
Kaliningrad	+2		
Moscow, Naryan Mar, St Petersburg	+3		
Astrakhan, Izhevsk, Samara, Ulyanovsk	+4		
Ekaterinburg, Perm, Nizhnevartovsk	+5		
Omsk	+6		
Barnaul, Gorno-Altaysk, Kemerovo, Kyzyl, Norilsk, Novosibirsk, Tomsk	+7		
Bratsk, Ulan-Ude	+8		
Chita, Yakutsk	+9		
Khabarovsk, Vladivostok	+10		
Evensk, Iturup Island, Magadan, Nogliki, Okha, Shakhtersk, Srednekolymsk, Yuzhno-Kurilsk, Yuzhno-Sakhalinsk	+11		
Chukotka, Kamchatka	+12		
Rwanda	+2		
S	Hours ±GMT	DST ±GMT	Daylight saving time DST (period)
Saint Barthelemy	-4		
Saint Helena	GMT		
Saint Kitts and Nevis, Leeward Islands	-4		
Saint Lucia	-4		
St Maarten (Dutch Part)	-4		
Saint Martin	-4		
Saint Pierre and Miquelon	-3	-2	12 Mar 23 - 05 Nov 23
St Vincent and the Grenadines	-4		
Samoa	+13		
San Marino	+1	+2	26 Mar 23 - 29 Oct 23
Sao Tome and Principe Standard Time +0100	GMT		
Saudi Arabia	+3		
Senegal	GMT		
Serbia	+1	+2	26 Mar 23 - 29 Oct 23
Seychelles	+4		
Sierra Leone	GMT		
Singapore	+8		
Slovakia	+1	+2	26 Mar 23 - 29 Oct 23
Slovenia	+1	+2	26 Mar 23 - 29 Oct 23
Solomon Islands	+11		
Somalia	+3		
South Africa	+2		
South Sudan	+2		
Spain**			
Mainland, Balearics, Melilla, Ceuta	+1	+2	26 Mar 23 - 29 Oct 23
Canary Islands	GMT	+1	26 Mar 23 - 29 Oct 23
Sri Lanka	+5.30		
Sudan	+2		
Suriname	-3		
Sweden	+1	+2	26 Mar 23 - 29 Oct 23
Switzerland	+1	+2	26 Mar 23 - 29 Oct 23
Syrian Arab Republic	+3		
T	Hours ±GMT	DST ±GMT	Daylight saving time DST (period)
Tajikistan	+5		
Tanzania United Republic of	+3		
Thailand	+7		
Timor-Leste	+9		
Togo	GMT		
Tonga	+13		
Trinidad and Tobago	-4		
Tunisia	+1		
Turkiye	+3		
Turkmenistan	+5		
Turks and Caicos Islands	-5	-4	12 Mar 23 - 05 Nov 23
Tuvalu	+12		
U	Hours ±GMT	DST ±GMT	Daylight saving time DST (period)
Uganda	+3		
Ukraine	+2	+3	26 Mar 23 - 29 Oct 23
United Arab Emirates	+4		
United Kingdom	GMT	+1	26 Mar 23 - 29 Oct 23
United States Minor Outlying Islands**			
Johnston Atoll	-10		
Midway Island	-11		
Wake Island	+12		
USA**			
Eastern Time except Indiana	-5	-4	12 Mar 23 - 05 Nov 23
Central Time	-6	-5	12 Mar 23 - 05 Nov 23
Mountain Time except Arizona	-7	-6	12 Mar 23 - 05 Nov 23
Mountain Time Zone - Arizona	-7		
Pacific Time	-8	-7	12 Mar 23 - 05 Nov 23
Alaska	-9	-8	12 Mar 23 - 05 Nov 23
Aleutian Islands	-10	-9	12 Mar 23 - 05 Nov 23
Hawaiian Islands	-10		
Uruguay	-3		
Uzbekistan	+5		
V	Hours ±GMT	DST ±GMT	Daylight saving time DST (period)
Vanuatu	+11		
Venezuela	-4		
Viet Nam	+7		
Virgin Islands, British	-4		
Virgin Islands, US	-4		
W	Hours ±GMT	DST ±GMT	Daylight saving time DST (period)
Wallis and Futuna Islands	+12		
Y	Hours ±GMT	DST ±GMT	Daylight saving time DST (period)
Yemen	+3		
Z	Hours ±GMT	DST ±GMT	Daylight saving time DST (period)
Zambia	+2		
Zimbabwe	+2		

OAG Aviation 提供

2 コード・OAG

学習のポイント

- 主要航空会社名のコード、世界主要国の都市・空港名とコードを覚える。
- 国際航空時刻表(OAG)の各項目とMCT表の見方を理解する。

1 航空会社・都市・空港コード

航空業界および旅行業界では、世界の航空会社・都市・空港名をコード(記号)表示している。航空会社は2つのアルファベットで表すため「2レター・コード」、都市・空港名は3つの文字で表すため「3レター・コード」と呼ぶ。航空時刻表にはこれらのコードで表されるため、正確に覚える必要がある。

1 航空会社コード

試験では、「航空会社コード」と「航空会社名」、また「国名」との組み合わせの正誤が頻繁に出題されている。表1は2023年1月現在、**日本に発着する主な航空会社**と、日本に発着はしていないが**よく利用する主な航空会社**74社の2レター・コードを掲載した。類似の航空会社名(オレンジ色のコードの航空会社)および、同区間を他社より格安な航空運賃を設定して提供する航空会社、Low Cost Carrierの略のLCC (下線を引いたコードの航空会社)にも注意しよう。

表1:航空会社略語74 (2レター・コード)

	コード	航空会社名	英文名	国名・地域名
1	AA	アメリカン航空	American Airlines	アメリカ(USA)
2	AC	エア・カナダ	Air Canada	カナダ
3	AF	エールフランス	Air France	フランス
4	AI	エア・インディア	Air India	インド
5	AM	アエロメヒコ	Aeromexico Airlines	メキシコ
6	AY	フィンランド航空	Finnair	フィンランド
7	AZ	ITAエアウェイズ	Italia Trasporto Aereo	イタリア
8	BA	ブリティッシュ・エアウェイズ	British Airways	イギリス (United Kingdom)
9	BR	エバー航空	EVA Airways	台湾
10	BX	エア・プサン	AIR BUSAN	韓国
11	CA	中国国際航空/エアチャイナ	Air China	中国

(つづく)

（つづき）

12	CI	チャイナエアライン／中華航空	China Airlines	台湾
13	CX	キャセイパシフィック航空	Cathay Pacific Airways	香港
14	CZ	中国南方航空	China Southern Airlines	中国
15	D7	エア・アジアX	Air Asia X	マレーシア
16	DL	デルタ航空	Delta Airlines	アメリカ（USA）
17	EK	エミレーツ航空	Emirates	アラブ首長国連邦（UAE）
18	ET	エチオピア航空	Ethiopian Airlines	エチオピア
19	EY	エティハド航空	Etihad Airways	アラブ首長国連邦（UAE）
20	GA	ガルーダ・インドネシア航空	Garuda Indonesia	インドネシア
21	GK	ジェットスター・ジャパン	Jetstar Japan	日本
22	HA	ハワイアン航空	Hawaiian Airlines	アメリカ（USA）
23	HX	香港航空	Hong Kong Airlines	香港
24	HY	ウズベキスタン航空	Uzbekistan Airways	ウズベキスタン
25	HZ	オーロラ航空	Sakhalinskie Aviatrassy	ロシア
26	IJ	春秋航空（日本）	Spring Japan	日本
27	IR	イラン航空	Iran Air	イラン
28	JL	日本航空	Japan Airlines	日本
29	JQ	ジェットスター航空	Jetstar Airways	オーストラリア
30	KA	香港ドラゴン航空	Dragonair	香港
31	KE	大韓航空	Korean Air	韓国
32	KL	KLMオランダ航空	KLM Royal Dutch Airlines	オランダ（Netherlands）
33	LH	ルフトハンザ航空	Lufthansa German Airlines	ドイツ（Germany）
34	LO	ポーランド航空	LOT Polish Airlines	ポーランド
35	LY	エルアルイスラエル航空	EL AL Israel Airlines	イスラエル
36	LX	スイスインターナショナルエアラインズ	Swiss International Airlines	スイス（Switzerland）
37	MH	マレーシア航空	Malaysia Airlines	マレーシア
38	MM	ピーチアビエーション	Peach Aviation	日本
39	MS	エジプト航空	Egyptair	エジプト
40	MU	中国東方航空	China Eastern Airlines	中国
41	NH	全日本空輸	All Nippon Airways	日本
42	NX	マカオ航空	Air Macau	マカオ
43	NZ	ニュージーランド航空	Air New Zealand	ニュージーランド
44	OM	モンゴル航空	MIAT-Mongolian Airlines	モンゴル
45	OS	オーストリア航空	Austrian Airlines	オーストリア
46	OZ	アシアナ航空	Asiana Airlines	韓国
47	PK	パキスタン国際航空	Pakistan International Airlines	パキスタン
48	PR	フィリピン航空	Philippine Airlines	フィリピン
49	PX	ニューギニア航空	Air Niugini	パプアニューギニア
50	QF	カンタス航空	Qantas Airways Limited	オーストラリア

（つづく）

（つづき）

51	QR	カタール航空	Qatar Airways	カタール
52	RA	ネパール航空	Nepal Airlines	ネパール
53	SA	南アフリカ航空	South African Airways	南アフリカ
54	SB	エア・カレドニア・インターナショナル	Aircalin	ニューカレドニア
55	SC	山東航空	Shandong Airlines	中国
56	SK	スカンジナビア航空	Scandinavian Airlines System	北欧3か国：スウェーデン、デンマーク、ノルウェー
57	SQ	シンガポール航空	Singapore Airlines	シンガポール
58	SU	アエロフロート・ロシア航空	Aeroflot Russian Airlines	ロシア
59	TG	タイ航空	Thai Airways International	タイ
60	TK	トルコ航空	Turkish Airlines	トルコ
61	TN	エア・タヒチヌイ	Air Tahiti Nui	タヒチ(仏領ポリネシア)
62	TR	スクート	Scoot	シンガポール
63	UA	ユナイテッド航空	United Airlines	アメリカ(USA)
64	UL	スリランカ航空	SriLankan Airlines	スリランカ
65	UO	香港エクスプレス航空	Hong Kong Express Airways	香港
66	VN	ベトナム航空	Vietnam Airlines	ベトナム
67	VA	ヴァージン・オーストラリア	Virgin Australia	オーストラリア
68	XJ	タイ・エアアジアX	Thai Air Asia X	タイ
69	ZG	ジップエア・トウキョー	ZIPAIR Tokyo	日本
70	ZH	深圳航空	Shenzhen Airlines	中国
71	3K	ジェットスター・アジア航空	Jetstar Asia Airways	シンガポール
72	5J	セブパシフィック航空	Cebu Pacific Air	フィリピン
73	7C	チェジュ航空	Jeju Air	韓国
74	9C	春秋航空	Spring Airlines	中国

2 都市コード・空港コード

試験では、3レター・コードにおける**都市・空港・国名の組み合わせ**の正誤が頻繁に出題されている。3レター・コードを表2に示す。オレンジ色のコードは空港コードを表す。大都市の場合複数の空港があるので、都市コードと空港コードを混乱しないように注意しよう。

表2：都市(空港)略語169（3レター・コード）

＜ヨーロッパ・ロシア＞

	略号	都市・空港名	国名・地域名
1	AMS	アムステルダム	オランダ
2	ATH	アテネ	ギリシャ
3	BER	ベルリン	ドイツ
4	TXL	テーゲル空港	
5	SXF	シェーネフェルト空港	
6	BCN	バルセロナ	スペイン
7	BGO	ベルゲン	ノルウェー
8	BRU	ブリュッセル	ベルギー
9	BUD	ブダペスト	ハンガリー
10	CPH	コペンハーゲン	デンマーク
11	DUB	ダブリン	アイルランド
12	FRA	フランクフルト	ドイツ
13	GVA	ジュネーブ	スイス
14	HEL	ヘルシンキ	フィンランド
15	LIS	リスボン	ポルトガル
16	LON	ロンドン	英国
17	LHR	ヒースロー空港	
18	LGW	ガトウィック空港	
19	STN	スタンステッド空港	
20	LUX	ルクセンブルク	ルクセンブルク
21	MAD	マドリード	スペイン
22	BCN	バルセロナ	
23	SVQ	セビリア	
24	MIL	ミラノ	イタリア
25	MXP	マルペンサ空港	
26	LIN	リナーテ空港	
27	MOW	モスクワ	ロシア
28	SVO	シェレメチェボ空港	
29	DME	ドモジェドヴォ空港	
30	MUC	ミュンヘン	ドイツ
31	OSL	オスロ	ノルウェー
32	PAR	パリ	フランス
33	CDG	シャルルドゴール空港	
34	ORY	オルリー空港	
35	PRG	プラハ	チェコ
36	ROM	ローマ	イタリア
37	FCO	フィウミチーノ空港	イタリア
38	CIA	チャンピーノ空港	
39	STO	ストックホルム	スウェーデン
40	VIE	ウィーン	オーストリア
41	ZRH	チューリッヒ	スイス

＜アジア・中近東・アフリカ＞

	略号	都市・空港名	国名・地域名
42	ANK	アンカラ	トルコ
43	IST	イスタンブール	
44	JED	ジェッダ	サウジアラビア
45	CAI	カイロ	エジプト
46	LXR	ルクソール	
47	THR	テヘラン	イラン
48	IKA	エマーム・ホメイニー空港	
49	DOH	ドーハ	カタール
50	AUH	アブダビ	アラブ首長国連邦
51	DXB	ドバイ	
52	ISB	イスラマバード	パキスタン
53	KHI	カラチ	
54	MLE	マーレ	モルディブ
55	BOM	ムンバイ(旧)ボンベイ	インド
56	DEL	デリー	
57	KTM	カトマンズ	ネパール
58	CMB	コロンボ	スリランカ
59	SIN	シンガポール	シンガポール
60	BKK	バンコク	タイ
61	CNX	チェンマイ	
62	HKT	プーケット	
63	BKI	コタキナバル	マレーシア
64	KUL	クアラルンプール	
65	CEB	セブ	フィリピン
66	MNL	マニラ	
67	BWN	バンダルスリブガワン	ブルネイ
68	HAN	ハノイ	ベトナム
69	SGN	ホーチミンシティ	
70	DAD	ダナン	
71	DPS	デンパサール	インドネシア
72	JKT	ジャカルタ	
73	CGK	スカルノハッタ空港	

（つづく）

（つづき）

74	KHH	高雄	台湾	113	IAH	ジョージブッシュ空港	アメリカ
75	TPE	台北		114	LAS	ラスベガス	
76	CJU	済州(チェジュ)	韓国	115	LAX	ロサンゼルス	
77	PUS	釜山(プサン)		116	MIA	マイアミ	
78	SEL	ソウル		117	MSP	ミネアポリス	
79	ICN	仁川(インチョン)空港		118	MSY	ニューオリンズ	
80	GMP	金浦(キンポ)空港		119	NYC	ニューヨークシティ	
81	BJS	北京(ペキン)	中国	120	JFK	JFケネディ空港	
82	PEK	北京首都空港		121	LGA	ラ・ガーディア空港	
83	PKX	北京大興国際空港		122	EWR	ニューアーク空港	
84	CAN	広州(クァンジョウ)		123	ORL	オーランド	
85	DLC	大連(ターリエン)		124	MCO	オーランド空港	
86	SHA	上海(シャンハイ)		125	PDX	ポートランド	
87	PVG	浦東(プドン)空港		126	PHL	フィラデルフィア	
88	SHA	虹橋(ホンチャオ)空港		127	PHX	フェニックス	
89	SHE	瀋陽(シェンヤン)		128	SAN	サンディエゴ	
90	SIA	西安(シーアン)		129	SAT	サンアントニオ	
91	TSN	天津(テンチン)		130	SEA	シアトル	
92	HKG	香港(ホンコン)		131	SFO	サンフランシスコ	
93	MFM	マカオ		132	SJC	サンノゼ	
94	OSA	大阪	日本	133	WAS	ワシントンD.C.	
95	KIX	関西空港		134	IAD	ワシントン・ダレス空港	
96	NGO	名古屋(中部空港)		135	DCA	ナショナル空港	
97	TYO	東京		136	YEA	エドモントン	カナダ
98	NRT	成田空港		137	YEG	エドモントン国際空港	
99	HND	羽田空港		138	YMQ	モントリオール	
100	ULN	ウランバートル	モンゴル	139	YOW	オタワ	
＜北米・中米・南米＞				140	YQB	ケベック	
101	ANC	アンカレッジ	アメリカ	141	YTO	トロント	
102	ATL	アトランタ		142	YYZ	トロント国際空港	
103	BOS	ボストン		143	YVR	バンクーバー	
104	CHI	シカゴ		144	YYC	カルガリー	
105	ORD	シカゴオヘア空港		145	MEX	メキシコシティー	メキシコ
106	MDW	ミッドウェイ空港		146	TIJ	ティファナ	
107	DEN	デンバー		147	RIO	リオデジャネイロ	ブラジル
108	DFW	ダラス・フォートワース		148	GIG	リオデジャネイロ空港	
109	DTT	デトロイト		149	SDU	サントスドゥモン空港	
110	DTW	デトロイト空港		150	SAO	サンパウロ	
111	HNL	ホノルル		151	GRU	グアルーリョス空港	
112	HOU	ヒューストン		152	CGH	コンゴニアス空港	

（つづく）

PART 4 総合

第5章 海外実務

（つづき）

153	LIM	リマ	ペルー	161	AKL	オークランド	ニュージーランド
＜オセアニア＞				162	CHC	クライストチャーチ	
154	BNE	ブリスベーン	オーストラリア	163	WLG	ウェリントン	
155	CBR	キャンベラ		164	NAN	ナンディ	フィージー
156	CNS	ケアンズ		165	NOU	ヌーメア	ニューカレドニア
157	MEL	メルボルン		166	POM	ポートモレスビー	パプアニューギニア
158	OOL	ゴールドコースト		167	PPT	パペーテ	タヒチ
159	PER	パース		168	GUM	グアム	アメリカの準州
160	SYD	シドニー		169	SPN	サイパン	北マリアナ連邦

POINT

■類似箇所に注意

・カナダの都市・空港コードは、基本的に「Y」から始まる規則になっている。

例 トロント：都市－YTO　空港－YYZ
バンクーバー：YVR
カルガリー：YYC

・英語名に惑わされないで、正確に3文字でコードを覚える（3レター・コードでの1文字違いに注意）。

例 Los Angeles→LOS（誤り）LAX（正しい）

・ニューヨークとロンドンの空港名が類似している。

例 LGW－（ロンドン）のガトウィック空港
LGA－（ニューヨーク）のラ・ガーディア空港

・国ごとの主要な都市（首都・有名な観光都市など）の都市コードを覚える。

2 OAGの見方

世界各都市の国際線の時刻表として、OAG（Official Airlines Guide）がある。試験で出題される資料は「OAG Flight Guide–Worldwide」からで、ここではその見方について学習する。OAGの掲載には、次のルールがある。

- 出発する都市の**アルファベット順**に記載されている
- 出発都市の欄の中では、到着する都市がアルファベット順に記載されている

次の資料（東京発ロンドン行）を使って、各項目を確認していこう（実際のスケジュールとは異なる）。

ウ　オ　キ

ア → **London, UK LON** 5938mls/ 9554km GMT+1
LHR-Heathrow Apt

••W•F•S	**0155**	HND3	**0625**	LHR3	***BA4609**	-	788	CY
••W•F•S	**0155**	HND3	**0625**	LHR3	**JL041**	-	788	CY
MTWTFSS	**1120**	HND3	**1550**	LHR3	**JL043**	-	773	FCY
MTWTFSS	**1120**	HND3	**1550**	LHR3	***BA4603** ← ク	-	77W	FCY
MTWTFSS	**1135**	HND3	**1620**	LHR2	**NH211**	-	77W	FCY
イ → M••T•S•	**1315**	HND3	**1725**	LHR5	**BA006**	-	789	CY
M••T•S•	**1315**	HND3	**1725**	LHR5	***JL7121**	-	789	CY
サ → **connections**	depart		arrive		flight			
M•W•FS•	エ → **1025**	NRT1	1535	ZRH	**LX161**	-	77W	FCY
	エ → 1710	ZRH	**1755**	LHR2	**LX326**	-	32N	FCY

カ　ケ　コ

OAG Aviation 提供

1 フライトスケジュール

ア：到着地(目的地)

到着地はロンドン(London/LON)のヒースロー空港(LHR)。また、この欄には出発地からの距離やこの時刻表が有効な期間の対GMTが記載されている。

東京からロンドンは「5938mls（マイル）／ 9554km（キロ）」、対GMTは夏時間の採用期間であるため「＋1」(GMTより1時間進んでいる)。

イ：運航曜日

時刻表の一番左側に表示。M(月)、T(火)、W(水)、T(木)、F(金)、S(土)、S(日)の順に記載。

例 M・・・S・　運航曜日は月、土(運航していない曜日は「・」で表示)

POINT

同じTでも、2番目はTuesday（火曜）、4番目はThursday（木曜）
同じSでも、6番目はSaturday（土曜）、7番目はSunday（日曜）

ウ：有効期間

有効期間がある場合は、以下のように記載される。空欄の場合は、発売期間中有効(通常2か月間)。

例 From 28 Oct　　10月28日から
Until 27 Oct　　10月27日まで

9 Sep – 26 Sep　　9月9日から9月26日まで
26 Nov only　　11月26日のみ

エ：出発／到着時間

すべての時間は、現地時間(LST)で表示される(GMT換算時刻ではない)。

- **始発**都市と**最終**目的都市の時間は太字で表示
- **乗継**便の**乗継地**における時間は細字で表示

オ：日数表示

到着時間の後ろに「＋」または「－」の表示がある場合は、出発日と到着日が同一でないことを表す(この時刻表ではすべての便は東京出発日と同日にロンドンに到着となる)。

例 ＋1 (翌日着)　＋2 (翌々日着)　－1 (前日着)

カ：空港ターミナル

出発空港と到着空港が**3レター・コードで表示**され、その右側には複数のターミナルがある場合はターミナル名の略語、番号等が表示される。

例 LHR_3＝ロンドン・ヒースロー空港第3ターミナル

キ：航空便名

航空会社コード(2レター・コード)と**便名**(便の番号)を表示している。

例 JL041＝日本航空41便

ク：コードシェア便(共同運航便)

便名の左上に「★」が付いている場合は、その便が他社の機材および乗務員で運航するコードシェア便(共同運航便)であることを表している。コードシェア便とは、複数の航空会社が1つの航空機に各社の便名をつけて運航する便のことである。

例 0155　HND_3　0625　LHR_3　★BA4609
0155　HND_3　0625　LHR_3　JL041

これは2便とも出発、到着時刻ともに同じだが、実際の航空機は1機。★から、BA4603の便はコードシェア便で、実際に運航している会社は他社であることがわかる。運航会社はJL（日本航空)。機材、チェックインカウンター、乗務員、機内サービスは日本航空。BA（ブリティッシュ・エアウェイズ)は、自社の便名で予約を受け付け、運航している形態をとっている。

BAで予約した場合はBAが定める規則や徴収額が適用される。

ケ：使用機材（航空機の機種）

この欄には、使用機材が数字などで表示される。

例 777　ボーイング777
　321　エアバス321

ボーイングはアメリカ、エアバスはヨーロッパの航空機メーカー。また、この欄に「★」が表示されている場合は、寄港地で使用する機材が替わることを表す。詳細は、該当する行の次の行に記載されている。

コ：客室クラス

欄の一番右側には、その便で設定されている客室のクラスを表示している。

F	ファースト・クラス
C	ビジネス・クラス
Y	エコノミー・クラス

サ：直行便と乗継便

「**直行便**」は、OAGでは**同一便名で最終目的都市まで運航**している便のことで、**途中寄港（経由）していても直行便**という。一方で、最終目的地まで**2つ以上の便（便名が異なる）**で乗り継いでいく場合の便（複数）を「**乗継便**」という。最終目的地までの間で、他の空港（都市）で異なる便に乗り換える。

なお、資料のconnectionsより上には直行便の運航スケジュールが、下には乗継便が記載されている。

2 直行便のOAGと旅行業約款の旅程

旅程保証規程の「直行便」は、途中寄港（経由）しないノンストップ便と定義されている。OAGの定義とは異なっているので注意が必要。

例1 直行便①

MTWTFSS	1255	NRT_2	1720	LHR_5	BA006	–	789	FCY

運航期間／曜日：毎日運航（発行後、通常2か月間有効）
出発空港／時間：成田空港第2ターミナル 12：55発
到着空港／時間：ロンドン・ヒースロー空港 第5ターミナル 17：20着
便名：ブリティッシュ・エアウェイズ 006便
途中寄港（経由）：なし
使用機材：ボーイング789型
客室クラス：ファースト・ビジネス・エコノミークラスあり

例2 直行便②

M・・・・S・		1200	NRT1	2125	LHR4	SU263	1	★	CY
	SU263 Equipment 333 － SVO － 321								

運航期間／曜日：月曜と土曜のみ運航

出発空港／時間：成田空港第1ターミナル 12：00発

到着空港／時間：ロンドン(LHR：ヒースロー空港第4ターミナル)
21：25着

便名：アエロフロート・ロシア航空263便

途中寄港(経由)：1回

使用機材：機材欄に★。次の行に詳細が記載。
東京(成田)～モスクワ間はエアバス333型
モスクワ(SVOシェレメチェボ空港)で使用機材の変更
モスクワ～ロンドン間はエアバス321型の機材で運航される

客室クラス：ビジネスとエコノミークラス

例3 乗継便

・・W・・S・	1-5May	**1200**	NRT2	2030	BOM2	AI307	1	744	FCY
		0220+1	BOM2	**0730+1**	LHR3	AI131	-	77W	FCY

運航期間／曜日：5月1日から5日までの水曜と土曜のみ運航

【1行目の便】エア・インディア307便
成田空港第2ターミナル **12：00出発**(始発地の出発時間は太字)
ムンバイ空港第2ターミナル 20：30到着
途中寄港：1回
使用機材：ボーイング744型
客室クラス：ファースト・ビジネス・エコノミークラス

【2行目の便】エア・インディア131便
ムンバイ空港第2ターミナル 02：20出発(翌日)※
ロンドン・ヒースロー空港第3ターミナル **07：30到着(翌日)**※(最終目的地の到着時間は太字)
※(翌日)は、始発地の成田から数えて翌日になるということ。
途中寄港：なし
使用機材：ボーイング77W (777 － 300ER Passenger)型
客室クラス：ファースト・ビジネス・エコノミークラス

3 MCT（Minimum Connecting Times）

空港で航空便を乗継ぐ際に、最低限必要とされる乗継時間があらかじめ定められている。この乗継時間を「**MCT（Minimum Connecting Times：最少乗継時間）**」という（**P614参照**）。

① 掲載方法

同一空港に複数のターミナルがある場合、同一ターミナルのMCTとともに、異なるターミナル間のMCTも記載。同一都市に複数の空港がある場合、同一空港内のMCTとともに、異なる空港間のMCTも記載。

② 出発便／到着便による区分

次の4つの区分で記載されている。

ココ出る

Domestic to Domestic	国内線どうしの乗継ぎ
Domestic to International	国内線から国際線への乗継ぎ
International to Domestic	国際線から国内線への乗継ぎ
International to International	国際線から国際線への乗継ぎ

※表示方法はhr（時間）とmins（分）

なお、OAGに掲載の乗継便、各都市のconnectionsより下の欄の便は、すべてMCTを満たしている（乗継便のMCTを計算する必要はない）。

次ページの資料の**NRT（成田）**の欄を見るとターミナルが複数あるので、ターミナルごとに、またターミナル間の移動が必要な乗継ぎについて、上記の4つの区分がそれぞれ記載されている。

なお、一番下の欄の「Inter-airport HND to/from NRT」は、羽田空港と成田空港間の移動に要する乗継時間が表示されている（3時間30分）。

注意 **平成28年度の国家試験ではバンクーバー国際空港からの乗継ぎ区分でUSA to International（米国都市から到着後国際線へ乗継ぎ）が正解となる問題が出題された。DomesticとInternational間以外の乗継パターンも押さえておく必要がある。**

- Domestic/International to Europe（国内線・国際線から欧州都市への乗継ぎ）
- Within Europe（欧州都市間の乗継ぎ）
- Within Shengen（シェンゲン協定加盟国間の乗継ぎ）
- USA to Domestic（米国都市から国内線への乗継ぎ）
- USA to USA（米国都市間の乗継ぎ）
- Canada to/from USA（カナダと米国都市間の乗継ぎ）

図：羽田・成田空港のMCT（Minimum Connecting Times）

Tokyo, Japan	TYO
HND (Haneda)	
Domestic to Domestic	**30mins**
Domestic to International	**2hr**
International to Domestic	**2hr**
International to International	**1hr**
NRT (Narita)	
Terminal 1	
Domestic to Domestic	**30mins**
Domestic to International	**1hr 40mins**
International to Domestic	**1hr 40mins**
International to International	**1hr**
Terminal 2	
Domestic to Domestic	**30mins**
Domestic to International	**1hr 40mins**
International to Domestic	**1hr 40mins**
International to International	**1hr 30mins**
Terminal 3	
Domestic to Domestic	**1hr**
Domestic to International	**1hr 35mins**
International to Domestic	**1hr 30mins**
International to International	**1hr 40mins**
Terminal 1 to 2	
Domestic to Domestic	**50mins**
Domestic to International	**1hr 50mins**
International to Domestic	**1hr 50mins**
International to International	**1hr 30mins**
Terminal 1 to 3	
Domestic to Domestic	**1hr 20mins**
Domestic to International	**1hr 55mins**
International to Domestic	**2hr**
International to International	**2hr 10mins**
Terminal 2 to 1	
Domestic to Domestic	**50mins**
Domestic to International	**1hr 50mins**
International to Domestic	**1hr 50mins**
International to International	**1hr 30mins**
Terminal 2 to 3	
Domestic to Domestic	**1hr 20mins**
Domestic to International	**1hr 55mins**
International to Domestic	**2hr**
International to International	**2hr 10mins**
Terminal 3 to 1	
Domestic to Domestic	**1hr 20mins**
Domestic to International	**2hr 5mins**
International to Domestic	**1hr 50mins**
International to International	**2hr 10mins**
Terminal 3 to 2	
Domestic to Domestic	**1hr 20mins**
Domestic to International	**1hr 55mins**
International to Domestic	**1hr 40mins**
International to International	**2hr 10mins**
Inter-airport HND to/from NRT	**3hr 30mins**

OAG Aviation 提供

図：ミラノ国際空港

Milan, Italy	MIL
AZ domestic sectors flown on international routes are international.	
LIN (Linate)	
Domestic to Domestic	40mins
Domestic to International	45mins
International to Domestic	45mins
International to International	40mins
MXP (Malpensa)	
Terminal 1	
Domestic to Domestic	45mins
Domestic to International	50mins
Domestic to Schengen	45mins
International to Domestic	50mins
Schengen to Domestic	45mins
International to International	45mins
International to/from Schengen	50mins
Within Schengen	45mins
Terminal 2	
Domestic to Domestic	1hr 30mins
Domestic to International	1hr 30mins
Domestic to Schengen	1hr 30mins
International to Domestic	1hr 30mins
Schengen to Domestic	1hr 30mins
International to International	1hr 30mins
International to/from Schengen	1hr 30mins
Within Schengen	1hr 30mins
Between Terminals	
Domestic to Domestic	2hr
Domestic to International	2hr
Domestic to Schengen	2hr
International to Domestic	2hr
Schengen to Domestic	2hr
International to International	2hr
International to/from Schengen	2hr
Within Schengen	2hr
BGY (Orio al Serio)	
Domestic to Domestic	20mins
Domestic to International	1hr
International to Domestic	1hr
International to International	1hr
Inter-airport LIN to/from MXP	3hr 15mins
Inter-airport BGY to/from LIN	2hr 30mins

OAG Aviation 提供

注意 PAR（シェンゲン加盟国）→MIL→MAD（シェンゲン加盟国）の場合、International to InternationalではなくWithin SchengenのMCTを選択する。

■注意を要する空港

図：パリ(シャルル・ド・ゴール空港)のMCT

Paris, France	**PAR**
SWISS flights (except to/from Nice) and all Air France flights between Geneva and France are domestic.	
CDG (Charles de Gaulle)	
Aerogare 1	
Domestic to Domestic	1hr 30mins
Domestic to International	1hr 30mins
International to Domestic	1hr 30mins
International to International	1hr 30mins
Aerogare 2 A/B/C/D/E/F/G	
Domestic to Domestic	1hr 30mins
Domestic to International	1hr 30mins
International to Domestic	1hr 30mins
International to International	1hr 30mins
Aerogare 3	
Domestic to Domestic	1hr
Domestic to International	1hr
International to Domestic	1hr
International to International	1hr
TRN Terminal-TN	
Domestic to Domestic	45mins
Domestic to International	1hr 15mins
International to Domestic	1hr 30mins
International to International	1hr 30mins
Between Aerogare 1 and Aerogare 2 A/B/C/D/E/F	
Domestic to Domestic	2hr
Domestic to International	2hr
International to Domestic	2hr
International to International	2hr
Between Aerogare 1 and Aerogare 2 G	
Domestic to Domestic	2hr 30mins
Domestic to International	2hr 30mins
International to Domestic	2hr 30mins
International to International	2hr 30mins
Between Aerogare 1 and Aerogare 3	
Domestic to Domestic	2hr
Domestic to International	2hr
International to Domestic	2hr
International to International	2hr
Between Terminals Aerogare 2 A/B/C/D/E/F	
Domestic to Domestic	1hr 30mins
Domestic to International	1hr 30mins
International to Domestic	1hr 30mins
International to International	1hr 30mins
Between Aerogare 2 A/B/C/D/E/F and Aerogare 2 G	
Domestic to Domestic	2hr
Domestic to International	2hr
International to Domestic	2hr
International to International	2hr
Between Aerogare 2 and Aerogare 3	
Domestic to Domestic	2hr
Domestic to International	2hr
International to Domestic	2hr
International to International	2hr
Between TRN Terminal-TN and all other Terminals	
Domestic to Domestic	1hr 15mins
Domestic to International	2hr
International to International	2hr
ORY (Orly)	
Ouest and Sud	
Domestic to Domestic	50mins
Domestic to International	1hr
International to Domestic	1hr
International to International	1hr
Terminal Ouest to Sud	
Domestic to International	1hr 15mins
International to Domestic	1hr 15mins
International to International	1hr
Terminal Sud to Ouest	
Domestic to International	1hr 15mins
International to Domestic	1hr 15mins
International to International	1hr
Inter-airport CDG to/from ORY	
Domestic to Domestic	3hr
Domestic to International	3hr
International to Domestic	3hr
International to International	3hr

OAG Aviation 提供

注意
- Aerogare＝ターミナル。
- Aerogare 2 A/B/C/D/E/F/G⇒ターミナル2内それぞれのアルファベット内での乗り継ぎ(A→Bではない)。
- Between Terminals Aerogare 2 A/B/C/D/E/F/G⇒ターミナル2内のアルファベット間の乗り継ぎ(A→B、D→Eなど)。

図：バンクーバー国際空港のMCT

Vancouver, BC, Canada	YVR
Main Terminal	
Domestic to Domestic	**45mins**
Domestic to International	**50mins**
Domestic to USA	**1hr**
USA to Domestic	**1hr**
USA to International	**1hr**
International to USA	**1hr 30mins**
International to Domestic	**1hr 30mins**
International to International	**1hr 30mins**
South Terminal	
Domestic to Domestic	**45mins**
Domestic to International	**50mins**
Domestic to USA	**1hr**
USA to Domestic	**1hr**
USA to International	**1hr**
International to USA	**1hr 30mins**
International to Domestic	**1hr 30mins**
International to International	**1hr 30mins**
Between Terminals	
Domestic to Domestic	**1hr 15mins**
Domestic to International	**1hr 15mins**
Domestic to USA	**1hr 45mins**
USA to Domestic	**1hr 45mins**
International to Domestic	**1hr 45mins**
USA to USA	**1hr**

OAG Aviation 提供

注意 SEA→YVR→NRTの場合、International to InternationalではなくUSA to InternationalのMCTを選択する。

3 鉄道・ホテル・クルーズ・その他

・学習のポイント

- 主要国の鉄道事情、特に、人気の高いヨーロッパは、主要列車、鉄道パス（周遊券）などの利用上の注意事項も含めて覚える。
- ホテル、クルーズの項目では、専門用語を主として理解すること。

1 鉄道

1 ヨーロッパの鉄道

■ユーレイル（ヨーロッパ鉄道）の特徴および注意点

ヨーロッパ各国鉄道の国際的な組織をユーレイル（Eurail）という。現在33か国が加盟。なお、イギリス、ロシア等は加盟していない。

ユーレイル加盟国（2023年1月現在）

オーストリア（リヒテンシュタイン含む）、ベルギー、オランダ、ブルガリア、クロアチア、北マケドニア、チェコ、デンマーク、フィンランド、フランス（モナコ含む）、ドイツ、ギリシャ、ハンガリー、アイルランド、イタリア、英国、ルクセンブルク、モンテネグロ、ノルウェー、ポーランド、ポルトガル、ルーマニア、セルビア、スロベニア、スペイン、スウェーデン、スイス、スロバキア、トルコ、ボスニア・ヘルツェゴビナ、リトアニア、エストニア、ラトビア

① 日本と違って、ほとんどの駅はターミナル形式（行きどまり）である。

② ヨーロッパの主要都市では、複数のターミナル駅を持ち、利用する列車により行き先や乗降する駅が異なるので注意する。

パリ	Nord ＝ノール（北）：ユーロスター、タリス、TGV（リール経由ベルギー方面） Est ＝エスト（東）：ICE、TGV（ドイツ方面） Lyon ＝リヨン：TGV（スイス、イタリア、スペイン、仏地中海方面＝ニースなど） Montparnasse ＝モンパルナス：TGV（仏大西洋方面＝ナント、ボルドーなど）

ロンドン	St Pancras ＝セントパンクラス：ユーロスター Paddington ＝パディントン：ヒースロー空港、英国西方面（ウェールズなど） Waterloo ＝ウォータールー：英国南方面（ポーツマス、サウサンプトンなど） Kings cross ＝キングズクロス：英国北方面（エジンバラなど）
フランクフルト	Hbf ＝中央（Main）、Sud ＝南
ブリュッセル	Midi / Zuid ＝南、Nord ＝北
マドリード	Atocha ＝アトーチャ、Chamartin ＝チャマルティン

③ 駅では、一部の近郊列車を除いて改札がなく、ホームからそのまま列車に乗車し検札は原則車内で行う。

④ ヨーロッパの国際長距離列車は、行き先や車両編成が異なる列車を連結している場合が多いので、「行き先表示（サボ）」で確認しなければならない。

⑤ 国際列車の場合、出入国手続はシェンゲン協定実施国間の旅行では行われず、協定実施国以外の手続も列車の走行中か国境の駅で停車中に行われる。

⑥ 列車の設備・等級

座席車	1等・2等あり	座席はオープンサロン（中央通路を挟み両側に座席あり）とコンパートメント（個室形式）の2種類ある
寝台車		ドア付きの個室で、寝台部分には原則カーテンが付く
クシェット（簡易寝台）		多くは2等のみでドアが付いて個室形式だが、原則、寝台部分のカーテンはない。寝台車と異なり男女相部屋になることもある
レストランカー		食堂車が連結されるか、座席で食事サービスが行われる（主に特等や1等）
ビュッフェカー		ビュッフェ車両が連結されるか、ワゴンサービスに軽食や飲み物の車内販売がある

■ヨーロッパの主要列車

ヨーロッパは複数の国で構成されているため、国により列車の種類が異なる。また、数多くの国際特急列車、国際寝台列車、国内での主要都市を結ぶ特急・急行列車が走っているのが特徴である。主要列車名の略号、特徴は理解しておきたい。

POINT

略号	列車名		特徴
☆	Eurostar	ユーロスター	〔ロンドン発着路線〕 ロンドン～パリ・ブリュッセル・リール・アムステルダム間を結ぶ国際高速列車
			〔旧タリス（Thalys）路線〕 フランス、ベルギー、オランダ、ドイツを結ぶ国際高速列車

TGV	Train a Grande Vitesse	ティー・ジー・ブイ	フランスの超高速列車。近隣諸国とも結んでいる。愛称は「イヌイ(in Oui)」。パリ～スイス間はTGVリリア
AVE	Alta Velocidad Espanola	アベ	スペイン国内の主要都市を結ぶ高速列車
ICE	Inter City Express	アイシーイー	ドイツの高速列車。ドイツ国外の国際ルートもある
IC	Inter City	インターシティ	ヨーロッパ各国の国内区間を結ぶ長距離列車
EC	Euro City	ユーロシティ	ヨーロッパの主要都市を結ぶ国際列車の総称
Hotel	Trainhotel Lusitania	(※トレインホテル)ルシタニア	マドリードとリスボンを結ぶ国際寝台列車
EN	Thello Trainhotel	(※トレインホテル)セロ	イタリアの主要都市とパリを結ぶ国際夜行(寝台)列車

※トレインホテル：設備・サービスがホテルなみの設備を持つ寝台列車。

■包括運賃チケット(ジャーニーチケット)

ユーロスター・TGV・AVEなどの高速列車、トレインホテル(ホテルトレイン)などに乗車する際に必要。このチケットが必要な列車を、「ジャーニートレイン」と呼ぶ。乗車券、特別料金(指定席券・特急券・寝台券など)がすべて含まれている。パス所有者は、割引料金(パスホルダー料金)で乗車できるが適用座席数は限られている。

コロ出る

■ヨーロッパの鉄道パス

ヨーロッパの各国で日本人旅行者が鉄道を利用する場合は、周遊券が割安で便利である。代表的なものは次の通りである。

①ユーレイル周遊パス

ユーレイル加盟国の路線を利用できる周遊券である。

ユーレイルグローバルパス	・ユーレイル加盟国33か国の周遊が可能。1等車用のみ ・通用日連続(通用期間15日・22日・1か月・2か月・3か月)
ユーレイルグローバルパス・フレキシー	・有効期間内で利用日の選択が可能(通用期間10日・15日の2タイプは有効期間が2か月で、4日、5日と7日の3タイプは有効期間が1か月)

上記それぞれのパスには、次のタイプがある。

通常タイプ	大人用
ユースタイプ	対象は12～27歳。1等と2等車あり。大人料金の約23%引き
シニアタイプ	対象は60歳以上。1等と2等車あり。大人料金の約10%引き

パスの代金に含まれる	運賃・特急料金・急行料金・乗船料金・バス運賃
パスの代金に含まれない	座席指定料金・寝台料金・クシェット料金・食事その他の特別料金

〈ユーレイルパス利用上の注意点〉

- 発行日から11か月以内に使用開始しないと無効
- 払戻しはヴァリデーションをしていない未使用のパスのみ可能
- 紛失・盗難、部分的に使用したものなどは払戻し、再発行ともに不可

ココ出る

ヴァリデーション(Validation)とは「使用開始手続き」のことで、この手続きを怠ると違反金が科せられる。

通用連続日のパス	駅窓口で係員にパスと旅券を提示し、利用開始日と終了日、パスポート番号を記入してもらい、ヴァリデーション(認証)・スタンプを押印してもらう
フレキシーパス	上記の使用開始手続きに加えて、利用者自身がパスの利用日欄に利用当日に日付を記入する

②1か国パス

- 1か国内(またはスカンジナビア地域内とベネルクス地域内)のみの周遊が可能なパス。
- フレキシータイプのパスのみ。年齢区分はグローバルパスと同じ。

③ナショナルパス

各国の国鉄が独自に設定、販売しているパスである。代表的なものは、「スイストラベルシステム」「フランスレイルパス」「英国鉄道(ブリットレイル)パス」など。ユーレイル周遊パスにはない特典や利用範囲が設定されていることが多い。

2 アメリカの鉄道

アメリカは、世界最長の鉄道王国である。「アムトラック＝AMTRAK」は政府と各民間鉄道会社の共同出費の国有旅客鉄道会社であり、全米ほとんどを網羅している。主要列車では、東海岸に路線を持つアメリカ唯一の高速列車である「アセ

ラエキスプレス(Acela Express)」(ボストン〜ニューヨーク〜ワシントン)や、所要時間が約52時間で、雄大なロッキー山脈を越えて大平原を走る、人気路線の「カリフォルニアゼファー(California Zephyr)」などがある。

3 カナダの鉄道

カナダVIA鉄道(Via Rail Canada)が主要路線の列車を運行。4泊5日をかけて走るカナディアン・ロッキー経由の大陸横断列車「カナディアン(Canadian)」(バンクーバー〜トロント)は人気が高い。

4 オーストラリアの鉄道

世界唯一の大陸縦断列車である「ザ・ガン(The Ghan)」は、アデレード〜アリス・スプリングス〜ダーウィンの南北3,000kmを2泊3日で結んでいる。また、大陸横断をする「インディアン・パシフィック(Indian Pacific)」は、シドニー〜アデレード〜パースの東西4,300kmを3泊4日で走っている。

2 ホテル

実務で重要なホテルに関しては、広範囲に必須の用語を網羅した。相違点を含め、正確に理解することが必要となる。

■主なホテルの種類

種類	英語名	内容
シティホテル	City Hotel	都市あるいは、近郊にあり、宴会場(バンケット)やレストランも備え、多目的に対応できるホテル
リゾートホテル	Resort Hotel	観光地や保養地にあり、ホテル内でくつろげ、様々な施設を備えているホテル
パラドール	Parador	スペインの由緒ある古城、修道院などをホテルに改装したもの
ポサーダ	Pousada	ポルトガルの歴史的な城や修道院の内部を改装した、近代的な設備を備えた宿泊施設
B&B	Bed & Breakfast	イギリスをはじめとする主に英語圏各国における、一般家庭がベッドと朝食を提供する小規模な民宿のような宿泊施設

■客室(ゲストルーム)の種類

客室名	英語名	内容
シングル・ルーム	Single Bedded Room	シングルベッドが1つある1人用の客室

ツイン・ルーム	Twin Bedded Room	シングルベッドが2つある2人用の客室
ステューディオ・ルーム	Studio Room	シングルベッドとソファ兼用のベッドがあり、2人泊まれる部屋
コネクティング・ルーム	Connecting Room	隣り合わせの客室で、内側のドアで行き来できる部屋
アジョイニング・ルーム	Adjoining Room	隣または向かい合わせの部屋だが、内側のドアはなく、行き来はできない
身体障害者用客室	ADA Room/Accessible Room	身障者用に特に便宜が図られたバリアフリーの客室

■ホテルの料金プラン(食事(ミール)プランによる分類)

プラン名	室料	朝食	昼食	夕食	備考
ヨーロピアン・プラン European Plan (**EP**)	○	×	×	×	食事を含まない室料のみの料金
コンチネンタル・プラン Continental Plan (**CP**)	○	○	×	×	室料とヨーロッパ式朝食(コンチネンタル・ブレックファースト)付きの料金
モディファイド・アメリカン・プラン Modified American Plan (**MAP**)	○	○	△ どちらかを含む		**ハーフペンション**または**ハーフボード**ともいい、室料と朝食・昼食、または朝食・夕食の2食込みの料金
アメリカン・プラン American Plan (**AP**)	○	○	○	○	室料と3食込みの料金。**フルペンション**または**フルボード**ともいう

■朝食の種類

種類	内容
コンチネンタル・ブレックファースト Continental Breakfast (**CB**)	コーヒー・紅茶等にパン類とバター・ジャムのみか、火を通さないコールドミールが付いた簡単な朝食(ヨーロッパ大陸で一般的)
アメリカン・ブレックファースト American Breakfast (**AB**)	パン・コーヒー・紅茶・ジャムに加え、ジュース・卵料理、ハム・ベーコン・フルーツ・温野菜などが出る朝食

■ホテル関連の専門用語

用語	説明
アーリーチェックイン early check-in	規定のチェックインタイム以前にチェックインすること(early accommodationともいう)。通常、前日分の料金が必要

レイトチェックアウト late check-out	所定のチェックアウトタイム以降にチェックアウトすること。滞在延長時間により追加料金が必要
コンファメーションスリップ confirmation slip	予約内容確認書
バウチャー Voucher	事前支払い済のクーポン
デポジット deposit	予約時に支払う予約金、またはチェックイン時にホテルが要求する宿泊保証金
インシデンタル・チャージ Incidental charge	個人的勘定(電話代、ルームサービス等)
ラン・オブ・ザ・ハウス run of the house (ROH)	ホテルの部屋を指定せず、利用できる部屋を適宜割り当てる形の予約・料金システム
ラックレート rack rate	公示料金
コンシェルジュ Concierge	ロビーにカウンターがあり、各種の観光案内・郵便物・電報などの取扱いやインフォメーション・レストランの予約などを行う、ホテルの接客責任者

■レストラン関連の専門用語

用語	説明
ソムリエ Sommelier	レストランのワイン専門の係のこと。英語ではWine Steward(ワインスチュワード)という
ターブル・ドート table d'hote	メインダイニングルームでのコースメニュー
ア ラ カルト a la carte	一品ずつオーダーできるメニュー
ビュッフェ Buffet	バイキング方式の食事
メートル・ドゥテル Maitre d'hotel	レストランの総責任者。英語ではHead-Waiter（ヘッドウェイター)

3 クルーズ

クルーズ(Cruise：周遊船)は観光、イベント中心の船で、各国や観光地の港を訪れて上陸して観光、また船内ではエンターテイメント施設やイベントで楽しめる。

長期の世界一周クルーズや地域限定で短期間のギリシャのエーゲ海クルーズ、

中米のカリブ海クルーズなど、様々な種類がある。

■クルーズ関連の専門用語

用語	説明
クルーズ・ディレクター	船内イベント等の企画運営の責任者
コンシェルジュ	船内での乗客のイベント等の相談係
ショア・エクスカーション	寄港地での観光旅行
ドレス・コード	夕食時から就寝までの時間、パブリックスペースで指定される服装の規約。カジュアル、インフォーマル、フォーマルに分かれている
チーフパーサー	事務長。金銭管理、出入国等すべての事務責任者
ホテルディレクター	ホテル部門の最高責任者であり、サービスの総責任者。ホテルマネージャーともいう
オフィサー	航海士、機関士・通信士・船医・事務長などの上級乗組員
キャビンアテンダント	客室清掃、ルームサービス、ベッドメイク等が仕事
シーティング	メインダイニングでは食事を2回の時間帯に分けることが多く、1回目はファーストシーティング、2回目はセカンドシーティングと呼ぶ。席順は最初の食事で決められ、原則、変更できない。テーブルの席順を決めないシステムはフリー・シーティングという
カジノ	日本船籍は、公海上であっても国内法により現金を賭けることができないので、獲得したチップ数に応じて、ロゴグッズなどの商品が提供される
セイルアウェイパーティー	出港時にプロムナードデッキ(屋根付きの甲板)などで行われる出港セレモニー
ガラ・パーティー	最も盛大な船内パーティー。ガラは祭りのこと
ブリッジ	操舵室(ブリッジツアー：操舵室見学)
デッキプラン	各甲板(デッキ)を平面で表した船内の見取り図
ギャレー	船内の調理室
リド	デッキ後部のプールなどがある部分。本来は屋外プールや海岸の保養地を意味する
ポートサイド	左舷。バイキング時代の船は舵が右舷にあり、港への接岸は左舷で行われていたことが名称の由来　⇔右舷(スターボード、スティアボード)
テンダーボート	接岸できない寄港地などで、船と陸地の間の行き来に使用する小型船
ライフボートドリル	非常時の緊急避難訓練。外航クルーズでは出港前、または出港後直ちに実施が義務づけられている。ボートドリル、ドリルと略されることもある
オンボードブッキング	乗船中に次回クルーズを予約すると一定の割引が適用される制度

4 その他

1 レンタカー

現在、個人自由旅行(FIT)が増えている中、日本人旅行者がハワイやアメリカ本土でレンタカーを利用する率が高くなっている。国外でレンタカーを利用する際の基本事項、保険について理解しておこう。

■ 国外(国際)運転免許証

- 海外で運転する場合、原則として国外運転免許証が必要となる。
- 申請には、日本の有効な運転免許証(原則1年以上有効なもの)が必要で、居住地の運転免許試験場で取得する。有効期間は1年間。

■保険

- **強制保険(自動車損害賠償保険)**:レンタル料金に含まれる。対人・対物の事故発生時の賠償責任金額の一部が補償される。
- **任意保険**:レンタル料金に含まれないが、破損事故や搭乗者の事故による治療など自己負担額が大きくなるので、「車両損害補償制度(保険)」「搭乗者傷害保険」の加入が望ましい。
- レンタカーを借りる手続きを「チェックアウト」、返却手続きを「チェックイン」という。

2 海外旅行保険

海外では、医療費が驚くほど高い国もあり、国によっては十分な補償を受けられないケースも出てくる。外務省では、渡航者に保険の加入を海外安全ホームページなどで勧めている。旅行会社も、基本的に渡航者に保険の加入を勧め、加入の有無を確認しなければならない。以下の表にある、海外保険の基本事項(保険期間、責任期間、引受限度額、補償項目など)をしっかりと理解しておく必要がある。

基本事項	説明
保険期間	・5日間の保険期間:(例) 6月1日~6月5日(出発日を含める) ・2か月の保険期間:(例) 6月1日~7月31日(同じ日の前日までが期間となる)
責任期間	・「海外旅行の目的で住居を出発してから、住居に帰着するまでの期間」が、補償の範囲で責任期間となる
引受金額	・死亡保険金については上限が定められている ・傷害死亡保険金:1億円(他社の傷害保険金額も含む) ・疾病死亡保険金:1,000万円(他社合算の限度額は3,000万円)。限度額を超える契約を希望する場合、保険会社の事前承認が必要

補償項目	様々な補償(特約)項目があり、被保険者(旅行者)は、セット商品や、必要な補償項目だけを組み合わせて、付保ができる
傷害後遺障害保険金	・事故発生の日から180日以内(発生日含む)に生じた場合 ・後遺障害の程度に応じ、傷害保険金の3% ～ 100%が支払われる
傷害死亡保険金	・事故発生の日から180日以内(発生日含む)に死亡した場合 ・同一のケガにより傷害後遺障害保険金が支払われている場合、その支払額を控除した残額
疾病死亡保険金	・責任期間中に発病した病気、または責任期間終了後72時間以内に発病した病気により、責任期間終了後30日(終了日含む)以内に死亡した場合 ・特定の感染症による死亡を含む
治療・救援費用保険金	・(1)傷害治療費用、(2)疾病治療費用、(3)救援者費用の3つの保険を1つの補償項目として保険金額を設定したもの (1)(2)に関して： 1回のケガ(病気)につき、診療、入院、移送、入院(通院)交通費、治療に必要な通訳雇入費、診断書、身の回り品購入費、義手・義足の修理を含む、治療後当初の旅行行程に復帰または直接帰国のための交通費・宿泊費などの費用が支払われる。 (3)に関して： (ア)事故発生の日から180日以内(発生日含む)に死亡または3日以上続けて入院したとき (イ)責任期間終了日から30日以内(終了日含む)に死亡または3日以上続けて入院したとき ・救援者3名分までの往復運賃・宿泊室料が支払われる
携行品損害保険金	・被保険者が所有かつ携行する携行品が盗難・破損・火災などの偶然な事故により損害を受けた場合 ・携行品を1つあたり10万円(乗車券は5万円)が限度 ・旅券の場合、発給手数料、取得に要した交通費、宿泊費、通訳雇入費などが支払い対象となる ・旅券・乗車券・運転免許証は支払いの対象となる ・置き忘れ、紛失などは対象とならない
個人賠償責任保険金	・偶然な事故によって他人にケガをさせたとき、他人のものに損害を与え、法律上の損害賠償責任を負った場合。他人のものとは、ホテルの客室、客室内調度品、レンタルのスーツケース、携帯電話など ・親族から借りた旅行用品や生活用品は対象とはならない

項目ごとに保険金が支払われない事由があるので、詳細は、各保険会社のホームページ等を参照のこと。

セレクト問題

1 時差と2地点間所要時間

2地点間の時差・国際時差表の見方

問① 東京が10月1日正午の時、次の各都市の現地時間のうち、誤っているものはどれか（時差表はP601を参照）。

a. ヘルシンキ（HEL）－ 10月1日　午前6時
b. リスボン（LIS）　－ 10月1日　午前4時
c. ロサンゼルス（LAX）－ 10月1日　午後8時
d. クライストチャーチ（CHC）－ 10月1日　午後4時

解答

問① c

相手の現地時間は、**東京の現地時間－（2地点間の時差）＝相手の現地時間**で求められる。2地点間の時差は、東京の対GMT（＋9）－各地の対GMTで計算する。

a：○　ヘルシンキ（フィンランド）は対GMT＋3（夏時間）
東京との時差は（＋9）－（＋3）＝＋6　12：00－（＋6）＝06：00

b：○　リスボン（ポルトガル）は対GMT＋1（夏時間）
東京との時差は（＋9）－（＋1）＝＋8　12：00－（＋8）＝04：00

c：×　ロサンゼルス（アメリカPacific time）は対GMT－7（夏時間）
東京との時差は（＋9）－（－7）＝＋16　12：00－（＋16）＝－04：00
計算がマイナスの場合は24：00を加えて前日にする。
－04：00＋24：00＝20：00（前日）
したがって、**9月30日　午後8時**が正しい。

d：○　クライストチャーチ（ニュージーランド）は対GMT＋13（夏時間）
東京との時差は（＋9）－（＋13）＝－4　12：00－（－4）＝16：00

2 OAG

2レター

問① 次の航空会社コードと航空会社名の組み合わせのうち、誤っているものはどれか。

a. AM — Aeromexico
b. EK — Ethihad Airways
c. GA — Garuda Indonesia
d. OS — Austrian Airlines

3レター

☑ 問② **次の国名と都市コードの組み合わせのうち、その国に該当しない都市コードが含まれるものをすべて選びなさい。**

a. アメリカ — DEN — MSP
b. ニュージーランド — AKL — CHC
c. ブラジル — RIO — SAN

2地点間の所要時間

☑ 問③ **東京(NRT)～バンクーバー(YVR)間を次の便を利用して往復した場合、往路、復路の所要時間の組み合わせのうち、正しいものはどれか(時差表はP601を参照)。**

往路	JL 018	2022年11月1日	東京	18：40発	バンクーバー	11：45着
復路	JL 017	2022年11月4日	バンクーバー	12：40発	東京	16：25＋1着

	往路		復路
a.	9時間05分	—	10時間45分
b.	10時間05分	—	10時間45分
c.	9時間05分	—	11時間45分
d.	10時間05分	—	11時間45分

OAGの見方

☑ 問④ **2022年11月12日(土)にそれぞれの出発地からバンクーバーを経由して、当日中に東京行きの航空機に乗り継ぐ場合、Minimum connecting timeに適合しているものをすべて選びなさい(すべての乗り継ぎ便は、11月12日に運航しているものとする)。**

	出発地	出発地～バンクーバー 便名(着ターミナル、着時刻)	バンクーバー～東京 便名(発ターミナル、発時刻)
a.	ヴィクトリア(YYJ)	8P 635 (YVRS 12：00)	JL 017 (YVRM 13：10)
b.	シアトル(SEA)	AS 2304 (YVRM 12：45)	AC 003 (YVRM 13:50)
c.	カルガリー(YYC)	AC 215 (YVRM 14：13)	NH 115 (YVRM 15:05)

解答

問① b

a：○　AMは、メキシコのアエロメヒコ

b：×　EKは、アラブ首長国連邦のEmirates（エミレーツ航空）、Ethihad Airways（エティハド航空）はEY

c：○　GAは、インドネシアのガルーダ・インドネシア航空

d：○　OSは、オーストリア航空

問② c

a：○　DEN（アメリカのデンバー）、MSP（アメリカのミネアポリス）

b：○　AKL（ニュージーランドのオークランド）、CHC（ニュージーランドのクライストチャーチ）

c：×　RIO（ブラジルのリオデジャネイロ）、SAN（アメリカのサンディエゴ）。なお、ブラジルのサンパウロはSAO

問③ c

往路、復路とも各都市の［到着時刻－(対GMT)ー出発時刻ー(対GMT)］を計算する。出発日、到着日がDST期間かどうかを必ず時差表でチェックすることを忘れないように。この問題では、バンクーバー(YVR)がカナダ(Canada)のPacific Timeゾーンであることを覚えておく必要がある。

［往路］　バンクーバー着　11：45－(－7)＝18：45
※11月1日はDST期間　→ カナダのPacific Timeを見る
東京発　18：40－(＋9)＝9：40
したがって、18：45－9：40＝9：05（9時間5分）

［復路］　東京着　16:25＋24:00（＋1は翌日）－(＋9)＝31:25
バンクーバー発　12：40－(－7)＝19：40
※11月4日もDST期間
したがって、31：25－19：40＝11：45（11時間45分）

問④ b・c

バンクーバー空港のMCT表を見て、バンクーバー到着および出発するターミナルと乗り継ぎパターンに注意してMCT（最少乗り継ぎ時間）を読み取る。
該当のMCTをバンクーバー到着時間に足して、東京行きの便の出発時刻と同じかそれ以前であれば乗り継ぎ可能。以降の場合は間に合わないため乗り継ぎできない。

a：×　South TerminalからMain Terminalへの移動⇒Between TerminalへのDomestic to Internationalの1hr15minを12：00に足すと13：15となり、13：10には5分足りず乗り継げない。

b：○　Main Terminal内での乗り継ぎ⇒Main TerminalのUSA to Internationalを選択する(SEAが米国の都市のため) 1hrを12:45に足す。

13：45となり乗り継ぎ可能。

c：○　Main Terminal内　のDomestic to Internationalの50minを14：13に足す。15：03で乗り継げる。

3 鉄道・ホテル・クルーズ・その他

次の問題の正しいものには○を、誤っているものには×をつけよ。

鉄道パス

☑ 問① ユーレイルグローバルパスとは、欧州の主要鉄道に有効な1等用パスで、寝台料金も含まれる。

ホテル

☑ 問② コネクティング・ルームとは、2層に分かれた室内部分を専用の階段を使って結んだ構造の客室のことである。

☑ 問③ ADA roomとは、アメリカで身体障害者用客室のことをいう。

☑ 問④ アメリカン・ブレックファーストとは、ホテルの朝食で、コーヒー、紅茶などの飲み物とパンが付いた簡単な朝食のことをいう。

☑ 問⑤ ホテルミールプランで、フルペンションとフルボードはともに室料と3食込みの料金をいう。

☑ 問⑥ ホテルの料金分類のうち、ラン・オブ・ザ・ハウスは、客室のタイプや階数、眺望を問わないという条件で適用される料金である。

☑ 問⑦ ホテルの料金分類のうち、コーポレート・レートは、観光を目的とした旅行者向けに適用される割引料金である。

レストラン用語

☑ 問⑧ イタリアでは前菜のことを、Antipastiという。

☑ 問⑨ Sommelier（仏）とWine Steward（英）は、同意語である。

クルーズ

☑ 問⑩ Cruise Directorとは、外航客船の船長のことである。

☑ 問⑪ クルーズにおけるドレス・コードとは、夕食時やパーティーなどにおいて着用する衣服を指定されることである。

☑ 問⑫　ショア・エクスカーションとは、寄港地での観光旅行をいう。

☑ 問⑬　メインダイニングでの食事の回数指定のことをシーティングという。

ロストバゲージ取扱い

☑ 問⑭　空港内にあるLOST AND FOUNDとは、航空会社に預けた委託手荷物が紛失、破損した場合に届け出る航空会社の手荷物苦情処理窓口である。

海外旅行保険

☑ 問⑮　海外旅行保険で疾病治療費用を担保する保険に加入している場合には、旅行中現地で病気になり治療のために必要となった通訳雇入費も支払われる。

解答

問①：×　ユーレイルグローバルパスは、ユーレイル加盟国すべての国（33か国）に有効な1等および2等用パス。寝台料金は含まれていない。

問②：×　コネクティング・ルームとは、内側のドアで行き来ができる隣り合わせの部屋のこと。記載の2層に分かれた構造の客室はメゾネットという。

問③：○　ADA「障害を持つ米国人法」により、手すりの付いたバスルームなどの設備が規定されている。

問④：×　飲み物とパンの簡単な朝食はコンチネンタル・ブレックファーストと呼ばれる。卵、ハム、シリアル等が飲み物とパンにつく朝食はアメリカン・ブレックファーストと呼ばれる。

問⑤：○　室料＋3食込みの料金はフルペンション、フルボード、アメリカン・プラン（AP）ともいう。室料＋2食（朝食と昼食または夕食）込みの料金はハーフペンション、ハーフボード、モディファイド・アメリカン・プラン（MAP）ともいう。
室料＋朝食込みの料金はコンチネンタル・プラン（CP）、室料だけの料金はヨーロピアン・プラン（EP）という。

問⑥：○　部屋の割り当てはホテルに一任される。

問⑦：×　コーポレート・レートとは、契約企業向け特別料金のこと。

問⑧：○　前菜をイタリアではAntipasti（アンティパスティ）、フランスではHors-d'œuvre（オードブル）、アメリカではAppetizer（アペタイザー）という。

問⑨：○　ワイン専門家。食事時の飲み物全般の相談、説明等ができる。

問⑩：×　Cruise Directorは船内イベント等の企画運営の責任者。船長はCaptain。

問⑪：×　夕食時のみでなく就寝までの時間の服装指定をいう。
問⑫：○　クルーズの各停泊地での小旅行をいう。
問⑬：○　1回目をファーストシーティング、2回目をセカンドシーティングと呼ぶ。
問⑭：○　航空会社に預けた荷物が到着時、空港で未着、紛失、また受け取った手荷物が破損等の場合、所定の書式（PIR：Property Irregularity Report：航空会社に輸送を委託した手荷物が紛失、破損等の場合に作成する報告書）に記入してこの窓口に提出する。
問⑮：○　疾病治療費用や傷害治療費用では、通訳雇入費用のほか、入院または通院のための交通費、治療後に旅行日程に復帰あるいは直接帰国の際の交通費・治療費なども支払われる。

索引

さ

た

な

は

ま

や

ら

わ

著者紹介

学校法人 国際文化アカデミー JTBトラベル&ホテルカレッジ

1981年に旅行業最大手のJTBが創立70年を記念して設立した専門学校。旅行業務取扱管理者の国家試験合格率は毎年全国平均を大きく上回り、大学・専門学校の中では群を抜く実績を誇る。「ツーリズム産業に必要な専門能力・ホスピタリティとともに、社会人・職業人としてグローバルに通用する人間性・基本能力を備えた人材の育成」を教育理念とし、開校以来、就職内定率はほぼ100%を達成。卒業生はJTBグループをはじめ、宿泊料飲、空港、鉄道・運輸などツーリズム産業界の幅広い分野へ就職している。

執筆者紹介(五十音順)

■柴崎 浩(しばさき・ひろし)

(株)日本交通公社(現在のJTB)に入社。田町支店、海外旅行本社内支店、丸の内本店等で主に海外旅行の営業を担当。その後、東京リビングサービス(株)新橋営業所長、同内幸町営業所長等を歴任。2010年よりJTBトラベル&ホテルカレッジ主任講師、2022年より同非常勤講師。

担当:PART4 第4章 海外観光資源

■髙野 雅巳(たかの・まさみ)

JTBグループ(株)トラベルプラザインターナショナル入社。FIT(海外個人旅行)分野で航空仕入課長・商品企画課長、並びに(株) JTBビジネストラベルソリューションズにてBTM (ビジネストラベルマネジメント)分野で仕入担当課長を歴任。2020年よりJTBトラベル&ホテルカレッジ主任講師。修士(経営管理学)。キャリアコンサルタント。秀明大学非常勤講師。

担当:PART4 第1章 国際航空運賃

■羽吹 真由美(はぶき・まゆみ)

(株) JTBトラベランド(現在のJTB)に入社。団体営業のサポート業務に携わった後、本社旅行部・経営企画部で全社の販売促進や店舗改廃の業務に就く。2001年に玉川高島屋店に異動し、初めて店頭営業を経験。その後、ららぽーと横浜店など計4店舗で店長を務める。2017年4月より、JTBトラベル&ホテルカレッジ主任講師。

担当:PART1 旅行業法、PART2 約款、PART3 第1章 国内運賃

■宗本 豊明（むねもと・とよあき）

(株)日本交通公社（現在のJTB）に入社。海外旅行本社内支店、海外旅行市ヶ谷支店、海外旅行虎ノ門事業部等で海外旅行の営業・企画支援を担当。主な業務は公務・業界視察、MICE、SITツアー等。その後JTB国際交流センター及び現JTBコーポレートセールス教育旅行事業部にて教育機関に対する海外資格・教育プログラムのコーディネーターとして素材開発、企画営業を担当。2013年よりJTBトラベル＆ホテルカレッジ主任講師。

担当：PART4 第2章 旅行英語、第5章 海外実務

■森岡 千里（もりおか・ちさと）

京王観光（株）で営業職を経験後、（株）JTBトラベランド（現在のJTB）にて店頭で経験を積み、池袋パルコ店など計4店舗の店長を務める。2019年4月より、JTBトラベル&ホテルカレッジ主任講師。

担当：PART3 第2章 国内観光資源、PART4 第3章 出入国法令

本書内容に関するお問い合わせについて

このたびは翔泳社の書籍をお買い上げいただき、誠にありがとうございます。弊社では、読者の皆様からのお問い合わせに適切に対応させていただくため、以下のガイドラインへのご協力をお願い致しております。下記項目をお読みいただき、手順に従ってお問い合わせください。

●ご質問される前に

弊社Webサイトの「正誤表」をご参照ください。これまでに判明した正誤や追加情報を掲載しています。

正誤表　https://www.shoeisha.co.jp/book/errata/

●ご質問方法

弊社Webサイトの「刊行物Q&A」をご利用ください。

刊行物Q&A　https://www.shoeisha.co.jp/book/qa/

インターネットをご利用でない場合は、FAXまたは郵便にて、下記"翔泳社 愛読者サービスセンター"までお問い合わせください。
電話でのご質問は、お受けしておりません。

●回答について

回答は、ご質問いただいた手段によってご返事申し上げます。ご質問の内容によっては、回答に数日ないしはそれ以上の期間を要する場合があります。

●ご質問に際してのご注意

本書の対象を越えるもの、記述個所を特定されないもの、また読者固有の環境に起因するご質問等にはお答えできませんので、予めご了承ください。

●郵便物送付先およびFAX番号

送付先住所　〒160-0006　東京都新宿区舟町5
FAX番号　03-5362-3818
宛先　（株）翔泳社 愛読者サービスセンター

■会員特典データのご案内

PART4 第2章「旅行英語」のチャレンジ問題(1)(2)の問題文のPDF データを、以下のサイトからダウンロードして入手いただけます。

https://www.shoeisha.co.jp/book/present/9784798178059

■注意

※会員特典データのダウンロードには、SHOEISHA iD（翔泳社が運営する無料の会員制度）への会員登録が必要です。詳しくは、Web サイトをご覧ください。

※会員特典データに関する権利は著者および株式会社翔泳社が所有しています。許可なく配布したり、Web サイトに転載することはできません。

※会員特典データの提供は予告なく終了することがあります。あらかじめご了承ください。

※会員特典データの提供にあたっては正確な記述につとめましたが、著者や出版社などのいずれも、その内容に対してなんらかの保証をするものではなく、内容やサンプルに基づくいかなる運用結果に関してもいっさいの責任を負いません。

装　丁　　大岡 喜直（next door design）
D T P　　株式会社 トップスタジオ

観光・旅行教科書
旅行業務取扱管理者【総合・国内】テキスト&問題集 第5版

2023年　4月25日　初版第1刷発行
2024年　7月　5日　初版第2刷発行

著　　者　学校法人 国際文化アカデミー ＪＴＢトラベル＆ホテルカレッジ
発 行 人　佐々木 幹夫
発 行 所　株式会社 翔泳社（https://www.shoeisha.co.jp）
印刷・製本　中央精版印刷 株式会社

本書へのお問い合わせについては、639 ページに記載の内容をお読みください。

造本には細心の注意を払っておりますが、万一、乱丁（ページの順序違い）や落丁（ページの抜け）がございましたら、お取り替えいたします。03-5362-3705までご連絡ください。

ISBN978-4-7981-7805-9　　Printed in Japan